KB135128

경북유림과 독립운동

김희곤

경북대학교 사학과, 동 대학원 졸업, 문학박사
1988~현재 안동대학교 교수, 1996~1997 하버드대학 방문학자
2004~2006 독립기념관 한국독립운동사연구소장
2005~2011 대한민국임시정부자료집편찬위원장
2010~2012 한국근현대사학회장, 2006~2014. 1 안동독립운동기념관장
2014~현재 경상북도독립운동기념관장

주요 저서는『경북을 독립운동의 성지로 만든 사람들』(선인, 2015),『임시정부 시기의 대한민국 연구』(지식산업사, 2015),『이준태의 삶, 민족해방의 길』(국학자료원, 2015),『독립운동가 일산 김성로의 삶과 기록』(역사공간, 2014),『독립운동의 큰 울림, 안동 전통마을』(예문서원, 2014),『김시현; 항일투쟁에서 반독재투쟁까지』(지식산업사, 2013),『조성환; 독립군을 기르고 광복군을 조직한 군사전문가』(역사공간, 2013),『안동 내앞마을, 항일 독립운동의 성지』(지식산업사, 2012),『순국지사 권기일과 후손의 고난』(선인, 2011),『안동사람들이 만주에서 펼친 항일투쟁』(지식산업사, 2011),『이육사평전』(푸른역사, 2010),『권오설 1·2』(푸른역사, 2010),『국역 고등경찰요사』(역주)(선인, 2010),『만주벌 호랑이 김동삼』(지식산업사, 2009),『안동사람들의 항일투쟁』(지식산업사, 2007),『조선공산당 초대 책임비서 김재봉』(경인문화사, 2006),『대한민국임시정부 연구』(지식산업사, 2004),『신돌석; 백년만의 귀향』(푸른역사, 2001) 외 다수

경북유림과 독립운동   값 43,000원

2015년 7월 23일 초판 인쇄
2015년 7월 30일 초판 발행

저 자 : 김 희 곤
발 행 인 : 한 정 희
발 행 처 : 경인문화사
　　　　　서울특별시 마포구 마포동 324 - 3
　　　　　전화 : 718 - 4831~2, 팩스 : 703 - 9711
　　　　　이메일 : kyunginp@chol.com
　　　　　홈페이지 : kyungin.mkstudy.com
등록번호 : 제10 - 18호(1973. 11. 8)

ISBN : 978-89-499-1082-6 93910
ⓒ 2015, Kyung-in Publishing Co, Printed in Korea
* 파본 및 훼손된 책은 교환해 드립니다.

경북유림과 독립운동

김 희 곤 지음

景仁文化社

책을 펴내며

경북사람이 펼친 독립운동은 나름대로 독특한 성격을 보였다. 독립운동의 출발은 마땅히 지배계급의 몫이었고, 1894년부터 의병을 일으킨 유림이 앞서 나아갔다. 이들을 척사유림이라 일컫는다. 그런 다음 분위기를 혁명적으로 바꾸어 나간 혁신유림이 등장하여 계몽운동을 끌고 나갔으며, 3·1운동을 펼치면서 점차 사회주의까지 받아들여 민족문제를 해결하는 데 온힘을 쏟았다. 그 흐름의 중심축에 경북유림의 학맥과 인맥이 든든하게 자리를 잡고 제 구실을 다하는 장면을 확인할 수 있다. 이들은 시대적인 과제를 풀어나갈 의무를 선뜻 받아들여, 이를 피하거나 주저하지 않고 맞서 나아가는 모습을 보인 것이다.

주어진 역사적 과제는 자주독립 국가를 되살려내는 것과 구체제를 벗어나 근대사회로 발전시키는 것이다. 경북사람, 특히 유림과 그 후예들은 이런 두 가지 목표를 향해 쉼 없이 나아갔다. 물론 이 목표가 경북사람만의 것은 아니다. 이는 한국인 모두의 목표이기도 하지만, 더 나아가 세계 모든 식민지가 마찬가지였다. 그런데 자세하게 들여다보면, 이 과제를 해결하는 주역은 곳에 따라 차이가 있게 마련이다. 그런 차원에서 가까이 다가서보면, 경북에서는 퇴계학맥을 잇는 인물들이 그 중심에 섰다는 사실을 확인할 수 있다. 퇴계학맥의 정신적인 토양이 항일투쟁에 고스란히 작동했다는 점도 눈여겨 볼 장면이다.

경북사람들이 펼친 항일투쟁은 다른 지역에 견주어 탁월하다고 평가할 수 있다. 독립운동의 발상지요, 독립유공자와 자정순국자를 가장 많이 배출한 곳이다. 더구나 세계 식민지 해방운동의 역사를 보면, 한국의 독립운동이 가지는 위상은 단연 두드러지는 것이니, 그렇다면 경북의 항일투쟁사는 세계사 차원에서 평가하는 것이 마땅하다고 생각한다. 연구를 거듭할수록 이러한 판단은 더욱 확신이 든다.

이 책은 처음부터 한 권의 연구서로 기획된 것은 아니다. 지난 20년 동안 안동문화권의 유림들이 펼친 독립운동을 연구하고 발표한 글을 찾아 한 권으로 엮어보기로 작정했다. 여러 곳에 흩어져 있는 논문을 하나의 주제로 묶는다면 오류를 확인하고 수정·보완할 수 있으리라는 소박한 생각에서 비롯된 것이다. 따라서 경북유림이라는 이름을 내세우기는 했지만, 실제로는 안동문화권 내용이 주류를 이룬다. 안동문화권 유림이 펼친 독립운동이 탁월하게 많은 것도 사실이다. 그렇더라도 경북유림 전체를 모두 다루지 못한 아쉬움도 있고, 더구나 오래 전에 발표한 글이라서 고치고 보완해야 할 내용도 많다. 거듭 손질을 거쳤지만 아직도 미흡하기만 하다. 그런 한계를 안고 책을 펴낸다.

이 책을 준비하면서 여러 제자들의 수고를 거쳤다. 원고를 모으고 교정 작업에 매달린 신진희·장성욱·조덕천·조영득·최미정의 도움이 컸다. 또 경상북도독립운동기념관 학예연구부장을 비롯한 학예연구원들이 힘을 보탰다. 끝으로 출판을 맡아준 경인문화사 한정희 사장님과 편집부 여러분께 감사드린다.

광복 70주년을 맞아 대한민국 97년(2015) 7월

김희곤

목 차

■ 책을 펴내며

제1장 경북사람이 펼친 독립운동의 위상 ·············· 1
제1절 경북사람이 펼친 독립운동의 세계사적 의미 ·············· 3
　　1. 시작하면서 ·············· 3
　　2. 세계적으로 평가될 경북사람의 독립운동 ·············· 4
제2절 퇴계학맥의 근대적 전환 ·············· 26
　　1. 머리말 ·············· 26
　　2. 의병항쟁과 민족문제 인식 ·············· 27
　　3. 혁신유림으로의 전환과 계몽운동 전개 ·············· 33
　　4. 계몽운동의 확산과 민족주의 심화 ·············· 37
　　5. 재만 독립군기지 건설과 민족주의 확산 ·············· 42
　　6. 좌우분화와 통일운동 ·············· 44
　　7. 맺음말 ·············· 52
제3절 한국독립운동과 경북 북부지역의 전통 명가 ·············· 55
　　1. 머리말 ·············· 55
　　2. 퇴계학맥과 경북 북부지역 유림집단 ·············· 56
　　3. 의병과 전통 명가의 대응 ·············· 60
　　4. 혁신유림의 등장과 전통 명가 ·············· 62
　　5. 일제 강점에 저항한 순국자와 명가의 인물들 ·············· 64
　　6. 만주 독립군기지 건설에 나선 명가 그룹 ·············· 65
　　7. 1910년대 국내외 항쟁과 명가 ·············· 67

8. 1920년대 국내운동과 국외지역 지원활동 ···························· 70

9. 사회운동 및 사회주의운동과 명가 출신 신세대 ················· 74

10. 혼맥으로 얽힌 독립운동 명가의 사례 ···························· 77

11. 민족문제에 적극 대응한 전통 명가의 공적 ····················· 80

제4절 한국독립운동과 경북 여성 ··· 82

1. 세계사에 빛나는 경북사람의 독립운동 ·························· 82

2. 경북출신 여성들의 항일투쟁 ·································· 83

제2장 척사유림의 의병항쟁 전개와 자정순국 ············· 103

제1절 경북지역 의병연구의 성과와 과제 ··························· 105

1. 머리말 ··· 105

2. 연구논문과 단행본 발간 ·· 106

3. 연구활동의 추이와 성과 ·· 118

4. 과제와 전망 ··· 122

제2절 예안 宣城義兵과 온혜마을 인물의 역할 ················· 127

1. 머리말 ··· 127

2. 1차 선성의진과 李中麟·李仁和의 활약 ····················· 128

3. 李中麟의 2차 선성의진 결성 ·································· 133

4. 2차 선성의진을 이끌고 나간 李仁和 ························ 139

5. 李仁和의 3차 선성의진 결성과 三栢堂 소실 ············· 140

6. 李燦和의 4차 선성의진 결성과 종결 ························ 142

7. 온혜출신이 벌인 독립운동의 여진 ···························· 143

8. 맺음말 ··· 148

제3절 안동 오미마을의 『乙未·丙申日錄』 ·········· 150
  1. 자료가 발굴되기까지 ················· 150
  2. 어떻게 구성되어 있나 ················ 151
  3. 누가 쓴 기록인가 ·················· 153
  4. 어떤 마음으로 글을 썼나 ·············· 157
  5. 어떤 내용이 담겨 있나 ··············· 160
  6. 이 자료가 가지는 가치는 어떠한가 ········· 164
제4절 안동유림의 자정순국 투쟁 ············· 167
  1. 머리말 ························· 167
  2. 자정순국자 11인의 신분과 경력 ·········· 169
  3. 자정순국의 계기와 방법 ··············· 180
  4. 자정순국의 논리 ··················· 187
  5. 맺음말 ························· 192

제3장 혁신유림의 등장과 계몽운동 ·········· 195
제1절 경북유림이 펼친 계몽운동 ············· 197
  1. 영남 유학계의 분화 ················· 198
  2. 계몽운동 단체결성과 활동 ·············· 205
  3. 교육구국운동 ···················· 216
  4. 국채보상운동 ···················· 229
  5. 계몽운동에서 가지는 유학계의 위상 ········· 233
제2절 안동 協東學校와 독립운동 ············· 237
  1. 머리말 ························· 237
  2. 설립과정 ······················· 239

  3. 구국교육운동의 전개 ……………………………………… 245

  4. 시련과 중심인물의 만주망명 ………………………………… 249

  5. 한들[大坪]로의 이동과 3·1운동 ……………………… 257

  6. 맺음말 ……………………………………………………… 261

제4장 3·1운동과 유림단의거 …………………… 263

제1절 김천지역의 3·1운동 ………………………………… 265

  1. 머리말 ……………………………………………………… 265

  2. 경북지역의 3·1운동 …………………………………… 267

  3. 김천의 시위 전개과정 …………………………………… 271

  4. 김천의 시위 양상과 특성 ………………………………… 281

  5. 「파리장서」에 참가한 김천인 ………………………………287

  6. 다른 지역의 시위에 참가한 김천인 ……………………… 289

  7. 맺음말 ……………………………………………………… 292

제2절 성주지역의 독립운동과 성격 ………………………… 294

  1. 머리말 ……………………………………………………… 294

  2. 성주유림의 성향과 외교방략 추구 ……………………… 296

  3. 1910년 전후의 독립운동 ………………………………… 299

  4. 3·1운동과 제1차 유림단의거(파리장서운동) ………… 309

  5. 제2차 유림단의거와 1920년대 이후의 독립운동 ……… 321

  6. 맺음말 ……………………………………………………… 328

제3절 제2차 유림단의거 연구 - 金昌淑의 활동을 중심으로 - ……… 330

  1. 머리말 ……………………………………………………… 330

  2. 「파리장서」 이후의 외교활동 …………………………… 331

3. 독립전쟁준비방략 채택과 국내 침투 준비 ·················· 335

4. 국내 자금모집 활동 ······································· 341

5. 의열투쟁방략 채택 ······································· 350

6. 맺음말 ··· 353

제5장 사회주의 유입과 민족운동 ························· 357

제1절 안동유림의 좌우분화와 1920년대 민족운동 ············· 359

1. 머리말 ··· 359

2. 1910년대 민족운동의 계승과 사회운동의 시작(1919~1923) ·········· 362

3. 사회주의 유입과 사회운동의 확산(1923~1926) ·············· 373

4. 좌우합작운동과 사회운동의 통합(1926~1930) ·············· 387

5. 맺음말 ··· 395

제2절 안동 가일마을 사람들의 항일투쟁 ·················· 398

1. 머리말 ··· 398

2. 광복회 참가와 항일투쟁의 발단 ······················· 400

3. 권오설의 등장과 사회운동의 시작 ····················· 405

4. 6·10만세운동의 기획과 기여 ·························· 412

5. 사회운동의 전개 ······································· 415

6. 맺음말 ··· 425

제3절 안동 부포마을 사람들의 항일투쟁 ················· 427

1. 머리말 ··· 427

2. 인문지리적 배경 ······································· 428

3. 3·1독립선언 이전의 항일투쟁 ························· 430

4. 예안 독립만세시위 ····································· 436

5. 자정순국과 제2차 유림단의거 ································· 439

6. 1920년대 항일투쟁 ····································· 443

7. 1930~40년대 항일투쟁 ································· 451

8. 독립운동을 끌고 간 두 개의 틀 ······················· 457

9. 맺음말 ·· 459

제6장 안동의 독립운동 사료조사와
      역사문화자원 만들기 ···························· 461

제1절 안동지역 독립운동 사료발굴과 기념사업 ············· 463

1. 안동사람도 몰랐던 안동 이야기 ······················· 463

2. 실마리를 풀기까지 ··································· 464

3. 추모학술강연회의 위력과 양 방향 자료수집 ············· 465

4. 발간사업과 학술회의 ································· 469

5. 기념관을 짓고, 나라사랑 인재 키우기 ················· 472

6. 인문학의 대중화를 위해 ······························ 474

제2절 안동 내앞마을 출신 독립운동가들의 생가 터 조사연구 ······ 476

1. 머리말 ·· 476

2. 내앞마을 출신 독립운동가와 망명 가족 ················· 480

3. 생가와 생가 터, 살던 집 찾기 ························ 484

4. 옛 지번과 현재 지적 맞추기 ·························· 487

5. 역사문화 자원화 방안 ································· 491

6. 맺음말 ·· 495

부록 의병자료 해제 ·· 497

명가의 종손이 전하는 안동지역 을미의병의 전말 ·················· 499

　1. 안동지역의 을미의병과 자료 ································· 499

　2. 『을미의병일기』의 내용 구성 ································· 502

　3. 『을미의병일기』의 주요 내용 ································· 503

　4. 사료적 가치 ··· 505

龜山 權濟寧의 「義中日記」 ·· 510

「安東下吏通文」 해제 ··· 515

영남출신 독립운동가들이 남긴 서신들『독립운동가 서한집』 ········ 518

　1. 독립운동가들의 필적이 담긴 서한문 ························· 518

　2. 자료의 범주와 분포 ··· 519

　3. 2편의 의병격문 ·· 523

　4. 일반 서간문 ··· 525

　5. 맺음말 ·· 536

찾아보기 ··· 538

제1장
경북사람이 펼친 독립운동의 위상

제1절 경북사람이 펼친
독립운동의 세계사적 의미

1. 시작하면서

한국사의 근현대는 위기와 극복이 거듭된 시대다. 밖으로는 외세 침략을 막아내면서 독립해야 하고, 안으로는 근대국가와 근대사회를 건설하는 길을 찾아야 했다. 세계 모든 식민지들이 겪은 것처럼, 한국의 근대는 자주독립과 민주국가 건설이라는 공통적인 과제에 맞섰던 시기였다. 일제 침략과 통치기에는 항일투쟁으로 맞섰다. 그것도 한국독립운동사에서 경북이 '성지'로 평가될 만큼 저항은 강했고 지속적이었다.

경북인들의 정신과 역할을 통시대적으로 규명해 볼 필요가 있다. 그 가운데서도 근대와 현대의 기여도는 직접 우리 삶과 맞닿아 있어 중요성이 크다. 더구나 첨예하게 맞서는 이익집단의 갈등을 보면, 이럴 때일수록 나라와 겨레 위해 희생한 역사를 되새겨 삶의 교훈을 찾을 때라고 판단하게 된다.

2. 세계적으로 평가될 경북사람의 독립운동

1) 경북사람들이 펼친 독립운동

(1) 한국독립운동의 발상지이다

중등학교의 교과서에 독립운동의 출발을 의병항쟁으로 정리하고, 그 시작을 을미년(1895)의 의병항쟁, 즉 을미의병이라 제시하고 있다. 그런데 근래에 들어 의병이 이미 갑오년(1894) 8월에 경북 안동에서 가장 먼저 일어났다는 사실이 밝혀졌다. 명성황후가 시해되기 한 해 이전에 이미 일본군이 경복궁을 침공하여 장악하고 멋대로 한국의 제도 개혁을 요구하던 그 사건을 갑오변란이라 부르는데, 이에 항거하고 나선 것이 바로 갑오의병이다. 상주와 선산, 호남지역을 잇는 경북 서부지역에서 동학이 한창 물결치고 있을 때, 안동을 비롯한 북부지역에서 의병이 일어났던 것이다. 따라서 한국독립운동사의 시기가 한 해 앞당겨질 뿐만 아니라, 51년(1894~1945) 동안 펼쳐진 독립운동에서 그 첫 장이 바로 경북지방에서 시작되었음을 확인하게 되었다. 한국독립운동의 발상지가 경북이라는 사실을 다시 한번 강조하고 넘어간다.

(2) 독립유공자로 포상된 인물이 가장 많다

지금까지 국가보훈처에 의해 독립유공자로 포상된 인원은 대개 13,700명 정도다. 이 가운데 대구·경북지역의 경우를 보면, 전국에서 가장 많은 포상자 수를 보이고 있다. 그저 많은 것이 아니라, 사실상 전국 도단위 평균의 몇 배에 이르는 수치이다. 물론 포상된 인물만 독립운동가는 아닐 테고, 더욱이 논의과정에 있는 인물도 많지만, 이 수치가 한국독립운동사에서 대구·경북지역이 갖는 위상을 충분히 말해 주고 있다고 생각한다.

〈독립유공자 도별 통계〉

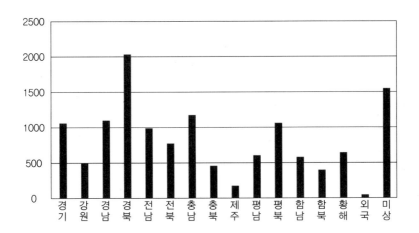

〈독립유공자 경북도내 시군별 통계〉

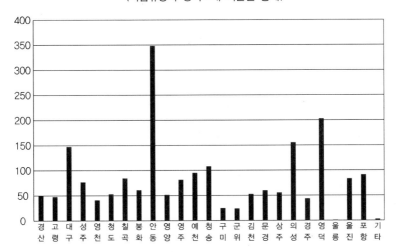

(3) 의병항쟁사에서 다른 어느 지역보다 돋보인다

가장 먼저 시작했다는 점은 이미 앞에서 언급했고, 이후 전개된 의병항쟁사를 보면 넓은 범위에서 문화권별로 전개되었다는 점을 알 수 있다. 북서부지역의 문경·상주, 북부지역의 안동·예안·예천·봉화·영주·의성·청송·영양, 동해안의 영해·영덕, 남동부의 영천·경주·포항, 서부지역의 김천·선산 등 넓은 지역에서 의병항쟁이 펼쳐졌다. 북서부지역에서는 이강년, 북부지역에는 권세연·김흥락·김도화·이만도·김도현·금석주·박주상·장윤덕·김상종·심성지, 서부지역의 허위, 동해안에서는 신돌석, 남동부지역의 정환직·정용기 부자와 최세윤 등의 활동이 돋보였다.

시기별로는 서부와 북부, 동해안지역에서 전기의병이 일어났는데, 그 가운데 북부와 북서부에서 치열한 투쟁이 벌어졌다. 이어서 중기의병과 후기의병이 전개되면서 영천의 산남의진과 영덕의 영릉의진이 강한 투쟁력을 보였는데, 특히 평민의병장 신돌석이 이끈 영릉의진은 한국사의 발전을 보여주는 좋은 사례로 인정되고 있다. 더구나 상층신분출신 인물들이 평민의병장 아래에서 활약했다거나 중요한 양반가문으로부터 지원을 받고 있었다는 점은 신분문제가 갈등보다는 민족문제 해결에서 보완의 관계를 가지고 있던 사례를 보여주고 있다.

(4) 혁신유림의 등장과 계몽운동은 혁명적인 변화였다

계몽운동은 근대교육을 통해 인재를 육성하거나 언론과 학회를 통해 사회의 민도를 높이거나, 혹은 민족자본을 육성하려는 노력이 그 주된 구성 요소였다. 서울에서 이 운동이 시작된 것은 1904년에 결성된 국민교육회부터로 이해되고 있으며, 가장 대표적인 계몽운동 단체로 신민회가 말해진다.

이 지역에서 전개된 계몽운동 가운데, 신식교육이 대구와 그를 에워싼 주변지역에서 일찍 시작되었다. 서울에서 활동하던 영남출신 인사들이 교남교육회를 결성하고, 이 지역에 신교육을 도입하기 위해 노력하였고, 그 결과 교남학교나 청도의 문명학교, 안동의 협동학교와 같은 근대교육 기관이 문을 열었다.

계몽운동에는 학교만이 아니라 대한협회와 같은 시민운동 단체가 등장한 것이 특징 가운데 하나였다. 그런데 이 지역의 대한협회지부는 다른 지역의 것과 비교할 때 강경한 민족성향을 특징으로 드러냈다. 서울 본부가 1909년 말부터 친일의 기미를 보이기 시작하자, 이를 강하게 반박하면서 그 부당성을 나무라는 강경한 자세를 보였던 것이다. 이것은 대의명분을 중시하는 유림의 분위기가 강하게 잔존한 일면을 엿보게 해주는 장면이다.

(5) 국채보상운동이 시작된 곳이다

국채보상운동이란 나라의 부채를 갚아 독립을 이룩하자는 운동이다. 이것이 1907년에 대구에서 시작되어 전국으로 확산된 민족운동임을 누구나 알고 있다. 통감부가 일본으로부터 빚을 내어 일본의 빚을 갚으면서 식민자본을 투입시키고 예속화 현상을 심화시켜 식민지 경제체제로 진행시켜 나갔다. 이를 간파한 서상돈과 김광제를 비롯한 대구인사들이 이를 극복하려는 목표를 내걸고 앞장섰다. 이 운동의 주된 방법은 담배를 끊어 그 돈을 모으는 것이었고, 전국으로 확산되면서 가정주부는 물론이고 기생들까지도 패물을 내놓았다. 전민족이 이 운동에 동참함으로써 전국을 뜨겁게 달구어 나간 것이다. 일제는 이를 그냥 놓아둘 경우, 자신의 식민지 장악정책 자체가 위험했다. 일제가 서둘러 이를 강제로 진압해버린 이유가 바로 거기에 있었던 것이다.

대구는 이를 기념하기 위해 기념공원을 만들고 그 공적을 기리고 있다. 그런데 국채보상운동이 대구에서 가장 먼저 시작된 이유를 아는 사람은 별로 없다. 이 운동을 일으키는 바탕에는 나라가 점차 식민지로 빠져들고 있다는 현실인식과 그것을 벗어나려면 빌린 돈, 곧 국채를 갚아야 한다는 것을 대구사람들이 깨닫고 있었다는 사실이 깔려 있다. 이 말은 곧 대구의 지식인들이 1차가 아닌 2차 산업사회의 자본개념을 터득했다는 것을 말해주며, 더욱이 민족자본에 대해 눈을 떴다는 점을 알려주고 있다. 대구는 당시 부산을 통해 상륙한 일본자본이 첫 번째로 만나는 가장 큰 도시였고, 때문에 비교적 일찍 노동시장이 형성되었다. 그래서 만들어진 2·3차 산업자본을 바탕으로 친일자본과 민족자본이 형성되어 갔는데, 바로 그때 민족자본에 눈을 뜬 지식인들에 의해 이 운동이 시작되었던 것이다. 사실 새로운 세력이나 신지식 개념이 들어오면 그것에 굴복하기 쉽고, 또 자본에 눈을 뜨면 민족을 버리기가 쉽다. 그렇지만 대구의 인사들은 자본과 민족을 하나로 묶어 파악하고 있었다. 그렇기 때문에 그들이 식민지 경제에 대해 발 빠르게 인식하면서 민족주체성을 갖춘 인물이었다고 파악되며, 바로 그들에 의해 국채보상운동이 전개된 것으로 이해된다.

(6) 가장 많은 자결 순국자를 배출한 격정성을 보인 곳이다

1905년 을사조약이 강제로 체결되면서, 우국지사들이 앞 다투어 자결하여 일제 침략에 항거하였으니, 이를 자정순국자로 부르기도 한다. 대개 1910년대 말까지 전국에서 90명 정도 자결하였다. 그 가운데 18명이 바로 이 지역출신이다. 즉 전국에서 가장 강한 투쟁성향을 보였다는 말인데, 유림출신 인사들이 주류를 이루었다.

자결의 방법은 단식순국이 가장 많았는데, 안동 예안의 이만도 경우처럼 대개 3주일 남짓 동안 가족과 후손, 문도들이 애도하는 가운데 장렬하게 순국하였다. 일제는 그 파급효과를 차단하기 위해 철저하게 외부로 그 소식이 알려지는 것을 막았다.

〈자정순국자 통계〉

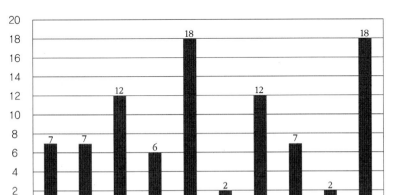

(7) 광복회는 의병과 계몽운동의 발전적 통합을 보여주는
    대표적 단체다

1910년대 독립운동의 상징적인 단체가 광복회이다. 이 단체는 두 계열이 통합된 것이다. 하나는 1913년 풍기에서 채기중에 의해 조직된 광복단이고, 다른 하나는 1915년 정월 대보름날 대구 안일암에서 조직된 조선국권회복단에서 활동하던 강성 인사들이었다. 박상진이 대표적인 인물이다. 전자는 의병계열의 인물들이, 후자는 계몽운동계열의 인사들이 조직한 것이다. 1910년 이전에 두 계열은 결코 하나로 합류하지 못하였다. 의병계열은 무력항쟁과 복벽주의, 즉 군주사회로 방향을 잡았고, 이에 비해 계몽운동은 실력양성과 공화주의로 가닥을 잡고 있었다. 그런데 나라를

잃은 뒤에 두 계열이 합류한 대표적인 조직이 바로 광복회였다.

광복회가 결성된 시기는 1915년 음력 7월 15일이고, 그 장소가 대구 달성공원이었다. 이후 이 조직은 전국적으로 확산되고, 급기야 부산에서 만주를 연결하는 거대한 규모의 조직으로 발전하였다. 광복회의 투쟁방향은 만주에 세워진 독립군기지를 확충하고 유지하기 위해 자금을 확보하고, 의열투쟁을 벌인다는 것이다. 박상진이 총사령을, 이진룡을 이어 김좌진이 부사령을 맡으면서 영남지역의 조직에서 전국을 망라한 조직으로 확산되었다. 친일부호를 공격하여 자금을 확보한다는 쪽으로 방향을 잡고 주로 경부선을 따라 그 조직을 확산시켜 나갔다. 부산에서 의주를 거쳐 남만주에 이르는 거대한 연락망을 건설하였던 것이다.

광복회는 군자금 마련을 위해 두 가지 방략을 구사하였다. 하나는 친일부호를 공격하거나 현금수송 우편마차를 공격하여 자금을 확보하는 것인데, 칠곡의 장승원이나 대구 남산동의 서우순을 공격한 일과 경주에서 세금을 수송하던 우편마차를 습격한 것이 이에 해당한다. 다른 하나는 각지에 상점을 열어 소득을 올리면서 이를 전국적으로 묶어 자금을 쉽게 만주로 빼돌리는 방법이었다. 그 대표적인 상점이 대구의 상덕태상회, 영주의 대동상점, 만주 안동의 삼달양행, 장춘의 상원양행 등이다.

광복회가 유난히 관심을 끄는 이유는 결코 통합할 수 없을 것으로 생각되던 의병계열과 계몽운동계열이 통합을 달성했다는 점이다. 투쟁방법으로는 의병계열을 잇는 의열투쟁을, 정치적인 지향점은 공화정부를 가늠하고 있었다는 사실인데, 이러한 성격은 바로 몇 년 뒤에 터져 나오는 3·1운동에서 민주공화정부 수립이라는 요구로 나타나고 대한민국 임시정부 수립으로 그 결실을 거두게 되었다.

(8) 3·1운동이 격렬하게 전개된 특성을 보인 곳이다

3·1운동은 1918년 11월에 제1차 세계대전이 끝나고 프랑스 파리에서 강화회의가 열리게 되자, 우리 민족문제를 이 회의에 상정시켜, 결국에는 독립을 달성하자는 목적에서 일어난 항쟁이었다. 당시 일본이 국제사회에 선전하던 내용과는 달리 조선인이 독립을 원하고 있음을 국제사회에 알리고 그 뜻을 강화회의에서 정식 안건으로 다루어주길 요구한 것이다. 그냥 대표만 파견해서는 어려우니, 전민족이 일어나 그 의지를 알린 것이다.

3·1운동은 다른 지역과 대체로 비슷한 성향을 보였다. 서울에서 시위가 일어난 뒤 한 주일이 지난 3월 8일에 대구 서문시장에서 시작하여 5월 7일까지 두 달 동안 전개되었다. 이 지역의 3·1운동이 가진 특성은 무엇보다 투쟁이 강성을 띠고 있었다는 사실이다. 즉 3·1운동으로 인하여 구금된 인물들의 형량이 7년형이나 6년형이 많아서 다른 지역보다 비교적 강한 투쟁성을 확인할 수 있다.

강성을 띠고 있다고 해도 지역별로 약간의 차이가 나타난다. 이 지역에서 가장 강성을 띤 시위는 성주·의성·안동·영덕의 경우가 그랬다. 대체로 전통적인 유림이 강하게 자리잡은 성주나 안동은 유림들이 중심을 이루고, 새로 등장하는 기독교도들이 처음으로 민족문제에 목소리를 드러내는 계기를 포착하였으며, 의성과 영덕의 경우는 기독교도들의 활약이 돋보이는 곳이었다.

한편 시위가 전해지는 과정에도 약간의 차이가 있다. 대구를 중심한 지역은 서울에서 전해진 선언서를 받아 교회와 학교를 중심으로 확산되었는데 비하여, 북부지역은 광무황제 고종의 장례에 참여하기 위해 상경했던 유림 봉도단이 돌아와서 시위를 일으키는 경우가 주류를 이루었다. 그리고 주도세력에 있어 대구는 서울이나 평양과 마찬가지로 새로운 교육을 받으면서 조직력을 갖춘 학생들이 많았으므로, 그들의 활약과 역할이 뛰어난 지역으로 평가된다.

(9) 제1차 유림단의거(파리장서)의 본고장이다

3·1운동을 준비하는 과정에서 유림들이 제외되었다. 그러자 서울에서 활동하고 있던 이 지역출신 혁신유림들이 먼저 나서서 발의하고, 그것을 이 지역으로 알려 독립청원서를 작성하였다가 호서지역에서 전개되던 동일한 활동과 통합한 뒤, 그 결과를 파리에서 열리던 강화회의에 보냈던 것이 바로 '파리장서의거'였다.

거사를 일으키기 시작할 무렵에는 김창숙과 이중업 등이, 구체화시키던 단계에는 곽종석·김황·곽윤·장석영·송준필·우하교 등이, 번역과 전달에는 김창숙·김응섭·남형우 등이 활약하였다. 인적 구성으로 보면, 파리장서는 이 지역출신이 절대다수를 이룬 거사였다. 서명자와 관계없이 김창숙·곽윤·이중업의 활약이 그러하고, 서명자 수에서도 137명 가운데 출신지가 명확하지 않은 45명을 제외한 92명 가운데 60%가 이 지역출신이라는 점에서, 파리장서에서 가지는 이 지역의 위상은 특별나다. 특히 성주와 대구, 달성 및 고령 등 남서부지역이 핵심이었다.

이 거사는 3·1운동과 별개의 것이 아니라 동일한 차원에서 이해해야 옳다. 그리고 민족문제 해결에서 동참했다는 점과, 다른 한편으로는 전통적인 지배계급이던 유림이 전민족적인 항쟁의 물결에 뒤처진 위기를 맞아 이를 해결했다는 의미를 갖기도 한다. 그러면서 이때 와서 비로소 국제사회를 공존의 대상으로 인정하게 되는, 즉 척사적 세계를 벗어난 성격변화를 보여주기도 한다. 한 가지 덧붙일 일은 이 파리장서가 별다른 소득을 거두지 못하자, 1921년부터 다음해에 걸쳐 전통적인 외교관계를 가진 중국의 손문이나 오패부에게 제2의 독립청원서를 보내려 했던 시도가 대구·경북인사들에 의해 추진되었다는 사실이다.

(10) 만주지역 독립군기지 건설에서 빼어난 인물을 배출한 곳이다

국외에 독립운동기지가 건설된 지역은 크게 다섯 군데로 나뉜다. 압록강 건너 남만주와 두만강 건너 간도지역, 러시아 연해주, 간도와 연해주 사이의 밀산지역, 그리고 중국본토의 상해 등이 그곳이다. 이 지역출신들이 주로 자리잡은 곳은 남만주와 밀산지역이었다. 전자가 주로 유하현 삼원포를 중심으로 건설된 경학사·부민단·한족회·신흥무관학교·백서농장·서로군정서·정의부·혁신의회 등으로 연결되는 것으로, 여기에는 이상룡·김동삼을 비롯한 주로 안동을 중심으로 한 북부지역출신들이 대거 진출하여 그 핵심으로 활동한 곳이다. 그리고 밀산지역에는 한흥동이 건설되었는데, 주로 성주출신 이승희가 중심을 이루고 있었던 곳이다. 이렇게 본다면, 국외 독립운동기지 건설에서 이 지역출신들이 두 개 지역에서 핵심구실을 맡았다고 정리할 수 있겠다.

(11) 1920년대 초, 독립군기지 지원을 위한 자금모집이 돋보인다

독립군기지가 건설되면 많은 자금이 꾸준히 공급되어야만 했다. 즉 국내로부터 꾸준히 많은 군자금이 지원되어야 했던 것이다. 군사기지 건설과정은 토지를 빌려 경작지를 조성하고, 그곳으로 동포들을 집결시켜 한인촌을 건설하면서 초급교육과정을 운영하는 것이 첫 단계이다. 둘째 단계는 경작지에서 나오는 이익금으로 본격적인 군사교육과 민족교육을 펼쳐 군대를 육성하는 것인데, 여기에서 길러진 병사들을 백두산 서쪽 기슭에 모아 비밀군사기지로 문을 연 것이 바로 백서농장이었다. 명칭은 농장이라 위장했지만, 실제로는 군사기지였다. 3·1운동에 이르기까지 많은 군사간부들이 양성되었는데, 이것이 바탕이 되어 서로군정서가 조직되고 청산리전투의 터전이 마련되었다.

그런데 막상 전투를 벌여나가는 과정에서 많은 전투비용이 발생하였고, 여기에 군자금이 지속적으로 공급되어야만 했다. 그래서 대구·경북지역에서 남만주 일대로 자금을 보내기 위한 비밀조직이 결성되었는데, 의용단·주비단이 대표적인 단체였다. 특히 의용단의 경우는 대표가 서로군정서 독판이던 이상룡(이계원)이었고, 때문에 이 지역에서 많은 호응을 보였다.

(12) 유림차원에서 전개된 마지막 독립운동이 일어난 곳이다

중국으로 갔던 김창숙이 외교활동을 벌이다가 한계에 부딪치자, 1925년에 독립군기지 건설로 활동방향을 수정하였다. 처음에는 파견된 목표대로 파리강화회의에 독립청원서를 전달하는 데 힘을 쏟았지만, 강화회의가 승전국의 이해관계를 중심으로 귀결되자, 그는 손문정부와 밀접한 관계를 도모하기 시작하였다. 그러다가 이 마저 여러 가지 한계에 이르자, 그는 근본적으로 독립군을 양성하여 전쟁을 일으켜야만 한다는 결론에 도달하고, 첫 단계 작업으로 군사기지를 건설하기로 다짐하였다. 熱河나 치치하얼과 같은 북부지역을 기지건설 대상지역으로 물색하면서 이에 필요한 자금을 마련하기 위해 1925년 초가을에 국내로 잠입하여 모금활동에 들어갔다. 주로 대구·경북지역 유림들에게서 자금을 모으기 시작하였다. 그렇지만 기대한 만큼 자금을 모으는 데 실패하자 1926년에 다시 상해로 망명하였다. 당시 이 거사에 호응한 인물들 대다수가 대구·경북지역의 유림이었기 때문에, 일본 경찰은 이를 '경북유림단사건'이라고 이름 지었다.

한편 김창숙은 목표했던 만큼 자금을 모으지는 못했지만, 국내에 잠입하여 거의 7개월 넘게 활동하는 동안 일제에게 전혀 알려지지 않았다. 장기간 동안 활동했음에도 불구하고 철저하게 비밀이 유지되었다는 사실은 당시 유림들이 갖고 있던 철저한 의리정신을 보여주는 대표적인 일이었다.

그리고 그 당시 모여진 자금이 '나석주의거'로 나타났다. 상해로 귀환하여 김구를 만난 김창숙은 김구의 제자이자 의열단원이던 나석주, 이승춘 및 한봉근 등 의열투쟁가들을 국내로 파견하기로 합의하였고, 이에 따라 나석주가 1926년 12월에 국내로 잠입하여 조선은행과 동양척식주식회사에 폭탄을 던지고 일본 경찰과 시가전을 벌였다. 이때 무기구입과 국내파견 경비가 바로 김창숙이 국내에서 모금한 자금이었다.

(13) 의열투쟁사에서 이 지역 인물들이 뛰어난 활약을 펼쳤다

의열투쟁사에 등장하는 발군의 인물들, 김시현이나 김지섭·이종암·장진홍 등이 바로 이 지역출신이다. 이 가운데 김시현·김지섭·이종암은 의열단원으로 활약한 대표적인 인물이다. 김시현은 일제강점기에 17년 동안이나 감옥에서 살았다. 그리고 김지섭은 1923년 관동대지진 때 살육 당한 동포들의 원수를 갚기 위해 상해에서 도쿄로 떠난 인물인데, 일본 궁성을 파괴목표로 삼음에 따라 한국독립운동사에서 일본왕을 공격목표로 삼은 최초의 인물이 되었다. 이것이 뒷날 일본왕을 처단하려던 이봉창의 거로 연결된다. 그리고 이종암은 의열단원으로서 국내에 잠입하여 투쟁하다가 붙잡혀 옥고를 치르던 끝에 1930년에 만신창이가 된 채로 가출옥한 뒤 곧 순국하였다. 장진홍은 1927년에 조선은행 대구지점에 폭탄을 반입시켰던 인물이다. 그리고 의열투쟁 분야에서 서동일이 중심이 된 다물단의 활동도 돋보인다.

(14) 사회주의운동에서도 이 지역이 단연 우뚝하다

근래까지 남북 분단문제로 인하여 사회주의운동을 독립운동사의 범주에서 제외시켜 왔다. 그렇지만 일본이라는 적을 어떻게 보았던가에 따라 이 문제는 달리 해석된다. 즉 일본을 침략적이고 배타적인 민족주의로 파악한 경우 우리도 민족주의로 여기에 대응하면서 자유를 확보하려고 자유주의와 민족주의를 겸하여 항쟁하였고, 일본을 변형된 자본주의 국가, 즉 제국주의 국가로 파악한 경우에는 그 자본주의를 붕괴시킬 사회주의 논리와 투쟁을, 그리고 일본을 억압적 폭력정부로 파악한 경우에는 아나키즘, 즉 무정부주의로 항쟁하였다. 따라서 남북문제가 발생하기 이전인 일제강점기에 사회주의운동을 민족운동 차원에서 이해하는 것이 바람직하다.

그렇게 볼 때 대구·경북지역은 민족독립을 추구하는 초기 사회주의운동에서 그 선두를 달렸다고 평가할 만하다. 무산자동지회의 이준태, 제1차 조선공산당 책임비서인 김재봉을 비롯한 김단야, 제2차 고려공산청년회의 책임비서를 맡은 권오설도 모두 경북출신이었다.

(15) 6·10만세운동의 핵심인물도 이 지역출신이다

1926년 6월 10일에 창덕궁을 나선 순종의 국장 행렬 뒤로 시위가 일어났다. 이것이 6·10만세운동이다. 4월에 순종의 서거 소식을 접하여, 3·1운동과 같은 전민족이 참여하는 항쟁을 시도하게 되었다. 여기에는 제2차 고려공산청년회·조선노농총동맹·천도교·조선학생과학연구회 및 임시정부 산하의 병인의용대가 여러 갈래로 시작하다가 합류하였다. 이 항쟁에 대구·경북지역출신이 핵심을 이루었다. 특히 고려공산청년회 책임비서 권오설, 조선공산당 상해부의 김단야(김태연), 연희전문의 권오상, 중앙고등보통학교의 류면희·이선호·권태성 등이 그러하다.

(16) 아나키스트 투쟁에서도 이 지역출신이 대표적이다

'민족을 어떻게 해방시키는가'라는 주제는 '일본을 어떻게 이해하고 있었나'라는 문제를 먼저 해결해야 한다. 일본을 독점적이고 폭압적인 지배정부로 파악하고 이를 붕괴시켜 철저한 자율사회를 추구한 노선이 바로 아나키즘, 즉 무정부주의이다. 이 계열의 대표적인 인물로 문경출신이자 상주에서 자란 박열을 들 수 있는데, 그는 일본 도쿄에서 동지이자 옥중에서 결혼한 아내 가네코 후미코와 더불어 투쟁하였다. 박열이 조직한 不逞社와 관련하여 일본 경찰에 체포된 인물은 15명이었다. 여기에서 일본인 4명을 제외하면, 11명 가운데 반이나 되는 5명이 이 지역출신이다.

중국에서는 안동출신의 류림과 영양의 엄순봉이 활약하였다. 류림은 조선공산무정부주의자연맹을 결성하여 활동하고 1940년대에는 임시정부의 국무위원으로 활동하였다. 또 엄순봉은 흑색공포단에 가입하여 일본 공사 아리요시와 변절자 및 친일분자 처단에 나섰던 인물이다. 그리고 대구에서는 진우연맹이 아나키즘운동의 대표적인 조직이었다. 일본의 무정부주의운동과 연결된 이 단체는 1925년 대구에 거점을 확보하였고, 중국 상해와도 연계활동을 시도하였다. 15명 구성원 가운데 일본인 2명을 제외하면, 나머지 13명에서 10명이 이 지역출신이거나 이 지역에서 거주하던 인물이었다. 그리고 허무당선언으로 유명한 윤우열도 빼놓을 수 없는 인물이다.

(17) 신간회에서도 시대를 앞서가는 특성을 보였다

독립운동계가 독립을 목표로 삼는다는 점에서는 동일하면서도 이념문제로 나뉘기 시작한 시기가 1924년부터였다. 그들이 1927년에 들어 합작을 도모하면서 통합체를 결성했으니, 이것이 바로 신간회였다. 이 지역에도 시군별로 곳곳에 지회가 조직되었고 다른 지역과 거의 비슷한 성격의 활동을 보였지만, 남다른 특징 두 가지를 보였다. 하나는 향교철폐운동이다. 일제가 성균관을 경학원으로 바꾸고 유도진흥회를 결성하여 유림인사들을 친일의 길로 내몰자, 향교가 일제의 의도대로 친일경향을 띠게 되는 경우가 발생하게 되었고, 이에 북부지역 지회들이 나서 향교철폐운동을 벌인 것이다. 또 하나는 도쿄지회와 교토지회를 이 지역출신, 특히 영양출신 인사들이 움직여 나간 점을 들 수 있다. 도쿄에서는 조헌영이나 오희병이, 교토에서는 조용기가 대표적인 인물이다.

　(18) 독립운동의 마지막을 장식한 독립군적인 조직들이 결성되었다

　1937년 중일전쟁이 발발한 이후에는 독립운동 단체들도 독립군적인 성격을 가지기 시작했다. 특히 1940년대에 들어서면서 징병과 징용이 추진되는 과정에서는 더더욱 그러한 성향이 나타났다. 대구사범학교 학생들의 백의단·문예부·연구회·다혁당 등으로 연결되는 항쟁이 있었고, 대구상업학교의 태극단이나 안동농림학교의 조선회복연구단이라는 이름으로 의열투쟁과 전투를 지향하였다. 한편 시민이나 농민들이 조직한 독립군적인 조직으로는 안동의 명성회, 울진의 창유계, 경산의 대왕산결사대가 조직되었는데, 특히 대왕산결사대는 대왕산성에 근거지를 확보하고 투쟁을 벌여 강성을 보였다. 한편 일본에서도 이 지역출신 인물들이 결사대 성격을 지닌 조직을 결성하였는데, 결사동지회·독립결사대·충성회·조선독립청년단·홍맹회 등이 그것이다.

(19) 민족문학의 꽃을 피운 곳이다

이상화와 이육사는 민족의 별이요, 꽃이었다. 두 사람 모두 항일문학의 정수였고, 특히 1940년대 문인들이 대다수 친일의 물결에 휩쓸릴 때 민족의 양심을 지킨 문인이라는 점에서 돋보인다. 우리가 아는 대다수의 문인들이 민족의 길을 버리고 식민지를 찬양하는 친일의 길을 걸었다. 이 땅의 문인 가운데 1940년대에 친일의 길을 걷지 않은 인물이 없었다고 말해도 지나치지 않을 정도이다. 그렇기 때문에 이상화와 이육사가 아니었다면 한국문학사에서 문인들이 고개를 들기 힘들 것이다. 물론 전국적으로 볼 때 여기에 심훈과 윤동주가 보태지겠지만, 이들은 참으로 민족의 양심 위에서 글을 써 나갔고, 특히 육사는 조선혁명군사정치간부학교 출신의 초급장교로서 양성된 뒤, 목적을 직접 행동으로 옮기려 노력한 사람으로 평가받을 만하다.

2) 전통과 혁신, 그리고 통합

(1) 독립운동사에서 가장 빼어난 곳, 경북

한국독립운동사는 1894년 갑오의병부터 1945년 해방까지 51년 동안 펼쳐졌다. 그 내용은 의병항쟁이 가장 먼저 일어났고, 이어서 계몽운동이 이어지며, 1910년대에 만주에 독립군기지를 건설하거나, 국내에서 순절하는 투쟁, 그리고 의열투쟁을 펼치며 독립전쟁을 준비하는 활동 등이 펼쳐졌다. 이어서 1919년 3·1운동이 일어나고, 1920년대에 들어서는 사회운동이 펼쳐졌다. 1920년대 중반에 들어 이념적 분화와 통합 모색이 거듭되었고, 1930년대에 들어서도 그러한 현상은 되풀이되었다. 국내에서는 노농투쟁이 전개되고, 나라 밖에서는 대한민국 임시정부의 활동과 독립군 전투가 펼쳐졌다. 1940년대에는 전시체제를 맞아 국내에서 주로 학생조직을 중심으로 독립군적인 조직들이 나타났고, 중국지역에서는 대한민국 임시정부와 광복군 활동이 두드러졌다.

한국독립운동사의 기간이 51년이고, 활동이 다양하다고 해서 모든 지역이 그러하다는 말은 아니다. 대부분의 지역은 의병과 3·1운동만 일어났다. 도시에서는 구국계몽운동이 일어나기도 했고, 사회운동이 있기도 했다. 하지만 그러한 활동이 줄곧 진행된 지역은 거의 없다. 다만 경북은 예외 지역이다. 경북에서는, 또 경북인은 항일투쟁기 전 시기와 대부분의 투쟁분야에 거의 모두 참가한 특징을 보였다. 의병도 가장 먼저 일어난 곳이 경북이고, 전국에서 순절자가 가장 많은 곳도 경북이다. 혁신 인사들이 등장하여 구국계몽운동을 이끌거나, 만주로 집단망명하여 독립군기지를 건설하면서 독립전쟁론을 추구해 나간 중심에도 경북인이 서 있었다. 3·1운동에서 격렬한 저항성을 보였고, 국내와 중국, 그리고 일본에서 터진 의열투쟁에서도 경북인은 핵심 역할을 맡았다. 1940년대 대구상업학교의 태극단과 안동농림학교의 조선회복연구단은 독립군적 조직으로 결성되었다. 또 저항시인의 활동도 뚜렷한 자취를 남겼다.

(2) 전체를 꿰뚫은 전통과 혁신, 그리고 통합정신

의병은 전통을 고수하는 논리에서 나왔다. 그 의병이 경북에서 가장 앞선 이유는 전통성 때문이다. 전통사회를 고수하는 척사유림이 그 주인공이다. 권세연·김도화·김흥락·이강년·이만도 등이 거기에 속한다. 신돌석은 유림이 아니지만, 평민의병장이 되어 그 아래 양반 부하를 지휘함에 따라 신분사회를 극복하는 진보성을 보였다.

나라가 망하던 무렵 전통성과 혁신성을 대변하는 두 가지 흐름이 존재했다. 전통성을 극명하게 드러낸 것이 바로 자정순국이다. 전국 자정순국자 가운데 20%나 되는 인물이 경북에서 나온 것은 이 지역의 강고한 전통성을 그대로 보여준다. 이들은 척사유림의 정서를 그대로 나타냈는데, 군주와의 의리지키기, 성리학적 질서의 고수가 핵심이다.

이에 반해 혁신성은 곧 계몽운동을 펼쳐나간 혁신유림에게서 확인된다. 척사유림이 보기에는 위험천만한 진보였지만, 혁신유림이 보기에는 역사적 선택이었다. 가장 큰 변화는 혁신유림이 주된 관점을 道統에서 民族으로 바꾸어 갔다는 사실이다. 게다가 민족과 민주를 묶어가기 시작했다. 성리학적인 道에 매달리는 것이 아니라, 근대개념의 민족을 발견하고, 거기에 市民을 상정하여 근대국가를 꿈꾸기 시작한 것이다. 그래서 정당정치와 민주사회를 향한 혁명적인 걸음이 내딛어지게 되었다. 단체로는 안동의 협동학교와 대한협회 안동지회, 인물로는 류인식과 이상룡이 대표적이다.

나라를 잃기 전에 척사유림과 혁신유림 사이에는 틈새가 벌어졌고, 심하게는 충돌하는 일들이 전국에서 나타났다. 그러다가 막상 나라를 잃게 되자, 양대 노선을 통합하려는 일이 생겼다. 대표적인 것이 바로 경북인을 중심으로 만들어진 光復會이다. 대구를 중심으로 활동하던 계몽운동 단체 조선국권회복단이, 풍기에서 만들어진 의병계열 조직인 광복단과 합류를 모색한 결과였다. 무장항쟁과 군주사회를 꿈꾸는 의병출신과, 인재·자본 육성과 민주공화정을 지향하는 계몽운동계열이 통합된 것이다. 그 결과 1915년 음력 7월 경북인이 중심이 되어 대구 달성공원에서 광복회가 조직되었고, 점차 충청권을 거쳐 국내와 만주로 그 영역을 넓혀갔다. 만주에 독립군기지를 만들고, 또 그것을 지원하여 독립군을 길러내는 데 목표를 두었다. 여기에서 전통과 혁신이라는 두 줄기가 비로소 합류하는 통합성을 보였다. 이는 이념의 통합, 방략의 통합으로 역사적 발전임을 확인할 수 있다.

3·1운동은 전통과 혁신이라는 두 가지 갈래가 완전하게 합류한 거사였다. 전통을 유지하던 유림들과 새로 자리를 잡기 시작한 기독교가 이념과 종교의 차이를 넘어 민족문제에 함께 동참한 것이다. 기독교인들이 처음으로 민족문제 해결에 나섰고, 파급 효과도 컸다. 이는 통합성을 말해준다.

또 1919년까지 가장 강한 전통성·보수성을 유지하던 유림들이 서양 오랑캐라고 여기던 서양 열강들에게 한국문제를 다루고 독립을 시켜달라고 프랑스 파리에 독립청원서를 보냈다. 가장 늦게까지 전통을 고수하던 유림들도 변화의 물결에 동참한 것이다. 그 파리장서를 이끌어 내거나 이끌어간 대표적인 인물들이 김창숙·이중업 등 경북인이요, 곽종석을 비롯한 서명자의 절대 다수가 경북인이다. 전통유림의 거사는 1925년과 이듬해에 걸친 제2차 유림단의거로 이어지는데, 여기에서도 단연 김창숙을 비롯한 경북인이 그 중심을 이루었다.

3·1운동 이후에 사회주의가 국내로 들어오면서, 새로운 진보가 나타났다. 1924년이면 대부분 청년단체와 농민운동·노동운동 단체들이 사회주의를 받아들였다. 유림이라는 틀 속에서 자라난 청년들이, 독립운동 제3세대가 되어 마침 들어온 사회주의를 수용하기 시작했다. 또 그것으로 대중운동을 이끌면서 민족문제에 대응하고 나섰다. 조선노동공제회를 시작으로 조선노농총동맹, 1925년에는 조선공산당 결성으로 나아갔다. 이들은 대중투쟁으로 민족문제를 해결하려 나선 새로운 진보, 혁신세력이었다. 특히 이러한 흐름을 주도하고 나선 인물들이 유림의 후예라는 사실에 주목할 필요가 있다. 마치 척사유림에서 혁신유림이 등장했듯이, 이번에도 유림의 후예들이 혁명적인 변화를 이끌어 갔다. 조선공산당 1차당과 2차당은 경북인의 역할이 절대적이었다. 초대 책임비서를 맡은 김재봉을 비롯한 주역 가운데 경북인이 단연 많다. 이는 곧 혁신성과 진보성을 말해준다.

1926년 6·10만세운동도 바로 조선공산당이 주도한 것이다. 제2의 3·1
운동이라는 이 투쟁을 조선공산당이 이끌면서 천도교 구파와 조선학생과
학연구회가 동참하였다. 이는 곧 좌우합작을 말하는 것이니 통합성에 속
한다. 그 정점에 안동출신 권오설과 김천출신 김단야가 있었다.

　이념의 분화로 에너지가 분산되자 이를 통합하려는 노력이 나타났는데,
신간회가 그것이다. 여기에도 역시 경북인의 활약은 대단했다. 신간회 안
동지회는 평양지회 다음으로 규모가 컸다. 도쿄지회장은 영양출신 조헌영
이었다. 좌우분화를 극복하여 민족문제에 하나가 되는 통합성을 보인 것
이다.

　1930년대 사회주의운동에도 경북인들은 끊임없이 참가하였다. 그러다
가 1940년대에 들면 전국에서 나타나는 현상처럼, 학생조직이 결사대와
같은 조직으로 변했다. 징용과 징병에 반대하는 단체들이 속속 나타났다.
대구사범학교의 무우원·다혁당이나, 대구상업학교의 태극단, 그리고 안
동농림학교의 조선회복연구단이 대표적이다.

　나라 밖에서도 그랬다. 만주에 정착한 1910년대, 그곳에는 경북인들의
역할이 결정적이었다. 서간도에서 최초로 만들어진 독립운동 조직인 경
학사 초대 사장에 이상룡이, 신흥무관학교 졸업생을 중심으로 만들어진
비밀부대인 백서농장의 장주에 김동삼이 활약했다. 독립운동 역사에서
가장 큰 규모로 열린 1923년 국민대표회의에서 의장에 뽑힌 인물이 김동
삼이요, 1925년 대한민국 임시정부 국무령이 된 인물이 이상룡이다. 특히
사회주의가 독립운동 전체에 유입되면서 분화가 일어나자, 곳곳에서 갈
등과 분열이 일어났지만, 경북인의 세계는 달랐다. 오히려 유학적 틀에서
사회주의를 분석하고, 민족문제를 해결하는 데 도움이 된다면서 선뜻 수
용하는 자세를 보였다. 때문에 경북인들이 활약한 곳에서는 좌우갈등이
적었다. 이는 곧 통합성을 말해준다.

경북인들이 벌인 독립운동에서 확인할 수 있는 성향은 두 가지다. 하나는 전통에서 스스로 깨고 나오는 혁신과 진보가 있었고, 다시 이들이 전통을 만들어갔다는 사실이다. 다른 하나는 전통·보수와 혁신·진보라는 두 가지 상반된 틀을 하나로 묶어가는 통합성을 가졌다는 사실이다. 현재 사사건건 나뉘는, 아예 사실을 따져보지도 않고 미리 편을 가르는 요즘의 눈으로 보면 기이할 정도이다. 현재 우리 사회가 가지고 있는 문제점인 편 가르기와 이기주의를 극복하기 위해서는 이러한 자랑스러운 통합성을 되살려내는 것이 좋겠다.

3) 독립운동사에 나타난 경북사람의 정신과 계승

(1) 경북은 한국독립운동의 성지, 세계 식민지 해방운동에서도 대표성을 가진다

경북은 한국독립운동사에서 최고의 위치에 있다. 독립유공자가 가장 많고, 자정순국자도 마찬가지다. 독립운동 51년을 가득 메우는 곳이 이 지역이며, 세계적으로 유교문화권의 식민지 해방운동이란 점에서 경북이 가지는 위상은 높다. 이를 자원으로 만들어 새로운 시대를 만들어내기 위해서는 경북인들이 펼친 독립운동을 한 자리에 드러내고 교육할 공간이 필요하다. 경상북도독립운동기념관이 세워진 이유가 여기에 있다.

(2) 정신적 기본은 전통·보수, 혁신·진보의 조화이자, 통합성에 있다

근대와 현대에 나타난 경북인의 기본 틀은 세 가지다. 전통과 보수라는 것이 하나요, 혁신과 진보라는 것이 다른 하나다. 그리고 마지막으로는 이것이 이중주를 벌여 통합을 만들어 가는 것이다. 전통성과 혁신성, 그리고 통합성은 경북인들이 가지는 우수성이다. 전통성과 혁신성이 충돌하기 보다는 분화한 뒤에 다시 통합을 추구하는, 그 선두에 경북인이 있었다. 이러한 역사는 오늘날 우리에게도 대단히 훌륭한 교훈을 준다.

(3) 극도로 분열된 사회적 상처를 치유하기 위해 역사문화자원의 활용성을 높여야 한다

지금 우리 사회가 안고 있는 문제 가운데 가장 심각한 것은 편 가르기이다. 거기에는 이기주의와 권력욕이 핵심으로 작용하고 있다. 종교가 다르다고 결혼하지 않고, 출신이 다르다고 등을 돌리며, 주장이 다르다고 손가락질하는 위험한 세태를 보인다. 더구나 이기주의는 매우 심각한 수준에 와 있다. 이런 것들이 얽히면서 모든 일에 편 가르기 현상이 나타나고 있다. 4대강 사업이든, 쇠고기 파동이든, 그 어느 것 가릴 것 없이, 제대로 따져보지도 않고 찬반으로 갈라섰다. 타협하고 논의하기 보다는 기 싸움이 먼저다. 그런 경우도 자세히 들여다보면, 권력만 쫓는 정치세력이 대부분의 원인을 제공하고 있음을 알 수 있다.

이를 극복할 방법으로 역사문화자원을 활용하자. 그러자면 먼저 근현대 역사를 정리하고, 이를 문화자원으로 만들 필요가 있다. 권리만큼 책임을 스스로 찾았던 독립운동가들의 삶과 선택을 우리들의 가슴에 담기게 하자. 역사는 마치 공기와 같다. 보이지 않는 것이지만, 분명 존재한다. 공기에서 산소를 뽑아 통에 담으면 자원이 된다. 이처럼 역사문화도 자원으로 재창출하는 전략이 필요하다.

제2절 퇴계학맥의 근대적 전환

1. 머리말

한말에 들어 제국주의의 침략에 직면하면서 많은 학파들은 다양한 반응을 보였다. 그 가운데서 철저한 위정척사, 즉 성리학적 질서를 고수하려는 사조가 주류를 이루고 있었고, 퇴계학맥의 중심축을 이루던 안동지역도 그 예외가 아니었다. 실제로는 예외가 아닐 정도가 아니라, 1881년(신사년) 영남만인소로 대표되듯이 위정척사론에 근거한 주장이 대단히 격렬하였다. 물론 이항로와 기정진으로 대표되는 척사유생들의 저항도 강했지만, 여기에 참가한 안동유림의 결속과 투쟁성도 마찬가지였던 것이다.

그러던 안동유림이 일제의 침략에 항거하는 과정에서 민족문제에 대응하고 해결책을 실천에 옮기게 되었다. 즉 그들은 1890년대에 의병항쟁을, 1900년대에 계몽운동을, 1910년대에 만주지역에 독립군기지 건설을, 그리고 1920년대에는 사회주의운동을 끌고 나갔던 것이다. 그러한 반외세·반제투쟁 과정에서 퇴계학파는 불과 몇 년 사이에 급격한 사상적 변화를 겪었다. 새로운 사상을 접하면서, 철저하게 배척하기도 하고, 또 한편으로는 일면을 수용하기도 했다. 위정척사적인 틀에서 계몽사상을 도입하고, 또다시 자유민주주의와 평등민주주의를 수용하는 단계까지 걸린 시간은 30년 정도에 지나지 않았다. 즉 1890년대의 의병항쟁에서부터 1920년대

사회주의운동에 이르기까지 겨우 30년 정도에 불과하니, 그토록 짧은 시간에 겪은 변화치고는 대단히 격렬한 것임에 틀림없다. 더구나 그것이 사상의 변화만이 아니라 사회적 변화, 특히 민족과 국가를 상실해나가는 과정과 함께 얽힌 것이므로 극복과정이 어려울 수밖에 없었다.

이 글은 전통적인 주자학과 그것이 중심이 되는 사회를 고집하던 퇴계학파가 어떻게 근대적인 변화를 겪고, 또 이를 수용해 나가는지를 추적하는 데 목표를 둔다. 이를 위해 전통적인 위정척사론을 바탕으로 일어난 의병항쟁을 논의의 출발점으로 삼고, 전기의병이 끝난 뒤에 일부 유림들이 상경하여 새로운 사조를 접하고 익히면서 사상적인 변화를 겪는 과정을 다룬다. 이어서 변화된 사상을 안동사회에 접목시키는 계몽운동과 일제강점기에 들면서 민족독립을 위해 국외에 망명하여 독립군기지를 건설하는 과정을 살펴본다. 그리고 안동사회를 근대적인 길로 방향을 틀어 가는 상황과 1920년대에 들어 혁신유림이 노동운동을 비롯한 사회운동을 펼치고, 특히 그 영향 아래 성장한 인물들이 사회주의를 수용해 나가는 장면, 끝으로 그러한 근대사상의 수용과 분화 및 통일운동까지를 추적한다. 그리하여 퇴계학맥이 근대적인 변화에 대응하고, 또 현실에 이를 수용해 나가는 과정에서 보이는 특성을 규명하는 데 목적을 둔다.[1]

2. 의병항쟁과 민족문제 인식

안동유림들이 전통적인 위정척사론의 세계에서 근대적인 개념의 민족을 인식하고, 민족문제를 기본모순으로 파악한 계기는 의병항쟁이었다.

---

1) 이 글에서 다루는 시기는 퇴계학파의 변화상을 추적하고 설명하는 데 편리하다는 이유로 1930년 이전, 즉 신간회까지로 잡는다.

즉 민족문제에 대해 확실하게 인식을 가진 시기가 바로 의병항쟁을 벌이
던 1890년대였다는 말이다. 일본을 비롯한 외세의 침략을 전해듣다가 직
접 일본군과 겨루는 전투에서 군주에 대한 근왕병적 성향을 보이기도 하
고, 전투과정에서 계급사회를 극복해나가는 첫 걸음을 내딛게 되기도 했
다. 비록 철저하게 위정척사론에 근거한 의병항쟁이 펼쳐지는 순간이었
지만, 다른 한편으로는 근대적 신분변화를 재촉하는 방향으로 작용하기
도 했던 것이다.

안동의 의병사는 주로 전기(1894~1896)에 집중되었다. 그것을 크게 나
누면 다섯 시기로 구분되는데, 첫 걸음이 바로 갑오의병(1894)이면서, 아
울러 한국독립운동사의 서장이기도 하다. 그 서막이 바로 안동에서 일어
났다.

갑오변란에 저항하여 일어난 안동의 갑오의병은 공주 유생이자 제천에
머물던 徐相轍이 1894년 7월 2일에 안동지역 일대에 의병 궐기를 호소하
는 격문인 「湖西忠義 徐相轍 布告文」을 발송함으로써 시작되었다. 서상
철과 같은 문중 사람들이 안동군 一直面 蘇湖里에 거주하고 있어 이들
사이에는 잦은 왕래와 교류가 있었다. 서상철이 보낸 통문이 예안의 李晩
燾에게 도착한 것은 7월 14일이었고, 그가 이만도를 만나러 온 때는 그
달 20일이었다. 이만도는 서상철을 만나고, 그의 주장이 옳다고 인정하였
다. 이 만남 이후 8월 초에 안동 일대에서 2,000여 명의 대규모 의진을 결
성할 수 있었다.[2] 서상철과 안동의진은 9월 1일에 대구와 충주를 잇는 함
창의 태봉에 주둔한 일본군 병참부대를 공격하였지만, 안동의진은 밀려
났고, 서상철은 청풍 방면으로 후퇴하였다.[3] 이 전투를 통해 안동의 유림

---

2) 金祥起, 『한말의병연구』, 일조각, 1997, 113쪽.
3) 『舊韓末外交文書』 日案3, 제3185호, 「聞慶東徒와의 接戰狀況 및 戰果 報告」
   9월 초에 정부에서도 관군 200여 명을 파견하여 일본군에 합세시킴으로써 압력을
   가하였다. 서상철의 잔존 부대는 제천·청풍 일대의 전투를 거치고, 9월 20일 경기도

들은 일본군이라는 외세와 마주치면서 민족문제의 심각성을 직접 겪게 되었다.

다음으로 두 번째 단계는 명성황후 시해사건과 단발령 직후에 일어난 것이다. 단발령이 전해지면서 안동의병이 일어나고 봉화 酉谷[닭실] 출신 참봉 星臺 權世淵이 초대 의병장을 맡던 1896년 1월 중순(음 1895년 12월초)부터 3월 중순까지가 바로 이 단계이다. 당시 안동에서 발표된 모든 의병통문은 바로 명성황후 시해사건과 단발령을 문제점으로 지목하고, 왕권을 견고하게 확립해야 한다는 근왕병적 성격을 보였다.

단발령이 안동부에 문서로 도착한 날짜는 서울에서 그것이 발표된 지 12일이 지난 1896년 1월 11일(음 11.27)이었다.[4] 이 소식이 전해지자 이틀만인 1월 13일(음 11.29) 안동지방에서 최초의 통문이 돌았다. 이를 출발점으로 의병을 일으키려는 논의가 일어나면서 여러 서원에서 禮安(鄕會)通文(1896.1.13)·三溪通文(1896.1.15 추정)·靑鏡通文(1896.1.15)·靑鏡私通(1.15)·虎溪通文(1.16)·安東檄文(1896.1)·安東義兵所通文(1896), 그리고 안동 향리들에 의해 安東下吏通文(1896.2~3)을 각각 발송하였다.[5] 이들 통문은 대부분 임진왜란 때 성종과 중종의 왕릉을 파헤친 야만성이나 국모를 시해한 방자함으로 보아 왕위까지 마음대로 흔들 것이라고 경고하고, 단발령이라는 일본의 강압책에 고개 숙일 수 없다면서, 역사적으로 농축된 대일 감정과 그 시대 지식인으로서의 자존심, 그리고 정의감을 보여주었다.[6] "200년 동안 조공을 바치던 나라가 한 가지 기술의

광주의 청풍전투에서 크게 패한 뒤 소멸되었다.

4) 李兢淵(두루, 周下村), 『乙未義兵日記』(원고본) 1895년 12월 1일자(음력). 이 일기를 쓴 이긍연은 진성이씨 두루파의 21대 종손이며, 서산 김흥락의 문도이기도 하다.

5) 김희곤, 「西山 金興洛(1827~1899)의 의병항쟁」, 『한국근현대사연구』15, 한국근현대사학회, 2000, 9~10쪽.

6) 독립운동사편찬위원회, 「倡義見聞錄」, 『獨立運動史資料集』1, 1970, 645~646쪽.

장점을 과장하여 우리 용기를 좌절시키고, 선왕의 법복을 무너뜨리니, 그
괴수를 없애지 못하면 지하에 가서 선왕을 뵈올 낯이 없고, 이 머리를 보
전하지 못하면 무슨 마음으로 세상에 산단 말인가"라고 밝힌 의병장 권
세연의 격문이나,[7] "삭발은 임금의 참 뜻이 아니리니, 머리를 바칠지언
정 단발은 할 수 없노라."던[8] 류도성의 항변도 모두 같은 인식임을 보여
준다.

  두 번째 시기인 1896년 1월에서 3월 사이에 안동의병은 권세연이 대장
을 맡았고, 이를 밀고 나간 대표적인 인사들은 류도성·김흥락·류지호·김
도화·柳芝榮 등이었다.[9] 이들은 모두 척사론자들로서 강한 주자학적인
원리주의를 대표하고 있었음은 두말할 필요가 없다. 이 시기에 의병을 일
으키고, 관찰사 김석중이 도주했다가 관군과 일본군을 이끌고 안동부성
을 재점령했고, 안동주변에서 지역마다 의병이 조직되어 압력을 가하는
과정에서 김석중이 도피하다가 이강년의진에 잡혀 처단되었다. 이에 안
동의진이 다시 안동부성을 탈환하는 일을 거쳤다.

  세 번째 단계는 권세연 의병장이 물러나고 김도화가 제2대 의병장으로
추대된 1896년 3월 중순부터 신임 관찰사 이남규에 대해 논의하게 되는
시기까지이다. 이 무렵에는 안동주변에 예안의 이만도와 이중린, 영양의
조승기와 김도현, 의성의 김상종, 봉화의 금석주, 예천의 박주대와 박주상
등이 의병을 일으키고 활약하였다. 그러자 안동의진은 주변의 5개 의진
및 제천에서 파견된 서상렬의진과 연합의진을 구성하여 3월 28일부터 다
음날까지 상주 함창의 태봉에 주둔하고 있던 일본군 병참부대를 공격하
고 치열한 전투를 벌인 것이 이 시기 가장 큰 규모의 전투였다. 여기에서

---

7) 권세연, 「안동격문」, 『독립운동사자료집』1, 독립운동사편찬위원회, 1970, 98쪽.
8) 宋志香, 『安東鄕土誌』下, 대성문화사, 1983, 475쪽; 『石湖文集』, 行狀.
9) 이긍연, 앞의 일기, 12월 6일자.

패배하고 물러나게 되자, 일본군은 안동의진을 추격하여 안동 중심부로 밀려들었고, 안동 시가지 서쪽 안기역에 불을 질러 안동읍내 북부를 가로지르며 끝내 동쪽으로 낙동강변 골짜기인 탑곡까지 태웠다.[10] 일본군과의 전투를 통해, 또 일본군의 만행을 보면서 민족문제가 바로 눈앞의 불로 인식되었다.

　네 번째 시기는 신임 관찰사 이남규가 와서 의병해산을 요구하던 4월 이후 해체기에 접어들던 8월 이전까지였다. 즉 4월에서 5월초 사이에 척암은 안동주변에 의진을 주둔시키면서 활약하였는데, 신임 관찰사 이남규가 각 의진에 글을 보내어 회유하였다. 그러자 이에 대한 대응책을 둘러싸고 분란이 일어났고,[11] 4월 12일(음 2.30)에 열린 도회에서 신임 관찰사를 받아들이는 의견이 다수를 차지했다.[12] 그렇지만 안동의진은 전혀 흔들리지 않고 이후에도 지속적으로 저항을 펼쳤다. 또한 5월말 안동관찰부 참사관 洪弼周가 각 문중에 서찰을 보내어 "의병 해산령을 지키지 않는 것은 위로는 국가의 죄인이요, 아래로는 조선의 죄인이라."고 하면서 해산을 거듭 요청하였다. 그러자 먼저 선성(예안)의진이 4월 29일에 일단 포수를 돌려보내고 해산하였다. 李晩燾가 이끌던 선성의진이 먼저 해산한 데에는 이만도의 의지가 중요하게 작용한 것 같다는 견해가 있다. 즉 이만도와 이남규가 동반 급제한 사이였기 때문이라는 지적이다.[13] 그렇다고 해서 이 의진이 완전하게 끝난 것은 아닌 것 같다. 왜냐하면 이어서

---

10) 「李南珪 상소문」, 『高宗實錄』 中卷34; 「辭安東察使疏」, 『修堂集』2; 「碧山先生倡義顚末」, 『독립운동사자료집』2, 독립운동사편찬위원회, 1970, 721쪽; ≪독립신문≫ 1896년 4월 30일자.
11) 朴周大(朴成壽 註解), 『渚上日月』상, 서울신문사, 1993, 260쪽.
12) 『赤猿日記』 1896년 3월 4일자.
13) 조동걸 교수는 이에 대해 향산이 신임 관찰사 이남규와 동반 급제한 관계여서 그렇다고 추정했다(趙東杰, 「傳統名家의 近代的 변용과 獨立運動 事例 -安東 川前 門中의 경우-」, 『大東文化硏究』36, 대동문화연구원 2000, 390쪽).

말하거니와, 그 뒤에 퇴계종가가 변을 당하고 온혜의 삼백당 종가가 공격을 받게 되는 점으로 미루어 보아 결코 완전하게 해산한 것이 아님을 알 수 있기 때문이다.

한편 안동의병장 김도화는 지속적인 투쟁을 결정하고, 바로 봉정사로 본부를 옮겼다.14) 이어서 그가 이끄는 안동의진은 선유사에게 「격고문」을 보내어 해산 명령에 따를 수 없음을 분명히 하였다. 이후 안동의진은 소백산과 태백산 일대를 이동하면서 일본군과 전투를 벌였다.

4월을 넘기면서 신임 관찰사에 대한 수용 문제는 매듭지어졌다. 그렇지만 의병항쟁은 곳곳에서 계속 전개되었다. 안동의진·선성의진·봉화의진·의성의진·영양의진·예천의진 등이 5월에도 활발하게 투쟁을 전개하고 있었다. 그렇지만 퇴계학맥의 중심축을 이루던 안동의 명가들이 당한 고통은 참혹하였다. 5월 31일(음 4.19)에는 상계의 퇴계종가가 불타고 이 과정에서 1,400권의 책이 몽땅 잿더미가 되었다. 그리고 다음날에는 淸涼山의 淸涼寺와 吾山堂이 방화되었다.15) 또 7월 22일(음 6.12) 서후면 금계마을에서는 지도자 김흥락이 포박당하고, 砲將 金繪洛이 포살당하고 斥候將 金鎭懿가 투옥된 것이다.16) 또 금계에 이어 다시 온혜의 三栢堂이 불태워졌다. "불행 중 다행인 것은 사당만 화를 면했다."고 기록되어 있을 정도이다.17) 따라서 예안에도 의진이 이 당시까지 활동하고 있었음을 알 수 있다.

마지막으로 다섯째 단계는 8월 이후 해체에 이르는 9월 말일까지였다. 안동의진은 8월을 넘기면서 해산의 길목에 들어섰다. 그를 재촉한 계기

---

14) 위와 같음.
15) 앞의 일기, 1896년 4월 20일자.
16) 위의 일기, 1896년 6월 12일자(여기에 등장하는 景承은 바로 김회락의 字이다); 李圭洪, 『洗心軒記年』 1896년 7월조 기사 바로 앞부분.
17) 이긍연, 앞의 일기, 1896년 7월 29일자.

가운데 하나가 8월에 영남지역 의병의 해산을 종용하는 고종의 칙령 「勅
嶺南義陣」이 도착한 것이고, 다른 하나가 9월 11일(음 8.5)에 대대장 李
兼齊가 직접 병정 100여 명을 이끌고 안동부 도착한 것이다. 더 이상 버
틸 공간이 없게 되었다. 그러자 9월 25일(음 8.19)에는 안동의진 대장(김
도화일 듯)도 사죄하고 물러났고, 10월 1일(음 8.25) 선봉장이던 류시연
도 砲를 납입하고 물러갔다.[18] 이로써 안동 전기의병이 종결된 것이니 9
월 말일이 그 날인 셈이다. 10월에 들어서는 결국 벽산 김도현이 이끄는
영양의진만 남고 모두 해산한 것인데, 그는 보름 뒤인 10월 15일(음 9.9)
에 해산함으로써 전국에서 가장 오래 의병을 이끈 기록을 남겼다.

3. 혁신유림으로의 전환과 계몽운동 전개

전기의병을 치른 뒤, 안동유림계에는 상당한 진폭의 변화가 일어나기
시작했다. 젊은 유림들이 상경하여 서양의 근대사상과 문물을 접하면서
변화를 일으키기 시작했던 것이다. 전기의병이 끝난 뒤, 즉 1890년대 말
에 상경한 류인식의 경우는 바로 안동사회에 근대적 변화의 물꼬를 열어
나간 대표적 사례에 속한다. 최근의 세계정세와 세계사조를 접하면서, 최
신 정보에 눈 어두운 안동유림계는 이를 도입하는 문제로 깊은 고민에 빠
지게 되었다. 이로부터 안동사회는 새로운 단계로 접어드는 첫 발을 내디
딘 것이다.

하지만 류인식 혼자만의 혁신적인 변화가 바로 안동 전체유림의 변화
를 말할 수는 없다. 퇴계학맥 가운데서도 근대화에 비교적 일찍 눈을 뜬
인물이 이상룡이라고 평가되는데, 그가 사고의 틀을 바꾼 시기가 류인식

18) 위의 일기, 1896년 8월 25일자.

보다 5년 이상 늦었기 때문이다. 또 당시에 전기의병 출신의 유림들이 서
울에서 忠義社라는 조직을 결성하였는데, 이 조직에 서명한 133인 가운
데 안동의 인물로는 11인이 나타난다.[19] 이것도 전통적인 척사론에서 계
몽운동론으로 변해나가는 과도기적인 조직으로 여겨진다. 즉 1890년대
말부터 1908년까지 약 10년 동안 안동사회는 척사론과 이에 반대되는 혁
신론이 공존하면서 대립하였던 것이다. 특히 1903년 이후에 류인식이 서
양근대문명을 안동에 가지고 내려오면서 그 충돌은 크게 발생하였고, 다
른 한편으로 이상룡은 1906년 1월(음 1905.12월말)에 경남 거창군 가조면,
가야산록에다가 1만 5천금이나 되는 거액을 투자하여 의병기지를 건설하
였던 것이다.[20] 거창 가조에서 의병을 모으고 무기를 장만하였지만 대오
를 완성하기 앞서 먼저 일본의 기습을 받아 무너지고 말았는데,[21] 당시까
지 이상룡이 혁신적인 변화를 보이지 않았다는 점을 알 수 있다. 충의사
는 물론 의병지도자 출신이 다수를 이루기는 했지만, 서울에서 움직이면
서 점차 성향을 조금씩 바꾸고 있는 인물들의 조직체였다. 그렇다고 하더
라도 역시 위정척사적인 사고에서 혁명적으로 변신하지는 못하고 있었
다. 그런데 퇴계학맥의 축을 이루는 안동의 유림사회에 두 번에 걸쳐 혁
신의 물결이 밀려들었다. 그 첫 계기가 바로 류인식에 의해, 다음이 이상

---

19) 呂中龍의 『南隱先生遺集』에 기록된 안동출신 인물은 다음과 같다. 李中植(참봉,
　　진성이씨, 예안)·李圭洛(참봉, 예안이씨, 예안)·金雲洛(주사, 의성김씨, 안동)·李
　　象義(유학, 영천이씨, 안동)·柳喬榮(군수, 풍산류씨, 안동)·金學模(유학, 의성김씨,
　　안동)·李南羽(주사, 진성이씨, 예안)·柳鳳熙(유학, 전주류씨, 안동)·金進洙(주사,
　　의성김씨, 예안)·權貞植(주사, 안동권씨, 안동)·權有夏(注書, 안동권씨, 안동) 이
　　가운데 李象義는 李象義, 즉 이상룡으로 이해되고 있다. 그렇지만 이상룡이 고성
　　이씨이므로 다른 인물이라고 이야기되기도 하지만, 영천이씨에는 이러한 인물이 없
　　어서, 이상룡에 대한 잘못된 기록으로 보는 견해가 유력하다.
20) 李圭洪, 『洗心軒記年』 1906년 1월조.
21) 이규홍, 앞의 일기, 1908년 2월조.

룡에 의해 펼쳐지는 '도전'이었다.

류인식은 1904년 안동사회에 근대 서양문물을 중심으로 삼은 신식 중등학교 수립을 시도하였다. 하지만 그 첫 노력은 커다란 벽을 만나 주저 않고 말았다. 그 시도가 한번 만에 통했다면 오히려 이상한 것이다. 안동유림의 척사적인 사조가 그처럼 한번 만에 뚫려질 정도로 약한 것이 아니었기 때문이다. 그러다가 1907년에 류인식은 또다시 신식교육을 밀고 나갔다. 그 결과 퇴계학맥의 범주에서는 최초로 신식 중등학교인 協東學校가 설립된 것이다. 그것도 안동의 대표적인 명문 집안의 하나인 의성김씨 본거지인 임하면 川前(내앞마을)에 세워졌다. 종손인 金秉植이 교장을 맡고, 류인식과 김동삼이 주역을 맡았다. 종손이 교장을 맡고 나선 형편이니, 반대하던 문중 인사들도 어쩔 수 없이 지켜보고만 있었다.

20세 정도의 학생들을 모집하였는데, 모두가 집안에서 가학으로 이미 한문학을 이수한 상태였으니, 머릿속에는 전통적인 성향이 가득 자리잡고 있었다. 교육내용은 화학·세계지리·물리·상업대요 등 가히 혁명적인 것이었다. 주자학적인 사조와 질서 속에 살아가던 안동으로서는 혁명이라 말하지 않을 수 없었다. 더구나 1909년 11월에는 학생들의 상투를 잘랐다. 단발령에 반대하여 의병항쟁을 들고 나온 안동에서, 단지 14년 만에 단발을 시행한 것이다. 그것도 양반가문 출신인 학생들을 단발시킨 것이다.

여기에 수구세력의 반동적인 공격도 만만치 않았다. 다음해인 1910년 7월 崔聖天이 이끄는 예천지역 의병이 기습하여 교감 김기수를 비롯하여 3명의 교사를 살해하는 사건이 발생한 것이다. 비록 예천에서 습격해온 의병이기는 하지만, 당시 퇴계학파의 수구적인 세력의 도전을 의미하는 사건이었다. 이 사건이 터지자마자 전국적으로 안동유림을 비난하는 공격이 신문을 가득 덮었다. 안동유림을 비난하는 목소리가 전국으로 메아리쳐 간 것이다. 이러한 여론의 지원 속에 협동학교는 다시 길을 열어 갔

고, 여기에서 키워진 인물들이 각지로 나아가 신식학교를 세워 후계자들을
양성하였다. 새로운 사회를 열어나가는 에너지가 확대 재생산되는 현장이
었다.22)

한편 의병을 밀고 나가던 이상룡은 1908년부터 새로운 길을 모색하고
나섰다. 가야산 의병기지 건설이 실패하고, 더욱이 믿었던 신돌석이 살해
당하자 한계를 절감하였다. 이때 그가 모색한 새로운 길이 바로 민중을
기르는 것이었다. 협동학교 설립에 간여하지 않던 그가 방향을 바꾸어 대
한협회 활동에 나섰던 것이다. 그는 1909년에 대한협회 안동지회를 결성
하였다. 그리고서 안동사회의 청년들을 모아 새로운 지식과 사조를 주입
시키기 시작하였다. 석주가 생각했던 대한협회 활동은 서울 본부의 그것
과는 판이하게 달랐다. 그는 계몽운동이라 하더라도 결국에는 의병항쟁
의 연장선상에서 무력항쟁을 지향하고 있었다. 신지식을 주입하면서도
무력항쟁을 펼칠 수 있는 기초조직을 결성해나가는 것을 기본방향으로
잡고 있었던 것이다. 즉 이상룡은 국권회복운동의 주체를 新民으로 삼았
는데, 이 신민이란 그 자체가 이미 중세사회의 백성이 아닌 근대적인 개
념의 '民'이었다.23) 여기에다가 독립운동의 근간이 되는 기초조직으로 국
가와 사회의 기본단위로 '가족단'을 구성하는 방안을 제시하였다. 이것은
막연한 운동방향이 아니라 구체적인 실천방안이었다. 뒷날 만주로 망명한
이후에도 그는 독립운동을 펼쳐나가는 데 필요한 기본단위 조직을 건설하
기 위해 노력하게 되었다.

그의 손위 처남인 내앞마을의 白下 金大洛의 변화도 이상룡과 마찬가

---

22) 김희곤, 「安東 協東學校의 독립운동」, 『于松趙東杰先生停年紀念論叢Ⅱ 한국
     민족운동사연구』, 나남출판, 1997, 191~192쪽.
23) '신민'이란 말 자체가 신민설에서 연유한 것인데, 안창호가 설립한 신민회의 경우
     도 이와 마찬가지다(조동걸, 「한말계몽주의의 구조와 독립운동상의 위치」, 『한국민
     족주의의 성립과 독립운동사연구』, 지식산업사, 1989, 130쪽).

지로 보수에서 혁신으로 급격하게 변화하는 대표적인 경우였다. 김대락
도 매제인 이상룡과 마찬가지로 척사론에 바탕을 둔 의병항쟁에 중심을
두다가, ≪대한협회회보≫를 읽게 되면서 자신의 사고가 잘못되었다고
인정하였다.[24] 그리고서는 그동안 냉담하게 보아왔던 협동학교가 바로
신사회를 열어 가는 무대라는 점을 인정하고, 자신의 집을 학교에 기증하
고서 자신은 조그만 집으로 이사하였다. 이것은 안동의 유림이 새로운 사
회로 나아가는, 즉 근대적인 변화를 일으키는 바로 그 현장이었던 것이
다. 이상룡이나 김대락은 모두 西山 金興洛의 제자였다. 그 김흥락이 퇴
계학맥의 한 가운데를 내려온 定齋 柳致明의 제자였으니, 바로 퇴계학파
가 근대적으로 변화하고 있던 격변의 현장이었던 셈이다.

4. 계몽운동의 확산과 민족주의 심화

국치를 당하자 안동유림은 전국에서 가장 강한 저항을 보였다. 이미
1908년에 김순흠이 자결한 이래, 1910년 가을에 들어 자결 순국자가 줄줄
이 나타났다. 의병장 출신 이만도가 24일 동안 단식한 끝에 10월 10일 예
안에서 순국하였다. 이와 비슷한 시기에 권용하(10.9, 와룡)·류도발(11.27,
풍천 하회)·이중언(11.05, 예안)·이현섭(11.26, 풍천 갈전)·김택진(11.28,
풍산 소산) 등이 자결하였으며, 9년 뒤 3·1운동 발발 직후인 3월 3일에는
류도발의 아들 류신영이 역시 고향에서 자결함으로써 부자간의 자정순국
이라는 장렬한 항거 자세를 보여주었다. 또 1920년에는 예안출신인 이명
우 부부가 계룡산에서 역시 자결하였다. 1905년 이후 1910년 무렵까지 전

---

24) 조동걸, 「白下 金大洛의 亡命日記(1911~1913)」, 『安東史學』5, 안동사학회, 2000,
149~152쪽.

국에서 일제에 항거하여 자결한 인물이 대개 70명 정도인 점으로 헤아려
본다면, 전국에서 7분의 1 정도의 자정순국자가 안동에서 나온 것이다. 이
사실은 안동유림의 강렬한 저항성을 보여주는 것이면서, 동시에 보수성을
말해주는 대목이기도 하다.

대개 자정순국의 바탕에는 철저한 척사적 사고를 깔고 있다. 이만도는
단식하여 순국하는 그 날까지 협동학교의 존재에 대해 부정적이었다. 안
동유림, 즉 퇴계학파의 분화가 확연하게 이루어진 모습을 보여준다. 자정
순국이라는 선명한 투쟁성에 대비하여, 계몽운동의 강도도 결코 뒤떨어
지는 것이 아니었다. 협동학교와 대한협회 안동지회의 파급효과가 대단
히 컸기 때문이다.

우선 협동학교 출신 인물들이 본격적으로 그 영향력을 나타냈다. 각지
로 나아가 신식학교를 열고 신세대 청소년에게 서양의 문물을 소개하였
다. 근대사회의 문화를 파급시키는 과정에서 점차 퇴계학을 중심축으로
삼는 사회에 커다란 변화가 나타났다. 우선 문중과 마을 단위로 신식교육
을 받아들인 학교들이 세워지기 시작하였다. 대다수의 문중들이 퇴계를
존장으로 삼고, 또 그의 학문을 대대로 이어오는 처지에서, 이를 바꾸어
신식학문을 함께 수용하는 급격한 변화를 보인 것이다. 예를 들자면 퇴계
의 고향에도 도산서원 재산의 일부를 가지고 1909년에 寶文義塾이 세워
졌고, 풍산의 소산에는 안동김씨 문중에 의해 1908년에 광명학교가 설립
되기도 했다. 더구나 1910년대에 들어서는 서후면 금계마을에 광동학술
강습소, 예안의 李仁和에 의해 宣明學校 등 30개 정도의 학교가 골골마
다 세워졌다. 금계마을은 의병항쟁의 대표적인 마을이요, 이인화도 역시
예안에서 의병장으로 활약했던 인물이며, 모두 김흥락의 영향 아래 있던
마을이요 인물이었다.25) 그러므로 퇴계학파를 잇는 핵심인물이나 마을들

---

25) 김희곤, 『안동의 독립운동사』, 안동시, 1999, 127~130쪽.

이 신식교육·근대교육으로 방향을 급선회하고 있음을 확인할 수 있다. 이 것은 단지 교육의 내용이 변했다는 정도가 아니라 지향하는 사회의 성격 이 변했다는 것을 의미한다. 그 가운데 제국주의 침략에 대응하는 자강의 식·민족의식이 강하게 심어지고, 심화되어 갔다.

1911년 초에 만주로 망명했다가 돌아온 류인식은 다시 협동학교 교장 을 맡아 청년들을 육성하였다. 그 가운데 저술한『大東史』는 역시 민족주 의를 바탕으로 구성되었다. 단군으로부터 이어지는 역사서술로서, 당시 상실한 국가를 되찾기 위해 민족을 종교의 그릇에 담아두려 했던 박은식 이나 신채호의 경우와 같은 인식에서 한국사를 저술하였던 것이다. 류인 식은『대동사』에서 檀君을 국조로 하고 배달족을 종족으로 삼는 단일 민 족사를 체계화 시켜 단군에 대해 적극적으로 해석을 하였다. 또 그는 단 군 이후 고려의 후삼국 통일까지를 남북조 사관으로 전개시키면서 발해 에 대해서도 우리 민족사로 적극적인 해석을 시도하였다. 이것은 같은 시 기에 만주에서 이상룡이「大東歷史」를 서술한 것과 같은 경우에 속한다.

1910년대를 마감하는 1919년에 3·1운동이 일어나자, 안동의 유림들은 역시 선두에 나섰다. 안동지역의 3·1운동이 유림과 기독교인에 의해 펼쳐 졌는데, 그 가운데 유림의 활동은 두 가지로 정리된다. 하나는 유림의 전 통 그대로 대표들이 마을에서 가장 가까운 신성한 장소를 찾아 머리를 풀 고 哭을 하는 望哭禮였다. 그러면서 문중이나 서원의 대표를 서울로 보내 因山에 참여하는 것이다. 그런데 그 국장에 참여했던 인물들이 태극기와 선언문을 갖고 내려와 안동시위의 계기를 마련했는데, 대표적인 경우가 정재 류치명의 증손자이자 류연박의 아들인 류동시가 앞장선 임동시위였 다. 유림이 참여한 시위는 안동시내의 경우, 송기식을 중심으로 삼은 유 림이 활동하고, 예안에는 진성이씨·전주류씨·광산김씨 등 다수의 유림 문중들이 참가하였다. 큰 규모의 문중이 참가하는 가운데 안방을 지키던 부녀자들의 참가도 눈에 띈다. 내앞출신으로 향산 이만도의 며느리요, 이중업의 아내가 된 金洛은 여성으로서 예안시위에 참가하고, 일본군 수비대에 체포된 뒤에도 고문을 받아 두 눈을 실명할 정도로 투쟁성이 강했다. 시아버지는 이미 1910년 10월에 단식하여 순국하였고, 두 달 뒤에 큰오빠 김대락이 친정 문중을, 또 큰형부 이상룡이 고성이씨 문중 인물들을 이끌고 만주로 망명하였다. 게다가 남편 이중업도 항일투쟁을 모색하였고, 큰아들 李棟欽은 광복회 활동에 참가하다가 체포된 것이 1918년이었다. 그 직후에 김락이 3·1운동에 뛰어든 것이다. 유림이라 해서 남자들만 주목할 것이 아니라는 사실을 알 수 있다.

다음으로 안동의 유림들은 '유림의 3·1운동'이라 정의할 수 있는 '파리장서의거'에 나섰다. 안동에서 계몽운동의 바람이 몰아치는 가운데 전통적인 척사유림으로서의 자세를 견지하던 인물들도 3·1운동에 오면 크게 변화를 보이게 되었다. 3·1운동이 일어나던 무렵에 서울에서 활동하던 李中業은 金昌淑을 비롯한 유림들의 중진들과 논의하고, 유림들의 뜻을 모아 프랑스 파리에서 열리던 강화회의에 독립청원서를 보내기로 결정하였다. 그래서 독립청원서 작성과 서명자를 확보하기 위해 각자 임무를 나누어 맡았는데, 이중업의 경우는 강원도와 경상도에서 서명자를 모으는 역할을 맡았다. 그 결과 안동을 비롯한 경북 북부지역에서 다수의 인물들이 서명하기에 이르렀다. 이것은 결국 척사적인 퇴계학맥의 중심축에 있던 경북 북부지역의 유림들도 서양사회를 오랑캐로 보는 인식에서 공존하는 국제사회의 구성원으로 바라보는 인식의 전환을 보였다. 대개 이들은 안동사회에서 혁신유림들이 펼치던 계몽운동을 우려의 눈으로 바라보고 비판하던 사람들이었다. 그렇지만 3·1운동의 단계에 이르러 그러한 한계를 극복해 나가는 모습을 보였던 것이다. 그렇다고 해서 완전히 그 한계를 극복한 것은 아니었다. 예를 들자면 파리강화회의가 기대에 미치는 성과를 가져다 주지 못하자, 이중업·權相翊(봉화)·張錫英(칠곡)·金榥(산청)·孫厚翼(울주)을 비롯한 유림들이 1920년 11월에 제2의 독립청원운동을 준비하고 나섰는데, 서양 열강은 역시 믿을 존재가 되지 못하니 전통적인 관계를 가진 중국에 독립청원서를 보내자고 나선 일이 있었다.[26] 1921년에 孫文과 吳佩孚에게 독립청원서를 보내기 위해 청원서를 작성하고 중국으로 출발하려다가 이중업이 갑자기 사망하는 바람에 중단된 일이 있었다. 제2차 독립청원운동은 결국 파리장서에 나타난 진보적 변화와 아울러 보수적인 유림의 인식 한계를 드러낸 장면이기도 하다.

한편 3·1운동 이후 퇴계학파의 변화 가운데 두드러지는 점은 역사대중과 정치제도에 대한 인식도 크게 바뀌었다는 점이다. 예를 들자면, 류인식은 3·1운동 뒤인 1920년 1월 10일 밤에 쓴 「此夜寒十絶」은 근대적인 민족에 대한 두 가지 인식을 보여주었다. 첫째, 그가 바라본 역사대중의 범위가 구체화되고 확대된 것임을 보여준다. 즉 이 시에서 그는 海外同胞·學界諸君·社會諸公·商業諸君·勞動諸君 등 각계각층을 망라하고 있는데, 3·1운동을 거치면서 그가 사회변혁의 주체에 대해 '유림에서 민중으로' 돌리고 있었음을 알려주고 있다.[27] 둘째, 그가 이 시에서 "民國 元年의 아침 해가 鮮然하다.(民國元年朝日鮮)"라고 한 부분은 "반드시 서양과 같이 민주공화정치나 군주입헌정치 제도를 시행한 후에야 국가와 민생이 보전될 수 있다."고[28] 주장한 내용과 함께 3·1운동 이후 그의 政體論을 시사해 주기 때문이다. 비록 보수성향이 강한 안동 유림사회였지만,

---

26) 南富熙, 『儒林의 獨立運動史 硏究』, 범조사, 1994, 276~282쪽; 조동걸, 「響山 李晩燾의 獨立運動과 그의 遺誌」, 『韓國民族主義의 理解와 論理』, 지식산업사, 1998, 221쪽.

27) 그는 "이제 곧 봄바람이 대지에 불어오면, 죽은 뿌리 마른나무에 싹이 트리라.[次第春風煽大地 死根枯木向榮欣]"라고 노래하여 민족의 가슴에 희망을 불어넣으려 노력했다(『東山文稿』, 2쪽).

28) 「太息錄」, 『東山文稿』, 90쪽.

다른 한편으로는 노동대중에게까지 역사의 주체세력으로 인식해나가는 변화를 읽어낼 수 있는 대목이 아닐 수 없다. 이것이 바로 1920년 그해 조선노동공제회 안동지회 결성으로 나타나게 되는 신호탄이었다. 더구나 '민국 원년'은 곧 대한민국 원년을 말하는 것으로도 이해된다. 3·1독립선언을 통해 독립국가임을 선언했고, 그것을 실천에 옮겨 대한민국을 건국하면서 연호를 대한민국 원년, 줄여서 민국 원년으로 사용하던 대한민국 임시정부의 결정을 국내에 머물던 류인식이 수용한 것일 수 있을 것 같다.

5. 재만 독립군기지 건설과 민족주의 확산

전통적인 척사론의 범주에 머물던 유림도 존재하지만, 안동사회는 혁신유림들에 의해 혁명적인 변화를 일으키고 있었다. 한 줄기는 협동학교 교정에서, 다른 한 줄기는 대한협회 안동지회의 집회 장소에서 그 변화가 일어나고 있었다. 그 두 줄기 흐름은 결코 다른 것이 아니었다. 둘 다 국가를 잃어 가는, 민족문제가 극단의 길로 접어드는 가운데 벌어지고 있었고, 자연히 저항적이면서 민족독립과 국권회복을 최상의 목표로 삼았던 것이다.

1910년 8월에 막상 국가를 상실하게 되자, 협동학교 계열과 대한협회 안동지회 계열이 모두 망명길에 나섰다. 국가를 되찾기 위해서는 군대를 길러야 하고, 그러기 위해서는 군사기지를 건설해야 한다고 판단했다. 그러자면 우선 해외에 동포사회를 형성해야 했다. 그래서 기득권을 모두 포기한 채 장차 다가올 운명을 두려워하지 않고 새로운 기지를 개척하기 위해 길을 나선 것이다. 그것도 한 두 사람의 남자들이 아니라 문중 단위로 수십 가구씩 길을 나섰다. 크게 말한다면, 김대락이 이끄는 내앞마을의 의성김씨, 이상룡이 중심이 된 법흥동과 도곡동의 고성이씨, 류인식의 예안 삼산의 전주류씨, 역시 예안의 홍해배씨 등 문중 단위로 망명에 나섰다. 특히 이들 대다수가 김흥락의 제자이거나, 영향 속에서 성장한 인물이었다.

안동유림이 자리잡은 대표적인 곳은 바로 남만주 柳河縣 三源浦였다. 그곳에서 耕學社를 조직하고, 신흥강습소를 열었다. 다시 共理會와 扶民團을 조직하고, 신흥학교 졸업생으로 白西農庄이란 간판 아래 군사기지를 건설하기도 했다. 이상룡과 김대락 및 김동삼이라는 안동출신이자 퇴계학파 전승자인 인물들이 주역으로 활동하던 조직이었다. 또 이들 조직들은 이상룡이 대한협회 활동 시기에 이미 제시했던 자치기관과 무력항쟁의 실현 과정이기도 했다. 이것이 발전하여 韓族會와 西路軍政署가 되니, 망명한 안동유림들의 변화는 가히 괄목할만한 것이었다.

만주망명 이후 그들이 보여준 변화는 더더욱 혁명적이었다. 동포사회를 건설하고 이를 유지하기 위해서는 淸 정부와 타협하지 않을 수 없었다. 우선 경작지를 확보하기 위해서는 옷도 만주족처럼 입어야 하고, 머리카락도 그러했다. 그렇지만 동포들이 기를 살려 활동하기 위해서는 역사적인 인식을 새롭게 갖출 필요가 있었다. 비록 의복을 만주족처럼 입는다고 하더라도 주인의식을 가질 필요가 있었던 것이다. 이를 해결하기 위해 만주가 남의 땅이 아니라 우리 민족의 영토라는 사실을 동포들의 머릿속에 심어주어야 했고, 그러한 필요에 따라 이상룡의 『대동역사』 서술이 이루어졌다. 즉 만주족들과 타협하면서 현실을 타개해 나가는 한편으로, 민족사적인 인식을 심어주기 위해 노력한 것이다.

이상룡의 사조는 두 가지 골격을 갖고 있었다. 하나는 무장투쟁론을 철저하게 견지한 것이고, 다른 하나는 새로운 사조를 긍정적으로 인정하고

이를 자신의 것으로 수용해 나간 점이다. 무장항쟁을 펼치기 위해 그는
꾸준히 민족을 작은 조직으로부터 큰 조직으로 묶어 가는 실험을 해냈고,
자치를 달성하기 위해 청 정부와 여러 차례 교섭을 벌이기도 했다. 그리
고 새로운 사조를 기존의 유림적인 사고에서 해석하고, 이를 다시 자신의
것으로 수용하는 데 노력을 기울였다. 이것이 뒤에 그의 좌우에 사상적으
로 다양한 인물들을 두게 되는 요인이 되기도 한다.

　이상룡만이 아니라 만주로 망명하여 독립운동기지를 건설하기 위해 노
력한 안동인들은 철저하게 민족주의자가 되었다. 그들의 삶과 생활 자체
가 모두 민족주의를 근간으로 삼은 과정이었던 것이다. 도산면 토계출신
李源台가 쓰고 신흥무관학교의 교재로 사용된『倍達族彊域形勢圖』라는
역사지리 교과서는 단군으로부터 한국역사를 표현하고 있어서,[29] 당시
남만주에서 활동하던 안동인, 특히 퇴계학 전승자들의 대종교적 인식, 민
족주의적인 인식을 확인할 수 있다.

6. 좌우분화와 통일운동

　그런데 이와 달리 1920년대에 들면서 안동에는 류인식의 지도 아래 새
로운 활동이 나타났다. 그에 의해 육성된 청년들이 사회운동에 핵심인물
로 포진하고 나섰고, 당시까지 듣지도 못했던 노동운동이 시작된 것이다.
최초의 노동운동 단체인 조선노동공제회 안동지회가 1920년 9월에 결성
된 것도 류인식의 지도 아래 이루어졌고,[30] 따라서 핵심인물들이 그의 아

---

29) 李源台,『倍達族彊域形勢圖』, 서울대출판부 재판, 1972, 5~6쪽.
30) 조선노동공제회 안동지회는 예수교회당(현 안동교회)에서 발기총회를 개최하였다.
　　여기서 柳東著(류지호의 손자이자, 류연박의 아들)를 총간사로 선출하였다.

들이나 조카를 비롯한 문중 청년이거나 협동학교 출신 제자들로 구성된 것도 당연하였다.[31] 노동운동이란 자체가 생소한 안동에, 그것도 나이 60대의 인물이 지도자였다는 사실이 특기할만하다. 그는 이것만이 아니라 조선물산장려회나 민립대학설립운동에도 참가하여 왕성한 활동을 보여주었다.

1920년대에 들어 사회운동에 이어 사회주의운동이 확산되어 가면서 다른 지역과 마찬가지로 퇴계학맥 계승자들도 여러 갈래로 분화되었다. 첫째, 전통적인 보수성을 지키고 있는 자, 둘째, 보수성과 함께 진보성을 가지면서 대한민국 임시정부와 만주지역 안동출신 인물을 지원하는 그룹, 셋째, 안동지역에서 우파적 성향의 활동을 가지고 교육운동에 몰입하는 자, 넷째, 사회주의운동을 밀고 나가는 부류 등으로 구분된다.

첫째, 안동유림 가운데 비교적 보수성을 지키고 있던 인물들은 3·1운동에 참가하거나, '파리장서의거'에 참가하고, 이어 2차 독립청원운동을 벌이기도 했다. 그리고 1925~1926년에 제2차 유림단의거를 벌였다. 파리에 장서를 보내기 위해 중국으로 망명했다가 북경과 상해에서 활약하던 김창숙이 1925년에 내몽골지역에 독립운동기지를 건설하기 위해 자금 모집에 나섰다. 이를 위해 그가 직접 국내로 잠입하여 주로 경상남북도를 비밀리에 순행하였는데, 이를 제2차 유림단의거라 부른다. 이 당시 안동에서 이동흠과 이종흠 형제가 여기에 깊숙하게 개입하였다. 이것이 유림이라는 신분으로, 또 조직으로 펼쳐진 마지막 활동이라 말할 수 있다. 일제의 침략에 항거하는 과정에서 분화에 분화를 거듭했지만, 유림 집단에 의한 독립운동의 마지막 모습이 바로 제2차 유림단의거였던 것이다.

둘째 경우는 임시정부를 지원하거나 남만주지역에서 활약하던 안동출

---

31) 김희곤, 「안동유림의 좌우분화와 1920년대 민족운동」, 『大東文化硏究』36, 대동문화연구원, 2000, 344쪽.

신 독립운동가들에 대한 지원사업을 펼친 것이다. 1919년 3·1운동은 '조
선이 독립국'임을 선언하였고, 이에 그 독립국을 이끌어 갈 정부 수립이
추진되었다. 여러 지역에서 성립된 정부가 상해의 임시정부로 통합되던
과정에서 안동의 유림들은 이에 대한 지원활동에 나섰다. 단체를 결성하
고 이를 통해 자금 지원을 벌였는데, 대표적인 관련 조직으로 義勇團32)·
籌備團이33) 있었다. 의용단에 참여하여 군자금을 모집한 안동출신 인물
은 金始顯·金龍煥·金應燮·李鍾國·李太基 등이다. 김시현(풍산 현애)과
김응섭(풍산 오미)은 양반가문 출신이었고, 김용환은 鶴峯 金誠一의 종손
이었으며, 이종국과 이태기는 이상룡과 같은 집안사람으로 그의 영향 속
에서 활동하였던 것 같다. 이들은 조선시대 이후 안동지역 재지사족의 후
손으로서 경제·사회적으로 탄탄한 배경을 바탕으로 군자금 모집에 참여
하였고, 자신의 재산도 헌납했던 것으로 보인다. 그리고 김시현은 주비단
에도 참여하였으나 뚜렷한 활동상은 보이지 않는다.34) 한편 대한민국 임
시정부 지원활동과 관련된 신세대 인물로는 柳時彦·柳時俊·千永基·柳

32) 이 시기를 전후하여 두 갈래의 의용단이란 조직이 나타난다. 하나는 평안도와 황해
도를 중심으로, 다른 하나는 영남지역을 중심으로 각각 움직여지던 것이었다. 이것
이 하나의 조직이면서 본단과 지단으로 구분된 것인지, 전혀 다른 조직인지 확실하
지 않다. 앞의 것은 임시정부에서 조직한 것인데, 1920년 1월에 취지서가 나왔고,
그 외곽에서 활동하던 인물들이 국내로 잠입하여 활동한 것이다(백범김구선생전집
편찬위원회, 『白凡金九全集』4, 대한매일신보사, 1999, 42~45쪽). 안동지방 인사들
이 참가했던 의용단은 후자의 것이다. 이것은 한말 의병에 이어 朝鮮國權恢復團·
大同團·光復會로 계승된 경상도 항일인맥을 망라하여 조직된 단체였다. 이것이
언제 조직되었는지는 정확하지 않지만, 1922년 1월에서 11월까지 활동한 사실이
확인된다.
33) 籌備團은 임시정부에서 그 규칙을 마련하여 국내에서 조직 활동하게 하려고 한 일
종의 독립 예비군이다. 독립정신 고취, 군자금 모집, 해외 독립군 모집이 주된 목적
이었으며, 일단 시기가 오면 국내에서 봉기하도록 준비하면서 체제를 군대식으로
갖추었다.
34) 조선총독부 경상북도경찰부, 『高等警察要史』, 1934, 204~206쪽.

性佑 등과 곧 이어 사회주의자로 변신하는 安相吉(와룡 가구)·金在鳳(풍산 오미)·李準泰(풍산 하리) 등이 임시정부 자금모집에 관여한 일이 있다. 특히 안상길은 임시정부 경북교통국장을 맡았던 인물이고, 당시 만주일보 기자이던 김재봉의 영향을 받고 있었다.35)

셋째, 우파적인 성향을 견지하던 계몽운동계열은 1920년대 초반의 운동노선을 대개 유지하고 있었다. 특히 협동학교의 영향으로 1910년대에 많은 사설교육기관이 만들어졌고, 교육운동을 전개하던 많은 인사들이 만주로 망명하면서 생겨난 민족운동의 공백을 신식교육으로 육성된 인재들이 메워 나갔다. 즉 협동학교 출신들이 1910년대 후반부터 1920년대에 걸쳐 안동지역의 민족운동을 선도하였던 것이다. 1922년에 시작된 8郡연합고등보통학교 설립운동도 그 연장선상에서 일어난 것이다.36)

일제의 교육정책이란 식민지 지배를 위한 최소한의 지식만 습득하게 하는 것으로, 결코 한국인에게는 고등교육에 대한 기회를 열어주지 않았다. 뿐만 아니라 고등교육기관 설립을 방해하거나 탄압하였다. 이러한 사실은 1923년에 추진된 민립대학설립운동을 통해서 확인할 수 있다. 민립대학설립 추진은 1922년 1월 이상재·이승훈 등이 조선민립대학기성준비회를 결성하였고, 다음해 3월 서울 조선중앙기독교청년회관에 모여 발기총회를 열었다. 민립대학설립기성회는 중앙부와 지방부를 조직하여 민립대학 설립에 대한 선전과 모금운동에 착수했고, 지방순회 강연회를 가져 1923년 말까지 100여개 소에 지방부를 설치했으며, 만주를 비롯한 국외에도 지방부를 확산시켜 나갔다.

---

35) 안상길은 1921년 당시 "만주일보 기자 金在鳳의 영향으로 임시정부 경북교통국장을 맡아 활동에 나섰다가 대구에서 체포당하였다."고 한다(≪獨立新聞≫ 1921년 2월 17일자).

36) 김희곤, 「東山 柳寅植의 생애와 독립운동」, 『한국근현대사연구』7, 한국근현대사학회, 1997, 57~58쪽.

당시 경북에 파견되어 민립대학설립운동을 주도한 인물은 안동출신 류인식이었다. 그는 민립대학 설립기금 마련을 위해 조직된 지방부의 경북 담당위원이었고, 안동을 중심으로 그 운동을 전개하였다. 그리고 경북지역을 순회하면서 강연회를 열고 민립대학 설립의 필요성을 힘주어 말하며 모금운동을 벌였다.

한편 민립대학설립운동과 더불어 조선물산장려회 활동도 우파진영의 중요한 분야였다. 주요 활동은 민족자본의 육성을 강연회나 유인물 및 회지 발간을 통해 홍보하는 것이었다. 이러한 활동은 자연히 각 지방에 분회를 조직하게 하였다. 물산장려회 회칙 및 세칙에 따르면 지방조직은 지방대의원회로 구성되며, 지방대의원이 그 임원에 선정되도록 규정하였다. 그리고 중앙에서 지방으로 선전위원이 파견되어 물산장려운동의 취지를 선전하고 회원모집 및 운동에 대한 동참을 촉구하였다. 이러한 선전에 고무되어 각 지방에서 물산장려회 지방조직이 결성되기도 했지만, 자발적으로 성립된 경우가 일반적인 경향이었다. 안동에는 1923년 2월 26일 조선물산장려회라는 명칭으로 조직되었다. 그리고 회장은 김원진이 맡았고, 안동유지들이 참여한 것으로 알려져 있다.[37] 여기에도 류인식의 활동이 드러난다.

넷째, 퇴계학파의 신세대 전승자들이 대거 사회주의운동의 대열 맨 앞에 터 잡았다. 사회주의운동에 앞서 사회운동의 출발은 1920년에 결성된 조선노동공제회 안동지회였다. 이후 예안청년회·일직면금주회·불교청년회·안동부인회 등 청년운동이 확산되었다. 그러다가 1923년 말부터 점차 사회주의의 영향권 아래 들기 시작했다. 이것은 전국적인 현상이기도 하지만, 지방으로서는 변화가 빠르게 나타난 편이다. 그 이유는 바로 서울

---

37) 강영심, 「1920년대 朝鮮物産獎勵運動의 전개와 성격」, 『國史館論叢』47, 국사편찬위원회, 1993, 152쪽.

에서 안동출신 인물들이 사회주의운동의 핵심에 포진하고 있었기 때문이다. 안동의 유명한 반가출신 청년들이 한국공산주의운동의 핵심에 자리잡으면서 안동의 청년, 즉 퇴계학맥의 새로운 후계자들은 사상적으로 좌우분화에 들어가고 있었던 것이다. 임시정부 지원활동을 벌이다가 옥고를 치른 김재봉이 모스크바에서 열린 극동민족대표회의(극동노력자회의)에 참가한 뒤 돌아오는 길에 조선공산당 창당의 임무를 코민테른으로부터 부여받았고, 국내에 들어오자마자 이미 서울에서 노동운동의 터를 잡고 있던 이준태와 손잡고 활동 교두보를 확보하였다. 이에 김남수가 참가하고 다시 안동에서 권오설을 불러 올려 확고한 기반을 마련하였다. 권오설을 불러 올린 연결 통로가 바로 안동의 풍산소작인회와 서울의 조선노농총동맹을 잇는 고리였다.[38] 다시 말하면, 풍산소작인회를 결성하게 만들고 그 대표를 상경시켜 조선노농총동맹 중앙집행위원을 삼아서, 한편으로는 안동지역에 사회주의운동의 교두보를 확보하고, 다른 한편으로는 서울에서 사회주의운동의 헤게모니를 장악하는 핵심세력을 심는 작업이었다. 그래서 안동지역은 지방으로서는 비교적 이른 시기에 사회주의 물결이 신세대에게 빠른 속도로 파급되어 갔다.

안동지역에 사회주의운동을 도입하고 확산시켜 나간 주역은 대부분 양반가문 출신의 청년들로서 퇴계학파의 새로운 세대라고 부를 수 있다. 풍산소작인회(1923.11)를 결성하거나 주요 역할을 맡은 권오설·김남수·안상길·이준태·이창직 등이 대개 안동사회의 핵심 문중출신 양반자제들이고, 소작투쟁마저 소작인이 아닌 중소지주 출신의 청년유림에 의해 이끌어지고 있었다. 특히 서울에서 장차 조선공산당의 모체가 될 화요회가

---

38) 김희곤, 「鶴山 金南洙(1899~1945)와 안동지역 사회주의운동」, 제4회 안동문화권 독립운동사연구발표회 및 한국근현대사학회 제63회 월례발표회 『1920년대 안동출신 사회주의운동가』 요지(2001.11.10), 46쪽.

1924년 11월에 조직되자, 안동지역에도 바로 그 직할 조직으로서 火星會가 결성되었다. 안동지역 사회주의운동의 지휘탑으로 들어선 화성회 역시 이준태와 김남수·류연건 등 班家출신 청년들이 이끌었고, 조선공산당과 고려공산청년회의 안동야체이카를 운영하였다. 그들이 퇴계학맥을 계승하는 신세대들이라는 점에서 퇴계학파의 또 한번 강한 전환을 보여주는 대목이다.

한편 만주지역에서도 안동인들의 사회주의적 변신은 두드러졌다. 물론 사회주의자라고 부를 수는 없지만, 이상룡도 사회주의를 긍정적으로 이해하고, 전통적인 성리학의 바탕 위에 수용하려 한 흔적을 보였다. 그는 「廣義」라는 글을 통해 정치적 측면에서 인류사회의 경험을 재구성하여 식민지 조선, 나아가 인류사회 전체가 궁극적으로 도달해야 할 이상적인 사회를 그려보았다. 그는 인류사회가 酋長時代 - 봉건시대 - 군주전제시대 - 입헌군주시대 - 총통시대 - 無總統時代로 나아가는 것이라 생각하고, 미국의 경우가 모범적인 민주공화제가 실시되고 있으며, 러시아의 노농정부가 무총통의 시대에 속한다고 정리하였다.[39] 무총통시대가 바로 사회주의 국가체제를 의미하는 것이며 공자가 말한 바 大同世의 단계에 이른 것으로 평가하였다. 그리고 이상룡은 이러한 大同之道가 이루어지기 위해서는 토지와 자본의 공유가 선행되어야 한다고 보았으니, 이것이 곧 天下爲公인 셈이다.[40]

이처럼 다양한 안동지역의 퇴계학 전승자들은 분화된 사상과 방략을 통일하기 위해 신간회 안동지회를 결성하였다. 1927년 2월에 서울에서 신간회가 결성되자, 그해 8월 안동에서도 지회가 결성된 것이다. 1926년에 중국 관내지역에서 좌우합작운동이 펼쳐진 것과 마찬가지로, 1927년 2월

---

39) 「廣義」, 『石洲遺稿後集』, 123~135쪽.
40) 김정미, 「石洲 李相龍의 독립운동과 사상」, 경북대학교 박사학위논문, 2002.

15일에 서울에서 좌우합작체인 신간회가 결성되었고, 안동지회가 6개월 뒤에 만들어졌다. 그 최고 지도자는 류인식이었다. 의병으로 활동을 시작하고, 안동에 계몽운동의 불씨를 지피고 피워낸 인물인 류인식은 1920년대에 들어 안동지역에 노동운동을 도입한 독립운동계의 대부였다. 또한 그의 제자와 자제들이 안동지역의 사회운동에도 핵심을 맡고 있었다. 그러므로 좌우파의 청년들이 그를 신간회 안동지회장으로 추대한 것이다. 부회장은 협동학교 출신으로 우파 독립운동의 대표자 鄭顯模, 그리고 간사는 權泰錫을 비롯한 좌우파 인물 24명이 맡았다.[41]

　신간회 안동지회가 엮어낸 활동 가운데 변화상을 보여주는 사례로 향교철폐운동을 들 수 있다. 영양·영주·봉화지회와 합동으로 펼친 이 운동은 유림을 친일화 시켜나가려던 일제의 정책을 거부하는 저항이었다. 즉 일제가 성균관을 經學院이라 개칭하고, 釋奠享祀와 재산관리만을 담당하게 하면서 그 거점을 향교로 잡고, 또 이를 중심으로 유도진흥회를 조직시켜 친일 유생들을 만들어내고 있었다. 그러니 유도진흥회야말로 유림문화가 강하게 남아 있던 경북 북부지역 일대에서는 가장 경계해야 할 부분이었다. 그것을 신간회지회들이 나서서 막아냈는데, 영양지회도 한 몫을 단단히 했던 것이다.

　안동의 신간회 운영은 1928년 1월에 주역 교체가 있었다. 즉 류인식이 일선에서 퇴진하고 정현모가 회장을, 權重烈이 부회장을 맡았으며, 24명이 간사진을, 20명의 대표위원과 7명의 후보를 선정한 것이다.[42] 류인식

---

41) 《朝鮮日報》 1927년 8월 30일자; 《東亞日報》 1927년 8월 31일자.
42) 간사: 權泰勳·李雲鎬·金中學·權泰錫·文在彬·柳淵述·尹世衡·李述相·孫大日·金潤鎬·李世寧·沈揆夏·吳成武·李順瑞·李明稙·權泰東·金建植·安相垌·南東煥·金國鎭·柳基泰·柳世佑·金衍植·金慶漢.
　　대표위원: 鄭顯模·安相吉·李雲鎬·李昌稙·李會昇·李墀鎬·沈揆夏·李術相· 吳成武·柳淵述·金元鎭·南璋·金眞潤·金連漢·權泰東·金膺漢·安相允·權泰錫·

이 일선에서 퇴진한 이유는 그의 건강 때문이었는데, 물러난 지 얼마 뒤인 5월에 사망했다.

1928년 당시 신간회 안동지회 회원이 약 600여 명이었는데,[43) 안동지역 청년운동 단체회원 전원이 참가한 것으로 보이며, 개인 자격으로 가입한 것 같다. 신간회 안동지회 성립이 계기가 되어 여러 갈래의 민족운동 노선이 통합되었고, 사상이나 연령면에서 그 폭이 확장되었다. 특히 청년운동 전반기에 주도권을 장악하였던 민족주의계열이 주도세력으로 다시 등장하게 되었다. 그러나 안동의 경우는 류인식이 회장에서 물러난 뒤, 점차 그 주도권이 사회주의계열로 이양되었다.

7. 맺음말

퇴계학파가 철저하게 위정척사론의 틀을 고집하다가 변화를 보이기 시작한 시기는 전기의병이 마무리된 뒤 1900년대에 접어들 무렵이었다. 그 주인공은 혁신유림인데, 전기의병이 끝난 뒤 상경하여 국제정세를 접하는 과정에서 형성되었고, 류인식이 선두를 열어 나갔다. 신채호와의 만남과 梁啓超의 『飮氷室文集』을 비롯한 새로운 조류의 서적들을 통해, 또 급변하는 서울거리의 물결을 바라보면서 혁신적인 사고를 가지게 된 것이다. 그렇지만 그 변혁사고를 안동지역에 이식한다는 것은 무척 어려운 일임에 분명하고, 실제로 도입과정에서 부자 단절이라거나 스승에게서 파문을 당하는 고통을 겪게 되었다.

申應麟·金慶漢.
　　후보: 權泰勳·鄭元模·李會源·李準文·金廷植·金達淵·金偉植(≪朝鮮日報≫ 1928년 2월 1일·2일·6일자).
43) 東山先生紀念事業會, 「李雲鎬吊辭」, 『東山全集』下.

1907년부터 협동학교를 세우고 신식교육을 시작한 류인식의 활동은 퇴계학파의 중심축을 이루는 안동지역을 흔들어 놓기에 충분하였다. 곧장 변화가 나타나 도산서원 재산으로 寶文義塾이 설립되고, 의병장 출신 李仁和가 선명학교를 세우는 것을 비롯하여 각 문중에서 신식교육기관을 세워나감으로써 커다란 파급효과를 보였다. 1909년에 이상룡이 대한협회 안동지회를 결성하고, 김대락이 협동학교에 자신의 집을 기부하는 단계에 들면서 안동사회의 분위기는 혁신유림의 영향력이 강하게 미치는 단계에 접어들었다. 물론 협동학교나 대한협회 안동지회의 활동에 대하여 위정척사적 사고를 고수하던 보수유림으로부터 비판과 공격을 받기도 했지만, 이미 이 단계에 들면 혁신유림들의 방향과 진전 속도가 더욱 강하고 빠르게 진전되어 갔고, 또한 파급효과도 컸다. 반면에 1910년에 나라를 잃고 보수유림들이 자결로써 뜻을 세우고 순국함으로써 퇴계학맥의 본산으로서 그 어느 지역보다 강한 선명성을 내세우고 있었던 것이다. 그렇지만 1910년대에 들어서면서 광범위하게 신식교육이 확산되어 갔던 점에서도 알 수 있듯이 혁신유림들의 영향은 급속하게 확산되었고, 또 변화를 이끌어 나갔다.

혁신유림의 영향은 국내외에 걸쳐 나타났다. 그 대표들이 문중을 이끌고 만주로 독립운동기지를 건설하기 위해 떠났고, 그곳에서 근대적인 민족주의를 정립하였다. 또 국내에서는 그 맥을 계승하고 있었는데, 특히 망명지에서 국내로 잠입했다가 체포된 류인식이 재망명을 그만두고 계몽운동에 몰입하면서 그에 의해 육성된 인물들이 민족운동의 구심점으로 떠올랐다. 『대동사』에 나타나듯이 그가 단군을 追崇하고 '民國'을 기대하는 정치사상적인 발전을 보였고, 특히 역사의 주체를 유림이 아닌 여러 계층, 특히 노동대중까지를 포함한 역사대중으로 설정하고 있었다. 이 변화가 바로 1920년에 조선노동공제회 안동지회의 설립을 가져왔다.

1920년대 사회운동의 중심에 터 잡은 인물들은 협동학교 출신들과 유학생, 즉 서울이나 대구에서 신식교육을 받은 인물이었다. 전자는 류인식의 영향 아래 길러진 인물이라면, 후자는 어려서 가학을 이어받은 뒤 고향으로 돌아와 대중 교육에 나선 인물이다. 즉 퇴계학맥의 신세대들이 사회운동의 중심에 자리잡은 것인데, 이로부터 안동사회는 또다시 급변하기 시작했다. 특히 사회주의 물결을 몰고 온 이들의 영향은 청년운동·노동운동·여성운동·농민운동 등 모든 분야에 파장을 미쳤다. 그리고 그 분화로 나타난 괴리문제를 통일운동을 통해 극복하려던 노력이 신간회 안동지회의 활동으로 나타났던 것이다. 한편 그 사이에 비교적 보수성을 유지하던 유림들에 의해 1차 및 2차 유림단의거가 있기도 했지만, 그것은 거대한 사회운동의 물결 속에 묻혀버리기 충분했다.

퇴계학파의 변화는 민족문제에 대한 대응과정에서 혁명적인 변화를 보인 혁신유림들에 의해 일어났다. 그렇다고 해서 그들이 전통적인 성리학을 버리고 철저하게 서양의 근대주의로 변했다는 말이 아니다. 근본적으로는 어디까지나 퇴계학을 중심에 두면서, 다만 그 틀 위에서 민족문제를 해결하기 위해 서양의 근대사상을 수용해 나갔다는 것이다. 그 중심에 혁신유림이 있었고, 그들이 핵심으로 삼은 과제가 민족문제였다. 즉 그 민족문제를 인식하고 해결하기 위해 노력하는 과정에서 퇴계학파의 근대적 변화가 일어나고, 또 전개되어 나간 것이다.

제3절 한국독립운동과
경북 북부지역의 전통 명가

1. 머리말

어느 시대나 시대적 과제가 있게 마련이고, 그럴 경우마다 앞장서서 능동적으로 문제를 해결해 나간 인물과 집단이 존재했다. 특히 그러한 과제가 국난 타개라는 어려운 상황에 부딪칠 경우에는 상당한 희생을 요구하기도 했다. 외침으로 인해 민족이 국가를 잃은 절대절명의 난국에는 구성원의 희생이 바탕이 되지 않고서는 극복 자체가 불가능했다. 난국을 극복해야 한다는 역사적 요청에 대해 기꺼이 응할 수 있는 첫 걸음은 대개 뜻을 가진 상층부의 몫이었고, 이들이 하층세력을 엮어 세워나간 것이 일반적인 경향이다.

한국근대사에서도 전통 명가의 몫은 컸다. 물론 외세의 침략을 미리 막지 못한 한계가 있기는 하지만, 일단 열강의 침략을 당하자마자 이에 맞서는 논리와 명분이 내세워지고, 그것을 바탕으로 항쟁이란 실천의 길을 열어 나갔다. 그러한 현상은 특히 지방의 명가에서 두드러졌다. 이것은 바로 전통 명가들이 지켜온 의리정신과 향약공동체의 산물이다.

현재 한국사회가 안고 있는 문제 가운데 상층세력의 부도덕성, 역사적 소명의식의 결여가 무엇보다 커 보인다. 비록 자신에게 손해가 닥치는 일이더라도, 대승적 차원에서 수용하고 용납하는 것이 아니라, 소인배적인 사고로 다져져, 눈앞의 작은 이익만을 쫓아다니는 현상이 거의 모든 분야에서 전개되고 있다. 개인이기주의에서 집단이기주의까지, 마을 단위에서 국가 단위까지 이권과 권력 장악에만 가치를 부여하고 난투극을 벌이는 난장판이 나라 곳곳에서 하루도 빠짐없이 벌어지고 있다. 그러니 난해하기 짝이 없는 일은 이러한 난국을 풀어나갈 마땅한 길이 보이지 않는다는 점이다.

이 글은 바로 이러한 사회현상을 풀어나갈 방향을 제시하려는 데 있다. 즉 사회경제적 기득권이자 사회운영의 주체세력이던 전통 명가 가운데 민족의 수난기에 상층세력의 역사적 책무를 훌륭하게 펼친 사례를 찾아 오늘의 세태를 풀어나가는 역사적 교훈을 찾는 데 목표를 둔다. 다만 전국의 모든 사례를 일일이 다루기에는 한계가 있으므로, 일단 경북 북부지역을 지역적 단위로 묶어, 특히 안동문화권을 사례로 삼아 집단적으로 분석하고 해석하려 한다. 즉 하나의 가문을 다루는 것이 아니라 여러 전통 명가들이 하나의 거대한 문화권을 형성하고 이것이 민족운동의 큰 틀이자 동력이었다는 사실을 확인하려 한다. 그렇다고 해서 그러한 성격이 이 지역만의 고유한 특성이라 생각하지는 않으며, 다른 지역에 대한 연구에 도움이 되리라 생각한다.

2. 퇴계학맥과 경북 북부지역 유림집단

퇴계학맥의 계승 범위는 경북지역만이 아니라 전국적이다. 근자에 한국국학진흥원에서 편찬한 「영남지방의 퇴계학맥도」를 보면,44) '영남지방'이라는 한정에도 불구하고 그 범위가 사실상 전국적이라는 사실을 쉽

---

44) 한국국학진흥원, 「嶺南地方의 退溪學脈圖」, 예문서원, 2004.

게 알 수 있다. 그 가운데서도 가장 많은 유림이 경북 북부지역에 분포하고 있음은 당연한 일이라 말할 수 있다. 이러한 분포가 한말 외세 침략과 국권수탈기에 가장 강한 항쟁의 이념과 힘으로 표현된 것에 대한 연구는 근자에 조금씩 진척되어 왔다.[45] 안동문화권(안동부를 중심으로 형성된 경북 북부지역 문화권)이 1894년에 이미 갑오의병을 일으킨 사실이나, 한국독립운동사에서 가장 많은 독립유공자와 순국자를 배출한 곳이라는 사실은 이러한 연구를 통해 확인이 되었고, 그 에너지가 퇴계학맥과 통혼권이라는 씨줄과 날줄로 엮어진 촘촘한 그물처럼 결속된 구조에서 나온 것이라는 추정도 나왔다. 이제 그것을 일단 정리하면서 논의를 진행하려 한다.

영남지방에서, 특히 안동문화권은 종적으로는 퇴계학맥을, 횡적으로는 통혼권으로 엮어져 왔다. 우선 학맥부터 일별해 보자. 퇴계는 많은 제자를 두었다. 그로부터 사실상 영남의 거대한 학맥이 형성된 것이다. 그 가운데서도 가장 큰 맥락을 형성한 것이 김성일과 류성룡 계열이고, 조목과 정구 및 장현광 등이 역시 뚜렷한 계열을 형성했다. 그 가운데서도 김성일 계열에서 독립운동가를 가장 많이 배출했다. 김성일을 잇는 줄기가 류치명에 이르고, 그 제자인 김흥락·권연하·김도화 아래에서 독립운동가들이 쏟아졌다. 특히 김흥락 아래에서 가장 많은 독립운동가가 배출되었다. 독립운동 유공자로 포상된 인물만 헤아려도 30명 정도나 될 지경이다.[46]

---

45) 김희곤, 『안동의 독립운동사』, 안동시, 1999; 조동걸, 「전통 명가의 근대적 변용과 독립운동사례 -안동 천전문중의 경우-」, 『대동문화연구』36, 대동문화연구원, 2000; 김희곤, 『안동 독립운동가 700인』, 안동시, 2001; 안동청년유도회, 『민족 위해 살다 간 안동의 근대인물』, 2003.
46) 김희곤, 「西山 金興洛(1827~1899)의 의병항쟁」, 『한국근현대사연구』15, 한국근현대사학회, 2000, 34쪽.

김성일 ─ 장흥효 ─ 이시명 ─ 이현일 ─ 이 재 ─ 이상정 ─ 남한조 ─ 류치명

　　　　　　　　　　　　　　　김홍락 ─ 이긍연·김상종·류창식·이중업·권상익·송준필·
　　　　　　　　　　　　　　　　　　　　송기식·김대락·김동삼·김형모

　　　　　　　　　　　　　　　권연하 ─ 류지호·류필영·김도화·김헌락·김양진·권세연·
　　　　　　　　　　　　　　　　　　　　서효원

　　　　　　　　　　　　　　　　　　　　　　　이만도·이만규

　　　　　　　　　　　　　　　김도화 ─ 류인식

이현일 ─ 권 구 ─ 권명우 ─ 권 익 ─ 권준희 ─ 권오설·권오상

이 재 ─ 이유원 ─ 이수악 ─ 이겸호·이현규

조 목 ─ 이영도 ─ 이야순 ┄┄ 이긍연·이만각·이만도·이만규·이만인·이운호·
　　　　　　　　　　　　　　　이원기·이육사형제·이한걸·이충호·이중업

류성룡 ─ 정경세 ─ 정종로 ─ 류심춘 ─ 류주목 ┐
　　　　　　　　　　　　　　　　　　　　　　　├─ 이긍연·허훈·조승기·류도성·류도발·류신영·
　　　　　　　　　　　　　　　　　　　　　　　　　류지영·류난영

* 색칠은 독립운동에 참여한 사람들

독립운동의 첫 장인 의병항쟁을 이끈 주역들이 퇴계학맥 계승자 가운데서도 핵심인물임을 짐작할 수 있다. 안동 전기의병을 이끈 2대 의병장 김도화, 그리고 김홍락, 여기에 예안 초대 의병장 이만도를 살펴보면 쉽게 알 수 있다. 그렇지만 이것만으로는 그 성향을 확실하게 알 수 없다. 어느 계열이 어떤 독립운동 분야에서 어느 정도 기간동안 활동했는지 알 수 없기 때문이다. 널리 알려진 이름만 간단하게 소개했을 뿐이고, 의병이나 계몽운동, 혹은 대한민국 임시정부와 같은 분야별로 분류하지 않았기 때문이다. 다만 이해할 수 있는 사실은 동일한 학맥을 계승하는 인물들이 스승의 가르침을 신앙차원에서 받아들여 결속하였고, 여기에 의리정신과 명분이 강한 성향은 대단한 투쟁력으로 나타났다는 점이다.

진주강씨(봉화 법전)

안동권씨(봉화 유곡·안동 가일)

예천권씨(예천 용문)

봉화금씨(봉화 법전·안동 부포)

광산김씨(예안 오천)

김녕김씨(영양 청기)

안동김씨(안동 묵계·의성 사촌)

의성김씨(안동 천전·안동 금계·안동 일직)

풍산김씨(안동 풍산)

영양남씨(영양 석보·영해 괴시)

무안박씨(영해 도곡)

함양박씨(예천 용문)

흥해배씨(안동 도목)

달성서씨(청송 마평)

청송심씨(청송 덕천)

풍산류씨(안동 하회)

전주류씨(안동 수곡)

파평윤씨(청송·예천)

고성이씨(안동 도곡)

영천이씨(안동 예안)

예안이씨(전의이씨, 안동 풍산)

재령이씨(영해 인량·영양 석보)

진성이씨(이황, 안동 도산)

한산이씨(안동 일직)

안동장씨(안동 금계·영양 석보·영해 인량)

한양조씨(영양 주곡·영양 사월)

평해황씨(울진 사동)

앞 페이지 이들 퇴계학맥 계승자들을 중심으로 엮어진 혼반을 간단하게 소개한다. 우선 경북 북부지역의 중요한 성씨는 다음과 같다. 다만 이 가운데에는 퇴계학맥에 속하지 않는 문중도 간혹 있다는 사실을 말해둔다.(괄호 안은 독립운동가를 배출한 주요마을)

퇴계학맥을 계승하면서 문중들은 혼반을 통해 상층부를 형성하였다. 그래서 어느 한 인물을 끄집어내면 모든 문중이 그물처럼 함께 달려 올라오는 현상을 발견하게 된다. 그 응집력이 전체 사회의 움직임을 규정하는 규범이요 질서였다. 그러므로 사회변동에 대응하는 것도 이러한 큰 틀 속에서 움직였던 것이다.

3. 의병과 전통 명가의 대응

1894년 6월에 일어난 갑오변란에 대응하여 첫 의병이 안동에서 일어났으니, 이를 갑오의병이라 부른다. 이후 1895년 음력 12월에 다시 을미의병이 일어나서 1896년 10월 15일에 영양에서 끝날 때까지 경북 북부지역의 의병은 강하게 지속되었다. 이를 끌고 간 에너지는 곧 퇴계학맥의 핵심적 전승자들이었다. 의병장을 중심으로 주요인물만 살펴본다.

> 안동의진 : 의성김씨(김흥락·김도화·김회락), 안동권씨(권세연·권재중·
> 　　　　　 권재호), 전주류씨(류지호·류시연·류창식), 풍산류씨(류도성·
> 　　　　　 류난영)
> 선성의진 : 진성이씨(이만도·이중린·이인화·이찬화)
> 영양의진 : 김녕김씨(김도현), 한양조씨(조승기)
> 의성의진 : 안동김씨(김상종·김회종), 풍산류씨(류봉영), 달성서씨
> 　　　　　 (서상부)

예천의진 : 함양박씨(박주대·박주상)
봉화의진 : 봉화금씨(금석주)
청송의진 : 청송심씨(심성지)
영해의진 : 재령이씨(이수악), 영양남씨
진보의진 : 재령이씨(이현규), 김해 허씨(허훈·허겸)

여기에 등장하는 인물 가운데 다수가 종손들이다. 안동문화권의 중요한 가문 가운데서도 핵심인물이 의병의 주역이 되어 직접 이끌어갔던 것이다. 예를 들자면, 김성일(의성김씨)의 종손인 김흥락, 류치명(전주류씨)의 종손인 류지호가 그러하다. 대종손이 아니더라도 지파 종손인 경우도 많았다. 전기의병에 전 문중과 학맥이 어우러져 큰 조직체를 형성하여 의병항쟁을 벌였고, 그런 가운데 종가의 피해가 컸다. 퇴계종가가 화재를 당하고, 예안 3차 의병장 이인화(진성이씨)의 집도 불탔으며,[47] 당대 안동문화권의 최고 지도자로 지목되던 김흥락이나 류지호도 곤욕을 치렀다. 심지어 김흥락의 사촌동생 김회락은 포살되는 비극까지 벌어졌다.[48]

안동문화권의 유림들이 벌인 의병항쟁은 전기의병에 집중되었다. 의병을 10개월 정도 유지하면서 종가를 비롯한 양반가문의 핵심이 처절하게 타격을 받았다. 에너지가 꺾여버린 것이다. 중·후기의병 당시에 움직인 인물로 류시연(전주류씨)이 대표적이고,[49] 석주 이상룡(고성이씨)이 거창 가야산의병기지 건설에 나섰다가 실패하고,[50] 또 신돌석을 도왔다는 이유로 퇴계종가가 다시 한번 일본군으로부터 화공을 당하는 피해를 입었

47) 이동신, 「禮安地域의 '宣城義兵(1895~1896)' 硏究」, 『안동사학』8, 안동사학회, 2003, 159쪽.
48) 김희곤, 「서산 김흥락(1827~1899)의 의병항쟁」, 『한국근현대사연구』15, 한국근현대사학회, 2000, 25쪽.
49) 한준호, 「안동출신 의병장 류시연(1872~1914) 연구」, 안동대학교 석사학위논문, 2005.
50) 이규홍, 『세심헌기년』, 1907년조.

다.51) 이것이 중·후기의병 시기에 나타난 전통 명가들의 대표적인 활동과 피해상황이었다.

4. 혁신유림의 등장과 전통 명가

중·후기의병을 거치는 동안 안동문화권에 새로운 변화가 나타났다. 개화의 물결을 받아들이고, 새로운 조류에 맞춰 새로운 문화를 흡수하여 그것으로 국권을 지켜내자는 방안을 채택한 것이다. 전통적인 퇴계학을 중심에 두되, 서양의 신문물을 취사선택하여 국권강화와 국혼보존이라는 데 목표를 두었다. 그렇지만 척사하여 위정해 온 관습을 넘어서서 동도서기의 자세를 가진다는 것이 그리 쉬운 일은 아니었다. 특히 전통적인 관습이 강하게 남아 있을수록 저항은 거셌다. 거기에는 두 가지 걸림돌이 작용하였다. 하나는 정계에서 격리되어 지낸 2세기 정도의 사이에 학문은 거의 '원리주의'에 가까울 만큼 의리론과 명분론에 빈틈이 없었다. 둘째로는 안동문화권이 신문화의 유입이라는, 새로운 사회로 가는 변혁의 길에서 멀리 떨어져 있었다. 따라서 안동문화권을 바꾸어 놓는다는 것은 말 그대로 수백 년의 관습을 개혁하는 혁명에 가까운 결단이었다. 그 길로 가는 데에는 혁신적인 인물의 등장이 필요했다. 그 역할을 종가출신이거나 유력한 집안의 인물이 맡고 나섰다.

안동문화권에 혁신적인 개혁의 물꼬를 튼 인물은 류인식이다.52) 1903년에 상경하여 성균관에 머물던 그가 신채호의 권유에 따라 『飮氷室文集』

---

51) 지금의 종가는 1926년에, 별사랑채인 추월한수정은 1929년에 자손들의 성금으로 본래의 자리를 조금 벗어난 지점에 새로 지어졌다.
52) 김희곤, 「東山 柳寅植의 생애와 독립운동」, 『民族 위해 살다간 安東의 近代人物』, 안동청년유도회, 2003.

을 비롯한 신사조의 서적을 읽게 되고, 여기에서 인식을 전환한 그는 1907년 안동에다 중등과정의 協東學校를 설립함으로써 계몽운동의 씨를 뿌렸다. 이에 비해 1907년까지 의병적인 사고에 머물던 이상룡은 1909년에 대한협회 안동지회를 결성하면서 혁신적인 길에 동참하였다.[53] 스승과 부친으로부터 파문과 天倫을 단절당하는 아픔을 겪으면서 걸어 나간 혁신의 길은 바로 전통 양반가문 출신의 신세대 주역이 짊어진 몫이었다. 앞에서 말한 류인식과 이상룡을 비롯하여, 이상룡의 큰 처남 김대락과 그의 족질인 김동삼(김긍식 혹은 김종식), 이상룡의 매부이자 영해의 무안박씨 종손인 박경종(박우종), 영양 주실에서 개화의 물꼬를 열어간 참봉 조병희와 그의 조카 조창용, 그리고 종손 조인석 등이 대표적인 인물이었다.

    의성김씨(김병식·김후병·김대락·김동삼·김규식)
    무안박씨(박경종)
    전주류씨(류인식·류동태·류연갑)
    고성이씨(이상룡)
    한양조씨(조병희·조창용·조인석)

그들의 영향력은 집안과 가문을 넘어서서 경북 북부지역 일대로 확산되어 갔다. 협동학교와 대한협회지부 설립 이후 골골마다 신교육을 지향하는 학교들이 들어서고, 국권회복에 가장 긴요한 인재양성에 몰두하였다. 그렇지만 그것이 그저 서양의 교과내용을 수용하는 정도가 아니라, 근본적으로 세상을 새롭게 보는 시각의 변화를 끌어왔다. 그렇기 때문에 이념적 갈등과 극복과정이 그리 만만한 것은 아니었던 것이다. 1910년 7월에 예천의병이 안동 협동학교를 공격하여 교감을 비롯하여 세 사람의 교사진을 죽음에 이르게 만든 것이 대표적인 사례였다.[54] 그러한 갈등을 극복하여 펼쳐나간 것이 혁신의 길이었다.

5. 일제 강점에 저항한 순국자와 명가의 인물들

1910년에 나라를 잃게 되면서, 이에 대한 극단적인 저항이 순절로 나타
났다. 외세 침략에 맞서 택할 수 있는 첫 방책이 맞서 싸우는 의병항쟁이
었고, 그 항쟁이 한계를 드러내자 방략을 수정하여 인재를 양성하기도 했
지만, 일단 나라를 잃는 순간 타협과 굴욕을 택하지 않고 극단적인 항거
를 택하였다. 1905년 이후 망국에 이르기까지 대개 70명 정도의 순국자가
나왔는데, 그 가운데서도 안동문화권에서 가장 많은 지사들이 자정순국
의 길을 택하였다.

1908년에 예천에서 순절한 김순흠(풍산김씨)은 안동시 풍산읍 수리출
신이다. 빼앗긴 들에서 자라나는 어떤 음식도 거절하면서 순절하였다.
1910년 국망 직후에 순절한 이만도(진성이씨)는 퇴계 후손이자 안동시 도
산면 하계출신이면서 예안의병 초대 의병장이었다. 그는 단식하던 24일
동안 문중 인사와 가족들에게 세상 살아가는 이치와 바른 자세를 일일이
가르치면서 세상을 떠났다.[55] 어떤 길이 대의를 향하는 것인지 방향을 제
시하면서 떠난 것이다. 이만도의 집안 조카가 되는 이중언도 그 뒤를 따
랐다. 이때 스승 이만도에게 마지막 인사를 드리면서 그 뒤를 따르겠다고
신념을 밝혔던 김도현은 부모상을 모두 치른 뒤 1914년 동짓날에 역시 영
해 대진 앞바다를 걸어 들어가 장렬히 순절했다. 그래서 그 자리에 '蹈海

---

54) 김희곤, 「安東 協東學校의 독립운동」, 『우송조동걸교수정년기념논총Ⅱ 한국민족
   운동사연구』, 나남출판, 1997.
55) 조동걸, 「響山 李晩燾의 독립운동과 그의 遺志」, 『響山李晩燾先生殉國88週期
   追慕講演會』, 안동청년유도회, 1997, 30~31쪽.

碑'가 세워졌다. 안동출신 순국자만 헤아려도 10명이나 된다. 한결같이 전통적인 양반가문 출신이자 지도자였고, 역사적 책무를 다하지 못해 국가를 잃은 죄를 통절히 느끼면서 마지막 길을 택하였던 것이다.

> 이만도(진성이씨, 안동 도산 토계)
> 이중언(진성이씨, 안동 도산 토계)
> 이명우 부부(진성이씨, 안동 예안 부포)
> 류도발(풍산류씨, 안동 풍천 하회)
> 류신영(풍산류씨, 안동 풍천 하회, 류도발의 아들)
> 김순흠(풍산김씨, 안동 풍산 수리)
> 김택진(안동김씨, 안동 풍산 소산)
> 권용하(안동권씨, 안동 와룡)
> 이현섭(연안이씨, 안동 풍천 갈전-도산 양평 이주하여 순국)

6. 만주 독립군기지 건설에 나선 명가 그룹

나라를 잃자마자 순절자가 이어지는 상황에서 새로운 돌파구가 모색되었다. 더 이상 국내에서 독립운동 인재를 양성한다는 데 한계를 느낀 인사들이 새로운 기지건설을 위해 길을 모색한 것이다. 교육구국운동을 벌이던 그룹에서 먼저 만주에 독립군기지 건설에 착수하였다. 신민회와 연계하여 일을 추진하면서도, 안동유림들은 자체적으로 만주에 조사원을 파견하여 입지조건을 분석하였다. 그리고서 1910년 12월 말에 고향을 떠나 먼 길을 나서는, 그래서 돌아오지 못할 길일지도 모르는 그 행로에 대해 사당 앞에 무릎 꿇고 사실을 고한 뒤에, 머나먼 길을 떠났다.[56]

---

56) 조동걸, 「川前 金門의 獨立運動」, 『靑溪先生誕辰五百週年紀念論文集; 내앞 500년』, 기념논문집간행위원회, 2000, 194~196쪽.

이들의 망명이 거의 문중 단위로 이루어졌다. 뿐만 아니라 학맥과 혼맥으로 결속된 집단적인 망명이었다. 이상룡·이봉희를 비롯한 안동의 고성이씨 문중, 김대락·김동삼·김규식 등의 의성김씨 천전문중, 이원일의 진성이씨 문중, 배영진·배인환의 예안과 월곡의 흥해배씨 문중, 류인식·류림 등의 전주류씨 문중, 박경종을 비롯한 무안박씨 영해문중, 남세혁을 비롯한 영해의 영양남씨 문중, 황만영을 비롯한 울진 사동의 황씨 등이 대거 망명길에 올랐다. 모두들 문중의 대표급 인물들이고, 대규모 망명이었다. 협동학교가 있던 안동 川前(내앞마을)은 당시 700여 명의 규모였는데, 만주로 망명한 인원이 150명 정도나 되었다. 마을마다 종손이나 핵심인물이 대거 망명하였으니, 마을이 황폐화되는 것은 당연한 일이었다.[57]

　망명길에 오른 인물들이 서로 학맥과 혈맥으로 얽힌 점은 마찬가지다. 울진 사동의 평해황씨와 안동 천전의 의성김씨가 사돈으로 함께 움직였고, 이상룡의 매부 박경종이 영해의 무안박씨 문중을 이끌었다. 이러한 사실은 단편적인 사례일 뿐, 대다수가 그러했다.

　　　안동 : 고성이씨(이상룡·이봉희·이승화·이운형·이광민·이형국)
　　　　　　의성김씨(김대락·김동삼·김동만·김규식·김만식·김성로·김정식)
　　　　　　전주류씨(류인식·류시연·류림)
　　　　　　진성이씨(이원일·이원태·이목호)
　　　　　　흥해배씨(배영진·배인환·배재형)
　　　　　　안동권씨(권기일)
　　　영양 : 한양조씨(조창용)
　　　영덕 : 무안박씨(박경종), 영양남씨(남세혁), 재령이씨
　　　울진 : 평해황씨(황만영)

---

57) 신창균, 「민족운동에 따른 전통 명가의 사회경제적 변화」, 『한국근현대사연구』27, 한국근현대사학회, 2003, 40~81쪽 참조.

이들이 만주에 도착하여 벌인 활동에 대해서는 별도로 말할 필요가 없을 만큼 널리 알려져 있다. 1911년 경학사가 처음 조직되면서 사장에 이상룡, 교육부장에 류인식, 조직과 선전 담당에 김동삼이 활동하였고, 이후 공리회(1913)를 거쳐, 부민단(1916)에서는 허혁이 단장, 김동삼이 부단장, 서무부장이 김형식이었다. 백서농장(1914) 장주가 김동삼이었고, 한족회(1919) 서무사장에 김동삼, 학무사장에 김형식이었으며, 서로군정서(1919) 독판이 이상룡, 참모장 김동삼, 서무 김성로, 법무 김응섭, 학무 김형식이었다.58) 이후 1920년대 활동에서도 이들의 눈부신 활약은 지속되었다. 독립의 기틀을 확보하고자 차디찬 만주 벌판에 자리잡고 교두보를 확보한 뒤 국내로 진군하려고, 그들은 국내에서 가졌던 기득권을 모두 버린 사람들이었다. 먹고 살기 위해 찾아간 길이 아니라, 가진 것을 모두 포기하고 새로운 것을 마련하여 민족의 손에 쥐어주기 위해 떠난 길이었다.

7. 1910년대 국내외 항쟁과 명가

1910년에서 1913년 사이에 집중적으로 만주망명이 이어졌다. 그러면서 의병부대가 해산되면서 잔여 인물들이 소도시로 잠입하여 집단을 형성하기 시작했다. 대표적인 것이 풍기에서 1913년에 조직된 광복단이었다. 이것이 대구중심의 계몽인사로 구성된 조선국권회복단의 강성 인물들과 결합하여 1915년 음력 7월에 대구에서 전국적인 조직인 광복회로 발전하였다. 박상진이 이끄는 광복회에 경북 북부지역 인사들도 대거 참가하였다. 안동권씨 집안에서 권준희·권준홍·권영식 등이, 진성이씨 문중에서 이중업과 이동흠·이종흠 부자, 고성이씨에서 이종영, 의성김씨에서 김후병,

---

58) 김희곤,『안동의 독립운동사』, 안동시, 1999, 195~202쪽.

순흥안씨에서 안승국 등이 대표적이다.[59] 이중업은 의병장 출신이자 1910년에 순국한 이만도의 아들이요, 이동흠과 이종흠은 다시 이중업의 아들이니, 3대가 독립운동에 직접 뛰어들었던 것이다.

앞에서도 본 것처럼 김도현의 순국은 이 시기를 장식하는 대표적인 의거였다. 영양에서 태백산맥을 넘어 영해 대진 바닷가에 이른 그는 동짓날 추운 바람을 안고 암초가 많은 동해를 향해 걸어 들어갔다.[60] 민족을 지켜내려던 그의 꿈과 삶은 전기의병에서 시작되어 후기의병까지, 그리고 1910년대에는 교육구국운동으로 지속되었지만, 결국 그는 바다를 걸어들어가 순절하는 '踏海'를 결행하여 민족정기를 보존하려 했다.

1910년대 말미를 장식한 거사가 3·1운동이었다. 대개 서울을 비롯한 대도시에서 벌어진 시위는 기독교도와 학생의 역할이 두드러졌지만, 경북 북부지역은 양반가문의 역할이 특별하였다. 예안의 경우는 퇴계의 혈통을 잇는 진성이씨 문중이 절대적으로 많이 참가하였고, 안동에서는 갓 자리잡은 교회와 더불어 김흥락의 제자인 송기식이 한 축을 맡고 있었다. 임동시위는 혁신유림에 의해 길러진 협동학교 학생과 졸업생들이 주도하였다.[61] 영양은 한양조씨 문중, 영해는 영양남씨·재령이씨·안동권씨·무안박씨 문중, 의성은 사촌의 안동김씨 문중, 예천 용문에는 예천권씨와 함양박씨 문중 등, 유력 양반가문들이 중심축을 이루었다.

3·1운동에서 문중 사이의 연결성을 보여주는 사례로 金洛이란 여성을 드러내 볼만 하다. 그는 의성김씨 내앞문중 출신으로 시아버지가 예안의 병장이자 단식순국한 이만도이며, 남편은 의병에 참여하고 1910년대 광복회에 관여한 뒤, 1919년 파리장서의 기획자이던 이중업이다. 친정의 큰

---

59) 김희곤 편, 『박상진자료집』, 독립기념관 한국독립운동사연구소, 2000 참조.
60) 송상도, 『기려수필』, 국사편찬위원회, 1955, 223쪽.
61) 김원석, 「안동의 3·1운동」, 안동대학교 석사학위논문, 1994, 36~41쪽.

오빠 김대락과 큰형부 이상룡은 만주로 망명했고, 김형식을 비롯한 친정 조카들도 대다수 만주로 망명했다. 뿐만 아니라 그의 두 아들 이동흠과 이종흠이 이미 광복회에 연루되어 옥살이를 치렀다. 안동 도산면 하계 마을의 큰 양반가문을 지키고 있던 김락은 3·1운동이 일어나자마자 육 십 고령임에도 불구하고 시위에 나섰다가 일제 수비대에 체포되어 고문 받아 두 눈을 실명하였다. 바로 뒤 남편 이중업이 파리장서에 이어 제2 차 독립청원서를 준비하다가 사망하였고, 김락은 불구의 몸으로 11년을 살다가 세상을 떠났다. 그 기간마저도 두 아들과 두 사위가 모두 독립운 동 벌이다가 구금되는 일을 듣고 살아야만 했다. 끊임없는 저항의 연속 이었다.[62)]

그리고 유림의 3·1운동이라고 말할 수 있는 제1차 유림단의거에 전통 명가들이 참가하였다. 서울에서 발의 당시부터 이중업(안동 하계, 이만도 의 아들)이 활동하였고, 서명에 참가한 인물로는 이만규(안동 하계, 이만 도의 동생), 김병식(안동 임하, 의성김씨 종손), 김양모(안동 금계, 의성김 씨), 류연박(안동 수곡, 류치명의 손자, 류지호의 아들), 류필영(안동 삼산, 류인식의 아버지) 등이 대표적이다.[63)] 여기에 김창숙이 상해로 가는 길에 동행하며 이를 도운 김응섭(안동 오미, 풍산김씨)도 빼놓을 수 없는 유공 자이다.

---

62) 김희곤, 「독립운동가의 딸, 아내 그리고 어머니; 김락(1862~1929) 여사의 삶」, 안동 청년유도회, 2001 참조.
63) 조선총독부 경상북도경찰부, 『고등경찰요사』, 1934, 248~251쪽.

8. 1920년대 국내운동과 국외지역 지원활동

1920년대에 들면 독립운동에 참여하는 전통 명가들의 동향이 두 가지로 나뉘었다. 하나는 만주로 떠난 경북출신들을 지원하는 것이고, 다른 하나는 향리를 중심으로 민족운동을 펼쳐나가는 것이었다. 대외적인 지원활동은 특히 경북 북부지역출신들이 주로 자리잡고 있던 서간도에 대한 지원이 중심이었다. 경상도를 중심으로 결성된 의용단은 한족회와 서로군정서에 지원을 집중시켰다. 그 한 가운데에 의성김씨 금계마을 종손(학봉 김성일 종가) 김용환이 움직이고 있었다. 1910년대에 만주지역에서 터를 잡는 과정에서 많은 자금이 필요했고, 그 이후에도 두고두고 지원이 필요했다. 만주에서 독자적인 경제력을 마련하기 이전에는 국내지원 없이 견딘다는 사실 자체가 불가능했고, 따라서 이들에 대한 지원은 지속되었다. 여기에 일본 경찰이 주시한 것은 당연하다. 국내에서 국외로 연결되는 핏줄을 차단하기 위해 지원이 가능한 인물들을 철저하게 추적하였고, 그 결과 '경북의용단사건'이란 이름으로 주역들이 검거되었는데, 김용환도 그러한 인물 가운데 한 사람이다.[64] 안동문화권에서 가장 이름 높은 명가의 하나로 꼽히는 학봉종가의 종손인 그가 1922년까지 무려 세 차례나 검거되었기 때문이다.[65] 이처럼 만주지역 망명자들을 지원하기 위해 유력한 종가의 종손이 몇 차례에 걸쳐 일제 경찰에 체포되고 옥고를 치렀고, 그 과정에서 종가의 재산이 거덜 났다.

대한민국 임시정부 지원사업에는 안상길(순흥안씨, 안동 와룡)이 그의 아버지 안승국을 이어 나섰다.[66] 여기에는 김재봉(풍산김씨, 안동 풍산

---

64) 조선총독부 경상북도경찰부, 『고등경찰요사』, 1934, 211쪽.
65) ≪동아일보≫ 1922년 12월 30일자.
66) 노영애, 「안동출신 사회주의운동가 안상길(1892~?) -1920년대를 중심으로」, 안동대학교 석사학위논문, 2004, 7~10쪽.

오미)과 탁청정 종가출신 김남수(광산김씨, 안동 와룡 군자리)가 가담하였다. 안상길은 상해로 대한민국 임시정부를 찾아갔고, 안창호를 만난 뒤 대한민국 임시정부 경북교통부장으로 임명되어 국내로 파견되었다. 대한민국 임시정부가 국내의 통치력을 장악하기 위해 내무부 산하에 연통부를 두고, 교통부 아래에 교통국, 그리고 군무부 주비단을 설치하였다. 안상길은 바로 교통부 소속의 경상북도 교통부장으로 선임된 것이고, 국내로 잠입하였다. 그는 대구에 자리잡고 미곡상회를 열어 교두보를 확보했다. 그렇지만 얼마 지나지 않아 그는 일제 경찰에 체포되었다.[67] 안상길의 활동 자체는 임시정부의 국내 통치력 확보라는 차원에서 이해된다. 안상길은 아버지 안승국을 이어 독립운동에 뛰어든 인물이고, 다시 안상훈·안상윤·안상태 등 동생들이 1920년대와 1930년대의 사회운동계에 화려한 빛을 발하게 되는 출발점을 마련해 주었다. 안상길의 집안은 안동문화권에서는 비주류에 해당하는 소론계열에 속하여 넓은 혼반을 형성하지 못했지만, 민족문제가 발생하자 적극적으로 대응하고 나섰다. 제1차 조선공산당 책임비서가 된 김재봉의 처가가 안상길 집안이어서, 사회주의운동에서 혼반을 통한 연결점이 확인된다.

6·10만세운동의 핵심에 안동문화권 인물들이 포진해 있었다. 권오설이 정점이며, 그 아래로 류면희·이선호·권오상·권오운이 활발하게 움직였다.[68] 조선공산당 중앙집행위원이자 고려공산청년회 책임비서이던 권오설이 6·10만세운동을 기획하고 총괄하였는데, 자신이 신임하고 일을 맡긴 인물 가운데에는 동향출신 청년들을 포진시키고 있었음을 확인할 수 있다. 류면희는 전주류씨(예안 삼산)이며, 이선호는 진성이씨(예안 부포),

---

67) 《독립신문》 1921년 2월 17일자.
68) 장석흥, 「권오설의 민족운동 노선과 성격」, 『한국근현대사연구』19, 한국근현대사학회, 2001, 227쪽.

권오상(권오돈)·권오운은 안동권씨(풍천 가곡)로 권오설과 같은 마을출신
이다. 결국 이념이란 절대적인 명제 앞에서도 그가 동향출신의 청년학생
들을 기반세력으로 꾸리고 나갔던 것이다.

1920년대에 전통 명가 출신으로 의열투쟁사에 빛을 발한 인물도 있다.
의열단원으로서 이중교 투탄의거의 주인공 김지섭(풍산김씨, 풍산 오미),[69]
역시 의열단원으로 일제강점기 전 시기에 걸쳐 투쟁을 지속해 나간 김시
현(안동김씨, 풍산 현애)이 대표적인 인물이다.

김지섭은 1920년이래 의열단원으로서 국내에 잠입하여 군자금 마련에
나섰던 인물이다. 그러다가 1923년 9월 1일 관동대지진 당시에 동포들이
대학살되자, 김지섭은 그 원수를 갚기 위해 도쿄를 정면 공격한다는 의열
단의 공격의지를 실행에 옮기고자 파견되었다. 1923년 12월 20일 폭탄 3
개를 갖고 일본으로 간 그는 1924년 1월 5일 왕궁 입구 니주바시[二重橋]
에 접근하다가 경찰이 다가서자 폭탄을 던졌고, 급히 피하면서 다시 폭탄
을 던졌으나, 불행하게도 모두 폭발하지 않았다. 현장에서 체포된 김지섭
은 1925년 8월 무기징역을 선고받았다가, 1927년 20년으로 감형되었지만,
다음해 감옥에서 의문의 죽음을 맞았다.

김시현은 풍산 현애의 양반집안 출신이다.[70] 1919년에 망명하여 의열
단에 가입한 그는 1920년 국내에 잠입하여 군자금 모금과 무기구입에 힘
쓰다가 검거되어 1920년 12월 대구형무소에서 1년의 옥고를 치렀다.
1921년 출감 후 바로 상해로 망명한 그는 이르쿠츠크파 고려공산당에 입
당하고, 1922년 1월 모스크바에서 열린 극동민족대표대회에 참석하였다.
7월 하순부터는 대규모 폭탄을 국내로 들여와 의열투쟁을 벌이려던 계획

69) 김용달, 「추강 김지섭 의사의 생애와 독립운동」, 『민족 위해 살다간 안동의 근대인
    물』, 안동청년유도회, 2003, 416~451쪽.
70) 양형석, 「김시현(1883~1966)의 항일투쟁」, 안동대학교 석사학위논문, 1998, 13~23쪽.

을 세우고, 마침내 이듬해인 1923년 3월 대량의 무기를 갖고 그는 국내로 들어왔다(이른바 '김시현·황옥'사건). 그러나 불행하게도 김시현은 일경에 붙잡혀 10년형을 선고 받고 옥고를 치른 뒤 1929년 1월 29일 대구형무소에서 풀려 나왔다. 다시 망명길에 오른 그는 의열단이 남경에 조선혁명군사정치간부학교를 설립하는 데 힘을 보탰으며, 의열단의 길림과 북경의 대표자로서 활동하였다. 1934년 10월 북경에서 배반자 韓朔平을 처단하는 일을 지휘하다 체포되어 일본 나가사키지방재판소에서 5년형을 언도 받고 복역하였다. 1939년 가을 출옥한 뒤 활동을 재개한 김시현은 1944년 4월 북경에서 또다시 일본 헌병대에 체포되어 그 이듬해 해방을 맞을 때까지 경성헌병대에 감금되었다가 해방과 더불어 자유의 몸이 되었다.

그리고 아나키스트로서 활약한 류림(전주류씨, 예안 계곡)을 빼 놓을 수 없다.71) 안동에서 3·1운동에 참여한 그는 1920년에 만주로 망명하여 안동문화권 인사들이 닦아놓은 터전에서 활약하다가, 무대를 북경으로 옮겼다. 그러다가 四川省 成都에서 사범대학을 다니며 그는 아나키스트로 성장하였다. 1926년 초 대학을 졸업한 그는 잠시 新民府를 찾아 김좌진과 공동노선을 모색하였으나 뜻을 이루지 못하였다. 1929년 11월 평양에서 열린 全朝鮮黑色社會運動者大會에 참석했다가 朝鮮共産無政府主義者聯盟을 결성하는 실적을 올렸다. 그 후 奉天(현 瀋陽)에서 그는 사범대학 영문과 졸업생으로서, 아나키스트로서, 그리고 조선공산무정부주의 자연맹 차원에서 1930년 말부터 義誠塾(혹은 義誠學院, 봉천중학)을 설립하여 학생들을 가르치기 시작하였다. 하지만 1931년 10월경 다시 일본 경찰에 체포되고 5년형을 선고받아 중일전쟁 직후인 1937년 10월 8

71) 김희곤, 「단주 류림의 독립운동」, 『한국근현대사연구』18, 한국근현대사학회, 2001, 69~99쪽.

일 출옥할 때까지 모두 6년 동안 옥중에서 고생하였다. 2차 망명길에 오른 그는 연안을 거쳐 중경으로 건너가, 조선무정부주의자연맹 대표로서 대한민국 임시정부에 참여하여 의정원 의원에 이어 국무위원으로 활약하였다.

9. 사회운동 및 사회주의운동과 명가 출신 신세대

대한민국 임시정부 지원사업을 펼치다가 옥고를 치른 이들이 1920년대에 들면서 곧바로 사회운동으로 전환하였다. 이들에게 큰 배경인물이 된 이가 바로 류인식이다. 혁신유림으로서 경북 북부지역의 성향을 바꿔놓은 그는 1911년 초에 만주로 망명했다가 돌아와 협동학교를 다시 맡았다. 그리고 3·1운동을 병석에서 지켜본 그는 일어나자마자 56세 나이에 노동운동에 발을 내디뎠다. 조선노동공제회 안동지회를 열고 나간 것이다. 여기에는 류준희·류주희·류연건·류동저를 비롯한 전주류씨, 이운호와 이규호 등의 진성이씨, 김남수를 비롯한 광산김씨 등이 참가했다. 그의 문중 후손들과 협동학교 제자들이 주력을 이루었음을 알 수 있다.[72]

안동지역이나 서울에서 사회운동을 이끌어간 인물에는 전통 명가출신 신세대가 주류를 이루었다. 제1차 조선공산당 책임비서가 된 김재봉은 풍산김씨(안동 풍산 오미) 문중의 핵심인물이며,[73] 제1차당과 제2차당을 연결시킨 이준태는 예안이씨(안동 풍산 하리) 출신이다.[74] 두 사람은 모두

72) 김희곤, 「동산 류인식의 생애와 독립운동」, 『한국근현대사연구』7, 한국근현대사학회, 1997, 59~60쪽.
73) 신주백, 「김재봉과 조선공산당」, 『1920년대 안동출신 사회주의운동가』, 안동대학교 안동문화연구소, 2001 참조.
74) 김희곤·강윤정, 『잊혀진 사회주의운동가 이준태』, 국학자료원, 2003.

경성공업전습소 출신인데, 이것이 뒷날 경성공업전문학교를 거쳐 서울공대로 이어졌다. 김재봉의 생가는 지금도 남아 있는데, 대단히 큰 규모의 양반가옥으로 당시 집안의 재력을 자랑하고 있다. 그가 대한민국 임시정부 경북교통부장이 되어 돌아온 안상길을 도와 임시정부 지원활동을 벌이다가 체포되어 옥고를 치렀고, 출옥한 뒤 망명하여 극동민족대표대회에 참가하였다. 그리고서 코민테른의 지시에 따라 국내에 조선공산당을 건설한다는 임무를 가지고 귀국했다. 그 사이에 역시 양반이자 중소지주 출신인 이준태는 서울에서 사회운동의 터전을 확보하고 있었다. 이준태가 마련한 교두보 위에 김재봉이 힘을 합쳐 화요회를 결성하고, 이어서 조선공산당을 창당했으니, 이것이 바로 제1차당이다. 동향출신 인물의 교감과 협조가 중요한 바탕이 된 것이다.

김재봉과 이준태는 다시 새로운 인력이 필요했다. 그래서 이들은 중앙 무대로 끌어올릴 인물로 떠오른 권오설을 새로운 '젊은 피'로 수혈하였다. 이들의 기대는 적중하였다. 제1차당이 검거에 휘말려 무너지자, 이준태가 급거 권오설을 내세워 제2차당을 조직하게 만들었고, 권오설은 조선공산당 중앙집행위원이자 제2차 고려공산청년회 책임비서를 맡아 6·10만세운동을 이끌어낸 것이다. 그 권오설은 안동권씨(안동 풍산 가일) 출신이다. 그리고 안동지역의 풍산소작인회를 비롯한 소작쟁의와 사회주의 운동을 이끌고, 나아가 제3차당과 형평운동에서 백정해방운동을 이끌어 간 김남수는 광산김씨(안동 예안 오천)의 탁청정 종가출신이다.[75] 소작투쟁이나 형평운동을 주도해 나간 인물은 결코 소작인이나 백정이 아니라 전통 명가의 종가출신들이 주축을 이루었다는 점은 기억할 만하다.

  안동권씨 : 권오설·권병수·권오상·권영식·권오운(풍천 가곡)

75) 학산김남수선생기념사업회,『항일혁명투사 김남수선생자료집』, 집문당, 2001.

예안이씨 : 이준태·이용만·이준덕·이준문·이창직·이회원(풍산 하리)
순흥안씨 : 안상길·안상훈·안상윤·안상태(와룡 가구), 안기성(풍천 가곡)
풍산김씨 : 김재봉(풍산 오미)
광산김씨 : 김남수(예안 오천)
안동김씨 : 김수규·김수한(풍산 소산)
안동권씨 : 김경한·김연한(안동 읍내)
영양남씨 : 남동환·남장(일직)
전주류씨 : 류기만·류준희·류기태(삼산), 류동저(수곡), 류연건·류연술
        (고천), 류주희(박곡)
진성이씨 : 이운호(도산 의촌), 이열호(도산 원촌)
의성김씨 : 김세로·김응로·김시린·김정식·김후식(임하 천전)

신간회 활동은 지역마다 명가출신 인물들이 지도자로 활약하였다. 안동지회는 류인식이 초대회장을 맡았고, 다음으로 정현모가 대를 이었다.[76] 영양출신으로는 한양조씨 문중에서 도쿄지회장을 배출했으니, 주실마을 종가에서 태어난 조헌영이 바로 그다.

1930년에 접어들 무렵에는 조선공산당 재건운동이 일어났다. 안동콤그룹(안동코뮤니스트그룹)과 영덕·영양그룹, 예천 무명당 등이 경북 북부지역에서 핵심이다. 이 가운데 안동콤그룹은 진성이씨의 이필과 이발호, 전주류씨의 류기만, 의성김씨의 김공망과 김후식 등 전통 명가출신들이,[77] 영양의 경우에도 한양조씨 조훈석을 중심으로 전개되었다.[78]

한편 중국에 망명하여 의열단이 설립한 조선혁명군사정치간부학교를 1기로 졸업한 뒤 국내로 잠입했던 이육사(이원록)는 진성이씨로서 도산 원촌출신이다. 그는 형 이원기와 동생 이원일·이원조와 더불어 1927년에

---

76) 이현정, 「신간회 안동지회 연구」, 안동대학교 석사학위논문, 2002 참조.
77) 강윤정, 「'안동콤그룹'의 조선공산당 재건운동」, 『안동사학』8, 안동사학회, 2003, 238~239쪽.
78) 김희곤 외, 『영덕의 독립운동사』, 영덕군, 2003, 368~393쪽.

발생한 장진홍의거에 연루되어 고생하였으며, 또 초급 군사간부로서 잠입공작을 시도했다. 서대문형무소를 나온 그가 문필활동을 벌이다가 1943년에 다시 북경으로 갔고, 좌우합작과 국내 무기반입을 시도하다가 1944년 1월 16일 북경에서 옥사하였다. 문학에 종사하는 대다수가 변절하여 친일의 대세에 휩쓸리던 시기에 그는 민족의 양심을 갖고 외롭게 싸워나갔다. 그 바탕에는 어린 시절부터 그를 붙들었던 '무서운 규범'이 함께하고 있었다. 그것이 곧 의리정신과 명분론이 강한 전통 명가의 역사적 재산이었다.[79]

청송출신 사회주의운동가로 윤자영을 빼 놓을 수 없다. 고려공산당 상해파 소속이자, 상해에서 청년동맹회를 이끌고, 조선공산당 만주총국에서 활약한 윤자영은 청송읍내에 자리잡은 파평윤씨 문중출신이다. 그는 1930년을 전후하여 함흥에 아지트를 구축하고 조선공산당재건설준비위원회 활동을 전개하였다.[80]

10. 혼맥으로 얽힌 독립운동 명가의 사례

경북 북부지역의 안동문화권이 가진 특징은 민족문제에 대응하는 에너지가 철저하게 집약적이었다는 점이다. 그 결속력이 퇴계학맥 계승자라는 씨줄과 통혼권이라는 날줄로 엮여 있다. 그러한 대표적인 사례를 보자.

예안 의병장 이만도의 경우 동생 이만규도 의병에 참여하였다. 그리고 이만도의 아들인 이중업도 의병에 참가했고, 파리장서 기획단계부터 지방확산 단계까지 한 축을 맡았다. 그의 큰 아들 이동흠은 광복회에, 작은

---

79) 김희곤, 『이육사 평전』, 푸른역사, 2012 참조.
80) 김희곤 외, 『청송의 독립운동사』, 청송군, 2004, 279~290쪽.

아들 이종흠은 제2차 유림단의거에 참가했다. 이중업의 아내 김락은 3·1 운동에 참가했다가 실명했다는 이야기는 앞에서 이미 밝혔다. 이중업의 큰 처남인 김대락은 큰 동서인 이상룡과 함께 만주로 망명하였다. 큰 처남 혼자서 떠난 것이 아니라, 처가의 작은 처남과 처조카들이 모두 동행한 것이니, 그 많던 처가 식구들이 모두 만주로 망명한 것이다. 더구나 이중업의 맏동서인 이상룡도 고성이씨 문중 30여 호를 이끌고 망명하였다. 그러니 이중업이나 그의 아내 김락으로서는 한 쪽 팔이 없어진 것 같은 느낌이었을 것이다. 더구나 그것도 부친 이만도가 24일동안 단식하여 순절한 지 두 달 남짓하던 시점이었다. 그리고 이만도의 큰집 종손 이원일도 망명하여 만주에서 활약하였고, 김동삼과 사돈이 되었다.

〈향산 이만도 집안 가계도 - 포상자를 중심으로-〉

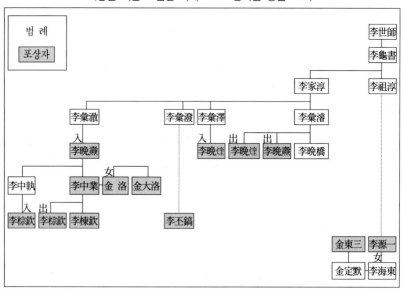

한편 이상룡은 큰 처남인 김대락이 이끄는 의성김씨 천전문중과 함께

망명길에 나섰다. 그 길에는 매부인 박경종이 이끄는 무안박씨 문중도 동행하였다. 박경종은 영해에 자리잡은 무안박씨의 종손이었다. 또 김대락은 울진의 평해 사동에 근거를 둔 황씨문중과 사돈간이었다. 이들도 동행한 것은 다시 더 말할 이유가 없다.

그리고 이중업의 큰 사위는 의성김씨 김성일의 종손으로서 서간도지역에 대한 자금지원을 맡은 의용단 서기로 활약했다. 김용환의 딸 김후웅은 청송의병의 주역 서효원의 손부가 되었다. 그리고 작은 사위인 류동저는 전주류씨 류치명의 종가에서 태어난 인물로 안동에서 사회운동에 참가하였다.

〈향산 이만도와 혼맥으로 엮어진 독립운동가 집안〉

1. 이만도 - 이중업(김대락 막내 매부) - 이동흠·이종흠
　　　　　　　　　　　　　　　　　 김용환(김성일 종손)
　　　　　　　　　　　　　　　　　 류동저(류치명 증손자)

　 * 동생 이만규도 의병출신

2. 김진린 - 김대락(이중업의 큰 처남) - 김형식
　　　　　 (김효락)　　　　　　　　- 김만식·김제식
　　　　　 (김소락)　　　　　　　　- 김조식·김홍식·김정식
　　　　　 (김정락)　　　　　　　　- 김규식 - 김성(成)로
　　　　　 김우락(이상룡의 처)
　　　　　 김　락(이중업의 처)

3. 이승목 - 이상룡(상희) - 이준형, 강호석(사위) - 이병화
　　　　　 이상동(용희) - 이형국·이운형
　　　　　 이계동(봉희) - 이문형(광민)·이인형(광국)
　　　　　 박경종(박우종, 사위)
　 * 권세연은 이상룡의 외숙, 김도화는 이상룡의 존고모부

* 밑줄 독립유공자로 포상된 자

11. 민족문제에 적극 대응한 전통 명가의 공적

민족문제가 발생했을 때 이에 대응하는 양상은 다양했다. 한 편에서는 목숨을 바쳐 순국하는가 하면, 다른 한편으로는 침략자의 앞잡이로 살아간 인물도 많았다. 여기에서 살펴본 인물들은 역사적 책무에 앞장선 인물과 집단이다. 그들이 역사적 책무를 깨닫고 그것을 실천으로 옮기는 과정에서는 기득권을 모두 팽개치고 수백 년 이어온 전통과 명예를 모두 잃는 경우가 허다했고, 귀한 목숨마저 서슴없이 내던지는 경우도 많았다. 그 가운데서도 가장 힘든 일이 조상으로부터 물려받은 역사적 전통을 버리는 것이었다. 그러면서도 다른 한 편으로는 계승하는 전통도 있었다. 그 것이 바로 정의를 지켜나가는 신념과 행동이었다. 특히 민족이 국가를 잃게 되는 마당에 자신의 안일과 부를 쉽게 포기하고 모든 것을 던져 넣었다. 그것이 바로 배우고 가진 자의 역사적인 책임, 즉 Noblesse Oblige였다. 그러한 인식이 사회혼란기에 삶을 지탱해 주는 등대불이다. 대다수의 문인들이 도도한 친일탁류에 휩쓸리거나 앞장설 때, 이육사가 지켜나간 길은 그의 표현대로 '어릴 때부터 자신을 무겁게 누르는 규범', 즉 Noblesse Oblige라는 인식이 확고했기 때문이다.

안동문화권은 민족수난기에 가장 많은 독립유공자를 배출한 곳이다. 안동과 주변 시군을 합치면 독립유공자로 포상된 인물이 대개 7~8백 명이나 된다. 퇴계학맥을 계승한 인물들이 강한 의리정신과 대의명분을 가지고 향촌사회를 유지하면서, 민족모순에 대해 역사적 책임감을 통감하고 몸 바쳐 나선 결과이다.

현재 우리 사회는 개인이기주의와 집단이기주의로 가득 차 있다. 국가와 민족의 이익은 아예 뒷전이고, 더러 '국가와 민족'이라는 말을 앞세우는 경우에도 결국 자신의 이익과 소속된 집단의 이익을 위해 몸부림치고 있다. 거기에는 체면도 없다. 이미 저급한 문화가 온 사회를 뒤덮고 있기 때문이다. 사회운동의 방향이 고급문화를 지향하기 보다는 저급문화를 표준으로 삼았던 데 심각한 문제가 있고, 그 결과 집단이기주의와 저급한 언어문화가 온 사회를 병들게 만들고 있기 때문이다.

지금 민족이 국가를 잃어가고, 또 잃은 뒤에 유수한 문중들이 벌인 독립운동을 되새겨 보는 이유는 곧 오늘의 시대적 과제에 대한 합당한 자세를 찾아보는 데 있다. 이 사회에서 조금 더 가진 자, 조금 더 배운 자의 역사적 책무가 무엇인지 정확하게 헤아려 보아야 한다. 국민에게 책무를 요구하기에 앞서, 상층부의 인물들이 먼저 자신을 드러내 보이고, 무릎 꿇고 봉사하는 정신과 실천이 어느 때보다 필요한 시점이다. 그러한 인식이 교육현장과 사회운동 현장에서 확산되어야 한다. 또 지금은 역사적 책무를 다한 가문이나 인물집단의 후예들에게 자긍심을 고취시킬 수 있는 바람직한 정책실천이 긴요한 시점이다. 망명지에서 돌아온 후손들이 조상의 집을 지켜내지 못해 국가에 헌납한다는 선언이 나오는 일이 없도록 도와주어야 한다. 그것이 역사를 바로 세우는 일이기 때문이다.

제4절 한국독립운동과 경북 여성

1. 세계사에 빛나는 경북사람의 독립운동

한국의 독립운동은 세계사 차원에서 대표성을 가진다. 모든 식민지의 해방투쟁 가운데서도 한국이 가장 나쁜 조건을 가졌으면서도 가장 풍부하고 격정적인 투쟁을 벌였기 때문이다. 식민지 조건을 보면, 제국주의국가의 바로 이웃 국가이기 때문에 직접통치에 시달려야 했고, 더구나 민족말살정책이라는 악랄한 탄압을 이겨내야만 했다. 반세기의 침략과 35년이 넘는 통치를 받으면서 민족을 말살시키려는 시도가 지독하게 추진되었지만, 한민족은 끝내 이를 이겨내고 독립을 이루어냈다. 그 과정에서 펼친 독립운동의 내용은 세계 식민지의 독립운동사에서 가장 우뚝한 모습을 보였다.

한국사의 근현대는 위기와 극복이 거듭된 시대다. 밖으로는 외세 침략을 막아내면서 독립해야 하고, 안으로는 근대국가와 근대사회를 건설하는 길을 찾아야 했다. 세계 모든 식민지들이 겪은 것처럼, 한국의 근대는 자주독립과 근대민주국가 건설이라는 공통적인 과제에 맞섰던 시기였다. 일제 침략과 통치기에는 항일투쟁으로 맞섰다. 그것도 한국독립운동사에서 경북이 '성지'로 평가될 만큼 저항은 강했고 지속적이었다.

경북사람들이 펼친 독립운동은 한국독립운동사에서도 가장 빛난다. 그 특징을 다음과 같이 정리해 볼 수 있다.

첫째, 한국독립운동의 발상지이다.

둘째, 독립유공자로 포상된 인물이 가장 많다.

셋째, 가장 많은 자정순국자를 배출했다.

넷째, 의병항쟁사가 다른 어느 지역보다 돋보인다.

다섯째, 혁신유림과 계몽운동에서 혁명적인 변화를 보였다.

여섯째, 국채보상운동이 시작된 곳이다.

일곱째, 의병과 계몽운동의 발전적 통합을 일구어냈다.

여덟째, 제1·2차 유림단의거의 본고장이다.

아홉째, 남만주 지역 독립운동의 핵심이 경북사람이다.

열째, 1920년대 만주지역 독립운동을 지원한 대표성을 가진다.

열한째, 의열투쟁사의 대표적인 인물을 배출하였다.

열두째, 사회주의운동에서 대표성을 가진다.

열셋째, 6·10만세운동의 선두에 경북사람이 있었다.

열넷째, 아나키즘 투쟁에서도 경북사람이 선두였다.

열다섯째, 민족문학을 꽃 피운 곳이다.

열여섯째, 전통과 혁신을 거듭하면서 아울러 통합을 일궈낸 곳이다.

2. 경북출신 여성들의 항일투쟁

1) 경북출신 독립유공자

2013년 3월 현재 독립유공자로 포상된 여성은 220명을 넘는다. 그 가운데 경북출신은 모두 11명이다. 도 단위로 보면 평균치에 비슷한 숫자가 된다. 3·1운동에 참여한 인물이 4명(김락·신분금·윤악이·임봉선)으로 가장 많고, 국내 사회운동이 3명(유인경·이병희·이효정), 한국광복군 2명

(김봉식·전월순), 만주지역 의열투쟁 1명(남자현), 하와이지역 독립운동 1
명(이희경) 등이다. 격정성에 있어서는 의열투쟁을 벌인 남자현이 단연
앞서고, 3·1운동에 뛰어든 김락 역시 강렬한 투쟁을 벌인 대표적인 인물
이다.

〈경북출신 여성 독립유공자〉

번호	성명	한자	운동분야	생몰연대	훈격	본적/주소 (공적조서)
1	김 락	金 洛	3·1운동	1863~1929	애족장(01)	안동 陶山 土溪
2	김봉식	金鳳植	한국광복군	1915~1969	애족장(90)	경주 江西 老堂
3	남자현	南慈賢	만주 의열투쟁	1872~1933	대통령장(62)	영양 석보 지경
4	신분금	申分今	3·1운동	1886~미상	대통령표창(07)	영덕 知品 院前
5	유인경	兪仁卿	애국부인회	1896~1944	애족장(90)	성주
6	윤악이	尹岳伊	3·1운동	1897~1962	대통령표창(07)	영덕 知品 院前
7	이병희	李丙禧	국내 사회운동	1918~2012	애족장(96)	안동 예안 부포 (서울 종로 鳳翼)
8	이효정	李孝貞	국내 사회운동	1913~2010	건국포장(06)	봉화 춘양 의일 (서울 종로 鳳翼)
9	이희경	李熙敬	하와이 독립운동	1894~1947	건국포장(02)	대구 남산동
10	임봉선	林鳳善	3·1운동	1897~1923	애족장(90)	칠곡 仁同 眞坪
11	전월순	全月順	한국광복군	1923~2009	애족장(90)	상주 功城 金溪

첫째, 활동과 투쟁 강도가 가장 강한 인물은 만주로 망명하여 의열투쟁
을 펼친 남자현이다. 영양에서 태어난 남자현은 남편 김성주가 1896년 의
병으로 나섰다가 전사하자 유복자를 기르며 지내다가, 만 46세가 되던
1919년 만주로 망명했다. 참의부에 들어가 군자금 모집에 나서고, 특히
1927년 유일당운동을 펼쳐가기 위해 안창호와 김동삼을 비롯한 독립운동
가 대표급 인물들이 회의를 열다가 일제의 날조된 정보를 가지고 중국 당

국이 이들을 붙잡아간 '길림사건'이 발생하자 구명운동에 온 힘을 다 쏟았다. 이로부터 남자현은 교육운동에서 의열투쟁으로 방향을 확연하게 돌렸다. 1927년 사이토 총독 암살을 시도했고, 1931년 10월에 김동삼이 하얼빈에서 일제에 붙잡히자 구출작전을 벌이기도 했다. 그러다가 1932년 9월 국제연맹 조사단 대표로 리튼이 만주국을 방문하자 하얼빈에서 손가락 두 마디를 잘라 '韓國獨立願'이란 혈서를 써서 잘린 손가락 마디와 함께 싸서 전하려 보냈지만, 뜻을 이루지 못했다. 1933년 3월 1일 만주국 건국 1주년 기념일에 맞춰 일본 대사를 저격하려다가 거사 하루 앞서 붙잡히고 말았다. 6개월 동안 혹형에 시달리다가 남자현은 마침내 단식으로 저항하다가 최후를 앞두고 가족에게 인계되었다.

남자현은 몇 가지 유언을 남겼는데, "첫째는 자신이 가지고 있는 돈 200원을 조선이 독립되는 날 독립축하금으로 바쳐라. 둘째 손자 시연을 대학까지 공부시켜 내 뜻을 알게 하라. 셋째 남은 돈 49원 80전의 절반은 손자 공부하는 데 쓰고 나머지 반은 친정의 증손자에게 주어라."는 내용이었다.

최후를 기록한 당시 신문에는 다음과 같이 보도되었다.

> "이미 죽기를 각오한 바이니까"...... 斷指한 손을 기운 없이 내어놓으면서 "이것(단지한 손가락)이나 찾아야지......" 기운이 없어 말하지 못하고 혼수상태에 들어갔다(『조선중앙일보』 1933년 8월 26일자).

그가 손가락 마디를 잘라 혈서를 썼다는 사실은 이 마지막 말에서도 확인할 수 있다. 이 밖에도 그가 "독립은 정신으로 이루어지느니라."는 말을 마지막으로 남겼다는 이야기도 전해진다. 그는 혼수상태로 풀려난 지 닷새만인 1933년 8월 22일, 만 60세 나이로 순국하였다. '武藤大將 謀殺犯'이라는 제목 아래 그의 순국 사실이 국내에 바로 보도되었다. 남자현은 여성 독립운동가 가운데 보기 드문 의열투쟁가요, 세계 식민지 해방투쟁에서도 그 존재가 흔하지 않은 인물이다.

둘째, 3·1운동에 참가한 경북 여성을 보자. 3·1운동은 전 세계에 한국이 독립국가라는 사실을 선언한 일이다. 이로써 파리강화회의에 한국문제를 상정시켜 민족자결주의 원칙에 따라 한국을 독립국으로 승인해달라고 요구한 것이고, 그 승인 여부와 관계없이 1919년 4월 11일 대한민국을 건국하고 이를 운영하기 위해 임시정부(정부)와 임시의정원(국회)을 수립하였다. 이것은 세계 식민지 해방투쟁사에서 가장 선두에 나선 선언이자 실천이었다.

경북에서는 3월 8일 대구 서문 밖 시장에서 독립을 선언하고 만세시위를 부른 것으로 시작하여 5월까지 대부분의 시·군에서 전개되었다. 여기에 나섰다가 옥고를 치르고 독립유공자로 포상된 인물은 모두 4명이다.

먼저 金洛은 안동 내앞마을 출신으로 하계마을에 시집가서 독립운동 3대 명가의 중심에 서 있던 인물이다. 김락은 협동학교에 집을 내놓기도 하고 만주에 독립군기지를 건설하기 위해 망명한 김대락의 막내 여동생이다. 또 그는 예안의 선성의병장을 지내고 1910년 나라가 망하자 단식순절한 이만도의 맏며느리이자, 만주로 망명한 석주 이상룡의 처제이기도 하다. 남편 이중업은 파리장서의거의 주역이었고, 두 아들은 광복회와 제2차 유림단의거, 두 사위는 만주지역 독립군기지 지원과 사회운동에 나섰다. 이처럼 독립운동가 3대를 지탱해 나간 배경에 바로 김락이 있었다. 그는 스스로도 투쟁에 나섰다. 1919년 3월 17일 예안에서 펼쳐진 독립만세운동에 앞장서다가 일본 경찰에 끌려가 모진 고문을 당한 끝에 두 눈을 모두 잃고 11년 동안 고초를 겪다가 1929년 2월 사망하였다. 전통 명가의 안주인이 독립운동가 3대를 지키면서 아울러 스스로 독립운동에 나섰다는 점에서 높이 평가가 받을 만하다.

다음으로 신분금과 윤악이는 영덕군 지품면 원전동 시장에서 독립만세
운동을 펼친 인물이다. 신분금은 남편이 독립운동을 계획하다 검거된 후
같은 처지인 윤악이와 함께 만세운동을 벌이기로 뜻을 모았다. 1919년 3
월 24일 장날 원전동 시장에서 윤악이가 앞장서 "우리는 여자인데도 한
국독립을 희망하고 한국의 만세를 부르짖는다."고 연설하자, 신분금은 이
에 호응하여 만세시위를 이끌었다. 이로 말미암아 윤악이는 징역 8월, 신
분금은 징역 6월형을 받고 옥고를 치렀다.

임봉선은 칠곡출신으로 신명여학교 교사였다. 그는 1919년 3월 8일 대
구 서문밖 시장에서 만세운동에 참가한 인물이다. 2월 말에 독립선언 소
식이 알려지고, 3월 2일 세브란스 의학전문학교 학생인 이용상이 독립선
언서 2백장을 전달하면서 독립만세운동이 본격적으로 추진되고 있었다.
이에 서문밖 시장 바로 위에 있는 신명여학교의 교사인 임봉선은 그 소식
에 찬성하고 이에 적극 참여하기로 결심하였다. 3월 8일 오후 3시경, 그녀
는 50여 명의 신명여학교 학생들을 인솔하고 시장에 나아가, 1천여 명의
시위군중과 합세하여 시가지를 행진하였다. 그러나 그는 시위군중과 함
께 경찰서 앞의 제지선을 뚫고 중앙파출소를 돌아 달성군청 앞 삼각지에
이르렀을 때, 6대의 기관총을 설치해 놓고 대기중이던 일본군 80연대에
막히고 징역 1년형의 옥고를 치렀다.

셋째, 국내에서 사회운동을 펼친 인물을 보자. 먼저 유인경은 성주출신
으로 1919년 비밀결사 대한민국애국부인회에 가입하여 항일독립운동을
펼친 인물이다. 대한민국애국부인회는 3·1운동이 마무리된 1919년 6월
혈성단애국부인회와 대조선독립애국부인회가 통합하여 결성되었다. 대한
민국애국부인회는 이름에서도 알 수 있듯이 대한민국이란 국호를 앞에
붙인 단체였다. 이는 대한민국이 상해에서 건국되고 이를 임시정부가 운
영해나가자 이것을 지원하는 데 초점을 두었던 것이다. 이들의 활동은 역

시 같은 국호를 앞에 붙인 대한민국청년외교단·대한적십자회와 밀접한
관련을 갖고 진행되었다. 유인경은 여기에서 거창·밀양·통영을 통괄하는
대구지부장으로 선임되어 조직 확대에 힘쓰는 한편 군자금 백 원을 본부
에 보내기도 했다. 그러다가 1919년 11월 일경에 붙잡혀 1920년 12월 대
구복심법원에서 징역 1년형을 언도받고 옥고를 치렀다.

　다음으로 서울 노동운동계의 불꽃같은 두 처녀 이효정·이병희를 살펴
볼 차례다. 이병희가 이효정의 종고모가 되지만, 이효정이 나이가 다섯
살 많아 친언니처럼 이병희를 이끌었다. 이효정은 1933년에 조직된 '경성
트로이카' 구성원으로 사회운동을 편 여성이다. 1913년 봉화군 춘양면 외
갓집에서 태어났고, 안동 부포마을의 진성이씨 호동파 종가의 종녀다. 그
는 백농 이동하의 종손녀로서 그 영향을 크게 받았다. 1929년 11월에 일
어난 광주 학생들의 항일투쟁은 동덕여자고등보통학교 2학년이던 이효정
으로 하여금 항일투쟁으로 나서는 계기가 되었다. 친구들과 학교에서 만
세를 부르다 종로경찰서에 잡혀간 일이 첫걸음이었다. 1930년 11월, 광주
학생항일투쟁 1주년을 맞아 다시 투쟁이 시작되자 동덕여자고등보통학교
에서 백지동맹투쟁이 벌어졌다. 이효정은 주역 가운데 한 사람으로 활동
하다가 무기정학을 당했다. 이제 항일투쟁의 본격적인 발걸음이 시작되
었다. 울산에서 잠시 교사가 되었다가 다시 서울로 간 이효정은 이재유가
주도하던 사회주의 단체 '경성 트로이카'에 가입하고, 노동운동을 시작하
였다. 1933년 9월 종연방적 경성제사공장 여성직공파업을 이끌어 갔다.
낮은 임금으로 고생하는 여자 직공을 위해 앞장서서 파업투쟁을 벌였다.
일제 자본가에 대항하던 끝에 이효정은 동대문경찰서 형사에게 붙잡혀
모진 고초를 겪었다. 투쟁을 이어 가다가 1935년 11월에 붙잡혀 끔찍하게
물고문을 당하면서 서대문형무소에서 13개월이나 견뎌야 했다.

　이병희는 10대 소녀 시절에 사회운동에 뛰어든 인물이다. 1918년 서울

에서 태어났지만 조상은 모두 안동 부포출신이다. 둘째 큰아버지 이동하는 물론이고 장진홍의거로 옥고를 치른 부친 李京植의 영향 아래 자라난 이병희는 특히 이효정의 영향 속에 사회운동에 뛰어들었다. 그도 동덕여자고등보통학교를 다니면서 사회주의를 받아들이기 시작하여 항일투쟁의 길목으로 접어들었던 것이다. 1933년 만 15세의 소녀 이병희는 서울 신설동에 있던 종연방적주식회사에 위장 취업했다. 그 뒤에 이효정이 있었던 것은 말할 것도 없다. 그는 김희성·박인선 등과 뜻을 모아 500여 명의 여공을 이끌고 파업을 주도하였다. 그러다가 1936년에 붙잡혀 서대문형무소에서 4년 가까이 옥고를 치렀다. 1939년 4월 출옥한 이병희는 1940년에 북경으로 망명하였다. 1943년 일가친척인 이육사가 북경으로 다시 망명해 오자, 그와 함께 투쟁방향을 가늠하다가 그해 가을에 일본경찰에 붙잡혔다. 이육사와 함께 북경에 있는 일본 감옥에 갇혔다가 1944년 1월 초 이병희가 먼저 풀려났다. 결혼 날짜가 다가왔기 때문이다. 그러나 일주일 뒤에 이육사가 숨졌다는 소식을 듣고 유해를 인수하여 화장한 뒤, 유골을 국내에서 온 동생에게 넘기느라 결혼식을 치르지 못했고, 그 때문에 파혼을 겪기도 했다.

넷째, 한국광복군으로 활동했던 두 여성 김봉식·전월순을 소개할 차례다. 한국광복군은 1940년 9월 17일 중국 중경에서 대한민국 임시정부가 창설한 국군이다. 대한제국 군대를 이어 '국군'으로서 창설된 이 부대는 자국이 아닌 타국에서 결성된 탓에 자유로운 활동이 어려웠지만, 군대를 확장시켜 국내진공작전을 펼치기 위해 중국·미국·영국군과 연합작전을 펼치기도 하였다. 한국광복군은 작은 규모의 다섯 지대에서 점차 큰 규모의 3개 지대로 조직을 확대시켰는데, 중경에 총사령부와 제1지대를, 서안에 제2지대, 그리고 안휘성 부양에 제3지대를 설치하였다.

김봉식은 1940년 2월 서안에서 韓國靑年戰地工作隊에 들어가 항일투쟁에 나섰다. 이 조직은 1941년 1월 1일 한국광복군 제5지대로 편성되었고, 이것이 이듬해 5월 제2지대로 확대 개편됨에 따라 김봉식은 제2지대 제2구대로 편제되어 활동하였다. 상주출신인 전월순은 이와 달리 1939년 귀주성 계림에서 조선의용대에 참가하면서 일본군에 대한 정보수집과 병사 모집에 나섰다. 1942년 4월에 조선의용대가 한국광복군 제1지대로 편성됨에 따라 그도 제1지대원으로서 활동하였다.

다섯째, 하와이에서 활약한 이희경을 볼 차례다. 이희경은 대구 신명여학교 제1회 졸업생 3명 가운데 한 사람이다. 본명은 李秀禮로 남산동 출신이다. 그는 '사진결혼'으로 하와이로 가서 영양출신 權道仁의 아내가 되었다. 1919년 4월 1일 하와이 호놀룰루에서 창립된 하와이 부인단체의 통일기관인 大韓婦人救濟會 회원으로 가입하여 국권회복운동과 독립전쟁에 필요한 후원금을 모집·제공하였으며, 애국지사 가족들에게 구제금을 송금하는 등 구제사업을 펼쳤다. 1928년 영남출신 李克魯가 하와이에 잠시 들러 국어를 강연할 때, 이승만이 이를 폄하하면서 영남지역 멸시 발언을 하자, 경상도 출신 부인들과 함께 대한부인구제회를 탈퇴한 뒤 영남부인회를 조직하였다. 뒷날 이것을 영남부인실업동맹회로 개칭하여 회장을 역임하면서 15년간 한인부인사회의 발전과 독립운동 후원, 재미한인사회의 구제사업 활동에 기여하였다. 특히 1930년대 후반부터 독립금과 중경특파원 경비 등 각종 의연금과 군자금을 제공하는 한편, 1940년대 초반에는 부인구제회 호놀룰루지방회 대표이자 대한인국민회의 회원으로 수십 차례에 걸쳐 총 수백여 원의 독립운동자금을 제공하였다.

2) 포상되지 않은 인물

첫째, 자정순국을 선택한 여인으로 권성, 곧 권씨 부인(1868~1921)이 있다. 자정순국은 그저 살기 싫어 세상을 버린 것이 아니다. 내려 누르는 집권세력의 부당성을 지적하고, 이를 부정하는 행위다. 아무리 짓눌러도 결코 꺾이지도 않을 것이고, 무릎 꿇지도 않겠다는 義氣가 번득인다. 비록 일제가 힘으로 밀어붙이고 지배하더라도, 이것은 어디까지나 강제일 뿐, 내 뜻으로는 결코 받아들이지 않겠다는 것이다. 그러니 일제의 침략과 강점은 모두 무효이고, 정당성도 없다는 것을 말해준다. 일제가 힘으로 짓밟고 끌고 가더라도, 그것이 역사성에서나 도덕성에서 전혀 정당하지 않았다는 증거가 바로 이들의 선택이다. 때문에 그들의 선택은 바로 겨레의 자존심이다.

권씨 부인은 봉화 닭실마을 출신인데, 1885년 안동 부포마을로 시집가서 네 살 어린 이명우의 아내가 되었다. 1894년 마지막 과거에서 진사가 된 이명우는 고향에서 부모님을 모시고 조용히 살았다. 그런데 1910년 나라가 무너지자 이웃에서 이만도와 이중언의 자정순국 소식을 전해 들으면서 같은 길을 가려다가 부모님이 계시다는 권씨 부인의 만류에 따라 뒷날을 기다렸다. 부모님을 모시고 속리산을 거쳐 계룡산 자락으로 옮겨 살던 부부는 1919년 광무황제 고종이 세상을 떠나고 2년 뒤에 탈상할 때 마침 부모님의 상례도 모두 마친 터라 주저하지 않고 부부가 한날한시에 음독 자결하였다. 남편 이명우는 황제에 대한 충성을 내세우고, 아내 권씨 부인은 남편의 고결한 뜻을 따라 함께 선택한 길이었다.

아들 3형제와 두 며느리에게 보내는 유서에는 '충의의 길'을 따르는 남편을 따라 가겠다는 간곡함이 담겨 있다. 첫 머리를 보면 이렇다.

> 아해야 삼형제 보아라. 네게 유서로 부탁할 말이 허다 많건마는 어둑 정신 수습 못(하여), 단문 졸필(이나) 대강 부탁 일다(한다). 너 어르신께옵서 평생에 의리 가득 하시와 이제 뜻과 같이 이루실 듯하시니 나도 같이 따르리라. 노소간에 생사가 그 한 몸에 달렸으니 부부지의는 군신지의와 일반이

라, 무슨 한이 있으리오. 이 타관객지 사고무친척 뉘라 살뜰한 바이없고 아
득 막막할 듯하여도 이녁 인심 후덕하면 자연 유공케 할 이 있으리라.(후략,
밑줄 필자)

세 아들에게 눈물로 쓴 글이다. 임금과 신하 사이에 의리가 있듯이 부
부 사이에도 의리가 있으니 자신은 '義婦의 길'을 가겠다는 것이다.

둘째, 1920년대 여성운동을 펼친 정칠성(1897~1958)이 있다. 나이 일곱
에 기생학교에 들어가 18세 무렵에 서울로 가서 기생으로 등록하였다가
3·1운동 이후 사회주의운동가로 거듭났다. 그래서 그는 '사상기생'이라
불렸다. 그는 두 차례 일본으로 유학하여 사회주의를 배우고 여성운동의
이념을 학습하였다. 1924년 귀국한 그는 첫 여성 사회주의운동 단체인 조
선여성동우회를 창립하는 데 참가하고, 이듬해 경북에서 4개 단체가 통합
하는 4합동맹에도 들었다. 1927년 좌우합작운동의 결실로 태동한 신간회
가 시작되자, 그 자매단체인 근우회의 발기인으로 참가했다. 정칠성이 펼
친 활동은 근본적으로 여성의 해방을 지향한 것으로 무산계급 여성이 주
체가 되는 사회를 건설하는 데 목표를 두었다. 그가 꿈꾸었던 신여성이란
"모든 불합리한 환경을 부인하는 강렬한 계급의식을 가진 무산 여성"이
되는 것이었다. 1945년 광복을 맞던 그해에 그는 조선공산당 경북도당 부
녀부장이자 조선부녀총동맹 중앙위원으로 활동하다가 조선공산당의 활
동이 불법으로 몰리게 되자 남로당계 인물들과 월북하였다. 그가 걸었던
계급해방과 여성해방은 민족해방과 같은 선상에서 펼쳐진 것이다. 현재
의 남북분단 상황에서 독립유공자로 포상받을 수는 없지만, 민족해방에
기여한 공은 인정받을 만하다.

셋째, 1930년대에 만주에서 무장부대를 이끈 열렬 여성 金魯淑(1906~
1936)이 있다. 그는 안동군 월곡면 사월동(현재 안동시 임동면 사월리)에
서 빈농으로 태어났고, 두 살 때 아버지를 여의었다. 1912년 만 여섯 살

되던 해에 어머니가 시어머니와 아들 金魯欽(1897년생), 그리고 딸 김노숙을 데리고 만주로 갔다. 이상룡이나 김동삼과 같은 안동출신 지도자들이 터를 닦은 유하현 삼원포에 도착한 그는 열일곱 되던 1923년 삼원포의 동명중학을 졸업한 이우백과 결혼하였다. 김노숙의 항일투쟁 역정은 1924년부터 시작되었다. 그해 11월 반석현 호란진에서 남만청년동맹에 동참하기 시작한 것이다. 그러나 결혼한 지 6년, 그의 나이 만 23세 되던 1929년에 남편 이우백이 투쟁을 벌이다가 희생되는 불행을 맞았다.

김노숙은 중국공산당에 가입하고, 1931년 반석현 반동구위원회 서기인 이동광과 결혼하였다. 23세에 남편을 잃은 그가 택한 길은 단순한 재혼이 아니라, 무장투쟁의 길이요, 그 길에 동지를 반려자로 새로 맞아들인 것이다. 1932년 그는 婦女隊를 조직하여 직접 전투에 나서기 시작하였다. 이 부녀대는 남만주 항일투쟁사에서 유일한 부녀무장조직이다. 1933년 5월 7일 남편 이동광이 중국공산당 반석현위원회 서기를 맡게 되자, 김노숙은 그의 조수가 되어 활동하였다. 항일투쟁의 일선에서 대개 부부가 서기와 비서를 맡는 일은 허다했다. 그해 6월 중국공산당 반석현위원회 확대회의를 열고 있을 때, 마침 '토벌대'가 공격해 왔다. 그러자 김노숙은 10여 명의 적위대원으로 지대를 편성하여 토벌대를 치고 빠지면서 다른 곳으로 유인하여, 끝내 회의 참석자들을 안전하게 보호하였다.

1933년 11월 초 양정우·이홍광이 이끄는 동북인민혁명군 독립사가 반석현 일대에서 전투를 벌일 때, 그도 무장공작대 30여 명을 이끌고 참가하였다. 그가 맡은 임무는 일본군·위만군과 전투를 벌이면서 밀림 속 산굴에 있는 야전병원으로 부상병을 옮기는 것이었다. 임무를 시원스레 해냄에 따라, 김노숙의 명성도 높아졌다. 그런데 1936년 10월 집안현 대청구 일대에서 물자구입 사업을 벌이던 그는 일본수비대 200여 명의 기습을 받아 전투를 치르다가 전사하였다. 김노숙은 여성 혁명투사로서 전투를 벌이다가 전사하는, 흔하지 않은 기록을 남겼다. 만주에서는 그의 이름이 드높이 알려졌지만, 정작 고향에서는 아는 이가 드물다.

3) 내앞마을 사례로 본 독립운동에 몸 바친 이름 없는 여성들

만주로 망명하여 독립운동을 펼친 내앞마을 사람이 정확하게 몇 명인지 확인하기는 어렵다. 그래도 추적하노라면 일단 그곳으로 망명하여 활동하거나 그곳에서 태어난 사람은 대개 150명에서 200명 사이로 추정된다. 그 가운데 확인되는 인물만 헤아려도 140명을 넘는다. 이 가운데 부녀자들이 50명을 넘는다. 이 마을로 시집온 사람도 있고, 딸들도 있다. 이들이 모두 독립운동에 기여했다고 보기는 힘들지만, 그렇다고 관계가 없다고 말하는 것은 잘못된 것이다. 김동삼의 며느리 이해동이 시어머니 박순부에 대해 회상한 말을 보면 여성들이 만주망명과 독립운동에서 무엇을 위해 어떻게 살았는지를 잘 보여주기 때문이다.

시어머님은 혁명가의 부인으로서 손색이 없다고 말할 수 있다. 30세의 나이로 고향에서 남편과 갈라진 시어머님은 아들 형제를 데리고 만주에 와서도 남들처럼 남편과 함께 따뜻한 가정생활을 해본 적이 없었다. 정말 과부나 다름없이 청춘을 살아 오셨던 것이다. 하얼빈 영사관에서 체포되어 가족이 면회를 가는데 시모친은 남편을 만나러 가지도 않았다. 이렇게 남편을 위하는 것이 나라를 위하는 것이라는 시어머님 생각은 구식 여성으로서는 거룩하다고 생각한다. 평생 남편에 대해 불평 한 마디 없었고, 말없이 참고 침묵으로 살아온 시어머님의 일생은 훌륭하다고 생각된다. 시아버님께서 직업혁명가로 평생을 국권회복을 위하여 공을 세웠다면 그 속에는 시어머님 몫도 있다고 생각한다(이해동 회고록, 『만주생활 77년』).

남편이 사망하자 자결한 여성도 나왔다. 예안출신 배재형이 황무지를 개척하는 일에 몰두하다가 1919년 사망하였다. 이에 그의 아내가 18일 동안 단식한 끝에 남편 뒤를 따라 자결하였다. 그러자 한족회는 1919년 6월 총재 李沰의 이름으로 襃烈狀을 드려 추모하였다. 거기에는 "목숨을 버려 의를 취하고 효열을 다한 것이니 역사의 사표가 될 만하다."고 적었다.

독립운동가 부친과 남편을 뒷바라지하고, 아이들을 길러야 했다. 그것도 정상적인 수입이 있는 것이 아니고, 경험도 없는 농사에 매달리지만 흉년을 거듭 당하는 어려운 나날이었다. 그런 속에 결혼하고 아이 낳고, 어른 모시고 병수발을 들고, 생활비를 마련해야 하는 고난의 나날들이었다. 더구나 마적과 중국 군인들의 노략질에 목숨을 보전하는 것만으로도 고마워할 따름일 정도였다. 그러니 어느 순간도 무슨 행복이니 그런 말은 머릿속에 그려볼 틈도 없었다.[81] 허은의 회고를 보자.

> 항상 손님은 많았는데, 땟거리는 부족했다. 점심 준비하느라 어떤 때는 중국인에게서 밀을 사다가 국수를 만들곤 하였다. 마당의 땡볕 아래서 맷돌을 돌려 가루를 내고, 또 그것을 반죽해서 국수를 뽑았다. 고명거리가 없으니 간장과 파만 넣어 드렸다. 삼시 세끼 준비가 결코 녹록치 않았다. 시집 온 다음해에 한번은 감기가 들었으나 누워서 쉴 수가 없었다. 무리를 했던지 부뚜막에서 죽 솥으로 쓰러지는 걸 시고모부(강남호; 필자 주)가 지나가다 보시고는 얼른 부축하여 떠메고 방에다 눕혔다. 다음날도 못 일어났다. 그 때가 열일곱 살, 그러니까 1922년이었다(허은 회고록, 『아직도 내 귀엔 서간도 바람소리가』).

---

81) 김희곤, 『안동사람들이 만주에서 펼친 항일투쟁』, 지식산업사, 2011, 234쪽.

〈만주로 망명하여 활동한 내앞마을 사람들(짙은 바탕색은 여성)〉

번호	이름	한자	생몰연대	관계	처
1	김형팔	金衡八	1887~1965	김병식 아들	
	조창용	趙昌容	1887~1970	김형팔 처	한양조씨 부 송병
	김시륭	金時隆	1906~1994	김형팔 아들	
	김시창	金時昌	1910~	김형팔 아들	
	손봉희	孫鳳姬	1917~	김시창 처	
	김시훈	金時熏	1912~	김형팔 아들	
	이만수	李晩珠	1918~	김시훈 처	전의이씨 부 근영
2	김병칠	金秉七	1884~1960	김무락 아들	
	권영대	權寧大	1882~1958	김병칠 처	안동권씨 부 병홍
	안동김씨	安東金氏		김병칠 처	
	김덕로	金德魯	1908~1968	김병칠 아들	
	이계남	李季南	1907~1990	김덕로 처	재령이씨 부 삼현
	김우로	金佑魯	1911~1943	김병칠 아들	
	이분이	李粉伊	1944	김우로 처	재령이씨 부 수기
	김정로	金政魯	1916~	김병칠 아들	
	조제하	趙濟河	1925~	김정로 처	함안조씨 부 용화
	김학로	金學魯	1936~	김병칠 아들	
	윤상희	尹相喜	1939~	김학로 처	파평윤씨 부 치두
	김승로	金承魯	1942~1974	김병칠 아들	
3	김달병	金達秉		金都洛 아들	
4	김성로	金聲魯	1885~1922	金旭秉 아들	영양남씨 父 敬秩
	김시린	金時麟	1904~1978	김성로 아들	안동김씨 父 浩昌
5	김대락	金大洛	1845~1914	金鎭麟 아들	여강이씨, 안동권씨
	김우락	金宇洛		김대락 누이	고성이씨 남편 李相龍
	김명식	金明植	1864~1902	김대락 장남	진성이씨 父 晩瀅
	김창로	金昌魯	1889~1943	김명식 아들	
	이원귀	李源貴	1891~1977	김창로 아내	진성이씨 父 弼鎬
	김시흥	金時興	1911~1946	김창로 장남	안동권씨 父 五寬
	김시영	金時英	1916~	김창로 차남	봉화금씨 父 瀅基
	김형식	金衡植	1877~	김대락 차남	
	진성이씨	眞城李氏	1872~1928	김형식 첫째 처	진성이씨 父 興魯

	김정로	金正魯	1898~1968	김형식 아들	생부 明植
	평해황씨	平海黃氏	?~1926	김정로 첫째 처	평해황씨 父 萬英
	권말자	權末者	1911~	김정로 둘째 처	안동권씨 父 錫弼
	김시양	金時洋	1924~	김정로 아들	
	김효락	金孝洛	1849~1904	김대락 첫 동생	안동권씨父
	김만식	金萬植	1867~1933	김효락 장남	진성이씨 父 中彦
	김용로	金龍魯	1906~1968	김만식 장남	안동김씨 父 國鎭
	김숙로	金淑魯		김만식 장녀	고성이씨 남편 李光民
	김미로	金美魯		김만식 차녀	남양조씨 남편 趙錫九
	김제식	金濟植	1872~1945	김효락 차남	영천이씨 父 章武
	김귀로	金龜魯	1892~1936	김제식 아들	
	재령이씨	李龍?	1891~1968	김구로 처	재령이씨 父 商鉉
	김시범	金時範	1922~	김구로 장남	영천이씨 父 在機
	김시책	金時策	1928~	김구로 차남	
	김소락	金紹洛	1851~1929	김대락 둘째 동생	전주류씨 父 胃鎬
	김조식	金祚植	1873~1950	김소락 장남	철성이씨 父 鍾羽 월성이씨 父 東俊
	김세로	金世魯	1895~1940	김조식 장남	
	이호량	李浩良	1893~1954	김세로 처	
	김시연	金時延	1912~1968	김세로 장남	풍양조씨 父 世衍
	김원로	金元魯	1914~1965	김조식 삼남	김해김씨
	김윤로	金允魯	1917~	김조식 오남	달성서씨 부 景文
	김홍식	金洪植	1883~	김소락 차남	한양조씨
	김문로	金文魯	1911~1969	김홍식 아들	생부 祚植
	김숙자	金淑子	1917~	김문로 처	김해김씨 父 鍾斗
	김정식	金政植	1888~1941	김소락 삼남	정안이씨 父 寅承
	이준영	李遵榮	1895~1950	김정식 처	
	김철로	金轍魯	1926~	김정식 아들	평산신씨
6	김조락	金肇洛	1877~1920	金鎭麒 삼남	영천이씨 父 章暎
	영천이씨	永川李氏	1873~1939	김조락 처	
	김영식	金寧植	1894~	김조락 장남	평산신씨 父 相翼
	신일희	申一熙	1890~	김영식 처	
	김종식	金鍾植	1907~	김조락 삼남	광산김씨 父 基定

광산김씨	光山金氏			김종식 처	
김용연	金龍淵	1859~1874		김조락 큰형	진성이씨 父 晩杰
김화식	金和植	1890~1970		김용연 아들	생부 靖洛, 광산김씨 父 魯憲
김창숙				김영식 장녀	
김후로				김영식 차녀	
김재로				김영식 삼녀	
김정숙				김종식 딸	
7	김성락	金誠洛	1899~1941	金鎭渤 아들	안동권씨 父 仕河
	김정락	金呈洛	1857~1941	金鎭頊 아들	생부 鎭麟
	영양남씨	英陽南氏	1853~	김정락 처	영양남씨 父 朝淵
	김규식	金圭植	1880~	김정락 아들	
	전주류씨	全州柳氏	1877~1916	김규식 처	
8	김성로	金成魯	1896~	김규식 장남	광산김씨 父 魯昌, 반남박씨 父 濟禧
	진성이씨	眞城李氏		김성로 처	진성이씨 부 敎穆
	김시준	金時俊	1939~	김성로 양자	생부鳳魯
	김옥순	金玉順	1943~	김시준 처	
	김봉로	金鳳魯	1911~	김규식 차남	공주이씨
	이화전	李花田		김봉로 처	부 庭容
	김긍식	金肯植	1878~1937	金繼洛 아들	일송 김동삼
	박순부	朴順夫	1882~	김긍식 둘째 처	
	김정묵	金定默	1905~1950	김긍식 아들	
	이해동	李海東	1905~	김정묵 처	진성이씨 父 源一
	김장생	金長生		김정묵 장남	
	김중생	金中生	1933~	김정묵 차남	전주최씨
9	김덕축			김저묵 딸	
	김영경		1923~1988	김긍식 딸	
	김찬식	金纘植	1880~1920	金繼洛 아들	김동만
	월성이씨		~1957	김찬식 둘째처	
	김경묵	金敬默	1912~1967	김찬식 아들	
	함양오씨		1916~1984	김경묵 처	
	김원생	金源生	1934~	김경묵 장남	

	김준생	金濬生	1936~	김경묵 차남	
	전주최씨		1942~	김준생 처	
	김장식	金章植	1889~	金潮洛 아들	
	김용묵	金容默	1912~	김장식 아들	생부 肯植(김동삼)
10	진주강씨			김용묵 첫째 처	
	김문생	金文生		김용묵 장남	
	김효생	金孝生		김용묵 차남	안동김씨 父 昌鎭
	김성휼	金聲遹	1904~	金泰魯 아들	
11	김점한	金點漢		김성휼 처	안동김씨 父 承晩
	김종덕	金鍾德	1931~	김성휼 아들	
12	김도식	金道植	1854~	金庭洛 아들	안동김씨
	김형로	金衡魯	1889~	김도식 아들	
13	김익로	金益魯	1893~	金教植 아들	
	김시창	金時昌	1922~	김익로 아들	
14	김현대	金鉉大	1908~	김귀모 아들	
	손돌선	孫乭仙		김현대 셋째 처	
15	김술로	金述魯	1898~	김인식 아들	
	진주하씨	晋州河氏	?~1911	김술로 첫째 처	진주하씨 부 在禹
	안동권씨	安東權氏 權?伊	1897~	김술로 둘째 처	안동권씨 부 成浩
	김시옥	金時沃	1918~	김술로 장남	
	김시준	金時俊	1924~	김술로 차남	
	김시찬	金時贊	1926~	김술로 삼남	
16	김화식	金華植	1863~1917	김성락 장남	
	부림홍씨		1861~1885	김화식 첫째 처	부림홍씨 부 泰喆
	광산김씨		1868~1947	김화식 둘째 처	광산김씨 부 濟嵩
	김응로	金應魯	1894~1945	金華植 아들	
	김덕로	金悳魯	1898~1923	김화식 차남	영식 출계
	류후한	柳後漢	1897~5.11	김덕로 첫째 처	부 淵斌
	이원대	李元臺	1906~1927	김덕로 둘째 처	부 厚根
	김충로	金忠魯	1904~	김화식 삼남	
	김시양	金時陽	1911~1959	김응로 아들	
	진성이씨		1908~	김시양 첫째처	진성이씨 부 普杰
17	김시병	金蓍秉	1851~1967	김원락 아들	

	청주정씨		1848~	김시병 첫째 처	청주정씨
	신필혜	辛畢惠	1869~	김시병 둘째 처	
	김형두	金衡斗	1892~	김시병 장남	
	신원교	辛元教	1878~1951	김형두 처	
	김형익	金衡翼	1905~	김시병 아들	
	박순형	朴順兄	1902~	김형익 처	부 昌秀
	김시욱	金時旭	1942~	김형익 차남	
18	김면식	金冕植	1885~1971	김한락 아들	
	영양남씨		1884~1945	김면식 처	영양남씨 부 孝舜
	김주환	金冑煥	1909~1962	김면식 장남	
	진성이씨		1907~	김주환 처	진성이씨
	김긍환	金肯煥	1915~1988	김면식 차남	
	손봉수	孫鳳秀	1919~	김긍환 처	부 永祐
19	김영노				한호(동북항일연군)

4) 찾아내고 제대로 자리매김하기 위하여

한국독립운동사는 세계 식민지 해방운동사에서 가장 격렬하고 풍부한 내용을 가진다. 그 가운데서도 경북사람이 펼친 독립운동이 가장 대표적이다. 경북이 한국독립운동의 발상지이고, 독립유공자와 자정순국자를 가장 많이 배출한 곳이니 대표성을 가진다고 하여 지나치다고 평가할 사람은 없을 것이다. 그런데 여성 독립운동가에 대한 발굴이나 접근은 남성에 비해 지나치게 낮다.

흔히 여성 독립운동가를 말하면 대개 신식교육을 받은 여성이라 여기기 쉽다. 실제로 도시에서 활동한 신교육을 받은 여성이 사회운동의 선두에 선 일이 절대적으로 많기 때문이다. 하지만 그 말이 항상 옳지는 않다. 전통 여성이 만주로 망명하여 투쟁한 일도, 또 전통 여성이 명가의 안방을 지키고 있으면서 독립운동가 3대의 바탕이 되고 나아가 스스로 투쟁에 참여한 일도 있다. 또 사회운동에 뛰어들어 계급해방 논리와 전략으로 민족해방을 꿈꾸던 인물도 있었다. 남편의 충절에 따른 아내의 자정순국도 있었다. 이처럼 발굴되고 포상된 인물에 대해서는 근래에 들어 글과 강연, 방송과 신문, 뮤지컬 등을 통해 대중들에게 조금씩 알려지고 있다. 다행스러운 일이 아닐 수 없다.

그렇지만 아쉬움이 훨씬 크다. 내앞마을 한 곳의 사례만으로도 이해할 수 있듯이 독립운동의 바탕에는 수많은 여인들의 희생이 있었다. 그 희생 위에 꽃과 열매가 맺어졌는데, 그 토양에 대해서는 눈길을 주지 않아 왔다. 만약 경북 전체로 확대하여 조사하기 시작한다면 그 결실은 생각보다 클 것이다. 그래서 두 가지 길을 찾아야 할 것이다.

첫째, 여성 독립운동가를 찾아내는 일에 힘을 기울여야 한다. 우선 여성들의 활동에 대한 기록 자체가 너무나 찾기 어려운 현실이지만, 이를 이겨낼 방안을 찾아야 한다. 인력도 키워야 하고 과제 해결을 위한 정책 마련도 있어야겠다. 한 마디 덧붙인다면 여성들이 스스로 남겨놓은 자료가 희귀한데, 간혹 전해지는 전통 가사나 편지는 눈여겨 볼만하다는 사실이다.

둘째, 독립운동에 주춧돌이 된 인물들의 삶과 희생을 찾아내어 이를 정리하고 기리는 작업이 긴요하다. 비록 독립운동 조직에 이름이 나타나지 않는 주부라고 하더라도 허은이나 이해동의 글을 통해 알 수 있듯이 그들이 독립운동에 기여한 사실만은 분명하다. 나라 안에서 펼쳐진 독립운동은 말할 것도 없고, 만주를 비롯한 나라 밖에서 펼쳐진 독립운동의 뿌리로 살았던 경북 여성들의 규모와 활동, 희생과 기여를 정확하게 조사하고 이를 되살려내는 작업은 현 시대를 살아가는 이에게 주어진 역사적인 책무가 아닐 수 없다.

희생을 진정한 희생으로 평가할 때 비로소 새로운 시대를 개척하는 희생이 나타나게 되고, 이것이 새 시대를 열어가는 에너지가 된다. 이를 위해 조사와 발굴 사업을 추진해야겠다. 또 현장을 찾아보는 탐방 프로그램을 만들고 이를 꾸준하게 진행시킬 필요가 있다. 정책 설정과 실행이 긴요한 때다.

제2장
척사유림의 의병항쟁 전개와 자정순국

제1절 경북지역 의병연구의 성과와 과제

1. 머리말

경북지역은 의병이 일찍 일어난 곳이다. 근래의 연구는 의병항쟁 시작을 1895년 을미의병에서, 이미 1894년 갑오년에 안동에서 일어난 의병으로 수정하였다.[1] 따라서 의병의 출발점이 곧 독립운동사의 시작점임을 말하므로, 경북지역의 의병은 곧 한국독립운동사의 출발점임을 의미한다.

경북지역에서는 전기의병이 일찍 일어났고, 또 왕성하였다. 특히 유림 집단의 에너지가 강한 경북 북부지역, 즉 안동문화권에서는 대단히 큰 규모의 의진들이 시군 별로 결성되었으며, 연합전투를 벌이기도 했다. 안동의진과 선성(예안)의진, 영해의진과 영덕의진, 청송의진·진보의진·영양의진·의성의진·예천의진·문경의진·김산의진·순흥의진·봉화의진·영천(영주)의진 등이 활동하였다. 그리고 중기와 후기에도 경북지역 의병은 태백산맥을 중심으로 대단히 왕성한 면모를 보였다. 특히 신돌석의진이나 산남의진은 중·후기를 대표하는 의진이었다. 이들 가운데 연구자들이 특히 주목한 대상은 안동의진과 신돌석의진, 그리고 산남의진이었다.

경북지역에서 일어난 의병에 관한 연구는 의진과 의병장에 대한 연구가 중심이었다. 이 글은 이들 연구의 경향성을 추적하는 데 목표를 둔다.

---

1) 김상기, 「甲午·乙未義兵 研究」, 한국정신문화연구원 박사학위논문, 1990, 56~60쪽.

이를 위해 시기별로 발표된 연구를 계량적으로 추적하고, 연구논문과 단행본이 다룬 주제를 조사하였다. 이어서 연구자의 동향과 연구성과를 정리했다. 끝으로는 의병연구의 과제와 전망을 다루면서, 이와 함께 극복해야 할 문제점도 거론하였다.

한 가지 미리 양해를 구해야 할 점이 있다. 이 주제를 해결하기 위해 1960년대 이후 경북지역 의병에 관련된 연구업적을 조사하였지만, 본의 아니게 빠진 것이 있을 수도 있다는 사실이다. 만약 여기에 누락된 것이 있다면 특정 연구를 제외시키려는 것이 아니라 단지 조사과정에서 단순하게 빠진 것임을 밝혀둔다. 자료를 추적하기 위해 한국역사정보통합시스템, 국사편찬위원회 한국사연구휘보, 국회도서관, 독립기념관 등의 웹사이트와 기존 연구논문집을 이용하였다.

2. 연구논문과 단행본 발간

1) 연구논문의 발표 추이

연구논문이 처음 발표된 시기가 1962년이었다. 이후 2014년도 8월까지 경북지역 의병과 관련된 연구논문은 모두 103편이 발표되었다.

〈시기별 의병 논문 편수〉

시기	1960년대	1970년대	1980년대	1990년대	2000년대	2010~2014	합계
논문	3	7	13(5)	39(10)	31(3)	10	103(18) ( )학위논문

경북지역 의병에 대한 연구는 김의환이 서막을 열었고, 그 주제가 의병장 이강년이었다. 1977년에 『나라사랑』이 허위를 특집으로 다루면서 의병 관련 논문이 7편 실렸다.2) 그러다가 본격적인 연구는 1980년대에 들어 시작되었다. 이런 현상은 경북지역만의 경우가 아니라 전국적인 추이와 대체로 비슷하다고 본다. 1980년대에 들어 석사학위논문이 5편 발표되고,3) 의진을 다루거나 의병장을 추적한 연구가 1년에 한 편 꼴로 발표되었다. 한 가지 고무적인 사실은 의병을 주제로 삼은 석사학위논문이 나타난 것이지만, 그 연구자들이 더 이상 본격적인 연구 대열에 진입하지 않고 중단했다는 사실은 아쉽다.

---

2) 이강년, 「雲岡先生 倡義日錄序」, 『韓日文化』1·2, 부산대학교 한일문화연구소, 1962.
　김의환, 「韓末 義兵運動의 分析: 李康季 義兵部隊를 中心으로」, 『韓日文化』1·2, 부산대학교 한일문화연구소, 1962.
　윤병석, 「항일구국의 不死鳥 李康年」, 『人物韓國史-開化의 先驅 5』, 博友社, 1965.
　이은상, 「허위의 행정과 사상」, 『나라사랑』27, 외솔회, 1977.
　강주진, 「허위의 정치적 경륜」, 『나라사랑』27, 외솔회, 1977.
　신용하, 「허위의 의병활동」, 『나라사랑』27, 외솔회, 1977.
　박성수, 「허위의 사상과 투쟁」, 『나라사랑』27, 외솔회, 1977.
　이형석, 「수도 진군작전의 의의」, 『나라사랑』27, 외솔회, 1977.
　이구용, 「한말 의병사상과 허위의 항쟁」, 『나라사랑』27, 외솔회, 1977.
　유석우, 「광복운동사상의 허위의 위치」, 『나라사랑』27, 외솔회, 1977.
3) 문원상, 「韓末 初期義兵戰爭의 一考察: 慶北 地方을 中心으로」, 동아대학교 석사학위논문, 1983.
　이원규, 「韓末 抗日義兵에 關한 一考察」, 성균관대학교 교육대학원 석사학위논문, 1984.
　하선희, 「韓末 慶北地方의 義兵運動에 關한 硏究」, 효성여자대학교 석사학위논문, 1984.
　김종생, 「韓末 嶺南地方의 義兵抗爭에 關한 考察」, 경상대학교 교육대학원 석사학위논문, 1984.
　김강수, 「碧山 金道鉉의 義兵活動」, 국민대학교 석사학위논문, 1987.

1980년대에 학위논문을 제외한 연구논문은 8편이다.4) 그 가운데 배용일의 등장이 눈에 띈다. 그는 이 시기에 山南義陣에 관한 논문만 3편을 발표했다. 자신이 근무하는 학교 논문집에 발표한 2편을 묶어 전문학회지에 다시 정리해낸 글이기는 하지만, 이것이 경북지역에서 의진을 전문적으로 파고들어간 업적으로서 돋보인다. 그러면서 그는 정환직·정용기 부자와 최세윤의 활동을 추적한 성과를 발표하였던 것이다. 이강년에 대한 연구는 1960년대에 이어 홍순옥에 의해 다시 시도되었다. 또 허위를 중심으로 13도창의군을 다룬 연구가 신용하의 업적으로 나왔다.

1990년대에 들어 경북지역 의병연구는 폭발적으로 증가하였다. 우선 학위논문은 10편이 발표되었는데, 그 가운데 박사학위논문 2편이 있었으니, 정제우의 이강년 연구(1992)와 권영배의 격문 분석(1996)이 그것이다.5) 석사학위논문 8편은 대부분 1980년대의 수준을 훨씬 넘는 것들이었다.6) 김정미의 영해지방 의병, 박성진의 허위 연구가 돋보인다. 석사학위

---

4) 배용일, 「山南義陣考; 鄭煥直·鄭鏞基 父子 義兵將 活動을 中心으로」, 『論文集』 6, 포항실업전문대학, 1982.

　　홍순옥, 「義兵 李康年部隊 戰鬪考(1907~1908) (上); 日本軍의 記錄과 比較하여」, 『軍史』5, 국방부군사편찬위원회, 1982.

　　배용일, 「山南義陣과 崔世允 義兵將」, 『論文集』7, 포항실업전문대학, 1983.

　　김세규, 「韓末 慶北地方의 義兵抗爭」, 『慶州史學』4, 동국대학교 국사학회, 1985.

　　배용일, 「최세윤 의병장고」, 『史叢』31, 고대사학회, 1987.

　　김도형, 「한말·일제초기 경북지방의 민족운동」, 『지역사회와 민족운동』1, 지방사회연구소, 1987.

　　신용하, 「전국 '十三道倡義大陣所'의 연합의병운동」, 『한국독립운동사연구』1, 독립기념관 한국독립운동사연구소, 1987.

　　유한철, 「金河洛義陣의 義兵活動」, 『한국독립운동사연구』3, 독립기념관 한국독립운동사연구소, 1989.

5) 정제우, 「舊韓末 義兵將 李康季 연구」, 인하대학교 박사학위논문, 1992.

　　권영배, 「檄文類를 통해 본 舊韓末 義兵抗爭의 性格」, 경북대학교 박사학위논문, 1996.

논문 주제로 역시 이강년과 산남의진이 등장하고, 김하락의진의 경북지역 활동과 북부 산악지역 의병이 새로운 주제로 나타났다. 이들 석사학위 취득자 가운데 의병분야를 지속적으로 연구하는 인물이 없어 안타깝다.[7]

1990년대에 발표된 일반 연구논문은 39편으로 1980년대에 비해 3배 가까이나 될 정도로 폭증했고, 연구 핵심은 역시 의병장과 의진 연구였다.[8]

---

6) 김정미, 「韓末 慶尙道 寧海地方의 義兵戰爭」, 경북대학교 석사학위논문, 1990.
박성진, 「왕산 허위 연구」, 한국정신문화연구원 석사학위논문, 1992.
전문진, 「韓末 李康秊 義兵部隊의 組織과 活動」, 부산대학교 석사학위논문, 1993.
서석홍, 「척암 김도화 연구 -우국의식을 중심으로」, 안동대학교 석사학위논문, 1993.
최익제, 「1905~1910년 경북지방의 의병전쟁: 북부 산악지방을 중심으로」, 한국교원대학교 석사학위논문, 1994.
박완석, 「한말 경북지방 의병전쟁에 관한 연구」, 경남대학교 교육대학원 석사학위논문, 1995.
김여생, 「山南義陣(1906~1909)의 抗日鬪爭과 參加階層」, 건국대학교 석사학위논문, 1998.
김용삼, 「韓末 乙未義兵에 관한 考察: 嶺南地域의 義兵活動을 중심으로」, 경성대학교 교육대학원 석사학위논문, 1999.
7) 특히 김정미가 왕성하게 연구열을 불태우다가 일찍 타계한 사실은 불행한 일 가운데서도 불행한 사건이었다.
8) 김강수, 「한말의병장 벽산 김도현의 의병활동」, 『북악사론』2, 국민대학교, 1990.
권대웅, 「김산의진고」, 『한국근대사논총』 윤병석교수화갑기념, 지식산업사, 1990.
배용일, 「山南義陣考」, 『한국민족운동사연구』5, 지식산업사, 1991.
이구용, 「雲崗 李康年의 抗日義兵活動」, 『江原史學』7, 강원대학교사학회, 1991.
정제우, 「이강년의 생애와 사상」, 『한국독립운동사의 인식』 박성수교수화갑논총, 1991.
권영배, 「山南義陣(1906~1908)의 組織과 活動」, 『역사교육논집』16, 역사교육학회, 1991.
김정미, 「한말 경상도 영해지방의 의병전쟁」, 『大丘史學』42, 대구사학회, 1991.
박성진, 「許蔿의 現實認識과 國權恢復運動」, 『淸溪史學』9, 청계사학회, 1992.
신용하, 「許蔿義兵部隊의 抗日武裝鬪爭」, 『한민족독립운동사논총』, 수촌박영석교수화갑기념논총간행위원회, 1992.
정제우, 「島菴 申泰植의 抗日義兵活動:〈丁未年倡義歌〉와 『雲崗倡義日錄』과의 對比」, 『한국민족운동사연구』6, 한국민족운동사학회, 1992.
권대웅, 「乙未義兵期 경북 북부지역의 醴泉會盟」, 『민족문화연구총서』14, 영남대

앞 시기와 마찬가지로 이강년(정제우·이구용·전문진·김의환·구완회) 연
구가 가장 많았고, 산남의진(권대웅·권영배·배용일)이 그 뒤를 이었다.
의병장 연구로는 신태식(정제우), 김도현(김강수·권영배), 김도화(김희
곤), 허위(신용하·박성진), 이만도(조동걸), 이상룡(안건호) 등이 주목을

학교 민족문화연구소, 1993.

김문기, 「鄭鏞基의 倡義歌辭 考察」, 『국어교육연구』26, 국어교육학회, 1994.

전문진, 「韓末 李康秊 義兵部隊의 組織과 活動」, 『釜大史學』19, 부산대학교 사
학회, 1995.

김희곤, 「영남지방의 의병항쟁; 경북을 중심으로」, 『일제의 한국침략과 영남지방의
반일운동』, 한국근대사연구회, 1995.

김의환, 「抗日義兵將 李康年과 愛國民衆들과의 往復 書翰文(37通) 발견에 즈음
하여」, 『韓日硏究』9, 부산대학교 한일문화연구소, 1996.

구완회, 「이강년 관련문헌에 대한 비판적 검토 -『운강선생유고』해제에 대신하여-」,
『제천을미의병100돌기념학술논문집』, 백산출판사, 1996.

김원석, 「『丙申倡義實錄』을 통해 본 義城義兵」, 『安東史學』3, 안동사학회, 1998.

권대웅, 「1896년 청송의진의 조직과 활동」, 『한국근대현사연구』9, 한국근현대사학
회, 1998.

김상기, 「1895~1896년 安東義兵의 思想的 淵源과 抗日鬪爭」, 『史學志』31, 단국
사학회, 1998.

조동걸, 「향산 이만도의 독립운동과 그의 유지」, 『한국근현대사의 이해와 논리』, 지
식산업사, 1998.

권대웅, 「한말 영남유학계의 의병활동」, 『민족문화연구총서』21, 영남대학교 민족문
화연구소, 1998.

배용일, 「山南義陣과 第三代 崔世允 義兵大將 研究」, 『東大海文化硏究』4, 동
대해문화연구소, 1998.

안건호, 「1910년 전후 이상룡의 활동과 사회진화론」, 『역사와 현실』39, 한국역사연
구회, 1998.

이동우, 「乙未年 慶尙道地方의 義兵抗爭」, 『史學硏究』59, 한국사학회, 1999.

권영배, 「遺文을 통해 본 碧山 金道鉉의 義兵抗爭」, 『歷史敎育論集』23·24, 역
사교육학회, 1999.

김희곤, 「안동의병장 拓菴 金道和(1825~1912)의 항일투쟁」, 『歷史敎育論集』23·
24, 역사교육학회, 1999.

받았고, 정용기(김문기, 가사문학)를 다룬 연구가 나왔다. 그리고 지역이나 의진에 대해서는 영해의진(김정미), 경북 혹은 북부지역(권대웅· 김희곤), 청송의진(권대웅), 의성의병(김원석), 안동의병(김상기) 등이 다루어졌으며, 1896년 안동지역 향리들이 발표한 「安東下吏通文」(김희곤)이 소개되기도 했다.

대개 1990년대 연구는 원로학자들의 지원 아래, 대거 등장한 신진연구자들이 연구 주제를 발굴하고 업적을 발표했다는 데 특징이 있다. 구완회가 제천지역 의병을 연구하면서 이강년과 경북 북부지역을 추적하였고, 권대웅·권영배·김희곤이 경북지역 전반과 안동문화권의 의병을 집중적으로 다루기 시작했다.

2000년대에 발표된 연구업적은 31편으로 1990년대와 비슷하다. 다만 아쉬운 점은 학위논문이 너무 적다는 사실이다.9) 석사학위논문이 크게 줄어든 사실은 결국 신진학자의 등장이 정체되었다는 점을 말해주는데, 학계의 앞날이 그리 밝지 못하다는 정황을 알려주는 셈이다. 더구나 신진학자마저 논문을 꾸준하게 발표하지 않고 있고, 2010년대에 들어서도 연구량이 늘어나지 않고 있어 심각하게 여겨진다.

2000년대에 발표된 일반 연구는 역시 의병장과 의진 연구로 양분된다.10) 의병장으로는 이강년(박민영·노인숙·이광희·구완회), 신돌석(김희

---

9) 구자일, 「한말 예천 의병전쟁」, 안동대학교 교육대학원 석사학위논문, 2000.
   이동신, 「예안지역의 '선성의병(1895~1896)' 연구」, 안동대학교 교육대학원 석사학위논문, 2003.
   한준호, 「安東出身 義兵將 柳時淵(1872~1914) 硏究」, 안동대학교 석사학위논문, 2004.
10) 박민영, 「雲崗 李康秊의 생애와 사상」, 『한국근현대사연구』12, 한국근현대사학회, 2000.
   김희곤, 「西山 金興洛(1827~1899)의 의병항쟁」, 『한국근현대사연구』15, 한국근현대사학회, 2000.
   노인숙, 「雲崗 이강년 漢詩 硏究」, 『한국어문교육』9, 한국교원대학교, 2000.

곤·박민영·조동걸), 김홍락(김희곤), 김도화(임노직), 허위(이현희·조재

권대웅, 「을미의병기 안동유림의 의병투쟁」, 『大東文化硏究』36, 대동문화연구원, 2000.

구자일, 「韓末 醴泉 義兵戰爭」, 『安東史學』6, 안동사학회, 2001.

김희곤, 「申乭石 義陣의 활동과 성격」, 『한국근현대사연구』19, 한국근현대사학회, 2001.

조동걸, 「光武農民運動과 申乭石 義兵」, 『한국근현대사연구』19, 한국근현대사학회, 2001.

이현희, 「許蔿의 義兵鬪爭과 서대문형무소」, 『한국민족운동사연구』29, 한국민족운동사학회, 2001.

이광희, 「한말 의병장 李康秊」, 『靑藍史學』5, 한국교원대학교 청람사학회, 2002.

박민영, 「의병전쟁에서의 신분문제와 申乭石」, 『仁荷史學』10, 국학자료원, 2002.

권대웅, 「을미의병기 청송유림의 의병항쟁」, 『안동사학』8, 안동사학회, 2003.

박민영, 「한말 창의일기류와 청송창의록 『적원일기』」, 『안동사학』8, 안동사학회, 2003.

윤천근, 「향산 이만도 선생의 절의정신」, 『민족 위해 살다간 안동의 근대인물』, 안동청년유도회, 2003.

박석무, 「척암 김도화 선생의 생애와 의리정신」, 『민족 위해 살다간 안동의 근대인물』, 안동청년유도회, 2003.

김희곤, 「서산 김홍락의 독립운동과 그 여맥」, 『민족 위해 살다간 안동의 근대인물』, 안동청년유도회, 2003.

권오영, 「류도발·류신영 부자의 삶과 순국」, 『민족 위해 살다간 안동의 근대인물』, 안동청년유도회, 2003.

이동신, 「예안지역의 '선성의진(1895~1896)' 연구」, 『안동사학』8, 안동사학회, 2003.

권대웅, 「한말 김천지역의 국권회복운동」, 『한국독립운동사연구』21, 독립기념관 한국독립운동사연구소, 2003.

임노직, 「척암 김도화의 현실인식 -그의 소·사를 중심으로」, 『국학연구』4, 한국국학진흥원, 2004.

구완회, 「정미의병기 의병장 이강년의 정체성과 의진 사이의 연합과 갈등」, 『인문사회과학연구』13, 세명대학교 인문사회과학연구소, 2005.

김희곤, 「예안 선성의병과 온혜마을 인물의 역할」, 『안동사학』11, 안동사학회, 2006.

조재곤, 「대한제국 시기 허위의 在京 정치활동과 시국인식」, 『향토서울』69, 서울특별시사편찬위원회, 2007.

곤) 등이 연구되었다. 그리고 의진과 지역의 의병동향에 대해서는 청송유
림과 적원일기(권대웅·박민영), 선성의진(이동신·김희곤), 김천지역(권대
웅), 안동유림(권대웅), 예천의병(구자일) 등이 보이고, 권제녕의「義中日
記」(김희곤)가 소개되었다. 1990년대까지 주류를 이룬 이강년 연구는 여
전히 지속되었고, 여기에 신돌석에 대한 연구가 본격적으로 시작되었다
는 점을 알 수 있다. 또 김홍락·김도화 등 안동지역 인물에 대한 연구, 안
동문화권 즉 예안(선성)을 포함한 안동, 청송·예천 등에 대한 연구가 주
류를 이룬다는 점도 눈에 띈다. 이 시기에 연구업적을 발표한 연구자들은
권대웅·김희곤·박민영의 참여가 높고, 제천의병을 종합적으로 추적하는
과정에서 이강년을 정리한 구완회의 연구가 돋보인다.

2) 자료·자료집 발간 추이

1970년대에 자료집이 처음 등장했다. 맨 먼저 산남의진 자료가 거듭 발
간되었다. 즉『산남의진역사』(이병락·이종기 공저)가 앞을 서고,『山南義
陣遺史』가 두 차례(1970·1972년) 출판되었다. 이어서 독립운동사편찬위
원회가 결성되고서 1970년에『독립운동사자료집』이 발간되었는데, 특히
의병자료를 담은 1·2·3권에 경북지역 관련 자료 7편이 실렸으니, 다음과
같다.

> 박정수·강순희 엮음,「운강선생창의일록」, 제1집.
> 김하락 엮음,「김하락 진중일기」, 제1집.
> 김도현 엮음,「벽산선생창의전말」, 제2집.
> 허복 엮음,「왕산 허위선생 거의사실대략」, 제2집.
> 유규원 엮음,「유의사전」, 제3집.

　　이순구 엮음, 「산남의진사」, 제3집.
　　홍원표 엮음, 「신장군실기」, 제3집.

　　이들 자료는 1차 사료인 경우도 있고, 또 해방 직후에 다시 쓰인 것도 있다. 이강년의 창의일록, 김하락의 진중일기, 김도현의 창의전말 등은 모두 직접 당시의 기록을 모은 것이고, 뒤의 것은 해방 직후에 집필한 것이지만 1차 사료에 가까운 가치를 가진 것들이다. 이들은 모두 1980년대 이후 의병에 관한 연구에 밑거름이 되었다.

　　여기에 다시 의병 관련 문집류도 속속 간행되었다. 『國譯 旺山全書』와 『國譯 舫山全集』이 그렇고, 梁漢緯의 「梁碧濤公濟安實記」, 呂中龍의 「甲午·丙申日記」 등이 소개되었다. 이어서 신돌석의진에 대한 자료집으로 『창의장명록』과 『구국창의록』(서두석 외)이 영덕군에서 발간되어 영덕을 중심으로 전개된 의병활동을 알려준다. 다만 규모와 활동 내용을 지나치게 윤색시키고 확대시켜 1차 자료로서 인정받기 힘들게 된 점은 아쉽다. 김상기가 안동의병의 동향을 전해주는 李兢淵의 『을미의병일기』를 발굴하였고, 청송의병장 후손이 가진 『赤猿日記』가 소개되었다. 이들은 뒷날 하나로 묶어서 『한말의병일기: 을미의병일기·적원일기』로 간행되었다.[11] 한편 안동에서는 독립운동가들을 사전 형식으로 정리한 책을 통해 의병에 참여한 인물들의 정보가 정리되었다.[12] 이 외에도 예천 李圭命(李圭洪)의 「洗心軒日錄」, 안동 오미마을 金鼎燮의 「日錄」, 金道和의 『拓菴文集』 별집, 權濟寧의 「義中日記」, 봉화 琴錫柱의 「日記」 등이 좋은 자료로 발굴되었다. 이 자료들의 일부를 묶어 『국역 경북지역 의병자료』가 발간되기에 이르렀다.[13] 또한 「賊魁金尙台逮捕顚末」은 김상태 의병장과

---

11) 김희곤·권대웅 편, 『韓末義兵日記: 乙未義兵日記·赤猿日記』, 국가보훈처, 2003.
12) 김희곤, 『안동 독립운동가 700인』, 안동시, 2001.
13) 안동독립운동기념관 편, 『국역 경북지역 의병자료』, 선인, 2012.

관련된 자료이다. 김상태는 이강년 의병부대에서 활약하다가 강원도로
가서 의병장으로 활약한 인물이다.14)

3) 연구서와 대중적 전기

의병에 대한 연구서는 그다지 많이 발간된 편은 아니다. 1990년에 경상
북도가 경북의 역사를 정리하면서 『경북의병사』를 한 권으로 정리해 낸
것이 대표적인 저술이다. 다음으로 안동대학교 안동문화연구소가 의병문
화를 종합적으로 연구하여 엮어낸 『민족문화와 의병사상』이 있고,15) 안
동청년유도회가 해마다 추모강연회를 통해 정리한 『민족 위해 살다간 안
동의 근대인물』은 이상룡·김흥락·김도화·이만도 등의 의병활동을 추적
하였다.16) 또 김희곤이 정리한 『신돌석; 백년만의 귀향』은 의병장 신돌석
과 그의 의진을 추적한 것으로 대중들에게 전달하기 위한 목적으로 쓰인
연구서 겸 평전이다. 여기에 조동일이 1977년에 작성해 놓은 현장 민담조
사가 훌륭한 밑거름이 되었다.17) 다음으로 허위에 대한 종합적인 연구서
가 2005년에 발간되었다. 구미시와 안동대학교 박물관 이름으로 발간된
이 책은 『왕산 허위의 나라사랑과 의병전쟁』으로 다섯 연구자가 참여하
여 가계와 학문, 전기의병, 재경활동, 후기의병, 형제들의 활동 등을 다루
고, 이를 기념하는 방안을 제시했다.18)

---

14) 김강일, 「金尙台 의병장 관련자료(賊魁金尙台逮捕顚末)」, 『강원문화사연구』14,
　　　강원향토문화연구회, 2009.
15) 안동대학교 안동문화연구소 편, 『민족문화와 의병사상』, 박이정, 1997.
16) 안동청년유도회, 『민족 위해 살다간 안동의 근대인물』, 한빛, 2003.
17) 조동일, 『인물전설의 의미와 기능』, 영남대학교 민족문화연구소, 1979.
18) 왕산 허위의 가계와 학문(권오영)
　　　왕산 허위의 전기의병전쟁(권대웅)

연구서가 아닌 대중을 겨냥한 전기가 여러 권 발간되었다. 특히 이강년을 소재로 삼은 것이 10권으로 대다수라는 점에서 특징을 보이는데, 그 가운데에는 운강이강년선생기념사업회나 운강이강년선생선양회라는 단체 이름으로 발간된 경우가 주축을 이루고, 국가보훈처 공무원의 저작도 눈에 띈다.19) 물론 간행 목적이 위인 선양에 있음은 두 말할 필요가 없겠다. 그밖에 허위에 관한 연구서가 있고, 이중언의 자료집을 겸한 평전도 나왔다.20) 2007년 안동독립운동기념관이 문을 열면서 대중 교양서가 거듭거듭 출판되어 왔다. 이만도·이중언을 비롯한 단행본과 여러 의병장을 소개한 열전이 발간된 것이다.21)

왕산 허위의 관직생활과 항일투쟁(조재곤)
왕산 허위의 후기 의병전쟁(박민영)
왕산 문중의 항일독립운동(권대웅·김희곤)
왕산 허위선생 기념사업 방안(김희곤)

19) 이석재, 『의병대장 雲崗 李康秊: 일제침략에 항거 격전 13년』, 청권사, 1993.
    신동진, 『운강 이강년 선생』, 태일출판사, 1994.
    정제우, 『운강 이강년 의병장』, 독립기념관 한국독립운동사연구소, 1997.
    신군식, 『운강 이강년 장검을 높이 치켜들다』, 운강이강년선생기념사업회, 2001.
    문경시, 『의병대장 운강 이강년』(전시관 개관기념 자료집), 문경시, 2002.
    김선배, 『義兵의 큰별: 서사 장시 이강년 대장』, 호태, 2003.
    신군식, 『구한말의 영웅 운강 이강년』, 운강이강년선생선양회, 2003.
    정현웅, 『雲崗李康秊先生倡義日錄』, 운강이강년선생기념사업회, 2005.
    구완회, 『인물로 보는 제천의병』, 제천시립도서관, 2009.
    송찬섭·안태정, 『한국의 격문』, 다른생각, 2007.
20) 김희곤 외, 『순절지사 이중언』, 경인문화사, 2006.
21) 김희곤, 『나라 위해 목숨 바친 안동선비 이중언』, 경인문화사, 2010; 박민영, 『거룩한 순국지사 향산 이만도』, 지식산업사, 2010; 김희곤, 『안동 내앞마을; 항일독립운동의 성지』, 지식산업사, 2012; 권영배, 『안동지역 의병장 열전』, 지식산업사, 2012.

4) 지역연구 속에 담아낸 의병연구

1990년대 후반부터 지역의 독립운동사 연구가 활발하게 시작되었다. 봉화문화원에서 발간한『봉화의 항일의병운동사』(1997)는 임진왜란을 포함하고 일반 독립운동사와 유공자를 나열한 것이지만, 지역의 의병자료 일부와 의병장을 소개했다는 데 의미를 지닌다. 이후 안동대학교를 중심으로 연구진이 결성되면서 발간되기 시작한 일련의 지역 독립운동사 연구는 꾸준히 이어졌고, 특히 시·군별 연구 단행본으로 결실을 맺었다. 본격적인 연구를 거친 단행본 편찬이란 점에서 의미를 가진다. 더구나 그 내용 가운데 의병 부분이 절대적으로 많은데, 이것은 곧 이 지역 의병연구에 진척을 가져온 것이라 평가될 만하다. 다음의 책들이 그 성과품이다.

『안동의 독립운동사』(1999)
『안동 독립운동가 700인』(2001)
『의성의 독립운동사』(2002)
『영덕의 독립운동사』(2003)
『청송의 독립운동사』(2004)
『영양의 독립운동사』(2006)
『안동사람들의 항일투쟁』(2007)
『봉화의 독립운동사』(2007)
『문경의 의병과 독립운동사 연구』(2009)
『안동독립운동 인물사전』(2010)
『청도의 독립운동사』(2010)
『울진의 독립운동사』(2011)
『경북독립운동사』Ⅰ-의병항쟁(2012)
『영천의 독립운동사』(2013)

이들 책에서 안동과 영덕·울진·봉화의 의병은 김희곤이 서술했고, 의성과 청송·청도는 권대웅이 맡았다.

이처럼 경북 북부지역의 독립운동사 서술과정에서 의병 부분이 상당히 발굴되고 정리되었다. 안동에서는 안동의진과 선성의진, 의성에서는 의성의진과 김하락의진의 활약, 청송에서는 청송의진과 진보의진, 영덕에서는 영덕의진과 영해의진, 특히 신돌석의진의 활약이 발굴되고 정리되었다. 전반적으로 안동대학교를 중심으로 엮어진 연구진이 연구와 출판의 핵심으로 활동하였다. 그 선두 작업이 바로『안동의 독립운동사』(1999) 발간이었고, 그 마무리 작업이 바로『경북독립운동사』였다.

3. 연구활동의 추이와 성과

1) 학술회의

의병을 주제로 다룬 학술회의는 주로 1990년에 대구에서 열린 뒤, 그 이후로는 대체로 안동문화권을 중심으로 개최되었다.

 * 일본의 대조선침략과 영남지방의 반일운동(영남일보사, 1990)
   김희곤, 영남지방의 의병전쟁; 경북지방을 중심으로

 * 왕산 허위의 사상과 구국의병항쟁(금오공대 선주문화연구소, 1995)
   이동영, 왕산 허위의 생애와 사상
   신용하, 왕산 허위의 제2차 의병활동
   오세창, 민족운동사상에서 본 왕산 허위의 위치
   권영배, '遺文'을 통해 본 허위의 구국론과 의병항쟁

* 안동문화권의 의병항쟁(안동대학교 안동문화연구소, 1998)
    김상기, 1895~1896년 안동의병의 사상적 연원과 항일투쟁
    김원석, 『丙申倡義實錄』을 통해 본 의성의병
    권대웅, 1896년 청송의진의 조직과 활동

* 영덕의 의병사와 의병장 신돌석(영덕군, 2001)
    조동걸, 광무농민운동과 신돌석 의병
    김정미, 영해·영덕 전기의병운동
    박민영, 의병전쟁에서의 신분문제와 신돌석의병
    김희곤, 신돌석의진의 활동과 성격
    천혜숙, 집단의 기억과 신돌석의 신화

* 김천지역의 항일독립운동사 연구(김천 향토사연구회, 2003)
    권대웅, 한말 김천유림의 국권회복운동

* 청송의병의 활동과 성격(청송군, 2003)
    설석규, 조선후기 영남사림의 학풍과 청송사림의 학맥
    박민영, 한말 창의일기류와 「赤猿日記」
    권대웅, 을미의병기 청송유림의 의병항쟁
    김희곤, 청송의병의 유적현황과 기념사업 방향

* 안동문화권의 의병기록 발굴과 분석(안동대학교 안동문화연구소, 2005)
    권대웅, 봉화의진의 『日記』와 의병활동
    김희곤, 안동 오미마을의 『乙未·丙申日錄』
    권오영, 세심헌 이규명의 삶과 『기년』의 검토

* 온혜가의 학문세계와 현실대응(한국국학진흥원, 2006)
    김희곤, 예안 선성의진과 온혜마을 인물의 역할

* 경북지역 자정순국 투쟁사 연구(안동독립운동기념관, 2010)
    박민영, 향산 이만도의 생애와 순국22)

이러한 추세를 보면, 학술회의가 주로 안동대학교 안동문화연구소를 중심으로 개최된 점을 헤아릴 수 있다. 이 연구소는 1988년 이후 지금까지 해마다 '안동문화권 독립운동사 연구발표회'를 열었고, 그 사업이 안동독립운동기념관(2014년 경상북도독립운동기념관으로 승격)으로 옮겨졌다. 그동안 경북 북부지역 안동문화권에서 전개된 독립운동사를 개척하고 발굴하여 정리해 왔다. 그 가운데 의병도 주요 부분에 속한다.

학술회의만이 아니라 의병연구에 기여한 행사로는 추모강연회도 있다. 그 가운데서도 돋보이는 것은 安東靑年儒道會가 주최하는 '근대사 인물 추모 학술강연회'이다. 말이 강연회이지, 실제로는 연구자들의 본격적인 연구논문이 발표되는 일이 허다하다. 해마다 열었던 학술강연회에서 발표된 의병관련 논문으로는 이상룡·김홍락·김도화·이만도 등이 있다. 이 글들은 하나의 책으로 엮어져 『민족 위해 살다간 안동의 근대인물』(2003)이라는 주제로 발간되기도 했다. 22년을 이어온 이 강연회는 독립운동가들의 행적을 찾아내고 재평가하는 데 크게 기여하고 있다.

2) 연구성과

경북지역 의병에 관한 연구는 그동안 많은 성과를 거두었다.

첫째, 의병의 상한선을 1894년 갑오년으로 끌어 올렸다. 김상기(충남대)의 연구는 종래 1895년 을미의병이 독립운동의 서막이자 독립운동의 기점이라는 통설을 깨고, 1894년에 안동에서 최초의 의병이 일어났음을 증명하였다.[23] 이로 말미암아 독립운동의 연한이 1894년부터 1945년까지 51년이라는 골격이 잡혔다.

---

22) 박민영, 『거룩한 순국지사 향산 이만도』, 지식산업사, 2010.
23) 김상기, 「甲午·乙未義兵 硏究」, 한국정신문화연구원 박사학위논문, 1990, 56~60쪽.

둘째, 의병장에 대한 연구가 중심을 이루었다. 이강년이 압도적으로 많은 수를 차지했는데, 점차 허위·김도현·신돌석이 주목을 받았다. 이어서 김도화·김홍락·이만도 등 안동과 예안의병 인물들이 발굴되었다. 그 가운데서도 신돌석에 대한 평전은 KBS 다큐멘터리로 방송되는 계기를 만들었다. 그리고 허위에 대한 연구는 경북지역만이 아니라 중앙과 지방을 잇는 큰 틀에서 의병을 이해하는 데 도움을 주었고, 산남의진의 경우에도 전국적인 틀 속에서 지방의병을 바라보는 시각을 제시해 주었다.

셋째, 지역이나 의진에 대한 연구가 많았다. 안동의진·선성(예안)의진·영덕의진·산남의진·김산의진·의성의진·청송의진·예천의진 등이 집중적으로 연구되고, 봉화의진의 기록인 금석주 일기가 분석되었다. 특히 전기의병에서 태봉전투에 참가한 연합의진에 대한 연구는 종합적 이해를 일구어 냈다. 다만 여기에 참가한 순흥의진·영천(영주)의진에 대한 연구는 시작도 되지 않은 상태이다.

넷째, 경북지역 의병연구는 독립유공자 발굴에 기여하였다. 안동문화권의 경우는 김회락·김준모를 비롯하여 안동의진 참여자를 발굴하였고, 예안의 선성의진에서도 이선구 등 의진 참여자들이 포상되는 계기를 마련하였다. 또 영천 산남의진, 영덕 영릉의진, 청송의진, 이강년의진 등에서도 연구를 통해 줄곧 독립유공자를 포상할 수 있는 계기를 만들었다.

다섯째, 지속적으로 자료를 발굴하여 연구를 진척시킬 수 있는 바탕을 마련하고 있다. 최근에 조사된 이긍연 일기, 김정섭 일기, 금석주 일기, 이규명(홍) 기년 등은 대표적인 사례이다. 이러한 자료들을 묶어 안동독립운동기념관이 최근 『국역 경북지역 의병자료』를 발간하였다.

여섯째, 의병연구는 Noblesse Oblige의 산 증거를 발굴해내는 데 기여하였다. 민족문제가 발생했을 때, 이를 해결하기 위해 '역사적 책무'를 절감하고 앞장선 인물들의 논리와 행적이 생생하게 드러났다. 이는 부도덕과

이기주의가 만연한 현실을 꾸짖으며 '大義'를 위해 살다간 '역사적 길과 삶'을 제시하는 것이다. 남은 일은 그러한 교훈을 후손들에게 전달하는 방법을 찾는 것이다. 쉽고도 재미있는 매체를 이용하고 기회를 찾는 것이 다음 과제인 셈이다.

4. 과제와 전망

1) 연구과제

지난 연구는 단일 의진과 의병장에 주목하여 진행되어 왔다. 연구를 위한 초기단계가 발굴 작업이 주된 것이기 때문에 그런 현상은 지극히 당연했다. 하지만 앞으로는 이러한 연구들이 종합적인 차원에서 진행되어야 한다. 즉 단일 의진이나 단일 지역의 활동만으로 국한시키지 말고, 종합적이고 통합적인 틀에서 연구를 진행해야 한다는 말이다. 그래야만 지역 연구의 틀을 넘어서게 되고, 보편성과 특수성을 추적할 수 있게 된다. 예를 들자면, 산남의진이나 신돌석의진의 경우 지역에만 한정하여 이해한다면 전반적인 중·후기의병을 이해할 수 없게 된다.

다음으로 경북 북부지역의 의병을 전체로 묶는 연구가 시급하다. 지금까지 안동의진·예안의진·영해의진·청송의진·의성의진·예천의진·영양의진·봉화의진 등으로 나누어 연구되어 왔다. 하지만 이들이 결코 분절적으로 활동하지는 않았다. 전기와 중·후기에 성격 차이가 크지만, 대체로 의진들이 상호 연결점을 갖고 움직인 것은 사실이다. 따라서 의진 사이에서 나타난 연결과 단절성을 추적하여야 할 것이다.

또한 시기에 따라 의병의 성향이 달라지는 면도 중시해야 한다. 특히 계몽운동이 도입되면서 의병과 계몽운동 사이에 벌어지는 갈등은 제대로 연구되지 않았다. 이 문제는 두 노선 사이에서 벌어진 충돌이라는 점만이 아니라, 의병 노선에 서 있던 인물들이 계몽운동에 대해 가지는 인식의 변화가 어떻게 이루어지고 접근하는지를 추적해야 한다는 내용도 포함된다. 그것이 역사적 발전을 추적하는 지름길이 되기 때문이다.

2) 연구자 위축과 대책

근래에 들어 의병연구는 눈에 띌 정도로 줄어들고 있다. 단순하게 연구논문 편수로만 따진다면, 2000년대가 1990년대보다 그리 뒤지지 않는다. 하지만 연구자의 수는 늘어나지 않고 정체현상을 보이고 있다. 우선 경북지역에 자리잡은 대학에서 의병이나 독립운동사를 전공하는 인물이 줄어들고 있다는 점에서 심각성을 찾을 수 있다. 대구지역의 대학에서 독립운동사를 전공하는 교수가 거의 없다고 말해도 지나치지 않을 정도이다. 대구권역에서도 마찬가지다. 권대웅(대경대) 교수를 제외하면 의병 연구자는 한 명도 없다. 대학원생을 지도할 수 있는 교수로서는 의병 전공자가 한 명도 없다는 말이다. 그러니 새로운 연구자를 양성할 길이 없다.

경북지역에서는 오직 안동대학교 사학과에서만 독립운동사 전공자를 양성하고 있다. 김희곤(안동대)의 지도 아래 지금까지 의병 논문으로 석사학위를 받은 자가 3명이고, 또 의병 논문을 발표한 연구자가 1명이 있지만, 그렇다고 그들 모두가 학문 생활을 계속하지는 않고 있다. 따라서 앞으로 의병연구자가 늘어날 기미가 없으니, 학문적인 발전을 기대하기가 어렵다. 무엇보다 먼저 의병연구자를 길러낼 교육기관이 필요하다.

2007년에 세워진 안동독립운동기념관이 독립운동사 연구자들이 모일 수 있는 구심점 구실을 맡았다. 그러다가 2014년 1월 이 기념관이 경상북도독립운동기념관으로 승격하면서 독립운동사 폭을 넓혀 경북지역 전체의 독립운동사, 특히 의병 자료를 발굴하고 연구 인력을 길러내는 산실이 되길 바라고 있다. 대학에서 인력양성 기회가 줄어드는 만큼, 이러한 기능을 담당할 곳이 필요하다. 이것은 의병분야만이 아니라, 독립운동사 전반이 그러한 형편이다.

3) 사라진 의병 찾기

의병으로 활동하다가 사라진 인물은 헤아릴 수 없을 만큼 많다. 한 개 의진을 구성한 인물 가운데 의병장과 주요 부장급, 혹은 몇몇 인물만 기록이 남아 있을 뿐이다. 참가자 가운데 다른 기록에 없고, 또 족보에 들어 있지도 않은 경우는 실제 이 땅에 존재한 일이 없는 것과 마찬가지다. 호적은 1912년에 만들어졌으니, 호적에는 없고 족보에만 남아 있는 경우는 법적으로 존재를 인정받기도 힘들다. 더구나 족보에도 기록되지 않은 사람은 아예 살았던 일 자체가 없는 것이다. 예를 들자면, 신돌석의 처남 한용수는 신돌석의진에서 활약하다가 전사했다고 알려진다. 전후 정황을 살피면 그의 역할이 중요했을 것으로 짐작된다. 그런데 그는 호적이 생기기 전에 전사했고, 다만 남아 있는 기록은 족보뿐이다. 그나마 족보도 해방 이후 한참이 지나서 만들어졌으니 그의 존재를 객관적으로 인정하기에는 어려움이 많다. 특히 영덕에서 발간된 『구국창의록』에 그의 이름이 담겨지기는 했지만, 이 책 자체가 과장되고 윤색되어 객관성을 잃는 바람에 한용수의 활약은 고사하고 그의 존재 자체마저 의심될 정도가 되어 버렸다. 후손들이 가슴 아파하는 심정을 헤아리고도 남을 만하다.

사라진 의병들을 찾아 객관적으로 증명하는 일이 필요하다. 의병에 참가했다가 흔적 없이 사라진 인물들을 복원시키는 일이 긴요하다. 다만 그 작업을 독립유공자 포상으로 직결시키는 데 초점을 두게 되면 일이 어려워진다. 법적으로 해결할 문제도 많고, 성과도 미미하여 작업 자체를 지지부진하게 만들 가능성이 크기 때문이다. 그것보다는 현장조사를 통해 그런 인물들을 추적하고 복원시키는 작업이 우선 필요하다.

4) 지역의 선양사업과 崇祖學 극복

지방에서는 문중별 선양사업이 주류를 이룬다. 의병장의 후손들이 주축이 되어 선양사업을 펼치는 경우가 허다하다. 이런 경우에는 문중의 힘이 결정적으로 작용한다. 어떤 경우에는 의병장의 대열에 끼지 못하는 경우라도 후손의 힘이 행사와 사업을 좌우하는 일이 비일비재하다. 조상의 위상보다는 후손의 힘이 결정적이라는 말이다.

최근에는 지방자치제가 실시되면서 자치단체가 선양사업에 앞장서는 경우도 자주 나타난다. 이런 경우에는 자치단체는 문화산업 차원에서 의병장이나 의진을 부각시킨다. 구미시가 허위를 내세우는 것이나, 영덕군이 신돌석을 상품화하는 것도 마찬가지다. 특히 경상북도독립운동기념관을 세운 이유도 거기에 있다. 다만 이런 경우에도 객관성이 선결사항이다. 어느 군에서는 다른 지역에 비해 위상이 떨어지는 데도 불구하고 억지로 기념관을 짓는 경우가 있다. 또한 어떤 지역에서는 학계의 전반적인 논리를 애써 외면한 채, 자신의 영역과 이익만을 내세워 사업을 밀어 붙인 경우도 눈에 띈다. 특히 전문 학예사가 담당하는 것이 아니라 지역의 일부 인사들이 밥벌이 터전으로 활용되는 일도 나타나고 있다. 그러면 결국 선양사업은 문화산업이라는 새로운 세계로 나아가지 못하고, 전시관 개관과 함께 그 날부터 활동이 정체상태에 빠지게 된다.

　다음으로 검토할 내용은 독립운동사 연구에서 부딪치는 문제 가운데 하나인 숭조학 풍조이다. 이것은 연구에 활력소가 되는 면도 있지만, 사실상 창의적인 연구에는 가장 큰 걸림돌로 작용하고 있다. 모든 사실에는 순기능과 역기능이 있게 마련인데, 자신의 조상에 대해서만은 어떤 경우에도 부정적인 평가를 내리지 못하도록 강요한다면, 객관적인 이해와 서술이 불가능하게 된다. 그렇다면 학계 전체에 부정적인 영향을 미쳐, 결국에는 연구를 위축시키게 된다. 따라서 특정 인물의 후손이나 지방자치단체, 그리고 연구자 모두 이 문제에 냉철하게 접근해야 한다.

제2절 예안 宣城義兵과 온혜마을 인물의 역할

1. 머리말

안동지역은 다른 지역과 달리 독립운동가는 많이 배출한 반면에 친일파는 두드러지게 나타나지 않았다. 전통마을이 가진 특성이 작용한 게 아닌가 여겨진다. 온혜마을도 그러한 경우에 속한다. 퇴계가 태어난 생가가 있고, 형제들의 집들이 있는 이 마을은 역사성 때문에 주목을 받기에 충분했다. 이러한 역사성은 나라가 어려움을 맞았을 때 저항 에너지요 복원력으로 작용하였다. 외세 침략으로 국가와 민족이 수난에 처할 때, 어느 지역보다 먼저 독립운동을 시작하고, 또 그 어디보다 많은 독립운동가를 배출한 곳이 안동이다. 그 가운데 온혜마을이 한국독립운동사에서, 특히 의병항쟁사에서 어떤 성격과 위상을 가지는 지 추적하는 것이 이 글의 목표이다.

물론 온혜사람들이 의병에만 참가하지는 않았다. 3·1운동에 참가하여 수난을 당한 인물도 5명이나 되기 때문이다. 하지만 그 역할이나 비중을 따진다면 의병에 참가했던 핵심인물들이 단연 돋보인다. 그래서 이 글은 1895년 12월부터 예안에서 결성되어 1896년 8월까지 존속했던 宣城義陣(선성은 예안의 옛 이름)을 규명하는 데 초점을 둔다.

전국에서 의병이 처음으로 일어난 곳은 안동이다. 1894년 7월 안동 향교에서 일어난 갑오의병이 그것인데, 청일전쟁을 일으키기 이틀 앞서 일

본군이 경복궁을 점령하고 만행을 부린 '갑오변란'에 항거하여 일어난 의
병이다. 이어서 이듬해인 1895년 말에 다시 의병이 일어났다. 을미사변이
라 일컬어지는 '명성황후 시해사건'과 단발령 이후에 전국에서 일어난 의
병이 그것이다. 학계에서는 이를 전기의병이라 부른다.

　안동지역에서 일어난 전기의병은 안동의병과 예안의병으로 나뉜다. 당
시 예안현에서는 안동부와 별도로 의병이 일어났으니, 그 진용의 명칭이
'선성의진'이라 전해진다.24) 선성의진은 모두 네 차례 대장을 맞이했다.
즉 한 명의 의병장이 전체 기간을 이끈 것이 아니라, 의병장이 바뀌면서
결성과 해산, 그리고 다시 결성을 되풀이했다. 그 가운데 온혜마을 출신
들이 핵심부를 맡았다. 그래서 이 글은 온혜출신 인사들이 선성의진에서
어떤 역할을 맡았으며, 그 위상이 어떠했는지를 평가하려 한다.

2. 1차 선성의진과 李中麟·李仁和의 활약

　우선 선성의진이 결성되던 과정을 살펴보자. 단발령이 내려진 날은
1895년 11월 15일, 양력으로 1896년에 들어서기 이틀 전이다. 양력이 공
식적으로 사용되기 시작한 날이 1896년 1월 1일이고, 이때 建陽이라는 연
호가 채택되었다. 그러니 건양 원년에 들기 이틀 전에 단발령이 내린 셈
이다. 단발령이 예안에 도착한 날이 음력으로 1895년 11월 27일, 즉 양력
으로 1896년 1월 11일이었다. 단발령 시행 2주일쯤 지난 뒤였다. 대낮에
행인을 붙들어 강제로 상투를 잘라버리는 일이 벌어지자, 곳곳에서 원성

---

24) 琴錫柱, 「日記」, 『국역 경북지역 의병자료』, 선인, 2012.
　선성의진을 단일 주제로 삼은 연구에는 이동신, 「예안지역의 '선성의병(1895~
　1896)' 연구」, 『안동사학』8(안동사학회, 2003)이 있다.

이 넘쳐 저항의 기운이 감돌았다. 특히 유림들이 그냥 앉아 있지 않았다. 지배층이자 지도자로서 그들의 삶과 행동은 책임과 권리를 동시에 띠는 것이었다. 행여 길거리에서 단발을 당하는 경우, 처신하기가 난감할 뿐만 아니라 목숨마저 버려야 할 처지에 놓이기도 했다. 국모 시해사건이 터져 나올 적에만 하더라도, 혹시 임오군란 당시처럼 뒤 늦게 국모가 살아 돌아올지도 모른다고 중앙에 귀를 기울였지만, 단발령은 바로 눈앞에 벌어지는 피할 수 없는 낭패였다.

유림들은 언제 치욕스런 화를 당할지 모르는 긴박한 처지에 놓였다. 대응책 마련이 긴요했고, 따라서 이를 논의하자는 통문이 빗발쳤다. 안동 지역에서 터져 나온 통문만 보더라도 여러 곳에서 동시에 터져 나왔다.

〈안동문화권 전기의병 관련 통문〉[25]

1. 禮安통문 : 1895년 11월 29일(양 1896.1.13)
2. 三溪통문 : 1895년 12월 1일(양 1896.1.15)
3. 靑鏡통문 : 1895년 12월 1일(양 1896.1.15)
4. 靑鏡사통 : 1895년 12월 1일(양 1896.1.15)
5. 虎溪통문 : 1895년 12월 2일(양 1896.1.16)
6. 안동의병대장 격문 : 1895년 12월 7일(양 1896.1.21)

하루 이틀 사이이긴 하지만, 예안통문이 앞섰다. 이 글은 국모가 시해되고 국모가 폐위되는 비극에다가 국상중임에도 다시 임금이 단발되는 상황을 개탄하면서, "머리털은 부모에게 받았으니, 어찌 죽음이 두려워서 중의 머리가 된단 말입니까"라고 다음과 같이 주장하였다.

---

25) 김희곤, 「西山 金興洛(1827~1899)의 의병항쟁」, 『한국근현대사연구』15, 한국근현대사학회, 2000, 9~10쪽.

(전략) 금년 8월에 우리 국모를 시해한 큰 변이 일어났는데, 우리 국모를 폐위하고 복위하는 것도 그 놈들 손에 있고, 우리 신민에게 복을 입히는 것도 그 놈들 마음대로 하니 우리나라를 너무도 업신여길 뿐만 아니라 방자하고 흉악함은 날로 심하여 더구나 임금의 머리를 깎게 하고 국(상)중에 마침내 삭발령을 내리니 아 원통합니다. 고금 천하에 오늘 같은 일이 어디 있겠습니까. 무릇 우리나라 백성치고 누구나 다 그 놈들의 살을 씹고 그 놈들의 배를 쪼개고 싶은 심정인데, 도리어 고개를 숙이고 강압으로 내려진 명령에 복종한단 말입니까. 목숨은 나라에 바쳐 뼈가 가루가 되고 싶으나, 머리털은 부모에게 받았으니 어찌 죽음이 두려워서 중의 머리가 된단 말입니까.

예안통문에는 모두 223명이 서명했다. 그런데 서명자 전체 명단은 알려지지 않고, 다만 주역 7명 이름만 알려진다. 예안 유생 李晩鷹·琴鳳烈(혹은 琴鳳述)·목사 李晩胤·진사 金壽鉉·교리 李晩孝·승지 李中斗·유생 李中鳳 등이 그들이다.26) 7명 가운데 금봉렬과 김수현을 제외하면 모두 진성이씨이다. 이만응은 상계파로서 영남만인소 소수였던 李晩孫의 생가 동생이고, 이만효도 상계출신이다. 이만윤은 의인출신, 이중두는 상계출신이다. 이중봉은 용계출신(온혜마을 안쪽)으로,27) 1차 선성의진 부장이자 2차 선성의진의 대장이 된 이중린의 동생이다. 전체 서명자에 온혜마을 출신이 들어있을 것은 당연하지만, 실제로 누가 여기에 참가했는지 알 수 없다. 다만 통문이 나온 직후에 결성된 예안의병, 즉 선성의진에서 주요 직책을 맡은 인물들은 당연히 이 통문에 참가한 것으로 보는 것이 무난할 것 같다. 선성의진에서 두드러지게 활약한 온혜사람은 2·3·4차 의병장을 지낸 이중린·이인화·李燦和 등이다. 그렇다면 이들이 통문 작성

---

26) 김상기 편역, 「在元山領事 報告」, 『韓末義兵資料』Ⅱ, 독립기념관 한국독립운동사연구소, 2001, 81~82쪽.
27) 용계란 온혜마을 위쪽에 있다하여 '상온' 혹은 '상촌'이라 불렸다(이동신, 「예안지역의 '선성의병(1895~1896)' 연구」, 『안동사학』8, 안동사학회, 139쪽).

이나 의병 논의과정에서부터 참가했으리라는 추측은 당연하다.

예안에서 결성된 선성의진은 결성과 해산을 거듭하면서 모두 4명의 대
장을 두게 되었다. 1차 의진은 하계마을의 李晩燾가 대장으로 추대되고,
용계출신 이중린이 부장을 맡았다. 하계마을 출신인 이만도는 대과출신
으로 양산현령을 역임하고, 1910년 나라를 잃은 직후에는 24일 동안 단식
순국으로 널리 알려진 인물이다.[28] 여기에 비해 부장인 이중린은 비교적
널리 알려지지 않았는데, 그는 온혜 용계출신으로 일찍이 흥선대원군 복
위를 주장하는 상소를 올렸다가 유배생활을 겪기도 하고, 통덕랑 품계를
받은 인물이다.[29]

선성의진이 결성된 날은 1896년 1월 23일(음 12.9)이라 판단된다. 이중
린의 둘째 사위 金鼎燮이 남긴 일기인 「日錄」에는 음력 12월 9일자에 이
만도가 예안 의병대장으로, 장인이 부장으로 각각 취임한 사실을 알려주
고 있기 때문이다.

乙未十二月初九日 晴, 聞 禮安義兵大將李承旨晩燾 副將聘翁丈當
之云[30]

그렇다면 선성의진이 결성된 날은 기존 연구에서 제시된 1월 25일(음
12.11) 보다는 이틀이 앞서는 셈이다.[31] 이는 안동의진이 결성된 지 6일

---

28) 김희곤 외, 『순절지사 이중언』, 경인문화사, 2006; 박민영, 『거룩한 순국지사 향산
   이만도』, 지식산업사, 2010.
29) 이중린(1838~1917)은 진성이씨 상계파 퇴계의 12세손이자, 剡村派를 거쳐 형성된
   溪上派 출신으로 군수를 지낸 晩蓍의 맏아들이다. 그의 자는 梣伯, 호는 雲圃 또
   는 潚山이다(『眞寶李氏上溪派譜』 卷之一, 1986, 195~196쪽; 장인진, 「운포 이중
   린의 척사정신과 의병항쟁」,『영남학』9, 경북대학교 영남문화연구원, 2006, 250~
   253쪽). 그의 동생 李中鳳도 위정척사와 의병시기에 여러 차례 이름을 드러냈다.
30) 金鼎燮, 『日錄』 1895년 12월 9일자(김정섭은 이중린의 사위이다).
31) 기존 연구에서는 선성의진 거병날짜를 1월 25일로 추정하였다(이동신, 「예안지역

지난 시점으로, 주변 다른 지역에 비하면 매우 빠른 거병이었다. 선성의
진의 편제 전체를 정확하게 전해주는 자료는 없다. 다만 대장과 부장, 그
리고 유격장 정도가 알려진다. 우선 1월 29일(음 12.15) "대장 梁山令 李
晩燾, 부장 龍溪 李中麟이 威儀가 정숙하고 言論이 峻節하다."라는 김도
현의 글에서 일단 대장과 부장이 확인된다.[32] 또 온혜 삼백당 출신 元汝
李仁和가 遊擊將을 맡은 사실도 확실하다. 선성의진이 결성되던 날, 온혜
에 도착한 김도현이 남긴 기록에 다음과 같은 내용이 남아 있기 때문이다.

"온혜로 돌아와 숙소를 三栢堂에 정했으니, 여기에는 곧 유격장 원여 이
인화의 큰 집이다. 주인의 나이는 어리나 총명하고 민첩했다."[33]

그렇다면 일단 대장과 부장, 그리고 유격장은 확인된 셈이다. 하계마을
출신 이만도가 대장을 맡고, 온혜출신 이중린과 이인화가 각각 부장과 유
격장을 맡아 선성의진이 형태를 갖추었다.

선성의진이 결성되자마자 안동부에서 어려운 사연들이 전해지기 시작
했다. 안동의진이 관군과 맞서 싸우다가 크게 패했다는 소식이 전해졌던
것이다. 안동의진의 첫 패배 소식에 놀란 선성의진은 1월 31일(음 12.17)
병사들을 점고했다.[34] 이는 병사들의 동요를 막으려는 노력이었을 터였
다. 그러나 기대한 것과 달리 병사들은 그 다음날 곳곳으로 흩어졌다.[35]
결성한 지 9일 만인 2월 1일(음 12.18)에 선성의진이 사실상 해산된 것이

의 '선성의병(1895~1896)' 연구」, 『안동사학』8, 안동사학회, 2003, 138쪽).
32) 金道鉉, 「碧山先生倡義顚末」, 『독립운동사자료집』2, 독립운동사편찬위원회, 1970,
    17쪽.
33) 金道鉉, 「碧山先生倡義顚末」, 『독립운동사자료집』2, 독립운동사편찬위원회, 1970,
    20쪽.
34) 李兢淵, 『乙未義兵日記』1895년 12월 17일자.
35) 李兢淵, 『乙未義兵日記』1895년 12월 18일자.

나 다를 바 없게 되었다.[36] 갑자기 의진이 흩어진 근본 이유는 관군의 공격으로 안동의진이 안동부성을 빼앗긴 상황 때문이었다. 김도현이 온혜를 방문했던 1월 30(음 12.16)일이 바로 안동의진의 패전 날짜였다.[37]

안동의진이 일어나자 안동부를 탈출했던 관찰사 金奭中이 이때 관군을 이끌고 다시 안동부성을 빼앗았던 것이다.[38] 1895년 을미개혁으로 지방 관제가 전국 8도에서 23부로 바뀌고 군현이 모두 233개 군으로 개편되었다. 경상도는 안동부·대구부·진주부·동래부 등 4개 府로 편성되고 관찰사가 파견되었다. 이것이 1896년에 들어 안동부와 대구부가 합쳐져 경상북도가 되고, 진주부와 동래부가 통합되어 경상남도가 되었다. 그러니 의병이 일어나던 1895년 말에서 1896년 초에는 안동부관찰사가 경북 북부 지역을 관장하던 시기였다. 그런데 중심 지역인 안동부에서 일어난 안동의병이 피신했다가 되돌아 온 관찰사의 공격을 받고 패배한 일이 벌어지자, 이 보다 적은 규모이던 선성의진은 정신 차릴 틈도 없이 흩어지고 만 것으로 추정된다.

3. 李中麟의 2차 선성의진 결성

1차 선성의진이 하루아침에 없어진 것은 아니었다. 대장은 물러나 앉았더라도 이를 계승하는 움직임이 바로 나타났다는 데에서 그러한 정황을

---

36) 李晩燾, 「연보」, 『향산집』, 乙未十二月條; 李兢淵, 『乙未義兵日記』1895년 12월 18일자.
37) 金道鉉, 「碧山先生倡義顚末」, 『독립운동사자료집』2, 독립운동사편찬위원회, 1970, 17쪽; 李兢淵, 『을미의병일기』1895년 12월 15일자.
38) 李晩燾, 「年譜」, 『響山集』, 乙未十二月條; 李兢淵, 『乙未義兵日記』1895년 12월 18일자.

포착할 수 있다.

어떤 사람이 전하기를, '선성으로 흩어졌던 사람들이 청량산으로 모여들 었는데, 그곳에서는 上將軍 이중린이 바야흐로 큰일을 도모하여 다시 의거 를 일으키려 한다.'고 하였다.39)

丙申正月初八日 晴而大風 午間小雪 因客來探近奇 則禮安大將 其時 解陣 仍不知去處 副將岳翁 去二十五日 賣土幾頃 入淸凉山中.40)

위에 나오는 두 가지 인용문을 음미해보면, 첫째 자료는 이만도가 대장 이던 선성의진이 곧장 해산되기보다는 흩어져 새로운 길을 모색하고 있 음을 알 수 있다. 둘째 자료는 두 가지 사실을 전해준다. 하나는 이중린이 2월 8일(음 12.25) 토지를 팔아서 청량산 속으로 들어갔다는 점과, 다른 하나는 2월 20일(음 1.8) 소식에 따르면 예안대장(이만도)이 이때 의진을 해산하여 거처를 알 수 없다는 사실이다.

밤중에 선성의 대장 전령이 차례로 도착했는데, 영이 매우 엄격하였다. 그 내용은 김석중의 머리를 베어오는 자는 천금을 내리고 주사나 순검의 머리를 베어오는 자는 한 사람당 백금을 내린다는 것이다. 또 전령을 내리 기를 "장차 안동부로 쳐들어갈 때 이 면에서 포군 몇 명을 데리고 갈 것이 니 대기하고 있어라."고 했다.41)

오리원으로 나가 의병들을 맞았는데 매우 위엄이 있고 군대 규율이 엄숙 하였다. 포를 맨 사람과 칼을 찬 사람이 수백 명이요, 그 나머지는 그 수효 를 셀 수조차 없었다.42)

---

39) 李兢淵, 『乙未義兵日記』 1896년 1월 4일자.
40) 金鼎燮, 『日錄』 1896년 1월 8일자.
41) 李兢淵, 『乙未義兵日記』 1896년 1월 12일자.

13일에 출진해서 안동부를 향하니 서로 상거가 40리다. 기치는 앞에 있고 車騎는 뒤에 있으며 대포 소리는 우레와 같으니 기개가 사람들을 움직였다.[43]

앞의 두 가지 자료는 일단 선성의진의 새로운 대장이 출정하고 있음을 알려준다. 이중린이 대장을 맡아 내린 첫 번째 준엄한 명령은 현상금을 내걸고 안동부관찰사 김석중과 그 수하들을 처단하려는 것이었다. 그리고 세 번째 자료는 그 대열에 선성의진만이 아니라 김도현이 이끄는 의진도 참여하고 있었다는 사실도 알려준다. 이중린과 김도현이 이끄는 두 의병진이 위엄 있게 안동부를 향해 행진했던 것이다.

이 사실을 정리하면, 온혜마을 출신 이중린이 선성의진을 다시 결집시키고 그 정점에 섰다는 사실을 알려주고 있다. 특히 1차 선성의진의 부장이던 이중린이 자신의 토지를 팔아서 군자금을 마련하고, 청량산을 근거지로 삼아 항전을 펼치겠다는 의지를 보여준 점, 그리고 대장 이만도와 연락이 끊어지고 해산이 된 형편을 극복하면서 자신이 주역으로 등장한 사실, 안동부관찰사 김석중을 공격한다는 목표 등을 확인시켜 준다.

2월 20일 무렵에 결성된 2차 선성의진의 주역으로 몇 사람이 알려진다. 의병장 이중린 아래에 군문도총 李中穆, 진무장 李中彦이 포진하였다. 이중언은 하계마을 출신으로 사간원 정언을 지낸 인물로서, 영양출신 김도현과 더불어 청송지역으로 소모활동을 펴기도 했다.[44] 이중린이 의병장을 맡았던 2차 의진은 본격적으로 전투력을 갖추어 갔다. 마침 안동문화권 전역에서 일어난 의병들을 연합하여 일본군 병참선을 공격한다는 계

---

42) 李兢淵, 『乙未義兵日記』 1896년 1월 13일자.
43) 金道鉉, 「碧山先生倡義顚末」, 『독립운동사자료집』2, 독립운동사편찬위원회, 1970, 20쪽.
44) 『赤猿日記』 1896년 2월 1일자.

획이 마련되자, 2차 선성의진도 여기에 동참하였다. 여기에 맞추어 조직을 다음과 같이 재편하였다.[45)]

> 대　장: 이중린
> 중　군: 金襖教·金道鉉(교체)
> 선봉장: 이인화
> 전방장: 이중언
> 참　모: 李彬鎬·李中燁
> 종　사: 李章奎
> 서　기: 李善求

선성의진으로서는 중군 교체가 중요한 변화였다. 영양의 김도현을 중군으로 맞아들이면서 전투력을 향상시키고, 진성이씨 문중의 주역들이 앞장서고 나섰다. 그 가운데 이인화는 온혜마을 삼백당 출신이고, 이장규도 온혜종파 출신이다.[46)] 이빈호는 이중언의 조카이니 하계출신이고, 이선구는 도산면 교리 출신이다. 김도현을 제외한 모두가 진성이씨요, 온혜와 하계가 주축을 이룬 셈이다. 이인화는 1차 의진에서 유격장을 맡았는데, 2차 의진에 와서는 선봉장을 맡게 되었다.

2차 선성의진은 연합의진에 참가하여 태봉전투를 벌였다. 태봉이란 대구에서 충주로 연결되는 일본군 병참선상의 일본군수비대가 주둔하던 곳이다. 상주 함창에 있는 태봉이 그곳인데, 낙동과 수안보를 연결하는 요

---

45) 金道鉉, 「碧山先生倡義顚末」, 『독립운동사자료집』2, 독립운동사편찬위원회, 1970, 22쪽; 李兢淵, 『乙未義兵日記』1896년 2월 8일자.

46) 이장규가 영천이씨로서 의성 산운마을 출신이라는 선행조사가 있지만, 노송정파 주손 이찬화와 주촌파 주손 이긍연 등 문중 인사들이 연명으로 문중에 발송한 편지에 그의 이름이 보인다(도산서원 기탁문서 간찰 0028, 1913년, 한국국학진흥원 소장). 따라서 이장규도 진성이씨임에 틀림없다.

지였다. 1894년에 일어난 안동의 갑오의병이 공략했던 곳이 바로 태봉 주
둔 일본군이었다. 徐相烈이 이끈 湖左義陣 별동대가 3월 10일(음 1.27)
안동으로 와서 연합의진 결성과 태봉진군을 합의하였다. 3월 20일(음 2.7)
선성의진 중군 김석교가 이끈 선발대가 예천으로 향했고, 3월 23일(음
2.10)에 있은 예천에서 백마의 피로 맹세하는 會盟 의식에 참가했다. 바로
그때 김석교가 중군을 사퇴하려는 글을 보내오자, 선성의진은 중군을 김
도현으로 교체했다.[47] 그래서 중군 김도현·선봉장 이인화·전방장 이중언
이 이끄는 선성의진 본대는 예안을 출발하여, 이틀 뒤인 3월 28일 전투
대기선인 산양에 도착했다. 바로 그날 밤에 호좌의진이 일본군과 교전하였
고, 다음날 3월 29일 아침부터 본격적인 전투가 펼쳐졌다. 태봉 공격에 선
성의진이 앞장섰고, 풍기·영주·순흥의진이 뒤를 따랐다. 종일토록 치열한
전투를 벌이던 연합의진이 저녁 무렵에는 밀려나기 시작했다. 선성의진도
학가산을 거쳐 회군하였고, 3월 31일(음 2.18) 예안으로 돌아왔다.[48]

　태봉전투에서 연합의진이 밀려나자, 일본군과 관군이 역습으로 나왔다.
4월 2일(음 2.20) 일본군이 안동 서쪽 입구인 안기동에 불을 지르는 바람
에 안동읍내가 불바다로 변하고 1천 호가 넘는 집이 소실되는 참극이 발
생했다. 마침 안동의진으로부터 구원을 요청하는 사통이 도착했다. 김도
현이 군사 50명을 거느리고 나섰는데, 여기에 장수로서 이인화만이 동참
하고 나섰다. 이들이 오천 후조당에서 밤을 지낼 때, 안동쪽 하늘이 벌겋
게 타오르는 모습을 지켜보게 되었다.[49] 이들은 황망한 마음으로 예안으

---

47) 金道鉉, 「碧山先生倡義顚末」, 『독립운동사자료집』2, 독립운동사편찬위원회, 1970,
　　22쪽.
48) 金道鉉, 「碧山先生倡義顚末」, 『독립운동사자료집』2, 독립운동사편찬위원회, 1970,
　　25쪽; 李兢淵, 『乙未義兵日記』1896년 2월 18일자.
49) 金道鉉, 「碧山先生倡義顚末」, 『독립운동사자료집』2, 독립운동사편찬위원회, 1970,
　　25~26쪽; 李兢淵, 『乙未義兵日記』1896년 2월 20일자.

로 회군하고, 성을 고쳐 쌓는 한편 방어시설을 보강하였다. 하지만 당시 의진에 분열이 생기면서 김도현이 중군에서 해임되고, 보름 정도 지나 그는 안동의진의 부장이 되었다.[50]

태봉전투를 치르고 돌아와 예안에 머물던 2차 선성의진은 청량산으로 들어가 전열을 갖추었다. 더러는 안동과 예안 사이를 오르내리기도 했지만,[51] 대개 청량산을 근거지로 삼고 지내느라 큰 전투는 없었다. 그러다가 일본군과 관군들이 예안을 거쳐 본격적으로 청량산으로 짓쳐들었다. "적병들이 선성으로 들이닥쳐 모두 놀라 청량산으로 도망쳤고, 왜놈들에게 조금도 대적하는 이가 없어 고을 안에 있는 재산과 한 마리의 소까지 마음대로 빼앗아갔다."고 표현될 정도였다.[52] 관군과 일본군의 공격은 결국 청량산 본거지를 불태워버리는 데 이르렀다. 청량산 청량사와 오산당이 화공을 당해 소실되었다. 또 이보다 하루 앞서 퇴계종가도 일본군의 방화로 집 일부와 책 1,400권이 소실되는 피해를 입었다.[53]

진성이씨 문중의 핵심부가 당하자, 이중린은 선성의진을 지속해 나갈 것인지 심각하게 고민한 것 같다. 그런 이유가 무엇인지는 확실하지 않지만, 퇴계종가가 방화되는 손실을 당한 직후 그가 자신의 활동으로 말미암아 종가에 더 이상 피해를 입힐 수는 없다고 생각했을 법하다. "선성의 장수가 어디에 있는지 알 수 없다."는 글이나 포수들이 작당하여 민폐가 크다는 소식을 기록한 것도 이 시기의 일이다.[54] 이후에는 이중린이 선두에 나선 기록이 보이지 않는다. 다만 7월 기록에도 당시 召募를 맡은 申

---

50) 金道鉉, 「碧山先生倡義顚末」, 『독립운동사자료집』2, 독립운동사편찬위원회, 1970, 26~27쪽.
51) 李兢淵, 『乙未義兵日記』 1896년 4월 8·9일자.
52) 李兢淵, 『乙未義兵日記』 1896년 4월 17일자.
53) 李兢淵, 『乙未義兵日記』 1896년 4월 20일자.
54) 李兢淵, 『乙未義兵日記』 1896년 5월 6일자.

公弼이 "용계로 가서 대장을 만나보겠다."고 말한 대목에서도 이인화에 게 대장직이 넘어가지 않은 사실을 알 수 있다. 하지만 선성의진의 핵심 역할은 온혜 삼백당 출신 이인화의 손으로 넘어갔다. 1차 선성의진 후반에 부장 이중린이 주도했던 것처럼, 2차 선성의진 후반에 이인화가 주역을 맡게 된 것이다.

4. 2차 선성의진을 이끌고 나간 李仁和

2차 선성의진 활동은 6~7월에도 끊이지 않고 있었다. 다시 말해 2차 선성의진은 후반에 들어 이인화와 신공필 등의 손으로 이어지고 있었다는 의미가 된다.[55] 실제로 자료를 찾아보면, 6월 이후 2차 선성의진은 이인화가 중심을 이루어 지속되고 있었음을 확인할 수 있다. 그러한 정황을 보여주는 자료를 보면 다음과 같은 것이 있다.[56]

선성의진에서 私通을 보내와 양쪽이 합세하자고 한다(음 5.13경).

선봉장 이원여는 소모 신공필과 함께 갯머리에서 자고 오다가 들에서 서로 만나 손을 잡고 반가운 울음을 억지로 삼켰다(음 5.14경).
나와 원여(이인화)는 군사 십여 명을 거느리고 고개 위로 올라가 포정들을 보내 정찰하여 그곳 산세를 알아오게 했다(음 5월 하순).

---

55) 2차 선성의진이 6월 10일(음 4.29) 무렵 해산된 것으로 이해한 기존 연구를 다시 검토할 필요가 있다. 2차 의진은 대장이 손을 뗀 상황에서도 지속된 것으로 이해하는 편이 옳다고 생각된다.
56) 金道鉉, 「碧山先生倡義顚末」, 『독립운동사자료집』2, 독립운동사편찬위원회, 1970, 35~36・40~41쪽.

나와 靑杞 음지마에 다다르니 선봉장 원여가 산에서 내려가다가 발을 다쳐서 걷지 못하고 조련장 朴秀宗이 업고 물 건너 죽고를 거쳐 골짜기로 해서 산을 넘어 土峴에 이르러 갔다(음 5월 하순).

나는 원여와 말하기를 "이야말로(外淸凉-필자 주) 한 사람으로서도 關을 지킬만한 곳이 아닌가" 했다.

음력 5월에서 6월 사이, 이인화가 이끈 '선성의진'은 예안과 영양 사이 산맥, 특히 청량산을 오르내리며 관군 혹은 일본군과 맞섰다. 이인화는 김도현의진과 줄곧 연합작전을 구사하였다. 활동 반경도 영양과 청송을 오르내리는 범위였다. 그런데 관군이나 일본군과 전투를 벌일 때 무기 차이도 극복하기 힘든 요소였지만, 장마와 무더위도 큰 적이었다. 적을 기습하려고 준비했더라도 비가 쏟아져 화승총을 발사할 수 없어 물러서는 일이 허다했다. 이처럼 선성의진이 지속되고 있었으므로, 2차 선성의진이 6월에 해산했다고 판단할 수는 없다.

5. 李仁和의 3차 선성의진 결성과 三栢堂 소실

양력으로 9월에 들어 3차 선성의진이 결성되었다. 2차 선성의진의 선봉장이자, 태봉전투에 앞장섰고, 이후 김도현과 협조하면서 전투를 이끌었던 이인화가 3대 의병장으로 나섰다.[57] 이미 다섯 달 동안이나 선성의진을 이끌어 왔던 그로서는 의병장으로 취임한다는 사실이 새삼스럽지는 않았을 것이다. 이인화는 삼백당에 의병소를 설치하고, 9월 5일(음 7.28)

---

57) 金道鉉, 「碧山先生倡義顚末」, 『독립운동사자료집』2, 독립운동사편찬위원회, 1970, 46쪽.

마침 부포에 머물던 김도현에게 앞일을 논의하자며 청하였다.

> 부포에 이르러 서재에 머무르고 있노라니 이때 원여가 새로 예안대장이
> 되어 사람을 보내서 나를 청한다. 나는 위태로운 기미가 있다하여 이를 즐
> 겨 허락지 않자 좌우 사람들이 억지로 권하므로 부득이해서 저물게 그곳으
> 로 들어가니 1군이 모두 무사했다.
> 밤에 원여와 함께 베개를 나란히 했으나 잠은 자지 않고 밤새 의병의 전
> 후 일을 많이 이야기 했다.[58]

두 사람이 밤새 논의했다. "화부花府(안동부-필자 주)에서 한번 모일
일이 시급하니 내일 떠나서 협로로 향하자."고 계획을 세웠다. 그런데 다
음날 바로 움직이자는 김도현의 조바심에도 불구하고 선성의진의 움직임
은 느렸다. 바로 그날 낮에 선성의진은 관군의 기습을 받았다. 즉 3차 선
성의진 결성 소식이 알려지자마자 관군이 공격해 온 것이다. 9월 6일(음
7.29) 관군 40여 명이 예안 공격에 침공하였고, 기습을 받은 선성의진은
흩어져 물러났다. 그런데 바로 그 기습공격을 벌인 관군들이 제3차 선성
의진의 의병소로 사용되던 삼백당, 즉 溫溪 李瀣의 종가를 불태워버리는
사건이 발생하였다.

> 병정들이 마음대로 온혜로 들어가 삼백당을 불 질렀다. 놀랍고 당황함을
> 무엇으로 말하랴. 불행한 중의 다행한 점은 祠堂만 유독 화를 면하였을 뿐
> 이다. 이날 안동부 병정 70명이 금수 등지로 출동하니 두 의진(선성·영양-
> 필자 주)이 모두 놀라 무너지고 말았다.[59]

---

58) 金道鉉, 「碧山先生倡義顚末」, 『독립운동사자료집』2, 독립운동사편찬위원회, 1970,
   46~47쪽.
59) 李兢淵, 『乙未義兵日記』 1896년 7월 29일자.

불행 가운데서 다행스럽게 사당만은 소실되지 않았다고 기록할 정도이니, 그 피해가 처참하기 이를 데 없을 정도였다.[60] 의병장을 배출한 종가요, 의병소로 쓰인 근거지를 철저하게 보복 공격한 것이다. 이는 안동지역에서 종가가 피해를 입은 세 가지 큰 사건에 속한다. 상계 퇴계종가 방화(6월 1일, 음 4.20), 금계 학봉종가 수난(7월 11일, 음 6.1)에 이어 온혜 삼백당 종가가 당한 참극이 그것이다.

6. 李燦和의 4차 선성의진 결성과 종결

선성의진이 흩어졌지만, 그렇다고 이 역시 선성의진의 종결은 아니었다. 老松亭派 종가의 주손인 이찬화가 다시 의병을 결집시키고 나섰다. 온혜 삼백당이 화공을 당하던 다음날 9월 7일(음 8.1) 이찬화는 바로 의진을 수습하고 안동수비대 뒤를 추격했고, 안동수비대가 그를 이기지 못하고 도망했다.[61] 이제 이찬화가 4차 의병장으로 나선 셈이다.

이후 이찬화가 이끈 선성의진의 활약을 확인할만한 기록은 드물다. 마침 서울에서 파견된 관군의 움직임을 보여주는 신문기사가 있어 이를 통해 예안지역의 움직임을 확인할 수 있을 뿐이다. 즉 안동부에 파견된 대대장 이겸제가 군부에 "소대장 김장옥이 예안군에서 의병 200여 명을 쳐 부수었다."고 보고하였다.[62] 이를 통해 보면 9월 중순에 예안지역에서 선

---

60) 삼백당 종가는 최근 그 자리에 복원되었다. 후손들이 사당에 있던 유묵 몇 점과 祠版을 모시고 영주 치동으로 피난하고, 다시 문경 마성으로 이주했다. 1935년 14대 종손 李東基의 손에 의해 온혜리 1022번지에 翠微軒과 雲巖石室이 재건되고 현판이 붙여졌다.

61) 李兢淵, 『乙未義兵日記』 1896년 8월 1일자.

62) ≪독립신문≫ 1896년 9월 26일자.

성의진이 관군과 맞서 싸웠다는 행적을 알 수 있다. 당시 전신이 활용되던 시기였으므로 보고 내용이 기사로 나오는 데 1주일이 걸리지 않았으리라 짐작되므로, 9월 중순에 제4차 선성의진과 관군의 충돌이 있었음을 알겠다. 이것이 선성의진의 마지막 전투였다.

9월 20일(음 8.14)에 선성의진이 향회를 마쳤다.[63] 닷새 정도 진행된 이 향회는 바로 예안의병의 종결 의식이라 짐작된다. 안동의진 의병장 김도화가 의병을 마무리한 날이 9월 25일(음 8.19)이므로,[64] 이는 그보다 닷새 전의 일이었다.

7. 온혜출신이 벌인 독립운동의 여진

1) 李仁和의 宣明學校 설립

이인화는 1909년 예안면 서부동에 선명학교를 세워 교육구국운동에 헌신했다고 전해진다. 선명학교의 존재는 신문기사에서 확인되지만, 실제로 이인화가 이를 설립하고 경영했는지 사실을 확인할 길이 없다. 구전된다는 사실만으로도 일단 정리해 둘 필요가 있을 것 같아 안동지역 교육구국운동을 간단하게 짚어본다.

안동지역만이 아니라 경북 북부지역에서 계몽교육의 효시는 1907년 내 앞마을에 세워진 協東學校였다. 중등과정으로 류인식과 김동삼이 세운 협동학교와는 달리, 안동읍내에는 초등과정의 永嘉學校가 세워졌다. 그러자 1909년에는 상계종가 주손 이충호와 계남의 이상호 등이 앞장서서

---

63) 李兢淵, 『乙未義兵日記』1896년 8월 14일자.
64) 李兢淵, 『乙未義兵日記』1896년 8월 19일자.

도산서원 재산을 바탕으로 삼고, 계남의 경주댁 사랑채에 寶文義塾을 열었다. 1908년 풍산에서 廣明學校, 와룡면 佳邱의 東陽學校, 향교재산을 바탕으로 1908년 안동 향교의 명륜당에서 문을 연 東明學校 등이 나타났다. 예안의 보문의숙은 퇴계 후손인 진성이씨 문중의 李忠鎬·이중태·이중한 등이 도산서원의 소유전답을 기본자산으로 하여 설립한 문중학교였다. 李尚鎬가 기부한 70여 칸의 가옥과 설립총회에서 모인 300여 원의 의연금 그리고 도산서원의 소유전답 등이 그 재원이 되었다. 光東學校는 1908년 안동김씨 종약소에서 세운 학교였다. 이와 함께 1909년 안동보통학교와 선명학교를 비롯한 몇몇 학교가 개교되고, 이후 이 지역 곳곳에서 사학계몽 교육운동이 활발히 전개되었다. 거의 마을마다 근대교육을 수용하는 학교·義塾·私塾·講習所 등이 잇달아 설립되어 50~60여 개 학교가 문을 열었다.

예안면 서부동에도 신식교육을 받아들이는 움직임이 나타났다. 그 결실이 곧 1909년에 설립된 선명학교였다. 그 주역은 전기의병에서 주역으로 활약했던 이인화라고 전해진다. 이는 김도현이 영양읍에 영흥학교를 열어 구국교육운동을 폈던 경우와 유사했다. 특히 의병항쟁 기간 동안 두 사람은 남다르게 오랜 기간 동안 연합전투를 펼쳤던 동지요 전우였다. 그런데 교육운동에서도 두 사람은 같은 길을 걷게 되었다.

〈안동지역 사립학교 설립 현황〉

학 교 명	장소	설립년도	설립	설립인	학제	출전
永嘉學校	府內	1907	사립	안동 유지		황 1908.8.18
東明學校	鄕校	1908.9	〃	안동 유지		황 1908.9.3
協東學校	臨河 川前	1907.7	〃	柳寅植·金厚秉·河中煥	중등 과정	황 1908.9.27 황 1908.10.7
光東學校	西後	1908.7	〃	안동김씨 종약소		황 1908.7.22 황 1910.10.22
安東普通學校	府內	1909	공립		소학교	황 1909.11.28

宣明學校	예안	1909	사립	이인화?		소학교	황 1910.2.9
寶文義塾	陶山書院	1909.12	〃	眞城李氏 李忠鎬 등			황 1910.1.12
廣明學校	豊山	1908.	〃	풍산 유지 金炳杰 등			황 1910.4.1
東陽學校	東先		〃	동선면 유지			매 1910.4.3

자료 : 權大雄, 「韓末 慶北地方의 私立學校와 그 性格」, 『國史館論叢』58, 국사편찬위원회, 1994.
참고 : '황'은 ≪皇城新聞≫, '매'는 ≪大韓每日申報≫를 줄인 것임.

2) 3·1운동에 참가한 온혜사람들

온혜마을 출신이 3·1운동에도 가담하였다. 李炳麟·李仁鎬·李晦林·李齡鎬 등이 거기에 참가했다가 옥고를 치른 이들이다. 이영호를 제외한 세 사람은 모두 예안시위에 참가했던 인물이다. 그런데 예안은 안동지역에서 가장 먼저 대규모 시위가 일어난 곳이다. 우선 3·1운동을 간단하게 개관하고서 안동지역 시위를 일별한 뒤에 온혜사람들의 역할을 규명하는 게 순서일 것 같다.

3·1운동은 프랑스 파리에서 열리던 강화회의에 한국문제를 상정시킬 목적으로 추진된 민족운동이었다. 1918년 11월에 제1차 세계대전이 끝나자, 강화회의가 열렸다. 비록 승전국의 식민지인 처지이지만, 거기에 한국인들의 독립의지를 분명하게 전달하여 안건으로 상정시키자면 전체 민족이 참가하는 시위가 필요했다. 마침 광무황제가 급사하고 장례가 열리던 상황에서 거사가 추진되었고, 인산 행렬에 참가했던 인사들이 소식을 전하면서 안동지역에서도 시위가 일어났다. 안동지역에서 일어난 첫 시위는 3월 13일(음 2.12) 현재 신한은행 앞에서 태극기를 들고 혼자 뛴 이상동의 1인 시위였다. 이를 이어 대규모 시위가 일어난 첫 사례가 바로 예안시위였고, 그 날이 장날이던 3월 17일(음 2.16)이었다.[65]

예안시위의 발단은 고종인산에 참가했던 李東鳳·李用鎬·金東澤·申應漢 등을 중심으로 이루어졌다. 그들은 서울의 시위를 직접 보고 돌아와 소식을 전하면서 시위를 준비하였다. 예안시위는 계획단계에서 세 갈래로 준비되었다. 첫째로, 예안면장 申相弄을 중심한 인사들이 면사무소 숙직실에서 시위를 논의하였다. 3월 11일 밤 8시경에 李時敎·李南鎬·李洸鎬·李鎬明·申應斗·申東熙 등이 모여 17일 장날을 거사일로 결정하였다.[66] 예안시위는 식민통치 기관인 면사무소에서 밀의되었음이 주목된다. 둘째, 예안의 유림 지도자 가운데 한 사람인 趙修仁도 의거세력을 모으고 있었다. 그는 3월 8일경 서울의 손병희로부터 서신을 받고 예안 만세운동을 주도할 결심으로 평소 눈 여겨둔 金鎭暉·趙炳建·李源永·趙孟鎬·趙邦仁 등과 의논하여 17일 거사하기로 합의했다. 셋째, 예안 만촌교회(현 예안교회)에서도 교인들을 중심으로 3월 17일의 만세시위를 준비하고 있었다. 인산에 참가하여 독립선언서를 가져온 신응한과 閔泰圭 및 면려청년회 간부 申世均 등이 중심이 되어 교회 안에서 비밀히 등사판으로 태극기 수백 장을 제작하여 시위를 준비하였다.

예안시위는 두 차례 펼쳐졌다. 첫 시위는 3월 17일 오후 3시 30분경 20~30명 군중이 면사무소 뒤편 宣城山에 올라가 일본이 세운 '御大典紀念碑'를 쓰러뜨리고, 독립만세 부르는 것을 신호로 시작되었다. 시장 주변의 세 곳에 있던 약 30명 정도씩 3개 시위대가 일제히 시장을 향하여 진격해 갔다. 이에 미리 정보를 탐지한 일본 경찰이 수비대까지 동원하여 시위 군중을 포위하고 진압하고자 했다. 그러나 이에 굴하지 않고 이동봉이 만세를 고창하고 앞장서서 군중을 예안주재소로 인솔해 갔다. 이를 본

---

65) 당시에는 음력으로 장이 열렸다. 예안 장날이 1·6일인데, 음력으로 2월 16일이 곧 양력으로 3월 17일이었다.

66) 독립운동사편찬위원회, 『독립운동사자료집』5(3·1운동 재판기록), 1972, 1330쪽.

李烈鎬와 예안 선명학교 및 예안보통학교 학생들이 태극기를 던져주어 시위 군중들에게 용기를 북돋우었다. 주동자를 비롯한 15명이 체포당했으며, 이로 인하여 군중도 해산하였다.[67] 여기에는 온혜출신으로 李仁鎬의 활약이 드러난다. 즉 그는 17일 앞의 인물들과 더불어 3시 30분경 장터에서 태극기를 휘두르며 독립만세를 고창하였다. 이로 말미암아 그는 징역 6월을 언도받고 옥고를 치렀다.[68]

오후 6시경, 격분한 군중들이 점차 주재소로 몰려와서 구금자의 석방을 요구하였다. 해산명령에도 불구하고 오히려 군중의 수가 많아져 1,500여 명에 이르렀으며, 구금자를 탈환코자 돌멩이와 기왓장을 던지면서 주재소로 밀고 들어갔다. 이때 일제의 진압과정에서 25명이 다시 체포당했다.[69] 온혜출신이자 溫惠宗派 芝洞派 인물인 이병린은 당시 면서기였다. 따라서 그는 면사무소에서 준비 작업에 동참하고, 특히 3월 17일 저녁 7시 무렵 예안주재소 부근에서 시위대와 더불어 대한독립만세를 고창하고 시위운동을 전개했다. 이로 말미암아 이병린은 대구지방법원 안동지청에서 징역 8월을 언도받고 고생하였다.[70] 또 온혜출신으로 온혜종과 銅峴派인 이회림도 있다. 그는 저녁에 만세를 부르다가 일본 경찰과 병사들의 공격을 받아 부상을 입었다.[71]

해산 군중 가운데 와룡·예안면민 약 600명은 산을 타고 안동 북문으로 들어가 다음날 18일 안동시위에 합세하였다.[72] 그리고 제2차 예안시위는 역시 장날에 맞추어 3월 22일에 일어났다. 해질 무렵인 오후 7시부터 약

---

67) 조선총독부 경상북도경찰부, 앞의 책, 1934, 27쪽.
68) 독립운동사편찬위원회, 『독립운동사자료집』5(3·1운동 재판기록), 1972, 1340~1341쪽.
69) 조선총독부 경상북도경찰부, 『高等警察要史』, 1934, 27쪽.
70) 독립운동사편찬위원회, 『독립운동사자료집』5(3·1운동 재판기록), 1972, 1328쪽.
71) 독립운동사편찬위원회, 『독립운동사자료집』5(3·1운동 재판기록), 1972, 1345쪽.
72) 독립운동사편찬위원회, 『독립운동사』3(3·1운동사 하), 1971, 397쪽.

2,000명의 군중들이 태극기를 들고 동부동과 서부동, 선성산 위에서 서로
무리를 이루며 만세를 부르기 시작했다. 이때 밀집한 시장에서 군중 해산
에 힘쓰던 일본 경찰 2명이 시위군중에 포위되자, 수비병 6명이 총을 쏘
아서 군중을 해산시켰다. 이때 시위군중 13명이 부상을 입고 3명이 체포
되었다.[73] 예안시위로 재판을 받은 자는 모두 50명(태형 받은 1명 포함)
이다.[74]

　온혜출신 가운데는 다른 지역의 시위에 참가한 인물도 있었다. 이영호
는 대구에서 3·1운동에 참가했다가 옥고를 치른 인물이다. 그는 평소 이
중린과 이만도의 영향을 받아 일찍부터 국권회복 사상을 품고 지냈다.
1919년 3월 10일에 대구 덕산시장에서 시위가 펼쳐질 때 그는 그 시위에
참가했다가 대구지방법원 안동지청에서 징역 2년형을 언도받고 옥고를
치렀다.

8. 맺음말

　온혜마을은 퇴계라는 뛰어난 인물을 배출한 마을이다. 이는 그러한 정
서에 걸맞게 역사적 책무를 마다하지 않은 마을 가운데 하나이다. 특히
유림의 본고장이라는 이름 그대로 이 마을은 의병항쟁에서 주역들을 배
출하였다. 1차 선성의진에서 부장을 맡고, 2차 선성의진에서는 의병장으
로 활약한 이중린이 선두에 섰다. 다음으로 삼백당 출신 이인화가 1차 의
진에서 유격장을, 2차 의진에서는 선봉장과 부장을 연이어 담당하였다.
뿐만 아니라 이인화는 이중린이 물러앉은 뒤로는 부장이란 이름과 달리

---

73) 조선총독부 경상북도경찰부, 『高等警察要史』, 1934, 27쪽.
74) 독립운동사편찬위원회, 『독립운동사자료집』5(3·1운동 재판기록), 1972, 1359쪽.

사실상 의병장 역할을 소화해냈다. 선성의진 전체 기간 가운데 이인화가 차지한 기간이 가장 길고, 또 역할도 가장 앞섰다. 그리고 3차 의진을 결성한 이인화는 삼백당이 기습당하는 불운을 당하기도 했다. 이로 말미암아 삼백당은 사당만 남기고 전소되는 비극을 맞았다. 끝으로 노송정 종손 이찬화가 4차 의진을 결성하고 이끌었다. 하지만 이것은 전기의병의 끝 무렵이었다.

의병이 끝난 뒤, 온혜사람들이 독립운동 일선에 나서는 일은 드물었다. 한 종가가 순식간에 사라지는 참혹상을 당하고 목격한 이후로 온혜사람들의 활동은 두드러지게 약화되었다. 결국 계몽운동에 약간 이름을 내거나 3·1운동에 참가한 정도에 지나지 않았다. 이인화가 1909년에 선명학교를 세워 계몽운동을 시작했다고 전해지는 것이 계몽운동의 전부이다. 이인화로서는 의병에서 계몽운동으로 과감한 전환을 시도한 셈이다. 이어서 온혜사람들이 참가한 독립운동으로는 3·1운동이 있다. 예안시위에 참가한 것이 주된 내용이다. 이렇게 보면 온혜마을 출신들이 참가한 독립운동은 대부분 의병에 치우쳐 있음을 알 수 있다. 의병 다음으로 펼쳐지던 계몽운동이라거나, 순절·만주지역 독립군기지건설·의열투쟁·사회주의운동 등 다양한 독립운동의 장르에 이름을 드러내는 온혜인을 찾기란 힘들다. 만약 안동이 아니라 다른 지역에 가면 의병관련 인물만으로도 온혜는 역사의 주역으로 부각될 수 있을 정도로 비중 있는 인물을 배출했다. 하지만 안동이란 지역이 워낙 많은 독립운동가를 배출한 곳이므로, 그 속에서 온혜마을이 두드러지게 평가받기가 쉽지 않다.

제3절 안동 오미마을의 『乙未·丙申日錄』

1. 자료가 발굴되기까지

안동문화권에는 다른 지역에 비해 의병기록이 많이 전해지는 편이다. 그 이유는 전기의병 자체가 이 지역에서 활발했던 사실, 기록을 많이 남긴 유림이 중심을 이룬 데 있었다. 의병을 조직했을 때 진용을 다듬고 時爬錄을 만든 영해의진의 기록, 의진에 참가한 서기로 참가한 뒤에 메모를 정리한 안동시 서후면 甫峴의 權濟寧「義中日記」(龜山文集), 의진에 참가하거나 집에 머물면서 쓴 李兢淵의 『을미의병일기』, 의진소에서 서기들이 돌아가며 정리한 청송의 『赤猿日記』, 의병진영을 간단하게 정리한 봉화의 琴錫柱 『일기』, 의병이 끝난 뒤에 사실을 정리한 영양 金道鉉의 『碧山先生倡義顚末』, 서사시를 남긴 의성의 金象鍾 창의기록, 예천 朴周大의 『羅巖隨錄』, 일기가 아니라 해마다 정리한 예천 洗心軒 李圭洪(命)의 『記年』 등이 대표적이다.

이러한 의병기록들은 오래 전에 발굴되어 출판된 경우도 있지만, 근년에 들어 알려지고 분석되는 것도 많다. 이긍연의 일기와 적원일기는 역주가 붙어서 출판되기도 했지만, 영해의 시파록은 알려진 지 이미 오래지만 아직 제대로 분석되지 못하고 있다. 그리고 대부분이 1895년과 이듬해에 걸친 전기의병 기록이지만, 이규홍(이규명)의 글은 그 이전부터 1910년대에 걸쳐 중요한 일들을 요점 정리한 것이다.

안동시 풍산읍 오미리에서 나온 자료 가운데 ‘日錄’이라고만 제목이 붙은 의병일기가 있다. 이를 분석하면 1895년 음력 12월부터 1896년 음력 7월(양력 8월)까지 전개된 안동의병만이 아니라 경북 북부지역에서 활발하게 움직이던 湖左義陣을 비롯한 여러 의진의 동향을 확인할 수 있으리라는 가능성이 제기되었다. 특히 의병과 관련된 안동문화권 전통마을과 유력한 문중들의 대응이나 권역별 동향을 확인하고, 그 성격을 규명할 수 있을 것으로 짐작된다.

이 ‘일록’이 알려진 시기는 2003년이었다. 다음해인 2004년에 국가 보훈처 발주로 경북지역 독립운동사료 발굴 작업의 일환으로 탈초·번역 작업이 진행되었다. 그리고 완전한 분석이나 소개는 아니더라도 일부 내용이 2005년 6월 학계에 처음으로 소개되었다. 안동대학교 안동문화연구소가 주최한 ‘안동지역 주요 동성마을의 전통과 정체성’이란 대주제로 연구 중간발표회가 있을 때 처음으로 공개된 것이다.[75] 이 발표에서 오미마을의 많은 ‘일록’과 구별하여 『乙未·丙申日錄』이라 지칭하였는데, 여기서도 일단 그를 따르면서 편의상 ‘日錄’이라 줄여 부른다. 일록은 한지에 초서체 세로쓰기로 기록되었다. 분량을 정확하게 산정하기는 힘들지만, 일단 A4 용지로 계산한다면 대개 45면에 정도가 되고, 전기의병 부분만 따진다면 43면이다.

2. 어떻게 구성되어 있나

오미마을에서 나온 이 기록은 표지에 ‘日錄’이라고 제목이 붙어 있

---

75) 강윤정, 「일제강점기 오미마을의 사회경제적 양상과 정치적 동향」, 『안동지역 주요 동성마을의 전통과 정체성 -八蓮五桂의 오미마을 연구-』 발표지, 안동문화연구소, 2005, 130~133쪽.

으면서 옆에 '乙未十二月始'라고 쓰여 있다. 하지만 실제로 첫 면에는 을미년 4월·8월·10월·11월에 쓴 약간의 내용이 함께 들어 있고, 12월 1일 기록이 그를 잇고 있다. 12월 이전의 글은 드문드문 쓴 것이기는 하지만, 모두 변복령 문제라든가 을미사변 등 굵직한 국가대사를 적은 것이다. 즉 필자는 항상 국가적 대사를 들을 때마다 간단하게 기록을 남겼다는 사실을 알 수 있다. 그러다가 갑자기 을미년 12월 1일부터 매일매일 자세하게 기록하기 시작했다.

그렇다면 왜 12월 1일부터 그 앞과는 다르게 자세하게 쓰기 시작했을까? 이보다 보름전인 1895년 11월 15일에 단발령이 내리고, 12일 지나 안동을 비롯한 경북 북부지역에 소식과 함께 단발을 시행하는 소문이 전해졌다. 연말연시를 맞은 지방에 하늘이 무너지듯 세상을 뒤흔들 소식이 전해진 것이다. 그리고 12월 1일, 바로 그 날에 안동부관찰사 金奭中이 관원들과 단발하였다는 소문이 돌았다. 바로 그 소식이 일록을 자세하게 기록하는 시점이 되었다. 다시 말하자면, 이전부터 듬성듬성 하더라도 일록이 작성되었는데, 의병이 일어나고 전개되는 긴박한 상황을 맞아 매일 기록을 남긴 것이다.

'일록'의 마지막 부분은 완결되지는 않았다. 일단 1896년 7월 3일까지 쓰인 다음에 의병기록을 남기는 마음을 정리한 뒤, 다음 일록 작성으로 이어졌다. 즉 1896년 11월·12월 기록이 짧게 이어지고, 또 이듬해 丁酉年(1897)에 이어 戊戌年(1898) 2월까지 간단한 기록이 계속되었다. 이들 모두가 대부분 국가대사를 기록한 것이다. 그렇다면 이 '일록'은 의병 이전 시기와 의병시기, 그리고 의병 이후 시기로 나뉘는 셈이다. 그러면서 가장 상세하고 중요한 의병시기를 중심으로 묶으면서 '일록'이라는 제목과 함께 '乙未十二月始'라는 말을 덧붙인 것이라 볼 수 있다.

그러면 의병 부분 기록은 왜 7월 3일까지만 기록되었을까? 의병에 관한 사항은 을미년 7월 3일이 마지막이다. 안동의병의 종말이 대개 이 무렵이기 때문이다. 안동의진이 존속한 시기는 대개 8월 중순까지라고 판단된다. 안동의병장 김도화가 안동부를 방문하여 의병을 끝낸다고 밝힌 시기가 8월 19일이었기 때문이다. 그 직후에도 류시연을 비롯한 소수 인물들의 움직임이나 안동의진 잔여 병력의 활동 장면이 간혹 나타났다. 하지만 일단 안동의진이라는 조직으로서는 생명이 끝난 것이다. 그리고 전기의병으로서는 전국적으로 최종 해산부대는 김도현이 이끈 영양의진이었다. 이보다 앞선 시기이지만 제천에 중심부를 둔 호좌의진도 8월에 존속했고, 특히 소백산맥 남쪽 지역을 오르내리며 활동하고 있었다. 그래서 이긍연 일기에는 이 시기 활동도 더러 기록되어 있다. 하지만 오미마을의 '일록'은 7월 3일에 일단 마무리되었다. 의병의 대세가 끝난 때였다.

김정섭은 의병 마무리 부분에 가서 지난 일들을 되돌아보며 자신의 심정을 정리하였다. 필자는 倡義 과정에서 보고 들은 것을 힘써 기록했다면서, 비록 체제나 편수에서 모자라는 점이 있지만 내용에서는 보고 들은 그대로를 적었다고 밝혔다. 마치 난중일기를 쓰거나 대사를 치를 때 기록을 남기는 심정으로 이 글을 썼던 것이다.

3. 누가 쓴 기록인가

다음으로 일단 '일록'을 남긴 인물을 추적하는 일이 급선무인 것 같다. 선행 연구는 '일록'의 필자를 풍산김씨 27세 金鼎燮(1862~1934)로 지목하였다.[76] 그 이유는 두 가지이다. 하나는 일록 속에 자신의 聘翁,

즉 장인이 선성의진 부장이요, 첫 의병장 響山 李晩燾의 뒤를 이어 활
동했다는 사실을 기록한 점이다.[77] 선성의진은 이만도가 처음 일으키
고, 그 뒤를 李中麟·李仁和·李燦和 등이 이어 나갔다. 특히 첫 거병에
서 이만도가 의병장을 맡고 이중린이 부장을 맡았다. 그렇다면 예안의
진의 부장으로서 오미마을에 사위를 둔 사람을 찾아야 하는데, 거기에
맞는 인물은 바로 이중린이다. 또 하나의 증거는 하회마을에 외종조가
안동의진에서 都摠으로 활약한다는 내용이다. 안동의진은 權世淵과
金道和로 의병장이 이어지며, 하회마을 출신으로서 안동의진의 도총을
맡은 인물은 柳蘭榮인데, 그가 바로 김정섭의 외종조이다.[78] 따라서
이 '일록'의 필자가 김정섭이라는 사실은 확인된 셈이다.

　　이제 김정섭이 어떤 인물인지 살펴볼 차례다. 우선 오미리 풍산김씨
문중과 김정섭의 위치를 설명하는 것이 순서일 듯하다. 약 600년 동안
풍산김씨가 세거해 오고 있는 오미마을의 입향조는 대개 부제학을 지
낸 虛白堂 金楊震(1467~1535)으로 알려진다. 현재 이 마을에는 세 개
파의 후손들이 살고 있다. 鶴湖公派·深谷公派, 그리고 雪松公派가 그
것이다. 입향조 김양진의 손자 悠然堂 金大賢은 9형제를 두었는데, 그
맏아들이 바로 학호 金奉祖이다. 학호공파는 유연당종가를 지키며 번
성하였다. 심곡공파는 김대현의 넷째 아들 심곡 金慶祖가 시조이며, 종
가를 죽봉종가라 부른다. 그리고 설송공파는 김대현의 막내 아들인 설
송 金崇祖의 후예들이다. 허백당 이래로 오미마을에서는 과거 합격자
가 80명이나 되고, 근대에 들어서는 독립운동가를 많이 배출하였다. 김

---

76) 강윤정, 위의 발표문, 130쪽.
77) 『日錄』乙未十二月初九日, 晴 聞禮安 義兵大將李承旨晩燾 副將聘翁丈當
　　之云; 丙申正月初八日 晴而大風 午間小雪 因客來探近奇 則禮安大將 其
　　時解陣 仍不知去處 副將岳翁 去二十五日 賣土幾頃 入淸凉山中.
78) 『풍산김씨세보』卷之中, 288쪽(외조부 柳驤榮); 『日錄』丙申三月十四日(중
　　략)都摠外從祖陞爲本陣副將.

〈오미마을 풍산김씨 유연당 종가의 세계도〉

始祖　　文迪
　　　　　↓
2世　　　永玄
　　　　　↓
3世　　　有連
　　　　　↓
4世　　　鍊成 = 豊山 柳
　　　　　↓
5世　　　盒 = 豊山 柳
　　　┌───┴
6世　　允德　允寶　允堅 = 寶城 宣
　　　　　　　　↓
7世　　　　　安鼎 = 寶城 吳
　　　　　┌──┴──┐
8世　오미 입향조　子良　子純 = 竹山 朴
　　　　　　　┌──┴──┐
9世　　　　　　從水　　從石 = 春川 朴
　　　　　　　　　　　↓
10世　　　　　　　徽孫 = 驪興 閔
　　　　　　　　　　↓
11世　　　　　　楊震(虛白堂) = 陽川 許
　　　　　　　　　　↓
12世　　　　　　義貞(幽敬堂) = 安東 金
　　　　　　　　　　↓
13世　　　　　　農 = 安東 權 / 光山 金
　　　　　　　　　　↓
14世　　　　　　大賢(悠然堂) = 全州 李
　　　┌──────┴──┬────┬────┬────┬────┬────┬────┐
15世　派祖　　奉祖(鶴湖: 1572~1630)= 光州 金　榮祖² 昌祖³　慶祖⁴　延祖⁵ 應祖⁶ 念祖⁷ 逃祖⁸ 崇祖⁹
　　　　　　　　　　　　　　　〈죽봉종가〉　　　　　　　　　　　　　[早死]

응섭·김정섭·김이섭·김창섭·김재봉·김상섭 등이 심곡공파, 김만수가 학호공파, 김지섭·김병국이 설송공파 출신이다.

일록의 저자 김정섭은 심곡 김경조의 11대손인 金秉璜의 장자이자, '令監宅' 冑孫이다. 그는 독립운동 무대에서 떠오른 東田 金應燮 (1878~1957)의 형이기도 하다.[79] '영감댁' 건물은 풍산김씨 23세가 되는 鶴南 金重佑(?~1849) 대에 완공되었는데, '영감댁'이라는 당호는 학남의 아들 洛厓 金斗欽이 同副承旨의 벼슬을 지냄으로써 붙여졌다. 일록의 필자 김정섭이 심곡의 후예이자, 학문과 관직을 이어온 집안 출신임을 알 수 있다. 더구나 그는 학남 김중우의 冑孫이었다. 그리고 그가 소유한 토지도 대단히 많았음을 알 수 있다. 1912~1914년에 이루어진 토지조사 결과를 분석한 연구에서 다음과 같은 사실이 밝혀졌다. 다음 표가 그것인데, 김정섭이 농지 28,316평, 대지 2,467평을 소유하고 있었으며, 동생인 김이섭의 경우도 적지 않은 농지를 소유하고 있었음을 알 수 있다. 가장 많은 토지소유자인 김창섭은 큰 종가인 유연당의 종손 김창섭이었다.[80]

〈오미마을 토지소유 상위자 내역〉(단위; 평, 강윤정 작성)

번호	소유자	농 지			垈地	墳墓地	林野	비고
		畓	田	계				
①	權相魯	3,598	5,815	9,413	884	-	127	
②	金洛謨	6,533	15,485	22,018	909	-	-	
③	金文燮	12,957	14,934	27,891	1,034	-	-	
④	金秉鍵	7,527	6,828	14,355	705	-	-	
⑤	金秉度	2,705	10,039	12,744	595	-	-	
⑥	金秉烈	8,169	4,497	12,666	794	462	-	
⑦	金秉喆	9,476	7,748	17,224	1,123	-	-	

79) 『豊山金氏世譜』 卷之中, 288쪽. 영감댁은 안동시 풍산읍 오미1리 242번지에 있다.
80) 강윤정, 앞의 발표문, 128쪽.

⑧	金秉穆	5,016	4,360	9,376	-	-	-
⑨	金履燮	9,439	6,490	15,929	-	328	-
⑩	金鼎燮	17,498	10,818	28,316	2,467	-	240
⑪	金昌燮	41,407	30,675	72,082	2,742	-	901
⑫	金泰秀	5,899	7,035	12,934	442	-	-

4. 어떤 마음으로 글을 썼나

김정섭은 의병이 일단 마무리되었다고 판단한 7월에 흥분을 가라앉
히고 자신의 기록이 보고 들은 그대로를 적은 것이라는 사실을 덧붙였
다. 처음 겪는 대혼란 속에 어찌할 바도 몰랐고 대응하면서 마음고생
도 많았다. 흥분과 좌절을 동시에 겪은 일들을 뒤돌아보며 자신을 달
래는 심정으로 글을 썼다.

> 이 일록은 창의할 때에 보고 들은 바에 따라서 힘써 기록한 것이다.
> 뒤섞여 체계가 없고 글이 조잡하여 감히 편수의 일을 서술한 체제에 견
> 주지 못하겠으나 곧바로 써서 숨기지 않았고 조금도 거짓이나 허망한
> 말은 없다. 다만 문견이 넓지 못하여 軍機가 소략하고 빠진 것이 십중팔
> 구이니 이것이 한스럽다. 本陣이 조금 상세한 것은 가까워서 날마다 들
> 어서이고, 各陣이 매우 소략한 것은 멀어서 알기 어려워서이고, 湖左(제
> 천의진)가 자주 언급된 것은 왕래가 계속되어서이고, 下鄕이 제기되지
> 않은 것은 행로가 막혀 끊겨서이다.
> 아! 이 일은 실로 천지에 다하는 대의의 거사인데 잘 조처하지 못한
> 일이 많이 있어서 다만 靑丘에 열사가 없다는 탄식만 절실하다. 그러나
> 천운은 힘으로 회복할 수 없고 비록 심각한 원수를 흔쾌히 보복하지 못
> 하더라도 그 의관을 보전하고 두발을 온전히 한다면 영원히 천하 만세
> 에 '훌륭하다'는 말이 남을 것이니 그 공로가 어찌 크지 않겠는가![81]

---

81) 『日錄』 此日錄 倡義時 隨聞見强記者也 錯雜無統 文詞荒拙 不敢擬編修

김정섭이 이 글을 가식 없이 썼다는 점을 강조하였다. 그는 비록 역사서술로서의 체제가 아니지만 거짓이나 허망한 말을 쓰지 않았음을 거듭 밝혔다. 안동의진 소식을 자주 기록한 이유는 거리가 가까워 소식을 상세하게 듣는 데 있고, 다른 진의 경우는 귀가 멀어 제대로 적지 못했다고 썼다. 그런데 제천의진 소식을 자주 언급한 이유는 왕래가 잦았기 때문이다. 실제로 내용을 보면 드러나지만, 호좌의진에서 파견된 의병들의 움직임이 소백산맥 남쪽에서 여러 차례 대규모 작전을 벌인 사실들이 확인된다. 이 점은 이긍연 일기에서도 마찬가지로 등장한다.

김정섭은 의병전쟁을 '窮天地大義之擧(천지의 의리를 다하는 거사)'로 인식하였다. 그럼에도 불구하고 그는 조선에 열사가 없어 이 일에 잘 대처하지 못함을 한탄스러워 하며, 天運으로 체념하는 모습을 보이기도 했다. 그러면서도 천운이 인간의 힘으로는 회복할 수 없는 것이라면, 자신이 할 수 있는 것은 의관의 보전과 두발을 온전히 하는 것이며, 이것이야말로 의병으로 당장 외세를 꺾지 못한다하더라도 천하 만세에 '훌륭하다'는 공로만 인정받을 수 있으리라 인식하였다.

의병 기록 끝부분에 그는 시 한수를 적었다.

瞻望北斗拜龍樓　북두성 바라보며 용루에서 절하니
禿首蠻裳憤涕流　대머리 오랑캐 의복에 분통터져 눈물 흐르누나
雖死不貪秦富貴　비록 죽더라도 '불의의' 진나라 부귀는 탐하지 않
　　　　　　　　　겠고

叙事之體 而直書不隱 無一毫譸張虛妄之語 但聞見未博 軍機疎漏之十居八九 是可恨也 本陣之稍詳者 近而日聞也 各陣之太略者 遠而難知也 湖左之累言者 來往之陸續也 下鄕之不提者 行路之隔斷也 於乎 此事實窮天地大義之擧 而多有不善措處之事 徒切靑丘無烈士之歎 而天運莫可力回 縱未快湔深讐 保其衣冠 全其頭髮 永有辭於天下萬世 其功豈不偉哉.

有生宜讀魯春秋　살아 있는 한 '의로운' 노나라 춘추를 마땅히 읽
　　　　　　　　으리
靑邱禮樂千年後　조선의 예악문물은 천년 뒤에 볼 것이요
赤日東南大海頭　붉은 해(일본)는 동남의 큰 바다 위에 있네
願棄人間多少事　원컨대 인간의 다소 일을 버리고
平沙漠漠伴閒鷗　편편한 모래 아득한 데에서 한가로운 백구나 짝
　　　　　　　　했으면

　　김정섭의 '일록'은 시각에서 특별하다. 김도현의 「碧山先生倡義顚末」이나 봉화의 금석주 일기처럼 직접 의병에 참가하여 기록한 것이 아니다. 그렇다고 완전히 남처럼 떨어져 제3의 시각, 타자적인 위치에서 쓴 것도 아니요, 정반대 위치에서 기록된 것도 아니다. 가장 비슷한 기록은 안동 와룡의 이긍연 일기이지만, 구체적으로 들여다보면 이것과도 차이가 있다. 즉 이긍연은 직접 안동의진에서 임명장을 받고 참가했지만, 더러는 집으로 물러나서 들려오는 이야기를 적었다. 하지만 김정섭은 의병 조직 속에 직접 참가하기 보다는 부친 김병황이 의진을 따라 움직이거나 내왕을 잦게 가졌을 뿐이다. 자신은 몇 차례 의진에 들렀지만, 대개 마을에 부과된 배당금을 납부하는 선에서 활동을 멈추었다. 그러면서 직접 보고 경험한 것, 그리고 아랫사람을 보내 수집한 이야기들을 그대로 적었다. 따라서 의병에 직접 참가한 사람의 글도 아니고, 그렇다고 의병과 무관한 처지에서 기록한 것도 아니다. 매일 벌어지는 정황에 귀를 기울이고 가슴 조이며 소식을 기다리고 또 정리하였다.

5. 어떤 내용이 담겨 있나

1) 오미마을의 대응 자세

이 자료는 전기의병 기간 동안 오미마을이 대처한 자세를 자세하게 보여준다. 한 마디로 단정한다면, 오미마을은 안동의병에서 마을의 위상에 비하여 소외된 편이었다. 그 이유는 안동의진을 구성하는 전통 유림사회에서 오미마을이 가지는 한계가 아닌가 짐작된다. 특히 하회 마을 인사들의 존재가 큰 걸림돌이 되었다. 안동의진 구성에 앞서 풍사면, 즉 풍산을 구성하던 4개면 사람들이 모인 면회에서 하회 인사들이 극력 저지하는 바람에 오미마을 인사들이 대표로 선임되지 못한 장면은 1895년 12월 3일 기록에 나타난다.

> 마을 안에서 3~4명이 面會에 가서 참여하니 모인 사람이 수백 명이었다. 虎溪 통문과 臨川의 사통과 예안 향교통문이 함께 회의 자리에 이르렀다. 향회의 적임자를 정할 때에 豊四面에서 각각 한 사람이 도착하고 혹자가 우리 문중에서 적임자를 내고자 하니 하회면의 몇 사람이 극력 저지시켰다. 이것이 어찌 사적인 혐의를 쓸 때인가![82]

안동지역에서 반외세 투쟁은 지역에 따라 큰 차이를 보였다. 1800년대에 전국의 관심 속에 전개된 屛虎是非 이후, 반외세 투쟁의 강도는 병파와 호파에 따라 달랐다. 대개 위정척사와 의병, 그리고 항일투쟁은 호파가 훨씬 강했다. 안동의 동부지역과 북부지역이 대체로 호파에 속

---

82) 『日錄』 乙未十二月初三日, 村內三四員 往參于面會 會者數百人 虎溪通文 臨川私通 禮安校通 俱到會席 爬定鄉會時 到豊四面 各一人 而或言欲出 吾門 則河面數人 極力沮止 此豈用私嫌之時哉(중략).

했고, 저항성도 강했다. 이에 반하여 남부지역과 서부지역은 저항 강도
가 약했다. 이러한 점은 오미마을의 성향에도 드러났다. 대체로 오미마
을은 의병항쟁에서 직접 전투를 벌이는 역할을 맡기보다는 자금을 지
원하는 방법을 선택하였다. 그것은 시작단계에서부터 그러했다. 물론
처음 안동의진을 구성할 때 논의 단계에서부터 하회마을의 간섭과 영
향을 받았다. 이러한 점은 이웃 가일마을도 마찬가지다. 대체로 하회마
을의 자세와 대응책에 따라 오미마을 인사도 나아갈 길을 정했다.

12월 5일에 안동부내로 들어가서 豊四面 時到所를 찾으니 하회사람
들이 장악하고 있어서 풍북면의 시도소를 별도로 만들었다거나, 7일에
는 안동의진을 구성함에 금계와 하회인사들이 주도하여 오미마을에는
직임이 배정되지 않았다는 데 섭섭한 마음을 드러냈다.

> 左右翼將과 內外防將·突擊將·石戰將·參謀·書記 등은 각 마을에 분
> 배하여 선비와 아전들도 섞여 나왔다. 그러나 우리의 門中은 종시 누락
> 시키니 대체로 하회와 金溪에서 이 논의를 오로지 주관하여 기회를 타
> 서 私嫌을 보복하고자 함이었다.[83]

김정섭도 오미마을 심곡종가의 차종손이다. 1862년생이므로 30대
초반의 활동력을 가진 나이였다. 그럼에도 불구하고 아무런 직임도 받
지 못했다. 특히 그의 부친은 안동의진에 나가 있거나 왕래하였지만,
이 일록에는 어떠한 직임도 기록되어 있지 않다. 나이로 보나 마을의
대표성으로 보더라도 최소한 김정섭의 부친은 안동의진에서 뚜렷한
직임을 받았을 것 같지만, 일록에 그러한 언급이 전혀 없다.

오미마을은 뚜렷한 직임을 받지 못한 채, 필요한 경비 부담은 끊임

---

83) 『日錄』乙未十二月七日, 左右翼將內外防將突擊將 石戰將參謀書記 各里分
　　排 儒胥雜出 而吾門終始竟漏 蓋河上金溪 專主此論 欲爲乘時報嫌者也.

없이 요구받았고, 또 내놓아야만 했다. 또 1896년 1월에 풍산지역에서
포군 50명을 할당받을 때, 오미가 4명으로 가장 많았다. 같은 달 16일
에 예안의진과 영주의진이 풍산에 도착함에, 그에 필요한 접대비가 문
중에 배당되니 2천냥이었는데, 그 가운데 2백냥이 오미마을에 배정되
었다. 2월에 가서도 김정섭의 집에 1백냥이 다시 배정되었는데, 상당히
곤혹스러워 하는 장면이 드러나 있다.84) 이후에도 여러 차례 자금이
배당되었고, 날이 갈수록 이에 대한 불만이 커 갔다. 부친이 의진에 나
가 있기도 하고, 아랫 사람들이 드나들기도 하지만, 돌아오는 것은 부
담과 의무뿐이었다.

하회마을의 동향과 방향설정은 오미마을 사람에게도 크게 영향을
주었다. 안동의진을 결성할 때에는 하회의 대표인사인 류도성이 금계
마을 김흥락과 논의하여 앞장섰지만, 실제로 전투가 벌어지는 과정에
서는 뒤로 물러나 앉았다. 도총을 맡은 류난영을 제외하면, 하회에서는
의병에 적극 참가하지 않았다. 호좌의진의 서상렬이 뒷날 류난영을 억
류하여 충북지역으로 강제로 구인해간 이유도 바로 柳道性이 의병에
적극 참여하지 않은 이유 때문이었다. 이러한 성향은 가일마을이나 오
미마을도 마찬가지였다. 이 일록은 그러한 정황을 상세하게 보여준다.

---

84)『日錄』義所에서 쓰일 자금을 배분하고 있었는데, 우리 집은 백량을 義軍의 자
금으로 선납하였는바 해마다 비용을 낸 나머지여서 빈손으로 이를 메워야한다
는 생각에 큰 고민이었다(丙申正月初四日 自義所方抄饒排 而吾家以百金出
義先納 年年蕩費之中 赤手彌縫 大可關念).
읍의 하인이 와서 외래 의병 두 부대(예안·영주)를 접대하는 일로 각 문중에 돈
을 배당하니 2천금이었다. 우리 문중은 2백량으로 독촉을 심히 급하게 하였다
(丙申正月十六日 邑伻來 以接待二客陣事 排錢各門 爲二千金 而吾門二
百兩 催督甚急).
우리 문중에 배당된 금액 2백민(緡: 兩)을 부내에 보냈다. 영천 서기 두 사람이
척후병으로 차출되어 와서 잤다 (丙申正月十七日 (중략) 辰 送門錢二百緡於
府內 而榮川書記兩人 以斥候次出來留宿).

2) 각 의진의 구성과 활동

이 '일록'은 안동의진만이 아니라 여러 의진들의 동향을 알려준다. 우선 안동의진에 대해서는 상세한 정보를 전해주고 있다. 안동의진이 결성되는 과정과 권세연 의병장 취임, 관찰사 김석중의 패퇴와 안동부 재진입, 김도화 의병장 취임, 태봉전투, 안동의진의 이동과 전투 등을 알려준다. 그 가운데 특히 태봉전투와 관련된 부분은 다른 기록에서 확인되지 않는 중요한 정보를 제공해 주고 있다. 이긍연 일기는 태봉전투에서 돌아온 예안의진의 동향을 보여준다면, 김정섭의 일록은 지리적으로 태봉과 안동부를 연결하는 중간지점이기 때문에 전투 상황과 병사들의 귀환과정을 보여준다.

태봉 공격에 나선 의진들이 醴泉會盟을 가진 부분도 다른 기록에 비해 정확하게 묘사되어 있다. 더러는 산양에서 거행했다고도 알려진 이 회맹 의식이 바로 예천읍내 천변 모래사장에서 이루어진 것임을 이 '일록'이 밝히고 있다. 그리고 태봉전투에 참가한 의진들의 진군 장면도 마치 눈앞에 보듯이 알려주고 있다. 이어서 전투 포성이 이 마을까지 들려 밤잠을 제대로 이루지 못하고, 더구나 전투에서 패한 의병들이 이 마을로 들어와 숙식을 요구하는 바람에 마을 전체가 정신 차리기 힘들어 했던 모습도 보여준다. 안동의진의 중군과 나누는 대화는 전투 정황을 이해할 수 있게 만든다. 특히 전투에서 부상을 입은 의병이 마을에 들어와 고통을 못 이겨 신음하는 장면에 필자도 어쩔 줄 모르는 장면이 그려져 있다. '일록'은 이후에도 안동의진의 동향을 알려준다. 특히 그러한 내용을 이긍연 일기와 김도현의 창의전말, 그리고 청송의 적원일기 등과 비교하면 안동의진의 움직임을 소상하게 정리할 수 있다.

'일록'은 안동의진 외에 다른 의진들의 동향도 정확하게 기록하고 있다. 예안·봉화·영양·영주·예천·호좌의진 등의 움직임이 적혀있다. 그런데 한 가지 특기할 점은 안동의진 다음으로 호좌의진에 대한 기록이 가장 많다는 점이다. 그것은 제천에서 일어난 류인석의 호좌의진이 서상렬을 소백산맥 남쪽으로 파견하여 연합활동을 펼쳤기 때문이다. 더구나 서상렬은 안동문화권의 특성을 고려하지 않거나 무시하면서, 비교적 참여도와 저항 강도가 낮은 문중에 대해서는 강박하기도 했다. 하회마을 대표 류도성에게 의병에 적극 참여할 것을 강요했고, 하회문중 인사들을 힐난하거나, 안동의진의 도총 류난영을 억류시킬 지경이었다. 특히 서상렬의 활동 무대는 예천을 비롯한 안동 서부지역이었다. 따라서 이 '일록'에 호좌의진의 동향과 서상렬에 관한 내용이 많다.

그리고 이 '일록'은 의병만이 아니라 관군과 일본군의 동향도 파악할 수 있게 한다. 특히 대구에서 북상하는 관군, 상주에 머물면서 안동부로 진입하려는 신임 관찰사 이남규의 동정, 충주쪽에서 남하하는 관군들의 움직임 등이 관군에 대한 주요 상황이다. 이와 함께 대구에서 낙동을 거쳐 수안보와 충주로 이어지는 병참선과 그 선상을 따라가는 일본군의 움직임, 의병들을 탄압하면서 안동시가지를 불바다로 만든 잔학상 등을 이 '일록'이 전하고 있다.

6. 이 자료가 가지는 가치는 어떠한가

이 '일록'은 한국독립운동사에서 중요한 가치를 가진다. 첫째, 이 기록은 전기의병연구에 중요한 자료가 된다. 비록 안동지역이라는 범위, 그 가운데서도 서쪽으로 치우친 한 마을에서 기록된 일록이라는 의미

에서 그 가치가 축소될 것 같지만, 사실상 이 마을에서 모든 방향으로
레이더를 세우고 뉴스를 추적했다는 의미에서 상당히 중요한 가치를
가진다. 을미·병신년 안동의진의 존재 자체를 전달할 뿐만 아니라, 그
것이 어떻게 인식되고 전파되었는지를 알려주기 때문이다.

둘째, 이 기록은 당시 다른 기록과 비교하여 연구할 수 있는 귀중한
자료이다. 이긍연 일기는 안동과 예안을 연결하는 지점에서 수집되는
정보를 남겼다. 김도현은 안동 동북부와 예안, 그리고 영양을 잇는 삼
각형 범위에서 벌어진 일들이 주로 담겨 있다. 금석주 일기는 봉화와
청량산 일대의 의병 기록이다. 적원일기는 청송의진의 일지인데, 안동
의진의 동향에 신경을 썼다. 이에 비하여 이 '일록'은 안동 서부지역의
동향, 또 서상렬이 이끈 호좌의진과 경북 북부지역 의진의 관계를 알
려주는 중요한 자료이다. 따라서 이를 하나로 묶어 본다면 안동문화권
의 전기의병을 총체적으로 재구성할 수 있을 것이다.

셋째, 이 자료는 의병에 임하는 문중의 차이를 보여주는 자료이기도
하다. 의병의 핵심을 구성하는 문중이나 인물의 기록이 아니지만, 그렇
다고 의병과 전혀 관련 없는 사람의 기록도 아니다. 필자의 부친이 안
동의진에 참가했지만, 주류는 아니었다. 따라서 완전히 '他者'라고 볼
수도 없다. 이 기록은 안동의진에서 비주류이면서도 배정된 자금을 납
부해야 하는 역할을 맡은 한 가문의 모습과 그 구성원의 다짐·불만, 그
리고 원성을 보여준다.

넷째, 이 기록은 안동문화권의 전통마을이 갖는 상관성을 보여준다.
이것은 병파와 호파의 관계, 혈연·혼반관계, 마을끼리 가지는 역학관
계 등을 보여주는 데 좋은 자료이다. 수많은 전통마을들이 남아 있는
안동문화권에서 그들끼리 가지는 역학관계는 현재 많이 약해졌지만,
그렇다고 완전히 사라진 것은 아니다. 전통마을의 특성과 상관성을 연

구하는 데 이 기록은 중요한 단서를 제공하고 있다.

마지막으로 이 자료는 독립유공자 발굴에 큰 도움을 줄 것이다. 기록 속에 아직 발굴되지 못한 인물들이 보인다. 직접 이름이 드러나는 경우도 있지만, 혈족 관계로 표시된 인물도 있다. 이런 경우에는 족보를 찾아 엄밀하게 추적한다면 새롭게 독립유공자를 발굴해 낼 수 있을 것이다. 또한 그러한 작업이 추진된다면 새로운 의병기록 발굴에도 진척이 있으리라 짐작된다. 새로운 자료 추적과 발굴, 총체적인 분석과 연구가 기대된다.

제4절 안동유림의 자정순국 투쟁

1. 머리말

自靖殉國은 나라를 위해 스스로 목숨을 끊는 투쟁이다. 그 핵심 명분은 황제와 의리 지키기, 나라와 의리 지키기, 겨레와 의리 지키기였다. 나라가 무너지던 당시, 유림들이 선택한 길은 處變三事였으니, 擧義掃淸·去之守舊·致命遂志(혹은 '致命自靖')가 그것이다.

첫째 길은 침략 세력에 맞서 의병을 일으키고 침략 세력과 전쟁을 벌이는 것이다. 척사론을 지켜 나가던 유림들이 앞서 갔고, 점차 군인과 포수·농민들이 뒤를 따라 주역으로 성장했다. 둘째 길은 유교의 道統을 지키고, 그것을 보존하는 것이다. 본거지를 떠나 산 속이나 섬으로 옮겨, 오로지 도통을 이어가는 데만 목표를 둔다. 계룡산으로 들어가거나 외딴 섬에 터를 잡은 선비들이 그들이다. 셋째 길은 오랑캐가 지배하는 틀·도덕·가치체계 속에 들어가는 것 자체를 부정하는 것이다. 오랑캐의 규범이 강요되는 틀, 그 지배를 인정할 수 없으니, 스스로 죽음으로 항쟁하는 길이다.

이 글의 주제는 세 번째인 자정순국의 길이다. 이를 택한 사람은 대개 양반유림들이지만, 신분은 다양하다. 주어진 직책과 위상에 따라 상당한 책임감을 느낀 고위 관직자가 있는가 하면, 오로지 남편의 순절에 함께 따라 나선 부녀자도 있다. 이들은 지조와 의리로 그 길을 선택했다. 그러면서 동포들에게 기죽지 많고 맞서 싸울 것을 요구하는 가리킴까지도 들어 있다. 비록 자신은 삶을 그만두지만, 동포들에게는 결코 타협하지 말고 싸우라고 일깨웠다.

나라가 망하던 무렵, 전국에서 목숨을 끊은 순절자는 90명 내외다.[85] 이름과 출신을 확실하게 알 수 있는 인물은 대개 70명 정도인데, 그 행적이 증명되어 독립유공자로 포상된 인물은 61명이다.[86] 자정순국의 길을 택한 안동유림은 모두 11명이고, 이 가운데 9명이 독립유공자로 포상되었다. 여기에서 말하는 안동유림은 3가지 유형으로 나뉜다. 첫째, 안동에서 태어나고 안동에서 순국한 사람, 둘째로는 안동에서 태어나 살다가 다른 지역으로 옮겨가서 순국한 사람, 끝으로 셋째는 다른 지역출신이지만 안동으로 옮겨와 살다가 순국한 사람이다. 이렇게 보면 지역이 중복되는 점도 없지 않다. 하지만 둘째 유형에 속하는 사람으로 金舜欽이나 柳臣榮, 그리고 李命羽 부부가 있는데, 대개 이들을 안동사람이라 칭한다. 계룡산 자락에서 숨졌다하더라도 이명우 부부를 호서지역 유림들이 그들의 영역 사람으로 분류하지는 않는다. 그리고 세 번째 유형인 다른 지역출신으로 안동에 와서 살다가 순국한 사람으로는 李鉉燮이 있다. 그는 생애 대부분을 안동에서 보냈고, 더구나 마지막 순국을 토계가 흐르는 골짜기에 터를 잡은 뒤 실행한 것이어서 안동사람, 안동유림으로 규정하는 것에 무리가 없을 것이다.

안동유림 출신 자정순국자에 대한 연구는 1990년대 말 이후 개인별로 이루어져 왔다. 먼저 李晚燾의 생애와 순국에 대한 연구가 있었고,[87] 柳道發·류신영 부자,[88] 李中彦을 정리한 연구가 뒤를 이었다.[89]

---

85) 오영섭, 『한말 순국·의열투쟁』(한국독립운동사편찬위원회·독립기념관 한국독립운동사연구소, 2009) 참조.
86) 김희곤, 『나라 위해 목숨 바친 안동선비 열 사람』, 지식산업사, 2010.
87) 조동걸, 「響山 李晚燾의 독립운동과 그의 遺志」·윤천근, 「李晚燾 先生의 節

이어서 국치 백주년, 순국 백주년을 맞는 2010년, 이들을 하나로 엮은
작은 평전이 출간되었다.[90] 이 글은 기존의 업적을 바탕으로 삼아, 순
국의 시기·계기·방법, 그 논리 등을 정리하면서 역사적 의의를 밝히는
데 그 초점을 둔다.

2. 자정순국자 11인의 신분과 경력

1) 자정순국자 11인

자정순국을 택한 안동유림은 11명이다. 먼저 이들의 생애를 순국 시
기 순서대로 정리하고 넘어가는 것이 좋겠다.

김순흠(1840~1908)은 안동유림 가운데 자정순국의 선두를 치고 나
간 인물이다. 그는 안동시 풍산읍 오미리에 터를 잡은 풍산김씨로, 태
어난 곳은 풍산읍 水里(수동)이고, 순국한 곳은 예천군 甘泉面 眞坪이
다. 金重瓘의 아들인 그는 자를 稺華, 호를 竹圃로 썼다. 그가 항일투
쟁에 나선 첫 걸음은 1895년 을미의병 당시 이강년의진에 참가한 것이
라 전해진다. 1905년 외교권을 잃었다는 소식이 들리자, 그는 「討五賊

義精神」(유도회안동지부·안동청년유도회, 『애국지사 향산 이만도선생 순국88
주기추모강연회』, 1997). 이 글은 2003년에 안동청년유도회가 편찬한 『民族 위
해 살다간 安東의 近代人物』(한빛)에 실렸다. 최근에는 대중들을 위한 열전 문
고본이 나왔다(박민영, 『거룩한 순국지사 향산 이만도』, 지식산업사, 2010).
88) 권오영, 「柳道發·柳臣榮 父子의 삶과 殉國」, 『항일애국지사 류도발·류신영
추모강연회』, 안동청년유도회, 2002. 이 글도 위의 책 『民族 위해 살다간 安東
의 近代人物』(한빛)에 실렸다.
89) 김희곤 외, 『순절지사 이중언』, 경인문화사, 2006. ; 김희곤, 『나라 위해 목숨 바
친 안동선비 이중언』, 경인문화사, 2010.
90) 김희곤, 앞의 책, 지식산업사, 2010.

文」이라는 격문을 지어 돌려 민심을 일으키고 의병에 참가하도록 독려했다. 다시 의병이 일어나자, 그는 자금을 마련하여 보냈다.

<안동유림 자정순국자>

이 름 (본 관)	출신지	순국지	경 력	방법	출생	순국일	단 식 (기 간)	포 상
김순흠 (풍산)	안동 풍산 수리	예천 감천 진평	의병	단식	1840	1908. 09. 28	09.06~09.28 (23)	1977 애국장
이만도 (진성)	안동 도산 하계	안동 예안 청구	공조참의 의병	단식	1842	1910. 10. 10	09.17~10.10 (24)	1962 독립장
권용하 (안동)	안동 와룡	의성 신평 월소	감찰	자해	1847	1910. 10.09		1995 애국장
이중언 (진성)	안동 도산 하계	안동 도산 하계	정언 의병	단식	1850	1910. 11. 05	10.10~11.05 (27)	1962 독립장
이현섭 (연안)	군위 효령 중구	안동 도산 양평	진사	단식	1844	1910. 11. 26	11.06~26 (21)	1962 독립장
류도발 (풍산)	안동 풍천 하회	의성 신평 덕암		단식	1832	1910. 11. 27	11.11~27 (17)	1962 독립장
김택진 (안동)	안동 풍산 소산	안동 풍산 소산	의병	단식	1854	1910. 11. 28	11.08~28 (21)	·
류신영 (풍산)	안동 풍천 하회	보은 장안 봉비	의병	음독	1853	1919. 03. 03	광무황제 장례일	1968 애국장
이명우 (진성)	안동 예안 부포	대전 유성 송정	진사	음독	1872	1921. 01. 28	광무황제 탈상일	2010 애국장
권성 (안동)	봉화 유곡	대전 유성 송정	이명우 아내	음독	1868	1921. 01. 28	광무황제 탈상일	·
이현구 (진성)	안동 예안 교동	영주 안정 생현		단식	1862	1940. 08. 06	07.01~08.06 (36) 창씨개명 거부	1995 애족장

1910년 국치 직후에 쏟아져 나온 자정순국자의 선두에 이만도(1842~1910)가 있었다. 그는 안동시 도산면 下溪 출신으로, 자는 觀必,

호는 響山이다. 진성이씨로 퇴계의 11세손인 그는 修撰을 지낸 李世師의 현손이요, 대사성을 지낸 彙濬의 아들인데, 막내 숙부인 彙澈의 양자가 되었다. 그는 만 24세이던 1866년 문과에 장원 급제하여, 성균관 전적을 시작으로 병조좌랑·사간원 정언·홍문관 부수찬·홍문관 부교리·양산군수·공조참의를 지냈다. 1882년 4월 고향으로 돌아온 그는 몇 차례 승정원 同副承旨에 임명되었으나 부임하지 않았다.[91] 1884년 갑신정변이 일어난 뒤로는 고향에 柏洞書堂을 짓고 그곳에서 후학을 가르치며 학문에 몰두하였다. 백동서당 契帖에 적힌 214명이나 되는 제자는 그 규모를 말해준다.[92]

이만도의 경력으로 가장 대표적인 것은 을미의병 당시 宣城義兵將으로 활약한 사실이다. 1895년 11월 15일 단발령은 그가 의병항쟁을 일으키는 계기가 되었다. 단발령이 예안에 도착한 날이 1896년 1월 11일(음 1895.11.27)이고,[93] 선성의진이 결성된 날은 1896년 1월 23일(음 1895.12.9)로 판단된다. 이만도가 대장을 맡고, 온혜출신 李中麟과 李仁和가 부장과 유격장을 맡았다. 하지만 선성의진을 꾸리자마자 큰 충격을 받았다. 안동의진이 크게 패했다는 소식이 들려왔기 때문이다. 이에 이만도는 1월 31일(음 12.17) 병사들의 동요를 막으려 애썼다.[94] 하지만 결성된 지 9일 만인 2월 1일(음 12.18), 선성의진은 사실상 흩어지고 말았다.[95] 이만도는 대장 자리에서 물러나, 다시 산속으로 들어가 은거했다.

이만도가 또다시 목소리를 낸 것은 1905년 박제순-하야시 억지합의

---

91) 「解題」, 『響山全書』(下), 한국국학진흥원, 2007, 424~425쪽.

92) 위의 책, 「柏洞書堂契帖」, 한국국학진흥원, 2007, 327~337쪽.

93) 1896년 정월부터 태양력이 사용되었다.

94) 李兢淵, 『乙未義兵日記』1895년 12월 17일자.

95) 「年譜」, 『響山集』, 乙未 十二月條; 李兢淵, 『을미의병일기』1895년 12월 18일자.

(을사조약) 소식 때문이다.[96] 아들 이중업을 서울로 보내, 왜적을 물리
치기에 앞서 먼저 5적을 목 베라는 상소를 올렸다. 그는 당시의 화가
오랜 평화로 말미암아 풍속이 약해져 일본에게 개항을 받아들인 탓도
있지만, '5적'이 일본과 내통했기 때문이라고 보았다.[97] 외교권을 빼앗
긴 때문에 나라가 없어질 것이고, 통감부가 설치됨에 따라 나라가 송
두리째 없어질 것이라고 보았다.[98] 정확한 판단이 아닐 수 없다. 그는
일월산 서북쪽 산촌으로 들어가서, 남루한 옷에 산나물로 목숨을 이어
가며 스스로 죄인이라 일컬었다. 아버지 묘소가 있는 재산에 머물며
그 앞에 엎드려 죄인이라면서 근신하였다.[99] 1907년에는 융희황제 즉
위에 가선대부(종2품), 1910년 자헌대부(정2품)를 내렸으나 응답하지
않았다.

이중언(1850~1910)은 도산면 하계마을, 이만도의 옆집에서 태어났
다. 그의 자는 仲寬, 호는 東隱이다. 5대조 李世觀은 이조참의에 증직
되고, 부친 李晩佑는 첨중추부사를 지내고 이조참판에 증직되었다. 그
는 1879년(고종 16) 5월 문과에 합격하여, 尙衣院 直長을 시작으로, 성
균관 전적·사간원 정언·사헌부 지평을 지냈다. 그러던 이중언이 역사
적인 저항 물결에 발길을 내민 일은 1880년 『朝鮮策略』이 들어오면서
비롯되었다. 영남만인소의 출발점에 그가 서 있었던 것이다. 1880년 11
월 도산서원에서 내보낸 「통문」이 그 출발점인데, 이중언은 그 발의자
11명 가운데 한 사람으로 참가하였다.[100]

---

96) 을사늑약이라 부르는 경우도 있지만, 이 말도 결국에는 조약이 맺어졌다는 뜻
   이다. 실제 조약이 체결되지 않았다는 의미에서 필자는 이 사건을 '박제순-하
   야시 억지합의'로 칭한다(김희곤, 『안동사람들의 항일투쟁』, 지식산업사, 2007,
   25쪽).
97) 이만도, 「請斬五賊疏」, 『響山全書』(上), 한국국학진흥원, 2007, 147~148쪽.
98) 이만도, 「年譜」, 위의 책(下), 한국국학진흥원, 2007, 36쪽.
99) 이만도, 「靑邱日記」, 위의 책(下), 한국국학진흥원, 2007, 362쪽.

고향에 돌아온 그는 산속으로 들어가 은둔생활에 들어갔다. 봉화군 林塘山 골짜기, 新巖瀑布가 그곳인데, 일찍이 퇴계가 찾고 시를 남긴 유적이다. 그러다가 1895년 을미사변과 단발령으로 말미암아, 그는 다시 세상으로 나오게 되었다. 옆집 살던 4종숙인 이만도가 의병장으로 나선 예안의 宣城義陣에 참가한 것이다. 그 의진이 거병한 지 9일 지나 중단되자, 1차 선성의진 부장이던 이중린이 2차 의진을 조직하고 나섰다. 이중언의 발자취는 2차 의진에서 鎭撫將,[101] 또는 前防將을 맡았다.[102]

태봉전투 당시 그가 맡은 직책은 전방장이었다. 1896년 3월 28일 선성의진은 영주·순흥의진과 더불어 영주 浦內村(현 문경시 영순면 포내리)에 머물고, 29일 아침 일찍부터 연합의진은 태봉공격에 나섰다. 그 선두에 선성의진이 나섰고, 풍기·순흥·영주의진이 뒤를 따랐다. 하지만 일본군의 전투력에 밀려 의병들은 물러났다. 29일 밤에 의병들은 대체로 예천으로 후퇴했다가 출신지에 따라 흩어졌다. 이중언이 참가한 선성의진도 학가산을 거쳐 예안으로 돌아왔다.

일본군과 관군이 본격적으로 예안에 밀려들자 선성의진은 청량산으로 들어갔다. 일본군과 관군은 5월 30일(음 4.19) 퇴계종가에 불을 질러 종가의 일부와 1,400여 권의 책과 문서를 태웠고, 이튿날은 의병 근거지인 청량산 吾山堂을 불태웠다. 열흘 지난 6월 10일(음 4.29)에 2차 선성의진은 해산하였다. 의병이 끝나면서, 이중언은 다시 신암폭포 아래 은거했다. 그러다가 10년 지난 1905년, 일제에게 외교권을 강탈당하자,

---

100) 11명은 도산서원 上有司 李晩孫, 齋任 琴鼎基, 製通 李晩悏, 寫通 李晩疇, 會員 前參判 李晩運, 進士 李中軾, 前參奉 李中慶, 進士 李晩杰, 前校理 李晩養, 進士 李珀, 前正言 李中彦(김희곤, 앞의 책, 2006, 37·226쪽).

101) 『赤猿日記』 1896년 2월 1일자.

102) 「碧山先生倡義顚末」, 『독립운동사자료집』2, 독립운동사편찬위원회, 1970, 22쪽.

그는 「請斬五賊疏」를 올렸다. 원수 일본을 끌어들인 잘못을 지적하고, 다섯 역적을 처형하라고 요구하였다. 그러나 나라를 구할 길이 보이지 않자, 그는 다시 문을 잠그고 잠적한 채로 살았다.

柳道發(1832~1910)은 안동 풍천면 하회에서 류성룡의 10세손으로, 송화(황해 신천)군수를 지낸 柳進徽의 아들이다. 호는 晦隱, 자는 承叟이다. 그는 부모에 대한 효성과 아랫사람에 대한 자애로, 또 학문에 몰입한 인물로 알려진다.[103] 그는 "誠과 敬은 곧 '心'을 잡는 매우 절실한 단 한 가지 약재다. 옛 사람의 공부가 모두 이 심에 말미암는데, 聖學의 道가 이와 마찬가지다."[104]라고 설파하였다. 그는 고향에서 멀지 않은 의성군 新坪面 德巖里로 옮겨 살았다. 스스로 '회은'이라 호를 지은 이유도 법통이 무너져버린 세상을 피해, 골짜기에 숨어서 지내겠다는 뜻에서 비롯된 것이다.

權龍河(1847~1910)는 본관이 안동, 자는 賢弼, 호는 月谷이다. 별장공파로, 權春蘭의 후손이며, 참판을 지낸 權泰一의 8세손이다. 부친은 龍驤衛 副護軍을 지낸 道浹이다. 그런데 권용하의 출신지와 관직에 대한 기록은 엇갈린다. 안동시 와룡 출신이라거나,[105] 의성군 신평면 月沼 사람이라고,[106] 출신지가 다르게 전해진다. 또 귀가 먹었다거나,[107] 1893년 宣略將軍兼司憲府監察을 역임했다거나,[108] 혹은 사헌부 감찰을 지냈다는 기록도 보인다.[109] 귀가 먼 인물이라면 애초에 관직생활

---

103) 권오영, 앞의 논문, 2003, 505~506쪽.
104) 권오영, 위의 논문, 2003, 510쪽.
105) 宋志香, 『安東鄕土誌』, 대성문화사, 1983, 424쪽; 金乙東, 『安東版獨立史』, 명문사, 1985, 125쪽.
106) 국가보훈처, 공훈전자사료관.
107) 宋志香, 위의 책, 대성문화사, 424쪽; 金乙東, 위의 책, 명문사, 1985, 125쪽.
108) 정묘년(1987년으로 추정) 동지에 풍산김씨 金世洛이 쓴 「行狀」.
109) 권오훈, 『안동권씨대동세보』26, 도서출판 해돋이, 2004, 216쪽.

이 불가능했을 터였다. 『조선왕조실록』이나 『일성록』에는 관직 기록
이 보이질 않는다. 그렇다고 해서 蔡山 權相圭가 그의 행장을 쓴 사실
로 미루어보아, 전해지는 이야기가 모두 터무니없다고 말하기도 곤란
하다. 그렇다면 그가 관직생활을 하다가 귀가 멀게 되고, 그런 장애를
가진 뒤로는 농촌에서 조용히 살았다는 것이 아닐까.

李鉉燮(1844~1910)은 본래 군위군 學今面 중리(현 군위군 효령면 중
구리) 출신으로 알려지지만,[110] 안동시 풍천면 葛田洞 元塘 출신이라
는 이야기도 전해진다.[111] 조상의 세거지가 군위인데, 본인은 안동에
서 태어났을 수도 있겠고, 아니면 젊어서 군위에서 안동으로 옮긴 것
일 수도 있겠다. 다만 오랜 시간 안동 풍천면 갈전에서 살았고, 또 그
가 살았다는 집의 자취가 지금까지도 전해지고 있는 점으로 보아, 대
부분의 생애를 안동에서 보냈으리라 짐작된다. 연안이씨 李龍淵의 셋
째 아들로 태어난 그의 자는 瑞圭, 호가 愚軒이다. 그는 18세에 서울로
가서 공부하다가, 세상 돌아가는 형국이 마음에 들지 않아 과거에 응
하지 않고 안동으로 돌아왔다. 그러다가 1885년 증광시 소과에 합격하
여 진사가 된 뒤, 그저 시골집을 지키며 살았다.[112]

1894년 갑오변란이 일어나자, 이현섭은 가족들을 이끌고 예안현 토
계리(현 안동시 도산면 토계리) 陽坪(혹은 良坪)마을로 옮겼다. 그가
청량산을 향해 집을 옮겼다고 적혀 있는데, 실제로 청량산의 먼발치이
기도 하면서, 퇴계종가 바로 이웃에 터를 잡은 셈이다.[113] 그는 퇴계
문중과도 밀접한 관계를 갖고 움직이게 되었다. 1901년 도산서원의 위
패가 훼손되는 사건이 생겼을 때, 그가 유생 대표 가운데 한 사람으로

---

110) 宋相燾, 『騎驢隨筆』, 국사편찬위원회, 1955, 189쪽.
111) 김을동, 앞의 책, 명문사, 1985, 121쪽.
112) 김을동, 위의 책, 명문사, 1985, 121~122쪽.
113) 宋相燾, 위의 책, 국사편찬위원회, 1955, 190쪽.

상경하여 뒷수습에 동참한 것도 이와 관련이 있을 것 같다. 퇴계문중의 본손 대표들과 더불어 상경하고, 광무황제 고종으로부터 위패목을 하사받아 돌아오는 일에 함께 참여한 것이다. 1910년 그는 바로 양평 마을에서 순국하였다.114)

金澤鎭(1854~1910)은 안동시 풍산읍 소산리에서 태어났다. 본관은 안동, 자는 潤夫이다. 1891년 진사시에 합격한 뒤 고향에 터를 잡고 살던 그는 나라가 점점 어려워짐에 가슴만 답답할 뿐 마땅한 대응책을 찾지 못해 고민하였다. 마침 의병이 일어나고 이강년의진이 움직이자, 그 또한 여기에 참가했다고 전해진다.115) 대개 안동에서도 서쪽 지방에서는 이강년의진에 참가하는 경우가 많았다.

柳臣榮(1853~1919)은 1910년 순국한 류도발의 아들이다. 그의 자는 敬夫, 호는 霞隱, 또는 石竿이다. 柳進璜·柳道性의 가르침을 받고, 평소 류성룡의 가르침인 충효를 가슴에 새겼다. 1894년 동학농민군 수천 명이 용궁과 예천으로 몰려들자, 그는 분연히 나섰다. 만 41세였던 그는 집안 자제들, 마을과 면의 장정 등 500명을 거느리고 동학농민군의 근거지로 가서 대표를 만나 담판을 벌였다. 당시 예천의 동학농민군은 유림군과 격전을 치렀고, 수많은 사상자가 나올 정도였다. 그런 상황에서 벌인 대화가 성공하여 동학농민군이 물러섰다. 이로 말미암아 그의 명성은 널리 알려졌다고 전해진다.116)

한 해 뒤, 을미의병이 일어나고, 제천에서 파견된 湖西義陣 召募將 徐相烈이 류인석의 편지를 갖고 와서 의병에 동참하기를 권하자, 그는 제천으로 가서 류인석을 만나 전략을 말했다고 전해진다. 또 권세연이 대장을 맡은 안동의진에 참모가 되었다는 이야기도 전해진다.117) 의병

---

114) 이현섭에 대한 글은 金浩奎(의성김씨), 『愚軒先生 略史』(1976) 참고.
115) 김을동, 앞의 책, 명문사, 1985, 124쪽.
116) 권오영, 앞의 논문, 2003, 524쪽.

이 끝날 무렵 그는 아버지를 모시고 하회마을에서 남쪽으로 낙동강 건너 3㎞쯤 떨어진 의성군 신평면 덕봉리 덕암마을로 옮겨 살았다.

李命羽(1872~1921)는 1872년 안동 예안면 부포동(현 안동시 예안면 부포리)에서 태어났다. 자는 明甫·性一이며, 호는 誠齋로 본관은 眞城이다. 그는 퇴계 13대손 李廷鎬의 장남이다.[118] 1894년 식년시에 진사가 되었다. 14살 되던 1885년 그는 4살 많은 권씨 부인을 맞았다. 물론 본래 이름이 따로 있었을 것이나, 제적등본에 적힌 이름은 '權姓'이다. 권씨 부인은 1868년 음력 2월 2일 봉화군 봉화읍 유곡리 닭실마을에서 태어났다. 權橃의 후예인 權養夏의 딸이다.[119]

1905년 외교권을 빼앗기자, 이명우는 문을 닫고 지냈다. 그러다가 1910년 나라가 망하자, 갈 길을 가늠해 보았다. 동쪽으로 산 하나를 넘어 청구동에서는 향산 이만도가, 뒤를 이어 북쪽 강 건너 하계마을에서 이중언이 단식하여 차례로 순국하는 소식이 들려 왔다. 하지만 부모가 살아 계신 처지에서 그는 이들처럼 순국의 길을 갈 수도 없었다. 1912년 봄 이명우는 고령에 접어든 부모님을 모시고 속리산 아래 갈평리(충북 보은군 마로면 갈평리)로 옮겨 살았다. 그런 지 3년만인 1915년 부친이 세상을 떠났다. 상을 치른 뒤, 그는 계룡산 남동쪽 鳳棲里(대전 유성구 송정동)로 옮겼다. 어머니마저 돌아가시고, 두달 보름 뒤 1919년 1월 21일(음 1918.12.20) 광무황제가 세상을 떠났다. 그는 머리를 풀고 미음을 먹으며 아침저녁으로 황제가 있는 곳을 향해 망곡하며 지냈다.[120] 집에는 모친의 빈소를 두고, 집 뒤에는 황제를 모시는 단을

---

117) 권오영, 앞의 논문, 2003, 524~525쪽.
118) 『진보이씨상계파세보』(上), 163쪽; 고성이씨세보편수위원회, 『고성이씨세보』 권5, 2001, 792쪽.
119) 權相翊, 「成均進士李君行狀」, 『省齋續集』권9; 權隆, 『안동권씨충정공파보』(地), 2008, 1409쪽; 풍산김씨중앙종친회, 『풍산김씨세보』(중권), 1990, 55쪽.
120) 權相翊, 위와 같음.

마련했다. 3년상을 치른 뒤, 순절하면서 남긴 「悲痛辭」에 "上皇의 皇 圻(제단)과 어머니의 빈소를 모시고, 아침저녁으로 통곡하네."라는 글 은 이를 두고 말하는 것이다. 모친에게는 효도를, 황제에게는 충성과 의리를 지키는 길이었다.

李賢求(1862~1940)는 앞의 사람들과 다르게, 일제 통치 말기에 순국 한 인물이다. 안동시 예안면 동부리 교동마을 출신인 그는 퇴계의 14 세손으로, 자는 希謙, 호는 兮人이다. 나라를 잃자, 그는 패랭이를 쓰고 남루한 옷을 입고 산촌을 옮겨 다니며 살았다. 1934년 생고개, 곧 生峴 (현 영주시 안정면에 있음)에 자리를 정하고 고사리를 씹으며 만년을 보냈다. 일찍이 1498년(연산군 4) 무오사화가 일어났을 때 김종직의 제 자들이 숨어 지내던 곳이니, 그가 이곳을 택한 이유도 거기에 있는 것 같다.

2) 자정순국자의 신분과 경력

자정순국자는 모두 양반출신이다. 가문을 보면, 진성이씨 4명, 안동 권씨와 풍산류씨 각각 2명, 풍산김씨·안동김씨·연안이씨 각 1명 등이 다. 진성이씨가 가장 많고, 모두 예안과 도산에 살던 인물이다. 여기에 이명우의 부인 권씨도 사실상 예안사람이니, 전체 순국자의 반이 도산 과 예안사람인 셈이다. 풍산 소산과 수동, 그리고 풍천 하회 출신을 묶 으면 4명이다. 따라서 출신지나 거주지를 보면 대개 도산 권역과 풍산 권역의 집안 출신이라 정리된다. 당시 내앞마을을 비롯한 안동 동부지 역에서 구국계몽운동이 시작되고, 또 그 계열 인물이 만주로 망명하여 독립군기지를 건설하던 것과는 사뭇 다른 모습을 보인 것이다.

자정순국자는 대부분 양반으로 관직을 지내거나 진사로 머문 인물이다. 김순흠·이만도·이중언은 과거에 급제하여 관직을 거쳤다. 다만 과거에 합격하였더라도 노론 세도정치 시기라는 시대적 한계 때문에 이들의 승급에는 뚜렷한 한계가 있었다. 이만도가 장원으로 급제하였지만 겨우 양산현령을 끝으로 실직을 마무리하였고, 이중언도 사헌부 지평에 임명되었으나 실직에 머문 시간은 짧았다. 이현섭·김택진·이명우는 진사였으며, 류도발·류신영 부자는 학문에만 전념한 인물이다.

경력으로 보면, 의병항쟁에 참가했던 인물이 단연 많다. 김순흠·이만도·이중언·김택진이 의병을 이끌었고, 류신영도 참가했다고 전해진다. 그 가운데서도 이만도와 이중언은 예안의 선성의진을 일으키고 참전한 인물이다. 이만도는 선성의진 1차 의병장이었고, 이중언은 1차·2차 의진에 참가하여 진무장과 전방장을 맡았다. 특히 이중언은 1896년 3월말 태봉전투에 참전했다.

이들은 당연히 척사론자들이다. 자정순국은 위정척사론의 연장선상에서 펼쳐진 장엄한 투쟁이다. 의병항쟁을 펼치면서 항전하였지만, 나라가 무너지는 것을 막지 못한 책임을 스스로에게 지우고 장렬히 산화해간 것이다. 의병항쟁이 펼쳐지던 동안 새롭게 들어오기 시작한 계몽운동의 조류에 대해 이들은 불편한 심사를 드러내기도 했다. 당시 류인식을 출발점으로 이상룡과 김동삼 등이 나서서 혁신유림의 물결을 이루어가던 때라 이들의 마음은 편하지 않았다. 단식하는 동안 이만도가 내앞마을에 들어선 協東學校를 우려했던 것도 그러한 상황을 보여준다.

순국한 인물들 다수가 서로 친인척 관계를 가졌다. 이만도와 이중언은 이웃이자 집안 숙질이고, 류도발과 류신영은 부자 사이였다. 또 이명우와 권씨 부인은 부부였다. 그러니 선택과 투쟁이 따로 떨어진 것이 아니라 맞물려 돌아갔다.

3. 자정순국의 계기와 방법

1) 자정순국의 시기와 계기

을미사변과 단발령이 내려진 1895년, 화서학파 李鳳煥의 단식 순절이 앞을 섰다. 이 시기에는 순절보다는 의병을 일으키고 참가하는 것이 대세였다. 전국에서 일어난 유생들은 의병을 조직하고 전투를 벌였다. 그리고서 한계에 부딪친 뒤, 뒷날 순국의 길을 택한 유림이 많다. 자정순국자 가운데 의병 경력을 가진 사람들이 단연 많은 이유가 거기에 있다.

본격적인 순국은 1905년 외교권을 빼앗기면서 비롯되었다. 외교권을 빼앗겼다는 소식이 전해지자, 민영환이 자결하여 순국하면서 16명이나 되는 인물들이 그 길을 따랐다. 그 가운데는 의정대신 조병세와 영의정 홍순목의 아들로 여주목사를 지낸 홍만식이 있고, 민영환을 따르던 이름 모를 인력거꾼도 있다. 또 1907년 광무황제 고종이 강제로 폐위되고 대한제국 군대가 해산당할 때, 시위대 제1대대장 박승환을 비롯하여 7명의 순국자가 나왔다. 이 무렵 순절하지 않은 유림 가운데 대표적인 인물들은 대개 상소를 올렸다. 전국에서 유림들이 한꺼번에 일어나 을사5적의 목을 베라고 요구했다.

가장 많은 순국자는 1910년 8월, 나라를 잃은 바로 다음이었다. 곳곳에서 음식을 끊고 독약을 마셔 순국하는 사람들이 줄을 잇는 바람에 1910년에 38명이나 순국했다. 예안의병장 출신 이만도와 금산군수를 지낸 홍범식이 여기에 속한다. 이후 3·1운동이 일어나기까지 1910년대에 곳곳에서 순국이 이어졌다. 1916년 순국한 대종교 창시자 나철은 바로 그런 인물이다. 1919년 광무황제 고종의 장례에 맞춰 다시 순국자가 나왔다. 1921년 봄에는 광무황제 고종의 대상을 맞춰 순국하는 인물이 있었다. 안동출신으로 계룡산을 거쳐 대전에서 순국한 이명우와 권씨 부인이 대표적이다.

안동사람들의 순국 시기는 대개 1910년이다. 1908년 김순흠이 순국하여 그 서곡이 되고, 1910년 망국 직후에 이만도·권용하·이중언·이현섭·류도발·김택진 등 6명이 그 뒤를 따랐다. 그해 10월부터 11월까지 여섯 사람이 줄을 이어 순국했으니, 안동유림계만이 아니라 안동문화권 전체가 암울하고도 비장한 분위기였다.[121] 순국의 주된 계기가 바로 국가 멸망이었다는 사실을 말해준다. 다음으로 1919년 3·1운동 때 류신영, 1921년 광무황제 고종의 탈상에 맞춰 이명우와 그의 아내 권성이 순국하였다. 이것은 황제의 죽음과 탈상이라는 시기를 선택한 사실을 말해준다. 이들 세 사람은 부모가 살아계신 상태에서 자정순국을 택할 수 없어, 결정의 시기를 뒤로 미루다가 부모의 상을 모두 치른 뒤 그 계기를 찾은 경우다. 그리고 마지막으로 1940년 순국한 이현구는 창씨개명이라는 정체성 문제가 빚어질 때를 선택한 경우다. 이렇게 보면, 결국 대한제국이라는 국가를 잃었을 때 자정순국이 집중된 사실을 확인할 수 있다.

자정순국을 선택한 시기는 계기와 관련이 깊다. 가장 먼저 순국한 김순흠의 경우, 자신이 내는 세금이 대한제국이 아니라 일제에게 들어간다는 현실을 알게 된 것이 그 계기가 되었다. '재무서가 세금을 거두어 일본군에게 납부하는 사실'을 알게 되자, 그는 "왜적이 들어와 짓밟

---

121) 어느 인물이 단식을 시작했다는 소식이 주변으로 확산될까 염려하여 일제는 그것을 막았다. 그래도 소식이 퍼져나가자 주변에서는 그 결말을 궁금해 하였다. 예천 朴周大 일가가 남긴 일기에는 "이만도가 합방일로부터 단식하여 이미 20여 일을 지났는데, 목숨이 끊겼는지 적실한 소식이 없다."라고 적었다(박성수 편역, 『渚上日月』(하), 서울신문사, 1993, 106쪽).

아도 별다른 계책이 없으니, 가슴만 아프고 답답할 뿐, 5백년 종사가
망하니 천년 문화가 땅에 떨어지고 만다."고 한탄했다. 왜적에게 세금
을 바치는 땅에서 자라나는 곡식과 과실 모두를 인정할 수도 없고, 입
에 넣을 수도 없다는 생각에, 그는 단식 순절을 생각했다.

　다음으로 이만도를 비롯하여 대다수는 국가 멸망에서 그 계기를 찾
았다. 이만도는 國恥를 당한 지 엿새 뒤인 1910년 9월 4일(음 8.1)부터
날마다 증조부 묘소에 나아가 통곡하다가, 17일(음 8.14)부터 음식을
끊기 시작했다. 큰집 주손인 이강호의 간곡한 청을 받아들여 청구동
栗里 晩花軒을 마지막 거처로 삼기로 작정하였다. 이중언은 집안 숙부
인 이만도가 숨진 날을 단식을 시작하는 날로 잡았다. 그리고서 27일
만에 순국하였으니, 이 역시 나라 멸망이 그 계기가 된 경우다. 이만도
가 순국하기 하루 전 순국한 권용하의 경우도 마찬가지다. 류도발이나
김택진은 殿牌가 없어졌다는 소식을 듣자마자 순국을 택했다. 관아 객
사에 있던 전패는 조선 국왕을 이어 대한제국의 황제를 상징하는 존재
인데, 이것이 사라졌다는 사실에서 순국을 선택하는 이유를 찾았다. 전패
의 소멸이라는 것도 역시 나라가 망했다는 사실을 다르게 표현한 것이다.

　광무황제 장례일을 택한 류신영이나 광무황제 탈상일을 택한 이명
우 부부는 모두 나라의 멸망 뒤에 새로운 날을 선택한 사람들이다. 부
모가 살아 계셔서 뒷날을 기약했다가, 그것이 끝난 뒤에 적절한 계기
를 찾은 것이다. 이런 경우로는 영양의 김도현도 마찬가지다.

　이와 달리 창씨개명을 계기로 삼은 인물이 있으니, 이현구가 그 사
람이다. 일제 통치가 막다른 길로 치닫던 1940년에 일제가 들고 나온
창씨개명 강요에 반대하여 순절한 것인데, 이 경우는 일제 통치정책에
반대하고 나선 것이지만, 자정순국의 거대한 흐름의 여맥을 이은 것으
로 평가할 수 있다.

2) 자정순국의 방법

안동유림이 택한 자정순국의 방법은 단식 순절이 가장 많다. 김순
흠·이만도·이중언·이현섭·김택진 등이 단식을 택했고, 1940년에 창씨
개명에 반대하여 순국한 이현구도 그랬다. 단식을 택한 이유가 유림들
이 부모에게 물려받은 신체를 소중히 여기는 것이야말로 효의 근본이
자 으뜸이라고 생각한 데서 비롯되었을 것이다. 단발령이 내려졌을 때
유림의 항쟁이 거세게 일어났던 것을 돌이켜보면 쉽게 이해된다. 간단
해 보일 수도 있는 이 방법은 사실상 무척 힘든 과정이었다.

단식 기간은 대개 20일에서 25일 사이였다. 짧은 날이 17일이고, 긴
날이 27일이다. 1940년에 창씨개명을 거부하여 단식 순절한 이현구는
특별하게 36일이나 단식하여 순절한 기록을 남겼다. 음식을 끊는 것은
힘들다. 견뎌야 하는 본인도 그렇지만, 그 여러 날 동안 가족들도 힘겹
고 안타까운 날들을 보내야 했다. 마지막 인사를 드리러 오는 손님들
을 접대해야 하고, 그러면서 자신들은 밥을 먹고 살아야 했다. 제대로
넘어갈 리도 없고, 소화될 리도 없는 날들이 그렇게 지나갔던 것이다.

김순흠의 경우를 보면, 아들과 며느리가 나서서 눈물로 애원했다. 며
느리는 묵은 쌀로 밥을 짓고 도라지를 캐서 울며 올렸다. "곡식은 왜구
땅이 되기 전에 거둔 것이고, 나물은 왜국에 세금을 내지 않은 새 나물
입니다." 이에 그는 그저 한 입 대고서, 이내 물렸다. 단식을 이어가면
서도 며느리 가슴에 상처를 주지 않으려는 배려에서 나온 일이다. 그
는 "왜놈 천하에서 자란 곡식을 먹을 수 없으니, 국권을 회복하는 날까
지 음식을 올리지 말라."면서 장례와 제사에 음식을 올리지 말라고 일
러두었다.[122]

---

122) 宋相燾, 앞의 책, 국사편찬위원회, 1955, 159~160쪽.

이만도는 나라가 망한 뒤, 그해 9월 18일(음 8.15) 아침 식사를 거절
했다. 20일(음 8.17) 동생 이만규가 도착하여 통곡했다. 형님을 따라 죽
겠다는 동생 말에, 그는 "집안 내력을 잇고 가문 일으키는 것이 자네
책임이다."라고 꾸짖었다. 동생과 막 도착한 아들 이중업, 집안사람들
이 모두 굶기 시작했다. 어른의 단식을 막아보려는 계산에서 나온 것
이다. 그러자 이만도는 모두에게 음식 먹기를 여러 번 권했다. 그러나
말을 듣지 않자, 그는 바로 자결하려 들었다. 이에 모두들 엎드려 사죄
하고, 눈물로 음식을 먹었다.[123)

소식이 알려지면서 방문자들이 늘어났다. 손자와 외손자가 도착하
고, 가까이 지내던 동학들이 왔다. 큰 손자 이동흠에게 장부가 뜻을 세
움에 쇠기둥 같아야 한다고 일렀다(음력 8월 19일). 맏며느리가 내앞마
을 백하 김대락의 막내 여동생인 金洛인데, 그 며느리가 거듭 음식을
권하자 그저 물 한 잔을 가져오라 하여 마셨다.[124) 이는 며느리를 애틋
하게 생각하는 마음을 드러낸 것으로서, 뒷날 '물 한 잔도 올리지 못했
다'는 자책감에 시달리지 않게 하려는 뜻이었다. 이날 그는 장례를 검
소하고 간략하게 치르라고 여러 번 일렀다.

이중언은 10월 10일(음 9.8) 이만도가 순국했다는 소식을 듣는 날,
단식을 선언했다. 이튿날 그는 일제를 향해 「警告文」을 썼다. 짐승 같
은 무리들의 위협을 받고 있는 상황에서 '선택할 수 있는 유일한 길은
의리뿐'이며, 우리 동포가 모두 여기에 매진하여 일제 강점을 용납하지
않도록 하는 초석이 되겠다는 뜻을 밝혔다.[125) 그는 장례를 검소하고
간단하게 치르라고 일렀다.

류도발은 나라와 조상의 의리를 내세웠다. 전패가 없어졌다는 소식

---

123) 이만도, 「靑邱日記」 8월 17일자, 『響山全書』(下), 한국국학진흥원, 2007, 363쪽.
124) 이만도, 「靑邱日記」 8월 20일자, 위의 책(下), 한국국학진흥원, 2007, 365쪽.
125) 김희곤 외, 『순절지사 이중언』, 경인문화사, 2006, 373쪽.

에 그는 눈물을 흘리며 "종묘사직이 망했고 전패가 훼철되었다. 그렇다면 병산서원의 사당문을 보통 때처럼 열고 닫는 것도 미안하지 않는가?"라면서 통탄하고, "내 나이 80에 나라가 무너지고 임금이 망하여 장차 남의 나라의 포로가 되게 되었으니 그 욕됨이 심하다. 더구나 世臣(류성룡)의 후손임에 있어서야!"라고 한탄하였다.126) 11월 27일, 단식 17일째를 맞아 류도발은 저녁 酉時에 香湯을 올리라 명했다. 이는 염습하기 전에 시신을 씻는 물이니, 자식들이 차마 올릴 수 없었다. 아들 류신영이 명에 따르지 못하고 울자, 그는 "이러한 망극한 상황을 당하여 순응하여 따라야 할 뿐이니, 얼른 향탕을 가져오라."고 다그쳤다. 그는 향탕으로 직접 몸을 깨끗이 씻고 자리를 바르게 하고 편안하게 세상을 떠났다.127)

이현섭도 전패가 없어졌다는 소식에 탄식을 금하지 못하고 단식을 시작한 지 21일 만인 11월 26일(음 10.25), 그는 마침내 최후를 맞았다. 이날 낮에 아들과 조카의 부축을 받아 일어나 앉은 그는 옷을 갖추어 입고 서쪽으로 앉아 문을 열게 한 뒤, 생을 마감하였다.

김택진은 나라가 망했다는 소식에 차라리 죽을지언정 왜놈의 부귀를 탐하지 않겠노라고 선언했다. 그래서 가족들에게 "천만금이 생겨도 친일행위를 하지 말라."는 유언을 남겼다. 단식에 들어간 지 21일 째인 11월 28일(음 10.27)에 만 56세라는 젊은 나이로 순국하였다.128)

다음으로 음독 순국이 많은데, 류신영·이명우·권씨 부인이 그렇다. 고향을 떠나 있어서 자신을 돌봐줄 사람이 마땅하지 않아서 선택한 길이 아닌가 짐작된다. 류신영은 이미 1910년에 아버지의 단식 순절을 지켜본 인물이다. 아버지가 단식에 들어가 17일 만에 세상을 떠나는

---

126) 권오영, 앞의 논문, 2003, 513~515쪽.
127) 권오영, 위의 논문, 2003, 519쪽.
128) 金乙東, 앞의 책, 명문사, 1985, 124쪽.

그 과정을 지켜본 사람으로서, 하루하루가 지옥 같은 나날이었을 것이
다. 1913년 충북 보은의 속리산을 찾아든 그는 천왕봉 아래 三街里에
살다가, 1915년 겨울에는 九屛山 鳳飛村으로 옮겨 살았다.129) 그러면
서 아버지의 뒤를 이어 죽을 날을 찾았다. 1918년 2월 류신영과 아들
柳宗默이 경찰에 잡혀 이틀 동안 조사를 받았다. '忠'을 대대로 숭상해
왔다는 것과, 옛 법도를 지키고 있다는 이유 때문이다.130) 일제는 이런
것이 바로 식민지 통치정책을 따르지 않는, 반항이자 위험 요소라고
판단했던 것이다. 마침내 때가 왔다. 1919년 1월 21일 광무황제 고종이
독살되었다는 소문을 전해들은 류신영은 충북 보은군 장안면 鳳飛里
뒷산에 올라 곡하고서, 광무황제 장례가 치러지는 날이야말로 자신이
목숨을 끊을 날이라고 작정했다. 류신영은 드디어 순국하였다. 광무황
제 장례일인 1919년 3월 3일(음 2.2) 저녁 무렵(戌時), 만 66세인 그는
마침내 義를 몸으로 실천했다.

　이명우 부부는 광무황제 고종의 대상이 끝나는 날을 자정순국 결행
일로 잡았다. 광무황제가 운명하던 날이 음력으로 1918년 12월 20일이
니, 대상을 마치는 날은 바로 1920년 12월 20일, 양력으로는 1921년 1
월 28일이다. 이 날을 기다렸다가 유서로 뜻을 남긴 뒤, 부부는 음독자
결하였다. 1921년 1월 27일(음 12.19) 밤, 이명우는 「비통사」를 비롯한
몇 가지 글과 유언을, 권씨 부인도 유서 다섯 편을 쓰고서 독약을 마시
고 숨을 거두었다. 남편은 충을 따르고, 아내는 그 남편을 따랐다.

　끝으로 권용하의 경우는 스스로 머리를 기둥에 부딪쳐 중상을 당해
순국했다. 그는 귀가 먹은 상태에서 남들과 쉽게 어울리지 않아, 세상
돌아가는 것을 모르다가, 종제 권용혁이 찾아와 나라가 망하고 2천만

---

129) 권오영, 앞의 논문, 2003, 526~527쪽.
130) 권오영, 위의 논문, 2003, 530쪽.

동포가 일본의 신하가 되었다는 소식을 알려주었다. 그러자 그는 갑자기 기둥에 머리를 강하게 부딪쳤고, 피가 급하게 솟구치면서 곧 절명하였다. 이는 일반유림들이 단식 순절을 택한 것과는 다른데, 신체적인 장애를 가진 점을 헤아릴 필요가 있을 것 같다.

4. 자정순국의 논리

이들이 죽음을 택한 논리는 단연 '의리 지키기'로 정리된다. 이만도가 음식을 끊기 시작하면서 말한 다음 내용이 이를 잘 보여준다.

> 내가 나라에 두터운 은혜를 받았는데도 을미년 변란에 죽지 못하고, 다시 을사년 5조약 체결에도 죽지 못하고 산에 들어가 구차하게 연명한 데에는 그래도 이유가 있었다. 지금 이미 아무것도 기대할 만한 것이 없어졌는데, 죽지 않고 무엇을 바라겠느냐? 변란이 있었다는 소식을 들은 지 며칠이 지났는데도 아직 지체하고 목숨을 이어나가고 있는 것은 자진할 방도를 찾지 못한 때문이다.[131]

나라에 두터운 은혜를 받았다고 그는 말했다. 과거를 통해 관직에 진출했던 사대부로서 지켜야 할 의리를 말한 대목이다. 또 이만도는 「遺疏」를 통해 죽음을 선택한 이유 세 가지를 밝혔다. 30년 전부터 벌어진 사태를 목숨 걸고 막지 못한 것. 을사년에 신하로서 역할을 다하지 못한 것. 경술국치를 막지 못한 것이 그것이다. 이는 군왕을 지키지 못한 이유들이자, 그가 죽음을 선택한 이유였다. 이는 의리 지키기를 확실하

---

131) 이만도, 「靑邱日記」, 9월 17일자(음 8.14), 『響山全書』(下), 한국국학진흥원, 2007.

게 보여준다. 이만도는 전통적인 의리를 무겁게 여겼다. 그 가운데서도 가장 중요한 것이 군왕에 대한 의리 지키기였다. 이는 그가 살았던 시대가 국가와 군왕의 위기였고, 따라서 가장 높은 덕목이 곧 군왕을 지키는 것으로 인식한 것이다.[132]

이만도의 선택은 유학적 도리가 갖는 효용성을 절대적으로 믿은 데서 나왔다. 이를 주자학 근본주의라고 표현할 수도 있겠다. 유학이 절대적 진리를 갖춘 사상체계임을 확신하고, 그 절대적 진리가 자연세계에 속해 인간사회에도 유용하다고 보았다. 이를 문화적 진리로 받아들이고, 도덕적 덕목으로 바꾸어 구현하면 사회적인 안녕과 질서가 보장된다. 이를 굳게 믿은 그였다. 그런데 일제 침략 때문에 규범이 무너진 것이다. 그런 마당에 그가 택할 마지막 길이 바로 순국이었다.

이중언은 짐승같은 무리들의 위협을 받고 있는 상황에서 '선택할 수 있는 유일한 길은 의리뿐'이며, 우리 동포가 모두 여기에 매진하여 일제 강점을 용납하지 않도록 하는 데 그 초석이 되겠다는 뜻을 밝혔다. 또 '규범이 무너진 세상이라면 삶을 포기하는 한이 있어도 의리를 지켜야 하는 것이 성현의 가르침'이라는 점을 밝히면서, 우리 겨레가 힘써 매진할 때임을 일렀다.[133] 그의 순국 논리가 바로 '의리'에 있음을 알 수 있다. 金紹絡이 이중언을 찾아와서 "황제로부터 받은 은총이 響山보다 적으니, 굳이 향산을 따라 단식할 필요가 없지 않겠습니까?"라면서 말리자, 이중언은 "부인의 수절 여부도 남편의 은공 차이에 따라 결정되는가?"라고 되물었다. 관직생활이 짧으니 굳이 이만도의 길을 따를 필요가 없다는 논리로 단식을 만류하려 했더니, 남편이 아내에게 베푼 은공이 적다고 남편이 죽은 뒤 부인이 수절하지 않아도 된다는

---

132) 윤천근, 앞의 논문, 2003, 241~246쪽.
133) 김희곤 외, 「警告文」, 『순절지사 이중언』, 경인문화사, 2006, 78·373쪽.

말이냐고 이중언이 되물은 것이다.[134) 이는 왕과의 의리, 국가와의 의
리를 말해주는 대목이다.

류도발의 경우도 '충'이라 표현되는 '의리'였다. 특히 남의 나라의
백성이 되어 구차하게 사는 길이 얼마나 욕된 것인지 명확하게 헤아렸
다. 류도발은 나라와 조상의 의리를 내세웠다. 전패가 없어졌다는 소식
에 그는 눈물을 흘리며 "종묘사직이 망했고 전패가 훼철되었다. 그렇
다면 병산서원의 사당문을 보통 때처럼 열고 닫는 것도 미안하지 않는
가?"라면서 통탄하고, "내 나이 80에 나라가 무너지고 임금이 망하여
장차 남의 나라의 포로가 되게 되었으니 그 욕됨이 심하다. 더구나 世
臣(류성룡)의 후손임에 있어서야!"라고 한탄하였다.[135) 충을 택하면서,
게다가 명가의 후손이라는 자부심이 그의 선택에 결정적인 요인으로
작용한 것이다.

김순흠이 "왜놈 천하에서 자란 곡식을 먹을 수 없으니, 국권을 회복
하는 날까지 음식을 올리지 말라."고 당부한 사실도 같은 맥락의 것이
다.[136) 이현섭은 아들에게 "내가 나라의 변란 소식을 들은 뒤, 사람 보
기 부끄럽고 하늘 우러러 죄스러웠다. 내 어찌 원수의 백성이 되랴. 내
가 임금을 모시지 못했고 죽음으로 나라를 구하지도 못했으니, 이제
다만 자정하여 욕되게 살려하지 않으니, 더 말하지 말라."고 말했다. 또
안동부 객사에 모셔진 전패가 변을 당했다는 소식에, "나라의 전패가
이런 형편에 집에 조상 신위를 모시는 것은 마음 편한 일이 아니다. 처
음 변을 들었을 때 신위를 묻고 싶었지만 그러질 못했는데, 다시 이런
변고가 또 닥치니, 이제 그만둘 수 없구나."라고 울분을 토하며, 신주를
묻으라고 일렀다.[137)

---

134) 김희곤,『나라 위해 목숨 바친 안동선비 이중언』, 경인문화사, 2010, 27~28쪽.
135) 권오영, 앞의 논문, 2003, 513~515쪽.
136) 宋相燾, 앞의 책, 국사편찬위원회, 1955, 159~160쪽.

자정순국을 택한 인물들이 보인 특징에는 장례를 간소하게, 그것도 우리 물품만으로 치르라는 주문이 한결같다는 점이 있다. 김순흠·이만도·이중언·류도발·이현섭·류신영 등이 그렇다. 류신영은 장례를 우리 땅에서 생산되는 명주와 삼으로 소박하고 검약하게 치르라고 당부했다. 또 제상에 올리는 다과는 절대로 '저들의' 물품을 쓰지 말며, 상 위에 담뱃대를 두는 것도 이상하니 본받지 말라고 당부하기도 했다.[138] 이현섭도 국가 종묘사직이 없어지는 마당에 한 선비의 장례에 매달리지 말라고 이르고, 또 집안 사당에 모셔진 조상의 위패를 묻고, 자신의 魂魄도 만들지 말라고 가르쳤다. 또 공통된 이야기 가운데 하나가 장례와 제례를 간소하게 치르라는 주문이다. 이들의 당부 사항에는 옻을 칠한 관을 쓰지 말라는 것도 들어 있었다.

특별하게 눈길을 끄는 장면은 이만도가 자신이 죽은 뒤 '殉國'이란 말을 쓰지 말라는 것이었다. 또 이틀 뒤에는 '先生'이란 말도 쓰지 말라고 당부했다. 만약 제문에 그러한 말이 들어 있으면 삭제하고 읽으라고 단단히 일렀다. 스스로 생각할 때, 자신은 그런 위치에 이르지 못했다고 판단한 데서 나온 당부였다. 그 무렵 그보다 더 높게 평가될 인물이 얼마나 있었을까. 그의 당부는 염치와 체면을 중하게 여기는 유림의 자세가 오롯이 드러나는 것이 아닐 수 없다.

자정순국이 진행될 때 일제의 간섭이 많았으나, 이를 물리친 점에서도 모두 한결같다. 이만도가 단식 9일째 되던 9월 25일, 군수 李敬善, 일본인 아타 나카이치[阿多中一], 순사 權大均이 와서 회유하기 시작했다. 순사 권대균이 나서서 단식을 그만두라고 말하자, 그는 엄하게 꾸짖어 내쳤다. 일본인이 칼을 풀어 놓고 모자를 벗은 뒤 엎드려 음식

---

137) 宋相燾, 위의 책, 국사편찬위원회, 1955, 190쪽.
138) 『霞隱遺稿』권4, 「書」遺書寄兒 宗默(本孫時洛家藏).

들기를 권했다. 마치 예와 정성을 다하는 듯이 보이면서 회유하려 든 것이다. 이에 그는 "나라가 이미 망한데다가 몸 또한 병들어 이제 죽음을 구하고 있다. 그런데 내가 먹고 안 먹는 것이 외국인에게 무슨 상관인가?"라고 되물어 내쳤다. 10월 7일(음 9.5) 단식 21일째 되던 날, 경찰이 와서 또 위협했다. 예안주재소 일본인 경찰 한 사람, 수비병과 순검 각각 3명이 찾아와 곁을 지키던 사람들에게 강제로 음식을 먹이라고 강요했다. 그런데 이만도가 갑자기 벽력같은 큰 소리로 꾸짖었다. 이미 기운과 호흡이 미약하고 말이 입으로 나오지 않을 만큼 기력이 다한 상태였던 그가 그토록 강하게 나오니, 모두들 놀라지 않을 수 없었다. 10월 8일(음 9.6) 그는 기력이 다했다. 말이 입 밖으로 한 마디도 나오지 않았다. 그리고 이틀 뒤 10월 10일(음 9.8) 그는 세상을 떠났다.[139)]

이중언·이현섭·류도발도 모두 마찬가지였다. 일제 순사가 방문하여 곁에 시중들던 집안사람에게 강제로 음식을 먹이라고 강요하자, 죽음을 눈앞에 두고 있던 이중언은 "내가 저놈들을 칼로 베어 죽이리라."고 나서는 기개를 보이고서, 바로 그날 11월 5일(음 10.4) 저녁에 순국하였다. 이현섭에게도 11월 13일(음 10.12) 일본인 아타 나카이치가 순사 2명을 데리고 나타나 만나기를 청했다. 그러자 그는 한인 순사는 만나겠으나, '日酋'는 만날 수 없다고 잘랐다. 아타 나카이치가 물러서지 않자, 이현섭은 크게 꾸짖었다. 오랜 단식으로 기력이 모두 쇠진하여 도저히 움직일 수도 없다고 생각되던 인물이 갑자기 일어나 청천벽력같이 꾸짖고 나서니, 일본인은 당황할 수밖에 없었다. 아타 나카이치가 급하게 물러나면서 "정말 호랑이 같은 사람을 보았다."고 말했고, 그의 마지막 모습을 담은 고종일기가 그렇게 전한다.[140)] 단식 15일째 되던

---

139) 김희곤,『나라 위해 목숨 바친 안동선비 열 사람』, 지식산업사, 2010, 49~50쪽.
140) 宋相燾, 앞의 책, 국사편찬위원회, 1955, 190쪽.

11월 25일, 류도발에게 일본 관리가 와서 면회를 청하고서 그의 단식을 만류했다. 그러자 그는 큰 소리로 "함께 하늘을 이고 살 수 없는 원수를 어찌 상대할 수 있겠는가? 울분을 이기지 못하겠다."라고 강변하였다.141)

5. 맺음말

자정순국은 그저 살기 싫어 세상을 버린 것이 아니다. 집권세력의 부당성을 지적하고, 이를 부정하는 투쟁행위다. 일제의 침략과 강점이 모두 무효이며, 정당성이 없다는 주장이 거기에 담겨 있다. 이들의 선택은 일제가 나라를 빼앗은 것이 역사성에서나 도덕성에서 정당성을 갖지 못한다는 사실을 보여주는 증거다. 그들의 선택은 바로 겨레의 자존심을 표현한 것이다.

이들이 택한 자정순국은 제국주의 침략에 맞서는 투쟁이다. 간혹 이 것을 헛되이 목숨을 버린 것으로 폄하하는 사람이 있다. 하지만 이들만큼 선명하게 투쟁한 경우도 드물다는 것을 헤아려야 한다. 일제 침략이 왜 부당한지, 왜 정당성을 가지지 못하는지를 생명을 던져 증명하는 투쟁행위다. 논리적으로 반박할 수도 있겠지만, 파국 상태라는 막다른 골목에서는 그것은 투쟁이 아닌 항변일 뿐이다. 자정순국은 항변이 아니라 투쟁이다. 일제의 침략과 한국 병탄이 부당하고, 그래서 결코 거기에 고개 숙이고 살 수 없다는 선택이다. 그래서 이들의 선택을 자살이 아니라 순국이라 일컫는 것이다. 그 어떤 저항보다도 강한 저항이 이들의 선택이었다. 이를 독립운동의 한 영역으로 이해하고, 국가

---

141) 권오영, 앞의 논문, 2003, 519쪽.

에서 독립유공자로 포상하는 이유도 거기에 있다.

이 길을 택한 인물들은 대개 유학적 도리가 중요하며 그 효용성이 지극함을 확실하게 믿었다. 유교라는 것이 절대적인 진리를 갖춘 사상 체제이며, 이는 인간사회에도 유용한 문화적 진리이자 도덕적 덕목이라 생각했다. 이를 지켜 사회적 삶의 안녕과 질서를 확립한다는 데 그들의 목표가 있었던 것이다. 더구나 이들의 순국에는 '황제, 나라와 의리 지키기'라는 뜻이 있다. 황제와 나라, 그리고 겨레에 대한 인식 자체가 종교와 거의 마찬가지다. 그러니 이들의 선택은 단순한 자살(suicide)이 아니라, 순교(martyrdom)에 더 가까울 것 같다.[142]

안동유림들의 자정순국은 전국에서 단연 두드러진다. 가장 많은 자정순국자를 배출한 바탕에는 말할 것도 없이 퇴계학맥을 이어온 도도한 물결이 깔려 있다. 가장 강고하게 터를 잡은 척사론, 그리고 대의명분과 의리정신이 그 어느 곳보다 강한 특성을 고스란히 보여준다. 그래서 죽음을 택한 논리도 선명하다. 군왕과 나라에 대한 의리 지키기라는 의리정신이 순국의 길을 가는 데 뚜렷하게 드러난다. 또 그들의 관계도 그렇다. 숙부와 스승이 앞서고 조카와 제자가 뒤를 따랐다. 부친이 간 길을 아들이 이었다. 부부는 한 날 한 시에 떠났다. 이러한 역동적인 모습은 바로 안동유림의 특성 위에서 나온 것이다.

이들의 삶과 죽음, 그것은 일제의 식민통치 기반을 흔들고 겨레에게 깨어나라고 일깨우며 항일투쟁을 이어나가게 만들었다. 그런 점에서 이들의 선택이 가지는 민족사적 의의는 크고도 깊다.

---

142) 순국을 영어로 번역하면 적당한 표현을 찾기 힘들다. 자칫하면 자살이 되고 만다. 정서가 다르니 단어도 꼭 들어맞는 것이 찾기 힘들다. 'martyrdom'라는 단어가 비슷한 편이다. 이는 '순교'를 표현할 때 흔히 쓰인다. 자정순국자의 의식에는 대부분 유교적인 인식이 바탕을 이루고 있다(김희곤, 『나라 위해 목숨 바친 안동선비 열 사람』, 지식산업사, 2010, 53쪽).

제3장
혁신유림의 등장과 계몽운동

제1절 경북유림이 펼친 계몽운동

척사유림의 활동이 어느 지방보다 강하게 표출되었던 영남지방에서 계몽운동의 바람이 거세게 일어났다. 1904년 서울을 중심으로 일어나기 시작했던 계몽운동은 재경 영남출신 인사들에 의해 비롯되고 파급되었다. 그렇지만 척사적 성향이 가장 강했던 이 지역의 특성으로 인하여 영남지역의 계몽운동은 많은 시련을 겪어야만 했다. 거기에는 척사적 성향의 인사들이 계몽적 성향으로 스스로를 변신해야 하는 혁명적인 전환이 필요했기 때문이다.

영남지역 계몽운동은 이러한 시련을 극복하는 과정에서 발전했다. 서울에서 조직된 계몽운동 단체의 지회를 결성하기도 했고, 또 영남지역만의 단체를 조직하기도 했다. 또한 각 지역에서 신식학교를 설립하여 교육구국운동을 펼침에 있어 혁신유림이 앞장을 섰다. 그 뒤를 이어 신교육을 받았거나 교육구국운동에 의해 육성된 인물들에 의해 이 운동은 발전하였다.

영남지역 계몽운동에 있어 유림의 역할이나 기능은 다양하게 평가될 수 있을 것이다. 계몽운동 자체에 대한 평가조차도 많이 엇갈리는 형편이고 보면, 이 운동에서 가지는 유림의 위상을 파악하고 평가하는 일은 더욱 어려운 일임이 틀림없다.

여기에서 논의의 시기는 일반적으로 계몽운동의 시기로 말해지는 1904년부터 1910년까지로 한정한다.[1] 그리고 대상 지역은 영남지역이지만, 전체 지역을 모두 다루는 일이 매우 번거롭기 때문에 대세를 파악할 수 있는 주요 지역의 사례를 중점적으로 분석하여 이해하고자 한다. 그런데 영남지역 계몽운동의 주도세력은 지역에 따라 큰 차이가 있었다. 그 가운데에는 안동지역처럼 혁신유림에 의해 전개된 곳도 있었지만, 대구지역처럼 신흥 상공인들에 의해 주도된 곳도 있었다. 따라서 이 글에서는 계몽운동에 있어 유림들의 활약과 성격을 규명하는 데에 초점을 맞추려 한다.

1. 영남 유학계의 분화

1) 상경유림과 忠義社

영남지역 유림의 보수성은 전국에서 제일가는 것이었다. 退溪의 정맥을 이은 안동권(金興洛·金道和·柳必永)과 여기에서 분파된 성주권의 寒洲學派(李震相·李承熙·郭鍾錫), 칠곡·창녕권의 四未軒學派(張福樞·宋浚弼·曺兢燮), 김해권의 性齋學派(許傳·許薰·盧相稷·許愈·盧應奎) 등이 자리잡고 있었다. 또한 안동을 비롯한 각 지역에서 이들의 대를 이은 유학계의 큰 인물들이 새롭게 배출되고 있었다. 한편 경남 서부지역에서는 蘆沙學派(趙性家·鄭載圭)와 艮齋學派(成璣運·鄭衝圭·李普林) 등이 출현하고 있었다. 이처럼 다양한 유학계의 분화 속에서 영남지역의 유림은 척사적 성향을 오래도록 고수하고 있었다. 이

---

1) 계몽운동의 기점이 종래의 1905년에서 1904년으로 소급되어야 한다는 연구(趙東杰, 『韓國民族主義의 成立과 獨立運動史연구』, 지식산업사, 1989)가 있은 뒤, 학계에서는 이를 수용하고 있다.

를 바탕으로 전기의병에서는 영남유림들의 저항이 강렬하였고, 특히
퇴계학맥의 중심에 선 안동권과 성재학파가 펼친 항쟁이 대표적이었
다. 그러다가 영남유림에 변화를 불러일으킬 조짐은 1900년대에 들면
서 상경 인사들에 의해 나타나기 시작하였다.

　전기의병을 해산한 뒤, 일부 유림들은 서울로 가서 정세의 변화를
주시하면서 민족의 진로를 가늠하려 하였다. 당시 서울은 이미 상당한
변화를 보이고 있었다. 그들은 대내적으로 이미 1895년 이후 서울에서
펼쳐지고 있던 신교육의 바람, 공화정에 대한 논의를 불러 일으켰던
독립협회 활동, 1904년에 시작된 계몽운동의 물결 등을 접하고 있었
다. 또한 대외적으로는 마침 서울로 밀려들던 사회진화론 등의 신사
조, 서양문물을 소개하는 서적의 접촉, 러일전쟁의 발발과 일본의 강
압에 의한 '한일의정서'와 '제1차 한일협약'의 체결 및 준식민지 체제
로의 함몰 등에 직면하면서 세계관의 대변혁을 맞고 있었다. 이처럼
영남출신 재경유림들은 대외적 침략에 따른 국토의 유린과 이에 대응
하는 내적 변화의 시대적 요구에 따라 인식의 변혁을 일으키기 시작
하였다. 이러한 대내외적 과도기에 재경 영남유림에 의해 조직된 단체
가 忠義社였다.[2]

　1904년 8월에 조직된 것으로 보이는 충의사는 「忠義社創立趣旨書」
를 통하여 황실의 강녕, 民命의 보호, 軍制의 抄鍊, 인재교육 등 自强
之策을 찾는데 목적을 두고 있다고 밝혔다.[3] 즉 충의사는 아직도 위정

---

2) 충의사에 대한 기록은 呂中龍의 『南隱先生遺集』에 「忠義社創立趣旨書」·「忠
　義社條例」·「署名錄」 등의 직접적인 자료와 같은 책에 있는 을사일기에도 나타
　나 있다. 그리고 이에 대한 연구는 權大雄에 의해 처음으로 시도되었는데, 그는
　이 글을 통하여 전기의병 이후 상경한 유림들이 정세변화에 눈을 뜨고 중기의병
　참여나 계몽운동으로 전환하는 모습을 추적하였다(權大雄, 「韓末 在京嶺南儒
　林의 救國運動」, 『日帝 韓國侵略과 嶺南地方의 反日運動』, 한국근대사연구
　회, 1995).

척사적인 사고의 한계를 갖고 있기는 했지만, 러일전쟁의 발발과 이에 따른 일제에 의한 국권유린의 현실을 극복하려는 현실적 목적을 안고 출발하였던 것이다.

전기의병에 참여했던 재야유림이 이 조직을 주도하고, 이들과 연계된 재경관리들이 참여하였다. 「서명록」에 등재된 133명은 유생과 전·현직 관리가 주류를 이루었다. 그리고 출신지역을 보면 서울을 제외하고, 나머지의 대부분이 영남출신이었다. 그런데 이 가운데는 許蔿(국미), 呂中龍·呂永祚(이상 김천), 李相羲(李相龍, 안동) 등과 같이 전기의병에 참여했던 인물들이 포진하고 있었다. 이들은 이 지역 의병장 출신인 허위·閔龍鎬·盧應奎 등 소수가 광무정권에 등용되어, 이들과 연계된 세력집단으로 성장하고 있었음을 보여주었다. 그런데 문제의 초점은 바로 이들 가운데 중기와 후기의병에서 지속적으로 의병항쟁을 펼쳐 나간 인물도 있지만, 상당수가 서울에서 활동하는 가운데에서 인식의 변화를 일으켜 계몽운동으로 방향을 전환했다는 데 있다.

우선 그러한 방향전환은 그들이 항일투쟁의 방법에서 변화를 일으키고 있었다는 점에서 찾아진다. 척사유림들은 의병항쟁이란 한 줄기 투쟁을 견지하고 있었고, 이것은 1904년에 들어 다시 중기의병으로 불붙기 시작하였다. 그런데 투쟁의식을 고취하는 내용을 국민에게 전달하는 전통적인 방법으로 이용된 격문은 사실상 한계가 많은 것이었다. 그런 반면 서울을 중심으로 1896년 독립신문 발간 이후 신문과 잡지발간을 통해 새롭게 등장한 언론활동은 1904년에 시작된 계몽운동의 중요한 전술로서 자리잡고 있었다. 이를 직접 체험한 상경유림들이 여기에 참여함으로써 새로운 투쟁방법을 터득하게 되고, 한 걸음 더 나아

---

3) 權大雄, 「韓末 在京嶺南儒林의 救國運動」, 『日帝 韓國侵略과 嶺南地方의 反日運動』, 한국근대사연구회, 1995, 75~76쪽.

가 의식의 전환마저 일으키게 되었다.

장지연이나 신채호는 일찍 혁신적으로 의식을 전환했고, 그것을 확대·재생산 시키기 위한 수단으로 언론활동을 선택하였다. 허위와 같은 척사유림의 대표적인 인물은 1904년에 격문이나 성토문 등을 발표하였지만, 여중룡과 김일제 등 충의사 인물들은 ≪皇城新聞≫에 십여 차례에 걸쳐 정부와 각국 공사관 및 일본군사령부 등에 보내는 글을 발표하여 일제의 한국 침략을 고발하고, 이에 항의하는 항일언론 투쟁을 펼쳤다. 이 과정에서 서양문화나 국제정세에 대한 그들의 인식이 크게 변화되었고, 그 연장선상에서 영남유학계의 분화현상을 예고하고 있었다. 실제로 전기의병장 출신이며 충의사 구성원이었던 呂中龍과 姜遠馨이 대한자강회에 가입하여 활동하거나 이상룡(안동)이나 金進洙(예안)·趙秉禧(영양) 등이 향리로 돌아와 전통유림으로부터 받은 온갖 수모를 극복하면서 계몽운동으로 전환한 것은 대표적인 사례에 속한다.

충의사 구성원이 아니더라도 이 당시 상경해 있던 영남출신 유림들에 의해서도 혁신적 분위기가 만들어지고 있었다. 안동출신의 柳寅植이나 봉화의 金濩圭, 문경의 金光濟·李康秊 등이 대표적인 인물이었다. 전기의병에서 활약한 것으로 알려지는 류인식은 1903년 상경하여 申采浩나 張志淵 등과의 교유를 통해 혁신적인 사고를 갖게 되었고, 1904년에 귀향하여 신교육 학교를 설립하고자 시도하였다. 이것이 척사적 분위기가 어느 지역보다 강한 안동권역의 변혁을 이끌어 내는 신호탄이 되었다.[4] 그러므로 영남지역 계몽운동의 출발은 바로 척사유림에서 분화된 혁신유림에 의해 이루어졌다고 할 수 있고,[5] 충의사는 그

---

4) 東山先生紀念事業會, 『東山文稿』, 1977, 9~10쪽.
5) 여기에서 말하는 혁신유림은 趙東杰 교수의 분류에 따른 개념이다. 그는 당시 유림을 척사적 의병유림과 개신유림 및 혁신유림으로 표현하고 있다. 척사유림은 전통적인 화이관을 바탕으로 존화사상에 사로 잡혀있던 유림이고, 개신유림

러한 변화의 과도기적인 조직으로 이해된다.

2) 혁신유림의 등장

1904년 8월 국민교육회 창립으로 시작된 계몽운동은 이처럼 재경
인사들의 변화를 연결고리로 하여 영남유림의 분화를 가져 왔다. 척사
적 성향이 강렬했던 영남출신 인물들이 상경하여 활동하면서 거세게
밀려들던 신조류를 접하게 되었고, 이에 따라 사고의 혁신적 변화가
일기 시작했던 것이다. 단발령에 항거하여 전기의병을 강렬하게 전개
했던 이 지역에 단발을 하고 귀향하는 인사가 생겼고,6) 이들에 의한
신사조의 도래는 필연코 시련의 과정을 가져올 수밖에 없었다. 그것은
부자의 천륜이 단절되거나, 스승으로부터 파문당하는 것을 감내해야
하는 혹독한 것이었다.7) 이런 과정을 통해 영남유림의 분화현상이 나
타난 것이다.

상주의 몰락양반인 張志淵은 영남남인 계통인 舫山 許薰의 제자로
서 비교적 빠른 시기인 1896년에 상경하여 사상적 전환을 이루었다.

은 척사에 대신하여 개화를, 존화에 대신하여 독립을 주장하지만 아직도 근왕사
상에 사로잡혀 있던 유림을 말한다. 그리고 혁신유림은 개화·독립과 함께 근왕
사상에 대하여 입헌군주정이나 근대국가의 왕이 가지는 최소한의 권한만을 인정
하는 특징을 가졌다. 그런데 혁신유림이 비록 근대적인 논리를 주장했음에도 불
구하고 유림이라는 명칭을 달고 있는 이유는 그들의 사회활동이 예학을 바탕으
로 삼고 있었기 때문이다(趙東杰,『韓國民族主義의 成立과 獨立運動史연구』,
지식산업사, 1989, 304쪽 참조).

6) 영양 주실의 조병희는 이미 1899년에 상경하여 단발하고 귀향했다가 저항에 부
딪치자 친족 청소년 5명을 데리고 다시 상경하여 이들 모두의 의식을 혁신적으
로 전환시켰는데, 그가 장차 이 마을 전체를 혁신시킨 이야기의 장본인이다.

7) 류인식은 그의 부친 柳必永으로부터 절연당했고, 스승 김도화로부터 파문 당하
는 시련을 겪기도 했다.

그는 당시 국제정세를 사회진화론적 시각에서 이해하고 민족자존의 길이 자강이라 생각하였다. 그래서 개화 없이는 민족국가의 유지가 불가능하다는 냉혹한 현실을 절실하게 깨달았고, 구학을 바탕으로 신학을 參互變通함으로써 구학을 혁신해야 한다는 생각을 갖게 되었다.[8] 장지연이나 신채호의 영향은 유학계의 분화에 대단한 것이었고, 안동지방 유림계의 분화에는 거의 결정적 기여를 했다고 해도 지나친 말이 아닐 것이다.

안동지방에서는 퇴계학맥의 정맥을 이은 定齋 柳致明의 문하에서 김흥락과 김도화 등을 이어 이상룡과 류인식 등이 배출되었다. 이들 가운데 류인식은 1903년에 상경하여 신채호와 장지연 및 柳瑾과의 교유를 통해 사상적으로 커다란 전환을 이루었다.[9] 류인식은 『飮氷室文集』을 읽고 사회진화론을 수용하여 우승열패·약육강식이라는 현실을 인식하고 사상적인 변신을 꾀하였다. 1904년에 향리로 돌아와 계몽운동에 착수하려 한 것이다. 비록 시기는 늦었지만 1907년 協東學校를 설립한 것도 그러한 변환의 연장선상에서 이루어졌다. 또 이상룡도 전기의병과 중기의병을 겪은 뒤, 상경하여 현실인식에서 변화를 가져왔다.[10] 그는 귀향하여 '進化輯說'이란 제목의 시국강연을 했던 것으로 미루어 보아 상당한 수준의 사회진화론을 수용하고 있었던 것이 확인된다. 그는 시국강연을 통해 인민이 희생함으로써 국가를 보위해야한다는 국가의식을 역설하였고, 봉건적인 군주관과 신분관을 부정함으로써 척사유림의 배타성과 중세적인 세계관으로부터 탈피하였다. 이러한 인식의 바탕 위에 협동학교 설립에 참가하고, 1909년에는 대한협회 안동지회를 설립하는 한편, 신민회에도 가입하여 척사유림의 고향에서

---

8) 張志淵, 사설 「如是觀」(2), 『韋庵文稿』권9.
9) 東山先生紀念事業會, 「行狀」, 『東山文稿』, 1977.
10) 李相龍, 「行狀」, 『石洲遺稿』.

계몽운동을 펼쳐 나가게 되었다.

척사유림에서 혁신유림으로의 분화와 이에 대한 갈등이 표출되었으니, 이는 곧 1910년 7월 18일에 일어난 의병의 협동학교 습격사건이었다. 주로 예천·영주지역에서 활동하던 의병 18명이 총으로 무장하고 협동학교를 공격하여 교감 金箕壽, 교사 安商德, 서기 李鍾華를 살해하였다. 서울 신민회에서 파견된 교사들이 학생을 단발시킨 것이 습격의 이유였다.[11] 즉 계몽운동과 의병계열의 방략상 차이를 극복하지 못한 데서 오는 비극의 출발이었던 셈이다.

한편 영양출신의 趙秉禧는 신채호와 장지연 등에게 교유하면서 혁신유림으로 분화된 인물이었다. 1899년에 상경하여 신사상을 수용하면서, 영남지역출신으로는 매우 빠르게 단발을 단행한 그는 향리의 혁신적인 변화를 이끌어낸 인물이었다.[12]

성주의 金昌淑은 당시 유명한 유학자 郭鍾錫·李承熙·張錫英 등에게 교육을 받고 '주리설'을 전수 받은 유학자였다. 그러나 그는 '개화와 척사', '외세에 대한 저항'이라는 사회변혁기를 맞아 유자의 길을 묵수하는 태도를 탈피하였다.[13] 그는 대한협회 성주지회를 결성하여 구국운동을 전개하는 한편 星明學校를 세워 신교육을 실시하였다. 성명학교는 김창숙 자신의 선조인 東岡 金宇顯을 모시던 晴川書堂을 수리하여 개교한 것이다. 완고한 유림들이 "김창숙이 나와서 청천서원이 망한다."면서 극렬하게 반대하고 나서자, 그는 "유림의 뜻에 순응하여

---

11) 國史編纂委員會, 『韓國獨立運動史』 資料18, 1989, 476~480쪽.
   이 의병의 대표는 崔聖天이었는데, 어떻게 예천과 영주지역의 의병이 안동 명문가문의 하나인 의성김씨 내앞[川前]마을의 협동학교를 공격할 수 있었는지 확실하게 알 수 없다. 이 사건에 안동지역 척사유림과의 관련성 여부는 짐작만 할 뿐, 구체적으로 확인하기는 힘들다.
12) 趙秉禧, 『一葉舊話』.
13) 尹炳奭, 「心山遺稿」, 『韓國近代史料論』, 一朝閣, 1979, 326~331쪽.

사방에서 배우러 오는 이를 막는 것은 새로운 영재를 양성하여 다른 날 通儒를 기다림만 못하다."라고 이를 일축함으로써 그의 혁신적인 인식의 변화를 보여주었다.[14]

김창숙과 함께 역시 곽종석의 문인이었던 省窩 李寅梓(1870~1929) 는 서양문물과 사상을 수용하는 데 매우 적극적인 모습을 보여주었다. 그는 寒洲 李震相과 곽종석을 계승하여 성리학에 있어서 주리론을 취하는 한편, 척사유림의 의리론과 변법론이 지닌 한계와 문제점을 비판함으로써 현실적 객관성과 진취적인 안목을 보여주었다.[15] 그는 서양의 헌법에 대한 이해와 서양철학의 체계적인 수용을 통해서 척사유림으로서의 한계를 극복하는 사상체계를 확립하였다. 특히 그는 서양의 헌법에 주목하여 우리의 전통적인 향약을 변용한 '高靈郡 自治民議會'를 조직함으로써,[16] 유림의 분화현상을 확실하게 보여주었다.

2. 계몽운동 단체결성과 활동

1) 중앙조직의 지회 활동

(1) 대한자강회와 대한협회

계몽운동 초기 단체로는 대한자강회가 대표적인 조직이었다. 1906 년 4월 서울에서 설립된 대한자강회는 1907년 8월에 강제 해산당할 때까지 전국에 25개의 지회와 1천 5백여 명의 회원을 확보하는 규모를

---

14) 金昌淑, 『心山遺稿』, 國史編纂委員會, 1973, 306쪽.
15) 李寅梓, 「行狀」, 『省窩文集』권6.
16) 李寅梓, 「古代希臘哲學攷辯」, 『省窩文集』권4; 「自治民議會趣旨書」, 『省窩文集』권5.

보였다. 창립 무렵부터 참가한 영남지방 출신에는 呂中龍이나 姜遠馨 등 전기의병 이후 상경하여 혁신유림으로 전환하고 있던 인물이 있었다.

지회 설립은 1906년 8월에 고령과 동래지회,[17] 1907년 2월에 청도지회, 3월 김해지회가 각각 설립청원서를 제출하여 허가되었다.[18] 그렇지만 이후 대한자강회의 지회는 더 늘어나지 않았다. 그런데 대구의 경우 지회가 설립되지는 않았지만, 大邱廣學會가 설립되어 서울의 廣文社와 연결되어 계몽운동의 선구적인 역할을 담당하고 있었다.

1907년 8월 대한자강회가 해산되고, 3개월 뒤인 11월에 대한협회가 발족되었다. 이 대한협회는 대한자강회 조직의 상당 부분을 인수할 수 있었다. 영남지방에서는 동래와 김해지회가 대한협회 지회로 계승되었지만, 고령과 청도는 그렇지 못했다.[19] 그 뒤 1910년 9월에 대한협회가 해산될 때까지 경북에는 대구·김천·인동·경주·자인·성주·칠곡·선산·안동·영천 등 10개 지역에, 경남에서는 김해·동래·진주·남해·함안·칠원 등 7개 지역에 지회가 설립되었다.[20]

대한협회 중앙조직이 명실상부한 구국운동 단체가 아니었다는 사실은 여러 연구에서 증명된 바 있다. 중앙의 회장 金嘉鎭, 부회장 吳世昌, 총무 尹孝定 등의 핵심인물들이 일제의 한국통치에 영합하거나 협력했던 경향에 대한 분석이 이미 익히 알려져 있기 때문이다. 그렇지만 중앙조직 속에 申采浩·安昌浩·張志淵·李會榮 등 구국운동의 기수들이 자리잡고 있기도 했다. 그런데 지회의 성격은 중앙의 그것과 달리 구국적 차원의 계몽운동으로서 중앙에 비해 강성을 띠고 있었다.

---

17) 《大韓自强會月報》3, 1906년 8월, 41·43면; 4호 1906년 9월, 42·48면.
18) 《大韓自强會月報》9, 45면; 10호 44면.
19) 《大韓協會會報》1, 1908년 4월, 40·41·44면.
20) 金項勾, 「大韓協會의 設立과 組織」, 『龍巖車文燮教授華甲紀念私學論叢』, 회갑기념논총간행위원회, 1989, 473쪽.

그래서 지방지회에는 국권회복에 대한 기대와 정열을 가지고 참여한 인물이 많았는데, 대구지회의 趙秉禧·朴基敦, 창원지회의 李澄宰, 성주지회의 金昌淑, 경주지회의 崔浚, 안동지회의 李相龍, 홍성지회의 金佐鎭 등이 대표적인 인물이었다.[21]

대한협회 지회도 지역에 따라 그 성향의 차이는 매우 컸다. 신흥자본가 세력이 주도했던 도시에서는 타협적인 현상이 일찍부터 나타났다. 그러나 혁신유림들이 주도하고 있던 안동을 비롯한 지방은 점차 본회의 친일적 경향을 간파하면서 이를 규탄하고 본래의 의도대로 밀고 나갈 것임을 다짐하였다. 안동의 이상룡이 본회에 대해 통렬하게 비판하고 나선 것이 그 좋은 사례가 된다.[22]

이상룡은 1908년에 대한협회 안동지회를 조직하기 위해 본회와 여러 차례에 걸쳐 서신을 주고받았다. 그러한 준비 와중에 이상룡이 안동 감옥에 갇혔고, 그가 풀려 나온 1909년 3월에 들어서야 지회가 조직되었다. 비록 경찰이 의병과 내통했다는 혐의를 잡았지만, 실제로는 대한협회 지회조직을 와해시키려 했던 것으로 보인다. 때문에 안동의 대한협회 활동은 이미 1908년부터 시작되었다고 보는 것이 옳을 것이다.[23] 그가 석방되자 바로 대한협회 안동지회가 조직되었고, 회장에 선출되었다.

이상룡은 大韓協會가 '국민의 정당 모임'임을 밝히면서 '국가는 민의 公産이요, 민은 국가의 주인'이라고 정리하면서, 다른 문명국가의 국민은 자기의 의무를 알고 있음을 강조하고 대한협회를 통해 단결하

21) 金項勻, 「大韓協會의 設立과 組織」, 『龍巖車文燮敎授華甲紀念私學論叢』, 화갑기념논총간행위원회, 1989, 475쪽.
22) 李相龍, 「與大韓協會本會」, 『石洲遺稿』, 73쪽.
23) 趙東杰, 「安東儒林의 渡滿經緯와 獨立運動上의 性向」, 『韓國民族主義의 成立과 獨立運動史硏究』, 지식산업사, 1989, 246쪽.

자고 주장했다.[24] 그러자 '不幾月에 會者가 殆千人'이나 되었다고 하니, 그 세력이 대단했던 것을 쉽게 알 수 있다.[25] 수천의 회원을 확보하면서 안동지회는 회보를 통한 홍보활동과 강연회를 통한 민중계몽에 나섰으며, 식민지교육화 현상에 대해 통렬한 비판을 가하기도 했다.[26]

金昌淑은 1908년에 성주지역 유림인 李德厚·朴儀東·金元熙·李晉錫·都甲模·崔羽東·裵相洛 등과 협의하여 대한협회 성주지회를 성주군 鄕射堂에 설립하였다. 그는 "나라가 곧 망하겠다. 지금 문을 닫고 글만 읽을 때가 아니다."라고 하고, 또 "우리가 이 회를 설치하는 것은 장차 나라를 구하려는 것이다. 조국을 구하고자 할진대 마땅히 구습의 혁파부터 시작해야 하며, 구습을 혁파하고자 할진대 마땅히 계급타파로부터 시작해야 하며, 계급을 타파하고자 할진대 마땅히 우리의 이 모임으로부터 시작해야 할 것이다."[27]라고 주장하였다. 그런데 심산이 협의를 가졌던 인물들이 모두 혁신유림은 아니었다. 그렇지만 그 과정을 통하여 혁신의 필요성을 긍정적으로 인식하게 되고, 방향을 전환하고 있던 인물들이었다.

그런데 대한협회가 통감부 체제 아래에서 합법단체로 타협적인 자세를 보이게 되자, 분화현상이 일어났다. 안동을 비롯한 강성을 띤 지방지회는 중앙조직에 항의하면서 이탈한 뒤, 비밀 지하결사체 조직으로 방향을 전환하여 갔다. 이러한 움직임이 서울과 서북지방을 중심으로 新民會라는 조직으로, 영남지방을 중심으로 大東靑年團이라는 조

24) 「大韓協會安東支會趣旨書」, 『石洲遺稿』, 207쪽.
25) 李相龍, 「行狀」, 『石洲遺稿』, 334쪽.
26) 趙東杰, 「安東儒林의 渡滿經緯와 獨立運動上의 性向」, 『韓國民族主義의 成立과 獨立運動史研究』, 지식산업사, 1989, 246쪽.
27) 心山思想研究會 編, 『金昌淑文存』, 1986, 180~181쪽.

직으로 나타났다.

(2) 嶠南敎育會

교남교육회는 1908년 3월 15일에 재경 영남출신 인사 145명이 서울 普光學校에 집결한 가운데 창립되었다. 전기의병 이후 상경해 있던 영남유림들이 1904년 8월에 충의사를 조직하여 아직은 척사적 범주에 머물고 있었다. 그러나 서울에서 이미 계몽운동이 펼쳐지기 시작하던 무렵이었기 때문에 그들도 사고와 인식에 변화를 일으키고 있었다. 그래서 일부가 대한자강회에 참가하게 되고, 또 1907년에 들면서 영남인사들끼리 文友會에 이어 嶺友會를 조직하여 활동하고 있었다.[28] 그런데 1906년 10월에 서우학회와 한북흥학회가, 1907년 7월에 호남학회, 1908년 1월에 기호흥학회가 결성되고, 서우학회와 한북흥학회가 통합하는 것을 지켜보면서 교남교육회의 결성으로 가닥을 잡아갔다. 즉 중기의병과 계몽운동의 전개과정에서 서울에서 활동하던 재경인사, 특히 전기의병에 참가한 경력이 있던 유림들이 사고의 변화를 일으킨 혁신유림들이 영남지역 교육구국운동의 기치를 내걸고 나선 것이었다.

다른 지역에 비해 보수적 성향이 강했던 영남지역에 신문물 수용이나 교육의 낙후성을 극복하기 위해서는 학교설립이 우선 과제였다. 때문에 교남교육회의 조직은 바로 이를 위한 출발점이었다. 이러한 사정을 설립취지에서 상세히 밝혔는데, 먼저 교육의 중요성을 강조하고 인재 육성을 목적으로 교육부흥을 위한 학회설립의 필요성을 역설하였다.[29] 이어서 그들은 다음과 같은 세 가지 방침을 밝혔다.

---

28) "本會는 即嶠南紳士所以至於學而成立者也라 壹自創始後로 歲幾公轉고 京杓變而爲嶺友하고 嶺友變以爲玆會"(「嶠南敎育會와 李夏榮」, ≪大韓每日申報≫ 1908년 8월 7일자).
29) 「本會趣旨書」, ≪嶠南敎育會雜誌≫1.

一. 師範學校를 京城內에 設立할 事
一. 支會를 本道內에 認設하야 學校를 成立케 할 事
一. 會報와 其他 必要한 書籍을 隨宜 發刊할 事30)

회장에 李夏榮, 부회장에 尙灝, 총무에 孫之鉉, 평의원에 朴晶東·南亨祐 등 30여 명이 선출되었다.31) 그들은 혁신유림이나 신흥자본가 및 새롭게 육성된 계몽운동가들로 구성되었다. 회원 가운데 전현직 관리이거나 유학계 인사로는 李夏榮(동래)·吉永洙(구미)·呂永祚(呂永昭, 김천)·呂中龍(김천)·朴宜鉉(김천)·禹龍澤(구미)·金濩圭(봉화)·金厚秉(안동)·河中煥(안동)·柳寅植(안동)·張志淵(상주)·金思容(상주)·金光濟(대구)·李慶熙(대구)·朴重華(경주) 등이 대표적이었고, 신교육에 의해 육성된 인물로는 尙灝(대구)·孫之鉉(밀양)·南亨祐(고령)·安熙濟(의령)·崔廷德(대구)·徐相日(대구)·李甲成(대구)·金始顯(안동)·金祉燮(안동)·金應燮(안동) 등이 있었다. 그런데 전체 회원을 출신지역으로 구분해 보면 대구와 동래출신이 중심을 이루었다. 비록 임원진은 재경 인사들로 구성되었지만, 회원은 각 지역출신들로 망라되었다.

교남교육회의 가장 기본적인 활동은 교육의 진흥을 표방한 교육구국운동이었다. 그렇지만 목적했던 사범학교 설립은 이루지 못했고, 잡지 발간도 부진했다. 다만 다섯 학회의 다른 학회들과 긴밀한 관계를 유지하면서 교육진흥운동만은 추진되었고, 교남학생친목회와 동래부 학생친목회 및 달성친목회 등 중앙과 지방에서 조직된 친목회와 밀접한 관계를 맺고 있었다. 또한 교남교육회는 학교의 설립과 유지를 위해 순회 지도와 강연회를 가졌다.32)

---

30) 「嶠南敎育會規則」, ≪嶠南敎育會雜誌≫3.
31) 「總會錄」, ≪嶠南敎育會雜誌≫1.
32) 「敎育委員歡迎」·「視察委員歡迎」, ≪皇城新聞≫ 1909년 8월 17일자; 「敎育視察歡迎」, ≪皇城新聞≫ 1909년 8월 18일자 등.

교남교육회가 지회 조직에 착수했지만, 그것은 급선무가 아니었다. 그 이유는 본회의 구성이 대다수 지역의 출신 인사로 구성되었기 때문에 그들의 영향력으로 각 지역별 교육운동의 발흥이 가능했기 때문이다. 그 결과 교남교육회는 창립 이래로 안동군과 거제군에만 지방지회를 설립하는 데 그쳤다. 대구와 동래처럼 회원들의 영향력이 강한 지역에는 별도의 지회 조직이 필요 없었지만, 거제와 같이 본회와의 연락이 어렵거나 안동처럼 보수성이 강한 지역에는 지회 설립이 절실했다고 생각된다.

특히 안동지회의 설립은 경상북도 북부지역의 뒤 늦은 교육구국운동을 전개하는 데 결정적인 영향을 주었다. 안동지회의 설립 청원은 1908년 10월에 있었고, 11월 1일에 인허된 뒤, 지회는 1909년 1월 20일(양력 2.10)에 설립되었다. 그러자 ≪皇城新聞≫은 「嶠南의 曙兆」란 제목의 논설을 게재하여 이를 축하하고 의미를 크게 부여하였다.[33]

당시 교남교육회와 밀접한 관계를 갖던 학교 가운데 안동에는 協東學校를 비롯하여 廣明學校·東陽學校·永嘉學校·寶文義塾 등이 있었다. 그 외의 지역에서도 養成學校(김천)·同樂學校(구미)·養正學校·明進學校(이상 동래)·新安學校(진주)·東鳴學校(김해) 등이 대표적이었다. 특히 이들 학교의 다수는 혁신적으로 성향을 전환했던 유림에 의해 설립되고 유지된 학교였다.

교남교육회는 교육진흥을 위해 계몽강연을 지속적으로 전개하였다. 계몽강연은 각지에 파견된 권유위원들에 의해 행해졌는데, 주로 교육문제를 다루었고, 관습의 개량이나 삭발 문제도 언급되었다. 이 외에도 교남교육회는 학회의 총회·임시총회·통상회·간친회 등의 행사를 통해 그들의 목적을 달성하려 노력하였다.

---

33) 「嶠南의 曙兆」, ≪皇城新聞≫ 1909년 2월 3일자.

2) 영남지역의 단체 조직

(1) 달성친목회

달성친목회의 존립 시기에 대해 일제 관헌자료는 1908년 9월부터 1915년 9월까지로 기록하고 있다.[34] 이를 살펴보면, 이 친목회에 대해 명의로는 친목 단체를 표방하였지만, 사실상 항일조직이었다고 다음과 같이 전하고 있다.

> 달성친목회는 明治 41년 9월 5일, 즉 구한국시대 府內 明治町 二丁目 李根雨 및 金容璇 등의 발기에 의하여 조직되었는데, 그 목적은 조선인 청년의 교육, 실업장려를 표방하지만, 내면은 전적으로 유망한 청년들을 단결케 하여 대한협회와 행동을 같이하고 비밀리에 배일사상을 고취하고 있었다. 그러나 明治 43년(1910년: 필자 주) 8월 29일 일한병합과 함께 동 회원 등은 모두 탈퇴하고 일본 관헌의 주목을 피하여 자연 해산되었다. 그리하여 大正 2년(1913년: 필자 주) 9월 21일 徐相日이 하르빈에서 대구로 돌아와 친목회와 같은 조선인 청년 단결기관이 폐멸된 것을 유감으로 생각하여 다시 李根雨·鄭雲馹·徐昌圭·徐琦洙 등이 서로 모의하여 친목회 재흥을 기도하고 널리 동지 및 지방 인사들을 설득하여 마침내 달성친목회를 재흥케 하여 조선 청년을 규합하고 암암리에 배일사상을 고취하였으므로 大正 4년 9월 중 當署에서 해산처분을 행하였던 것이다.[35]

이 내용을 분석하면, 달성친목회는 성격상 두 시기로 나눠진다. 전자는 일제에 의한 강제병합 이전의 계몽운동단체로서의 시기요, 후자는 1913년 이후 비밀항일결사체로서의 시기였다. 계몽운동시기에 사실상

---

34) 國史編纂委員會, 『韓民族獨立運動史資料集』7, 1988, 296쪽.
35) 國史編纂委員會, 『韓民族獨立運動史資料集』7, 1988, 296쪽.

교남교육회의 활동과 별다를 바가 없으면서도 이를 조직한 이유는 교육구국운동에 대한 탄압을 피해 나가기 위한 것으로 보인다. 왜냐하면 1908년 8월 이후 학부가 사립학교령·학회령·사립학교 보조규정·공립사립학교보조규정인정에 관한 규정·교과서용도서검정규정 등 다섯 가지 법령을 반포하였기 때문이었다. 그래서 이후 결성되는 계몽운동단체는 기왕의 것과 같이 학회나 교육회 명칭을 사용하기 힘들었고, 때문에 친목회의 명의를 사용한 것이다. 그렇다고 해도 이 두 가지가 성격상 다를 바가 전혀 없었다.

그런데 유학계가 이 친목회에서 차지할 자리는 점차 소멸되어 갔다. 남형우나 金在烈은 弘窩 李斗勳 문하에서 유학을 공부한 뒤 신교육을 이수하였고, 서상일·홍주일·박상진·안확 등도 모두 대동소이했다. 따라서 달성친목회는 이미 기왕의 혁신유림을 비롯한 유학계의 주도 체계를 벗어나 그들의 뒤를 이은 신세대에 의해 주도되었음을 알 수 있다. 그들의 직업도 유학계의 범주를 완전히 벗어나서 상공업 종사자가 다수를 점하였다. 즉 계몽운동기에 신교육을 받고 성장한 계몽운동의 제2세대가 주역으로 등장하였고, 때문에 1910년대에 들어 격정적인 인물들에 의해 비밀지하 결사조직이 결성될 수 있게 된 것이다.

(2) 自治民議會

계몽운동의 범주에 들 수 있는 움직임으로 民會가 조직되기 시작했다. 이것은 지방자치를 표방한 기구로서 주로 도시를 중심으로 나타났는데, 대구지방에도 1906년에 들면서 조직되었다. 대구에는 1906년 5월 徐相敎에 의해 代議所 설립 움직임이 나타났고, 그 결과 인민대의소(총의장 金光濟)가, 1906년 8월 하순에는 대구부민의소가 각각 설립되었다.[36) 이러한 자치조직으로서의 민의소 설립은 일본인의 침투에 따른 경각심에서 비롯하였다고 한다.37) 그런데 대구민의소가 유학계와의 거리가 먼 것이었지만, 지방에 따라서는 유학계와 밀접한 관계를 가진 곳도 있었고 그 성격도 크게 달랐다.

高靈郡 自治民議所는 바로 유림에 의해 주도된 조직으로, 대구의 것과는 그 성격이 판이하게 달랐다. 이 조직은 곽종석의 문인인 省窩 李寅梓(1870~1929)에 의해 주도되었다. 서양문물과 사상을 수용하는 데 매우 적극적인 모습을 보여준 이인재는 寒洲 李震相과 곽종석을 계승하여 성리학에 있어서 주리론을 취하는 한편, 척사유림의 의리론과 변법론이 지닌 한계와 문제점을 비판함으로써 현실적 객관성과 진취적인 안목을 보여주었다.38) 그는 서양의 헌법에 대한 이해와 서양철학의 체계적인 수용을 통해서 척사유림으로서의 한계를 극복하는 사상체계를 확립하였다. 특히 서양의 헌법에 주목하여 우리의 전통적인 향약을 변용한 '고령군 자치민의회'를 조직하였던 것이다.39)

고령군의 자치민의소 규정을 보면, 우선 강령으로 지방공익의 導達, 행정방법의 개선, 人民弊瘼의 교정, 교육의 보급, 권리의 보호, 환난의 相救 등 여섯 가지를 정했다. 표면으로는 전통적인 향약의 범주에 머

---

36) 「慶尙北道大丘府民議所長金光濟氏의 警告文」, 《大韓每日申報》 1906년 8월 26일자.
37) 「廣學會와 民議所」, 《大韓每日申報》 1906년 10월 21일자.
　　대구의 민의소는 대구광문사나 대구광학회의 조직과 연관을 맺으면서 '국권의 확립과 국정의 澄淸을 위한 民智啓牖와 단결'을 목적으로 설립되었다. 동서양의 모든 문명국의 국민은 자치와 자강의 방법으로 혹 議所나 役長을 설치하고 혹 會頭를 선출한다는 것이었다. 그후 이 민의소는 아마도 해체된 것 같으나 다시 1909년에 인사·교육·위생·재정을 해결하기 위한 단체로 대구민단이 설립되었다(金度亨, 「韓末 啓蒙運動의 地方支會」, 『손보기박사정년기념논총』, 지식산업사, 1988, 796쪽).
38) 李寅梓, 「行狀」, 『省窩文集』권6.
39) 李寅梓, 「古代希臘哲學攷辯」, 『省窩文集』권4; 「自治民議會趣旨書」, 『省窩文集』권5.

문 것으로 보이지만, 민권의 보호나 행정방법의 개선 등의 내용으로
보아 전통적인 단계에서 일단 한 걸음 더 나아간 것으로 보인다. 우선
조직 내용을 보면 군 단위 아래에 面議所와 洞會를 두고 최하부까지
행정 기능을 장악하려 했음을 알 수 있다. 그리고 장악하려 했던 구체
적인 내용의 골자를 보면, 禮俗 관리, 호적조사, 국민자격과 公權 유무
의 所繫, 여행 허가, 인민청원의 隔審과 토지와 가옥 판매의 인허가,
미성년자 결혼과 흡연, 학교 폐립과 교육정도 및 교과서 조사, 토지이
용과 농상공의 방법 강구, 도량형 통일, 遊民의 징치 등 광범한 것이었
다.40) 즉 단순한 예속상규나 구휼 정도를 넘어서 호적조사와 부동산
의 매매와 증여의 허가, 남녀교육 문제 등 매우 구체적이고도 실질적
인 지배와 통제력을 민의소가 장악하는 것이요, 나아가서는 지방 행정
의 완전한 자치권을 확보하려는 시도였다.

이렇게 볼 때, 고령군 자치민의소는 1905년 이후 준식민지 체제로
몰락하여 일제에게 거의 모든 주권을 침탈된 상황인 1909년에 고령군
의 유림이 지방의 행정을 직접 장악해 보려는 시도로 이해된다. 따라
서 고령군의 민의소는 대구나 김천 등의 다른 도시와는 그 성격이 전
혀 다른 것이었고, 유림의 계몽운동 범주에서 다루어질 대상이다.41)

---

40) 「高靈郡自治民議會趣旨書」·「自治民議所程式」, 1909년 3월 31일 참조.
41) 이 문제는 연구과제로 남는 것인데, 다른 지역의 자료가 발굴된다면 바른 이해
　　에 도달할 수 있을 것이다.

3. 교육구국운동

1) 교육구국운동의 전개

유림이 참여한 계몽운동의 분야에서 대부분이 교육구국운동이었다.
이 외에 계몽의 중요한 수단으로 신문이나 잡지가 이용되었지만, 실제
로 영남지역에서 이것이 왕성하게 발행된 일이 거의 없었다. 이 다음
으로 연설회와 강연회가 있었다. 이것은 영남지역에서도 활발하게 진
행되었는데, 지역마다 다양한 연제들이 채택되었다. 그것은 대체로 본
회의 취지 설명과 지회의 위치, 단체 결성의 필요성, 신학 수용과 교
육, 식산흥업을 통한 산업 발달, 법률의 필요 등이었다.42) 그렇지만
이보다도 더 중요하게 비중을 두었던 분야가 바로 교육운동이었다.

혁신유림에 의한 영남지역의 교육구국운동은 다른 지역에 비해 매
우 늦은 것이었다. 그것은 유교적 전통과 재지적 성격이 강고했기 때
문이었다. 그러나 그러한 완고한 분위기를 깨고 계몽운동이 밀려들었
는데, 혁신유림들이 앞장을 섰다. 특히 안동이나 성주와 같은 보수성이
강한 지역일수록 혁신유림들의 역할이 중요했다.

경북에서는 1906년 3월 고종의 '興學詔勅'에 이어 경북관찰사 申泰
休의 '興學訓令'이 발표된 것이 학교설립의 기회로 작용하였다.43) 大
邱廣文社는 총회를 열고 관찰사의 홍학훈령에 맞추어 학교설립운동에
발 벗고 나섰다.44) 관찰사 신태휴는 대구광문사의 학교총무인 金濩圭

---

42) 金度亨,「한말 계몽운동의 지방지회」,『손보기박사정년기념논총』, 지식산업사,
   1988, 799쪽.
43) 「興學訓令」, ≪皇城新聞≫ 1906년 3월 21~27일자.
44) 그렇다고 해서 대구광문회가 영남 유학계의 조직은 아니었다. 주도 인물들은 전
   직 관리들이거나 신흥상공인들이 중심이었지만, 혁신유림들의 참여도 있었다.

(봉화)를 대동하고 안동과 예안 등 관내 41개 군을 순방하여 학교설립을 추진하였다. 이 과정에서 척사유림들의 반대도 있었지만, 혁신유림들은 교육구국운동을 위한 학교설립에 적극성을 보였다. 柳寅植·金東三·河中煥 등이 나서서 1907년에 안동에서 중등과정의 協東學校를 세울 수 있었던 것도 이러한 분위기 때문이었다.[45)]

안동에는 협동학교 외에도 여러 학교가 설립되었다. 예안의 보문의숙은 퇴계후손인 眞城李氏 문중학교로, 李忠鎬·李中台·李中翰 등이 설립한 학교였다.[46)] 이 문중의 李宣鎬·李元植·李之鎬·李東植·李中沆·李中元·李中基 등은 교남교육회원이었다.[47)] 또 풍산의 廣明學校는 교남교육회원인 金炳杰과 金泰東이 학교 설립비용과 운영경비를 부담하였다.

여중룡과 여영조에 의한 김천의 養成學校, 김창숙에 의한 성주의 星明學校, 봉화 酉谷의 朝陽學校, 청송의 樂一學校, 함안의 이소종이 설립한 咸化學校 등은 모두 상당한 반대를 극복하면서 혁신유림들이 이룩한 대표적인 존재들이었다. 김천의 養成學校는 상경 활동을 벌이면서 교남교육회원이기도 했던 여중룡과 여영조 등에 의해 설립되었고,[48)] 또 이들은 普通學校를 설립하기도 했다.[49)] 성주의 星明學校는 金昌淑이 그의 선조인 東岡 金宇顒을 모시던 晴川書院을 개수하여

그러므로 유학계의 계몽운동이란 그들의 참여 범주 내에서 의미를 부여해야 할 것이다.

45) 협동학교를 더러 초등과정으로 이해하는 글도 있지만, 교과과정을 표시한 학적부를 보면 중등학교임을 확실하게 알 수 있다(협동학교 부분에서 후술함).

46) 「禮安文明」, ≪皇城新聞≫ 1909년 12월 7일자.

47) 「會員名簿」, ≪嶠南敎育會雜誌≫ 1.

48) 「學界彙聞」, ≪嶠南敎育會雜誌≫ 11; 「養校盛況」, ≪皇城新聞≫ 1908년 6월 16일자; 「慶北金山居呂中龍…」, ≪大韓每日申報≫ 1907년 11월 8일자, 「金山郡養成學校趣旨書」, ≪大韓每日申報≫ 1907년 12월 1일자.

49) 「金山發文」, ≪皇城新聞≫ 1909년 2월 4일자.

문을 연 학교였다. 그는 비밀리에 이 일을 추진하다가 신교육을 반대
하는 향중 및 도내 유림들의 격렬한 반대에 직면하자 전격적으로 일
을 마무리 시켰다.50)

고령군의 이인재는 고령군 자치민의소를 조직한 뒤, 이를 바탕으로
관내 유지들과 협의하여 靈新學校를 설립함으로써 교육운동을 펼쳐
나갔다.51) 안동군에서는 1908년 10월에 永嘉學敎와 東明學校를 설립
하고 교육방침을 연구하기 위한 永北學會를 조직하였다.52) 봉화에서
는 琴錫柱·金漢圭 등 100여 명이 鳳城廣學會를 조직하고 학교설립과
인재양성을 목적으로 교육에 노력을 기울였다.53) 경주군에서는 1908
년 2월에 교육회를 조직하고 규칙을 제정하여 학생의 강제모집에 나서
는 열성을 보이기도 했다.54) 청도군에서는 1909년 東二位面(현 운문
면)의 유지들이 懇親敎育會와 雲山親陸會를 설립하였다. 전자는 新院
洞에 설립된 사립 문명학교를 유지하기 위해 조직된 것이었고, 후자는
당지에 있던 雲山詩契를 변경하여 친목회로 만들고 교육과 상업발달
을 목적으로 조직된 것이다.55)

이 외에도 이 지역에서는 인동의 同樂學校, 동래의 養正學校와 明
進學校, 진주의 新安學校, 김해의 東鳴學校 등이 속속 개교하였다. 이
런 추세 속에서 영남지방에는 많은 수의 학교가 설립되었다.

이처럼 영남지방에도 혁신유림에 의해 신교육, 교육구국운동이 시작

---

50) 그는 "학교를 설립하면서 먼저 향중과 도내 유림에게 알리지 않은 것은 실로 알
리고 보면 일을 이루지 못할 것이기 때문이었다."라고 회상하였다(金昌淑,『心
山遺稿』, 국사편찬위원회, 1973, 306쪽).
51) 「高佟熱心」,《大韓每日申報》1906년 6월 3일자;「高佟報告」,《大韓每
日申報》1906년 6월 6일자.
52) 「永北學會」,《皇城新聞》1908년 10월 31일자.
53) 「鳳城廣學會」,《皇城新聞》1908년 4월 19일자.
54) 「事不穩當」,《皇城新聞》1908년 11월 5일자.
55) 「兩個目的」,《皇城新聞》1909년 6월 24일자.

되었다. 그런데 1909년까지 설립된 영남지방 사립학교의 설립자를 분석한 한 통계를 보면, 유림의 범주를 낮게 평가하고 있는 것 같다. 즉 경남지역 104개교에서 전직관리 및 유지인사가 41개교, 현직관리가 15개교, 기독교 6개교, 학회 등 단체가 3개교, 유림 3개교, 문중 1개교를, 경북지방 70개교에서 전직관리 및 유지인사가 33개교, 현직관리가 13개교, 기독교 3개교, 학회 등 단체가 2개교, 유림이 6개교, 문중이 2개교 등을 설립한 것으로 분류하였다.56) 그렇지만 사실상 전직관리 및 유지인사나 문중에 의해 설립된 것으로 분석한 경우도 실제로 들여다보면 유학계의 설립 범주로 보는 것이 옳은 경우가 많다. 문중에 의해 설립되었다는 안동의 寶文義塾(예안)이나 廣明學校(풍산), 東陽學校(동선면), 光東學校(안동김씨 종약소) 등도 사실상 유림에 의해 주도된 것으로 보아야 하기 때문이다. 예컨대 보문의숙이 들어선 도산서원이 진성이씨 문중만의 것이 아니었고, 또 그렇게 운영되지도 않았기 때문이다.

1910년 이전에 설립된 경북지역의 계몽교육 기관으로 ≪皇城新聞≫·≪大韓每日申報≫ 등의 신문자료에서 확인되는 것이 무려 84개교에 이르렀다.57) 그런데 유학계에 의해 설립된 학교에도 여러 가지 성격이 있었다. 안동의 협동학교처럼 혁신유림에 의해 설립된 것도 있었지만, 이 외에도 시대적 변화의 추이를 지켜보면서 서원이나 향교를 신식학교로 개편한 것도 있었다.

서원에서 설립된 학교는 유림이 주체가 되어 서원의 토지나 재산을 토대로 설립된 것이었다. 경북에서 대표적인 것이 안동의 寶文義塾(도

---

56) 金丁海, 「1895~1910 私立學校의 設立과 運營」, 『歷史教育論集』11, 역사교육학회, 1987, 136쪽.
57) 權大雄, 「韓末 慶北地方의 私立學校와 그 性格」, 『國史館論叢』58, 국사편찬위원회, 1994, 32~34쪽.

산서원)과 경주의 玉山學校(옥산서원), 봉화의 朝陽學校(三溪書院) 등
이다. 물론 협동학교도 서원의 재산을 기본으로 설립되었다는 점은 같
았지만, 이들처럼 하나의 서원 재산만으로 또한 하나의 문중이 중심이
된 경우와는 다른 것이었다. 보문의숙은 眞城李氏 문중의 李忠鎬·李
中台·李中翰 등에 의해 도산서원의 소유 전답을 기본자산으로 설립되
었고,58) 李尙鎬가 기부한 70여 칸의 가옥과 설립총회에서 모금된 300
여 원의 의연금 등이 바탕을 이루었다.59) 이러한 성격은 옥산학교나
조양학교도 마찬가지였다.

  서원학교 외에 많은 수의 향교학교가 설립되었다. 보수적 유림의 최
후 보루라고 할 수 있는 향교에 신식교육기관이 들어선다는 그 자체만
으로도 유림의 변화를 읽을 만하다. 1906년 고종의 '興學詔勅'과 경북
관찰사 申泰休의 '興學訓令'으로 향교의 재원이 학교설립에 넘어 가는
마당에 스스로 자구책을 강구하지 않을 수 없었다.60) 한말의 정국변화
와 신교육의 발흥이라는 상황에 직면하면서 성균관이나 향교는 모두
거듭나야 할 국면을 맞고 있었다. 그렇지만 그러한 변화가 능동적으로
일어나기란 쉽지 않은 것이다. 갑오개혁 이후 실질적인 체제개편이 따
르면서 변화는 일어났고, 더욱이 향교 재원을 사립학교 재원으로 용도
를 변경하는 조치가 내려지면서,61) 향교도 신식교육기관으로 체제를
바꾸기 시작하였다. 그것이 바로 향교학교라는 것이다. 그렇기 때문에
그 성격이 혁신유림에 의해 설립된 학교보다는 교육내용이나 운영이
매우 보수적이었다는 것은 더 말할 나위가 없다.

---

58) 「禮安文明」, ≪皇城新聞≫ 1909년 12월 7일자.
59) 「陶山書院의 寶文義塾」, ≪皇城新聞≫ 1910년 1월 12일자.
60) 崔敬淑, 「韓末 慶北地方의 愛國啓蒙運動」, 『日帝의 韓國侵略과 嶺南地方
    의 反日運動』, 한국근대사연구회, 1995, 117쪽.
61) 1906년에 청하군 군수 徐相冕은 향교 전답 60두락을 각 학교에 나누어 교육을
    장려하였다(≪皇城新聞≫ 1910년 4월 21일자).

대구향교 유림의 관할 아래에 있던 養士齋와 樂育齋의 재산은 協成學校(1906)의 재정기반이 되었다.[62] 안동향교에 설립된 東明學校는 향교유림 金洛耆 등에 의해 향교의 명륜당을 교사로 활용하여 설립되었다.[63]

비록 신교육 발흥에서 시기적으로 늦기는 했지만, 일단 불이 붙기 시작한 신교육 열풍은 영남지역 전체로 확산되어 갔던 것이다. 이러한 분위기 속에서 유학계에도 변화의 바람이 불어 서원이나 향교도 그 성격을 바꾸게 되었다. 그 결과 1910년 7월 현재 영남지방의 사립학교는 전국 사립학교의 11.5%에 해당하는 239개교에 이르렀다.[64] 전국의 50%를 점유한 황해도와 평안남북도의 서북 3도를 제외하면, 영남지방의 학교 수는 경기도 다음으로 많았던 것이다. 참고로 1910년 7월 현재

---

62) 「士論激發」, ≪皇城新聞≫ 1908년 12월 12일자.
63) 權大雄, 「韓末 慶北地方의 私立學校와 그 性格」, 『國史館論叢』58, 국사편찬위원회, 1994, 38쪽.
64)   전국 사립학교 수(1910.7.1. 현재)

府道別＼종별	고 등	실 업	보 통	각 종	종 교	계
한성부	1(여)	2	1	67	33	104
경 기	-	-	-	139	44	183
충 북	-	-	-	40	7	47
충 남	-	-	2	67	17	86
전 북	-	-	4	41	30	75
전 남	-	-	14	19	7	40
경 북	-	-	4	65	72	141
경 남	-	1	6	74	17	98
강 원	-	-	-	33	4	37
황 해	-	-	-	102	149	251
평 남	-	-	3	159	255	417
평 북	-	1	-	251	115	367
함 남	1	-	2	171	15	189
함 북	-	3	-	54	-	57
계	2	7	36	1,282	765	2,092

金祥起, 「韓末 私立學校의 敎育理念과 新敎育救國運動」, 『淸溪史學』1, 74~75쪽(수치 일부를 김상기 교수의 수정에 따라 변경함).

의 사립학교 2,092개교로서 전체 2,237개교 가운데 절대 다수를 이루고
있었다.

2) 교육구국운동의 사례 -안동 협동학교-

안동지역은 19세기 후반에 들어 외세의 침략에 대해 강력한 저항이
전개된 대표적인 곳이다. 「嶺南萬人疏」(1881)와 전기의병의 출발인 갑
오의병(1894), 경술국치에 11명 정도의 유림이 자정순국한 사실 등은
이 지역 유림들의 성향을 보여주는 대표적인 사례였다. 그런데 이러한
척사적 항쟁의식은 민족운동사에서 빛나는 한 면을 보여주었지만, 시
대적 변화를 감지하는 데 다소 뒤처지는 일면을 보이기도 하였다.

이런 분위기를 깨고 안동지역에 혁신의 숨결을 불어넣은 계기는 柳
寅植에 의해 만들어졌다. 1903년에 성균관으로 유학길에 올랐던 그는
그곳에서 申采浩를 만나면서 사상과 행동에 커다란 변화의 전기를 맞
았다. 그가 혁신유림으로 전환한 것이다. 그는 1904년에 일단 귀향하면
서 충의사에서 활동했던 예안출신 金進洙와 더불어 학교설립에 노력
하였다. 그러나 안동지역의 완고한 보수성은 이를 허용하지 않았다.[65]
그러다가 1906년 '興學詔勅'과 '興學訓令'을 계기로 이를 재추진 하였다.

협동학교는 1907년 봄에 설립된 것으로 알려지고 있다.[66] 이를 중심

---

65) 東山先生紀念事業會, 「略歷」, 『東山文稿』, 1977, 144쪽.
66) 東山先生紀念事業會, 「略歷」, 『東山文稿』, 1977, 144쪽(협동학교에 대한 연
　구에는 金喜坤, 「安東 協東學校의 독립운동」, 『于松趙東杰先生 停年紀念
　論叢Ⅱ 韓國民族運動史硏究』, 나남출판, 1997, 180~198쪽이 있다). 협동학교
　의 명칭은 "나라의 志向은 東國이요, 향토의 지향은 安東이며, 面의 지향은 臨
　東"이므로 '東'을 채택하였고, '協'은 안동군의 동쪽에 위치한 7개 면이 힘을 합
　쳐 설립한 것이므로 채택하여 '協東'이라 하였다(「協東刱立 安東郡紳士 柳寅
　植」, ≪皇城新聞≫ 1908년 9월 27일자).

으로 짧은 기간에 안동사회를 변혁시킬 신진세력이 결속되었고, 이들
의 노력이 주효했다. 여기에는 류인식은 말할 것 없이 金東三을 비롯한
川前 의성김씨 문중과 李相龍 등의 진보적 변화가 크게 기여하였다.

설립 재원은 虎溪書院의 재산과 천전 의성김씨 문중을 비롯한 여러
문중의 것이 동원되었던 것으로 보인다. 이상룡의 집안이나 류인식 집
안도 여기에 주된 역할을 했던 것은 쉽게 짐작이 간다.67) 그러다가
1909년 4월 1일에 정부가 소위 地方費法을 공포하여 지방에서 유림이
가지고 있던 公物을 몰수하여 지방비로 돌려쓰게 하는 조치가 있게 되
자,68) 이를 이용하였다.

이렇게 귀속된 유림의 公物에는 토지가 주된 것으로 보인다. 1913~4
년에 조사된 『土地調査簿』 가운데 臨東面 朴谷洞에 거주하던 柳東泰
의 명의로 기재된 협동학교 재산이 발견된다. 류동태는 협동학교 후기
에 해당하는 '한들시기'에 학교 운영의 주역을 맡았던 인물인데, 협동
학교 소유 토지는 그의 명의로 되어있고, 필지마다 '摘要'란에 '協東學
校財産'이란 글귀가 기재되어 있다. 안동군 지역에서 협동학교 재산으
로 기록된 토지로서 현재까지 확인된 것은 임동면·임현내면·임북면·
임서면·길안면·동후면·와룡면 등 7개 면 21개 동에 田 35필지 19,378
평, 畓 92필지 53,544평, 垈 1필지 81평, 분묘지 1필지 59평 등 모두
73,062평이었다.69) 그리고 그 토지가 虎溪書院·泗濱書院·岐陽書堂의
토지가 중심이었던 것으로 보인다. 그들이 정부의 압력에 힘을 얻고

---

67) ≪皇城新聞≫은 「嶠南의 一雷」라는 표제로 "安東郡東七面에 某某名族이
　　시국의 풍조를 觀感하며 時務의 필요를 覺知하고 교육사상이 일치 분발하야
　　동7면이 협력하야 일교를 창설하니 曰協東學校라. 유래 각 문중과 각 사숙의
　　유물을 정리하여" 재원을 마련했다고 보도하였다(≪皇城新聞≫ 1908년 9월
　　24일자).
68) 孫仁銖, 『韓國近代民族敎育의 理念硏究』, 文音社, 1988, 319쪽.
69) 1913~4년에 朝鮮總督府 臨時土地調査局에 의해 작성된 『土地調査簿』.

유림의 공론이라는 절차를 거쳐 토지를 장악했지만, 실제 넘어야 할 난관이 버티고 서 있었다. 서원 소유의 公物이 조사되고 기부되었지만, 막상 추수한 뒤에 賭租가 들어오지 않는 난국에 처해졌던 것이다. 그래서 여러 차례에 걸쳐 訟事를 벌여야만 했다.

金秉植·朴泰薰·李觀稙·朴濟緒·金振璜·柳淵甲·柳寅植·李康演·柳東泰·金東三·金箕壽·安商德·金轍勳·李鍾華·金衡植 등이 교장·교감이나 교사 혹은 직원으로 활약하였다. 이들 외에도 협동학교 교사로 전해지는 인물에는 柳長榮(풍천 하회)·柳鎭河(임동 마령)·金秉七(임하 천전)·柳周熙(임동 무실) 등이 있다.[70]

협동학교가 서울지역 교육운동과 밀접한 관계 속에서 운영되었다는 점이 주목된다. 특히 新民會와의 관계를 눈여겨 볼 필요가 있다. 협동학교가 설립되던 1907년은 바로 계몽운동의 비밀 지하결사체로서 대표적 조직인 新民會가 조직되던 해이기도 했다. 李觀稙·金箕壽·安商德 등의 교사들은 바로 이 新民會가 추천하여 파견한 인물이었다.[71] 따라서 협동학교는 경북 북부지역 계몽운동의 효시이면서, 이 지역에 대한 신민회의 교두보 확보라는 의미를 가지고 있었다. 이 관계는 다시 뒤에 언급되겠지만, 나라를 빼앗긴 뒤 만주망명 과정에서 분명하게 드러나게 되었다.

또 이 학교 설립 추진과정에는 大韓協會와의 관계도 고려해야 한다. 물론 서울에서 대한협회가 설립된 시기가 협동학교 출범보다 늦은 1907년 11월이었지만, 대한자강회를 이어 이것이 조직되는 상황이 협동학교에도 영향을 주었으리라는 점은 쉽게 추측된다. 그것은 협동학교의 핵심인물 가운데 류인식이 大韓協會 발기인으로 참여하였고, 또

---

70) 졸업생 林景勳의 증언(1994년 97세, 미국 로스엔젤레스 거주, 1994년 당시 천전국민학교 교장 李重淳과의 연락으로 작성된 증언서 참조).
71) 趙東杰, 『韓國民族主義의 成立과 獨立運動史硏究』, 지식산업사, 1989, 245쪽.

석주 이상룡이 안동지회장을 맡았기 때문이다. 협동학교가 최초의 계
몽교육운동 기관이었다면, 대한협회 안동지회는 최초의 근대 시민계몽
운동 조직이었다. 전자가 천전에다가 학생들을 모아 신식교육을 통해
민족의 미래를 열어 갔다면, 후자는 안동 중심부에 시민들을 집결시켜
정세 변화를 알리고 사회운동의 방향을 가늠해 주고 있었다. 또 협동
학교 설립과 교육활동에 중요한 영향을 준 조직으로 嶠南敎育會를 제
외시킬 수 없다.

협동학교는 3년제 중등학교로 출범하였지만 당시로서는 최고학부였
고, 또 학생들의 나이도 20세가 넘었다.[72] 1회 당시 중등과정을 고등본
과라고 지칭한 것으로 보아 예비과나 초등과도 존재했으리라 생각된
다. 이 학교가 중등과정이면서도 초등과정을 병설했다는 사실과 주변
다른 지역 학생들의 전업을 받아 들였다는 것도 확인된다.

1908년부터 수업을 시작한 뒤, 1회 졸업생이 1911년 3월에 배출되었
다.[73] 이어서 2회 졸업생은 4년 뒤인 1915년 4월 17일에 배출되었
고,[74] 3회생은 1916년, 4회생은 1917년, 5회생은 1918년에 각각 배출된
것 같다.[75] 그러니 개교 초기에 여러 가지 사정으로 학생 모집을 제대
로 하지 못하여 1회생만 입학시켰다가, 2회생부터는 해마다 신입생을
받아들일 수 있었던 것으로 보인다.

그리고 교과내용은 당시로서는 첨단의 과목들로 구성되었다. 2학년

---

72) 1회생들은 비교적 나이가 많았다. 졸업 당시 金秉大 23세, 金基南 25세, 金聲
魯 27세, 柳浚熙가 20세였다(졸업장 참조). 30세를 전후하여 다닌 학생도 있었
는데, 무실의 류연기가 바로 그러한 경우였다(權寧建, 「민족교육의 뿌리, 협동학
교의 전말」,『전통과 예술』1, 한국예술문화단체총연합회 안동지부, 1986, 92쪽).
73) 1회 졸업생 김성로·김기남·류준희의 졸업장 참조.
74) 柳圭元의 학적부 참조.
75) 5회 졸업생 林景動의 증언. 그는 4·5회 졸업생에 관해 증언했지만, 3회에 대해
서는 언급이 없다. 2회가 1915년에, 4회가 1917년에 졸업했으니, 3회의 졸업
시기가 1916년으로 추정되는 것이다.

과정 성적이 기록된 학적부를 보면 역사·국어·대수·화학·생물·체조·
창가·외국지지 등 17개 과목이 기재되어 있다.76) 다른 학년의 내용까
지 모두 확인할 수는 없지만, 안동지방에 남아 있는 몇 종류의 교과서
를 보면 『大韓新地誌(張志淵 著)』·『外國地理』·『中等生理學』·『新撰物
理學』·『植物學敎科書』·『商業大要』 등이 있어서 그 수준이 중등과정
의 것임을 쉽게 알 수 있다. 그리고 지리부도로 『萬國形勢指掌圖』
(1903년 依田雄甫 著, 1906년 14판)가 전해진다. 특히 『商業大要』라는
교과서는 전통적으로 상업을 천시하던 사회 관념을 혁신적으로 바꾸
어 가는 교과목으로 여겨진다. 그리고 류인식이 저술한 『大東史』가 직
접 교과서로 사용된 것으로 확인되지는 않지만, 비밀리에 그 정신이
전수되었을 것이라는 짐작은 충분히 간다.77) 또 梁啓超의 『飮氷室文
集』도 주요한 교과서였던 것으로 전해진다.

　졸업생들은 현재 대체로 80명 선에 이른 것으로 파악되는데, 실제로
40명 정도의 이름은 확인되고 있다. 이들 졸업생들은 대다수가 독립운
동에 참여했다. 만주로 망명하여 활약하거나 이 지역 교육운동의 구심
점으로, 또 3·1운동의 핵심인물로 활약하였고, 또 1920년대에 들어서
는 신간회 운동의 주도인물로 활약하였다.

---

76) 柳圭元의 학적부 참조.
77) 류인식은 1910년대 전반기에 걸쳐 『大東史』 저술에 심혈을 기울인 것으로 보
인다. 洪致裕와 李漢杰에게 그의 글을 살펴보라거나 등초를 부탁하는 기록이
1917년과 1920년에 나타난다(東山先生紀念事業會, 「答洪致裕」, 『東山文稿』,
1977, 30쪽; 「答李德純」, 앞의 책 31쪽). 이러한 점으로 미루어 보아, 이 책의
저술은 귀국 후부터 시작되어 10년 가까운 세월이 걸린 것으로 판단된다. 이 책
은 단재나 백암과 마찬가지로 국혼적 역사관에 입각하여 저술된 것으로, 서술
자체가 독립운동의 범주에 속하는 것이었다. 羅喆에 의해 大倧敎가 창설되자
류인식이 포고문을 쓴 것으로 전해지는데, 이것도 단재나 백암 모두 대종교에
입교한 것과 일맥상통하는 일이다(東山先生紀念事業會, 「略歷」, 『東山文稿』,
1977, 146쪽).

그런데 협동학교는 출범 시기부터 갖가지 장애에 직면하였다. 사립학교에 대한 일제의 탄압은 일반적인 이야기에 불과하였다. 사립학교령(1908), 사립학교규칙(1911), 개정 사립학교규칙(1915)에 의한 시련은 공통적인 것이었기 때문이다. 안동지방은 여기에다가 전통적인 척사적 분위기 때문에 다른 지방보다는 엄청난 시련을 겪어야만 했다. 학교 운영의 핵심이었던 柳寅植은 그의 생부인 西坡 柳必永과 스승인 척암 김도화로부터 파문을 당하는 아픔을 겪어야만 했다.[78] 그런 가운데 1910년에는 인근지역의 의병이 들이닥쳐 교사를 살해하는 참상이 빚어져 협동학교사에서 가장 어려운 시기를 맞았다. 1910년 7월 18일 오후 3시 협동학교에 안동·예천·영주지역에서 활동하던 崔聖天 휘하의 의병 18명이 난입하였다.[79] 그들은 교감 金箕壽(서울 寺洞, 32세), 교사 安商德(서울 麻洞, 24세)과 서기 李鍾華(봉화 鹿洞, 29세)를 살해하였다. 의병의 난입 이유는 계몽운동과 의병항쟁의 방략상 차이를 극복하지 못한 데에 있었다. 직접적인 계기는 학생들을 단발시킨 데 있었다.[80] 그들은 단발에 대해 격렬한 부정적 인식을 갖고 있었을 뿐만 아니라 신식교육에 대한 반감 또한 크게 가지고 있었다. 이런 현상은 안동만의 것은 아니었다.

협동학교의 주역들은 의병들의 피습과 이에 대한 수습의 와중에서 국치를 맞았다. 그러자 이들은 만주로 이동하기로 작정하였다. 만주망명길에 앞서 임원회의를 가진 그들은 협동학교 일을 모두 柳東泰에게 맡긴 뒤, 몇 차례로 나누어 길을 떠났다. 그들은 1910년 12월부터 1911

---

78) 東山先生紀念事業會, 「略歷」, 『東山文稿』, 1977, 144쪽.

79) 협동학교 피습 사건 바로 1개월 앞둔 1910년 6월에는 최성천 휘하에 20명의 부하가 있던 것으로 기록되어 있다(국사편찬위원회, 「六月中暴徒數調査表」, 『韓國獨立運動史』 資料18, 1989, 476쪽).

80) ≪皇城新聞≫ 1910년 7월 24일자.

년 3월 사이에 망명길에 올랐다. 그리하여 이상룡과 김동삼은 신민회
와 결속하여 耕學社(1911년 4월, 사장 이상룡)를 조직하였고, 뒤를 이
어 부민단, 신흥강습소(신흥중학교와 신흥무관학교의 전신), 백서농장
등을 건설하여 장차 독립군 육성의 기초를 마련하였다.

협동학교의 주역들이 만주로 가면서 柳東泰가 뒷일을 맡았다. 그리
고 협동학교는 1912년에 임동면 수곡동 한들[大坪] 定齋종택으로 옮겨
졌다.[81] 당시 소유주는 定齋 柳致明의 손자인 柳淵博 진사였고, 그의
일족인 柳淵甲이 교장을 맡아 1915년 4월에 2회 졸업생을 배출하였다.
이렇게 볼 때, 주력 인물들이 만주로 망명한 뒤에는 주로 무실 인사들
이 협동학교의 뒷감당을 맡은 사실을 알 수 있다. 그러다가 류인식이
다시 교장을 맡은 시기는 1917년이었다.[82] 그가 다시 협동학교의 교장
을 맡으면서 망명으로 중단했던 그의 교육이념을 실천에 옮겼다.

1919년 3월에 들어 민족 최대 규모의 항쟁인 3·1운동이 일어났다.
안동지방에서는 3월 13일부터 시위가 각 면으로 확산되었고, 전국 어
느 지역보다 강렬한 저항이 펼쳐졌다. 경북지역에서 가장 많은 수의
사상자를 내었고, 임동면에서는 단일 면의 시위에서 69명이 기소되는
기록을 남기기도 했다.[83] 이 상황에서 민족교육의 산실이었던 협동학
교가 차지한 역할도 상당한 것이었다. 협동학교 졸업생들의 시위 참여
는 물론이고 재학생들의 참여 또한 그러했다. 그러다보니 시위 주력이
학교로 돌아오기는 힘들었고, 휴교 상태가 상당히 장기화 되었다. 3·1
운동 발발 후 3개월이 지난 1919년 6월에 서울에서 있은 경무부장 회
의석상에서 헌병 대장은 경상북도에서 3·1운동으로 인해 휴교에 들어

---

81) 定齋 柳致明은 퇴계학통의 정맥을 이은 거유였다.
82) 柳震杰의 「修業證書」·「卒業證書」 참조. 류인식은 이듬해인 1912년 7월에 잠
  시 귀국했다가 일제에 체포되었다(金大洛, 「壬子錄」『白下日記』, 참조).
83) 독립운동사편찬위원회, 『독립운동사』3, 1971, 408~409쪽.

가 당시까지 개교하지 못한 학교로 협동학교와 大邱 啓聖學校 등 2개 학교를 들었다.[84] 휴교에 들어간 협동학교는 다시는 회생하지 못하고 말았다.

협동학교는 근대지향적 사상이나, 외세 침략에 저항해 간 자주적 노선에서 모두 선두에 서 있었다. 한편으로는 전국에서 가장 대표적이던 이 지역의 보수적 사고에 혁신을 불어 넣으면서, 다른 한편으로는 구국운동의 초석 구실을 하였던 학교가 바로 협동학교였던 것이다. 비록 방략의 차이로 의병의 습격을 받거나 일제의 침략 정책으로 숱한 고난을 겪었지만, 그럴수록 협동학교의 존재는 빛난 것이었다. 3·1운동으로 민족사 앞에 장렬히 산화해 간 협동학교는 "協東에 淵源한 一線陽脈의 光明은 우리 근대사의 格을 다양하게 드높였다."[85]고 노래할 만한 충분한 역사성을 가지고 있었다.

4. 국채보상운동

국채보상운동은 1907년 大邱廣文社 사장 金光濟, 부사장 徐相敦 등이 발의한 大邱斷煙償債所를 필두로 하여 전국적으로 확산된 것으로, 계몽운동의 하나로 추진되었다. 1907년 초에 국채 총액이 1천 3백만원을 넘게 되자, 1월 29일에 대구광문사에서 大東廣文會로 명칭을 바꾸는 모임을 갖는 자리에서 서상돈의 발의로 시작된 것이다.[86] 이에 참

---

84) 朝鮮憲兵隊司令部, 「朝鮮騷擾事件狀況」(大正 8年)(독립운동사편찬위원회, 『독립운동사자료집』6, 1973, 825쪽).
85) 趙東杰, 「協東學校紀念碑文」, 1993년 8월 15일.
86) 李尙根, 「國債報償運動에 관한 硏究」, 『國史館論叢』18, 국사편찬위원회 1990, 7쪽.
   서상돈은 "國債一千三百萬圜을 갚지 못하면 장차 국토라도 팔아서 갚아야 함

석자 전원의 찬성으로 시작된 이 운동은 전국적으로 파급되었고, 2월 22일에는 서울에서도 국채보상기성회가 설립되기에 이르렀다. 그리고 각 지방에서도 도·군을 단위로 국채보상소가 속속 설립되었다.[87]

고종을 비롯하여 관료들도 이에 참가하였다. 그러나 그들의 자세는 그렇게 적극적이지는 않았다. 이와 대조적으로 하급관리와 유생들은 이 운동에 적극적인 자세를 보였다. 이들은 국채보상운동에 적극적으로 참가했을 뿐만 아니라 취지서 발표나 연설을 통하여 전 국민의 참여를 촉구하고, 또한 지도적인 역할을 담당하였다.[88] 그리고 계몽운동을 벌이고 있던 단체나 학회, 즉 大韓自强會·西友學會·漢北興學會 등이 앞장을 섰고, 회보와 ≪皇城新聞≫과 ≪大韓每日申報≫ 등을 통해 운동의 당위성과 문제점들을 제기하고, 해결방안을 제시하였다.

경북지방의 경우에는 이 운동이 대구에서 출발하였기 때문에 다른 지방에 비해 빠른 속도로 확산되어 갔다. 1907년 1월 29일의 발의에 이어 2월 21일에 大邱斷煙會가 조직되었다. 그리고 같은 날 대구민의소가 군민대회를 소집하여 대중들의 참여를 유도하자, 민중들의 참여가 격증하였다.[89] 특히 이틀 뒤인 2월 23일에는 대구 남일동에서 南一洞

으로 二千萬 同胞가 담배를 석달만 피우지 말고 그 대금으로 국채를 갚자."라고 발의하였다(≪大韓自强會月報≫9, 59~60면).

87) ≪大韓自强會月報≫9, 64~71면; ≪大韓每日申報≫ 1907년 2월 28일·3월 7일자; ≪皇城新聞≫ 1907년 3월 2일자.

88) 李尙根, 「嶺南地域의 國債報償運動」, 『日帝의 韓國侵略과 嶺南地方의 反日運動』, 한국근대사연구회, 1995, 142쪽.

89) 취지서의 골자는 "국채 1천 3백만원은 국가의 존망을 위태롭게 하고 있으니 이를 보상하여야만 된다고 하였으며, 이를 보상하는 실천방법으로서 2천만 국민들이 3개월간 담배를 피우지 말고 그 대금으로 한 사람이 매월 20전씩 거둔다면 1천 3백만원을 모을 수 있어 국채를 보상할 수 있으니, 이것이 국민의 의무임을 깨닫고 모두 합심 동참하여 국채를 갚자."는 것이었다(「國債一千三百萬圓報償趣旨」, ≪大韓每日申報≫ 1907년 2월 21일자).

佩物廢止婦人會가 조직되면서 취지서가 발표되는 등 그 반응은 대단한 것이었다.[90]

한편 대구민의소는 大邱國債報償事務所를 열고 金炳淳과 徐相敦을 재무위원으로 선정하여 의연금을 총괄하게 하였다. 여기에 참가한 주요 인물에는 전직관리와 군인·유생·상인 및 여성들로 구성되었는데, 이 가운데 유생이 가장 많은 수를 차지하고 있었다.[91]

대구단연회 주도 인물들은 이를 확산시켜 나가기로 방침을 굳혔다. 그래서 慶北國債報償道總會를 구성하였다.[92] 이후 이 운동은 각 군으로 조직적인 확산을 보였다. 경북지방에서는 예천군에서 국채보상회(韓啓昌·金東圭·崔龍熙),[93] 성주군에서 국채보상의무회(李承熙·金昌淑),[94] 현풍군에서 단연보상회 등이 조직되어 앞서 나갔고,[95] 김천에서 李秉宰·金安瑞·金順瑞 등이 역시 활동하였다. 한편 경남지방에서는 경남애국회 安宅重 등 20여 명이 이 운동을 이끌어 나갔다.[96] 1907년 3월에 동래에서 동래부국채보상일심회가 성립되었고,[97] 창원과 마산에서도 이 운동이 확산되어 갔다.[98] 그리고 부산항에서는 남자보다 부인들의 활동이 먼저 시작되기도 했다.[99] 또 진주에는 유생을 비롯한

---

90) 「경고아부인동포라」, 《大韓每日申報》 1907년 3월 8일자.
91) 李尙根, 「嶺南地方의 國債報償運動」, 『韓國侵略과 嶺南地方의 反日運動』, 한국근대사연구회, 1995, 146쪽.
92) 《大韓每日申報》 1907년 7월 25일자.
93) 「兩郡出議」, 《皇城新聞》 1907년 4월 13일자.
94) 「李氏愛國聲」, 《皇城新聞》 1907년 4월 11일자; 「慶北星州郡義捐各人姓名錢數冊」, 《大韓每日申報》 1907년 5월 14일자.
95) 「慶尙北道玄風郡斷煙償債會趣旨」, 《大韓每日申報》 1907년 5월 14일자.
96) 「慶南愛國」, 《皇城新聞》 1907년 3월 20일자.
97) 「東萊府國債報償一心會趣旨書」, 《大韓每日申報》 1907년 3월 10일자.
98) 「昌原馬山港國債報償義捐所趣旨書」, 《大韓每日申報》 1907년 5월 28일자; 「夫人熱誠」, 《大韓每日申報》 1907년 4월 28일자.
99) 「부산항좌천리부인회감선(減膳)의연취지서」, 《大韓每日申報》 1907년 4월

일반인의 참여가 다른 지역과 같았지만, 기생들의 참여가 다른 지방에
비해 큰 몫을 차지하였다는 것이 특징이었다.100)

이상은 경상남북도에서 대표적인 사례만 열거한 것인데, 사실상 영
남지역 전체에 걸쳐 이 운동이 확산되어 갔다. 이러한 국채보상운동이
일제의 술책에 의해 와해되기는 했지만, 일제에 의한 경제적 침략의
일면을 국민들에게 알리고, 이에 대한 저항의식을 일깨웠다는 점에서
이 운동이 계몽운동으로서 가지는 의미가 있다고 생각된다. 국채보상
운동은 친일단체인 일진회를 통해 방해공작을 받는 등 시련을 겪었고,
나아가 일제의 탄압 이간책으로 말미암아 좌절되고 말았다. 그렇지만
이것을 계기로 국권회복을 위해서는 실력을 양성해야하고, 실력을 양
성하기 위해서는 산업을 진흥시켜야 한다는 산업진흥운동이 구체화
되었다.

그런데 국채보상운동이 유학계의 계몽운동인가 하는 점에 의문을
가질 수 있다. 그 이유는 이 운동을 발의한 인물들이 관찰부의 營吏 階
層이거나 관찰부를 중심으로 상권을 장악한 토착 신흥자본가였기 때
문이다. 그럼에도 불구하고 유학계의 계몽운동 범주에서 다루는 근거
는 이 운동이 지방에 파급된 뒤의 전개 상황에서 유학계가 일정한 범
위의 주도세력으로 자리 잡았기 때문이다. 실제로 도시에서 신흥자본
가들이 주도하였지만 참여 인물에는 유생들이 다수를 차지하였고, 특
히 지방에서는 유림들이 이 운동을 주도하는 경우가 많았다. 대구국채
보상사무소의 의연금 모집에 제1차로 참여한 초기의 인물에는 관리출
신이나 군인들도 있었지만 유생들의 참여수가 가장 많았던 사실이 전
자의 내용을 증명하며,101) 이승희나 김창숙과 같은 거유가 성주지역의

19일자.

100) 「芙蓉吐香」, ≪大韓每日申報≫ 1907년 3월 20일자; 「郡民愛國」, ≪大韓
每日申報≫ 1907년 3월 19일자.

대표로 활동했던 일은 바로 후자의 대표적인 사례에 속한다.

후자의 상황은 성주지역만의 것이 아니라 안동이나 예천·현풍·진주 등 영남의 여러 지방에서 나타난 상황이었다. 이런 점에서 영남지방 국채보상운동에서 유학계가 가진 역할과 위상을 결코 간과할 수는 없다고 생각한다. 즉 계몽운동의 연장선상에서 각 지방의 국채보상운동이 전개되었고, 이에 유학계는 주로 지방에서 이를 주도하는 소임을 담당하고 있었던 것이다.

5. 계몽운동에서 가지는 유학계의 위상

혁신유림에 의한 계몽운동의 수용과 전개는 오히려 보수성이 강한 지역에서 이루어졌다. 상경 인사들의 전향에 의해 출발된 혁신으로의 길은 다시 지방의 계몽운동을 빚어내었고, 이것이 인근 지역으로 확장되는 길을 걸었다. 안동과 성주지방처럼 전통 유림세력이 강한 지역에서는 혁신유림으로의 분화 자체가 어려운 상황이었는데도 불구하고 이를 극복한 인물이 나왔고, 이들의 영향으로 혁신을 주도할 새로운 인물들이 배출되었다.

서울에서 신식교육을 받은 인물들을 초빙하기도 했고, 그 과정에서 신민회 차원의 전략이 지방에 파급되기도 하였다. 안동의 협동학교는 바로 신민회와 밀접한 관련을 가지고 진행된 계몽운동의 대표적인 사례가 된다. 또 1906년 4월에 설립된 대한자강회와 그 부속 廣學社의 지방지회로 대구에서 설립된 대구광학회 등도 혁신유림에 의한 계몽운동의 확산이라는 점을 보여주었다. 특히 상경인사 가운데 張志淵·呂

---

101) ≪大韓每日申報≫ 1907년 3월 12일자 기타.

中龍·姜遠馨·呂永祚·趙秉禧 등의 혁신유림들이 대한자강회에 가입하고 있었기 때문에 이들을 매개로한 영남지방의 계몽운동 전파는 중요한 역할을 하였음에 틀림없다.[102]

그런데 계몽운동에서 유림이 차지할 수 있는 공간은 지역에 따라 크게 달랐다. 즉 안동이나 성주와 같은 전통성이 강한 지방의 경우에 유림이 계몽운동의 주도권을 장악할 수 있었다. 또 그들은 교육구국운동을 통해 후계자를 육성함으로써 계몽운동을 지속시켜 나갔다. 그러한 바탕 위에 교육운동이 확산되고, 1910년대 독립운동과 장차 3·1운동이나 1920년대 민족운동의 지도적 인물들을 배출했던 것이다.

이에 비하여 도시에서는 유림들이 들어설 공간이 별로 없었다. 때문에 도시의 계몽운동에는 소수의 유림만이 가담해 있었고, 또한 주도세력으로 부상한 경우도 별로 없었다. 즉 대구나 동래 같은 도시에서는 지주와 상인 및 營吏 계층의 부호들이 강력한 주도세력으로 떠올랐다. 즉 외세의 침략 속에서 신흥 상업도시로 성장한 도시에서는 급격하게 성장한 지주와 상인, 그리고 영리 계층의 부호들이 이 운동의 주도세력으로 나타났다. 대구지방을 살펴보면, 徐相敦·鄭圭鈺·徐丙五·鄭在學·徐相夏·李章雨·李一雨·崔萬達·崔大林·朴基敦·李宗勉 등이 바로 그들이었다.[103] 이들은 비록 전현직 관리의 직함을 내세우고 있기는 하지만, 대다수가 경상감영의 영리 출신이거나 상업으로 부를 축적하여 관리가 된 사람이었다.

유림에 의한 계몽운동은 혁신적인 변화를 바탕으로 시작된 것이라는 데서 긍정적인 의미를 가졌다. 그 이유는 그들이 척사유림에서 사

---

102) ≪大韓自强會月報≫2, 71~72면; 「會員名簿」, ≪대한자강회월보≫5, 65면.
103) 「達察美績」, ≪大韓每日申報≫ 1906년 3월 11일자; ≪皇城新聞≫ 1908년 7월 26일자, 이들은 대체로 사범학교 설립 발기인이나 국채보상운동 발기인으로 활약하였다.

상적인 전환을 보여주면서 나타났고, 국권회복을 목표로 삼은 구국운
동을 전개하였던 데서 찾아진다. 이들의 활약으로 신사상과 신지식을
회구하는 젊은 신세대가 육성되었다. 이렇게 성장된 인물들이 서울의
普成·養正·漢城·慶新·徽文學校 등 사립학교에 유학하거나 일본 유학
을 통해 신지식을 흡수하였다. 이를 바탕으로 그들은 계몽운동에 나섰
고, 신흥 자본세력의 지원아래 이를 확산시켜 나갔다. 이처럼 새 시대
의 주도세력으로 자리잡게 된 인물로는 대구의 尙灝, 고령의 南亨祐,
의령의 安熙濟, 경주의 朴尙鎭, 상주의 趙弼淵·金思容, 청도의 洪宙
一, 동래의 尹炳浩·尹顯振 등이 대표적이었다.

　혁신유림들이 국내외 정세변화에 대처하면서 제한적이지만, 사상적
인 변혁을 이룩함으로써 개화사상가나 개신유림보다는 적극적인 항일
투쟁을 전개할 수 있었다. 그럼에도 불구하고 더 이상 진보하지 못 하
는 한계는 그들이 육성한 신세대에 의해 극복되어 갔다. 즉 교남교육
회 차원의 온건한 계몽운동을 넘어서서 大東靑年團과 같은 강성을 띤
비밀결사체를 조직하고 1910년대 독립운동의 선두에 나선 인물들이
바로 계몽운동으로 육성된 신세대였기 때문이다. 그리고 이들에 의해
1910년대에 들어 의병과 계몽운동의 합일점을 찾는 작업이 모색됨으
로써 역사적 진보를 이끌어 냈던 것이다. 또 한편으로 계급적인 한계
극복도 이루어져 가고 있었다. 의병항쟁 과정과 마찬가지로 계몽운동
과정에서도 민중의 참여폭이 확대되고, 유림들의 작업이 분화되고 다
양화되어 민중으로 합류하는 현상도 나타남으로써 계급적 인식의 한
계를 벗어나는 일면을 보였던 것이다.

　그렇지만 다른 한편으로는 유림의 계몽운동이 커다란 한계점을 갖
고 있기도 했다. 이들이 전통유교의 폐단에 대한 비판으로 제시했던
개혁적 유교이념이 계몽사상의 질적 성장에는 별 다른 효과를 가져다

주지 못하고, 서양사조의 수용이 확산됨에 따라 계몽운동과 그 사상의 성장에 있어서도 주류에서 점차 밀려나게 되었기 때문이다.

그러나 다른 한편으로는 계몽운동 차원을 넘어서서 1920년대 노동운동에 이르기까지 혁신의 선봉에 서서 변화를 이끌어 간 안동지방의 류인식 같은 인물도 있어서 혁신유림에 대한 평가는 다양해진다. 결국 혁신유림은 척사유림에서 혁명적인 변화를 이끌어 냈지만, 여기에서 다시 변신하지 못한 경우는 주류에서 밀려났고, 이와 다르게 1910년대 이후 다시 새롭게 변신했던 인물들은 혁신의 물줄기를 계속 이어 갈 수 있었다는 것이다.

제2절 안동 協東學校와 독립운동

1. 머리말

안동지역은 선비정신이 강했던 곳으로 일컬어졌다. 그 선비정신은 조선시대 중엽 이후 남인들의 중앙정계 진출이 좌절된 뒤, 학문에 몰입하고 대의명분을 중시하는 분위기 속에서 형성되었다. 퇴계 학통의 계승에 자부심을 가졌던 이 지역 유림들은 가문에 대한 평가도 과거급제자 보다는 문집 간행자를 우선시 하였다. 그 결과 과거시험에서는 진사시 정도에 만족하고 오직 학문에만 정진하였는데, 그 결과 안동문화권에서 문집을 남긴 인물이 400명이 넘었다.

19세기 후반에 들어 외세의 침략에 대한 안동지역의 강력한 저항도 이러한 역사성 속에서 나왔다. 1881년 『朝鮮策略』의 도입에 대한 위정척사운동의 정점이라 할 수 있는 「嶺南萬人疏」, 1894년 한말 최초의 갑오의병이 이곳에서 일어난 사실, 일제에 강점되면서 11명의 유림이 자정순국으로 항쟁한 사실 등은 모두 안동지역 유림들의 성향을 보여주는 대표적인 사례였다. 그런데 이러한 척사적 항쟁의식은 민족운동사에서 빛나는 한 면을 보여주었지만, 시대적 변화를 감지하는 데 다소 뒤지는 일면을 보이기도 하였다.

안동지역은 전기의병이 태동한 곳이요, 그러한 성향이 강하게 뻗치고 있던 곳이었다. 때문에 1900년대에 들어 전개된 계몽운동을 쉽게

받아들이지 못한 곳이기도 하였다. 척사적 분위기를 극복하고 계몽운
동으로 전환하는 것이 다른 어느 지역보다도 힘든 곳이었다. 따라서
이 지역에서 계몽운동의 교두보로 설립된 협동학교는 바로 안동을 비
롯한 경북 북부지역을 변혁시키는 신호탄이었다.

협동학교의 고찰은 척사적 분위기 속에서 혁신적 변화를 열어나간
안동지역 독립운동계의 변화를 추적할 수 있는 좋은 사례이다. 그래서
일찍이 협동학교를 중심한 안동지역 유림들의 독립운동에 대해 관심
을 기울인 연구가 소수 있었다.[104] 이들 연구는 안동지역 혁신유림들
의 성향 변화와 만주망명 및 만주지역 독립운동에 대해 상당한 업적을
남기면서 협동학교 연구에 대한 길을 터놓았다. 그래서 필자는 기존
연구업적을 바탕으로 삼고, 새로운 자료를 발굴하여 협동학교 자체에
대한 사실 규명과 안동지역만이 아니라 한국독립운동사에서 가지는
역사적 위상을 규명하려 한다. 협동학교의 재원 가운데 중요한 토지의
조사, 교육과정과 내용, 의병의 습격사건 전말, 3·1운동과의 관련과 폐
교시기 등 지금까지 제대로 규명되지 못한 문제들을 중점적으로 풀어
가려 한다. 그렇지만 이런 의도에도 불구하고 자료적 한계 때문에 상
당히 중요한 과제를 뒤로 미루는 아쉬움을 갖는다.

---

104) 趙東杰, 「安東儒林의 渡滿經緯와 獨立運動上의 性向」, 『大丘史學』15·16
합집, 대구사학회, 1978(『韓國民族主義의 成立과 獨立運動史硏究』, 지식산
업사, 1989, 재수록); 朴永錫, 「日帝下 在滿韓人社會의 形成 -石洲 李相龍
의 活動을 中心으로-」, 『韓民族獨立運動史硏究』, 一潮閣, 1982; 李東彦, 「一
松 金東三 硏究」, 『한국독립운동사연구』7, 독립기념관 한국독립운동연구소,
1993.

2. 설립과정

전기의병이 가장 먼저 일어나 맨 끝까지 전개되었던 안동지역에 혁신의 물결이 들이닥치는 계기는 東山 柳寅植에 의해 만들어졌다. 1903년 성균관으로 유학길에 올랐던 그는 그곳에서 丹齋 申采浩를 만나면서 사상과 행동에 커다란 변화의 전기를 맞았다. 그가 혁신유림으로 전환한 것이다. 당시 서울은 안으로 개화혁신운동을 넘어서서 계몽운동으로 나아가고 있었고, 밖으로는 러일전쟁의 전야에 놓여 긴장상태에 접어들고 있었다. 이 상황에서 류인식은 梁啓超의『飮氷室文集』등 신서적을 접하면서 비로소 세계정세에 눈을 떴고, 안동지역의 혁신이 절실히 요구된다는 사실도 깨달았다.[105]

서울에서 국민교육회가 설립되면서 계몽운동이 시작되던 1904년에 류인식은 안동으로 돌아왔다. 그리고 金進洙와 더불어 학교 설립에 노력하였다. 그러나 안동지역의 완고한 보수성은 이를 허용하지 않았다.[106]

1906년 신교육기관 설립에 박차를 가할 수 있는 기회가 마련되었다. 그것은 고종황제가 「興學詔勅」을, 申泰休 경북관찰사가 「興學訓令」을 각각 내린 일이었다. 특히 후자는 관내 41개 군에 학교 설립을 장려하고 학생의 강제 입학을 명한 것으로서 매우 중요한 의미를 가졌다. 그래서 ≪皇城新聞≫은 이를 여러 차례에 걸쳐 보도하고, 당시의 급선무가 '興學校·振敎育'임을 주장하면서 「흥학훈령」을 찬양하는 논설을 연달아 게재하기도 하였다.[107] 강제성을 띤 이 훈령은 보수 성향에 잠겨 신교육을 거부하고 있던 영남지역에 상당한 영향을 주었다.[108] 이에 힘입은 류

---

105) 東山先生紀念事業會, 「略歷」, 『東山文稿』, 1977, 144쪽.
106) 東山先生紀念事業會, 「略歷」, 『東山文稿』, 1977, 144쪽.
107) ≪皇城新聞≫ 1906년 3월 26·27일자 논설.

인식을 비롯한 중심인물들은 학교 설립에 박차를 가하였다.

협동학교는 1907년 봄에 설립된 것으로 알려지고 있다.[109] 이를 중심으로 짧은 기간에 안동사회를 변혁시킬 신진세력이 결속되었고, 이들의 노력이 주효했다. 여기에는 류인식은 말할 것 없이, 一松 金東三을 비롯한 川前 의성김씨 문중과 石洲 李相龍 등의 진보적 변화가 크게 기여하였다.

협동학교의 명칭은 "나라의 志向은 東國이요, 향토의 지향은 安東이며, 面의 지향은 臨東"이므로 '東'을 채택하였고, '協'은 안동군의 동쪽에 위치한 7개 면이 힘을 합쳐 설립한 것이므로 채택하여 '協東'이라 하였다.[110] 학교의 위치는 임동의 川前이고, 건물은 可山書堂을 사용하기로 하였다. 그리고 그것을 수리하는 동안 우선 白下 金大洛의 사랑채를 임시교사로 사용하였다. 김대락은 새로 건축한 50여 칸의 가옥을 출연하여 교사로 쓰고 자기는 작은 집에 이주하였던 인물로 알려진다.[111]

설립 재원은 虎溪書院의 재산과 천전 의성김씨 문중을 비롯한 여러 문중의 것이 동원되었던 것으로 보인다. 이상룡의 집안이나 류인식 집안도 여기에 주된 역할을 했던 것은 쉽게 짐작이 간다.[112] 그러다가

---

108) "가장 鄙陋한 자는 왈 교남인사라 하며, 가장 완고한 자는 왈 교남인사라", "전국이 皆維新하는 정도에 달할지라도 교남의 완고는 불가파"(《皇城新聞》 1908년 9월 24일자)라고 하는 등, 신문들에 영남지역의 완고성을 비난하는 글들이 여러 차례에 걸쳐 게재되었다.

109) 東山先生紀念事業會, 「略歷」, 『東山文稿』, 1977, 144쪽(실제로 학생을 모집하고 수업을 시작한 시기는 다음해인 1908년으로 추정된다. 왜냐하면 3년제 중학과정에 1회 졸업생이 배출된 시기가 1911년 봄이었기 때문이다).

110) 「協東刱立」, 《皇城新聞》 1908년 9월 27일자.

111) 「嶠南敎育界에 新赤幟」, 《皇城新聞》 1909년 5월 8일자(이 기사는 김대락이 원래 구학문의 대가요, 신교육에 극력 반대하였던 인물이었으나 필요성을 깨닫고 헌신적으로 신교육에 임하게 된 것을 찬양하였다.

112) 《皇城新聞》은 「嶠南의 一雷」라는 표제로 "安東郡東七面에 某某名族이

1909년 4월 1일에 정부가 소위 地方費法을 공포하여 지방에서 유림이
가지고 있던 公物을 몰수하여 지방비로 돌려쓰게 하는 조치가 있게 되
자,113) 이를 이용하였다. 즉 마침 면장으로 있던 류인식은 이것이 한
학교의 기본금으로 족하다고 생각하고 金厚秉·河中煥·金東三 등과
상의한 뒤, 廬江書院[虎溪書院]에서 기성회를 소집하였다. 이에 유림
들이 다수 참여하고 찬동함에 따라, 류인식 등 핵심인물들은 당국과
교섭하여 학부의 승인을 얻어 협동학교에 귀속시켰다.114)

이렇게 귀속된 유림의 公物에는 토지가 주된 것으로 보인다. 1913~4
년에 조사된 『土地調査簿』 가운데 臨東面 朴谷洞에 거주하던 柳東泰
의 명의로 기재된 협동학교 재산이 발견된다. 류동태는 협동학교 후기
에 해당하는 '한들시기'에 학교 운영의 주역을 맡았던 인물인데, 협동
학교 소유 토지는 그의 명의로 되어있고, 필지마다 '摘要'란에 '協東學
校財産'이란 글귀가 기재되어 있다. 안동군 지역에서 협동학교 재산으
로 기록된 토지로서 현재까지 확인된 것은 임동면·임현내면·임북면·
임서면·길안면·동후면·와룡면 등 7개 면 21개 동에 田 35필지 19,378
평, 畓 92필지 53,544평, 垈 1필지 81평, 분묘지 1필지 59평 등 모두
73,062평이었다.115) 이 자료에 근거한다면 협동학교 재산의 토지는 안

시국의 풍조를 觀感하며 時務의 필요를 覺知하고 교육사상이 일치분발하야
동七면이 합력하야 일교를 창설하니 曰協東學校라. 유래 각 문중과 각 사숙
의 유물을 정리하여" 재원을 마련했다고 보도하였다(≪皇城新聞≫ 1908년 9
월 24일자).

113) 孫仁銖, 『韓國開化敎育硏究』, 一志社, 1980, 319쪽.
114) 東山先生紀念事業會, 「略歷」, 『東山文稿』, 1977, 144쪽.
"…時 自上府 有調査儒林公物 沒收爲地方費 先生 時在面長之任 以謂此
足爲一校基本金 乃與金厚秉 河中煥 金東三 相議設校 定期成會於廬院
儒林一隊 齊會贊同 先生 與金厚秉 河中煥 交涉當局 承認學部調査儒物
歸付協校 修理校舍 募集生徒 不日開學."
115) 1913~4년에 朝鮮總督府 臨時土地調査局에 의해 작성된 『土地調査簿』에

동의 동부지역에 산재해 있었고, 오늘의 행정구역인 임하면·임동면·길
안면·예안면·와룡면 등에 분포해 있었다고 생각된다. 그리고 그 토지
가 호계서원·泗濱書院·岐陽書堂의 토지가 중심이었던 것으로 보인다.
앞서 '협동학교 설립 취지문'에서 나온 것처럼, 협동학교 설립에는 안
동의 동쪽 지역 7개 면이 합동하였다고 적혀 있었는데, 실제 토지 재산
의 위치를 보면 모두 안동의 동쪽지역 7개 면의 토지임을 알 수 있다.

그들이 정부의 압력에 힘을 얻고 유림의 공론이라는 절차를 거쳐 토
지를 장악했지만, 실제 넘어야할 난관이 버티고 서 있었다. 서원 소유
의 公物이 조사되고 기부되었지만, 막상 추수한 뒤에 賭租가 들어오지
않는 난국에 처해졌던 것이다. 그래서 류인식은 정면으로 訟事를 벌여

서 확인된 협동학교 재산은 다음과 같다(金元錫 조사, 괄호는 필지수).

번호	지역명	토지구분 및 평수			
		전	답	대지	분묘지
1	임동면 갈전동	482평(1)	360평(1)		
2	임동면 수곡동	1,749평(2)	8,502평(11)		
3	임동면 고천동		4,047평(4)		
4	임북면 기사동		554평(1)		
5	임북면 구룡동		337평(1)		
6	임북면 미질동		715평(1)		
7	임북면 마동	349평(1)			
8	임서면 현하동		3,870평(5)		
9	임서면 오대동		1,891평(4)		
10	임서면 금소동	941평(2)	1,135평(3)		
11	임서면 신덕동	3,104평(4)	608평(2)		
12	길안면 천지동	405평(1)	5,310평(7)		
13	길안면 용계동	1,525평(2)	993(3)		59평(1)
14	길안면 만음동	2,384평(2)	3,427평(8)		
15	길안면 구수동		682평(2)		
16	임현내면 사의동	2,404평(6)	4,260평(9)		
17	임현내면 천전동		1,851평(2)		
18	동후면 노산동	4,364평(12)	10,440평(19)		
19	동후면 주진동	1,419평(1)	1,035평(2)	81평(1)	
20	와룡면 가야동		1,997평(3)		
21	와룡면 지내동	252평(1)	1,530평(4)		
합계	73,062(129)	19,378(35)	53,544(92)	81(1)	59(1)

이를 되찾고자 노력하였다. 그는 이 토지가 기부되었고 이미 조사되어 관부에 보고되었는데, 뒤늦게 수곡이 제대로 들어오지 않아 갈등이 커지게 되자 소송을 제기했던 것이다.116) 기양서당에 대한 송사는 바로 그러한 과정에서 나타난 것이었다.

협동학교 설립과 운영에 있어 핵심인물들은 류인식·이상룡·김동삼을 비롯하여 다수가 있었다. 천전마을에 학교가 세워졌기 때문에 우선 의성김씨 靑溪公의 종손인 金秉植의 참여가 큰 비중을 가졌다. 그리고 校舍를 임시 제공했던 金大洛과 그의 아들 金衡植 및 金厚秉(蒼菴) 등 의성김씨 가문의 인물들과 서후면 河中煥(砥峯)도 기여하였다. 또 대한협회 활동을 통해 안동지방 혁신운동의 한쪽 바퀴를 움직이고 있던 이상룡과 그의 집안인 固城李氏 문중도 여기에 크게 기여했으리라 생각된다.

교직원은 지금까지 남아 있는 소수의 졸업증서나 진급증서에서 확인된다. 김병식·朴泰薰·李觀植·朴濬緒·金振璜·柳淵甲·柳寅植·李康演·柳東泰·金東三·金箕壽·安商德·金轍勳·李鍾華·金衡植 등이 교장·교감이나 교사 혹은 직원으로 활약하였다. 이들 외에도 협동학교 교사로 전해지는 인물에는 柳長榮(풍천 하회)·柳鎭河(임동 마령)·金秉七(임하 천전)·柳周熙(임동 무실) 등이 있다.117)

이들 가운데 서울에서 파견되어 온 교사들을 보면, 협동학교의 설립이 단순하게 안동지역 인사의 뜻만으로 진행된 것이 아니라는 사실을

---

116) "...盖岐社始末 叔侍亦知之已 調査也 非寅之所預知也 寄付也 非寅之所操縱也 旣調査矣 所以渾同於各所田土而報部承認也 向後 轉轉葛藤 遂成乖激 徒擁虛券而賭租不入則一番起訟 勢不得已 然 寅也 爲之原告 又非始慮之所及而事已到此 更無自解之道則寅也 誠有罪焉"(「與恬庵族叔」, 『東山文稿』, 1977, 32쪽).

117) 졸업생 林景動 증언(1994년 97세, 미국 로스앤젤레스 거주, 1994년 당시 천전 국민학교 교장 李重淳과의 연락으로 작성된 증언서 참조).

알게된다. 즉 서울지역 교육운동과의 밀접한 관계 속에서 이루어졌다
는 점이 주목되는 것이다. 특히 新民會와의 관계를 주시할 필요가 있
다. 협동학교가 설립되던 1907년은 바로 계몽운동의 비밀 지하결사체
로서 대표적 조직인 新民會가 조직되던 해이기도 했다. 李觀植·金箕
壽·安商德 등의 교사들은 이 新民會가 추천하여 파견한 인물이었
다.[118] 따라서 협동학교는 경북 북부지역 계몽운동의 효시이면서, 이
지역에 대한 신민회의 교두보 확보라는 의미를 가지고 있었다. 이 관
계는 다시 뒤에 언급되겠지만, 나라가 무너진 뒤 만주망명과정에서 분
명하게 드러나게 되었다.

또 이 학교 설립 추진과정에는 大韓協會와의 관계도 고려해야 한다.
물론 서울에서 대한협회가 설립된 시기가 협동학교 출범보다 늦은
1907년 11월이었지만, 대한자강회를 이어 이것이 조직되는 상황이 협
동학교에도 영향을 주었으리라는 점은 쉽게 추측이 가능하다. 그것은
협동학교의 핵심인물 가운데 류인식이 大韓協會 발기인으로 참여하였
고, 또 석주 이상룡이 안동지회장을 맡았기 때문이다. 협동학교가 최초
의 계몽교육운동 기관이었다면, 대한협회 안동지회는 최초의 근대 시
민계몽운동 조직이었다. 전자가 천전에다가 학생들을 모아 신식교육을
통해 민족의 미래를 열어 갔다면, 후자는 안동 중심부에 시민들을 집
결시켜 정세 변화를 알리고 사회운동의 지침을 일깨우고 있었다. 또
전자가 류인식과 김동삼에 의해 직접 운영되었다면, 후자는 이상룡에
의해 지도되고 있었다. 그러니 이 두 조직은 안동사회의 혁신을 이끌
어간 쌍두마차의 구실을 하였던 것이다.

또 협동학교 설립과 교육활동에 중요한 영향을 준 조직으로 嶠南敎
育會를 제외시킬 수 없다. 교남교육회는 교남학회라고도 하는데, 경상

---

118) 趙東杰, 『韓國民族主義의 成立과 獨立運動史硏究』, 지식산업사, 1989, 245쪽.

남북도의 교육진흥을 표방하면서 1908년 서울에서 조직되었다. 전국 다섯 학회 가운데 가장 늦게 성립됨으로써 당시 이 지방 신식교육에 대한 완고한 태도를 읽을 수 있다. 때문에 서울에서는 이 지방의 완고한 인사들을 질타하는 글을 신문에 여러 차례 발표하기도 했다. 전하는 말에 의하면 류인식은 교남교육회에 발기인으로 참가하고 그 취지서를 썼다고 한다.119) 이것은 다른 어느 지역보다 느리게 변화하고 있던 영남지역 교육계의 변혁을 재촉하기 위한 움직임이었다.

협동학교가 출범하자, ≪皇城新聞≫은 "안동에서 학교를 설하니 嶠南全省에 교육보급하는 영향이 유할지로다."120)라고 찬사를 보냈다. 이 지역의 보수성이 지나치리만큼 강하고 또 신교육 도입이 전국에서 가장 늦었으므로, 협동학교에 거는 중앙의 기대는 대단한 것이었다. 때문에 서울에서는 협동학교의 움직임에 대해 관심을 기울였고, 또 여러 차례에 걸쳐 보도하거나 논설을 게재하였다.

3. 구국교육운동의 전개

1) 교육과정과 내용

협동학교는 3년제 중등학교로 출범하였지만 당시로서는 최고학부였고, 또 학생들의 나이도 20세가 넘었다.121) 협동학교의 학제는 너무나

---

119) 柳基元(류인식의 손자) 증언.
120) 「嶠南의 一雷」, ≪皇城新聞≫ 1908년 9월 24일자.
121) 1회생들은 비교적 나이가 많았다. 졸업 당시 金秉大 23세, 金基南 25세, 金聲魯 27세, 柳浚熙가 20세였다(졸업장 참조). 30세를 전후하여 다닌 학생도 있었는데, 무실의 류연기가 바로 그러한 경우였다(權寧建, 「민족교육의 뿌리, 협

복잡하여 간단하게 도형화하기는 불가능하다. 시기에 따라 과정이나 수업년한이 바뀌다보니, 이를 쉽게 파악할 수가 없게 되었다. 물론 여기에는 일제가 요구한 기준에 맞지 않아서 임기응변식으로 운영한 경우도 많았기 때문일 것이다.

처음에는 3년제 중등과정으로 출범하였다. 1회 당시 중등과정을 고등본과라고 지칭한 것으로 보아 예비과나 초등과도 존재했으리라 생각된다. 그곳에서 어느 정도 예비교육 시킨 뒤에 본과로 진학시킨 것 같다. 그런데 柳震杰이라는 학생의 진급증서와 졸업증서를 보면 초등과 4학년을 졸업하고 1년 뒤에 본과 2년을 마친 기록을 보이고 있다. 월반 제도가 있었는지도 모르겠다.[122) 金俊燦의 경우는 안동면내 啓明學校 4학년에 진급했다가 협동학교로 전학하여 한 해 만에 류진걸과 마찬가지로 본과 2학년을 마쳤다.[123) 이를 통해 보면 협동학교가 중등과정이면서도 초등과정을 병설하고 있었다는 사실과 주변 다른 지역의 학생들의 전입을 받아들였다는 것도 확인되는 셈이다.

1908년부터 수업을 시작한 뒤, 1회 졸업생이 1911년 3월에 배출되었다.[124) 이어서 2회 졸업생은 4년 뒤인 1915년 4월 17일에 배출되었다.[125) 3회생은 1916년, 4회생은 1917년, 5회생은 1918년에 각각 배출된 것 같다.[126) 그러니 개교 초기에 여러 가지 사정으로 학생 모집을

동학교의 전말」, 『전통과 예술』1, 한국예술문화단체총연합회 안동지부, 1986, 92쪽).

122) 柳震杰은 1914년 3월 25일에 초등 3학년 수료, 1915년 4월 17일에 초등 졸업, 1916년 3월 29일에 성적 우등으로 2학년 수료, 1917년 3월 24일에 3학년 수료, 1918년 3월 23일에 졸업했다(그의 진급, 졸업장 및 성적 우등 褒證書 참조).

123) 金俊燦의 수업증서와 졸업장 참조.

124) 1회 졸업생 김성로·김기남·류준희의 졸업장 참조.

125) 柳圭元의 학적부 참조.

126) 5회 졸업생 林景動의 증언. 그는 4·5회 졸업생에 관해 증언했지만, 3회에 대

제대로 하지 못하여 1회생만 입학시켰다가, 2회생부터는 해마다 신입생을 받아들일 수 있었던 것으로 보인다.

그리고 교과내용은 당시로서는 첨단의 과목들로 구성되었다. 2학년 과정 성적이 기록된 학적부를 보면 역사·국어·대수·화학·생물·체조·창가·외국지지 등 17개 과목이 기재되어 있다.[127] 다른 학년의 내용까지 모두 확인할 수는 없지만, 안동지방에 남아 있는 몇 종류의 교과서를 보면 『大韓新地誌』(張志淵 著)·『外國地理』·『中等生理學』·『新撰物理學』·『植物學敎科書』·『商業大要』 등이 있어서 그 수준이 중등과정의 것임을 쉽게 알 수 있다. 그리고 지리부도로 『萬國形勢指掌圖』(1903년 依田雄甫 著, 1906년 14판)가 전해진다. 특히 『상업대요』라는 교과서는 전통적으로 상업을 천시하던 사회 관념을 혁신적으로 바꾸어 가는 교과목으로 여겨진다. 그리고 류인식이 저술한 『大東史』가 직접 교과서로 사용된 것으로 확인되지는 않지만, 비밀리에 그 정신이 전수되었을 것이라는 짐작은 충분히 간다.[128] 또 梁啓超의 『飮氷室文集』도 주요한 교과서였던 것으로 전해진다.

학생들의 학비 부담은 별로 없었던 것 같다. 앞에서도 이미 살펴본

해서는 언급이 없었다. 2회가 1915년에, 4회가 1917년에 졸업했으니, 3회의 졸업 시기가 1916년으로 추정되는 것이다.

127) 柳圭元의 학적부 참조.

128) 류인식은 1910년대 전반기에 걸쳐 『大東史』 저술에 심혈을 기울인 것으로 보인다. 洪致裕와 李漢杰에게 그의 글을 살펴보라거나 등초를 부탁하는 기록이 1917년과 1920년에 나타난다(東山先生紀念事業會, 「答洪致裕」, 『東山文稿』 1977, 30쪽; 「答李德純」, 앞의 책 31쪽). 이러한 점으로 미루어 보아, 이 책의 저술은 귀국 후부터 시작되어 10년 가까운 세월이 걸린 것으로 판단된다. 이 책은 단재나 백암과 마찬가지로 국혼적 역사관에 입각하여 저술된 것으로, 서술 자체가 독립운동의 범주에 속하는 것이었다. 羅喆에 의해 大倧敎가 창설되자 그가 포고문을 쓴 것으로 전해지는데, 이것도 단재나 백암 모두 대종교에 입교한 것과 일맥상통하는 일이다(東山先生紀念事業會, 「略歷」, 『東山文稿』, 1977, 146쪽).

것처럼, 학교 소유의 토지가 7만평이 넘었으므로, 학교운영의 재원은 웬만큼 확보되었으리라 짐작된다. 실제로 졸업생의 증언에서는 학비를 낸 경우도 있지만, 그렇지 않은 경우도 있다. 또 학생들은 대부분 기숙사 생활을 했다. 천전에서는 金大洛의 사랑채를 사용하였고, 한들로 이동한 뒤에는 교실 옆 방 3칸과 학교 밖 3칸짜리 초가를 구입하여 기숙사로 사용하였다.[129]

2) 배출 인물

협동학교가 배출한 졸업생은 모두 80명 정도로 파악된다. 졸업 기념사진에 보이는 1회생이 23명, 3회생 6명, 부정확하지만 임경동의 증언에 보이는 4회 졸업생이 10명 정도, 5회 16명, 3·1운동으로 졸업하지 못한 6회 졸업예정자 7명 등을 감안하면 그 정도가 될 것 같다. 각종 자료에 보이는 졸업생의 명단은 다음과 같이 40여 명에 이른다.

> 金秉大·金基南·金聲魯·柳浚熙,[130]·金文植·裴在基·鄭顯模[131]·鄭春欽[132]·柳圭元[133]·배수철·김민호·황선규·李仁洪[134]·柳震杰·金俊燦·林景動·柳宅洙·金洛基·朴斗榮·金奉洙·申世均·鄭相容·申昇均·申任均[135]·周秉浩·李俊業·金仁出·金仁祚·申正均·金斗滿·金有植[136]·

---

129) 한들에서는 학교 안의 3칸과 학교 밖 초가 3칸을 기숙사로 사용했는데, 바깥 초가는 방 2칸과 부엌 1칸으로 만들어 사용했으니, 방은 모두 5개 칸이었던 셈이다. 4명이 방 한 칸을 사용했다고 전해진다(林景動 증언).

130) 이상 1회, 졸업증서 참조.

131) 「協校學生哀函」, ≪皇城新聞≫ 1910년 7월 29일자(1910년도 학생이므로 모두 1회생으로 생각된다).

132) 國史編纂委員會, 『韓國獨立運動史』 資料18, 1989, 479쪽.

133) 2회, 학적부 참조.

134) 이상 4회, 임경동 증언.

李運衡(2회)·李光民·柳基東·柳林·柳淵福·金明仁·柳東鵬·柳東駒·柳東馥·柳淵琦·柳淵泰·李海東[137]·金光哉(5회)[138]

이들 졸업생들은 대다수가 독립운동에 참여했다. 만주로 망명하여 활약한 인물은 김성로를 비롯하여 이운형·류기동·류림 등이었고, 안동지역 3·1운동에 참여한 인물은 김명인·류후직(류동붕)·류동혁(류동경)·류동복·류연기·류연태·이해동 등이었으며, 김광재는 청하지역 시위에 앞장섰다. 그리고 정현모는 신간회 안동지회의 핵심인물로 활약하였다. 이 외에도 협동학교 졸업생들은 주변 각 지역에 신식교육의 파급을 위해 노력했다. 김광재는 曲江面 七浦 養正學校와 신광면 보통학교에서 교사로 활약한 것이 그 사례이다.[139]

4. 시련과 중심인물의 만주망명

1) 일제의 탄압과 의병의 내습

(1) 사립학교령에 의한 탄압

협동학교는 출범 시기부터 갖가지 장애에 직면하였다. 일제는 통감정치를 통해 사립학교에 대한 탄압을 본격적으로 가하기 시작했던 1908년 8월에 사립학교령을 발표했다. 이후 1911년에 사립학교규칙을

---

135) 이상 16명 5회, 졸업증서와 임경동 증언.
136) 6회 졸업예정자, 임경동 증언.
137) 김을동, 『安東版獨立史』, 명문사, 1985 참조.
138) 尹普鉉, 『嶺南出身獨立運動略傳』1, 1961, 74~75쪽.
139) 尹普鉉, 『嶺南出身獨立運動略傳』1, 1961, 74~75쪽.

통해 사립학교가 일제의 감독과 통제 아래에 들었고, 1915년에 개정
사립학교규칙으로 주요 관리사항이 총독부 인가사항으로 바뀌게 됨에
따라 사립학교가 감소하게 되었다. 여기에서 협동학교가 출범기에 맞
은 시련이 바로 사립학교령이었다.

구국계몽운동의 일면이 흥학운동으로 급격하게 확산되자, 일제는 이
에 제동을 걸고 나섰으니, 이것이 곧 사립학교령이었다. 즉 흥학운동이
민족운동 차원에서 발전해 가자, 일제가 "彼政論에 參加하고 又時事에
關與하는 等事는 斷然히 此를 避케 아니치 못할지니"[140]라고 하여 교
육운동이 구국운동으로 가는 길을 차단하려 했던 것이다.

사립학교령은 학칙이나 1년간의 수지예산 등을 학부대신의 인가사
항으로 규정했고(2조), 도서는 학부편찬이나 검인정을 받은 것으로 한
정시켰다(6조). 그러면서 '안녕질서를 문란케 하고 또는 풍속을 괴란할
우려가 있을 때는 학부대신이 폐쇄시킬 수 있다'고 못을 박았다(10조).
그러니 일제는 실제 문제를 일으키지 않더라도 그럴 우려가 있다고 판
단되면 항상 사립학교를 폐쇄시킬 수 있도록 탄압책을 만들었다. 결국
사립학교령 2조 내용의 초점은 기존 학교를 일제의 통치기준에 맞춰
정비하고, 신설학교 설립을 억제하는 데 맞춰져 있었다.

사립학교령은 신설학교에 대한 허가만을 명시한 것이 아니라 기존
학교도 6개월 이내에 허가를 반드시 받도록 규정하였다. 이에 대해 당
시 신문은 '교육을 방해하는 사립학교령'이라 표현하면서, '휘문의숙이
사립학교령을 해설하는 자리를 마련하였으니 교육계에 큰 이익이 될
것이라'고 보도하거나,[141] '너무 엄한 규칙'이요 '지원이 없으면서 규
칙만 강요'했다고 표현하기도 했다.[142]

---

140) 「學部訓令」 2호 9항, 1908년 8월 28일.
141) 「私立學校令解說」, ≪大韓每日申報≫ 1908년 12월 16일자.
142) ≪京鄉新聞≫ 1908년 9월 18일자.

그런데 협동학교만이 아니라 당시 대부분의 사립학교는 재력이 열악하였다. 校舍 한 칸을 건축함에도 사회 유지들이나 자본가의 힘을 얻어야 했고, 일시적으로 기부금이 있더라도 오래 가질 못하는 경우가 허다했다.143) 또 일부 사학에서는 學田·導船稅·市場稅와 같은 公課的 수입에 의존하는 경우도 있었다. 그러자 일제 통감부는 1909년 2월 27일에 閣令 제2호에 의한 「寄附金品募集取締規則」, 4월 1일에 소위 「地方費法」을 공포, 1910년 4월 26일자 「학부훈령」 제3호 등을 통해 사립학교의 재원을 철저하게 봉쇄해 나갔다. 시장세·地稅附加稅·屠場稅 등을 지방비 수입으로 규정함으로써 사학의 재원을 잘라버렸다.144) 때문에 일제는 전국적으로 번져가던 구국교육운동의 열기에 찬물을 끼얹는 정책을 실시했던 것이다.

1909년 말 집계에 의하면, 전국의 학교 수는 5,727개교인데, 사립이 2,250개교, 정부 미인가 사립교가 약 700개교로, 모두 3,000개교에 이르렀다. 그러나 약 5개월 뒤인 1910년 5월까지 학부의 인가를 받은 사립학교는 전국에 2,082개교에 불과했다.145) 즉 5개월 사이에 약 1,000개 사립학교가 문을 닫은 것이다.

일제의 사학 탄압은 교과서에도 치중하였다. 사립학교령 6조에서 규정한대로 교과용도서는 검인정을 거쳐야 했다. 1908년 9월에 교과용도서 검정 규정이 공포되었다. 정치적·사회적·교육적인 면에서 11개의 기준을 설정한 일제는 신청된 도서를 검토하였다. 그 결과 1908년부터 1910년 5월까지 검정 신청 117부에 인가 54부, 조사중 41부, 불인가 18부였고, 인가 신청 448부에 불인가 68부였다. 그런데 인가되지 못한 검정도서는 수신·국어·한문·역사·지리에 집중되었고, 역시 인가되지 못

---

143) 「교육가제공에게 경고함」, ≪大韓每日申報≫ 1908년 12월 6일자 참조.
144) 孫仁銖, 『韓國開化敎育研究』, 一志社, 1980, 319쪽.
145) 李元浩, 『開化期敎育政策史』, 文音社, 1983, 175쪽.

한 인정도서는 수신·국어·역사에 집중되었다. 자연과학이나 실업 분야
의 도서는 대부분 인가를 받았지만, 인문·사회과학 도서의 다수가 인
가되지 않았다. 특히 역사의 경우 신청수 35부에 15부가 인가되지 않
았고, 7부가 조사중이라고 보류되었다.146) 이것은 일제 통감부가 민족
정신을 앙양하려는 교육운동을 철저하게 꺾으려는 조치였다.

(2) 방략상의 차이와 의병의 내습

안동지방 계몽운동의 표상인 협동학교는 설립이나 운영과정에서 끊
임없는 도전을 받았다. 1908년에 사립학교령으로 죄어지더니, 지방관
과 유림의 협공을 받기도 했다. 때문에 서울에서는 이제 막 영남지역
에 대구의 협성학교와 안동의 협동학교가 출범하여 싹을 피우려는 순
간인데, 이를 주저앉게 만드는 일이라면서 유림세력을 타이르는 글을
발표하였다.147) 또 안동에서 보수유림들이 서원 복설을 도모하는 것도
협동학교의 활동에 대한 커다란 제약으로 나타나기도 했다.148)

특히 학교 운영의 핵심이었던 류인식은 그의 생부인 西坡 柳必永으
로부터 의절을 당하고 스승인 척암 김도화로부터 파문을 당하는 아픔
을 겪어야만 했다.149) 그는 1908년 스승 척암에게 개화의 필요성에 대
한 자신의 생각을 장문의 편지로 고하였다.150) 그런 가운데 1910년에
는 인근 지역의 의병이 들이닥쳐 교사를 살해하는 참상이 빚어져 협동
학교사에서 가장 어려운 시기를 맞았다.

협동학교가 의병에 의해 습격당한 당일의 정황은 다음과 같다. 시기

---

146) 孫仁銖, 『韓國開化教育研究』, 一志社, 1980, 327~328쪽.
147) 「嶠南教育界의 頓挫」, ≪皇城新聞≫ 1908년 10월 28일자.
148) 「安東士人의 書院復設에 대하야 更加一椎」, ≪皇城新聞≫ 1909년 10월 2일자.
149) 東山先生紀念事業會, 「略歷」, 『東山文稿』, 1977, 144쪽.
150) 東山先生紀念事業會, 「上金拓菴先生」, 『東山文稿』, 1977, 8~13쪽.

는 1910년 7월 18일 오후 3시였다.[151] 들이닥친 의병은 안동·예천·영주지역에서 활동하던 18명의 부대로 崔聖天이 지휘하고 있었다.[152] 그들은 화승총 1정, 진위대 사용총 8정, 30년식총 1정, 松田式 엽총 7정, 검 11자루, 피스톨 1정 등으로 무장했다. 그들은 7월 18일 오후 3시경 협동학교에 도착한 뒤, 3명은 망을 보고 나머지 15명이 의병이라고 큰 소리치며 협동학교에 난입하여 교감 金箕壽(서울 寺洞, 32세), 교사 安商德(서울 麻洞, 24세)과 서기 李鍾華(봉화 鹿洞, 29세)를 살해하였다. 안상덕과 이종화는 각각 왼쪽과 오른쪽 폐를 관통당해 즉사하였고, 김기수는 왼쪽 폐에 관통상을 입고도 저항하다가 칼로 처참하게 난자당하였다. 당시 백하의 아들인 金衡植과 학생인 鄭春欽도 의병들에게 붙들렸는데, 김형식은 단발했다가 다시 결발했다는 이유로, 그리고 정춘흠은 어리다는 이유로 각각 해를 입지 않았다.[153]

의병 난입의 이유는 계몽운동과 의병항쟁의 방략상 차이를 극복하지 못한 데에 있었다. 직접적인 계기는 학생들을 단발시킨 것이었다. 당시 학생들의 두발은 단발을 하거나 하지 않아 통일되지 않았는데, 두 교사는 학생들에게 권하여 단발을 시켰다. 이에 부근 유림들이 격

---

151) 國史編纂委員會, 『韓國獨立運動史』 資料18, 1989, 478쪽; 「此何惡報」, ≪皇城新聞≫ 1910년 7월 22일자(그런데 이 사건의 시기에 대해서는 『東山文稿』 의 「略歷」에 근거하여 1908년이라고 잘못 알려져 왔다).

152) 협동학교 피습 사건 바로 1개월 앞둔 1910년 6월에는 최성천 휘하에 20명의 부하가 있던 것으로 기록되어 있다(국사편찬위원회, 「六月中暴徒數調査表」, 『한국독립운동사』 資料18, 1989, 476쪽).

153) 국사편찬위원회, 『한국독립운동사』 資料18, 1989, 476~480쪽. 김기수에 대해 교사로 나오기도 하지만, 사건 이후 11일이 지난 뒤 ≪皇城新聞≫ 1910년 7월 31일자에 게재된 「協東學校哀函」에는 그를 교감으로 명시하였기에 이에 따른다. 김기수는 보성전문학교 법률학전문과 1회 졸업생으로 광신상업학교 교사를 역임했고, 이관직과 더불어 상동청년학원계열 인사로 보인다 (李東彦, 「一松 金東三 硏究」, 『한국독립운동사연구』7, 독립기념관 한국독립운동연구소, 1993, 128쪽).

노하여 위험해지자, 두 교사는 잠시 피신하였다. 10여 일이 지나 분위기가 다소 가라앉았고, 이에 두 교사가 학교로 돌아왔는데, 그 날 습격을 당한 것이다.[154] 그런데 사건 이후 협동학교 학생들이 교감 김기수의 부인에게 보낸 애도의 글에는 다소 다르게 기술되어 있다.

"(교감께서) 공부 방법을 개량하여 이와 같이 경과함이 3朔이 지나 방학 때가 되었는지라, 7월 9일에 학기시험 휴가를 급여하고 관광차 醴安寶文義塾 善明學校 南北英東義塾을 둘러본 후, 시험을 치르고 이틀 뒤에 出榜하오니 이 날이 7월 18일이오이다. 일반학도는 대개 舍館으로 철귀하고 학교에는 단지 교감과 안선생, 서기 이종화, 회계 김형식, 학도 金文植, 裵在基, 鄭顯謨 몇 명 뿐인데..."[155]

김형식을 살려둔 이유에서 보이듯이, 그들은 단발에 대해 격렬한 부정적 인식을 갖고 있었을 뿐만 아니라 신식교육에 대한 반감 또한 크게 가지고 있었다. 이런 현상은 안동만의 것은 아니었다. 南宮檍이 양양에 세운 峴山學校를 李康秊의진이 불태워버리기도 하였다.[156] 그러나 비록 안동만의 사건이 아니라 하더라도 협동학교의 피습사건은 진정 참혹한 일이었다.

협동학교 피습사건은 서울이나 대구의 계몽운동계에 크나큰 반향을 불러 일으켰다. 중앙의 신문은 연일 이를 보도하였고, 영남지방 보수유림을 격렬하게 비판하고 나섰다. ≪皇城新聞≫은 「弔協東學校」라는 논설을 게재하였다.[157] 서울에서는 호상을 위한 대표 파견,[158] 의연금 모집과 성금 전달,[159] 안동지역 완고파들에게 보내는 성토문 발표,[160]

154) ≪皇城新聞≫ 1910년 7월 24일자.
155) 「協校學生哀函」, ≪皇城新聞≫ 1910일 7월 29일자.
156) 趙東杰, 『韓國近代史의 試鍊과 反省』, 지식산업사, 1989, 85쪽.
157) ≪皇城新聞≫ 1910년 7월 23일자.
158) ≪大韓每日申報≫ 1910년 7월 23·24일자.

기호·서북·교남·호남·관동 5학회의 영결식과 조문 발표,[161) 장례
식[162)등이 전개되고 보도되었다.

한편 대구에서도 협동학교 피습에 대응한 움직임이 활발하게 일어
났다. 대구에서 교남학회가 주최한 추도회가 열렸고,[163) 대한협회 대
구지부의 임시총회가 열려 그 자리에서 가해 폭도들에 대한 토벌을 요
구하고 나섰으며, 연설회를 개최하고, 안동지역 완고파들에 대한 성토
문을 발송하기로 했다.[164) 또한 대구 협성학교에서는 '모험연설단'을
구성하여 연설에 나서기도 했다.[165) 그리고 부산에서 白山 安熙濟도
달려와 수습과 호상에 참여하였다. 그 이유는 그가 보성전문학교을 중
퇴하였으므로 사망한 김기수나 안상덕과는 동창이요, 교육동지였기 때
문이었다.[166)

한편 협동학교에 난입했던 의병들은 동후면 광산동 방면으로 철수
하였는데, 일본군 추격대에 의해 19일에 임서면 신당리에서 1명이 사
살되었다. 그리고 7월 29일에는 최성천이 영주경찰서에 체포되었
고,[167) 이어서 나머지 십여 명은 8월까지 안동·영양경찰서에 의해 체
포당했다.[168)

피습사건 이후 협동학교는 존폐의 위기에 봉착하였다. 그런데 金夏
鼎(평양 숭실중학 출신)과 金轍勳(서북 협성학교 1회 출신)이 신임 교

---

159) ≪大韓每日申報≫ 1910년 7월 23일·8월 5일자.
160) ≪皇城新聞≫ 1910년 7월 27일자.
161) ≪皇城新聞≫ 1910년 8월 2일자.
162) ≪皇城新聞≫ 1910년 8월 2일자.
163) ≪大韓每日申報≫ 1910년 8월 6일자.
164) 國史編纂委員會, 『韓國獨立運動史』 資料18, 1989, 480~483쪽.
165) ≪皇城新聞≫ 1910년 8월 14일자.
166) 「백산 안희제 선생 해적이」, 『나라사랑』19, 외솔회, 1975, 20~21쪽.
167) ≪大韓每日申報≫ 1910년 8월 2일자; ≪皇城新聞≫ 1910년 8월 2일자.
168) ≪皇城新聞≫ 1910년 8월 14일자.

사로 자원하고 나서면서 회생의 돌파구가 마련되었다. 이 소식을 전하면서 언론은 「賀協東學校復活」이라는 논설을 통해 희망찬 앞날을 기원하면서, 아울러 "이제 더 이상 교육을 반대하는 태도가 있으면 전국 人士들이 영남인을 異類로 대우할지니"라는 강한 경고를 보냈다.[169] 이러한 분위기에 따라 신임 교사들은 부임하자마자 학생을 더 늘려 모집하는 등 학교의 확장을 도모하고 나섰다.[170] 그리고 8월 30일 1시에 贊務會를 개최한 뒤, 김하정이 연설을 통해 보조금을 청구하였다. 그 결과 즉석에서 의연금으로 9백여 원을 모금하였고, 토지를 기부받기도 하였다.[171] 이로써 협동학교는 비운을 만회하면서 대확장을 꿈꾸게 되었다.

2) 중심인물의 만주망명과 독립운동기지 건설

협동학교의 주역들은 의병들의 피습과 이에 대한 수습의 와중에서 국치를 맞았다. 그러자 이들은 만주로 이동하기로 작정하였다. 만주망명길에 앞서 임원회의를 가진 그들은 협동학교 일을 모두 柳東泰에게 맡긴 뒤, 몇 차례로 나누어 길을 떠났다. 석주 이상룡은 1911년 1월 5일에 출발하여 1월 27일 압록강을 건넜고,[172] 백하 김대락을 비롯하여,[173] 그의 아들인 金衡植과 일족인 金東三·李源一 등도 渡滿 길에 올랐다.[174] 그리고 류인식도 선발대를 이어 망명길에 올랐다.[175] 이것

---

169) 《皇城新聞》 1910년 8월 2일자.
170) 《皇城新聞》 1910년 8월 12일자.
171) 《皇城新聞》 1910년 9월 7일자.
172) 李相龍, 『石洲遺稿』, 25쪽.
173) 金大洛, 『西征錄』, 1911년 1월 7·8·9일자.
174) 東山先生紀念事業會, 「略歷」, 『東山文稿』, 1977, 145쪽.
175) "辛亥正月 開任員會于協校 相議維持之策以謂覆巢之下 理無全卵 四面
     羈絆 無一自由 今日敎育 無精神自由則將何所施耶 渤海古域 是吾제歸
     宿地耳 遂與金東三 決渡滿之計 委任敎務於柳東泰 金衡植金東三李源一

은 新民會가 만주에 독립군기지를 건설하려던 계획과 연결된 것이었다.

길림성 柳河縣 三源浦에 도착한 류인식 등 안동출신 인사들은 독립
운동기지 건설에 총력을 기울였다. 다수의 동포들을 이주시키고 장차
독립군을 양성하여 전쟁에 대비하려는 것이 이들의 계획이었고, 그래
서 그들은 우선 1911년 4월에 耕學社를 조직하였다. 이상룡이 사장이
되고, 李會榮이 내무부장, 李東寧이 재무부장, 張裕淳이 농무부장, 그
리고 류인식이 교육부장을 맡았으며, 김동삼이 조직과 선전을 각각 맡
았다.176) 경학사는 취지서에서 민생과 교육이라는 2가지 목표를 내세
우고 있었다. 그것은 독립군기지 건설을 위해 먼저 이주 동포들의 안
정책이 마련되어야 했기 때문이었다. 여기에다가 부속기관으로 신흥강
습소를 설치하여 청년들을 훈련시켰다. 이것이 뒷날 신흥중학교·신흥
무관학교로 발전하여 독립군을 양성하였고, 청산리·봉오동전투 승첩
을 세우는 기초가 되었던 것이다.

5. 한들[大坪]로의 이동과 3·1운동

협동학교의 주역들이 만주로 가면서 柳東泰가 뒷일을 맡았다. 류동
태는 이미 앞에서 본 것처럼, 협동학교 소유 토지의 명의상 소유주로
기록된 바로 그 인물이었다. 그리고 협동학교는 1912년에 임동면 수곡
동 한들[大坪] 定齋宗宅으로 옮겨졌다.177) 당시 소유주는 定齋 柳致明

先發北行 後數月 繼起"(東山先生紀念事業會,「略歷」,『東山文稿』, 1977,
    145쪽).
176) 東山先生紀念事業會,「東山 柳寅植 先生 年譜」,『東山文稿』, 1977 참조.
177) 5회 졸업생 林景動은 1918년 3월에 5회 졸업생들에게 마지막 수업에서 주어
    진 작문문제가 "門前楊柳五回春光"이었다고 증언하면서, 당시 교무실 앞에
    10여 척 되던 버드나무 한 그루가 서 있었는데, 그것이 학교 이전 기념식수였

의 손자인 柳淵博이었고, 그의 일족인 柳淵甲이 교장을 맡아 1915년 4
월에 2회 졸업생을 배출하였다. 이렇게 볼 때, 주력인물들이 만주로 망
명한 뒤에는 주로 무실 인사들이 협동학교의 뒷감당을 맡은 사실을 알
수 있다.

그러다가 류인식이 다시 교장을 맡은 시기는 1917년이었다.[178] 만주
망명에서 비밀리에 귀국했다가 체포된 뒤로 그는 이 지역 중심의 교육
운동과 『大東史』 편찬에 몰두하고 있었다. 그가 다시 협동학교의 교장
을 맡으면서 망명으로 중단했던 그의 교육이념을 실천에 옮겼다. 그리
고 1918년 3월에 그의 이름이 교장으로 인쇄된 졸업증서를 학생들에게
수여하였다.

1919년 3월에 들어 민족 최대 규모의 항쟁인 3·1운동이 일어났다.
안동지방에서는 3월 13일부터 시위가 각 면으로 확산되었고, 전국 어
느 지역보다 강렬한 저항이 펼쳐졌다. 경북지역에서 가장 많은 수의
사상자를 내었고, 임동면에서는 단일 면의 시위에서 69명이 기소되는
기록을 남기기도 했다.[179] 이 상황에서 민족교육의 산실이었던 협동학
교가 차지한 역할도 상당한 것이었다. 협동학교 졸업생들의 시위 참여
는 물론이고 재학생들의 참여 또한 그러했다.

협동학교 학생들은 3월 18일에 있은 안동면의 시위에 참가하려다가
사전에 발각되어 귀가 조치되었다고 전해진다. 즉 협동학교 학생 30여
명이 안동면 시위에 합세하기 위해 시위 전날인 17일에 안동면으로 집
결하였고, 안흥여관 투숙 중에 경찰에 발각되어 훈계 방면된 일이 벌

을 것으로 회고하였다. 그런데 당시 定齋종가는 한들에서 건너편 무실[水谷]
로 이사하였기 때문에, 한들에 있던 종택을 校舍로 사용할 수 있었다.
178) 柳震杰의 수업증서·졸업증서 참조.
　　류인식은 이듬해인 1912년 7월에 잠시 귀국했다가 일제에 체포되었다(金大
　　洛, 「壬子錄」『白下日記』, 참조).
179) 독립운동사편찬위원회, 『독립운동사』3, 1971, 408~409쪽.

어졌다. 이 움직임을 안동면 3·1운동 주역 가운데 한 사람인 李仁洪이
주도했던 것으로 전해진다.[180] 비록 협동학교 학생들이 안동면 시위 참
여에는 실패했지만, 임동면 시위에서는 큰 역할을 맡았다고 한다.[181]
특히 류연박의 아들인 柳東著가 서울에 봉도단으로 갔다가 독립선언서
를 가지고 돌아옴으로써 임동면 시위의 기폭제 구실을 하였다.[182]

> "기미년 3·1운동 때 임동은 군내에서 가장 격렬한 시위가 벌어졌던
> 고을의 하나였으며, 그 운동의 중심이 협동학교였고, 그 주동인물의 수
> 배가 거의 협동인들이어서 구속을 간혹 면한 자도 도피해 다니느라 수
> 업이 될 리가 없었고, 자연 휴교상태가 되더니 마침내 그 길로 영영 폐
> 교에 이르렀고."[183]

이처럼 협동학교가 임동면 시위의 주력이었다. 임동면 시위가 경북
지방에서도 가장 격렬하였다. 때문에 앞에서 본 것처럼 69명이 기소되
었고, 이 가운데 67명이 실형을 받았다. 그러다보니 시위 주력이 학교
로 돌아오기는 힘들었고, 휴교 상태가 상당히 장기화되었다. 3·1운동
발발 후 3개월이 지난 1919년 6월에 서울에서 있은 경무부장 회의석상
에서 헌병 대장은 경상북도에서 3·1운동으로 인해 휴교에 들어가 당시
까지 개교하지 못한 학교로 다음과 같이 협동학교와 大邱 啓聖學校 등

---

180) 독립운동사편찬위원회, 『독립운동사』3, 1971, 398쪽.
　　안홍여관은 현 안동초등학교 후문 앞에 있었다(金元錫, 「안동의 3·1운동」, 안
　　동대학교 석사학위논문, 1994, 25쪽).
181) 金元錫, 「안동의 3·1운동」, 안동대학교 석사학위논문, 1994, 28쪽.
182) 류연박 진사의 아들로 東著와 東蓍가 있었다. 서울에서 독립선언서를 가져온
　　인물은 형인 동시였다. 그런데 글자가 비슷하고 활동 면에서도 비슷한 점이 많
　　아 자료마다 서로 엇갈린 경우가 많다(東蓍의 증손인 류성호 증언, 1996년 4
　　월 17일).
183) 南泰順(1986년 당시 81세)의 증언(權寧建, 「민족교육의 뿌리, 협동학교의 전말」,
　　『전통과 예술』1, 한국예술문화단체총연합회 안동지부, 1986, 93쪽 재인용).

2개 학교를 들었다.

> "사립학교 중 소요로 인하여 여지껏 휴학하고 있는 곳은 안동군 사립
> 협동학교 및 대구 기독교 부속 계성학교의 2개교이며,[184]

이 자료는 두 가지 사실을 말하고 있다. 하나는 협동학교가 3·1운동
당시까지는 운영되고 있었다는 것이고, 다른 하나는 이 학교가 3·1운
동으로 인하여 휴교 상태에 들어갔다가 6월까지 개교하지 못하고 있다
는 사실이다. 3·1운동으로 학교가 문을 닫았다 사실은 "얼마 후 듣기
로는 3·1운동 관계로 학교가 폐교되었다는 소식을 들었음"[185]이라는
증언과도 합치된다.

휴교에 들어간 협동학교는 다시는 회생하지 못했다. 일제가 1920년
에 임동공립보통학교와 임하공립보통학교 개교 준비작업을 벌이고,
1921년에 가서 두 학교를 개교시켰는데, 여기에 협동학교의 집기류를
넘겨버렸다.[186] 그런데 협동학교의 재원마저도 이들 학교에 넘겨졌다
는 이야기가 전해지지만, 사실상 확인하기 어렵다.

---

184) 朝鮮憲兵隊司令部, 「朝鮮騷擾事件狀況」(大正 8年)(독립운동사편찬위원회,
　　『독립운동사자료집』6, 1973, 825쪽).
185) 林景動 증언.
186) 임동보통학교는 협동학교 그 건물에 그 책걸상과 칠판을 그대로 사용했다고
　　전해진다. "일제는 재빨리 동교의 재물을 임동·임하의 양 보통학교 설립 기반
　　으로 분산 투입하였다. 나는 임동보통학교의 1회 졸업생인 바 校舍가 신축되
　　기도 전에 이미 입학하여 수업을 받았으니 그 장소가 바로 협동교사요, 쓰는
　　책걸상과 칠판 모두가 협동의 것이었다. 몇 개월을 거기 다니다가 현재의 위치
　　인 임동국민학교 자리로 옮겨 다니게 되었다."는 증언이 그것이다(南泰順 증
　　언; 權寧建, 「민족교육의 뿌리, 협동학교의 전말」,『전통과 예술』1, 한국예술
　　문화단체총연합회 안동지부, 1986, 93쪽 재인용).

6. 맺음말

지방사만이 아니라 한국사 전반에 있어 협동학교가 갖는 역사적 의미는 매우 크다. 먼저 지방사 차원에서 보면, 협동학교가 안동지방 계몽운동의 요람이요, 안동유림의 사상적 대변환의 갈림길이었다고 할 수 있다. 사상적으로 보수성을 가장 강하게 고집하던 이 지역에 혁신적인 바람을 불러일으키고, 이를 경북 북부지역으로 확산시켜 나간 출발점이 바로 협동학교였고, 그 노력의 결과로 이 지역에서 혁신적인 교육운동이 확산될 수 있었다. 또 이 학교 출신들이 안동지역을 중심한 경북 북부지역의 독립운동사에서 확고한 자리를 차지했다. 3·1운동이나 신간회를 비롯한 이후 사회운동의 핵심인사들 가운데 이 학교 출신들이 높은 비중을 차지하였던 것이다.

다음으로 전국적인 차원에서 보면, 협동학교는 한국독립운동사의 보루였다고 할 수 있다. 신민회의 계몽운동을 전폭적으로 수용하고 교육구국운동을 펼쳐 나갔다. 협동학교와 신민회는 교사의 초빙이나 만주망명에서 밀접한 관계를 보였다. 특히 만주망명과 독립군기지 건설에는 '협동학교인'들이 전국 어느 지역출신과도 비교할 수 없을 만큼 높은 역량을 발휘하였고, 그 결과 한국독립운동사에서 독보적인 위치에 올라 설 수 있었다.

이처럼 협동학교는 근대지향적 사상이나, 외세 침략에 저항해 간 자주적 노선에서 모두 선두에 서 있었다. 한편으로는 전국에서 가장 대표적이던 이 지역의 보수적 사고에 혁신을 불어넣으면서, 다른 한편으로는 구국운동의 초석 구실을 단단히 하였던 학교가 바로 협동학교였던 것이다. 비록 방략의 차이로 의병의 습격을 받거나 일제의 침략 정책으로 숱한 고난을 겪었지만, 그럴수록 협동학교의 존재는 빛난 것이

었다. 3·1운동으로 민족사 앞에 장렬히 산화해 간 협동학교는 "協東
에 淵源한 一線陽脈의 光明은 우리 근대사의 格을 다양하게 드높였
다."[187]고 노래할 만한 충분한 역사성을 가지고 있었다.

끝으로 협동학교에 대한 앞으로의 연구를 위해 과제를 제시하면서
마무리하고자 한다. 우선 학교설립 재원의 대부분인 토지문제가 해결
되어야 한다. 이것은 폐교 이후 재산의 처리문제와도 연관되어 있는
문제이다. 둘째 협동학교를 습격했던 의병의 성격 규명이 필요하다. 전
환기 의병에 해당하는 이 의병의 인적 구성과 조직 및 성향이 분석되
어야 한다. 특히 이 문제는 당시 안동유림과의 관련성이나 관계 속에
서 다루어져야 한다. 그래야만 안동지방 유림의 사상적 변화과정과 영
향까지도 해결할 수 있기 때문이다.

---

187) 趙東杰, 「協東學校紀念碑文」, 1993년 8월 15일.

제4장
3·1운동과 유림단의거

제1절 김천지역의 3·1운동

1. 머리말

3·1운동은 우리 민족문제를 세계에 알린 가장 큰 거사였다. 제1차 세계대전이 끝나면서 전쟁의 뒤처리를 위해 강화회의가 열리게 됨에 따라, 그 자리에 한민족 문제를 상정시켜 결국에는 독립을 달성하려는 데 목적을 두었다. 이를 위해 독립이 전체 민족의 뜻이라는 사실을 국제사회에 알리기 위해 온 민족이 참여하는 거사를 추진했다. 곳에 따라 계층에 따라 그러한 내용을 제대로 이해했거나 그렇지 않거나 관계없이, 한국 역사에서 처음으로 기록될 전민족의 항쟁을 이끌어 냈다. 김천도 여기에서 결코 예외가 아니었다.

한국독립운동사는 1894년의 갑오의병부터 시작하여 1945년 해방을 맞을 때까지 51년 동안 전개되었다. 그 한 가운데에 3·1운동이 존재했다. 3·1운동 이전을 돌이켜 보면, 1894년부터 1909년까지 전개된 의병항쟁, 1904년 이후 1910년까지의 계몽운동, 1910년대 의병항쟁계열과 계몽운동계열의 지속과 연대모색 등이 펼쳐졌다. 그러한 줄기에서 김천 사람들의 활동도 줄곧 이어졌고, 그 맥락이 3·1운동에까지 이르렀다.

김천은 경상북도의 북서쪽을 휘도는 소백산맥이 굽이 트는 부분의 아래에 자리잡고 있다. 전통적으로 대구와 선산 및 조령을 통해 충주와 남한강 및 서울로 이어지던 연결선이 경부선 개설 이후 크게 바뀌게 되었는데, 그래서 김천이 그 중심지점의 하나가 되었다. 1910년 12월 말에서 1911년 1월 초 사이에 안동을 중심으로 영덕과 울진 등의 독립운동가들이 김천까지 걸어서 이동하여 김천이나 추풍령역에서 기차를 타고 신의주로 가서 만주로 이동한 것도 그러한 성격을 증명해 주는 좋은 사례이다. 다시 말해 김천은 경부선 부설로 인하여 태평양으로부터 일본을 거쳐 부산과 대구, 서울과 신의주 및 만주 대륙으로 연결되는 주된 축에 자리잡게 된 것이다. 이를 다른 말로 표현한다면, 일제의 침략노선 위에 놓이게 된 것이고, 따라서 일제의 침탈을 많이 받게 되는 것을 의미하기도 한다. 감천교 부근에 혼마찌[本町]를 비롯하여 일찍부터 일본인 거리가 만들어진 것도 결국 경부선 부설과 관계되기 때문이다. 바로 그 감천교 부근이 김천사람들이 3·1운동을 일으키려 했던 지역이라는 점도 그렇게 우연한 것이 아니다.

김천사람들은 경부선을 따라 서울과 대구로 활발하게 내왕하였다. 교통망은 김천사람들로 하여금 새로 유입되는 문물을 쉽게 접할 수 있게 만들었고, 대구지역으로 청소년을 유학시키는 것도 그러한 경향의 하나였다. 이렇게 서울과 대구로 유학한 인물이 김천지역의 항일투쟁에 끼친 영향은 컸다. 그렇게 키워진 金泰淵이나 金壽吉은 김천지역 3·1운동과 관련을 가진 대표적인 인물이다.

본 글은 김천지역에서 전개된 3·1운동을 추적하면서, 전개과정과 시위의 양상 및 특성을 규명한다. 이와 함께 유림들의 3·1운동인 '파리장서'에 참가한 김천인과 또 다른 지역에서 3·1운동을 벌인 김천사람을 찾아내고 그들의 활동과 역할을 평가하고자 한다. 결국 이 글은 김천지역에서 벌어진 3·1운동과 김천인이 타지로 나가 참가한 시위에 대하여 처음으로 학문적인 조사와 분석 및 평가를 시도한다는 데 목적과 의의를 두고 있는 셈이다.

2. 경북지역의 3·1운동

경상북도의 만세운동은 3월 8일 대구에서 시작하여 5월 7일 청도군 매전면 구촌동 시위까지 두 달 동안 계속되었다. 당시 경상남·북도의 연락책임을 맡은 33인 중 한 사람인 이갑성은 2월 26일 독립선언서 600매를 받아, 그 중 200매를 세브란스 의학전문학교 학생인 이용상을 통하여 대구 남성정교회(현 대구제일교회) 이만집 목사에게 3월 2일 전달하였다. 이만집은 대구에서도 만세시위를 일으키고자 결심하고, 같은 교회 장로인 金兌鍊·김영서 등과 의논하여 3월 3일 서문 밖 장날을 기하여 거사하기로 약정하였다. 그리고는 동지를 규합해나가기 시작하였다. 먼저 예수교계와 계성학교 학생들을 권유하여 참여시키고, 대구고등보통학교 학생들과 신명여학교 학생들과의 제휴를 이끌어냈으며, 대구 성경학교에 강습중인 50여 명의 예수교 신자들 중 20여 명과도 연락하여 참여를 유도하였다. 그러나 약정된 날짜를 넘기게 되자, 그 다음 장날인 3월 8일에 시위를 벌이게 되었다. 오후 3시 무렵 김태련이 독립선언문을 낭독하고, 이만집의 만세선창으로 시작된 대구의 만세시위는 학생을 선두로 하는 시위대가 시내로 돌진하여 시위군중의 수가 1천여 명에 이르렀다.[1]

3월 10일까지 대구에서 진행된 만세운동은 이후 경상북도 각지에서의 시위를 촉발시키는 계기가 되었다. 경북에서는 3월 11일 영일군 포항면 북본동(현 포항시)에서 예수교인들과 교사들에 의해 처음 만세운동이 시도되었다(포항은 3월 10일 오후 12시 북본정 예수교 학교에서 60여 명의 학생들이 처음 만세를 부름 ≪매일신보≫ 1919.3.15). 포항

---

1) 독립운동사편찬위원회, 『독립운동사』3, 1971, 348~351쪽; 李邦雄, 「慶北地方 三一獨立運動에 對한 研究」, 계명대학교 석사학위논문, 1983, 12~16쪽.

교회(현 포항제일교회) 장로 송문수의 연락으로 장로 최경성(영흥학교 교감), 영수 장운환(영흥학교 교사), 집사 이봉학, 교인 이기춘(영흥학교 교장 백영옥 사위) 등이 논의하여 3월 11일 장날을 기하여 만세운동을 벌일 것을 계획하였던 것이다. 그런데 포항 만세운동은 사전에 계획이 탄로 나서 주동자들이 검거되었다. 하지만 주동자가 없어도 11일과 12일 양일 간에 걸쳐 수백 명의 군중들이 만세를 부르며 독립선언서도 붙이고 시위행진을 하다가 해산하였다고 알려진다. 다만 11일의 시위가 있었다거나 일어나지 못했다는 엇갈린 기록이 있어 단정하기는 어렵지만, 일단 11일에 추진된 것만은 확실하고, 또 그날 주도자들이 체포되었지만, 시위는 추진된 것으로 짐작된다. 여기에서 사전 검거된 주동자는 재판에 회부되어 대구지방법원 경주지청에서 최경성이 8개월, 송문수가 6개월, 이봉학·이기춘이 각각 5개월, 장운환이 4개월의 형을 받았다.[2]

경상북도의 만세시위는 3월 8일 대구에서 시위가 발발한 것을 시초로 하여 점차 다른 지역으로 파급되었다. 그 중에서 특히 격렬하게 시위가 일어났던 곳은 의성·안동·영덕·성주지방이었다. 이곳에선 시위대가 주재소와 같은 일제 식민통치기관에 몰려가서 이를 파괴하는 등 시위의 양상이 자못 격렬하였다. 그리하여 사상자가 많이 발생하였는데, 특히 안동에서는 30여 명의 사망자가 발생하여 경북에서 사상자의

---

2) 포항시, 『浦項市史』, 1999, 387쪽; 영일군, 『迎日郡史』, 1990, 341쪽.
포항의 만세시위에 대한 기록 중 姜德相, 『三·一獨立運動』3, 고려서림, 1989, 264~265쪽에는 3월 11일 시위가 계획되었다가 사전에 미연방지 되었다고 나와 있다. 그러나 포항시, 『浦項市史』, 1999; 영일군, 『迎日郡史』, 1990; 광복회대구경북연합지부, 『대구경북 항일독립운동사』, 1991, 167쪽; 독립운동사편찬위원회, 『독립운동사』3, 1971, 442; 독립기념관 한국독립운동사연구소, 『3·1 독립운동』, 1989, 148쪽; 李炳憲, 『三·一運動秘史』, 1959, 923쪽 등에는 모두 3월 11일에 시위가 일어난 것으로 기록되어 있다.

수가 가장 많은 곳으로 기록되었다.[3]

먼저 의성군은 3월 12일부터 4월 3일까지 21회의 시위가 있었다. 이곳의 만세시위는 대부분 예수교인들이 시위를 계획하여 이끌었다고 할 수 있다. 특히 19일의 도리원 장터 시위에서는 시위군중들이 1천여 명에 이르렀고, 이들을 제지하는 경찰에 맞서 주재소에 쳐들어가 유리창과 문을 부수기도 하여 총격을 받기도 하였다. 이 와중에서 1명의 사망자와 8명의 부상자가 발생하였다. 시위군중은 처음에 의성경찰서로 가서 구금되어 있는 동지들을 구출할 계획이었으나 일본 경찰들의 무력진압에 밀려 사상자만 내고 모두 흩어졌다.

다음 안동군 시위는 3월 13일부터 27일까지 15일 동안 11개 지역에서 14회에 걸쳐 일어났다. 이곳은 척사유림의 지역 전통을 바탕으로 그 어느 곳보다 격렬한 투쟁을 펼쳤다. 시위군중의 공격대상은 일제의 통치기관이었으며, 이것의 파괴와 축출에 있었다. 시위의 주도세력은 유림세력과 농민이었지만 초기 발발단계에서는 예수교인들의 역할도 컸다. 안동의 만세시위는 21일 각 면으로 시위 열기가 확산되었다가 23일 안동면 장날에 전체 군민들이 참가하는 시위를 벌였는데, 이날 가장 많은 사상자를 냈다.

3월 18일·19일 이틀 동안 일어난 영덕 만세시위는 영해면·창수면·병곡면에서 격렬하게 전개되었다. 그리하여 3개면 주재소와 병곡면사무소 등을 완전히 파괴하는 시위양상을 보였다. 이곳은 예로부터 동학농민운동인 '이필제 난'이 일어난 곳일 뿐 아니라 신돌석 의병장의 활동 근거지이기도 한 곳으로 항일저항 기질이 드센 지역적 특성을 갖고 있다. 이와 같은 격렬한 시위로 말미암아 8명의 사망자와 16명의 부상자가 발생하였다.[4]

---

3) 金元錫, 「안동의 3·1운동」, 안동대학교 석사학위논문, 1994, 57쪽.

성주군의 만세시위는 4월 2일 성주면 장날 일어난 시위가 가장 격렬
하였다. 이 날은 유림과 예수교인들이 연계하여 시위를 일으켰다. 이날
3천여 명이나 되는 시위군중의 만세소리가 터져 나왔으며, 대구에서
수비병 15명이 급파되기도 하였다. 이때 시위대에 대한 총격으로 2명
이 죽고 7명이 부상을 입은 현장은 유혈이 낭자하였다.

3월 8일 대구 서문 밖 시장 시위로부터 시작한 경북의 만세운동은
다른 지방보다 늦게 일어났지만 5월 7일 청도군 매전면 시위까지 두
달 동안 계속되어 전국에서 가장 오랫동안 지속되었다. 특히 22개 시
군이 시위에 참가하여 경산군을 제외하고는 모두 참가하였다. 그리고
예수교인들이 시위를 주동하는 위치에 서게 되어 다른 지역에서 천도
교인들의 두드러진 활동과는 구별되는 양상을 보였다. 그러나 시위를
이끌어 가는 주동세력은 지역 유림세력이나 농민들이 대부분이었고
이들은 직접 식민통치기관 등을 파괴하는 격렬한 양상을 나타내어 타
협적인 모습은 나타나지 않음이 특징적이다. 이상과 같이 경상북도의
3·1운동에 대한 박은식의『韓國獨立運動之血史』의 기록에 의하면 집
회회수는 93회, 참가 인원수는 63,678명, 사망자는 1,206명, 부상자는
3,276명, 피체포자는 5,073명으로 집계되어 있다. 이는 일본측의 기록
과는 상당한 차이가 난다.

〈경북지방 시·군별 시위 발생 일자〉

시·군	시위 발생 일자	사망자	비고
대구	3.8 3.10 3.30		대구·경북지역 첫 시위
포항 (영일)	3.11(?) 3.12 3.22		
의성	3.12 3.13 3.15 3.16 3.17 3.18 3.19 3.20 3.25 4.3	1	

---

4) 독립운동사편찬위원회,『독립운동사』3, 1971, 426~433쪽.

칠곡	3.12 4.9		
안동	3.13 3.17 3.18 3.21 3.23 3.24 3.27	30	
경주	3.15		
영덕	3.18 3.19 3.21 4.4	8	
봉화	3.18 4.5		
청도	3.18 4.11 4.12 4.20 5.7		마지막 시위; 매전면 구촌 (5.7 초파일)
영주	3.20 4.4 4.9 4.11		
상주	3.23 3.29 4.8 4.9		
김천	3.11(실패) 3.24, 4.3~4.6		
영양	3.24 3.25		
청송	3.25 3.26 3.27		
군위	3.25		
성주	3.27 4.2 4.3 4.6	2	
예천	3.28 4.2 4.6		
고령	3.29 4.6 4.8		
선산	4.3 4.8 4.12		
영천	4.6 4.12 4.13 4.27		
달성	4.15 4.26 4.28		
문경	4.13 4.15		

3. 김천의 시위 전개과정

1) 김천면(현 김천시내)

(1) 황금정교회의 시위 시도와 좌절

김천에서 첫 시위가 준비된 시기는 대구 서문시장 시위가 일어난 직후였다. 곧 3월 8일 서문시장의 시위가 있은 뒤, 바로 다음 김천장날인 3월 11일을 거사 날짜로 잡고서 준비가 진행된 것이다. 김천시위의 발단은 黃金町(현 황금동) 교회의 조사 金忠漢과 대구 계성학교 학생 金

壽吉(秀吉)의 만남에서 비롯되었다. 김충한은 평양에 유학차 갔다가 돌아오는 길에 서울에서 3·1운동을 목격하고 김천지역의 시위를 염두에 두고 김천에 도착하였고,[5] 증산면 금곡리 출신인 김수길은 대구 서문시장 시위에 참가하고서 그 역시 김천지역 시위를 계획하고 김천으로 향했던 것이다. 이들이 만난 날짜는 3월 8일이었고, 장소는 황금정교회였다.[6] 그렇다면 이들 두 사람은 미리부터 알고 지낸 사이로 짐작된다. 두 사람의 만남에 합석한 인물은 황금정교회 원로인 崔龍洙(1865~1926)[7]와 교회 조수 韓明洙였다.

김수길이 그 자리에서 대구 시위소식과 세계정세를 설명하고, 독립할 기회임을 강조하면서, 거사의 필요성을 역설하였다. 그가 말한 세계정세 내용에는 제1차 세계대전의 종전에 따른 강화회의가 프랑스 파리에서 열리고 있고, 거기에 조선의 문제가 상정되었으므로 이를 독립의 기회로 인식하고 그 기회를 살려야 한다는 것이 들어 있었다.[8] 이러한 김수길의 논리 전개에 따라 다음날 밤에 황금정교회에서 두 번째 모임이 열렸다. 그 자리에는 周南泰[9]·金元培[10]·車敬坤[11] 등이 합석하였다. 그 자리에서 시위 진행을 위한 구체적인 방법과 순서가 논의되었다.

그들이 세운 계획의 핵심은 이렇다. 시위 날짜는 이틀 뒤 김천 장날인 3월 11일 오후 3시이고, 태극기를 제작하고 「경고문」을 인쇄하여

---

5) 그의 본적은 의성군 의성면 비봉동이며, 당시에 김천시 황금동에 거주하고 있었는데, 대구 계성학교 출신으로 당시 36세였다.
6) 「판결문」, 『독립운동사자료집』5, 독립운동사편찬위원회, 1972, 1453쪽.
7) 국가보훈처, 『독립유공자공훈록』3, 571~572쪽; 김승학, 『한국독립사』하, 292쪽; 독립운동사편찬위원회, 『독립운동사』3, 1971, 457~458쪽; 독립운동사편찬위원회, 『독립운동사자료집』5, 1972, 1453~1456쪽.
8) 「판결문」, 『독립운동사자료집』5, 독립운동사편찬위원회, 1972, 1457쪽.
9) 김천시 남산동, 농업, 21세(「차경곤 판결문」, 1919.5.10).
10) 김천시 용호동, 23세.
11) 차경곤은 김천면 황금정, 21세, 재봉업, 징역 10월(「판결문」, 1919.5.10).

살포하며, 아사히마찌[旭町, 용호동] 감천교 아래에 집결하여 시장에서
시위를 벌인다는 것이었다. 본격적인 준비 작업은 10일부터 펼쳐졌다.
김수길은 베(布)로 태극기를 제작하였고, 차경곤과 주남태 및 김원배
외 1명은 종이 태극기 제작을 맡았다. 차경곤 등은 종이 태극기 200장
을 만든 뒤, 그 가운데 50장을 가지고 황금정 韓相泰의 집으로 가서 그
곳에 있던 韓定履(김천공립보통학교 생도)·石東俊[12](김천 용호동 어
물상, 20세)·朴喜徹(학생) 외 수명에게 나누어 주고 시위 참가를 권하
였다.[13] 그리고 「경고문」 작성은 김수길이 맡았다.[14]

> "금번 만국평화회의의 좋은 기회를 맞아 우리 조선은 독립할 운이 왔
> 음을 고한다. 우리는 타국의 노예에서 벗어나 자유민이 되어 天賦의 행
> 복을 누려야 한다……"

이것은 파리강화회의를 조선독립의 기회로 이해하고 있었음을 보여
준다. 김수길이 작성한 「경고문」을 등사하는 작업은 최용수·김수길·
박태언의 몫이었고, 또 김수길·박태언은 그것을 배포하는 일까지 맡았
다. 최용수 집에서 등사하기로 하고, 금융기관 金泉貯蓄契에서 등사판
을 빌려 「경고문」 300장을 찍었다.

한편 황금정교회 고용인이던 韓明洙(27세)는 금릉면 校洞의 교동교
회로 가서 그곳에 거주하던 金在緯(농업, 36세)에게 의거에 참가할 것
을 권유하였다. 또 김재위(이명 在煒, 1884~1926)는 교동교회를 책임지

---

12) 석동준은 11일 태극기 16장을 들고 김천공립보통학교에서 학생 金鍾昊 등에게
　　나누어 주면서 오후 3시 의거장소 참가를 다짐받았다.
13) 위와 같음.
14) 뒤에 다시 언급되겠지만, 그는 대구시위에서 이를 터득한 것 같고, 김천시위 이
　　후에 다시 대구로 가서 몇 차례에 걸쳐 「경고문」을 작성하여 시내에 살포하는
　　활동을 벌이게 된다.

고, 허학선 외 2명에게 시위참여를 권유하였다.[15]

그런데 김천시내 첫 시위활동은 마무리 단계에 들면서 일제 경찰에 발각됨에 따라 실패하고 말았다. 시위를 계획한 11일 「경고문」을 등사한 등사기를 저축계 사무실로 돌려보내는 과정에서 헌병분대에게 탐지되어 미행 당하였고, 등사 원고지가 발각되고 말았던 것이다. 이로 인하여 황금정교회에 모인 주동인물 4명을 비롯하여 7명이 모두 검거되었고, 시위계획은 완전히 실패하였다.[16]

이로 인하여 검거되고 형사판결을 받은 인물은 다음과 같다.[17]

> 김충한 2년
> 최용수 1년 6개월
> 주남태 10개월
> 김원배 10개월[18]
> 한명수 10개월
> 차명곤 10개월
> 석동준 6개월
> 박태언 6개월
> 김재위 4개월

---

15) 국가보훈처, 『독립유공자공훈록』12, 406쪽; 독립운동사편찬위원회, 『독립운동사』 3, 1971, 458쪽; 독립운동사편찬위원회, 『독립운동사자료집』5, 1972, 1453쪽.
16) 姜德相, 「三·一運動日次報告」, 『現代史資料』, 248·306쪽; 「경상북도장관이 정무총감에게 보내는 전문」(1919.3.11), 『한국독립운동사』2, 국사편찬위원회, 1968, 802쪽.
17) 「판결문」(1919.5.5).
18) 김원배(1897~1939), 김천읍 본동 거주하다가 황금동교회 시위 계획(「판결문」, 『독립운동사』3, 독립운동사편찬위원회, 1971, 457~458쪽; 독립운동사편찬위원회, 『독립운동사자료집』5, 1972, 1453~1456쪽; 국가보훈처, 『독립유공자공훈록』9, 93쪽).

(2) 교회 연합시위(설)

3월 20일 김천면에 있는 기독교와 천주교 신도들이 시위했다는 이야기가 전해진다. 즉 두 개의 종교단체가 3월 20일 밤에 시위를 일으키기로 결의하고, 20일 밤 8시 황악산에서 봉화 올리는 것을 신호 삼아 시위를 시작하자고 약속한 것이다. 그런데 밤 8시에 봉화가 올랐으나 헌병경찰이 뒷골목까지 경계를 펴는 바람에 집결하는 데 실패하고, 산발적인 시위만 밤 12시까지 진행되었으며, 이로 인하여 아무도 검거되지 않았다는 것이다.[19] 그런데 이를 증명하거나 뒷받침해 줄만한 자료가 없어 현재로서는 현실적으로 확인하기 어렵다. 만약 이것이 사실이라면 기독교와 천주교가 합친 매우 드문 사례에 속할 것이다. 그런데 3월 11일의 황금정 시위 실패로 인하여 그 후유증이 심각한 마당에 다시 어느 교회가 일어날 것인지 확신이 서지 않는 상황이었다. 당시 일요일 예배에 참석자가 극히 적어 부진한 형편이었다는 다음과 같은 일제 정보 기록은 교회 연합 시위설에 의문을 불러일으키기에 충분하다.

> "김천군내에서 북장로파 각 교회, 예배당은 일요일마다 교도가 참집하고 있지만, 소요 이래는 점차 감소하고 현재는 참집자 종래의 3할 내외에 지나지 않아 교세가 극히 부진한 형편이다."[20]

(3) 龍湖洞 시위[21]

3월 11일에 김천면내에서 첫 시위가 불발로 끝난 가운데 일본헌병대는 연일 철저한 감시를 펴고 있었다. 그러나 이를 무릅쓰고 다시 시위가 시도되었다. 3월 24일 밤 11시 金仁守·金允祥·崔應洙·金泳勳 등이

---

19) 김천문화원, 『김천시지』, 1989.
20) 姜德相, 「騷擾事件에 關한 民情彙報」(제19보), 『現代史資料』, 423쪽.
21) 용호동은 용두동과 감호동이 통합된 법정동명이다. 시위는 감호동에서 일어났다.

감호동(현 용호동) 趙日英 집에 청년 20여 명과 모여 "대한독립만세"
외치며 거리로 진출한 것이다.[22] 비록 몇 십 미터도 못 가 헌병경찰에
의해 앞의 4명이 모두 검거되고 말았고, 이들은 4월 25일 대구지방법
원 김천지청에서 笞刑 90대를 언도 받았다고 전해진다.

(4) 일본현병대 구내 단독 시위

4월 5일 김천 대화정(현 평화동)에 있던 헌병분대 구내에서 만세시
위가 벌어진 '일대 사건'이 발생하였다. 그 주인공은 助馬面 新安洞에
서 농사를 짓던 만 23세의 崔武吉(1896~1960)이었다. 그는 날이 깜깜
해진 저녁 8시에 헌병분대 구내로 들어가 '조선독립만세'라고 세 번 불
렀다. 그 이유가 "조선독립만세를 부르면 조선이 독립되리라."는 풍설
을 들은데다가, "술 마신 기분 때문"이라고 정리되었다. 하지만 그 사
실은 왜곡된 것 같기도 하다. 일본헌병분대 구내에서 시위가 발생한
것이고 보면, 헌병대의 체면도 말이 아니고, 더구나 그가 멀쩡한 상태
로 만세를 불렀다면 더욱 심각해지므로, 일종의 '사건(해프닝)'으로 사
건을 마무리 지은 듯한 느낌이 들기 때문이다. 그는 그 자리에서 검거
되어, 4월 25일 대구지방법원 김천지청에서 태형 90대를 당했다.[23]

(5) 양천동 시위 시도(설)

陽川洞 중리마을의 李錫東이 자신이 경영하는 서당 賀新亭에서 시
위운동에 참가하는 동민들에게 배부할 태극기를 다량 제작하다가 김

---

22) 이용락, 『三·一運動實錄』, 1969, 802쪽에는 2,000명이나 되는 김천시민이 시
위를 벌인 것으로 기록되어 있으나, 근거가 없고, 또 그럴 가능성도 없다.
23) 독립운동사편찬위원회, 『독립운동사』3, 1971, 459쪽; 『독립운동사자료집』5, 1972,
1459쪽; 국가보훈처, 『독립유공자공훈록』10, 361쪽.

천군청 말단 관리의 밀고로 좌절되었다는 이야기가 전해진다.[24] 이를 증명할 자료가 부족하여 이것이 3월 11일 시위, 혹은 3월 24일의 시위 가운데 어느 것에 목표를 둔 것인지, 아니면 별도로 양천동의 시위가 계획된 것인지 전혀 알 길이 없다.

2) 開寧面의 4차례 시위

(1) 1차 시위

개령면 소재지인 동부동에서 일어난 시위는 연거푸 네 차례에 걸쳐 일어났다는 점이나, 전개 장소와 내용에서 다른 지역과 다른 특수한 것이다. 1차 시위는 3월 24일 혼인잔치 뒤의 피로연에서 시작된 특수한 것이다. 개령보통학교 졸업식이 끝난 뒤, 학부형인 殷昌瑞의 집에서 혼인잔치가 있었다. 그 피로연에서 시위가 시작된 것이니, 대개 장날 장터에서 벌어진 전국적인 시위형태와는 확연히 구별되는 경우였다.

첫 번째 시위의 주동인물은 金泰淵이었다. 1920년대에 金丹冶라는 이름으로 한국공산주의운동사에 거물로 떠오르게 될 그는 바로 개령면 동부동 출신이었다.[25] 김태연은 이미 대구 계성학교를 다니다가 동맹휴학을 주동하여 퇴학당하고, 일본 세이소꾸[正則] 영어학교에서 6개월 수학한 뒤, 서울에서 배재학교에 입학하여 3·1운동 직전에 서울 중등학교 대표자들로 이루어진 비밀결사에 참여하면서 「반도의 목탁」 이라는 유인물을 발간하기도 했던 인물이다. 그가 서울에서 3·1운동에 참가한 뒤 그 물결을 고향으로 확산시키기 위해 귀향한 것이다. 그는

---

24) 김천문화원,『金泉市誌』, 1989, 235~236쪽.
25) 김단야에 대해서는 다음의 글이 참조된다.
   김도형, 「국제공산주의자 김단야의 삶」, 『역사비평』23, 역사문제연구소, 1993.
   임경석, 「박헌영과 김단야」, 『역사비평』53, 역사문제연구소, 2000.

許喆·金琮洙·崔永敦 등에게 "전국에서 벌어지는 시위에도 불구하고 이 지역에서 거사가 없는 데 대해 수치"라고 주장하여, 이들을 거사에 동참하도록 합의를 끌어냈다. 이들은 거사에 동원할 군중을 장꾼이 아니라 개령보통학교 졸업식과 연결된 은창서라는 학부형 댁의 혼사 피로연에 참가한 인물로 잡았다. 그래서 이들 주동자들은 3월 24일 오후 4시에 피로연 참석한 인사들에게 연설하고, 이어서 이들 4명이 선두에 서서 마을 앞 국도변에 자리잡은 柳東山으로 향해 행진하기 시작하였다.26) 이에 마을 주민들이 대거 참가하여 시위군중이 수백 명에 이르렀다. 그러자 일본 헌병기마대가 출동, 발포하여 해산시켰다. 이 시위로 김태연·허철·김종수·최영돈 4명이 태형 90대를 당했다.27) 개령면의 1차 시위는 서울에서 3·1운동에 참여하고 고향마을에 그 여파를 확산시키려 했던 김태연의 노력과 활동이 특성으로 지목될 만한 것이다.

(2) 2·3·4차 시위

2차와 3차 시위는 1차 시위가 있은 지 열흘 뒤에 소규모로 일어났다. 4월 3일에 동부동의 文廷煥이 동료 2명과 마을 뒷산에 올라 독립만세를 불렀고, 또 다음날 문정환·洪得麟·文學伊 등이 같은 뒷산에 올라 만세를 고창한 일이 그것이다. 그리고 4차 시위가 바로 뒤이어졌다. 4차 시위는 4월 6일 밤, 동부동 사는 雇人(머슴)들이 주동한 것이라는

---

26) 김태연의 고향마을은 개령면의 소재지였다. 그 마을은 동쪽에서 북쪽 감문산 吹笛峰을 거쳐 서쪽까지 반달 모양으로 산이 휘어져 마치 병풍을 두른 듯하고, 앞으로 옥토가 펼쳐져 있다. 유동산은 바로 동쪽 끝머리에 있고, 국도와 접해 있으며 다시 남쪽으로 넓은 들판을 조망하는 곳이다. 따라서 마을 안에서 시위를 벌이는 것이 아니라 국도변까지 진출하면서도 먼 곳을 내다보며 만세를 부를 수 있는 곳이다.
27) 「판결문」(1919.4.15); 독립운동사편찬위원회, 『독립운동사자료집』5, 1972, 1457~1458쪽.

점에서 전국적으로 유례가 드문 경우였다. 이 시위에 대하여 「조선총독의 일차보고」는 "6일 경상북도 김천군 개령면......에서 군집 독립만세"라거나,[28] "김천군 개령 6일 오후 10시 반 개령면 개령읍 외의 산상에서 약 30명 정도의 군중이 독립만세를 고창하였고, 헌병이 도착하기에 앞서 도주했다."라고 기록하였다.[29] 즉 일본헌병이 뒤늦게 도착하여 파악한 시위 인물이 30명 정도라는 것이다. 이로 인하여 金任天·金命吉·崔可萬·鄭南俊·黃道石·尹光於里·金他官[30]·都末永[31]·文學伊[32] 등 9명이 태형 90대의 처분을 받았다.[33]

3) 甑山面 시위 시도

4월 5일에 가야산 북쪽 기슭 증산면에서 시위를 시도하던 승려가 체포되었다. 즉 雙溪寺 승려 李奉政(陜川郡 伽耶面 治仁里)·金道運·白聖九 등이 4월 5일 밤에 평촌리 뒷산에서 시위를 일으키기로 결의하고 이를 추진하기 위해 주민들을 동참시키려 노력한 것이다. 그 과정에서 증산면 유성리와 평촌리의 구장이던 崔相喆과 金道原을 찾아가 독립선언서를 건네주면서 군중 동원을 부탁하였다. 그런데 이 사실이 거사 직전에 밖으로 새 나가는 바람에 주동인물 가운데 이봉정·김도운이 검

---

28) 姜德相, 「三一運動日次報告」, 『現代史資料』, 261쪽.
29) 姜德相, 『現代史資料』, 361쪽.
30) 「김타관 판결문」, 대구지방법원, 1919년 4월 28일; 국가보훈처, 『독립유공자공훈록』11, 92쪽. 그의 생몰년대는 1902~1975이다.
31) 「도말영 판결문」, 대구지방법원 김천지청, 1919년 4월 28일. 경북 김천군 개령면 동부동, 雇人, 기록에 都東永·李末用 등이 나오지만 이들 모두 도말영과 같은 사람이다(「국가보훈처 공적조서」).
32) 그의 이명은 應學, 생몰연대는 1898~1979이다.
33) 「판결문」(1919.4.25), 『독립운동사』3, 1971, 459~460쪽; 국가보훈처, 『독립유공자공훈록』11, 111쪽.

거되었고, 이로 인하여 시위계획은 중단되고 말았다. 이봉정은 재판에 회부되고 5월 2일 대구지방법원 김천지청에서 징역 10월 언도 받았다고 전해진다.

그런데 증산면에서는 뒤이어 시위운동을 일으키려는 또 한 번의 시도가 있었다. "김천군 증산면 12일 경상남도 海印寺 附屬學校 生徒 3명이 독립선언서를 가지고 증산지방에서 인민을 사주하고 시위운동을 일으키려고 배회하고 있던 가운데, 그 2명을 체포 취조중이다."라는 「日次報告」가 남아 있어 그러한 전말을 전해준다.[34] 증산면이 가야산의 북쪽 기슭이므로, 산의 남쪽에 자리잡은 해인사로부터 부속학교 학생들이 독립선언서를 가지고 넘어 온 것이다. 이들 두 사례는 모두 승려에 의해 주도되었다는 특성을 지닌 것이다.[35]

---

34) 姜德相, 『現代史資料』, 380쪽.
35) 김천에는 이 외에도 봉산면 상금동 萬千峰에서 4월 1일에 시위가 있었다는 이야기도 전해진다. 그러나 현장을 찾아 만천봉을 확인하려 했으나 그러한 봉우리를 아는 주민이 없었고, 더구나 시위내용을 알고 있는 인물도 없어서 사실 확인에 실패하였다. 확실한 근거가 없지만, 일단 『김천시지』에 기록된 내용을 옮기자면 다음과 같다.
이날 정오에 동민이 집결하기 시작하였고, 李德弼이 취지를 설명하고, 金秉喆이 '왜적'을 성토하였으며, 동학농민운동에 가담한 바 있는 趙道奉이 모아놓은 청솔가지에 불을 붙여 불기둥을 일으켜 분위기를 고양시켰다. 그러면서 만세를 부르기 시작하였는데, 이 날의 만세 고창은 시위라기보다는 한을 푸는 것과 같았다. 이날 시위에도 태극기가 등장하였는데, 이 태극기는 또 다른 일화를 갖고 있다. 즉 李根郁이 어모면 진목동으로 독립운동가로 유명한 片康烈을 찾아가 그가 숨겨오던 태극기 한 장을 얻어 왔고, 이를 본 삼아 동네 원로들이 후미진 사기점 마을에 숨어서 무명베에 태극기를 그렸던 것이다. 이날 시위가 있은 지 3일 만에 주도자들은 모두 가까운 추풍령 경찰관주재소에 연행되었는데, 16명이 머리카락을 깎이고 시위가 '무지한 소치'에서 나온 것이라는 이유로 방면되었다. 이 말은 당시까지 이 마을 원로들이 상투를 틀고 있었다는 말이 되기도 하여 흥미로운 부분이다(『金泉市誌』, 235쪽).

4. 김천의 시위 양상과 특성

김천지역에서 전개된 3·1운동은 보편성과 특수성을 모두 갖고 있다. 즉 다른 지역의 시위와 비슷한 점도 있지만 독특한 성격도 지닌다는 말이다. 그것을 정리하면 다음과 같다.

첫째, 시위를 일으키려는 시도는 다른 지역에 비해 빨랐지만, 그것이 실패함으로써 시위를 일으키는 분위기가 전반적으로 약해졌다고 생각된다. 경상북도에서 3·1운동은 3월 8일에 일어난 대구 서문시장 시위를 시작점으로 삼아 대개 3월 11일을 넘어서면서 각 군에서 일어났다. 그러다가 20일부터 25일 사이에 가장 절정기에 이르렀다. 이와 비교한다면, 김천지역의 3·1운동은 11일에 시도되었으니 다른 지역보다 빠르게 추진되었다는 점을 알 수 있다. 그러나 이것이 중도에 실패로 돌아갔고, 그로 인하여 시위가 제대로 확산되지 못하는 한계를 낳기도 했다.

〈경상북도 3·1운동 일람〉[36]

郡名	일시	장소	인원	운동상황	피해상황			비고
					사	상	피검	
大邱	3월8일	府內	800	1.고보생도·기독교도·천도교도 2.시위			다수	1.일병출동약간 2.수차시위발생 기독교장로주동
	3월9일	〃	4,500	1.각 학교 생도 중심 2.시위				
	3월10일	〃	200	시위			60	
	3월30일	〃	不明	주요상점을 협박하여 폐점시킴				
	3월~5월	4회	23,000		212	870	3,270	
達成	4월28일	公山面	8	만세고창				
	3월~5월	2회	500		7	46	26	
永川	3월26일	琴韶洞	100	시위		△3		1.발포 2.일병출동 3 일병출동 4
	4월6일	新寧	17	시위				
	4월8일	〃	50	시위				

36) 국사편찬위원회, 『한국독립운동사』2, 정음문화사, 1968, 318~323쪽.

지역	일자	장소	회수	인원	내용				비고
	3월~5월		3회	1,800		4	12	17	
慶州	3월13일	邑內		100	시위				
	3월~5월		3회	1,700			67	80	
迎日	3월11일	浦項			독립선언서 첩부				
	3월22일	清河		21	시위			21	
迎日	3월~5월		7회	2,400		40	330	280	
清河	〃		2회	500			50	40	
盈德	3월18일	邑內		100	시위			20	
	〃	寧海		2,000	1.기독교도중심 2.주재소·우편국·학교 등 습격파괴		수백		일병출동 22
	〃	柄谷		400	1.기독교도중심 2.경관주재소·면사무소 습격폭행				
	3월19일	寧海		700	1.기독교도중심 2.시위	△약간	다수		1.발포 2.일병출동 3
	3월20일	蒼水		200	1.양반급기독교도중심 2.경관주재소 습격 기물파괴		다수		일병출동 6
	4월4일	南亭里		100	시위				
盈德	3월~5월		2회	1,000		12			
寧海	〃		8회	1,200		19			
英陽	3월24일	青杞里		400	1.폭민 2.면사무소 습격폭행				일병출동 10
	3월25일	邑內		200	1.폭민 2.시위				일병출동 10
青松	3월24일	眞寶		200	시위				
	3월28일	和睦		500	1.불상 2.시위	△약간			발포
安東	3월16일	禮安		不明	시위				일보병출동 약간
	3월17일	〃		1,500	1.기독교도중심 2.경관주재소에 살도	4	20		일보병출동 약간
	3월18일	邑內		100	시위	△2			
	3월19일	〃		2,000	1.기독교도중심 2.郡廳·재판소·경찰서 등에 투석	2			
	3월21일	鞭巷		500	1.기독교도중심 2.경관주재소 습격 건물파괴하고 무기전부를 탈취				
	〃	新德		100	1.폭민 2.경관주재소 습격폭행				1.발포 2.일병출동 약간
	3월22일	鞭巷		500	1.기독교도중심 2.시위				
	〃	新德		400	1.기독교도중심 2.경관주재소 습격 청사 기구·서류등 전과			8	일병출동 약간

	〃	泉旨	200	경관주재소 습격				발포
	〃	望湖	150	경관주재소 습격				발포
	〃	禮安	2,000	1.기독교도중심 2.경관주재소 습격		△약간		발포
	3월23일	邑內	2,000	1.기독교도중심 2.시위폭동	14	10		발포
	3월24일	豊山	不明	1.농민 2.시위				일병출동 약간
安東	3월~5월	9회	5,400		335	610	340	
禮安	〃	5회	1,700		29	57		
義城	3월11일	比安	100	시위				
	3월16일	〃	100	시위				
	3월18일	邑內	20	만세고창				
	3월19일	桃里	1,000	1.불상 2.경관주재소 습격폭행	2	3		발포
	〃	安平	1,000	1.불상 2.시위				일병출동 27
	3월~5월	12회	7,400		230	295	250	
漆谷	3월13일	邑內	60	시위				
	〃	仁同	60	시위				
	3월~5월	2회	500		37		23	
金泉	3월11일	邑內	70	1.기독교도 2.시위			7	
	3월24일	〃	20	시위				
	4월6일	開寧	30	시위				
	3월~5월	2회				20	56	
尙州	3월23일	邑內	800	시위				
	4월8일	雲工里	80	시위				일병출동 8
	4월9일	中伐	100	시위			15	일헌병출동 약간
	3월~5월	4회	2,300		17	213	396	
醴泉	4월3일	金谷	100	폭동		△약간		
	4월6일	憂忘里	50	시위			4	일병출동 2
	3월~5월	3회	1,700		58	190	57	
榮州	4월4일	殷山		계획중 발견되어 주모 피체				
	4월9일	豊基	20	시위				일병출동 7
	4월11일	長壽面	5	시위				
奉化	3월18일	邑內		구한국기에 예하고 시위하려다 제지됨				
	4월5일	西碧里	3	시위				
	3월~5월	2회	300			34	24	
聞慶	4월15일	葛坪	40	시위				
	3월~5월	2회	1,300		3	33	50	
	4월2일	邑內	760	1.불상 2.2회에 걸쳐 시위 폭행	1	약간	16	1.발포 2.일병출동 15

	4월3일	〃	100	1.불상 2.폭동		△약간		일병출동 15
星州	〃	碧珍面	多數	시위 폭행		△약간		
	3월~5월	2회	1,400			10	30	
淸道	4월12일	長淵洞	100	시위				
	3월~5월	2회	1,500		120	120	30	
善山	4월3일	海平	多數	폭동		△약간		
	4월8일	林隱洞	300	시위				
	4월12일	邑內	30	시위				
	3월~5월	2회	778		33	143	34	
高靈	3월~5월	7회	3,800		50	126	40	
慶山	3월~5월	8회	3,000			50	30	

둘째, 김천의 시위는 일부 지역에 치우치는 경향을 보였다. 아래의 표를 보면 김천·개령·증산의 3개 면에서만 시위가 일어났음을 확인할 수 있다. 이 가운데 개령면에서 빈번하게 일어난 점이 눈에 띄는데, 개령현의 소재지였던 역사적 에너지가 표현된 것으로 이해된다.

〈시기·지역별 시위 전개과정〉

	3/11	3/24	4/3	4/4	4/5	4/6
김천면	황금동 불발	용호동			헌병대 단독시위	
개령면		동부동	동부동	동부동		동부동
증산면					평촌 불발	

셋째, 주도층의 성향은 매우 다양하다는 특징을 갖고 있다. 김천면 시위는 기독교도, 개령면 시위는 학생에 이어 머슴, 증산면 시위는 승려가 각각 주도하였던 것이다. 물론 참가 대중은 농민이지만, 계기를 마련하고 주도한 인물들의 성향이 매우 다양했다는 점이 김천지역 3·1운동이 가진 가장 큰 특징이라 생각된다. 다만 유림들의 활약이 두드러지지 않는다는 점도 그러하다. 다만 유림 일부가 뒤에 언급할 「파리

장서」에 참가함으로써 역사적 몫을 감당한 것으로 평가될 수 있다.

넷째, 시위 규모는 대개 수십 명 정도이지만, 개령면의 1차 시위는 수백 명이라 했으니 면 단위로는 비교적 큰 규모라 말할 수 있겠다. 특히 헌병분대 구내에 들어가 벌인 단독시위도 흥미롭다.

〈김천지역 3·1운동으로 인한 수형자〉

번호	성 명	연 령 (1919)	직 업	시위, 활동장소	형 량	비 고
1	金忠漢	36세	예수교 조사	김천시내	2년	애족장(90)
2	崔龍洙	54세	농업	김천시내	1년 6개월	애족장(90)
3	周南泰	21세	농업	김천시내	10월	미포상
4	金元培	23세		김천시내	10월	애족장(90)
5	韓明洙	27세	예수교회당 고용인	김천시내	10월	건국포장(06)
6	金在緯	36세	농업	김천시내	4월	대통령표창(95)
7	車敬坤	21세	재봉업	김천시내	10월	미포상
8	金壽吉	18세	학생	김천시내	3년	애족장(90)
9	金仁守			김천 용호동	태형90대	자료 미확인
10	金允祥			김천 용호동	태형90대	자료 미확인
11	崔應洙	19세 (1901년생)		김천 용호동	태형90대	대통령표창(08)
12	金泳勳			김천 용호동	태형90대	자료 미확인
13	金泰淵	20세	학생	개령 동부동	태형90대	독립장(05)
14	許喆	38세	농업	개령 동부동	태형90대	대통령표창(11)
15	金琮洙	21세	농업	개령 동부동	태형90대	미포상
16	崔永敦	23세	농업	개령 동부동	태형90대	애족장(90)
17	金任天		雇人	개령 동부동	태형90대	대통령표창(08)
18	金命吉		雇人	개령 동부동	태형90대	미포상
19	崔可萬		雇人	개령 동부동	태형90대	미포상
20	鄭南俊		雇人	개령 동부동	태형90대	미포상
21	黃道石		雇人	개령 동부동	태형90대	대통령표창(06)

22	尹光於里		雇人	개령 동부동	태형90대	미포상
23	金他官	17세	雇人	개령 동부동	태형90대	대통령표창(93)
24	都末永	29세	雇人	개령 동부동	태형90대	대통령표창(02)
25	文學伊	21세	雇人	개령 동부동	태형90대	대통령표창(93)
26	李奉政		雙溪寺 승려	증산 평촌	10월	미포상
27	金道雲		雙溪寺 승려	증산 평촌	10월	미포상
28	崔武吉	25세	농업	일본헌병대	태형90대	대통령표창(92)

　　다섯째, 김천지역의 시위는 대체로 온건한 양상을 보였다. 안동이나 영덕의 경우는 경찰관주재소나 면사무소와 같은 일제 통치기관을 부수어 버리고 무기를 압수하여 폐기하는 등 상당히 공격적이었다. 그것과 비교할 때 김천지역의 시위는 평온한 성향을 보인 것이다. "안동이나 영덕과 같은 과격한 시위가 거의 없었다."는 일본측 기록이 이를 증명하기도 한다.[37) 그렇기 때문에 이들의 형량이 다른 지역에 비해 약한 편이었다. 김수길의 경우 3년형이라는 중형이었지만, 그것은 김천 시위 준비로 인한 것이 아니었다. 당초 김천과 관련하여서는 궐석재판에 6월형이었고, 3년형은 그 이후 대구에서 벌인 투쟁 때문이었다.

　　여섯째, 시위를 벌이는 이유로 내세운 논리에 프랑스의 Paris에서 열리고 있던 강화회의가 내세워졌다는 점이다. 제1차 세계대전이 1918년 11월에 끝나고, 그 전쟁 뒤처리를 위해 당시 열리고 있던 강화회의에 조선의 독립문제를 상정하였으니, 이를 관철시키기 위해 시위가 필요하다는 것이 그 골자였다. 물론 당시에 조선의 문제는 상정조차 되지 않았지만, 조선 문제를 상정시키려 전민족의 항쟁을 일으킨 것이 바로 3·1운동의 목표였던 것이다. 따라서 김천면 시위를 계획하던 계성학교 학생 김수길의 판단이 상당히 정확했음을 말해준다.

37) 국사편찬위원회, 『한국독립운동사』2, 정음문화사, 1968, 297쪽.

일곱째, 시위의 양태는 태극기를 제작하여 흔들면서 "조선독립만세"를 부르는 것이 일반적이었다. 곳곳에서 태극기를 제작하였다는 장면이 확인된다. 다만 김천면의 황금정교회에서 「경고문」이 나온 것은 지방에서 별로 볼 수 없는 것인데, 이것은 대구 서문시장의 시위에서 등장한 것을 원용한 것이다. 김수길이 다시 대구로 잠입하여 여러 차례에 걸쳐 「경고문」을 작성하여 시내 주요인물이나 기관에 보내게 되는 것과 같은 맥락이다.

5. 「파리장서」에 참가한 김천인

「파리장서」는 3·1운동 직후에 일부 유림세력이 파리강화회의에 우리의 독립을 요구하는 긴 청원서[長書]를 보낸 일이다.[38] 3·1운동에 유림세력이 빠졌다고 해서, 유림들이 아무런 움직임을 보이지 않았다고 이야기하는 경우가 많다. 그러나 이는 크게 잘못된 생각이다. 유림 일부에서는 3·1운동의 준비과정을 알고 여기에 동참하려는 움직임을 보이기도 했다. 물론 과거 고위 관직에 있던 대다수의 인물들은 동참하기를 꺼려했지만, 재야 유림 가운데는 파리에서 열리는 강화회의 소식도 접하면서 민족적 거사에 빠지지 않으려는 노력을 보이기도 했다. 그 가운데 한 가지 중요한 자취가 바로 '파리장서'라 불리는 활약이었다.

1919년 1월 21일에 고종이 죽은 뒤, 일부 서울의 유림들은 2월에 들어 고종의 장례문제와 파리강화회의에 대응하여 우리 민족의 독립의사를 국제사회에 분명히 밝히는 일을 추진하였다. 한국인이 독립을 간

---

38) 1925·6년에 유림들에 의해 의열투쟁이 있었는데, 이것을 慶北儒林團義擧, 혹은 제2차 유림단의거라고 부르면서, 앞서 파리장서 보낸 일을 '제1차 유림단의거'라 부르기도 한다.

절히 원하고 있다는 내용의 독립청원서를 강화회의에 보내고자 노력
하였던 것이다. 그렇지만 이들이 천도교·기독교·불교 등과 합세하여
3·1운동을 함께 일으키는 데에는 이르지 못했다.[39] 초기 준비과정에서
유림들이 이에 동참을 논의할 만큼 충분한 시간을 가지지 못했고, 자
신들의 의사를 즉각 표현할 수 있는 체제를 갖고 있지도 않았다. 그들
은 학통별로 의견을 수렴하는 단계가 필요했고, 또 천도교와 기독교측
이 유림을 연합전선에 참여시키려는 적극적인 노력도 없었다. 그런 상
황에서 유림들의 활동이 전개되어 나갔다.

이 거사는 서울에서 金昌淑·金丁鎬·李中業·柳濬根·兪鎭泰·尹中洙
등에 의해 논의되었다.[40] 이후 본격적인 추진은 김창숙이 그의 스승
郭鍾錫을 만나면서 급진전되었다. 그 과정에서 충남지역에서도 같은
일이 추진되고 있다는 사실이 알려지면서 그 지역 유림의 거두인 金福
漢과 그 계열 인물들이 여기에 합류하였다. 두 지역 대표를 비롯하여
137명이 대리 서명자 없이 모두 직접 서명하였다.[41] 김창숙이 3월 말
에 고국을 떠나 중국으로 갔다. 상해에 가서 마침 임시정부 수립을 위
해 그곳에 모인 이동녕·신규식·이시영·신채호 등과 협의하였다.[42] 이
미 신한청년당 대표로 김규식이 파리에 파견된 사실을 듣고서, 김창숙
은 한문본 3,000부와 영문본 2,000부를 각각 인쇄하여 김규식에게 보내
고, 국내외 여러 곳으로도 발송하였다.[43]

김천사람으로서 여기에 참여한 인물은 4명으로 파악된다. 최학길·

---

39) 김창숙은 1919년 3월 3일 독립선언서를 받아보고, 민족대표 33인 중 유교의 대
   표가 없음을 개탄하며 통곡하였다고 기록하였다(김창숙, 『心山遺稿』, 국사편찬
   위원회, 1973, 309쪽).
40) 김창숙, 『心山遺稿』, 국사편찬위원회, 1973, 309~310쪽.
41) 김창숙, 앞의 책, 313쪽; 김을동, 『안동판독립사』, 명문사, 1985, 184쪽.
42) 김창숙, 앞의 책, 315쪽.
43) 조선총독부 경상북도경찰부, 『高等警察要史』, 1934, 248쪽.

이명균44)과 이경균·이석균이 바로 그들이다. 이들은 모두 성주의 宋
晦根과 연결되어 독립청원서에 서명한 것으로 추정되며, 또한 1919
년 4월 12일에 송회근이 체포되면서 이들도 모두 체포되어 고초를 치
렀다.45)

6. 다른 지역의 시위에 참가한 김천인

김천사람이 다른 지역의 3·1운동에 참가한 경우는 대구가 대표적이
다. 특히 계성학교에 다니던 학생의 활동이 그 핵심을 차지한다. 대구
서문시장 시위에서 준비과정은 학교를 중심으로 이루어졌는데, 계성학
교와 대구고등보통학교(현 경북고등학교 전신) 및 신명여학교 등이 중
심이었다. 김천사람으로는 우선 崔相元이 눈에 띈다. 대구 계성학교 교
사이자 대구 서문시장 시위의 핵심인물인 이만집을 도와 시위를 펼쳐
나간 그는 검거망을 벗어났고, 궐석재판으로 2년형을 선고받았다.46) 다
음으로 釜項面 下岱里 출신인 李陞旭이 계성학교 5년생으로서 학생동
원에 기여하였다.47) 또 김천 남산동 출신인 교회 전도사 朴齊元(36세)

---

44) 조선총독부 경상북도경찰부, 『고등경찰요사』, 1934, 249쪽; 『覽翁金昌淑一代
   記』, 96쪽; 독립운동사편찬위원회, 『독립운동사』8, 1976, 935쪽; 국가보훈처, 『독
   립유공자공훈록』13, 263쪽.

45) 조선총독부 경상북도경찰부, 『고등경찰요사』, 1934, 250쪽; 『覽翁金昌淑一代
   記』, 97쪽; 독립운동사편찬위원회, 『독립운동사』8, 1976, 935쪽; 국가보훈처, 『독
   립유공자공훈록』13, 665쪽.

46) 국가보훈처, 『독립유공자공훈록』8, 535쪽; 조선총독부 경상북도경찰부, 『고등경
   찰요사』, 1934, 23~24쪽; 독립운동사편찬위원회, 『독립운동사』9, 1977, 270~271
   쪽; 독립운동사편찬위원회, 『독립운동사』5, 1973, 1267~1272쪽. 생몰연대는 1890~
   1974이다.

47) 이명은 云玉, 생몰연대는 1898~1962이다(「판결문」(4.18·5.31); 독립운동사편찬

이 평양 숭실학교 학생 金武生과 만나면서 신명여학교 학생들을 시위에 동원하는 역할을 맡았다.[48] 또 김천 남면 扶桑洞 출신 朴萬俊은 대구 사립성경학당의 강습생이었는데, 서문시장 시위에 참가하고, 시내를 행진하다가 체포되어 6월형을,[49] 또 牙浦面 송천동 출신으로 대구 남산정에 거주하던 金鳳安도 시위현장에서 체포되어 징역 6월형을 각각 선고받았다.[50]

김천사람으로 대구시위와 관련하여 가장 주목을 받을 인물은 역시 증산면 금곡리 출신이자 계성학교 학생이던 김수길이다. 그의 활동은 3단계로 이해된다. 첫째는 그가 대구시위에 참석하고 바로 김천으로 달려가 황금정교회의 김충한 조사에게 대구 소식을 전하고 시위를 준비하는 촉매제 구실을 한 것이다. 즉 대구시위와 김천시위의 연결고리요, 촉발제였다. 둘째는 그가 개령면으로 이동하여 그곳의 시위에 나섰다는 사실이다. 셋째는 그가 다시 대구로 잠입하여 여러 차례에 걸쳐 「경고문」을 작성하여 일제 요인과 기관에 보내고, 상인들의 철시를 유도하여 투쟁을 지속해 나간 단계이다. 때문에 그는 김천시위 시도와 관련하여 궐석재판으로 6월형에 처해졌으나, 대구에서 전개한 투쟁으로 결국 3년형을 선고받게 되었던 것이다.[51] 뒷날 출옥한 김수길은

위원회, 『독립운동사』3, 1971, 347~354쪽; 독립운동사편찬위원회, 『독립운동사』9, 1977, 269~271쪽; 독립운동사편찬위원회, 『독립운동사자료집』5, 1972, 1264~1267쪽; 국가보훈처, 『독립유공자공훈록』10, 261쪽).

48) 南山町 거주, 야소교 전도원(「판결문」, 『한국독립운동사』2, 국사편찬위원회, 1968, 1057쪽).

49) 「판결문」(4.18·5.31); 독립운동사편찬위원회, 『독립운동사』3, 1971, 347~360쪽; 독립운동사편찬위원회, 『독립운동사자료집』5, 1972, 1264~1247쪽; 국가보훈처, 『독립유공자공훈록』10, 132쪽, 이명은 萬埈, 생몰연대는 1897~1965이다.

50) 「身分帳指紋原紙」; 독립운동사편찬위원회, 『독립운동사』9, 1977, 271쪽; 독립운동사편찬위원회, 『독립운동사자료집』5, 1972, 1264~1274쪽; 국가보훈처, 『독립유공자공훈록』11, 251쪽. 이명은 奉安, 생몰연대는 1899~1959이다.

51) 그의 활동을 요약하면 다음과 같다(「판결문」(1919.10.9, 대구복심법원); 국가보훈

1920년대에 김천지역 사회운동에 참가하게 되고, 특히 신간회 김천지회의 주요 인사로서 활약하게 된다.

대구지역 이외에 성주지역의 시위에 참가한 인물도 있다. 예수교인이던 兪鎭成이 바로 그다. 그는 4월 2일 성주읍 장날을 이용하여 성주 군내 유림들이 시위를 일으키려고 계획하고 있다는 소식을 宋晦根을 통해 전해듣고 李基定과 논의하여 연합시위를 끌어낸 인물이다. 그가 목회활동을 벌이던 大家面 玉化洞 교회 교인들을 동원하여 시위에 참가하였다. 그는 4월 2일 1시 京山洞 關帝廟 뒷산에서 교인들을 이끌고 성주시장 향해 시위를 시작하였고, 시장에서 대기하던 유림들과 함께 시위를 벌였다.[52)]

처, 『독립유공자공훈록』3, 379~380쪽; 조선총독부 경상북도경찰부, 『고등경찰요사』, 1934, 186~187쪽; 독립운동사편찬위원회, 『독립운동사』3, 1971, 352·356·456쪽; 독립운동사편찬위원회, 『독립운동사』9, 1977, 272쪽 참조).

4월 초; 대구잠입, 하숙집에서 李永植·許聖徒·李基明·李鍾植 등과 대구시내 조선상인에게 상점 철시와 일본인과 거래 끊기를 종용하기로 결의, 경고문 3백장 등사 배부, 80여 호 자진 폐점·철시 성과.

4월 6일; 대구경찰서장에게 「경고문」 우송(시위군중 검거에 항의, 서장 암살 경고), 조선상인 폐점 요구 「경고문 2호」 4백여 장 배부.

4월 7일; 「경고문 3호」 3백여 장을 시내 상가에 배부.

4월 13일; 일제가 自制會(친일파) 설립하여 시위 차단 획책하자, 중추원 참의 박중양과 구장 백응훈에게 「암살 경고장」 우송.

4월 17일; 이종식과 彗星團 조직하여 출판·인쇄 담당, 달서면 내당동 방명원 집에서 「謹告同胞」 제목의 격문 300여 장을 등사하여 배포.

4월 27일; 「警我同胞」 격문(폐점 철시, 일본인과의 거래 중지, 일본화폐 배척) 300여 장 배포.

5월 7일; 「警告官公吏同胞」 격문(조선인 관공리 각성과 독립운동 참가 촉구) 200여 장을 도내 각 군수 군청서기 면서기에게 우송.

5월 14일; 관공서 근무 조선인에게 격문 발송.

10월 9일; 대구복심법원에서 3년형.

52) 이후 그는 1920년 8월 의성 비봉리 교회 김충한(1919년에 김천 황금정교회 조사) 목사에게 ≪독립신문≫을 전달하다가 검거되어, 대구지방법원 성주지청에

한편 서울지역에서 활동한 인물도 있는데, 권태석이 바로 그다. 그는 김천면 남산정 출신으로 당시 서울의 종로통 5정목 178번지 楊濟殷方에 거주하다 서울지역의 시위에 참가하였다.[53]

7. 맺음말

김천지역에서 전개된 3·1운동은 다른 지역에 비해 중요한 몇 가지 특성을 보였다. 첫째, 대구와 서울로 유학한 학생의 역할이 컸다는 점이다. 안동의 경우는 유림들이 주도한 경우가 많았던데 비해 유학생들의 비중은 무척 약했다. 유림사회의 특성을 보여주는 대목이다.

둘째, 기독교의 역할이 드러나기는 하지만, 다른 지역에 비해 매우 약했다. 대구의 서문시장 시위나 의성의 시위에는 기독교도의 역할이 대단히 컸다. 물론 김천에서도 황금정교회의 경우가 있고, 또 비중을 두어 평가할만하다. 그렇지만 그것이 다른 지역의 경우와 비교한다면, 그리 뛰어나지도 않고, 또 이어지지도 않았다.

셋째, 다른 지역에서 그리 나타나지 않은 불교의 시위참여는 매우 미약하기는 하더라도 존재했다는 자체에서 의미를 부여할 수 있겠다. 전국적으로 범어학림을 비롯하여 몇몇 곳에 지나지 않는다. 그래서 중산면의 시위시도는 비록 실패했다고 하더라도 의미를 인정할 만하고, 그것이 가야산을 넘어온 학승들에 의해 거듭 시도되었다는 데 의미를

서 2년형을 선고받았다. 생몰연대는 1879~1949이다(국가보훈처, 『독립유공자공훈록』3, 498~499쪽; 조선총독부 경상북도경찰부, 『고등경찰요사』, 1934, 206쪽; 「형사공소사건부」(1920.11.29); 독립운동사편찬위원회, 『독립운동사』3, 1971, 466쪽).

53) 姜德相, 「三·一運動關係文書雜篇」(총독부경무국), 『現代史資料』, 468쪽.

부여할 만도 하다.

넷째, 유림들의 활약이 미미하였다. 그것은 물론 김천이 전통사회의 잔영이 많이 남은 곳이 아니라는 특징을 말해주기도 하는 대목이다. 비록 봉산면의 시위나 「파리장서」에서 나타나기는 하더라도 미미한 것이었다.

다섯째, 개령면의 시위에서 머슴들이 시위를 주도하였다는 점은 눈여겨 볼만하다. 물론 그들의 동향에서 근대와 현대사회를 지향하는 논점을 찾아낼 만한 자료는 없지만, 그들이 일단 시위의 주도자였다는 사실만으로도 높게 평가할 만하고, 신분질서의 벽을 넘어 새시대의 주역으로 성장하는 모습을 읽어낼 수도 있겠다.

여섯째, 김천지역의 3·1운동은 다른 지역에 비해 미미했다는 한계를 가졌다. 이것은 김천이 갖고 있던 역사문화적 에너지의 총량이 당시까지는 주변 지역에 비해 다소 부족한 것으로 진단되고, 그러한 점은 1931년 김천고등보통학교 개교 이후에 크게 만회되기 시작한 것으로 여겨진다. 김천 내부에 비해 타지에 나가 활동한 김천사람의 활동은 상당하였다. 특히 대구의 시위에 참여한 김천인의 활동은 높이 평가할 만하다.

제2절 성주지역의 독립운동과 성격

1. 머리말

경상북도 성주는 전통적으로 유림이 뿌리를 강하게 내린 곳이다. 그런 토양 위에 성주사람들은 나름의 역사문화를 창출했고, 또 이어왔다. 이런 점은 항일 독립운동사에서도 마찬가지였다. 성주사람들이 펼친 항일 독립운동의 역사는 이 지역의 유림들이 가진 사상과 밀접한 관련을 갖는다.

성주는 한주학맥을 계승한 인물들이 중심을 이룬 곳이다. 따라서 이학맥의 현실인식은 독립운동의 전개 양상에 고스란히 녹아났다. 흔히 유림이 강한 곳에서는 의병이 강하고 계몽운동이 늦거나 미약한 모습을 보였다. 그리고 기독교가 뿌리를 내리면서 3·1운동을 통해 처음으로 민족문제에 목소리를 내고, 그 뒤로는 소극적으로 돌아서는 일반적인 현상을 보였다. 그런데 성주유림이 보여준 활동은 다른 곳과 조금 달랐다. 의병항쟁보다는 외교활동을 추구했다는 점에서 그렇다. 이러한 사실은 이 지역 유림의 사상과 현실인식이 그대로 반영된 것이라 짐작된다.

성주사람들이 펼친 두 번째 단계는 애국계몽운동인데, 주로 국채보상운동에 주력하였다. 이어서 3·1운동은 유림과 기독교의 협력으로 추진되었다는 점에서 보편성을 갖는다. 다른 지역에 견주어보아 성주가 가지는 가장 특이한 모습은 제1차 유림단의거로 불리는 파리장서와 제2차 유림단의거였다. 거기에는 김창숙의 활동과 기여도가 결정적이었다. 이것도 3·1운동의 한 영역으로 해석해야 할 것인데, 다만 우연히 튀어나온 것이 아니라, 한말부터 이어진 현실인식과 대응 논리의 특성에서 비롯된 것으로 짐작된다. 그 뒤로는 성주에서 독립운동이 다른 지역에 비해 활발하지 않았다. 사회운동이 없었던 것은 아니지만 두드러지지 않았다.

이 글은 성주사람들이 펼친 독립운동의 내용을 기본적으로 정리해 내는 데 초점을 둔다. 물론 이에 대한 연구가 전혀 없었던 것은 아니다. 1990년대에 들면서 한말·일제강점기의 성주지역 지배층과 항일투쟁에 대한 전반적인 연구가 나왔고,[54] 2000년대에 들어 한주학파의 계몽운동,[55] 한주학파의 국외망명,[56] 파리장서로 통칭되는 제1차 유림단의거,[57] 제2차 유림단의거,[58] 김창숙 평전 간행이 이어졌다.[59] 이로써

---

[54] 김도형, 「한말·일제초기의 변혁운동과 성주지방 지배층의 동향」, 『한국학논집』 18, 계명대학교 한국학연구소, 1991.

[55] 권대웅, 「한말 한주학파의 계몽운동」, 『대동문화연구』38, 성균관대학교 대동문화연구원, 2001.

[56] 권대웅, 「1910년대 영남유림의 망명과 독립운동기지건설」(광복60주년기념학술발표회), 2005; 권대웅, 「한주학파의 국외망명과 독립운동」(경북유림 만주망명 100주년 기념 학술회의), 2011.

[57] 임경석, 「파리장서 서명자 연구」, 『대동문화연구』38, 성균관대학교 대동문화연구원, 2001.
남부희, 『유림의 독립운동사연구』, 범조사, 1994.
서동일, 「1919년 파리장서운동의 전개와 역사적 성격」, 한국학중앙연구원 박사학위논문, 2009.

[58] 남부희, 『유림의 독립운동사연구』, 범조사, 1994.
김희곤, 「제2차 유림단의거 연구 -심산 김창숙의 활동을 중심으로」, 『대동문화연구』38, 성균관대학교 대동문화연구원, 2001.

[59] 권기훈, 『혁신유림계의 독립운동을 주도한 선각자 김창숙』, 독립기념관 한국독립운동사연구소, 2010.

성주지역의 독립운동에 대한 서술은 한주학파를 중심으로 주로 이승희의 망명, 1·2차 유림단의거, 그리고 김창숙에 대한 연구가 핵심을 이루었다.

지금까지 이루어진 연구는 특별한 논쟁점을 발견하거나 논쟁을 벌이지는 않았다. 파리장서 서명자에 대한 엇갈리는 분석과 주장이 있지만, 이것은 자료의 부정확성이 가져온 문제이고, 또 독립유공자 포상을 둘러싼 후손들의 반응 때문에 나타난 것이지, 연구자 사이에 일어난 논쟁은 아니었다.

이 글은 기존의 연구 성과를 바탕으로 성주사람들이 펼친 독립운동의 전반적인 골격을 정리하고 그 성격을 규명하는 데 목표를 둔다. 또이를 통해 모자이크 맞추기처럼 추진되고 있는 지역사 복원에도 기여할 수 있기를 바란다.

2. 성주유림의 성향과 외교방략 추구

성주지역 지배층을 이루었던 유림은 크게 보아 퇴계학맥에 속한 남인들이었다. 역사적으로는 南冥 曺植의 영향도 남아 있었지만, 크게보면 퇴계학맥 계승자로 보는 편이 옳다는 것이 일반적인 견해다. 그런데 여기에도 지역에 따라 두 가지 계열로 나뉜다. 하나는 月恒面 大浦(한개마을)의 寒洲 李震相을 정점으로 삼는 계열이고, 다른 하나는草田面 高山洞의 恭山 宋浚弼을 중심으로 형성된 계열이다.[60]

이진상의 논리는 心卽理를 표방한 철저한 主理論이었다. 이는 퇴계

---

60) 김도형, 「한말·일제초기의 변혁운동과 성주지방 지배층의 동향」, 『한국학논집』18,
   계명대학교 한국학연구소, 1991, 54~55쪽.

학파의 정통학설인 理發氣發說과 차이를 보였고, 그 때문에 퇴계학맥의 정수를 이어가던 안동문화권으로부터 배척을 받는 사건도 일어났다.61) 그러나 한주학맥은 그 속에서도 그의 아들 李承熙를 비롯하여 張錫英과 郭鍾錫의 손을 거쳐 계승되고 성주지역을 중심으로 커다란 학자집단을 이루었다. 한편 송준필은 칠곡의 四未軒 張福樞와 안동의 김홍락을 스승으로 삼았으며 이진상과 달리 心合理氣說을 주장하여 차이를 보였다. 따라서 성주에서는 크게 보아 두 개의 학문적 권역이 설정된 셈이다. 이들 가운데 한주학맥의 성세가 더 컸다. 이러한 현상은 나라가 위태로워지고 민족문제가 발생하는 단계에서도 조금씩 다르게 작용하였다.

개항 이후 성주유림들의 대응은 퇴계학맥권의 그것과 큰 차이를 보이지 않았다. 영남만인소가 그러한 정황을 말해준다. 그런데 퇴계학맥 가운데서도 柳致明을 잇는 定齋學脈과 성주지역의 유림이 보여준 가장 큰 차이는 갑오변란과 명성황후 시해, 그리고 단발령으로 이어지는 일제 침략에 대응하는 과정에서 나타났다. 정재학맥이 의병항쟁에 앞장선 것과는 다르게 성주지역 유림은 의병 논의단계에서 그쳤다는 점이 대표적인 현상이다. 흔히 국가의 변고에 선비들이 취해야 할 태도에 대해 舉義掃淸·去之守舊·自靖遂志 등 處變三事를 말한다.62) 제천에서 일어난 류인석이나 안동문화권의 정재학맥이 보여준 의병항쟁은 '거의소청'의 면모를 그대로 보여준 것이다. 그런데 성주지역 유림은 무력항쟁에 반대하였다. 이는 무엇보다 곽종석이 대표로 이야기되는 이 지역 유림의 성향을 보여주는 대목이다.

---

61) 1897년 3월 『한주문집』을 도산서원에 보내자 8월 이를 되돌려 보냈고, 1902년에는 상주향교에서 이를 불태우는 일이 벌어지기도 했다(琴章泰·高光植, 『儒學近百年』, 박영사, 1984, 460쪽).

62) 柳麟錫, 「雜錄八條」, 『昭義續編』.

이들은 의병봉기에 대해 '오합지졸로는 대사를 이룰 수 없다'고 단정하였다.[63] 물론 성주유림이 의병을 논의한 일 조차 없는 것은 아니다. 이승희를 비롯한 몇몇 중심인물들이 거의를 논의한 일은 있었다. 하지만 곽종석이 이를 두고 '無可爲之勢'라는 이유를 내걸고 반대하는 바람에 의병을 일으키지 못했다.[64]

외세 침략에 대응한 성주유림의 특징은 의병봉기보다는 외교방략에 무게를 두었다는 점이다. 이러한 경향성은 곽종석의 선택과 밀접한 관련을 가졌다. 성주유림은 제국주의 침략에 대한 대응으로 萬國公法을 강조하고 서양의 여러 나라에 대한 외교활동에 무게를 두었다. 여기에서 등장하는 만국공법이란 브룬츠리가 말한 『公法會通』을 수용한 것이었다. 이들이 생각한 공법은 오로지 仁義에 근본을 두는 것이었다.[65] 실제로 국제사회에서 벌어지는 제국주의 침탈과 식민지의 문제를 제대로 파악할 길이 없던 그들로서는 유교적인 시각으로 공법을 이해하고 방향을 제시하였던 것이다. 따라서 이들은 만국공법이라는 것에 무게를 두면서 외교에 힘쓰기를 주장하였다.

1896년 이승희와 이두훈을 비롯한 성주유림은 곽종석과 함께 각국 공사관에 「布告天下文」이라는 글을 보내 일제 침략이 만국공법에 어긋나는 일이라고 규탄했는데, 이러한 활동도 외교방략에 무게를 둔 성

---

63) 김도형, 「한말·일제초기의 변혁운동과 성주지방 지배층의 동향」, 『한국학논집』 18, 계명대학교 한국학연구소, 1991, 64쪽.
64) 성주출신으로 崔銀東이 회덕에서 일어난 문석봉 의병장과 함께 활약했다고 하여 이것이 성주유림이 의병에 나선 것으로 평가하려는 견해가 있고, 또 이승희가 1896년 의병을 논의하였으므로 성주에서 의병 움직임이 없었다는 주장은 곤란하다는 의견이 있지만(권대웅, 「'성주사람들이 펼친 독립운동'(김희곤 발표)에 대한 논평」, 2013.5.19, 성주군청), 이들 모두가 성주유림이 주체가 되는 의병을 일으킨 것이라 평가할 수는 없다.
65) 김도형, 「한말·일제초기의 변혁운동과 성주지방 지배층의 동향」, 『한국학논집』 18, 계명대학교 한국학연구소 1991, 64쪽.

주유림의 특징을 보여준 것이었다. 이러한 추세는 1906년 최익현이 의병을 일으키자고 제의했을 때, 곽종석이 "우리나라의 모든 힘을 들어서 나라 밖의 적과 싸우는 것은 계란으로 바위를 치는 것과 같다."고 거절한 것이나 같은 걸음이었다.66) 성주유림의 이러한 외교방략 선택은 뒷날 파리강화회의에 독립청원서를 보내는 데 중심축을 이루게 되는 근간으로 이해할 수 있겠다.

3. 1910년 전후의 독립운동

1) 애국계몽운동67)

애국계몽운동은 대한제국 후반기에 무너져가는 나라를 지탱하기 위해 펼친 국권회복운동을 가리킨다. 이 운동의 궁극적 목표는 밖으로 외세 침략으로 무너져가는 국가를 지탱하여 자주독립을 성취하고, 안으로는 전근대적인 요소를 혁파하여 근대사회를 일구어내는 것이었다. 그 핵심은 신식교육과 민족자본 육성이었으니, 실력양성운동이었다. 애국계몽운동은 1904년 서울에서 조직된 국민교육회가 기점이고, 도시에서 먼저 시작되고, 점차 지방으로 확산되어 갔다.

성주에서는 대한협회 성주지회의 활동과 국채보상운동이 주를 이루었다. 대한협회는 1907년 11월에 서울에서 창립된 정치단체인데, 외교

---

66) 김도형, 「한말·일제초기의 변혁운동과 성주지방 지배층의 동향」, 『한국학논집』 18, 계명대학교 한국학연구소 1991, 64~65쪽.
67) 이 분야는 권대웅의 「한말 한주학파의 계몽운동」(『대동문화연구』38, 성균관대학교 대동문화연구원, 2001)이 주된 연구 업적이고, 따라서 그 성과를 바탕으로 삼는다.

권에다가 독자적인 행정권마저 빼앗긴 상황에서 정치·교육·식산의 발
전을 도모하여 국권을 회복하자는 데 목적을 두었다. 이에 성주에서
1908년 11월 1일 지회설립 발기회를 열고, 본회에 청원서를 제출하였
다. 마침내 1908년 11월 11일 본회에서 파견된 시찰원 윤효정이 참석
한 가운데 군내 會老堂에서 발기인 임시회를 열었다. 윤효정은 '정당
의 起因과 본회의 취지'에 대해 강연하였고, 그의 보고에 따라 서울 본
회는 11월 29일 성주지회를 정식 인가하였으니, 이는 경북에서 일곱
번째였다. 이어 12월 8일 열린 총회에서 회장 朴儀東, 부회장 李德厚
등을 선출하였고, 金昌淑은 평의원으로 활약하였다.[68]

김창숙은 "우리가 이 회를 설립하는 것은 장차 나라를 구하려는 것
이다. 나라를 구하려면 마땅히 구습의 혁파부터 시작해야 하고, 구습을
혁파하고자 하면 마땅히 계급의 타파부터 시작해야 하며, 계급을 타파
하고자 하면 마땅히 우리들의 회부터 시작해야 할 것이다."라고 주장
하였다.[69] 그의 말에서 나라를 구해야 한다는 시대적 과제가 먼저 나
타나고, 대표적인 방법으로 '구습 혁파'라는 길을 제시한 것이다. 이는
그 당시 정치·사회운동을 펼치던 지도자들의 공통적인 인식이었다. 구
습 혁파의 길에서도 무엇보다 먼저 제시된 것이 계급 타파였다. 계급
사회를 극복하는 것은 곧 근대 시민사회를 지향하는 것이니, 그의 인
식과 주장은 곧 시민사회요 근대사회로 나아가자는 주장이었다. 이는
전통 유림들의 인식 틀을 깨고 나가야 한다는 혁신적인 주장이었고,
보수 성향이 강한 유림을 제외하면 대체로 전반적인 변화 추세를 담고
있었던 셈이다. 그 뒤 김창숙은 지회활동을 펴면서 일진회의 '합방론'
을 반대하는 건의서를 중추원에 제출하기도 하고, 국채보상운동으로

---

68) ≪大韓協會會報≫9, 1908년 12월.
69) 김창숙,「躄翁七十三年回想記」,『心山遺稿』권5, 국사편찬위원회, 1973, 302쪽.

모은 돈을 기초로 私立 星明學校를 설립하기도 하였다.[70]

성주지회에서 이덕후 부자의 존재도 두드러진다. 그는 1908년 12월 대한협회 성주지회의 부회장을 맡았다. 이때 맏아들 李愚元은 대한협회 간사원을 맡고 있었으며, 차남 李愚正과 삼남 李愚弼은 서울에서 신교육을 받으면서 교남교육회의 회원으로 활동하고 있었다. 그래서 그는 신진사조를 쉽게 접할 수 있었을 것이다.[71]

그런데 대한협회 활동에 심각한 문제가 등장했다. 서울에 있던 대한협회 본회가 점차 친일로 기울어지기 시작한 것이다. 전국 곳곳에서 대한협회 본회의 변질에 대해 격정적으로 반론을 제기하기 시작했다. 안동지회장 이상룡의 격렬한 비난이 대표적이다. 안동에서 시민강연을 펼치던 그는 구금되고 곤욕을 치렀다. 김창숙이 1909년 2월 일진회의 '합방론'에 반대하는 건의서를 중추원에 제출한 것도 이러한 정황에서 나온 것이고, 이 때문에 그도 성주군 헌병분견소에 구속되어 건의서를 취소하도록 강요받았다. 그러나 그는 끝내 자신의 뜻을 굽히지 않았다.[72]

서울지역과 이어진 애국계몽운동으로는 교남교육회의 지회 활동도 있었다. 신식교육을 일으키려는 활동은 학회운동으로 확산되어 갔다. 1904년 국민교육회 설립 이후 1906년 10월에 서우학회·한북흥학회 등이 조직되면서 본격화하였다. 1907년 7월에 호남학회와 호서학회가 설립되었고, 1908년 1월에는 기호흥학회가 설립되었다. 그해에 서우학회와 한북흥학회는 서북학회로 통합되었다. 1908년 2월에 이르러 관동학회·교남학회·대동학회 등이 차례로 조직되면서, 학회운동은 전국적인

---

70) 김도형, 「한말·일제초기의 변혁운동과 성주지방 지배층의 동향」, 『한국학논집』 18, 계명대학교 한국학연구소, 1991, 67쪽.

71) 「會員名簿」, 《교남교육회잡지》1, 1908년 4월.

72) 김창숙, 「躄翁七十三年回想記」, 『心山遺稿』권5, 국사편찬위원회, 1973, 303~305쪽; 「儒生獻議」, 《皇城新聞》 1910년 1월 6일자.

규모로 확대되었다. 그 가운데 嶠南敎育會는 서울에 거주하는 영남출
신 인사들이 영남지역의 교육진흥을 표방하고 설립한 교육계몽단체였
다. 지역학회로는 관동학회와 더불어 가장 늦게 설립되었다. 이유는 영
남이 조선 유학의 중심지라고 자부하는 지역적 보수성 때문이었다. 발
기대회가 열린 것은 1908년 3월 14일이다. 朴晶東·尙灝 등 145인이 서
울 보광학교에 모여 발기대회를 열고, 교남교육회를 결성하였다.[73]

교남교육회에는 성주사람도 참여했다. 교남교육회는 본회를 서울에
두고 지방조직인 지회를 조직하였다. 그 교남교육회에 가입한 성주사
람은 10명 정도 확인된다.[74]

都憲模·李潤·金佑坤·李愚正·吳汪根·李昌鎬·李愚弼·李愚重·裵景
琪·裵相濂

교남교육회 활동에 발맞추어 성주에서도 신교육운동이 시작되었다.
김창숙이 앞장선 성명학교가 대표적이다. 그는 1910년 고향마을인 대
가면 칠봉리 사도실에 있는 晴川書堂에 성명학교를 설립하였다. 이곳
은 자신의 선조인 東岡 金宇顒을 모시던 晴川書院이었으나, 대원군 당
시 훼철되어 서당이 된 것이다. 그가 앞장서서 이곳에 신식교육을 펼
치는 학교를 만들게 되자, 성주지역 유림들은 "김창숙이 나와서 청천
서원이 망한다."고 공격하였다. 하지만 김창숙은 "유림의 뜻에 순응하
여 사방에서 배우러 오는 이를 막는 것은 새로운 영재를 양성하여 다
른 날 通儒를 기다림만 못하다."라고 일축하였다. 이는 그의 혁신적인
인식 변화를 보여주는 대목이다.[75] 성명학교를 세우는 데 金元熙·都

---

73) 유영렬, 『애국계몽운동 1 -정치사회운동』, 독립기념관 한국독립운동사연구소, 2007,
   77~78쪽.
74) 안동대학교 안동문화연구소, 『경북독립운동사』 II, 경상북도, 2012, 95쪽.

甲模·李恒柱·李晉錫·裵東玉 등이 뜻을 함께 하였다.

그런데 개교를 앞두고 있던 1910년 8월, 대한제국이 일제에게 국권을 강탈당한 후 김창숙은 성명학교의 운영기금 장부인 단연금 원장을 경찰에게 빼앗겼다. 그가 강하게 반발하였으나, 경찰은 단연금이 국채를 갚기 위해 모금한 것이니 국고에 돌림이 마땅하다고 윽박질렀다. 그러자 김창숙은 학교 일에서 물러났다.[76]

국채보상운동도 애국계몽운동 차원에서 이해할 수 있다.[77] 국채보상운동은 1907년 1월 29일 대구광문사 문화특별회에서 김광제와 서상돈의 발의로 시작되었다. 2천만 민중이 석 달 동안 담배를 끊어서 국가의 빚을 갚자는 것이 핵심내용이었다. 이 소식이 퍼져나가 3월쯤에는 전국 곳곳에 국채보상을 위한 모금 단체들이 조직되고, 기관이나 개인들의 의연금 모집이 줄을 이었다. 신분이나 연령, 남녀의 구분 없이 펼쳐져 거족적인 애국운동으로 확산되었다. 이 운동이 대구에서 시작하였기 때문에 경북은 다른 지역에 비해 빠른 속도로 퍼져나갔다. 성주 사람들이 여기에 참가한 것은 당연한 일이었다.

성주에서는 1907년 3월 20일 국채보상의무회가 조직되었다.[78] 이를 주도한 인물은 이승희를 비롯한 유림이었다. 그는 1907년 3월부터 향중에 통문을 돌려 경남지역의 호소통문을 짓고, 향약의 조직 원리를 변용한 국채보상회 조직 규칙을 만들었다.[79] 그해 4월 성주군 국채보

---

75) 윤병석, 「心山遺稿」, 『한국근대사요론』, 일조각, 1979, 326~331쪽.
76) 권기훈, 『혁신유림계의 독립운동을 주도한 선각자 김창숙』, 독립기념관 한국독립운동사연구소, 2010, 50쪽.
77) 물론 이 운동 자체가 신문화를 수용하는 차원은 아니지만, 크게 보면 자강론의 차원에서 스스로 독립의 길을 모색한 것으로 보아 넓은 의미에서 애국계몽운동의 영역에 포함시킬 수 있다. 그렇다고 하여 여기에 참가한 인물이 모두 진보적인 혁신의 길을 선택했다고 말할 수는 없다.
78) ≪大韓每日申報≫ 1907년 4월 13일자, 雜報 「星州出義」.
79) 「以國債義務事通慶南列郡文」, 『韓溪遺稿』7, 250쪽.

상의무회가 신문에 보도되었는데, 이승희·이덕후·裵遇鴻 등이 대표
인물이었다. 1908년 이승희가 연해주로 망명하고 나자, 이번에는 김창
숙이 국채보상의무회를 이끌어 갔다. 김창숙은 1910년 4월 국채보상금
처리회 전국대표자대회가 열리자 성주군 대표로 참석하였다. 하지만
그는 일진회를 비롯한 친일세력이 개입하자 실망하고 탈퇴한 후 성주
로 돌아왔다. 그리고 보관하고 있던 국채보상금 10여만 원을 기초로
성명학교를 추진하고 나선 것이다.80)

이처럼 성주군 국채보상의무회는 이승희와 김창숙이 주도하였다. 이
승희는 국채보상의무회의 회장이 되어 향약의 조직기반을 통해 성주
지역의 모든 계층을 동원하였고, 나아가 경남지방의 국채보상회 규칙
을 만들기도 했다. 그러나 그는 국권회복의 한계를 절감하고, 새로운
길을 찾아 1908년 블라디보스토크로 망명하였다.

2) 국외 독립운동기지 건설

1910년 나라가 망하자 민족문제에 적극성을 지닌 유림들은 두 가지
방법 가운데 하나를 선택하였다. 하나는 해외로 망명하여 독립운동기
지를 건설하는 것이요, 다른 하나는 목숨을 던져 일제 침략의 부당성
에 항거하는 것이었다. 성주출신으로 독립운동기지 건설에 참가한 인
물은 앞에서 본 것처럼 이승희가 대표적이다.

이승희는 1908년 4월 가묘에 제사지내고 20일에 부산을 출발하여 5
월 9일에 블라디보스토크에 도착하였다. 그의 망명에는 鄭寅夏·李洙
仁 등 한주학맥 계승자들도 함께 하였다. 이승희는 그곳에서 李相卨·
安重根·柳麟錫 등과 함께 독립운동을 펼칠 방법을 찾고, 1908년 이수

---

80) 「躄翁七十三年回想記」, 『心山遺稿』권5.

인을 국내로 보내 군자금을 모집하였다. 이때 그는 「萬國大同議院私議」를 지어, 국제연맹 성격을 지닌 '만국대동의원'이란 기구를 세우자고 제의하기도 하였다. 여기서 말하는 大同은 세계주의와 통하는 이념이었다.[81]

이승희는 1909년 만주로 이동하여 밀산부 봉밀산 일대에 韓興洞이라는 마을을 개척하였다. 이름만으로도 알 수 있듯이, 나라를 되살려 일으키겠다는 뜻을 담은 것이다. 한인동포들의 조직을 건설하고, 「日則銘」·「日誦五綱」·「五綱十目」을 지어 한인동포들과 함께 암송하면서 생활하였다. 「일칙명」은 상제의 명을 깨닫는 기도문 성격을 띤 것이다. 「일송오강」은 "천지를 위해 마음을 세우고, 부모를 위해 몸을 세우고, 자기 인생을 위해 도리를 세우고, 백성을 위해 표준을 세우고, 만세를 위해 모범을 세운다."는 것으로 이 세계를 향한 기본강령이다. 이 사실은 그가 이끌었던 것이 일종의 유교적 신앙 공동체 생활이었음을 알 수 있다.[82]

이 무렵 고국에서 아들이 방문하였다. 1909년 4월 큰아들 李基元, 이듬해 7월에는 작은 아들 李基仁 등이 각각 한흥동을 방문하였다. 그리고 1912년 1월 한주의 문인 장석영과 이두훈도 서간도와 북간도를 거쳐 한흥동을 방문하였다. 그 외에 이승희의 문인 이인재도 블라디보스토크로 망명을 계획하였으나 실행하지 못하였다.

이승희는 1913년에 만주를 가로질러 安東縣(현 단동)으로 활동무대를 옮겼다. 그곳에서 東三省韓人孔教會를 창립하고 北京孔教會에 편지를 보내 지회로 승인해줄 것을 요청하였다. 이는 유교 윤리를 통하여 전통문화의 정신을 계승·유지하면서 민족의 독립을 도모하고자 한

---

81) 강윤정, 「애국계몽운동」, 『경북독립운동사』Ⅱ, 경상북도, 2012, 216쪽.
82) 강윤정, 「애국계몽운동」, 『경북독립운동사』Ⅱ, 경상북도, 2012, 217쪽.

것이다.83) 또 공교회운동을 추진하면서 활동무대를 넓혀 당시 북경에서 북경공교회를 이끌던 陳煥章과 교류하였다. 이때 그는 ≪공교잡지≫에 공교운동의 종교조직 체계를 논의하는 논문을 발표하였다.84)

이후 이승희는 박은식과 편지로 독립사상 및 민족의식의 고취를 위하여 언론기관의 설립과 국사교육에 대해 논의하는 한편, 서구의 자유이론과 공화제·입헌제에 대응해 유교에 근거하여 세계에 통용되는 새로운 정치이론을 모색하기도 하였다. 또 그는 1913년 봉천 德興堡의 황무지를 개척하고 병농일치를 시행하여 독립운동의 근거지를 건설하려고 계획하였다. 그러나 매입했던 땅이 해동이 되면서 물바다가 되어 계획은 수포로 돌아갔다. 그 뒤 이승희는 봉천 서탑에 머물면서 공교회 운동에 전념하다가 1916년 2월 28일 세상을 떠났다.

이승희는 한주 이진상의 학맥을 계승한 문인이자 아들로서 40대 말까지는 전형적인 성리학자로서의 삶을 살았다. 그러나 50대에 들면서 더 이상 유학이 이론적 차원에 머물러 있어서는 안 된다는 판단을 하였다. 그리고 유학을 서양의 기독교처럼 종교화하여 지식인뿐만 아니라 일반 대중들을 위한 구체적 실천이념으로 전환하고자 했고, 그 결과 공자교에 주목하게 되었다. 그는 성리학을 비판하고 공자교를 세운 것이 아니라 성리학과 공자교가 서로 연장선상에 있는 것으로 보았으며, 이러한 유학의 보편적인 요소를 종교로 정립하여 근대에 대응하고자 하였다. 적어도 유학을 인습적으로 계승하는 것이 아니라, 그 보편적 요소를 추출하여 그것을 중심으로 근대적 유학 체계를 재구성하고자 하였다는 점에서 그의 공자교운동은 유학개혁운동이라고 할 수 있다.85)

---

83) 금장태, 「한계 이승희 생애와 사상 1」, 『대동문화연구』19, 성균관대학교 대동문화연구원, 1985, 17~18쪽.
84) 강윤정, 「애국계몽운동」, 『경북독립운동사』Ⅱ, 경상북도, 2012, 218쪽.

3) 자정순국

1910년 나라가 망한 직후 자정순국으로 저항한 인물도 곳곳에서 나왔다. 그들은 대개 전통유림이었는데, 이 길을 선택한 인물들은 오랑캐가 지배하는 틀·도덕·가치체계 속에 들어가는 것을 부정했다. 본격적인 자정순국 투쟁은 1905년에 비롯되어 1910년 나라가 망한 직후에 절정에 이르렀다. 자정순국자는 전국에서 90명 정도 확인되는데, 경상북도에서 19명이 나와 가장 많다. 성주에서는 張基奭·李慶煥 두 사람이 확인된다.

장기석은 1867년 벽진면 봉계리에서 태어났다. 1910년 8월 나라가 망하자 성주군수와 경찰서장 등으로부터 일본왕의 생일 축하식에 참석할 것을 강요받았으나 이를 단호히 거절했다. 그러자 일제 경찰이 그를 끌고 가려했고, 그는 일제 경찰을 목침으로 때려 중상을 입히고 대구형무소에 갇혔다. 그는 1910년 12월 옥중에서 단식투쟁을 펼쳤으며, 손톱 발톱이 다 뽑히는 잔혹한 고문을 당하면서도 "내 목은 베어도 내 뜻을 꺾을 수 없다."고 호령하다가 1911년 1월 5일 단식 27일 만에 옥중에서 순절하였다.[86] 40대 젊은 나이에 의기를 세워 저항하다가 세상을 떠난 것이다.

한편 1920년대에 자정순국으로 일제에 저항한 인물도 있다. 이경환이 그 사람이다. 그는 1928년 11월 25일 일본왕이 즉위식을 거행하려 교토에 갔을 때, 한국병합의 부당성과 총독부 철폐를 요구하는 직소장을 제출하려고 나섰다. 그러다가 교토의 東本願寺 앞에서 일제 경찰에 붙잡혀 9개월 동안 옥고를 치르고서 귀국하였다. 돌아온 뒤 얼마 지나

---

85) 강윤정, 「애국계몽운동」, 『경북독립운동사』Ⅱ, 경상북도, 2012, 219쪽.
86) 송상도, 『기려수필』, 국사편찬위원회, 1955, 218~219쪽; 독립운동사편찬위원회, 『독립운동사』7, 1976, 248쪽.

지 않아 1929년 11월 25일 목매 자결하였다. 빼앗긴 나라에서 더 이상
살 수 없다는 것이 그 이유였다. 그러자 그의 부인도 뒤따라 자결하였
다고 전해진다.[87]

4) 조선국권회복단 참가

나라를 잃자마자 앞에서 본 것처럼 독립운동가의 만주망명과 유림
의 자정순국이 줄을 이었다. 앞서 의병항쟁을 펼쳤던 인물들은 만주로
망명하거나 국내에서 소규모로 투쟁을 벌이다가 몰래 대중들 사이로
스며들었다. 1910년대 중반에 들면서 도시를 중심으로 계몽운동 세력
들이 비밀조직을 다시 결성하기 시작했다. 1915년 정월 대보름 대구
안일암에서 조직된 조선국권회복단이 대표적인 존재다. 이를 끌고 간
대표가 울산태생이자 경주에서 성장한 박상진이다. 그가 앞장서서 다
시 풍기에 스며든 의병출신 채기중을 만나 논의한 끝에 1915년 여름
대구 달성공원에서 광복회를 결성하였다.

성주에서도 조선국권회복단에 참가하여 활동한 인물이 나왔다. 鄭
舜泳·鄭雲駟 등이 대표적이다. 정순영은 경북 성주의 부호로서 1905
년 외교권을 잃은 뒤 망명길에 올라 만주·시베리아·상해 등을 돌면서
견문을 넓히고 1913년 귀국하였다. 그는 이러한 경력으로 조선국권회
복단의 유세부장을 맡았고, 이어서 광복회에도 참가하여 남만주 연락
책으로 삼달양행을 책임 맡아 활동하였다.[88] 또한 그는 '대구권총사

---

87) 조선총독부 경상북도경찰부, 『고등경찰요사』, 1934, 1·151·176·300·301쪽; 「還
御途中에 朝鮮人直訴, 범인은 현장에서 체포되어, 犯人은 星州出生李慶煥/
直訴狀內容 一部만 發表」, 《동아일보》 1928년 11월 28일자.
88) 「固軒實記署抄」, 『박상진자료집』, 독립기념관 한국독립운동사연구소, 2000,
356~361쪽.

건'에도 연결되었다.[89)]

정운일은 대구에서 전당업을 경영하고 있었다.[90)] 그는 '대구권총사건'으로 10년형의 중형을 선고 받아 1916년 이후 광복회에서 더 이상의 활동을 할 수 없었던 것으로 보인다.[91)] 그의 동생 정운기는 윤상태와 사돈으로 중복되는 혈연관계를 가졌으며,[92)] 1921년 홍주일·김영서 등과 교남학교를 설립하기도 하였다.[93)]

4. 3·1운동과 제1차 유림단의거(파리장서운동)[94)]

1) 3·1운동

제1차 세계대전이 끝나고 전후 처리를 위한 파리강화회의가 열리게 되자 나라 안팎에서 독립운동을 펼치던 인물들은 여기에 주목했다. 마침 민족자결주의 원칙도 선언된 터라, 여기에 맞춰 민족 전체가 하나 되어 독립을 열망하는 의사를 드러낼 필요가 있었고, 이에 맞춰 나타난 것이 독립선언이었다. 겉으로 드러난 형식은 민족 전체가 참가한 만세운동이지만, 실제 내용은 열강 앞에 독립국임을 선언한 것이다. 이

---

89) 류시중·박병원·김희곤 역주, 『국역 고등경찰요사』, 선인, 2010, 345쪽.
90) 박영석, 「광복회연구」, 『한국민족운동사연구』1, 한국민족운동사연구회, 1986, 58쪽.
91) 「金鎭萬 등 4인 판결문」, 1917년 6월 22일, 대구복심법원.
92) 김준헌, 「대구상공협회의 실체」, 『성곡논총』14, 성곡학술문화재단, 1983, 296쪽.
93) 이 밖에도 조선국권회복단에 참가한 성주출신으로 裵相淵·裵相濂도 눈에 띈다.
94) 이 분야의 연구는 최근 서동일의 박사학위논문인 「1919년 파리장서운동의 전개와 역사적 성격」(한국학중앙연구원, 2009)과 권영배의 「경북지역의 파리장서운동」(『경북독립운동사』Ⅲ, 경상북도, 2013)으로 상당히 진척되고 정리되었다. 여기에서는 이 업적을 바탕으로 삼는다.

것은 세계 식민지 가운데 해방과 독립을 요구하고 선언한 선구적인 거사였다.

3·1운동은 1919년 3월 1일 서울과 평양에서 시작된 것으로 이해되지만, 실제로는 이미 도쿄에서 먼저 일어난 '2·8독립선언'이 시작점이다. 이것이 전국으로 퍼져가면서 5월까지 이어졌고, 나라 밖에서도 한국인이 거주하던 모든 곳에서 일어났다.

경북에서는 3월 8일 대구 서문 밖 시장에서 만세운동이 시작되었고, 5월 7일 청도군 매전면 구촌동 만세운동으로 막을 내렸다. 꼬박 두 달 동안 80곳이 넘는 곳에서 90회 넘게 만세운동이 펼쳐졌다.[95] 경산군을 제외하고는 모든 군에서 만세운동이 일어났다. 경산도 아무런 움직임이 없었던 것은 아니다. 다만 계획하던 주역들이 미리 붙잡히는 바람에 주저앉은 것이었다.

성주에서도 다른 곳과 마찬가지로 만세운동이 일어났다. 7개 지역에서 각각 한 번씩 일어났는데, 시기는 3월 27일, 4월 2일, 4월 6일 등으로 다른 지역에 견주어 볼 때 조금 늦은 편이다.

〈성주군 만세운동〉

날짜	장소	참가 인원
3.27	선남면 소학동	20
3.27	가천면 동원동	10
4. 2	성주면 시장	3,000
4. 2	벽진면 해평동	200
4. 3	지사면 수륜동	30
4. 6	대가면 도남동	10
4. 6	월항면 안포동	20

---

95) 권영배, 「대구지역 3·1운동의 전개와 주도층」, 『조선사연구』6, 조선사연구회, 1997, 126~129쪽.

성주군에서 맨 먼저 3·1운동이 시작된 곳은 船南面 巢鶴洞과 伽泉面 東元洞이었다. 선남면 만세운동은 仙源洞의 李玄琪가 주도하였다. 이현기는 전국으로 퍼져가던 만세운동 소식을 듣고, 3월 27일 오후 2시 무렵 동민을 모아 선남면 소학동 거리에서 '대한독립만세'를 외쳤다. 또 그는 다음날 성주면 장날(3월 28일, 음 2.27)에 장터로 나가 혼자 독립만세를 불렀다.96) 이현기는 그 자리에서 일경에 붙잡혔지만, 민중에게 준 영향은 컸다. 그는 1919년 4월 26일 대구지방법원에서 징역 8월을 언도받았다.97)

가천면 동원동에서도 3월 27일 만세운동이 일어났다. 이곳에 살던 李相海는 자신의 집을 찾은 붓 장수 愼性伯으로부터 만세운동의 소식을 듣고 여기에 동참하겠다고 뜻을 세웠다. 그는 3월 23일 일꾼 金命俊·鄭吉洙와 청년 李桂煥 등에게 상황을 설명하고 동참을 설득하였다. 그러자 이들은 3월 27일 저녁 같은 마을 李泰熙 집 앞에 마을 청년들과 동민들을 모아놓고 독립만세의 목적을 설명한 뒤 함께 저녁 7시에 독립만세를 외치기 시작하였다. 그러자 倉泉駐在所 경찰이 출동하여 주역들을 붙잡아 갔다.

이상해·김명준·정길수·이계환·權作弗·金淑伊·崔春伊·鄭桂述 등이 붙잡히면서 군중은 흩어졌다. 이상해를 제외하면 대부분은 20대 청년으로 농민들이었다. 이상해와 김명준은 징역 10월, 정길수·이계환·권작불·김숙이·최춘이·정계술은 징역 6월을 선고받고, 정계술은 뒤에 집행유예로 풀려났다.98)

성주에서 일어난 만세운동의 절정은 4월 2일에 일어난 성주면 시위.

96) 당시 장은 음력으로 열렸다. 성주는 2, 7일장이었다.
97) 「이현기 판결문」, 대구지방법원, 1919년 4월 26일.
98) 「판결문」, 대구지방법원, 1919년 4월 28일; 「이상해 외 7인 판결문」, 대구복심법원, 1919년 5월 19일; 「이상해·김명준 판결문」, 고등법원, 1919년 6월 20일.

모에서도 그랬고, 이를 일으킨 주도세력의 성격에서도 그러했다. 그 주역은 유림과 기독교 연합세력이었다. 유림측에서는 선남면과 가천면에서 시위가 일어나기 하루 앞선 26일, 초전면의 송준필이 「통고국내문」을 3천장이나 완성하여 곳곳으로 보냈다. 이는 상해로 떠난 김창숙의 활동을 지원하는 것이기도 하고, 만세운동에 나서라는 주문이기도 했다. 마침 김창숙은 이 격문이 뿌려지던 다음날 27일에 상해에 도착하였다.

송준필이 작성한 통고문은 "아! 죽고 사는 것은 하늘에 달렸다. 나라가 회복되면 죽어도 오히려 사는 것이요, 나라가 회복되지 못하면 살아도 또한 죽은 것이다. (중략) 만국회의에 편지를 보내 우리의 실정과 소원을 알게 하여 공의가 널리 신장되도록 한다면, 천만 매우 다행이리라."면서 전국 유림이 분연히 일어날 것을 격려하였다.[99] 그리고서 송준필은 우선 야성송씨 문중을 모아 4월 2일 성주장날에 거사하기로 작정하였다. 여기에 월항면의 유생 이기정과 초전면의 宋浚根 등이 앞장섰다. 그리고 군내의 유력한 양반유생들에게 통고하여 成大湜·宋壽根·宋祐根·張錫英·宋圭善·宋勳翼·金熙奎·李鳳熙·宋文根·宋千欽 등을 모아 거사를 준비하였다.

이와 같이 성주군의 3·1운동은 파리강화회의에 독립청원운동을 주도한 전통유림이 계획하고 추진한 만세운동이었다. 즉 성주지역의 전통유림들이 독립청원서를 파리강화회의에 보내는 장서운동을 전개하는 과정에서 만세운동의 대중적 확산을 도모한 것이다.

한편 기독교 측에서도 대가면 소재 옥화동 교회 조사 유진성을 중심으로 4월 2일 성주면에서 만세운동을 전개할 준비를 하고 있었다. 그는 마침 유림세력도 같은 날 시위를 펼친다는 소식을 전해 듣고, 3월

99) 유림단독립운동실기편찬위원회, 『국역 유림단독립운동실기』, 대보사, 2001, 21쪽.

말 유림 측의 송회근과 만나 힘을 합쳐 만세운동을 펼치는 데 합의하고, 그날 사용할 태극기 제작을 부탁하였다. 이에 유림은 그 제의를 선뜻 받아들였다. 또 시위 3일 전에 기독교도 吳任흠가 찾아와 교인 100여 명을 동원하여 만세운동을 준비하고 있는데 연합하기를 요청하였다. 이에 민족적 대사를 앞두고 이념과 종교를 초월하여 제휴하기로 하였던 것이다.

4월 2일 오후 1시 만세운동이 시작되었다. 기독교도는 외곽에서 시작하고, 유림은 중심부에서 호응하는 형태를 보였다. 기독교도들이 성주면 京山洞 關帝廟 뒷산에 모여 태극기를 들고 성주면 시장을 향하여 독립만세를 외치고, 이에 시장 복판에 모인 유림 측 약 60명이 독립만세를 부르기 시작한 것이다. 이때 경찰이 주도인물 몇 명을 붙잡아가자, 군중은 경찰서 앞으로부터 남쪽 군청 앞과 그 양쪽 작은 길에 700~800명, 동쪽 우편국 앞으로부터 시장 통로에 약 1,500명이 몰려들었다. 경찰이 발포하자, 군중은 물러났다가 서북쪽 산 위에 모여 불을 피워 놓고 독립만세를 외치다가 밤 10시쯤 흩어졌다. 이어서 밤 11시경에 다시 군중 100여 명이 시장으로 모여들기도 했고, 저녁 무렵 경산동 앞 도로에서는 선남면 문방동의 유지 石鍊極이 呂至淵·朴夏彬을 비롯한 군중과 함께 만세시위를 펼치다가 경찰에 붙잡히기도 했다.

성주면 시장 만세운동에서 일본 군경이 발포하는 바람에 이태희와 이름 모를 2명이 현장에서 순국하였으며, 이봉희 등 7명이 부상을 입었다. 그 뒤 일본 군경은 주도인물을 붙잡아 재판에 넘겼다. 이기정·성대식·송수근·송우근·장석영·송규선·송훈익·김희규·송준필·이봉희·송회근·송문근·송천흠·오의모·김재곤·김석규·김치권·김학이·홍진수·박상규·백돌이·배상윤·서병준·백성흠·노기학·김원술·박경하·김구진·이판성·석연극 등이 그들이다. 이들은 징역 5~6월이거나 1~2년

형을 선고받고 옥고를 치렀다.[100)

성주면의 만세운동은 碧珍面으로 퍼져나갔다. 海平洞의 呂弘淵은
성주면 만세운동에 참가하고 돌아오는 길에 같은 동네의 呂又龍·呂旺
淵에게 성주면 시장에서 경찰의 발포로 많은 사람이 죽고 다쳤다는 소
식을 듣자, 이에 분개하여 만세운동을 일으키자고 나섰다. 그는 곧 여
우룡·여왕연·呂文會·呂鎬鎭 등과 논의한 뒤 해평동에서 만세시위를
펼치기로 작정하였다. 이들 다섯 사람은 그날 오후 11시 해평동 月會
堂 앞 도로에서 장꾼 300여 명을 이끌고 독립만세를 고창한 후 밤늦도
록 만세운동을 펼쳐나갔다.

벽진주재소 경찰이 이를 저지하려 나섰다. 이에 都武煥은 "조선인들
이 이처럼 독립만세를 부르는 것은 당연한 일이 아니냐. 이를 가로막
는 너희들의 행동은 참으로 부당하다."고 항의하였다. 군중은 밤늦도록
시위를 펼친 뒤 흩어졌고, 여홍연·여우룡·여왕연·여문회·여호진·도무
환 등 주역은 일경에 붙잡혔다. 여홍연은 징역 1년, 여우룡과 여왕연은
각각 징역 8월, 여호진과 여문회는 각각 징역 6월, 그리고 도무환은 笞
90에 처해졌다.[101)

성주면 만세운동이 일어난 다음날, 4월 3일 志士面 修倫洞의 蔓支

---

100) 「배상윤 외 6인 판결문」, 대구지방법원, 1919년 4월 25일; 「오의모 외 5인 판
결문」, 대구지방법원, 1919년 4월 28일; 「박상규 외 1인 판결문」, 대구지방법
원, 1919년 5월 1일; 「여홍연 외 5인 판결문」, 대구지방법원, 1919년 4월 28일;
「곽종석 외 15인 판결문」, 대구지방법원, 1919년 5월 20일; 「이기정 외 11인
판결문」, 대구지방법원, 1919년 8월 21일; 「석연극 판결문」, 대구복심법원,
1919년 5월 27일; 「석연극 판결문」, 고등법원형사부, 1919년 7월 10일; 「이판
성 판결문」, 대구복심법원, 1919년 3월 20일; 金正明, 『朝鮮獨立運動』1, 東
京; 原書房, 1967, 492~493쪽.
101) 「여홍연 외 5인 판결문」, 대구지방법원, 1919년 4월 28일; 「여홍연 외 5인 판
결문」, 대구복심법원, 1919년 5월 20일; 「여홍연 외 5인 판결문」, 고등법원,
1919년 6월 26일.

市場에서 만세운동이 일어났다. 靑坡面 新亭洞의 張命俊·金駿秀가 이 날 오후 5시 무렵 '대한독립만세'를 외치기 시작하자, 군중도 따라 나섰다. 일제 경찰이 주동인물 3명을 붙잡았고, 그 가운데 장명준과 김준수가 기소되었다. 장명준은 징역 6월형, 김준수는 징역 4월형을 받고 복역하였다.[102]

성주군의 만세운동은 4월 6일 2곳에서 소규모로 일어나고 마무리 되었다. 한 곳은 대가면이고, 다른 한 곳은 월항면이다. 대가면 道南洞의 金八洙·成德伊 등은 가천면 창천시장의 장날인 4월 6일, 오후 5시 白介를 비롯한 청년 20여 명과 함께 倉泉駐在所 맞은편에 있는 대가면 後浦 뒷산에 올라 '대한독립만세'를 고창하면서 시위를 전개하였다. 김팔수·성덕이 두 청년은 일경에 붙잡혀, 징역 6월을 언도받고 옥고를 치렀다.[103] 또 같은 날 월항면에서도 만세운동이 일어났다. 오후 12시경 李東根이 주도하여 安浦洞 뒤편 언덕 위에서 30여 명이 독립만세를 부른 것이다.[104]

성주군의 3·1운동은 3월 27일 시작되어 4월 2일 성주면 시장 만세운동으로 정점에 이르고, 4월 6일 마무리되었다. 다른 지역에 견주어보면 조금 늦게 시작되고 짧게 끝났으며 대개 규모가 작은 편이었다. 다만 성주면 만세운동 만큼은 규모가 컸다는 데 특징이 있다. 거기에는 유림과 기독교의 연합이 있어 가능했는데, 이러한 현상은 유림이 강한 대부분의 다른 지역과 마찬가지다.

---

102) 「장명준 판결문」, 대구지방법원, 1919년 5월 6일; 「김준수 판결문」, 대구지방법원, 1919년 8월 16일.
103) 「김팔수·성덕이 판결문」, 대구지방법원, 1919년 4월 28일.
104) 류시중·박병원·김희곤 역주, 『국역 고등경찰요사』, 선인, 2010, 88쪽.

2) 제1차 유림단의거(파리장서운동)

파리장서는 3·1운동 직후 일부 '보수유림'[105]들이 나서서 파리에서 열리는 강화회의에 한국을 독립시켜 달라고 요구하는 긴 글[長書], 곧 독립청원서를 보낸 일이었다. 3·1운동 무렵까지 전통을 지키던 보수유림들이 자신들의 참가 없이 만세운동이 진행되던 형편에서, 오랑캐로 여기면서 외면하던 서양 열강에게 한국을 독립시켜 달라고 요구하는 독립청원서를 보낸 것이니, 이를 '파리장서의거' 혹은 '제1차 유림단의거'라 부른다.[106]

제1차 세계대전의 종결과 이에 따른 전쟁을 마무리 짓는 강화회의를 독립의 기회로 포착한 인물들이 3·1운동의 계기를 만들어냈다. 1919년 1월 21일 광무황제 고종의 사망 이후 서울로 몰려든 중견 유림들 사이에 시국에 대한 논의가 있었는데, 마침 유림이 만세운동의 준비단계에서 빠졌다는 사실을 알아챘다. 그들이 유림 차원에서 강화회의에 독립청원서를 보내는 일을 추진하게 된 것이니, 金昌淑·金丁鎬·李中業·柳濬根·兪鎭泰·尹中洙 등이 바로 핵심인물이었다.[107]

---

105) 유림은 항상 고정되어 있는 용어가 아니다. 서양 문화가 들어올 때 유림 가운데 서울을 중심으로 개화파로 변신하였고, 이들이 급진개화파와 온건개화파로 나뉘면서 정국을 주도했다. 전통을 지키던 유림들은 의병을 일으켜 외침에 맞섰다. 그러다가 일부 유림들은 유학을 근본적인 틀로 유지하면서도 서양 문물을 받아들여 계몽운동을 펼쳤으니, 이들을 혁신유림이라 부른다. 나라가 망하자 목숨을 끊어 항거한 자정순국은 보수유림이 주도했고, 만주에 독립운동기지를 건설하러 나선 것은 혁신유림이 주력을 이루었다.

106) 1925년에서 이듬해까지 경북지역 유림들 사이에서 군자금을 모은 거사가 있었으니, 이를 일제가 '경북유림단사건'이라 이름을 붙였다. 그런데 두 가지 거사가 대부분 경북지역 유림들이 핵심이었기 때문에 혼동을 일으키는 경우가 생겼다. 따라서 앞의 '파리장서'를 1차 유림단의거로, 뒤의 것을 2차 유림단의거로 이름을 붙여 구분하고 있다.

여기에서 성주사람으로 김창숙과 김정호의 존재가 뚜렷하다. 김창숙은 3월 5일 곽종석이 직접 서울에 보낸 김황과 곽윤 일행을 만나 독립청원서에 관한 일을 논의하였다. 그는 이들에게 곽종석에게 말씀드리고 '하나의 문서'를 준비하여 기다림이 옳겠다고 말하고,[108] 그들을 다시 거창으로 보내 「파리장서」를 준비하도록 촉구하였다. 김황 일행은 돌아와 곽종석에게 독립청원서의 작성을 위촉한다는 말을 전하였다. 김창숙은 김황 일행을 거창으로 내려 보내고 남은 인사들과 함께 전국 유림을 규합하기로 정하고 각 지역을 나누어 맡았는데, 성주사람 김정호는 충청도를, 김창숙은 경상도를 나누어 맡았다. 그리고서 이들은 3월 보름께 서울에서 다시 모이기로 약속하고, 각자 담당지역으로 떠났다.[109]

김창숙 역시 경남·경북의 친지 및 유림 동지들을 찾아다니면서 파리장서운동의 취지와 계획을 설명한 후 협조를 부탁했다. 그는 거창 茶田에 도착하여 곽종석을 만났다. 곽종석은 "근자에 곽윤과 김황이 서울에서 돌아왔을 때 서울에 있는 사람들이 거사한다는 일의 전말을 들어 알았다. 노부는 亡國老夫로서 항상 죽을 곳을 얻지 못했다. 그런데 이번에 전국 유림의 앞장에 서서 천하만국에 大義를 외치고자 하며, 그것은 노부가 죽을 곳을 얻는 날이다."라고 말하였다.[110]

각 지방으로 내려갔던 인물들은 3월 중순 무렵 약속대로 다시 서울

---

107) 김창숙, 『심산유고』, 국사편찬위원회, 1973, 309~310쪽.

108) 김황, 「기파리소서사」, 『중재선생문집』13, 1998, 78쪽; 서동일, 「1919년 파리장서운동의 전개와 역사적 성격」, 한국학중앙연구원 박사학위논문, 2009, 57쪽.

109) 김창숙, 『심산유고』, 국사편찬위원회, 1973, 311쪽; 서동일, 「1919년 파리장서운동의 전개와 역사적 성격」, 한국학중앙연구원 박사학위논문, 2009, 60~61·67쪽.

110) 김창숙, 『심산유고』, 국사편찬위원회, 1973, 311쪽; 남부희, 『유림의 독립운동사연구』, 범조사, 1994, 200~201쪽.

에 모였다. 이때 김창숙은 이미 「파리장서」를 간직하고 있었다. 서울에서 마침 임경호가 스승 김복한을 대표로 삼은 또 다른 「파리장서」를 갖고 오자, 이를 비교한 끝에 김창숙이 갖고 간 영남본(곽종석본)이 '매우 선명하고 충실'하다고 판단하여 이를 채택하고, 양쪽 서명자 명단을 하나로 통합하였다. 모두 137명이었다. 다만 김창숙과 이중업 등 몇몇 주역들은 거사 다음의 일을 대비하여 여기에서 빠졌다.

이제 장서와 서명자 명단을 파리강화회의에 전달하는 순서가 남았다. 먼저 이를 상해로 가져가는 일이 우선이었다. 김창숙은 출국 준비를 서둘렀다. 여비와 외교문서를 직접 지니고 가는 것이 위험하므로 먼저 중국 무역회사 東順泰로 하여금 비밀리에 봉천 분점으로 보냈다. 그리고서 김창숙은 3월 23일 밤 10시 용산역을 출발하여 봉천으로 갔다. 그곳에서 여비와 문서를 찾았다.[111] 다시 천진·남경 등을 거쳐 상해에 도착한 것은 서울을 떠난 지 나흘 지난 3월 27일이었다.

김창숙은 그곳에서 이동녕·이시영·신채호·조완구 등과 파리장서운동의 향후 방침을 의논하였다. 그런데 김규식은 2월 1일 이미 상해를 출발한 뒤였다. 김창숙 스스로 프랑스로 간다는 것은 어려운 일이었다. 그래서 논의한 끝에 서울에서 가져온 독립청원서를 영문본으로 인쇄하여 우편으로 파리강화회의에 보내기로 결정했다. 또 각국 대사·공사·영사관 및 중국의 각 정계 요인들에게도 우송하고, 아울러 해외 각 항구와 도시 등 동포가 사는 곳에도 배포하였다.[112] 일제는 당시 「파리장서」의 인쇄부수는 한문본 3,000부와 영문본 2,000부였고, 이것이 프랑스 파리에 파견된 김규식과 각국 공사관으로 발송되었으며, 국내의 모든 향교에도 한문본이 우송되었다고 기록하였다.[113]

---

111) 김창숙, 『심산유고』, 국사편찬위원회, 1973, 314쪽.
112) 김창숙, 『심산유고』, 국사편찬위원회, 1973, 315~316쪽.
113) 류시중·박병원·김희곤 역주, 『국역 고등경찰요사』, 선인, 2010, 431쪽.

「파리장서」는 이렇게 하여 국내외에 널리 알려지게 되었고, 유림의 진정한 독립의사를 세계만방에 밝혀 주었다. 다시 말하면 「파리장서」는 국제적으로는 한국인의 독립의지를 분명히 내보였고, 일본에게는 한국의 독립을 포고한 것이었다. 거기에 김창숙을 비롯한 성주사람들의 기여도가 가장 돋보였다. 성주에서는 배종순·성대식·송준필·송홍래·이계원·이계준·이기정·이기형·이덕후·이만성·이봉희·이인수·이현창·장석영·정재기 등 15명(24.2%)이 서명하여 군 단위로는 그 수가 전국에서 가장 많았다.114)

裵鍾淳·成大湜·宋浚弼·宋鴻來·李啓源·李季垵·李基定·李基馨·李德厚·李萬成·李鳳熙·李洙仁·李鉉昌·張錫英·鄭在夔

파리장서운동은 김창숙이 중국으로 떠난 뒤인 성주지역 3·1운동에서 일본 경찰에 의해 발각되었다. 4월 2일 성주시장 만세운동은 송준필의 조카 송회근을 비롯하여 「파리장서」서명자인 유생 이봉희·이기정·성대식 등이 주도하였는데, 일부 인사가 일본 경찰에게 붙잡혔고, 이들에 대한 조사과정에서 파리장서운동의 사실이 드러났다. 파리장서운동으로 가장 먼저 붙잡힌 사람은 4월 5일 성주경찰서에 붙들려간 송준필이었다. 곧이어 4월 9일에는 장석영·이덕후·성대식이 잡혀갔다. 송홍래는 가족들이 피신을 권했지만 "자신이 아는 것은 의리일 뿐 화복은 고려의 대상이 아니다."라고 말하고 체포에 응했다. 김황의 부친

---

114) 기왕의 파리장서 연구 속에서는 성주출신이 15명으로 기록되어 있다(임경석, 「파리장서 서명자연구」, 『대동문화연구』38, 성균관대학교 대동문화연구원, 2001). 장석영은 칠곡 출신이지만 이 무렵 성주에서 활동하였고, 뒷날 다시 칠곡으로 돌아가 세상을 마쳤다. 성주지역출신 인사들의 활동에 대해서는 유림단독립운동실기편찬위원회, 『국역 유림단독립운동실기』, 2001의 「인물록」편이 참고가 된다.

은 아들에게 "선비가 선비인 까닭은 오직 곧음[直]에 있으니 구차하게 체포를 피할 생각을 하지 말라."고 당부했다고 한다.115)

6월 하순 경 김창숙이 국내 향교에 발송한 것으로 보이는 「파리장서」 한문본이 발각되면서 관련자들이 본격적으로 붙잡혔다. 「파리장서」 서명자 '기미유림단' 137명에 대한 전면적인 재조사가 이루어졌다. 그 결과 월항면의 성산이씨와 초전면의 야성송씨를 비롯하여 봉화 유곡의 안동권씨와 봉화 해저의 의성김씨 등 문중 서명자들이 집단적으로 구속되었다. 성주에서는 장석영·정재기·송홍래·송준필·성대식·이기형· 이덕후·이봉희·이준필·송규선·이기완·장진홍·이기윤·이병철·여상 윤·이정기 등이 붙잡혀 갔다.116)

이들은 헌병파견대 혹은 순사주재소로 연행되어 간단한 조사를 받은 후, 경찰서에서 1차 조사를 받았다. 여기서 참여 정도에 따라 풀려 나기도 하였으나 상당수는 대구감옥으로 옮겨져 검사국에서 2차 조사를 받았다. 이들은 대구감옥에 갇혀 검사의 심문을 받았다. 장석영·송준필·성대식 등 성주지역 인사들은 4월 하순에 만세시위 참가자들과 함께 수감되었다. 재판 결과는 곽종석·장석영·김창숙(궐석재판)은 징역 2년, 송준필·이봉희·송규선은 징역 1년 6월, 성대식·이기정·송우선·송회근은 각 징역 1년, 송수근·송훈익·김희규·송문근·송인집·송천흠은 각 징역 10월형이었다.117) 장석영·송준필 등은 공소를 제기하였다. 8월 21일 이기정 등 12명에 대한 2심 재판에서 이봉희와 송규선 2명을 제외하고는 장석영·성대식·이기정·송준필 등이 모두 풀려났

---

115) 서동일, 「조선총독부의 파리장서운동 참가자에 대한 사법처리와 관련 수감자의 대응」, 『한국민족운동사연구』68, 한국민족운동사학회, 2011, 46~48쪽.
116) 류시중·박병원·김희곤 역주, 『국역 고등경찰요사』, 선인, 2010, 430~438쪽; 국가보훈처(http://www.mpva.go.kr/narasarang) 참조.
117) 「곽종석 등 16인 판결문」, 대구지방법원, 1919년 5월 20일.

다.118) 파리장서운동 관련자에 대한 1·2심 재판 결과는 18명이 유죄를
선고 받았으나, 서명자 가운데 실형을 받은 인물은 곽종석(징역 2년),
김복한(징역 1년), 이봉희(징역 10월),119) 우하교(징역 6월)120) 등 4명
뿐이었다. 나머지 인사들은 '정상참작'으로 집행유예를 받거나, '증거
불충분'으로 무죄 석방되었다.121) 일제가 한국인의 존경을 받는 유림
들을 각박하게 몰아치지 않으려 했다는 의도와 회유책이 작용했음을
짐작할 수 있다.

5. 제2차 유림단의거와 1920년대 이후의 독립운동

1) 제2차 유림단의거122)

상해에서 「파리장서」를 프랑스로 보낸 뒤 김창숙은 대한민국 임시
정부 수립 초기에 유림의 대표라는 위상을 갖고 참가하였다. 또 雲南
출신 李文治의 측근인물인 凌鉞을 만나 협력 방법을 논의하고, 마침
상해에 도착한 孫文과도 면담을 가졌다. 또 그는 직접 廣東으로 가서
중국 혁명인사들을 두루 만나 한국문제를 논의하였다. 그는 參·衆議院
의 발기로 韓國獨立後援會를 조직하도록 이끌어 냈다. 중의원 부의장
褚輔成 의장의 사회로 열린 이 회의는 독립운동 자금을 모금하도록 결

---

118) 「이기정 등 12인 판결문」, 대구복심법원, 1919년 8월 21일.
119) 「이기정 등 12인 판결문」, 대구복심법원, 1919년 8월 21일.
120) 「우하교·정종호 2인 판결문」, 대구지방법원, 1919년 10월 3일.
121) 서동일, 「조선총독부의 파리장서운동 참가자에 대한 사법처리와 관련 수감자
    의 대응」, 『한국민족운동사연구』68, 한국민족운동사학회, 2011, 46쪽.
122) 이 글은 김희곤, 「제2차 유림단의거 연구 -심산 김창숙의 활동을 중심으로」,(『대
    동문화연구』38, 성균관대학교 대동문화연구원, 2001)를 기본으로 삼는다.

의하였고, 또 유학생들을 광동으로 불러 영어·중국어를 특별 강습하기
로 하였다. 김창숙은 이어서 전 외교총장 徐謙과 논의하여 中韓互助會
를 조직하는 데 힘을 기울였다.

김창숙은 대한민국 임시정부에 참여했다가 북경으로 자리를 옮겼다.
그곳에서 신채호·이회영 등과 가까이 지내면서 방향을 찾았다. 국제
정세를 지켜보면서 단시일 안에 독립을 달성할 가능성이 적다고 판단
하고, 새로운 길을 찾아 나선 것이다. 장기적인 방안이 필요했다. 1910
년대 만주에 독립운동기지를 건설했던 것처럼 독립운동의 역량을 키
울 새로운 방안이 필요했던 것이다. 1921년에 김구가 앞장서서 만든
한국노병회나 1920년대 중반에 안창호가 이상촌 건설을 시도한 것도
그와 마찬가지다.

김창숙의 독립운동기지 건설 계획이 본격적으로 태동한 때는 1925
년 봄이었다. 그가 눈여겨 둔 곳은 열하와 치치하얼, 또는 내몽골 지역
이었다. 그는 구체적으로 대상 토지에 대한 검토에 들어갔다. 李夢庚과
徐謙 등 중국의 실력자와 협의하였고, 서겸이 군벌 馮玉祥과 논의하였
다. 그 결과 내몽골 지역인 綏遠과 包頭의 개간이 가능한 땅 3만 정보
를 후보지로 점찍었다.

이제 자금 모집이 관건이었다. 그는 모집 금액을 20만원으로 잡았다.
자금모집 대상은 영남의 유림이었다. 마침 이 계획을 서두르는 계기가
나타났다. 서울에 곽종석의 문집간행소가 설치된 것이다. 그렇다면 서
울에 많은 유림들이 내왕할 것이고, 더구나 그 사업을 위해 자금이 모
여지고 있을 것이기 때문이다. 그는 서울로 보낼 요원을 정하고, 스스
로 서울로 가기로 작정했다.

상해에서 그가 확보한 요원은 宋永祜·李鳳魯·金華植 등이었다. 이
들은 주로 유림으로부터 자금을 모으지만, 순조롭지 않으면 순응하지

않는 친일부호를 처단하여 모금에 응하도록 분위기를 유도한다는 계획도 세웠다.[123] 그러자면 무기가 필요했다. 김창숙은 이봉로를 상해로 보내 성주 청파면 출신인 鄭遠(鄭世鎬)으로부터 모젤식 자동권총 2정과 탄환 25발을 구입토록 했다.

김창숙은 1925년 6월 말 송영호를 국내로 먼저 침투시켰다. 뒤를 이어 그는 8월 중순(음 6월 하순)에 국내로 들어왔다.[124] 그는 서울에서 俛宇集刊所에 왕래하던 한주학파의 핵심인물들을 합류시키는 작업에 나섰다. 곽윤·김황을 만나고, 鄭守基·孫厚翼도 서울로 불러 만났다. 그리고서 바로 본격적으로 자금 모집에 나섰다. 송영호는 자신의 토지를 팔았고, 김화식은 자금을 제공할 인물을 소개했다. 그런데 기대한 만큼 자금이 모이지 않자, 예상하고 준비한대로 무력을 사용하기로 작정하였다. 그래서 만든 의열단체가 新建同盟團이었다.

김창숙은 1925년 10월 하순 신건동맹단을 조직하였다. 그가 머물던 낙원동 134번지 평양옥에서 결성한 것이다.[125] 이 단은 모험단과 모집단이라는 2개의 부서로 편성되었다. 모집단은 담당지역 1개소에 1,000원 이상을 요구하고, 불응할 때는 모험단의 존재를 알려 위협함으로써 쉽게 목적을 달성하려 하였다. 국내에서 활약하던 인물들은 모집단이 되고, 북경에서 들어온 인물들은 모험단이 되었다. 즉 김화식·송영호·鄭守基 등이 모험단인데, 권총으로 무장하고서 친일부호 처단과 자금모집 분위기 조성에 나섰다.[126]

10월 하순에 들면서 활동의 한 부분이 드러나기 시작하였다. 대구와

123) 南富熙 編譯, 「김화식 신문조서 제1회」, 『제2차 유림단사건』, 불휘, 1992, 66쪽.
124) 國譯心山遺稿刊行委員會, 『國譯 心山遺稿』, 1979, 748쪽.
125) 南富熙 編譯, 「김화식 신문조서 제1회」, 『제2차 유림단사건』, 불휘, 1992, 69~70쪽.
126) 南富熙 編譯, 「김화식 신문조서 1회」, 『제2차 유림단사건』, 불휘, 1992, 69~70쪽.

대전에서 자금을 모으는 일이 본격화된 것이다. 또 성주와 봉화에서도 자금 모집이 지속되었다. 장석영이나 김황 등 유림들이 돕고 나섰지만, 자금 모집은 쉽지 않았다. 그러자 김창숙이 대구로 진출하여 친지들을 만나고 도움을 청했다. 하지만 성과는 적었다. 더구나 신건동맹단을 통한 활동마저도 제대로 먹혀들지 않았다. 울산이나 진주, 그리고 안동에도 권총을 보내어 모금을 시도했지만, 실제로 의열투쟁에서 보일 만큼의 공격성을 띠질 못했다. 그 무엇보다도 유림들이 여기에 호응할 형편이 아니었다. 의병이나 계몽운동을 통해 이미 에너지를 소모한 것도 있지만, 「파리장서」 서명자들의 의지도 한 풀 꺾인 상태였다.

김창숙이 더 이상 계획을 밀고 나갈 수 없는 사고가 생겼다. 1926년 1월 대구에서 울산으로 타고 가던 자동차가 언덕 아래로 굴러 허리에 絶傷을 당한 때문이다. 그는 대소변을 전혀 가리지 못할 만큼 중상을 입었는데, 孫晉洙·厚翼 부자의 지극한 간호를 받으면서 조금씩 회복되어 갔다. 사돈 이재락의 집으로 거처를 옮겼다가, 동래 범어사로 이동했다. 그는 하는 수 없이 활동을 접기로 작정하였다. 기대했던 것과는 너무나 다른 현실에다가 그 자신 크게 중상을 입어 더 이상 버티기 힘들었다. 설상가상으로 일본 경찰의 추적이 시작되었다. 그래서 서둘러 국내를 빠져나갔다. 그리고 김창숙이 떠난 일주일 뒤, 4월 2일에 김화식이 체포됨으로써 관련자에 대한 대대적인 검거 바람이 불어 닥쳤다. 이후 5월 중순까지 대부분의 관련자들이 붙잡혔다.[127]

김창숙은 1926년 5월 상해에 도착하여 모아온 자금으로 의열투쟁을 벌이기로 방향을 잡았다. 본래 가졌던 계획에 너무나 미치지 못하는 금액이기 때문에, 사용 방안을 두고 고민하고 논의하던 끝에 일제 통

---

127) 실형을 선고받은 인물과 형량은 다음과 같다. 송영호(3년)·김화식(3년)·이봉로 (2년)·손후익(1년 6월)·이종흠(1년)·이재락(1년)·김창탁(10월)·이원태(10월)· 李宇洛(8월)·李泳魯(8월)·洪淳喆(벌금 70원)·金東植(벌금 30원).

치기관을 공격하기로 가닥을 잡은 것이다. 그는 이동녕·김구·김두봉·
류자명·정원 등과 만나, 국내 인심이 죽어 있음을 설명하고, 이를 회복
하기 위해서는 청년 결사대를 국내로 파견하여 총독부의 산하기관을
파괴함으로써 의기를 고취시켜야 한다고 주장했다고 한다. 그러자 김
구가 이에 적극 동의하면서, 羅錫疇를 추천해 주었다. 김창숙은 국내에
서 모아온 돈으로 권총과 실탄을 구입하여 이들에게 주었다. 그 결과
1926년 12월 28일 동양척식주식회사와 조선식산은행을 공격한 나석주
의거가 펼쳐진 것이다.

　이 거사 뒤 김창숙은 통증이 심해져 공동조계에 있던 병원에 몰래
입원해 있다가 밀정에 걸려 일경에 붙잡혔다. 국내로 옮겨진 그는
1927년 12월 징역 14년형을 선고받았다. 그런데 그 과정에서 일제에
의해 고문을 받던 중 하반신이 마비되어 불구의 몸이 되고 말았다.

2) 의열투쟁과 사회운동

　의열투쟁과 사회운동에 나선 성주사람으로는 徐學伊가 있다. 그는
비밀결사 勇進團에 들어가 활동하였으며, 1925년 4월 20일 개최 예정
이던 全鮮民衆運動者大會가 일제의 탄압으로 무산되자 이에 항거하여
全呂鍾·張順明 등과 함께 수백 명의 군중을 이끌고 만세시위를 펴다
가 붙잡혀 고초를 겪었다. 1925년 9월에는 대구에서 方漢相·申宰模·
徐東星·禹海龍·鄭命俊 등과 함께 무정부주의 비밀결사 眞友聯盟을
조직하였다. 진우연맹은 대구노동친목회를 그 세력 아래 두고 있었으
며 在日 무정부주의 단체와 연계투쟁의 길을 모색하기도 하였다. 진우
연맹에서는 항일운동의 구체적 방법으로서 2년 안에 대구의 도청·경
찰서·우체국·법원을 비롯하여 일본점포를 파괴하고 일제관리를 암살

할 계획을 세웠다. 이를 위해 파괴단을 조직하고 중국에서 활약하던
柳林을 통하여 폭탄을 구하기로 하였다. 그러나 계획을 밀고 나가다가
그를 비롯한 동지들은 일경에 붙잡혀 1927년 7월 대구복심법원에서 징
역 5년형을 언도받고 옥고를 치렀다.[128]

裵成龍도 사회운동에 참가한 인물이다. 그는 1915~1919년 성주공립
보통학교 교사로 재직하였고, 1924년 日本大學 사회과를 졸업하고 귀
국하여 조선일보 기자가 되었다. 같은 해 7~8월 조선일보에 28회에 걸
쳐 「사회변혁과 사상적 고찰」이라는 글을 발표하였다. 그리고 사회주
의 사상단체인 화요회에 가입하여 활동했다. 1926년 3월 조선공산당에
입당하여 경성부 제1 야체이카에 소속되어 항일활동을 전개하던 중 체
포되어 징역 1년을 받고 옥고를 치렀다. 출옥 후 조선중앙일보사 기자
가 되어 민족문제에 관한 글을 발표하여 민족의식을 고취하고자 노력
하였다.[129]

한편 흠치교에 투신한 인물도 있다. 呂海東은 1920년 음력 2월부터
12월까지 경남 합천, 경북 고령·군위·선산·달성 등지에서 흠치교에 참
가하여 활동하다가 붙잡혀 징역 2년을 받아 옥고를 치렀다.[130]

3) 국내외 연계활동과 한국광복군

중국으로 망명하여 독립운동에 나선 성주사람들은 드문 편이다. 포
상자 가운데는 鄭舜泳과 安海容 등이 눈에 띈다. 정순영은 1905년 을
사조약이 체결되자 구국운동에 뜻을 두고 각지를 방문, 동지를 규합하

---

128) 류시중·박병원·김희곤 역주, 『국역 고등경찰요사』, 선인, 2010, 420~423·480쪽.
129) 해방 이후 전국정치운동자후원회에 참여했고 이후 대학강사, 한국일보 논설위
원 등을 지냈다. 1964년 12월 사망하였다.
130) 「여해동 판결문」, 대구복심법원, 1922년 4월 16일.

였으며, 1915년 5월(음)에는 조선국권회복단의 유세부장에 뽑혀 활동
하였다. 이것이 드러나면서 동지들이 붙잡히자 그는 1916년 10월경 망
명하여 한·중·러 3국을 넘나들며 활동하였다. 그러다가 1919년 12월경
다시 귀국한 뒤, 유하현 삼원포에 근거를 둔 독립운동기지에 자금을
모아 보내는 일을 펼치다가 일경에 붙잡혀, 1921년 9월 30일 경성지방
법원에서 징역 2년형을 받고 옥고를 치렀다.[131]

안해용은 1913년 만주 通化縣 崗山頭道溝로 망명했다가 1917년 柳
河縣 제2구 多花釗로 이주하였다. 1920년 12월(음) 광복군총사령부에
들어가 경상남북도 특파원으로 임명받고 귀국하여 장정 모집에 노력
하였다고 알려진다. 1921년 7월(음)에는 李德生·李壽健 등 2명을 만주
로 보내고, 안동과 상주의 교회당을 찾아 독립군 모집을 권유하다가
일경에 붙잡혔다. 그는 압송되던 도중에 성주면과 왜관 도선장 등에서
'대한독립만세'를 외쳤다고 전해진다. 그는 1923년 1월 23일 대구지방
법원에서 징역 2년형을 받고 옥고를 치렀다.[132]

1940년 9월 17일 중국 重慶에서 한국광복군이 창설되었다. 이는 대
한민국 임시정부가 대한제국 군대를 계승하여 창설한 국군이었던 것
이다. 여기에 성주사람들은 그리 많이 눈에 띄지 않는다. 광복군 가운
데 경북사람이 80여 명 가량 되는데, 성주사람은 3명뿐이다. 1지대 2명
과 2지대 1명이 그들이다. 이들은 대개 일본군에 징집되었다가 탈출하
여 광복군으로 들어간 인물이다.

姜明鎬는 1944년 4월 일본군에서 탈출하여 광복군 제1지대 본부요
원으로 입대하였다. 당시 제1지대 본부는 중경에 있었다. 지대본부에
서는 주로 대원들의 군량 수급사무, 신입대원에 대한 교육훈련과 연합

---

131) 「大韓獨立團 國內 分置機關 設置企劃 發見 檢擧」, 『조선소요사건관계서
류』(1), 1921년 1월 24일자.
132) 「안해용 등 판결문」, 대구지방법원, 1923년 1월 23일.

군 측에서 필요로 하는 인원을 요청할 경우의 인원 파악, 그리고 적 점령지구로 대원을 파견하여 초모작전·정보수집 및 연합군과의 합작 공작 등 임무를 수행하게 되면서 각 區隊의 공작활동을 지휘 감독하였다. 石鎬文은 1944년 6월 河南省에서 일본군을 탈출하여 광복군 진영에 도착하였다. 광복군 제2지대 제3구대 제1분대에 입대하였으며, 1945년 5월에 한미합작군사훈련에 참가하여 정보파괴반에서 교육을 수료한 후, 국내정진군 황해도반에 편성되어 대기하던 중 광복을 맞이하였다. 安重達은 성주 벽진출신인데 강명호와 크게 다르지 않다. 그 역시 일본군을 탈출하여 광복군 제1지대에 입대하여 활동하였다.[133]

6. 맺음말

성주사람들이 펼친 항일투쟁은 몇 가지 특징을 보였다.

첫째, 먼저 독립운동을 펼친 주축은 한주학맥을 잇는 사람들이었다. 만주로 망명한 이승희와 제1·2차 유림단의거를 이끌어간 김창숙이 대표적인 인물이다. 여기에 송준필과 장석영 등이 3·1운동과 파리장서에서 중요한 몫을 해냈다.

둘째, 성주의 독립운동은 다른 지역의 유림이 의병으로부터 항일투쟁을 시작한 것과 달리 외교활동에 집중하였다는 점에서 특수성을 가진다. 여기에는 곽종석의 영향이 컸다. 외교활동을 추구한 성향은 뒷날

---

133) 한편 광복군에 가담하지는 않았지만 김창숙의 아들인 金燦基도 중경에서 모습을 드러낸 인물 가운데 하나이다. 그는 1928년 진주고등보통학교 동맹휴학투쟁에 엮여 옥고를 치르고, 1929년 2월 '왜관사건'으로 옥고를 치른 후 중국으로 망명하였다. 그러다가 1945년 10월 그곳에서 사망하였다(국가보훈처 공훈전자사료관).

파리장서운동을 주도하게 된 연원이 되기도 했다.

셋째, 성주유림이 펼친 애국계몽운동은 중화주의를 바탕으로 삼은 보수성향이 강하게 잔존한 바탕 위에 펼쳐졌다. 따라서 만주로 망명한 이승희도 전통을 고수하는 성향이 강했고, 끝내 공교회 활동으로 생을 마감한 것도 그러한 성향을 말해준다.

넷째, 성주사람들이 펼친 항일투쟁은 제1·2차 유림단의거에서 가장 두드러졌다. 성주사람들이 가장 중심축을 이루었고, 김창숙의 존재와 기여도가 단연 앞섰다.

다섯째, 3·1운동이 유림과 기독교 연합으로 펼쳐진 것은 전통유림이 강하게 남은 다른 지역의 상황과 비슷했다. 성주의 기독교 세력은 3·1운동에서 일시적으로 민족문제에 목소리를 내면서 동참했다가 그 뒤로는 전면에 나서지 않았다. 이는 보편적인 추세에 속했다.

여섯째, 성주유림은 항일투쟁사 전체로 보아 보수성을 유지하였다. 애국계몽운동과 망명을 펼치기도 했지만, 기본적인 성향은 보수성을 갖고 있었다. 1910년대만이 아니라 1920년대에 들어 두 번째 혁신적인 변화라고 일컬어지는 사회주의와 관련하여서도 반응은 늦었고, 이 지역에서 사회운동이 그리 발달하지 않은 이유도 여기에서 찾을 수 있다.

제3절 제2차 유림단의거 연구
- 金昌淑의 활동을 중심으로 -

1. 머리말

'제2차 유림단의거'는 1925년부터 다음해까지 心山 金昌淑을 중심으로 독립군기지 건설과 이에 따른 국내 자금모집 활동을 일컫는 말이고, 더러는 이와 연결된 羅錫疇의 의열투쟁을 여기에 하나로 묶어 이해하기도 한다. 1919년 3·1운동이 일어나고 전국적으로 확산되는 과정에서 유림들의 의지를 담은 독립청원서가 프랑스 파리에서 열린 강화회의에 보내졌다. 이후 6년이 지나 다시 김창숙으로 대표되는 영남지역 유림들을 범위로 하여 펼쳐진 활동이 바로 '제2차 유림단의거'라 불리는 거사였다.

유림이라면 조선시대 지배계급이요, 지도층이었다. 때문에 그들은 권리만큼 의무도 지녔다. 일본제국주의에 나라를 빼앗긴 문제에 있어서도 그들은 책임을 벗어날 수 없었다. 더구나 국가 상실은 유림의 이념적 패배만이 아니라, 이를 바탕 삼은 유림 자체의 몰락을 의미하는 것이었다. 그래서 근대화에 있어 유림에 대해 다수의 연구자들이 부정적으로 평가하였고, 더구나 연구 대상으로 선택되는 일도 드물었다.

제2차 유림단의거에 대한 연구도 그러한 차원에서 이해된다. 즉 몰락해 가는 세력이라거나 망국에 따른 주된 책임을 져야 하는 이데올로 기이자 계급이었다는 단정 속에, 이 주제가 별로 다루어지지 않았다. 단지 주변 주제를 다루는 과정에서 이 문제가 약간 언급되기도 했지만, 사실상 이 주제만을 본격적으로 다룬 연구는 극히 소수에 지나지 않는다.134)

이 글은 「파리장서」를 전달하기 위해 사실상 망명길에 오른 김창숙이 중국지역에서 벌인 활동을 검토하는 것으로 제2차 유림단의거의 배경을 정리한다. 이어서 제2차 유림단의거가 다른 독립운동 세력이 추진하던 독립전쟁 준비방략의 하나였다는 사실을 검토하고, 이어서 그 계획을 구체화시키기 위해 국내에 잠입하고 모금활동을 펼치는 과정을 정리한 뒤, 그에 대한 호응을 분석하여 국내 유림들의 성격 변화를 찾아내려 한다.

2. 「파리장서」 이후의 외교활동

「파리장서」를 발송한 이후 이와 관련된 영남유림계 활동의 여진이 중국과 국내 2곳에서 이어졌다. 중국에서는 김창숙이 귀국하지 않고

---

134) 李佑成, 「心山의 民族獨立運動」, 『心山 金昌淑의 思想과 行動』, 성균관대학교 대동문화연구원, 1986, 65~80쪽.
　　金時鄴, 「心山의 交友관계를 통해 본 民族運動의 方向」, 위의 책, 성균관대학교 대동문화연구원, 81~109쪽.
　　南富熙 編譯, 『제2차 유림단사건』, 불휘, 1992(이하 『사건 자료』).
　　南富熙, 「제2차 儒林團義擧 研究」, 『慶熙史學』18~19, 경희대학교사학회, 1993~1994.
　　南富熙, 『儒林의 獨立運動史 研究』, 범조사, 1994(경북대학교 박사학위논문, 1993).
　　趙東杰, 「心山 金昌淑의 獨立運動과 遺志」, 『心山 金昌淑 先生의 선비정신과 民族運動』(5월의 문화인물 김창숙선생기념학술발표회), 1999.

그곳에서 활동을 펼쳤던 것이고, 국내에서는 독립청원을 위한 활동이
이어지고 있었다.

김창숙은 1919년에 대한민국 임시정부 수립과 초기 활동에 참가하
고, 유림대표라는 위상을 갖고 중국 혁명인사들과 외교활동을 펼쳤다.
그는 국내를 출발할 때 이미 俛宇 郭鍾錫으로부터 중국 혁명세력과의
연계에 대해 주문을 받았다.[135] 곽종석은 구체적으로 雲南 출신의 실
력자 李文治를 지목하면서 접촉 대상인물로 제시했었다. 李文治의 사
위 이완은 바로 성주출신이기도 했다. 그래서 김창숙이 李文治와의 만
남을 기대하고 있을 때, 오히려 李文治의 측근 인물인 凌鉞이 면담을
요청해 왔고, 이후 그와 여러 차례 마음을 터놓고 협력 방법을 논의하
게 되었다. 그러다가 김창숙은 마침 북방군벌과 남북평화회의를 벌이
려고 상해에 도착한 孫文과 1919년 7월 초순 프랑스조계 莫利愛路에
서 면담을 가졌다. 孫文은 김창숙으로부터 3·1운동의 상황을 듣고 그
의 저서 『孫文學院』을 선물로 주면서 한국독립운동에 참고가 되기를
바랬다.[136]

김창숙은 한 달 뒤 廣東으로 가서 중국 혁명인사들과 면담을 가졌
다. 孫文과의 면담 이후 그의 발걸음은 빨라지고 또 확신에 찼다. 우선
그는 參·衆議院의 발기로 韓國獨立後援會를 조직하도록 이끌어 냈다.
衆議院 부의장 褚輔成 의장의 사회로 열린 이 회의는 독립운동 자금을
모금하도록 결의하였고,[137] 또 유학생들을 廣東으로 불러 영어·중국

---

135) 國譯心山遺稿刊行委員會, 「躄翁七十三年回想記」 중편, 『國譯 心山遺稿』,
      1979, 704쪽(이하 「회상기」).
      心山은 中國國民黨과의 연계를 요구받았다고 했지만, 이 당시는 中華革命
      黨이었고, 1919년 10월 10일부터 중국국민당으로 개편되었으므로 중화혁명당
      이 옳겠다.
136) 「회상기」, 711~715쪽.
137) 褚輔成은 1932년 4월 29일 윤봉길의거가 일어나자 임시정부에 자금을 지원하

어를 특별 강습하기로 하였다. 이에 따라 모금활동에 들어갔고, 또 金
尚德·張弼錫 등 50여 명 유학생이 파견되었다. 이어서 김창숙은 전 외
교총장 徐謙과 논의하여 中韓互助會(혹은 중한호조사)를 조직하는 데
힘을 기울였다.138)

그런데 한국독립후원회는 출국 이전부터 믿었던 李文治의 자금횡령
에 의해 무너졌다. 모금된 자금을 관리하던 李文治가 그의 사위 이완
과 함께 자금을 갖고 사라져 버린 것이다. 더구나 이를 추적하던 심산
은 李文治가 보낸 청년들에 의해 테러 공격에 직면하는 위험한 순간을
맞기도 했다.139) 이 사건은 김창숙의 행로에 커다란 좌절과 변화를 가
져다 주었다. 더 이상 중국 혁명인사들에게 지원을 요구할 수 없게 되
었던 것이다. 더구나 국내로부터 '유림대표'라는 이름에 걸맞은 지원이
조직적으로 이루어지질 못했던 것도 작용하였다.

김창숙을 파견한 뒤 국내에서 이에 호응한 움직임이 전혀 없었던 것
은 아니다. 「파리장서」 발송 이후에도 「독립청원서」를 보내기 위한 활
동이 영남유림들에 의해 2차례나 시도되었던 것이다. 2차 청원은 안동
의 起巖 李中業을 중심으로 시도되었다. 1920년 11월 무렵 이중업의
발기로 "이제는 사정을 달리하는 이색인종에게 의뢰하지 말고, 동문
동족으로 4,000여 년 동안 역사적으로 脣齒의 관계를 가진 중화민족에
게 우리 민족의 원정을 하소연하여 국권회복에 원조를 받자."고 결정
했다. 유림단 이름으로 중화민국 남경정부 대통령 손문 앞으로 보낼
청원서 2통을 權相翊(57세; 봉화 내성 유곡)이, 중국군벌인 吳佩孚 앞

고, 또 일본이 현상금을 걸고 김구를 수색했지만 이를 따돌리면서 그를 철저하
게 보호해 준 인물이다(김희곤, 『중국관내 한국독립운동단체연구』, 지식산업사,
333쪽; 白凡金九先生全集編纂委員會, 「白凡逸志」, 『白凡金九全集』1, 1999,
195~196·520~522쪽).
138) 「회상기」, 723·734쪽.
139) 「회상기」, 724~730쪽.

으로 보낼 청원서 1통을 張錫英(69세; 칠곡 약목 각산)이 각각 작성하였다. 이 3통의 청원서를 제출할 유림대표로 이중업이 결정되었으나, 공교롭게도 그가 갑자기 병사함으로써 중지되었다. 그리고 3차 장서계획은 경남 김해출신 趙敬璣의 발기에 의해 추진되었다. 손문에게 독립청원서를 보내기로 결정하고, 金槐이 이를 작성하였다. 그리하여 실제로 조경기가 중국에 특파되었다. 그러므로 그가 김창숙과 연결되었을 것은 의문의 여지가 없다.140)

결국 이러한 2~3차의 청원서 발송을 위한 노력은 한주학파와 안동학맥의 만남 위에 전개된 것이다. 그것은 상해에 체류하던 김창숙의 활동을 지원하는 것이기도 하였고, 중국정부에 대한 기대감을 표현하는 것이기도 했다. 그렇지만 현장에 뛰고 있던 김창숙과 국내에서 이를 지원하면서 2~3차 청원활동을 시도하던 유림들 사이에는 현실 인식에 있어 차이를 보였다. 李文治 횡령사건과 중국 내정을 현장에서 지켜보면서 김창숙은 현실적인 장벽에 부딪치고 있었지만, 중국 혁명인사와 일부 군벌에 대한 국내 유림의 기대는 지속되고 있었던 것이다. 실제로 손후익은 이 청원서를 보관하면서 또 다른 기회를 노렸고, 중국에 대한 기대감을 갖고 있다가 제2차 유림단의거에 가서야 비로소 탈피할 정도였다.141)

---

140) 「손후익 신문조서 1회」, 『사건 자료』, 78~80쪽.
141) 『사건 자료』, 76·92쪽.
　　1923년 5월 말경(음 3월 말경) 손후익이 정수기로부터 북경의 김창숙이 병에 걸려 1백원 필요하다는 소식을 崔海潤에게 알리면서, 돈을 받아 김창숙에게 송금하였다(「1927.3.29 예심종결결정」; 이하 「예심종결결정」, 남부희, 『儒林의 獨立運動史 硏究』, 범조사, 1994, 340쪽).

3. 독립전쟁준비방략 채택과 국내 침투 준비

1) 독립전쟁준비방략 채택

김창숙은 외교활동이 한 고비를 지나자, 새로운 방략 구상에 들어갔다. 임시정부 반대세력들이 포진한 북경으로 옮겼다. 그곳에서 김창숙은 단재 신채호와 우당 이회영 등과 가까이 지내면서 투쟁방향을 모색하고 있었다. 당시의 독립운동계 전체를 보면, 대한민국 임시정부가 펼친 외교활동이 한계를 드러내면서 주춤해졌고, 만주지역을 중심으로 펼쳐진 독립전쟁은 봉오동·청산리전투를 고비로 크게 약화되었다. 그래서 의열투쟁만이 주된 방략으로 펼쳐지고 있었다. 즉 제1차 세계대전의 마무리라는 국제정세의 변화를 독립의 기회로 이용하려던 시도도, 일본군과의 전쟁을 통한 독립달성도 모두 일단 좌절되었던 것이다.

결국 장기적이고 근본적인 방략을 세워야 할 시점에 도착하였다. 그런 요구가 바로 독립전쟁준비방략의 추진으로 나타났다. 이 방략의 기본방향이 독립전쟁인데, 두 가지 전제조건이 충족되어야만 했다. 하나는 전쟁을 수행할 수 있을 만큼 군사력을 양성하고 전쟁비용을 준비하는 것이고, 다른 하나는 전쟁을 펼칠 수 있을만한 국제정세가 만들지는 것이었다. 이 두 가지 전제조건을 헤아려 장기적인 준비에 들어간 것이 바로 '독립전쟁준비방략'이었던 것이다.[142]

이를 추진하려는 근본 이유는 당시 국제정세가 전쟁을 종결시키고 안정기에 접어든 데 있었다. 1차 세계대전이 자본주의 열강들의 시장분배에 대한 재편 요구로 터진 것이고, 그 전쟁이 일단 수습되면서 프랑스 파리에서 열린 강화회의는 베르사유(Versailles)체제를 만들어 냈

---

142) 김희곤, 앞의 책, 209~213쪽.

다. 즉 국제적으로 자본주의 열강이 안정기에 접어든 시기였다. 곧 이어 열리는 워싱턴회의도 결국 이 체제를 위한 뒷마무리 수순에 지나지 않았다. 때문에 당분간 독립전쟁을 펼칠 수 있는 기회 자체가 없을 것이라는 판단이 선 것이고, 그래서 장차 국제전을 예상하면서 장기적인 전쟁준비를 갖춰나가는 전략을 채택하게 된 것이다.

이 방략을 일찍 도입한 것이 金九를 중심으로 한 대한민국 임시정부 중심인물들이 조직한 韓國勞兵會였다. 1922년 10월에 시작된 이 조직은 기간을 10년으로 상정하고 10,000명의 노병과 100만원의 전쟁비용을 조성하려는 원대한 계획이었다. 이 10년이란 것이 곧 준비기간이기도 했고, 또 정세변화가 일어나리라 예상되는 시기이기도 했다. 이와 유사한 계획으로 안창호의 '이상촌' 건설 계획도 있었고, 이회영의 '자치촌' 건설도 있었다. 또한 의열단의 동향도 마찬가지였다. 즉 1919년 결성된 이래 빛나는 의열투쟁을 벌였지만, 궁극적으로 독립을 달성하기 위해서는 군사력 양성이 우선되어야 한다는 판단에서 단장 金元鳳을 비롯한 핵심간부들이 스스로 광동으로 이동하여 黃埔軍官學校에 입학했던 것이다. 그런데 한국노병회가 근거지를 上海에 두면서도 양성된 노병을 한 곳에 집결시키지 않으려 했는데 비해, '이상촌'이나 '자치촌' 계획은 인력을 한 곳에 묶어두고 유지할 수 있는 기지 건설에 주안점을 두었다는 점이다. 또 한국노병회는 대한민국 임시정부가 약화되는 과정에서 나타난 것이라면, 나머지는 국민대표회의 이후 대한민국 임시정부가 최악의 상황에 빠져 있던 시기에 추진되었다. 그런데 김창숙의 계획은 이 가운데 '이상촌'이나 '자치촌'과 비슷했고, 다만 자금확보 대상으로 안창호가 미주 동포사회를 염두에 둔 데 비해 김창숙은 국내 유림을 그 대상으로 삼았다는 점에서 차이를 보였다.

2) 국내 침투 준비

김창숙의 제2차 유림단의거가 본 궤도에 접어든 시기는 1925년 봄이었다. 그는 북경에서 이회영과 만나 유림의 독립운동에 대해 논의하였고, 그 결과 장기적인 전략을 선택하였다.[143] 그는 독립운동의 성공이 경제문제 해결에 달려 있다고 판단하고, 종래의 조급한 행동을 넘어서서 장기적이고 적극적인 방향 설정이 필요하다고 결론 지었다. 그래서 자금을 모으고 장기적인 군사기지를 건설한다는 요지의 계획을 수립하였다.

구체적인 내용을 보면, 우선 그가 필요하다고 산정한 금액이 20만원이었다.[144] 이 액수는 한국노병회가 산정한 금액의 5분의 1인데, 차이가 날만한 이유가 있는 것 같다. 한국노병회는 군사양성비를 산정하지 않고 무장과 전쟁비용을 계산한 반면, 김창숙의 경우는 토지구입과 개간비용만 계산하고 그 대신 전쟁비용을 감안하지 않은 것 같다. 다음으로 그가 이 사업을 10년으로 산정하였는데,[145] 한편으로는 준비기간을 그 만큼 잡은 것이고, 다른 한편으로는 자본주의 열강들의 타협으로 이루어진 베르사유체제에 금이 가고 국제전 양상이 일어나는 데에는 그 정도의 시일이 필요하리라는 계산에서 나온 것 같다. 이 점은 한국노병회의 것과 마찬가지다. 그런데 한국노병회가 산정한 10년 뒤에는 실제로 일본군이 만주침공을 벌임으로써 전쟁이 일어났지만, 계획

---

143) 「회상기」, 746쪽.
144) 20만원이라는 구체적인 모금 목표가 나오는 자료에는 ≪동아일보≫ 1927년 7월 16일자 기사와 「송영호 신문조서 제1회」, 『사건 자료』, 34쪽 등이 있다(宋永祐 혹은 宋永祜라고 이름이 엇갈려 기록되었는데, 후손들이 독립유공자 포상 신청서에 기재한 후자의 것을 따른다).
145) 「송영호 신문조서 제2회」, 『사건 자료』, 41쪽.

한 만큼의 준비가 이루어지지 않아 목표를 달성할 수 없었던 것이다.

독립군기지를 건설하고자 계획했던 지역은 중국 동북지방의 熱河와 치치하얼지역, 그리고 내몽골의 미개간지였다. 그래서 장작림의 부하 李夢庚(참의원회 참의원)을 통해 남북만주 미간지를, 또는 풍옥상 부하 徐謙(전 외교총장)이나 林澤豊을 통해 내몽골 미간지 20만평을 매입하여 개간사업을 벌인다는 것이다. 그리고 그곳에서 나올 수확으로 군대를 양성하고, 漢代와 같은 屯田制를 실시한다는 내용이었다.146)

김창숙은 구체적으로 대상 토지에 대한 검토 작업에 들어갔다. 李夢庚과 徐謙 등 중국의 실력자와 협의하였고, 서겸이 군벌 馮玉祥과 논의하였다. 그 결과 내몽골 지역인 綏遠과 包頭의 3만 정보 可墾地가 적당한 곳이라고 권유해 왔다. 왜냐하면 열하 혹은 차하르가 일본군의 침공이 있을 경우 바로 점령될 위험성이 있기 때문이었다. 이러한 추천에 따라 김창숙은 군사기지를 내몽골지역에 건설한다고 낙점하고 다음 순서를 밟기 시작하였다.

다음 단계의 작업은 바로 자금 모집이었다. 자금모집 대상은 영남지역의 유림계였다. 그런데 이러한 계획에 박차를 가하게 만드는 계기가 국내로부터 전해졌다. 서울에 郭鍾錫의 문집간행소가 설치되었다는 것이다. 그렇다면 서울에 많은 유림들이 내왕할 것이고, 더구나 그 사업을 위해 자금이 모여지고 있을 것이기 때문이다. "이 기회를 놓쳐서는 안 되겠다."147)고 단안을 내린 그는 서울로 보낼 요원을 정하고, 그 자신이 서울로 직접 가야한다는 판단을 내린 것 같다.

상해에서 그가 확보한 요원은 宋永祜·李鳳魯(李斗波·李晩秀·李化翼)·金華植(金蘭秀) 등이었다. 송영호는 1925년 당시 23세로 경북 영

---

146) 「송영호 신문조서 제1회」, 『사건 자료』, 65쪽; 「김화식 예심조서」, 앞의 책, 168쪽.
147) 「회상기」, 748쪽.

주군 長壽面 好文里 양반 출신이었다. 12세까지 한문을 수학한 그는 영주공립보통학교를 졸업하고, 1920년 서울에서 사립중학교에 입학 후 자퇴하였으며, 1924년 7월 북경에 도착하였다. 1925년 6월에 북경학원 중등과를 졸업한 그는 김창숙을 만나면서 김화식·이봉로·權相銖(송영호의 처숙) 등과 어울리고, 김창숙의 영향권 안에 들어섰다.

그리고 김화식은 봉화군 法田面 召川里 출신으로 송영호와 동갑이며, 서울에서 사립중학교를 중퇴하고 1924년 4월 북경에 도착하였으며, 중국어를 수학하다가 김창숙을 만났다.

또 이봉로는 達城郡 河濱面 霞山洞(현 대구광역시 달성군) 출신으로 1924년 4월경에 당시 24세의 나이로 유학을 목적으로 북경에 갔고, 북경 西城 捨飯寺 西區 中央公寓에 거주하고 있었다.

1925년 4월부터 7월(음 3월~5월)에 걸쳐 모두 4차례 논의를 진행하였다.[148) 그 장소는 주로 북경 西城 太僕寺街 52호 김창숙 숙소 혹은 太僕寺街 新建湖洞 19호 중국인 여관에 있던 송영호 숙소 및 김화식의 숙소였다. 1회 모임은 1925년 4월 중순(음 3월 하순)에 송영호 숙소에서 열렸다. 이 자리에서는 기본방향이 논의되었는데, 경제문제와 무관학교 설립 및 국내진공이라는 것을 계획의 핵심으로 정립하였다.[149) 5월 말(음 4월 초)에 열린 2회 모임에서는 필요한 자금 모집안을 구체화 시켰다. 즉 자금 모집의 범위를 장서 서명자 130명으로 정하고 목표금액으로 20만원 선을 설정했다. 그리고 모금 단계에서는 서명자 가운데 신망 있는 자를 국내모집원으로 선발하여 이를 주축으로 삼는다는 방법도 결정하였다.[150) 3회 모임은 5월 중순(음 4월 하순)에 열렸다. 북경 근교에 있는 石景山 주변의 미간지를 구입대상으로 확정지었다.

---

148) 「송영호 신문조서 제1회」, 『사건 자료』, 33쪽.
149) 위의 조서, 33쪽.
150) 위의 조서, 34쪽.

이 땅이 북경과 가까워 교통이 편리하고 독립운동에도 유리하며, 비교적 값이 싸서 20만원 정도의 금액으로 구입이 가능하다는 이유가 주로 작용하였다.151) 마지막으로 4회 모임은 6월 말(음 5월 초)에 열렸다. 이 자리에서는 모금 대상을 영남지방 유림으로 축소시킨다고 결론짓고, 필요하면 무기를 사용한다는 방침을 굳혔다. 이것은 1910년대 중반에 광복회가 모금하던 방법과 동일한 것이었다. 즉 일단 모금에 나서되, 말을 듣지 않는 친일부호를 일단 처단하여 모금에 응하는 분위기를 만든다는 것이었다.152)

그렇다면 무기를 준비하는 작업이 선행되어야 했고, 이를 위해 단계별 계획을 세웠다. 첫째, 이봉로가 상해로 가서 鄭遠(鄭世鎬, 경북 성주군 靑坡面 출신)으로부터 권총을 구입하고 이를 북경에 가져와 김창숙에게 인도한다. 둘째, 김화식은 그 권총을 서울로 반입하고, 미리 파견될 송영호와 권총을 휴대하고 직접 행동에 나선다. 셋째, 송영호는 김화식보다 먼저 귀국하여 김창숙·김화식의 입국 여비를 마련한다. 넷째, 김창숙은 김화식이 입국했다는 보고를 받고 국내로 잠입한다. 다섯째, 심산은 국내에 도착한 뒤 영남지방 양반들에게 입국 이유를 서면 또는 구두로 알린다. 그리고 이봉로는 북경에 남아 정세를 탐문하고, 다음의 입국자와 연결시킨다.153)

〈업무분담 내용〉154)

구성원	담당 내용
김창숙	자금모집 총지휘
김화식	무기운반, 행동
송영호	선발 침투, 필요자금 마련, 행동
이봉로	북경 잔류, 연락 담당

151) 위의 조서, 35쪽.
152) 「김화식 신문조서 제1회」, 『사건 자료』, 66쪽.
153) 「송영호 신문조서 제1회」, 『사건 자료』, 35~36쪽.
154) 「김화식 신문조서」, 『사건 자료』, 66쪽.

이 계획에 따라 이봉로는 5월 초순(음 4월 중순)에 권총구입을 위해 상해로 갔다. 자금은 송영호의 처삼촌인 權相銖에게서 얻었다. 이봉로는 상해 프랑스조계에 머물던 정원을 통해 모젤식 자동권총 2정과 탄환 25발을 구입하여 8월 9일(음 6.20)에 북경으로 돌아왔다. 그리고 이를 太僕寺街에 있던 永安飯店 김화식 집에서 김창숙과 김화식에게 넘겨주었다.[155]

4. 국내 자금모집 활동

1) 선발대 국내 침투

첫 단계가 요원의 국내 침투였다. 김창숙은 1925년 6월 말(음 5월 초순) 송영호를 먼저 국내로 투입시켰다. 송영호가 맡은 첫 임무는 김창숙과 김화식이 국내로 진입하는 데 필요한 경비를 마련하는 것이었다. 그래서 송영호는 고향에 가서 자금을 마련하고 7월 초에 150원, 7월 하순(음 6월 초순)에 450원 등 모두 600원을 김화식을 통해 북경의 김창숙에게 송금하였다.[156] 그 결과 김화식은 북경을 출발할 때, 송영호가 보내온 여비 가운데 160원을 김창숙에게서 받았다. 이봉로가 상해에서 가져온 권총 2정과 탄환 16발, 김창숙이 준 박은식의『韓國獨立運動之血史』4~5권을 자금 모집시에 사용하기로 하고, 중국제 나무상자의 밑바닥을 이중으로 만들어 권총을 숨기고서 7~8월경에 국내로 가져 왔

---

155)「김화식 신문조서 제1회」,『사건 자료』, 66쪽; 南富熙,「예심종결결정」,『儒林의 獨立運動史 研究』, 범조사, 1994, 337쪽.
156)「예심종결결정」, 앞의 자료 335쪽.

다.157) 김창숙이 『한국독립운동지혈사』를 반입시킨 것이 주목되는데, '국혼이 강한 한국민족은 반드시 독립한다는 확신'과 '노동자·농민 등 민중의 역할을 중시'158)한 박은식의 역사인식을 국내 유림들에게 지침으로 전달하려 했던 것으로 보인다. 김화식은 서울 苑洞 150번지 任炯準 집에 가서 짐을 맡겨두고 김창숙에게 무사히 입국했다는 전보를 보냈다.

한편 김창숙은 신채호에게만 자신의 행적을 알리고, 17세이던 아들 金煥基에게도 말하지 않고 북경을 출발하였다. 그는 북경에서 하얼빈으로 가서 마치 그곳에서 상당한 기간동안 머무는 것처럼 위장하였다. 동향 출신인 金正默을 만나 위장을 부탁하였던 것이다.159) 그리고서 8월 중순(음 6월 하순)에 서울로 들어왔다.160)

둘째 단계는 서울에서 거점을 확보하는 작업이었다. 김창숙은 9월 초에 積善洞 68번지에 방을 얻어 회합장소를 마련하고 동대문 밖 永島寺도 주요 아지트의 하나로 확보하였다. 여기에 송영호와 김화식이 합류함으로써 일단 북경의 주역들이 모두 서울 거점에 집결 완료한 것이다.161) 이제 계획대로 俛宇集刊所에 왕래하던 한주학파의 핵심인물들을 합류시키는 작업에 나설 단계였다. 김화식으로 하여금 관훈동 98번지에 마련된 俛宇集刊所에 연락하여 郭奫(곽종석 조카)과 金槐(김창숙의 족숙)을 불러오게 하였다. 김창숙이 유성온천을 다녀온 10월 말에는 김화식으로부터 김창숙의 전갈을 받은 鄭守基·孫厚翼이 상경하였

---

157) 「예심종결결정」, 335쪽(판결문에 나오는 『朝鮮獨立運動之血史』는 朴殷植이 1920년 12월에 상해에서 간행한 『韓國獨立運動之血史』이다); 「김화식 예심조서 제2회」, 앞의 자료, 145쪽.
158) 조동걸, 「박은식」, 『한국의 역사가와 역사학』하, 창작과비평사, 1994, 101쪽.
159) 「송영호 신문조서 제1회」, 『사건 자료』, 38~39쪽.
160) 「회상기」, 748쪽.
161) 「예심종결결정」, 336·338쪽; 「송영호 신문조서」, 『사건 자료』, 41쪽.

다.162) 또 이종흠도 이 당시 안동에서 김창숙의 소식을 들었다.163) 이로써 두 번째 단계까지 별 문제없이 진행되었다.

셋째 단계는 본격적인 자금 모집에 착수하는 것이었다. 우선 송영호는 자신의 토지를 매각하여 9월 중순에 160원, 9월 하순 100원 등 모두 4회에 걸쳐 560원을 마련하여 김창숙에게 송금하였고, 10월 하순에 다시 300원을 김창숙에게 전달하였다. 뿐만 아니라 송영호는 다시 10월경(음 9월 중순) 400원을 가지고 다시 서울로 갔다가, 김창숙이 유성온천에 있다는 소식에 유성으로 가서 50원을 건네고, 서울 와서 나머지 돈을 지급하였다.164) 그리고 김창숙은 10월 초순(음 9월경)부터 약 15일간 유성온천장에 머물렀다. 당시에 김화식은 이재락을 김창숙이 있던 유성온천장 평양여관으로 안내하니, 이재락은 김창숙에게 소지금 가운데 200원을 주었다.165)

그러나 자금 모집의 성과가 기대했던 만큼 진척을 보이지 않았다. 이에 김창숙은 10월 중순(음 8월말 경)에 송영호를 대구로 파견하였다. 자금 모집에 종사하고 있던 정수기·김화식 등으로부터 별다른 소식이 없자, 사실 확인을 위해 파견된 것이다.166) 이 무렵 김창숙은 손후익을 만나고서 자신의 계획을 털어놓았다. 그리고 이를 위해 100,000원이 필

---

162) 「예심종결결정」, 앞의 자료, 338쪽.
　　손후익은 蔚山郡 凡西面 立岩里 출신으로, 1925년에 37세였다. 그는 곽종석의 제자인데, 파리장서에는 모친상으로 인해 참가하지 못했다. 이후 권상익·장석영·이중업 등과 유림계의 독립운동에 가담하였고, 1920년 가을에 이중업과 2차 독립청원운동을 재기하였다. 또 이중업이 죽자, 1921년 6월 독립청원서를 작성하여 중국으로 보내는 일을 밀고 나갔다(「慶尙北道警察部 高等課 意見書」, 『사건 자료』, 97쪽).
163) 「예심종결결정」, 344쪽.
164) 「예심종결결정」, 336쪽.
165) 「예심종결결정」, 342~343쪽.
166) 「예심종결결정」, 336쪽.

요하다고 말하면서 협조를 구하였다. 또 진주의 하재화·하영진 등 여타 몇 명으로부터 60,000원을 모금할 것이라는 계획도 밝혔다.[167]

2) 新建同盟團 결성과 모금활동

자금 모집이 어려워지자, 무장을 갖춘 모험단원을 파견하여 모금을 촉진하는 극단의 방법을 채택하였다. 당초 북경에서 장차 무력 동원이 필요할 것이라고 계산했던 시점에 이른 것이다. 그래서 그는 新建同盟團을 조직하였다. 1925년 10월 하순(음 9.2) 낙원동 134번지의 평양옥에 있던 김창숙의 숙소에서 김창숙·김화식·송영호·곽윤·김황·손후익·河章煥·李字根(성주 李基炳) 등이 참석한 가운데 신건동맹단이 결성된 것이다.[168] 이 단은 모험단과 모집단이라는 두 개의 부서로 편성되었다. 모집단은 담당지역 1개소에 1,000원 이상을 요구하고, 불응할 때는 모험단의 존재를 알려 위협함으로써 쉽게 목적을 달성하려 하였다. 국내에서 활약하던 인물들은 모집단이 되고, 북경에서 들어온 인물들은 모험단이 되었다. 즉 김화식·송영호·鄭守基 등이 모험단인데, 권총으로 무장하고서 친일부호 처단과 자금모집 분위기 조성에 나섰다.[169]

---

167) 「예심종결결정」, 340쪽.
168) 「김화식 신문조서 제1회」, 『사건 자료』, 69~70쪽.
　　　그런데 여기에 등장하는 이기병에 대해서는 자료상 서로 앞뒤가 맞지 않는다. 여기에서는 신건동맹단원으로 등장하지만, 다른 자료에는 모금 대상으로서의 부호로 기록되어 있기 때문이다(「경상북도경찰부 고등과 의견서」, 『사건 자료』, 98쪽).
169) 「김화식 신문조서 1회」, 『사건 자료』, 69~70쪽.

〈역할과 담당구역〉[170]

이 름	역할과 담당구역
김창숙	총지휘
김화식	울산, 밀양, 진주, 산청, 성주
송영호	봉화, 영주, 대구
정수기	안동, 봉화, 성주, 대구
손후익	경주, 울산
곽 윤	진주, 거창
김 황	산청, 거창
김화식 송영호	실무 책임

10월 하순에 들면서 활동의 한 부분이 드러나기 시작하였다. 대표적인 것만 추리면 다음과 같다. 10월 29일(음 9.12) 손후익은 달서면 원대동(대구시 원대동) 崔海潤에게 10,000원을 요구하였다가 1,000원 제공을 약속 받았다.[171] 김창숙은 11월 초에 대전에 가 있었다. 그는 11월 2일(음 9.16) 정수기로 하여금 李源泰(대전 鎭岑面 鶴下里, 1927년 43세)에게 연락하였고, 다음날 만났다. 김창숙은 자신의 계획을 털어놓았다. 그러자 이원태는 김창숙을 자신의 집으로 초청하여 11월 12일까지 머물게 하였으며, 儒城面 鳳鳴里 평양여관으로 안내하여 경찰의 검문을 따돌리기도 했다.[172] 11월 6일(음 9.20) 손후익은 이우락 집에 가서 오태환에게 자금을 요구하라고 말하고, 1월 4일까지 여러 차례 독촉하였다.[173] 또 11월 중순(음 10월 초) 김화식으로부터 권총 1정을 전달받은 정수기는 성주군 月恒面으로 張錫英에게 가서 김창숙의 소식을 전하고 소개 서신을 받아 월항면 大山洞 부호 李基炳에게 전달하고 자금

170) 남부희, 『儒林의 獨立運動史 硏究』, 범조사, 1994, 268쪽.
171) 「손후익 신문조서 제1회」, 84~84·90쪽; 「예심종결결정」, 『사건 자료』, 340쪽.
172) 「예심종결결정」, 『사건 자료』, 344~345쪽.
173) 위의 자료, 341쪽.

을 요구하려 했으나, 마침 그가 집에 있지 않아 실패하였다.[174] 정수기
는 봉화·영주·안동 등으로 출장하여 金賚植·權喆淵·姜泌 등에게 자
금을 요청하였다. 그는 봉화 金昌百을 통해 영주 부석면 상석리 金東
鎭에게 김창숙의 서신을 주고 영주지방 모집원 될 것을 요구하였
다.[175] 한편 김화식은 김황이 권유해둔 진주 河載華에게 돈을 요구하
고 하장환과 협의하여 응모할 인물을 물색하였다.[176]

3) 자금모집의 한계

다섯째 단계는 김창숙이 대구로 진출하여 좀더 강하게 모금 활동을
독려하는 일이었다. 모금액이 기대에 훨씬 못 미치고 자금모집 활동도
벽에 부딪쳤기 때문에, 그는 현장 가까이 접근한 것이다. 김창숙은 12
월 말에 대구로 직접 내려갔다. 그리고 논의할만한 유림들에게 대구로
모여달라고 전했다. 그 결과 김화식과 송영호를 비롯하여, 金憲植(김창
숙 족숙)·李泳魯(김창숙 매부)·金昌百(김창숙 종제)·李壽麒·洪默·李
棟欽·李椋欽 등이 대구로 합류하였다. 이 모임을 통해 활동무대를 안
동·예안·영주·봉화·상주·영양·선산·영천·경주·양산·울산·청도·밀
양·성주·고령·창녕·합천·단성·진주·의령·함안·마산·부산 등으로 지
역을 확대시키고 또 구체화시켰다.[177]

이와 함께 김창숙은 더욱 강한 활동을 요구하였다. 그렇지만 신건동
맹단을 통한 활동마저도 제대로 먹혀들지 않았다. 울산이나 진주에, 그
리고 안동에도 권총을 보내어 모금하려 했지만, 실제로 의열투쟁에서

---

174) 「경상북도경찰부 고등과 의견서」, 『사건 자료』, 98쪽.
175) 「송영호 신문조서 제3회」, 『사건 자료』, 60~61쪽.
176) 「김화식 예심조서 제4회」, 『사건 자료』, 154쪽.
177) 「회상기」, 753~754쪽.

보일 만큼의 공격성을 띠질 못했다. 유림에게 민족적 양심에 호소하여 자연스런 모금을 기대하였지만, 결과가 그렇질 못했다. 더구나 그것이 어려울 경우에는 친일부호를 처단하고 위협적 분위기를 만들어 유림이나 부호들이 모금에 응하도록 만들겠다던 계획도 사실상 실천에 옮기기 어려웠다. 그 무엇보다도 유림들이 여기에 호응할 형편이 아니었다. 의병이나 계몽운동을 통해 이미 에너지를 소모한 것도 있지만, 김창숙이 주요 대상으로 삼았던 「파리장서」 서명자들의 의지는 한 풀 꺾인 상태였다. 게다가 의열투쟁을 경험한 적이 전혀 없는 인물들이 무기를 다룬다는 사실 자체에서 한계를 드러냈다.

모험단의 역할을 맡은 인물들이 권총 한 번 제대로 쏘아보지 못한 사실은 그러한 점을 잘 말해주고 있다. 국내의 유림들이 권총을 손에 쥐고도 위협하는 장면은 매우 어설펐다. 대표적인 예로, 안동의 李棕欽은 12월 말에서 1월 사이에 양어머니의 오빠인 영양군 석보면 원리동 李鉉炳을 찾아가 군자금 모집에 응할 것을 요구했는데, 그저 권총을 보여주는 것으로 자신의 의지를 확인시키는 정도였다.[178] 물론 외숙인 만큼 권총을 겨누기도 어려웠겠지만, 그렇다고 그렇게 예의를 차려가면서 자금을 거둔다는 사실 자체가 한계를 너무나 뚜렷하게 보여주는 것이었다. 물론 다른 경우에도 대동소이했으니 유림을 대상으로 자금을 거둔다는 당초의 전략에 문제가 있었음을 드러낸다.

김창숙은 대구에서 울산으로 이동하고자 했다. 1926년 1월(음 1925년 12월 말)에 자동차로 길을 나선 김창숙은 언양에서 타고 있던 자동차가 구르는 바람에 허리에 絶傷을 당하는 비극을 겪었다. 그는 대소변을 전혀 가리지 못할 만큼 중상을 입었는데, 孫晉洙·厚翼 부자의 지극한 간호를 받으면서 조금씩 회복되어 갔다. 사돈 이재락의 집으로

---

178) 「이종흠 신문조서 제1회」, 19~20쪽; 「이현병 증언」, 『사건 자료』, 28~29쪽.

거처를 옮겼다가, 동래 범어사로 이동했다.

김창숙은 국내 자금 모집활동을 정리하기로 작정하였다. 중국에서 기대했던 것과는 너무나 다른 현실에다가 그 자신도 크게 중상을 입어 더 이상 버티기 힘들었다. 설상가상으로 일본 경찰의 추적이 시작되었다. 그러므로 김창숙으로서는 급히 피신해야 할 시점이었다. 우선 당시까지 확보된 금액이나마 중국으로 가져가는 방법을 모색해야 했다. 3월 3일(음 1.19) 범어사에서 손후익·정수기·이재락 등이 모여 마지막 회의를 가졌다. 그 결과 중국으로 자금을 지니고 갈 인물로 마산 元町에 사는 무역상 金昌鐸(김창숙의 족질)을 선정했다. 그 자금으로 의열단원을 다시 국내로 파견하여 적 기관을 파괴하고 비협조적인 친일부호들을 응징하겠다고 결의를 굳혔다. 김창숙은 그 비장한 심정을 다음과 같이 털어놓았다.

> 전후 8개월 동안 6軍이 북을 쳐도 일어나지 않고 지금 왜경이 사방으로 흩어져 수사한다고 하니 일이 이미 실패…… 서겸을 만날 면목도 없고…… 이 돈을 의열단 결사대 손에 직접 전해주어 왜정의 각 기관을 파괴하고 친일 부자를 박멸하여 국내 民氣를 고무할 것[179)

손후익은 3월 15일(음 2.2) 김창숙의 명을 받아 마산으로 김창탁을 방문하여 자금을 운반하는 일을 부탁하고 승낙을 받았다. 김창탁은 김창숙을 방문하고 계획을 들은 뒤, 3월 19일에 삼랑진역에서 만나기로 약정하였다. 김창탁은 3월 19일에 모금한 돈 3,350원을 인수하였고, 김창숙과 3월 22일 밤 9시에 삼랑진역에서 만나 국내활동을 마무리하면서 열차를 타고 출발하였다.[180) 24일 서울 관훈동 중국요리집 홍춘원

---

179) 「회상기」, 757쪽.
180) 「예심종결정」, 342쪽.
　　모금액을 3,500원으로 기록한 자료는 「김화식 예심조서 제4회」(『사건 자료』,

에서 김창숙은 송영호와 김화식을 만나 장래의 계획을 털어놓았다.
"숙련된 의열단원과 제휴하여 다수의 폭탄과 권총을 구입함으로써 자
금모집에 불응하는 진주의 하재화·하영진, 대구의 장길상, 춘양의 권
상경 등을 암살하여 부호의 심담을 빼앗는 데 힘써야 한다."는 것이 그
골간이었다.[181] 그리고서 김창숙은 26일에 열차편으로 봉천에 도착하
고, 그곳에서 김창탁으로부터 돈을 인수하였다.[182]

　김창숙이 떠난 일주일 뒤, 4월 2일에 김화식이 체포됨으로써 관련자
에 대한 대대적인 검거 바람이 불어 닥쳤다. 이후 5월 중순까지 대부분
의 관련자가 체포되었다. 검거된 인물이 40~50명이나 되어 유치장이
비좁아 우선 10여 명만 5월 25일에 대구지방법원 검사국으로 넘긴다는
기사와 경북경찰부가 검거된 인물들의 친척들로 인산인해를 이루고
있다는 기사가 보도될 지경이었다.[183] 이 거사로 기소된 인물들 가운
데 실형을 선고받은 인물과 형량은 다음과 같다.

　　송영호(3년)·김화식(3년)·이봉로(2년)·손후익(1년 6월)·이종흠(1년)·
　　이재락(1년)·김창탁(10월)·이원태(10월)·李宇洛(8월)·李泳魯(8월)·洪
　　淳喆(벌금 70원)·金東植(벌금 30원)[184]

<hr>

　　154쪽)와 宋相燾, 『騎驢隨筆』(국사편찬위원회, 1955, 258쪽)이 있다. 그리고
　　모금 총액이 5,000원 정도라는 분석도 있는데 설득력이 있다(조동걸, 「響山
　　李晩燾의 독립운동과 遺志」, 『韓國近現代史의 利害와 論理』, 지식산업사,
　　1998, 224쪽).
181) 「경상북도경찰부 고등과 의견서」, 『사건 자료』, 96쪽.
182) 「예심종결결정」, 342쪽.
183) ≪朝鮮日報≫ 1926년 5월 27일자.
184) 남부희, 「판결문(1927)」, 『儒林의 獨立運動史 硏究』, 범조사, 1994, 350쪽.

5. 의열투쟁방략 채택

김창숙은 1926년 5월 상해에 도착하여 이동녕·김구·김두봉·柳子明
(柳友槿)·정원 등과 만나, 국내 인심이 죽어 있음을 설명하고, 이를 회
복하기 위해서는 청년 결사대를 국내로 파견하여 총독부의 산하기관
을 파괴함으로써 의기를 고취시켜야 한다고 주장했다고 한다. 그러자
김구가 이에 적극 동의하면서, 羅錫疇와 李承春을 추천해 주었다. 그
리고 류자명도 그의 인물인 韓鳳根을 추천했다. 그런데 이처럼 김구와
류자명을 통해 요원을 확보해 나갈 때, 서울에서 유림단 검거 소식이
신문을 통해 전해졌다. 손후익·김황·하장환·권상익·김헌식·이동흠·
이종흠·김화식 등이 체포되었다는 비보였다. 그러자 그는 의열투쟁에
대한 계획을 더욱 서둘러 나갔다. 그가 직접 류자명과 함께 천진으로
가서 나석주와 이승춘을 만났다. 김창숙은 두 사람에게 백범의 소개편
지를 보이고 계획을 설명하였다. 그랬더니 그들은 "우리들이 一死를
결심한 지 오래였는데, 감히 즐겨 가지 않겠습니까"했다.185)

나석주와 이승춘은 의열투쟁에 '준비된 요원'이었다. 이들은 김구에
의해 키워진 인물로서 마치 '5분 대기조' 같은 존재였다. 황해도 재령
출신인 나석주는 국내시절 김구가 설립한 양산학교에서 가르침을 받
았고, 만주로 망명하여 이동휘가 세운 무관학교에서 군사간부로 성장
했다. 집안 사정으로 잠시 귀국한 뒤 3·1운동에 참여하고 친일부호와
친일파를 처단하다가 다시 중국으로 망명하였다. 대한민국 임시정부에
참여한 나석주는 스승 김구 아래에서 경무국 경호원으로 활동하였고,
한국노병회원이 되어 1923년 초에 중국 洛陽 군벌 吳佩孚가 경영하던
邯鄲軍事講習所에 입교하여 사관훈련을 받았다.186) 이듬해 그는 중국

---

185) 「회상기」, 763쪽.

군 초급장교로 임관되어 중대장으로 복무하다가, 1925년 상해로 돌아
와 대한민국 임시정부에서 활동하였다. 그리고 이승춘도 김구에 의해
교육된 인물인데, 1924년에 1년 동안 징역형을 받고 출옥한 지 그리 오
래되지 않은 인물이다.

나석주는 1925년, 즉 심산이 국내로 떠나던 그 무렵에 이미 국내잠
입과 의열투쟁에 대한 구체적인 계획을 수립하고 이를 실천에 옮기려
는 단계에 있었다. 그가 가진 계획은 어선 한 척을 구입하여 몇 명의
요원들이 한꺼번에 국내로 잠입하고 동양척식주식회사를 비롯한 조선
총독부의 산하기관들을 공격한다는 것이었다. 이를 위해 1925년에 이
미 폭탄이나 권총을 준비하고 있었고, 실제 던질 수 있는 폭탄을 확보
하였다. 그래서 함께 잠입할 동료가 필요했는데, 마침 김구 곁에 와 있
던 이승춘에게 거사에 동참할 것을 권하고 있었다. 또 류자명이 천거
한 韓鳳根도 이에 동참하고 있었다. 그 내용을 보여주는 서신이 남아
있는 것이다.[187]

나석주의 공격 목표는 동양척식회사와 조선식산은행을 파괴하는 것
이었다. 그의 고향 재령평야가 일본인의 소유로 변한 데 따른 통분이
그의 가슴 밑바닥에 깔려 있기도 했다. 그는 중국에 있으면서도 재령

---

186) 김희곤, 앞의 책, 206~207쪽.
187) 최근에 정리된 나석주의 편지가 7편 있다. 1924년의 1편은 나석주가 김구에게
　　보낸 서한인데, 그는 羅李라는 이름을 사용하였다. 1925년 8월을 전후하여 6
　　편이 집중되었는데, 모두 국내 잠입 계획에 李承春을 동참시키려고 애를 쓰는
　　상황이 자세하게 나타나 있다. 이 글에서 그는 羅錫柱·金永一·石柱 등의 이
　　름을 사용하였다(백범김구선생전집편찬위원회, 『白凡金九全集』4, 대한매일
　　신보사, 1999, 98~99·113~138쪽). 나석주가 어선을 구입하여 국내로 침투하려
　　했다는 기록은 류자명의 회고록에도 등장한다. 그런데 류자명은 나석주가 계
　　획한대로 끝내 어선을 타고 잠입했다고 쓰고 있어서, 그 뒤의 상황을 제대로
　　파악하지 못했음을 알 수 있다(류자명, 『한 혁명자의 회억록』, 독립기념관 한
　　국독립운동사연구소, 1999, 145~146쪽).

평야에 3년 동안 흉년이 들어 상황이 매우 어렵다는 소식을 잘 알고
있었고, 일제의 침탈에 대해서도 그러했다.

김창숙이 무기와 행동 자금을 나석주 등 여러 사람에게 주면서 "제
군이 義를 취하는 데 용감함은 다른 날 獨立史에 빛나게 될 것이니 힘
써 주오."라고 당부하였다. 이들이 즉시 威海衛로 향하여 갔는데, 대개
해로로 잠입할 계획이었다.[188] 김창숙은 권총 구입비로 400원을 지급
하고, 이에 한봉근은 권총 7정과 실탄 490발을 구입하였고, 정원에게
보관시켰다. 그리고 폭탄은 신채호가 보관중이던 2개를 사용하기로 하
였다. 그리고 1926년 7월 21일 천진에서 김창숙·류자명·한봉근·나석
주·이승춘이 회합하여 류자명·한봉근·나석주·이승춘 등 4명이 국내로
침투하기로 결정하였다. 그래서 김창숙이 1,100원을 주었는데, 입국 방
법을 모색하다가 자금을 소비하게 되었다.[189] 나석주의 출발이 늦어지
자, 김창숙은 다시 위해위로 가서 나석주를 만났다. 배를 매입하기 어
려워 부득이 몇 달이나 지연되었다고 한다. 같이 거처하는 기간 동안
기회를 보아 실행하라고 격려하였다.[190] 김창숙은 아마 속이 탔을 것
이다. 결국 배를 구하지 못하게 되자, 나석주와 이승춘만이 귀국하기로
결정하였다. 그리고 우선 나석주가 단신 입국하기로 결정하고, 혼자 무
기를 가지고 먼저 국내로 향했다. 그러면서 이승춘·한봉근은 위해위에
대기시켰다.

나석주는 마침내 단독 입국을 시도하였다. 大連·芝罘·威海衛를 경
유하는 여객선 利通丸에 그는 芝罘에서 승선하였고, 1926년 12월 26일
오후 2시에 인천에 도착하였다. 그는 馬中達이란 중국 노동자로 위장
하고, 권총과 폭탄을 갖고 있었다. 인천에서 쉬다가 그는 밤에 서울에

---

188) 「회상기」, 763쪽.
189) 조선총독부 경상북도경찰부, 『高等警察要史』, 1934, 243~244쪽.
190) 「회상기」, 763쪽.

도착했고, 28일 오후 2시 10분에 남대문통 2정목에 있던 조선식산은행에 폭탄을 던졌다.[191] 그러나 이것이 폭발하지 않자, 그는 바로 황금정 2정목의 동양척식주식회사로 이동하여 직원을 공격하고, 폭탄을 던졌지만 이마저도 폭발하지 않았다. 거사 준비과정이 너무 길다보니 폭탄의 성능에 문제가 생긴 것으로 생각된다. 이후 나석주는 경찰들과 마주치면서 총격전을 벌여 다하타 유이지[田烟唯次] 경부보를 사살하였고, 그러다가 자신의 가슴에 권총 세 발을 발사하여 자결하였다. 나석주가 장렬하게 순국한 뒤, 일본의 수사망이 국내만이 아니라 중국지역으로까지 넓혀졌다. 그 결과 天津에서 사태를 지켜보고 있던 이승춘은 1927년 5월 일본 경찰의 추적에 잡혀 사형 순국하였다.[192]

6. 맺음말

김창숙의 활동을 정리하면 몇 가지 특성을 찾아낼 수 있다. 첫째, 그의 활동은 중국에서 전개된 한국독립운동의 방략 변화를 대변해주고 있다. 3·1운동의 한 갈래로 유림들이 주도한 「파리장서」, 즉 제1차 유림단의거는 외교방략이었다. 그 여진은 김창숙의 중국지역 외교활동으로 이어졌고, 국내에서도 영남유림의 일부가 제2, 제3의 독립청원운동을 이어갔다. 그러나 베르사유체제로 대변되는 자본주의 열강의 안정기를 맞아 장기적인 전략이 필요했고, 이에 맞추어 독립운동진영에서는 독립전쟁준비방략을 채택하였는데, 김창숙이 벌인 제2차 유림단의

---

191) 金相玉·羅錫疇烈士紀念事業會, 『金相玉·羅錫疇抗日實錄』, 1986, 256~266쪽.
192) 白凡金九先生全集編纂委員會, 「白凡逸志」, 앞의 책1, 297·513쪽; 독립운동사편찬위원회, 『獨立運動史資料集』11, 1976, 803~805쪽.

거도 그 차원에서 이해할 수 있다. 그렇지만 그 목적 달성이 어렵게 되자, 다시 의열투쟁방략을 채택했는데, 이것도 병인의용대나 한인애국단으로 연결되는 임시정부의 방략 채택과 같은 맥락에서 이해된다.

둘째, 김창숙과 같은 거물급 인사가 직접 국내로 잠입하여 투쟁한 보기 드문 사례였다. 거물급 망명자들은 대개 요원을 국내로 파견하여 원격 조정하는 것이 상례였는데, 그는 자신이 직접 잠입하여 활동의 전면에 나서 진두지휘하는 기록을 남겼다. 더구나 국내로 들어온 사실 자체가 투항인 경우가 대다수였던 상황에서, 그의 활동은 돋보이는 것이 아닐 수 없다.

셋째, 이 거사에서 김창숙의 활동에 대응한 영남유림계가 크게 위축된 모습을 보여주었다는 점이다. 그는 그 자신이 직접 국내로 들어와 활동할 경우 목표 금액을 모금할 수 있다는 자신감을 갖고 있었다. 그렇기 때문에 위험을 무릅쓰고 직접 국내로 잠입했던 것이다. 그렇지만 결과는 국내 유림의 대응이 기대에 전혀 미치지 못하는 것이었고, 이 점은 또한 유림들이 일제 통치에 순응해 가는 일면을 보여주는 것이기도 했다.

넷째, 국내 유림의 호응이 크게 낮았지만, 다른 한편으로는 유림계의 의리를 보여주는 일이기도 했다. 그가 8개월 가까이 국내에 머물면서 모금 활동을 지휘하였고, 서울·대전·대구·부산 등을 이동하여 일본 경찰에 그의 존재 사실이 노출될 가능성도 매우 컸다. 그럼에도 불구하고, 그에 대한 정보가 일경에 전혀 흘러 들어가지 않았다. 특히 권총으로 위협하는 일이 있었음에도, 정보가 전혀 새지 않았다는 사실은 유림들이 자금 제공에는 소극적이었다고 하더라도, 최소한 의리를 저버리지 않았음을 보여준다.

다섯째, 나석주의 거사는 김창숙이 마련한 유림의 자금과 김구가 키워낸 인물과 류자명 등이 한데 얽혀 전개된 의열투쟁이었다. 특히 김창숙이 요구하기 이전에 이미 나석주는 국내잠입과 의열투쟁을 계획하고 있었고, 여기에 김창숙의 격려와 자금지원이 어우러져 빚어낸 작품이었다. 이 과정에서 나석주는 김창숙의 요청보다 한 해 앞선 1925년에 이미 국내잠입과 의열투쟁을 계획하고 실천에 옮기고 있었음이 밝혀졌다. 즉 심산의 요구에 의해 계획을 수립한 것이 아니라, 국내잠입과 의열투쟁 계획을 수립하고 준비하던 차에 김창숙의 지원을 받아 실행에 옮겨진 것이다.

여섯째, 이 거사는 국내 저항운동과의 연계를 전혀 고려하지 못한 한계를 보였다. 1926년에 들어서자마자 상해의 丙寅義勇隊나 국내외의 조선공산당 및 국내 학생들 사이에 저항의 물줄기가 형성되고, 6·10만세시위라는 거사가 일어났음에도 불구하고, 오직 영남유림계의 동참과 지원을 끌어내는 데 몰입하는 바람에 그러한 흐름이나 에너지를 읽어 낼 수 없었던 것이다. 이 점이 이 거사의 한계라 지적할 수 있겠다. 그리고 이 거사는 한국독립운동사에서 유림이 집단적으로 벌인 마지막 활동이라고 정리할 수 있다.

제5장
사회주의 유입과 민족운동

제1절 안동유림의 좌우분화와 1920년대 민족운동

1. 머리말

19세기 후반 서양 열강의 침략이 시작될 무렵, 안동유림은 전통적으로 척사항쟁의 선두를 걸었다. 그래서 영남만인소와 갑오의병 및 을미의병이 그 어느 지역보다 일찍, 그리고 강하게 전개되었다. 그러므로 근대화의 길이 그만큼 늦었고, 그 공백을 메우기 위해 일부 안동유림의 변혁은 대단히 빠른 속도로 진행되었다. 척사유림이 강하게 자리잡은 바탕 위에서 혁신유림이 치고 나왔고, 때문에 스승과 제자의 연이 끊기거나, 부자의 천륜이 단절되는 격정적인 갈등이 나타났다.

이러한 갈등은 모두 유림에 의해 펼쳐진 것이다. 그러니 유림도 종류가 있는 셈이다. 이미 학계에서 이들을 척사·개화·혁신유림 등으로 분류해 놓기도 하고,[1] 보수유림과 상반되는 개념으로 유교지식인이란 용어를 쓰기도 한다.[2] 안동지방에서 혁신유림이나 유교지식인이 계몽운동을 펼치거나 이를 1920년대까지 지속시켜 나가는 점을 확인할 수 있다. 물론 참여자 모두가 유교지식인이라는 말은 아니다. 그렇지만 1920년대 민족운동을 이끌어 가는 선두에는 원숙한 혁신유림이 자리

---

1) 趙東杰, 「光復會 硏究」, 『韓國民族主義의 成立과 獨立運動史硏究』, 지식산업사, 1989, 281쪽.
2) 김기승, 「한말 유교지식인의 사상전환과 그 논리 -석주 이상룡의 경우」, 『민족문화』4, 한성대학교 민족문화연구소, 1989.

잡았고, 그 영향 아래 자라난 신세대가 이를 이어가고 있었다. 이들 신세대들도 유림의 범주에서 이해할 필요가 있다고 생각한다.

1920년대에 활동한 인물들을 모두 유림이라고 정리할 수는 없겠다. 그렇지만 유교적이거나 유림적인 집안에서 자라면서 전통적인 유학을 익힌 경우와, 전통 유학을 학습한 뒤 다시 신교육을 이수했더라도 유학적 사고의 틀 속에 움직인 사람들은 모두 유림이라는 넓은 개념으로 파악할 수도 있지 않을까 하는 생각을 갖는다. 다른 지역의 경우 3·1운동을 일으킨 핵심인물과 조직이 주로 신식교육을 맡은 학교 교사와 학생이거나 교회와 같은 종교집단이었다. 하지만 안동의 경우에는 이전부터 내려오던 유림적 조직성과 그 전통이 훨씬 강하게 작용하였다. 다른 지역에서 신교육기관과 구성원들이 맡고 있던 역할을 안동에서는 여전히 유림적 구성원들이 중심을 이루고 있었다. 때문에 1920년대 전체를 걸쳐서 항일투쟁을 전개한 인물들의 연결구도도 역시 문중이나 학통적 연결성을 강하게 띠고 있었던 것이다. 즉 1920년대 안동지방의 민족운동 주역들을 들여다보면, 대다수가 유림의 후손임을 알게된다. 그것도 宗家 출신이 많고, 또 班家의 핵심인물들이 중심에 자리 잡았음을 알 수 있다. 이 점은 사회주의 노선에 서 있는 경우도 마찬가지였다.

안동지방 민족운동은 다른 지역과 마찬가지로 1920년대 전반기에 사회주의 노선이 자리잡기 시작하면서 분화되어 갔다. 여기에서 말하는 분화라는 개념은 정치적 충돌이라기 보다는 항일투쟁 노선의 차이를 의미하고 있다. 특히 안동지방의 사회주의 지도자들은 대다수가 양반유림 출신임을 알 수 있다. 그런데 왜 이들이 계급투쟁의 선구자로서, 농민이나 노동자 즉 무산자 해방을 위한 선두에 나서게 되었는지 필자는 아직 사상적인 변화를 제대로 설명해내지 못하고 있다. 그래서 이 글은 그러한 사상적인 변화에 대한 연구를 끌어낸다는 의미에서 우선 외형으로 드러난 활동 내용만이라도 구성해보는 데 목표를 두었다. 이로 인하여 새로운 연구 분야가 개척되고 한국적 특수성을 도출해 내는 데 도움이 되길 바란다.

안동지방의 민족운동에 대한 연구는 1990년대에 들어와 활성화되었다. 의병이나 계몽운동에 대해서는 활발하게 진척되어 왔는데 비해, 1920년대 부분에는 아직 흡족하지 않은 단계에 머물고 있다.3) 이 가운데 이번 기회에 다룰 유림의 분화 문제와 관련하여 주목되는 점은 김익한이 '농촌사회운동'과 '지역 명망가'라는 명칭을 사용하여 안동의 근대화과정에 등장하는 운동양상을 설명하였다는 점이다.4) 필자는 바로 이 후자를 1920년대 안동지방의 신세대 유림으로 이해하려 한다. 그들이 유림적인 분위기 속에 성장하고 또 비록 혁신적인 사고와 활동을 펼치더라도 행동양식에서 유림적인 영향을 받고 있었기 때문이다. 예를 들자면 이육사의 경우, 1935년에 경찰신문에서 어떤 경우에는 신앙을 갖고 있지 않다고 하다가, 또 어떤 때에는 '유교'라고 밝히는 대목을 보면,5) 그를 아직은 유림적인 성향을 지닌 인물로 이야기할 수

---

3) 1920년대 안동지방의 민족운동과 관련된 연구는 다음과 같은 것이 있다.
　강정숙, 「일제하 안동지방 농민운동에 관한 연구」, 『한국근대 농촌사회와 농민운동』, 열음사, 1988.
　심상훈, 「1920년대 안동지역의 청년운동」, 『안동사학』2, 안동사학회, 1996.
　김익한, 「일제하 한국 농촌사회운동과 지역 명망가」, 『한국문화』17, 서울대학교 한국문화연구소, 1996.
　김희곤, 『안동의 독립운동사』, 영남사, 1999.
4) 김익한은 농민들의 농촌운동이 아니라, 농민이라고 규정하기 어려운 계층이 참여하여 적극적인 활동을 펼친 경우를 일컬어 농촌사회운동으로, 그리고 경제적으로 대개 중소지주층에 속하면서 조선후기와 한말이래 재지양반을 잇는 사회계층으로서 주로 읍치가 아니라 동리지역에 거주하고 존위 등으로 불리면서 동리의 자치적 운영을 지도·담당하는 위치에 있고 또 학문적 소양을 지닌 신망받는 계층을 지역 명망가로 각각 규정하였다(김익한, 위의 글, 282~283쪽).

있지 않을까 생각한다. 오늘날 양복 입고 구두 신고 다녀도 유림이라
자처하는 인물이 있으니, 시기에 따라 유림도 다른 모습으로 나타나는
것이다. 유림적인 사고 양식을 간직하고 있던 1920년대 안동지방의 민
족운동가 가운데 전통적인 유가출신들을 신세대 유림의 범주에서 이
해할 필요가 있을 것 같고, 그 인물들은 김익한이 말한 '지역 명망가'
와도 상당히 유사한 범주라 할 수 있다.

2. 1910년대 민족운동의 계승과 사회운동의 시작 (1919~1923)

1) 대한민국 임시정부 지원활동

1919년 3·1운동은 '조선이 독립국'임을 선언하였고, 이에 그 독립국
을 이끌어 갈 정부 수립이 추진되었다. 여러 지역에서 성립된 정부가
상해의 대한민국 임시정부로 통합되던 과정에서 안동의 유림들은 이
에 대한 지원활동에 나섰다. 단체를 결성하고 이를 통해 자금 지원을
벌였는데, 대표적인 관련 조직으로 義勇團6)·籌備團7)이 있었다. 의용

---

5) 국사편찬위원회, 「증인 李源祿 신문조서」, 『한국독립운동사자료』31, 1997, 194쪽.
6) 이 시기를 전후하여 두 갈래의 의용단이란 조직이 나타난다. 하나는 평안도와 황
   해도를 중심으로, 다른 하나는 영남지역을 중심으로 각각 움직여지던 것이었다.
   이것이 하나의 조직이면서 본단과 지단으로 구분된 것인지, 전혀 다른 조직인지
   확실하지 않다. 앞의 것은 임시정부에서 조직한 것인데, 1920년 1월에 취지서가
   나왔고, 그 외곽에서 활동하던 인물들이 국내로 잠입하여 활동한 것이다(백범김
   구선생전집편찬위원회, 『白凡金九全集』4, 대한매일신보사, 1999, 42~45쪽). 안
   동지방 인사들이 참가했던 의용단은 후자의 것이다. 이것은 한말 의병에 이어
   朝鮮國權恢復團·大同團·光復會로 계승된 경상도 항일 인맥을 망라하여 조직

단에 참여하여 군자금을 모집한 안동출신 인물은 金始顯·金龍煥·金應
燮·李鍾國·李太基 등이다. 김시현(풍산 현애)과 김응섭(풍산 오미)은
양반가문 출신이었고, 김용환은 鶴峯 金誠一의 종손이었으며, 이종국
과 이태기는 이상룡과 같은 집안사람으로 그의 영향 속에서 활동하였
던 것 같다. 이들은 조선시대 안동지역 재지사족의 후손으로서 경제
적·사회적으로 탄탄한 배경을 토대로 군자금 모집에 참여하였고, 자신
의 재산도 헌납했던 것으로 보인다. 그리고 김시현은 주비단에도 참여
하였으나 뚜렷한 활동상은 보이지 않는다.[8]

이 외에도 柳時彦·柳時俊·千永基·柳性佑 등도 안동과 서울을 중심
으로 군자금을 모집하였다. 또 곧이어 사회주의자로 변신하는 安相吉
(와룡 가구)·金在鳳(풍산 오미)·李準泰(풍산 하리) 등도 1919년에서
1920년 초에는 대한민국 임시정부 자금 모집에 관여하였다. 특히 안상
길은 대한민국 임시정부 경북교통국장을 맡았던 인물이고, 당시 만주
일보 기자이던 김재봉의 영향을 받고 있었다.[9]

2) 유림의 2·3차 독립청원

1919년 3·1운동 직후 유림이 파리강화회의에 독립을 청원하는 長書

된 단체였다. 이것이 언제 조직되었는지는 정확하지 않지만, 1922년 1월에서 11
월까지 활동을 보였다.
7) 籌備團은 임시정부에서 그 규칙을 마련하여 국내에서 조직 활동하게 하려고 한
일종의 독립 예비군이다. 독립정신 고취, 군자금 모집, 해외 독립군 모집이 주된
목적이었으며, 일단 시기가 오면 국내에서 봉기하도록 준비하면서 체제를 군대
식으로 갖추었다.
8) 조선총독부 경상북도경찰부, 『고등경찰요사』, 1934, 204~206쪽.
9) 안상길은 1921년 당시 "만주일보 기자 金在鳳의 영향으로 임시정부 경북교통국
장을 맡아 활동에 나섰다가 대구에서 체포당하였다."고 한다(≪독립신문≫
1921년 2월 17일자).

를 보내는 거사에 안동유림도 적극 참가하였다. 특히 起巖 李中業(이만도의 아들)의 활약은 서울과 안동에서 펼쳐졌고, 여기에 柳淵博(류치명 종손)·李晩烐(이만도의 동생)·柳必永(류인식의 부)·金秉植(내앞종손)·金濩模(금계) 등이 참가하였다.[10] 이 외에도 다른 기록에는 류필영의 아들이자 柳寅植의 동생인 二江 柳萬植도 이 과정에 참여한 것으로 기록되어 있다.[11]

그런데 유림들은 파리장서에서 투쟁을 끝낸 것이 아니라 거듭해서 독립청원서를 국외로 보내려고 계획을 세웠다. 1920년 11월 예안의 이중업이 파리장서의거에 동참했던 경북지역 인물 가운데 張錫英(칠곡)·權相翊(봉화)·金榥(산청)·孫厚翼(울주) 등 동지들과 함께 독립청원서를 중국의 유력 인사들에게 보내려 시도한 일이었다.[12]

이중업은 거사를 주장하고 나섰다. 즉 그는 "이제는 사정을 달리하는 색다른 인종에게 의뢰하지 말고 동족 동문으로 4,000여 년 동안 역사적으로 脣齒의 관계를 가진 중화민족에게 우리 민족이 바라는 것을 하소연하여 국권회복에 원조를 받자고 결정했다."[13]라고 주장하였다. 파리강화회의에 독립을 청원해도 효과가 없으니, 이해관계가 가까운

---

10) 조선총독부 경상북도경찰부, 『고등경찰요사』, 1934, 247~252쪽. 김양모에 대해서는 충남인으로 잘못 기재되어 있는데, 그는 안동 서후면 출신이다.

11) 김창숙의 기록에는 류만식이 서명을 거부했다고 하지만(金昌淑, 「躄翁73年回想記」, 『金昌淑文存』, 성균관대학교 대동문화연구원, 1987, 193쪽), 김황의 기록에는 그가 이만규와 상의하고 곽종석이 맨 첫 서명자가 되어주길 요구했다고 되어 있다(金榥, 「記巴里塑書事」, 『重齋先生文集附錄』13, 1998, 76~85쪽). 아버지 류필영의 서명으로 보아서도 류만식이 이 일에 적극 참여한 것으로 보는 것이 설득력을 가질 것이다.

12) 南富熙, 『儒林의 獨立運動史 硏究』, 범조사, 1994, 276~282쪽; 조동걸, 「響山 李晩燾의 獨立運動과 그의 遺誌」, 『韓國民族主義의 理解와 論理』, 지식산업사, 1998, 221쪽.

13) 南富熙 編譯, 『제2차 유림단사건』, 불휘, 1992, 78쪽.

중국에 부탁해 보자는 뜻이었다.

이들은 3통의 청원서를 작성하였다. 이중업은 청원서를 작성해 달라고 장남 李棟欽을 시켜 권상익에게 보냈고, 이를 통해 초안을 받았다. 광동정부의 대통령 孫文과 중국정부에 보낼 2통은 권상익이, 중국 군벌 吳佩孚에게 보낼 1통은 장석영이 각각 작성하였다. 그리고 유림 대표로 이중업을 선정하여 중국으로 보낼 것을 결정하였다. 그런데 아쉽게도 이중업이 갑작스럽게 병으로 죽음에 따라 이 거사는 중단되고 말았다. 이 거사가 중도에 그쳤지만, "당시 주모자인 이중업이 우리 집에서 기숙하며 나와 같이 계획했기 때문에 내가 (글을; 필자) 보관하게 되었다."는 손후익의 진술에서 이중업의 투쟁의욕과 위치가 분명하게 드러난다.[14)]

유림들은 다시 1921년 가을에 3차 계획을 세워 실천에 옮겼다. 김해의 趙敬機 발기로 孫文에게 보내는 독립청원서였다. 청원서 작성자는 金槻이었고, 중국으로 간 대표는 조경기였다.[15)]

3) 조선노동공제회 안동지회

1920년대 안동에서 노동운동이라는 말 자체가 낯선 것이었다. 그것이 안동만의 현상이 아니라 전국적으로 그러했다. 더구나 공업이 발달되지 않은 안동이었으므로 노동자 계층이 제대로 형성될 리 없었다. 자연히 노동운동은 지식인에 의해 주도될 수밖에 없었다. 그 최초의 조직이 조선노동공제회 안동지회였다.[16)]

---

14) 南富熙 編譯, 『제2차 유림단사건』, 불휘, 1992, 79쪽.
15) 南富熙 編譯, 『제2차 유림단사건』, 불휘, 1992, 79~80쪽.
16) 조선노동공제회는 1920년 4월 서울에서 조직된 최초의 대중적 노동운동단체였다. 朴重華·朴珥圭·車今奉·吳祥根·申伯雨·張德秀·金明植 등이 발기하여

노동공제회 안동지회 설립준비위원회가 1920년 9월 7일에 열렸다.[17] 이후 서울의 본회와 교섭하여 9월 23일에 안동지회가 설립되었다.[18] 제1회 총회 상황을 자세히 알 수 없으나, 다만 제2회 정기총회에서 회원점검·회의록보고·각부상황보고·임원선출과 회의 유지방침에 대해 토의하였던 점만은 파악된다. 이때 임원으로는 총간사 柳周熙 등 60명과 의사 30명이 선출되었다. 당시 선출된 임원 중 두드러진 활동을 전개하였던 인물을 살펴보면 다음과 같다.

柳周熙(總幹事)·李雲鎬·柳浚熙·金元鎭·柳景夏·金南洙·柳淵建·李奎鎬·金晉潤·異錫圭(이상 간사)·柳敎默·申德·柳東著·權寧植·權寧洞(이상 議士)[19]

여기에 등장하는 주역들은 대개 유교지식인에 속했다. 지도자였던 柳寅植의 경우는 말할 필요가 없고, 그의 아들 류준희나 같은 집안 인물이자 협동학교 졸업생인 류주희와 류연건, 또 류인식의 영향을 크게 받은 김남수(와룡 군자리), 류연박(류치명 종손)의 아들인 류동저, 예안 3·1운동의 지도인물 이운호 등 확인되는 인물 대다수가 그렇다. 또 김원진의 경우처럼 3·1운동을 통해 청년운동계로 성큼 들어선 인물도 있었다. 이 가운데 의사인 이석규처럼 서울에서 안동 '야소병원'에 와서

4월 11일 창립총회를 열었다.
17) 「朝鮮勞働共濟安東支會設立準備」, ≪동아일보≫ 1920년 9월 17일자.
18) 조선노동공제회 안동지회는 예수교회당(현 안동교회)에서 발기총회를 개최하였다. 여기서 柳東著(류지호의 손자이자, 류연박의 아들)를 총간사로 선출하였다.
19) 「勞働共濟會安東支會第二回定期總會開催」, ≪동아일보≫ 1921년 7월 22일자. 異錫圭는 1895년생으로 서울 출신이며, 휘문고보와 경성의전을 졸업한 뒤, 1917년에 안동도립병원에서 4년, 성소병원에서 1년을 각각 근무하고, 안동에서 영생병원을 개업한 인물이다(邉捨藏, 「慶北沿線發展誌」, 『韓國地理風俗誌叢書』67, 경인문화사, 1989, 321쪽).

근무하다가 영생병원을 개업한 뒤, 사회운동에 뛰어든 경우는 이색적인 사례였다.

안동지회의 활동 내용은 당시 신문에 거의 게재되지 않아서 그 상황을 구체적으로 알 수 없다. 그러나 조선노동공제회의 지회였던 만큼 본회의 취지·강령에 따라 활동하였을 것으로 추정된다. 또한 제2차 정기총회 때 각부 상황보고란 것이 있는 점으로 보아 부서별로 활동이 전개된 것 같다. 그 외에는 노동야학, 서울 본회 박이규의 강연,[20] 안동군 출신의 도쿄유학생으로 조직된 花山俱樂部의 강연회 개최에 관한 것만 기록에 남아 있다. 또 1923년 결성된 조선노농총동맹 발기대회에 안동지역 사회운동단체의 대표 성격을 띠고 참가한 모습이 보이기도 한다.

4) 청년운동

3·1운동은 대중의 힘을 효과적으로 결집하고 아울러 항일역량을 지속적으로 육성하기 위한 조직체의 필요성을 요구하게 되었다. 이러한 필요성에 따라 1920년부터 조직되기 시작한 청년회의 주된 활동은 계몽적인 성격을 가졌다. 당시 민족주의계열은 청년운동을 주도하면서 실력양성운동 및 문화운동을 전개하였다. 이는 1920년대 초반기의 국내독립운동의 성격과 연관성을 보여준다.

안동지역의 청년운동단체는 1920년에 들면서 생겨나기 시작했다. 1920년 5월 안동청년회[21]의 설립을 출발로 예안청년회[22]·안동부인

---

20) 1921년 7월 17일 박이규는 '現代人類의 最大要求'라는 주제로 강연하였다(「朝鮮勞働共濟會執行委員 朴珥圭氏, 安東支會에서 講演: 現代人類의 最大要求」, ≪동아일보≫ 1921년 7월 22일자).

21) 1920년 5월 23일 安東公立普通學校에서 창립되고, 창립총회에서 金省五가

회[23])·안동기독청년회·불교청년회[24])·一直面禁酒會[25])·조선노동공제
회 안동지회 등이 설립되었고, 1923년에는 안동물산장려회가 성립되었
다. 그런데 이러한 청년운동의 주역들은 유교적 바탕 위에 협동학교로
부터 시작된 신교육의 영향을 받아 성장한 인물들에 의해 주도되었다.
당시 안동에 존재하였던 청년회를 살펴보면 다음과 같다.

　　　安東靑年會, 禮安靑年會, 禮安基督敎勉勵靑年會, 安東基督靑年會,[26])

회장, 權泰淵이 부회장으로 선출되었다. 당시의 신문 기사에 의하면 창립총회에
200여 명이 참가하였고, 권태연이 300원, 이 외의 참석자들이 20원 이상의 의연
금을 기부하여 유지비가 2,000원에 이르렀다고 기록되어 있다. 1921년 4월 26일
에 제2회 정기총회를 통하여 회장 權寧潤, 부회장 權寧薰, 총무에 權重烈, 庶
務部幹事 權寧鳳·權肅轍, 講演部幹事 徐中洛·金在渭, 體育部幹事 李源
溟·權時淵, 編輯部幹事 權泰麟·李東鎭, 회계 李在瑜·權寧燮, 서기 金光
哲·文鍾範이 각각 선출되었다(「安東靑年會組織」, ≪동아일보≫ 1920년 6월
11일자; 「安東靑年會總會」, ≪동아일보≫ 1920년 6월 27일자; 「安東靑年會
定期會」, ≪동아일보≫ 1921년 4월 27일자).

22) 「禮安靑年會總會」, ≪동아일보≫ 1920년 7월 19일자.
예안면의 유지들이 청년회 창립을 발기하여 7월 3일 예안공립보통학교에서 창
립하였다. 창립총회에서 회장 申德, 부회장 李均鎬, 총무 柳東億, 評議員 李
東泰 외 14인, 간사 李東完 외 8인이 선출되었다.

23) 「安東婦人會創立」, ≪동아일보≫ 1920년 8월 5일자. 1920년 7월 30일 安東
耶蘇敎會(현 안동교회)에서 창립되었다.

24) 「安東佛敎靑年會」, ≪동아일보≫ 1920년 8월 31일자.
1920년 8월 22일 法龍寺에서 창립되었다. 창립총회에서 회장 徐丙老, 부회장
李萬愚, 총무 張彰聞, 서무부장 柳南根, 布敎部長 金在洪, 체육부장 姜慧典
등이 선출되었고, 총회 당시 원조금 500여 원과 회관건축 기증금 2,700여 원이
모여졌다.

25) 1920년 9월 4일 一直書塾에서 창립된 일직금주회는 일직면에서 풍속 혁신을
위하여 조직된 단체로, 회장 權五皛, 부회장 吳善衡, 총무 吳貞淑, 간사 徐丙
周·廉尙進, 서기 張時鶴이 선출되었다(「安東一直面禁酒會」, ≪동아일보≫
1920년 9월 17일자).

26) 안동기독청년회는 안동읍 야소교회(현재 안동교회)에서 창립되었는데, 창립일자
와 발기인 및 임원진에 대해 동아일보의 기사와 안동교회에서 발간한 『安東敎

安東基督教勉勵青年會,27) 安東佛教青年會, 우리青年會,28) 實業青年
會, 一直青年會,29) 新興青年會,30) 臥龍青年會,31) 吉安青年會32), 志湖
同友俱樂部33), 陶山俱樂部34), 安東青年聯盟,35) 臨河青年會,36) 南後

會八十年史』(1988, 118~121쪽)를 보면 서로 다르게 기록되어 있다('동'은 동아
일보, '안'은 『安東教會八十年史』).
1. 창립일시: 1920년 8월 3일(동, 1920년 9월 6일), 1920년 9월 4일(안, 119쪽)
2. 발기인: 申長均·朴容漢·金漢鎭·韓碩範 등(동), 김영옥·배영찬·권중윤 등
(안).
3. 임원: 회장 曺學奎, 총무 한석범(동), 회장 김원진, 부회장 김영옥, 총무 김주
현, 서기 김한진, 부서기 권중윤, 회계 변영영, 부회계 김기주, 의사부장 류동저,
선전부장 조학규, 문예부장 오연수, 체육부장 김명인(안).
여기에는 비기독교 청년들도 가담했었는데, 이 때문에 그 성격이 종교운동 보다
민족운동을 지향하였다. 이에 대한 반발로 순수 기독교인에 의해 안동기독면려
회가 조직되었다.
27) 안동교회 80년사 편찬위원회, 『安東教會八十年史』, 1988, 119~120쪽.
1921년 2월 5일 안동교회에서 창립되었다. 안동기독교청년회가 청년신앙운동의
활성화라는 목적보다는 독립운동 중심의 사회운동을 전개하자 이와 달리 기독
교인을 중심으로 창립되었다. 이로 인해 안동교회 안에는 2개의 청년회 조직이
존재하게 되었으며, 이후 안동기독교청년회는 해체되고 비기독교인은 안동청년
동맹에 가입하게 되었다. 당시의 임원은 권중윤·권연호·김재성·홍순범·장경영·
김영옥 등이었다.
28) 창립일자가 정확하지 않다. 豊南面의 有志들에 의해 창립되었으며, 1921년 당
시의 회장은 柳敎默이었다(≪동아일보≫ 1921년 7월 13일자 참조).
29) 1924년 8월에 창립된 것으로, 1927년 당시의 위원은 南璋·南東煥·張師鳳 등
이었다(「巡廻探訪 二百五十七」, ≪동아일보≫ 1927년 3월 15일자).
30) 1924년 9월 12일 豊山青年會에서 신흥청년회로 개칭되었으며, 임원으로 李相
鳳·金箕鎭·金重圭·權肅範이 선출되었다(「豊山青年會는 新興青年會로」,
≪동아일보≫ 1924년 9월 22일자 참조).
31) 1925년 2월 11일 臥龍小作人會館에서 창립되었고, 집행위원으로 安相炯·權
相旭·金建洙·金始源·安相鎬·南起燮·孫台福 등이 선출되었다(「臥龍青年
會創立」, ≪동아일보≫ 1925년 2월 16일자).
32) 1923년 7월에 창립되고, 1925년 3월 10일 柳淵建·白泰欽·鄭元模 외 7인이 임
원으로 선출되었다(「青年會革新 綱領을 變更」, ≪동아일보≫ 1925년 3월 15
일자; 「巡廻探訪 二百五十七」, ≪동아일보≫ 1927년 3월 15일자).
33) 「志湖同友總會」, ≪동아일보≫ 1925년 4월 20일자.

靑年會,37) 龍雲俱樂部38), 正光團,39) 安東女性會,40) 安東女子靑年
會,41) 記友團,42) 安東靑年同盟,43) 安東靑年同盟豊山支部,44) 安東靑

---

34) 1922년 12월에 창립되었고, 1925년 10월 27일에 李垾鎬·李成敎·李高基·李
東春·李源孝·李中九·李奎鎬·李莫鎬·李雲鎬 등이 집행위원으로 선출되었
다(「嶺南地方」, ≪동아일보≫ 1925년 11월 4일자; 「巡廻探訪 二百五十七」,
≪동아일보≫ 1927년 3월 15일자).

35) 1925년 8월 21일 안동청년회관에서 창립된 안동청년회·지호동우구락부·일직청
년회·와룡청년회·길안청년회·예안청년회·도산구락부·신흥청년회 등이 결성한
안동지역 청년운동단체의 연합체이다. 金南洙·安相勳·柳淵建·金澈鎭·李雲
鎬·李垾鎬·李棋淵·李相鳳·南璋·李準文·朴永壽·金明燮·金慶漢 등이 집
행위원으로 선출되고, 1927년 4월 30일에 해체되었다(「安東靑年聯盟 發起創
立總會」, ≪동아일보≫ 1925년 8월 26일자; 「靑年聯盟大會」, ≪동아일보≫
1925년 9월 5일자; 「安靑聯盟解體 委員會의 決議로」, ≪동아일보≫ 1927년
4월 19일자).

36) 1925년 9월 12일 臨河面 천전 건너편에 있는 白雲亭에서 창립되었다. 서무부
金世魯·金元益, 교육부 金廷植·金應魯, 체육부 金時麟·林炳永, 調査部 金
成大·金秉熙, 常務 金元益·金世魯·金成大·金廷植·金正錫·林夏道이 선출
되었으며, 안동청년연맹·풍산소작인회·화성회 등의 사회운동단체가 창립 발회
식에 참여하였다(「臨河靑年創立 發會式은 오는 二十日」, ≪동아일보≫ 1925
년 9월 19일자).

37) 1925년 9월 27일에 南後面 有志들에 의해 창립되고, 金石東·黃允中·金命
漢·金朝漢·黃河中·金道顯·李石鳳·朴海彰이 집행위원으로 선출되었다(「南
後靑年創立 當日에 發會式」, ≪동아일보≫ 1925년 10월 2일자).

38) 「嶺南地方」, ≪동아일보≫ 1925년 10월 2일자. 창립일시를 알 수 없다.

39) 1925년 10월 5일 창립되고, 당시 임원으로 서무부 金明燮·金重漢, 조사부 柳
淵述·權相琪·金慶漢이 선출되었다(「正光團創立 去八日安東서」, ≪동아일
보≫ 1925년 10월 13일자). 그리고 1927년 4월 2일 해체되었다(「正光團解體」,
≪동아일보≫ 1927년 4월 6일자). 이 조직은 각 면의 청년회원들이 모여 안동의
대중운동진영을 옹호한다는 목적 아래 설립된 행동단체로 보인다.

40) 1925년 11월 7일에 李基賢·宋錦卿의 발기로 창립되고, 이들 두 사람 외 7인이
집행위원으로 선출되었다(「安東女性會創立」, ≪동아일보≫ 1925년 11월 12
일자).

41) ≪동아일보≫ 1926년 6월 13일자. 1926년 5월 26일에 안동여성회가 명칭을 변
경한 조직이다.

42) 「安東記者團」, ≪동아일보≫ 1925년 10월 25일자, 「安東記友團 去一日에

年同盟臥龍支部,45) 一直面禁酒會

안동지역 청년단체의 활동은 지·덕·체를 중시하는 문화운동에 주력
하였다. 즉 교육활동과 토론회·강연회, 그리고 체육활동·오락활동 등
이 주된 것이었다. 첫째, 교육활동은 청소년들의 지식계발을 중요한 목
적의 하나로 삼고 있었다. 1920년대 경북지방의 청년운동단체에서는
노동야학·여자야학 등 각종 야학회를 설치하거나, 학원·의숙·강습소
등을 설치하여 운영하였다. 그 밖에도 도서관이나 문고를 개설하고, 학
교기성회를 조직하여 기존의 정규학교를 후원하거나, 새로운 학교 설
립에 애쓰고 있었던 것 같다. 안동지역의 야학운동은 1921년 4월경부
터 시작된 안동불교청년회의 노동야학을 비롯하여 서후면 廣東私
塾46)·一直面書塾47)·안동청년회 학술강습회48)·예안청년회의 노동야

創立」, ≪동아일보≫ 1925년 11월 6일자.

1925년 10월 창립된 기우단은 경북 북부지역의 군에 있는 신문·잡지기자들에
의해 '언론계의 권위를 상징하며 同職者의 친목을 도모한다'는 목적으로 조직
되었으나, 실질적으로는 사회운동의 지원단체로 활동한 것으로 보인다.

43) 1927년 5월 15일에 안동청년회가 이름을 바꾼 것인데, 당시에 金應煥이 위원장
이 되었다(「安東靑年革新 解禁 後 첫 集會로 名稱도 變更」, ≪동아일보≫
1927년 5월 18일자).

44) 「安東靑年支部」, ≪동아일보≫ 1927년 9월 16일자. 1927년 12월 신흥청년회
후신으로 출발했다.

45) 「臥龍支部設置」, ≪동아일보≫ 1927년 10월 1일자. 1927년 9월 24일 와룡청
년회가 개편된 조직이다.

46) 「廣東私塾開學式」, ≪동아일보≫ 1921년 4월 27일자.

47) 이 서숙은 달성서씨·한산이씨 문중의 재정 도움을 받아 운영되었으며, 校舍로
는 소호헌이 이용되었다. 1920년대 안동지역 사회운동을 주도하였던 권오설이
교사로 활동하였고, 해방 이후 제1공화국 때 상공부 장관을 지낸 전진한도 잠시
재직하였다(權大雄, 「權五卨의 生涯와 活動」, 『安東文化研究』6, 安東文化
研究會, 1992, 99쪽).

48) 이 강습회는 "지방청년의 전진을 지도하기 위하여" 안동청년회관에서 실시되었
다. 교사는 許億·金省吾·柳東著·富谷直吉·權寧燦·崔尙夏 등이었고, 교과

학49)·예안여자학술강습회50) 등이 개설되면서 신교육을 펼쳐 나갔다.
이는 한말부터 시작된 계몽운동과 사립학교를 중심으로 펼쳐진 신교
육운동의 영향으로 볼 수 있다.51)

둘째, 강연회와 토론회는 청년뿐만 아니라 일반대중의 교화·계몽을
위해서 모든 청년운동단체가 중요시했던 활동이었다. 강연회에서는 사
회문제·교육문제·위생문제·여성문제·농촌문제·지방발전과 국가 및
민족의 장래에 관한 문제 등 매우 다양한 내용들이 취급되었다.

이 외에도 각종 경기 혹은 운동회를 개최하여 체육을 향상시키는 경
우와 풍속의 교화나 문화 선전을 위한 오락활동을 전개하였다. 체육활
동은 체육대회를 개최하거나 전국적인 체육대회에 참가하는 것이 주
된 활동이었다. 체육대회의 종목으로는 야구·정구·축구가 주축을 이루
었으며, 특히 안동지역의 청년운동단체는 정구에 대한 열의가 높았던
것으로 보인다. 그리고 계절에 따라 한국 고유의 운동경기를 대중과
더불어 펼치는 경우도 있었고, 육상대회 또는 대운동회를 개최하기도
하였다.

목은 歷史·地理·法律·經濟·日語·簿記·生理·數學으로 편성되었다(「安東靑
年會新事業」, 《동아일보》 1921년 6월 24일자).
49) 《동아일보》 1922년 8월 22일자.
50) 「禮安勞働夜學會」, 《동아일보》 1922년 9월 1일자.
51) 《동아일보》 기사에 의하면, 안동지역 19개면 25개 청년운동단체 중에서 안동
청년회·예안청년회·불교청년회·신흥청년회·안동청년동맹·안동청년동맹풍산지
부·와룡청년회·안동여자청년회·도산구락부 등 9개 청년회가 교육운동을 적극
적으로 수행하였던 것으로 보인다.

3. 사회주의 유입과 사회운동의 확산(1923~1926)

1) 사회주의 사상의 수용과 풍산소작인회 결성

풍산소작인회는 1923년 11월에 창립된 안동지방 농민운동의 핵심체였다. 이 조직은 서울에서 활동하던 풍산지역 출신 이준태와 권오설, 예안청년회·조선노동공제회 안동지회·조선노동연맹회 등에서 활동하던 김남수와 안상길 등 새로운 사조를 접한 인물들이 모여 풍산을 비롯한 안동의 서부지역 일대 주민들과 함께 조직한 것이다.

풍산소작인회의 조직과 활동에 지대한 영향을 미쳤던 사람은 이준태와 권오설(풍천 가곡)이었다. 이준태는 일찍부터 서울에서 활동하였는데, 대한민국 임시정부 자금모집에 관여하다가 사회주의 사상에 영향을 받고, 1922년 무산자해방을 목적으로 성립된 국내 최초의 사상운동단체인 경성무산자동지회를 비롯하여 주요 사회단체에서 활동하였다.[52]

풍산학술강습회 교사로 활동을 시작한 권오설은 1920년 초기부터 안동청년회·일직면금주회 등 계몽단체에 참여하였다. 그러다가 류인식에게서 큰 영향을 받았다고 전해지는 권오설은 이준태·김남수 등과 가까이 지내면서 당시의 새로운 사상을 수용하였다. 그는 풍산소작인회 창립과정 및 조직화 과정에 적극 참여하였고, 1924년에는 풍산소작인회 대표로 조선노농총동맹에 참가하여 집행위원으로 선출되면서 전국적으로 활동무대를 옮겼다.[53] 즉 풍산소작인회는 서울에서 활약하

---

52) 이준태는 無産者同盟會·新思想研究會(朝鮮勞動共濟會 후신)·火曜會 등에서 활동하였고, 1923년 3월 24~30일까지 열렸던 전조선청년당대회에도 개인 자격으로 참가하였다.

53) 권대웅, 「權五卨의 生涯와 活動」, 『安東文化研究』6, 안동문화연구회, 1992,

던 안동출신 인물의 영향을 절대적으로 받았던 셈이다.

창립총회에서 선출된 집행위원들 중에서, 1927년까지 풍산소작인회 활동기록에 나타나는 중요 인물은 권오설·이용만·이회승(풍산 하리)·이창직(풍산 읍내)·이준문·권병남·이준덕·권준표·김선규 등이었다. 이회승이나 이창직은 풍산지역의 대표적인 반촌의 중심인물들이었다. 이러한 조직에 소작농·자작농·중소지주·지식인들이 망라될 수 있었던 요인은 이준태·권오설·김남수·안상길·이회승·이창직 등이 이 지방에서 영향력 있는 집안 출신이기 때문이었다. 비록 명칭이 소작인조합이었으나, 구성원은 소작농뿐만 아니라 자작농·중소지주 및 진보적인 청년지식인까지 망라되었다. 또한 이들은 사회운동에 적극적이었던 인물들로 이루어졌다.

풍산소작인회의 조직은 의결기관인 총회와 집행기관인 집행위원회로 구성되었다. 그 밑에 면 단위의 출장소가 있고 여기에도 집행위원을 두었는데 출장소의 규모에 따라 그 수를 달리하였다. 그리고 각 동에는 다시 총대를 두어 자연마을을 반 단위로 조직하는 구조로 되어 있었다.[54] 이러한 조직 형태를 충족시키고 체계적인 운동을 위해서 은풍(예천)·와룡 등지에 출장소를 설치하여 안동군의 농민운동을 지도하였다.

풍산소작인회는 1923년 11월의 창립총회에서 당면 투쟁 목표로 다음의 내용을 결의하였다. 첫째, 지세는 지주가 부담한다. 둘째, 소작료를 인하한다. 셋째, 소작권을 5년 이상 보장한다. 넷째, 부역을 반대하고 마름의 중간 수탈도 반대한다. 다섯째, 거리가 1.6km 이상인 경우 소작료 운반비용을 지주가 부담한다.[55] 이렇게 풍산소작인회가 내건

102쪽.
54) 강정숙, 「일제하 안동지방 농민운동에 관한 연구」, 『한국근대농촌운동사』, 열음사, 1988, 368~370쪽.

이 조건은 뒷날 줄곧 활동지침으로 자리 잡았다.

풍산소작인회의 대규모 운동은 1924년 봄에 수확 작물의 소작료 내리기 운동으로 전개되었다. 관습상 봄 수확 작물의 5할이던 소작료에 대하여, 농민들은 논의 주요 작물에 한하여 4할, 밭의 가을 수확 작물은 3할 5푼 이내, 당분간 봄 수확 작물에 대해 2할로 조정해줄 것을 요구하였고, 또 지주가 지세를 부담하도록 결의하였다.[56] 소작농민들의 요구가 집단적인 쟁의로 발전하자, 지주들은 일본인의 협조로 豊西農務會를 결성한 뒤 탄압에 나섰다. 소작인회 간부 李用萬을 비롯한 12명을 업무방해죄로 경찰에 고발하고,[57] 소작인의 소작권을 박탈하였으며, 자기들의 조직인 농무회에 가입한 농민에게만 소작권을 주었던 것이다.

풍산소작인회는 서울의 노농운동단체와 연계하면서 농민운동을 전

---

55) 「小作人會創立 安東郡 豊山에서」, 《동아일보》 1923년 11월 18일자.

56) 「安東郡에 小作爭議」, 《동아일보》 1924년 7월 4일자.

57) 《동아일보》 1924년 7월 18일자, 《조선일보》 1924년 7월 20일자, 《조선일보》 1924년 7월 23일자(사설 및 구금기사), 《동아일보》 1924년 8월 13일자, 《동아일보》 1924년 9월 5일자, 《조선일보》 1924년 9월 25일자(이상 拘禁 및 社說·豫審 公告 기사); 《조선일보》 1924년 10월 8일자, 《동아일보》 1924년 10월 9일자, 《시대일보》 1924년 10월 9일자, 《조선일보》 1924년 10월 10일자, 《시대일보》 1924년 10월 18일자, 《동아일보》 1924년 10월 19일자(이상 公判 및 判決 기사); 독립운동사편찬위원회, 『독립운동사자료집』 14, 1983, 812~815쪽(大正 13년 刑控公 제547호).

신문 기사와 재판문의 기록을 보면 당시 업무방해로 구속된 인물은 이용만(풍산면 하리동 207/27세), 조용성(풍서면 소산동 316/50세), 황극련(남후면 下阿洞 170/26세), 李聖道(풍산면 安郊洞 102/40세), 이회식(풍산면 하리동 173/34세), 류쾌준(풍산면 안교동 77/48세), 權丙洙(풍산면 하리동 235/28세/음식점 경영), 姜建(풍산면 하리동/29세), 金守漢(풍산면 하리동/24세), 朴根厚(풍서면 소산동 700/45세), 朱壽命(풍산면 안교동 359/43세), 李建(풍산면 麻里洞 274/35세), 權尙植(풍산면 하리동/39세) 등이었다. 이들에 대한 판결을 보면, 이용만은 징역 10월, 조용성·황극련·이성도·이회식·류쾌준은 각각 징역 6월, 김수한·강건은 벌금 30원, 박근후·주수명·이건·권상식·권병수는 벌금 20원으로 각각 결정되었다. 그리고 이 재판에 徐漢旭·梁大卿 두 변호사가 무료로 변론을 맡았다.

개하였다.[58] 조선노농총동맹에 가입하고, 여기에서 제시한 소작율과 투쟁 방침에 맞추어 조직적으로 활동한 것이다. 이처럼 풍산소작인회의 결성은 안동지역 청년운동이 체계적인 형태로 발전하는 바탕이 되었다. 특히 중심인물들이 서울과 연계되면서 전체적인 청년운동을 선도하였다.

2) 사회주의 운동의 정착과 확산

1924년 말까지, 즉 1920년대 전반기의 청년회는 설립 초기와 같이 지식인층이나 유산자 중심의 수양·친목단체 역할에 그치거나 활동조차 거의 하지 않은 경우도 있었다. 그런데 1924년 말부터 시작하여 1925년에는 거의 모든 청년회가 사회주의 성향을 나타내기 시작하였다. 안동에서 이러한 경향은 풍산청년회로부터 시작되었다. 여기에는 풍산소작인회의 활동과 조직을 위해 노력하였던 이준태·권오설 등의 영향이 컸던 것으로 보인다.

풍산청년회는 1924년 9월 임시총회를 통하여 명목뿐인 회원을 정리하는 한편 신흥청년회로 명칭을 개칭하고, 선언·강령을 채택한 뒤, 임원을 선출하였다. 이때 채택된 강령에 사회주의사상이 나타난 듯하고, 1920년에 '지식 보급·덕육 발달·산업 장려' 등을 기치로 삼았던 청년회들의 계몽적인 경향과는 다른 태도를 보이고 있었다.[59]

풍산청년회가 사회주의 성향으로 바뀐 이후, 1924년 12월 예안, 1925년 1월 안동,[60] 2월 와룡 등 1925년 말까지 안동에 있는 기존 청년

---

58) 「豐山小作決議 三千餘名의 總會에서」, ≪동아일보≫ 1924년 10월 21일자.
59) ≪동아일보≫ 1924년 9월 22일자; ≪조선일보≫ 1924년 9월 23일자.
60) 1925년 1월 16일 혁신총회를 개최하여 취지와 강령을 새로 정비하였고, 임원제에서 위원제로 변화하였다. 취지는 "大勢의 推移(思想의 變化)와 環境의 바뀜

회 대부분이 그 성격을 바꾸었다. 각 면의 청년회는 풍산신흥청년회와 같이 회원을 정리하고 강령을 제정하였다. 이러한 청년회의 혁신적인 성격변화에는 사상단체 火星會의 영향이 컸던 것으로 보인다.

화성회는 당시 조선노농총동맹의 임무를 띠고 남부지방으로 파견되었던 권오설과 풍산소작인회·청년회에서 활동하던 인물들에 의해 1925년 1월 8일 창립되었다.[61] 화성회는 안동의 사회운동단체에 대한 전반적 활동을 관할하기 위해 성립되었다고 볼 수 있다. 특히 화성회는 노농운동의 지원과 청년회의 혁신·통일, 새로운 청년단체의 조직 등에 중심을 두었고, 勞友會[62]·正光團[63]·記友團[64] 등의 성립에도 영향을 주었다. 화성회 주요 간부들은 이준태·권오설·안상길·金如源·南東煥·金元鎭·權泰錫·김남수·李奎鎬·權淵建·金尙洙·裵世杓 등이었다.[65]

<hr />

을 따라 靑年運動의 根本精神을 관철키 위하여 運動의 새局面을 열고자 함"
이었고, 강령은 "本會는 社會進化의 法則에 依하여 社會革新과 役軍訓練과
養成을 期함, 本會는 無産階級靑年의 團結을 期함 등이었다(《조선일보》
1925년 1월 18일자; 《동아일보》 1925년 1월 19일자).

61) 「火星會創立」, 《동아일보》 1925년 1월 12일자. 1925년 1월 8일 錦南旅館
에서 창립총회를 가졌으며, 취지·강령·결의사항 등과 집행위원을 선출하였다.

62) 1925년 10월 7일 안동청년회관에서 발기인회를 개최하여 10월 13일(陰 9월 26
일)에 창립총회를 개최하기로 결정하고, 26인의 준비위원을 선출하였다(「勞友
會發起會」, 《동아일보》 1925년 10월 12일자). 그리고 1925년 10월 13일 창
립총회를 개최하여 강령을 결정하고 집행위원을 선출하였다. 이 자리에 안동지
역 청년운동단체 대표들이 참석하였고, 각계 각층에서 의연금이 답지하였다. 이
들이 정한 강령은 "勞動階級의 意識的 團結을 期함, 勞動解放과 當面의 利
益을 圖함, 互相扶助와 生活向上을 期圖함" 등 3가지였다. 또 집행위원으로
崔在益·權鳳浩·朴性元·權英潤·權小先·黃東石 외 37인이 선정되었다.

63) 「正光團創立 去八日 安東서」, 《동아일보》 1925년 10월 13일자.

64) 「安東記者團」, 《동아일보》 1925년 10월 25일자; 「安東記友團 去一日에
創立」, 《동아일보》 1925년 11월 6일자.

65) 이들의 경력을 간단하게 정리하면 다음과 같다. 이준태(풍산소작인회·조선노농
총동맹 중앙집행위원·화요회·경성무산자동맹, 1926년 2차 조공으로 피검), 권오
설(풍산소작인회·조선노농총동맹 중앙집행위원·화요회·고려공산청년회, 1926

　화성회와 더불어 안동노우회도 안동지방 청년운동의 좌파분화에 기
여하였다. 안동노우회는 1925년에 조선노동공제회 안동지회를 해소시
키고 이를 발전적으로 계승하여 조직된 것이다. 안동노우회는 金南洙·
金晋潤 및 노동자 120여 명의 발기로 1925년 10월 13일 안동청년회관
에서 창립되었다.66) 창립총회에서 경과보고, 선언·강령·규약 결정, 집
행위원 선출 등이 의장 김남수의 사회로 진행되었다. 그런데 주도인물
이나 집행위원들이 노동자 계층은 아닌 것 같다. 왜냐하면 주도인물이
노동자가 아닌 지식계층인데다가, 다른 청년회 창립의 경우와는 다르
게 상당한 금액의 의연금이 모금되었다는 사실은 노동자 이외의 인물
들이 많이 참여했음을 간접적으로 보여주는 사실이다. 창립 이후 안동
노우회의 구체적인 활동을 알려주는 자료가 없다. 다만 창립 직후 조
선노농총동맹에 가입하였고,67) 도산서원 철폐운동에 다른 청년운동단
체와 함께 참가하고 있었던 기록만 보이고 있을 뿐이다.68)

　또 1925년 8월에는 8개의 청년회에 의해 안동청년연맹이 성립되어
청년단체를 통일할 수 있게 되었다. 그리고 청년회 조직의 발전과 함
께 각 면 청년회들은 朝鮮靑年總同盟에 가입하였다. 안동청년연맹은
강연회를 통해 청년운동의 방향을 제시하였다. 결성되던 1925년 8~9월

　　년 2차조공으로 피검), 안상길(풍산소작인회·조선노농총동맹 중앙집행위원,
　　1928년 4차당으로 피검), 金如源(풍산소작인회·와룡청년회), 南東煥(일직청
　　년회), 金元鎭(안동청년회·동아지국 기자), 權泰錫(안동기자단·동아지국장),
　　김남수(안동청년회·안동기자단·안동노우회·동아일보 기자, 조선일보 지국장,
　　1928년 3차당으로 피검), 李奎鎬(도산구락부·예안청년회·동아일보 기자), 柳淵
　　建(길안청년회·안동기우단·조선지광 안동지사 기자), 金尙洙, 裵世杓(안동기
　　우단).
66)「安東勞友創立會 ◇去十三日 盛大히 擧行」,≪동아일보≫ 1025년 10월 18
　　일자.
67)「勞總新加盟團體」,≪동아일보≫ 1926년 2월 16일자.
68)「陶山院撤廢運動」,≪동아일보≫ 1925년 11월 27일자.

에 열린 강연회에서 그들은 '무산청년의 사명'이나 '청년운동의 의의' 등에 대해 발표하였다.[69] 강령에 의한 구체적 실천활동으로 독서회 조직, 무산청년을 위한 프로청년문고의 설치, 소년단 조직을 통한 청소년의 사상교육 등을 강화시켜 나갔다. 그리고 노동야학을 설치하여 민중교육에 힘썼는데, 특히 이 노동야학은 매우 활발하여 洞 단위로 설치된 경우도 있다. 야학이 설치되지 않은 면에는 인근 면의 청년회가 파견되어 활동하기도 하였다. 이를 통해 당시의 사회사상이 농민에게 보급되었고, 또 필요한 인력을 충원 받기도 하였던 것이다. 안동청년동맹은 신간회 안동지회와 밀접한 관계를 가지면서 노동야학을 더욱 확장하고 회원 모집에 노력하였다.

1927년까지 안동지역의 청년운동을 지도했던 조직에는 이외에도 지하 조선공산당 지방조직도 있었다. 이들 단체는 농민·청년·노동·여성·형평 등 각 부문별 조직과 운동을 서로 연결하며 지도했다. 이러한 조직배치는 전국적 운동의 추세와 거의 일치된다. 그러나 운동조건의 차이에 의해 안동의 경우 농민·청년단체가 가장 광범한 대중적 조직기반을 가졌고, 그 활동도 제일 활발하였다.

한편 풍산소작인회는 소작인회의 명칭을 계속 사용하였다. 즉 안동의 농민운동은 이후에도 소작운동이 중심을 이루었다는 말이 된다. 풍산소작인회는 정우회 선언이나 노농총동맹의 영향 아래 '실제 생활에 치중한 현실적 이익의 쟁취'라는 점을 투쟁방향으로 잡았다.[70] 농민운

---

69) 안동청년연맹의 1925년 8월 30일 강연회에서는 李墀鎬(무산청년의 사명), 李雲鎬(청년연맹의 필요), 柳淵建(운동상으로 본 작금의 안동), 李會昇(청년운동의 의의) 등이 강연을 맡았다(「安東靑年聯盟講演」, ≪동아일보≫ 1925년 9월 8일자). 또 9월 10일 강연회에서는 金南洙(국제청년데이의 유래), 李準泰(국제청년데이의 위력), 金活(국제청년데이의 의의), 金元鎭(국제청년운동과 조선청년운동), 安相吉(무산청년의 국제적 사명), 李會昇 등이 강연을 맡았다(「國際靑年日과 紀念」, ≪동아일보≫ 1925년 9월 10일자).

동의 이러한 방향은 1926년 12월의 정기총회에서 그대로 결의되었다. 3,000여 명의 소작인이 풍산시장에 모여서 안상길의 사회로 총회를 열었다. 그들은 그 자리에서 '우리는 현실적 이익을 당면의 목적으로 한다'는 원칙을 결의하였다. 또한 당면 사업으로 새로운 소작대장의 작성, 농사개량과 부업장려 기관의 설치, 농촌부인 및 농민노동자의 교양교육, 소작료의 인하, 지주의 지세 납부 등을 다시 결의하였다.[71]

1925년 11월 풍서면 소산동에서 金智漢·金基鎭 등에 의해 조직된 풍서농민회도 있었다.[72] 이 회는 '상호부조와 생활개량을 목적'으로 삼고, '무산계급의 해방운동을 기하며 당면의 이익을 위하여 투쟁'한다는 강령을 내세워, 사회주의운동 성향을 뚜렷하게 드러냈다. 당면 과제는 역시 여전히 소작료와 지세 문제였고, 또한 악독한 지주에게 대항하고 간악한 소작인을 처치하여 농민의 실생활을 보장하는 것이었다. 이에 따라 김기진·김도현 등은 지주에 붙어서 소작권을 빼앗은 소작인을 공격하다가 '업무방해 협박죄'로 구속되기도 하였다.[73]

---

70) 「安東勞友創立會 ◇去十三日 盛大히 擧行」, 《동아일보》 1925년 10월 18일자.

71) 「豊山小作人會 定期大會 十一項을 決議」, 《동아일보》 1926년 12월 25일자.

72) 1925년 11월 12일 淸遠樓에서 창립총회가 열렸다. 채택된 강령과 결의사항 및 선출된 집행위원은 다음과 같다. 강령은 互相扶助와 生活改良을 目的함, 無産階級의 解放運動을 開하여 當面의 利益을 위하여 鬪爭함 등이었고, 결의사항은 小作料에 關한 件과 地稅公金에 關한 件이었다. 그리고 집행위원은 金智漢·金基鎭·趙濟鉉 외 6인이었다(「豊山農民會 去十二日 創立」, 《동아일보》 1925년 11월 17일자).

73) 1926년 4월 1일에 김기진·김도현 외 7인이 金震漢의 토지에서 金八岩 외 2명이 보리갈이 하는 것을 방해하여 업무방해 협박죄로 고소 당했다. 이는 김진한이 당시 소산동의 지주로서 풍서농무회에 가입되어 있었으며, 그들이 정한 규약에 따라 풍산소작인회나 풍서농민회에 가입된 소작인에게는 소작권을 주지 않았기 때문에 발생한 사건이다. 고소 당하여 공판을 받은 사람은 金基鎭(풍서면 素山洞, 23세, 징역 6개월)·金道顯(풍서면 소산동 23세, 징역 6개월)·劉快準(풍산면 下里洞, 劉壽岩 혹은 劉準, 23세, 벌금 100원)·金壽漢(풍서면 소산동,

풍산소작인회와 풍서농민회는 각 면·동리에 농민운동을 위한 세포
단을 만들어 나가면서 조직을 정비하였다. 농민회의 조직이 확산되면
서 여러 가지 투쟁이 일어났다.[74] 또한 안동에서는 사안에 따라 각 사
회단체가 농민운동에 가담하였다. 투쟁 가운데 무엇보다도 대표적인
것은 1925년 11월에 전개된 陶山書院 철폐운동이었다. 이 운동에서 안
동의 전 사회운동단체들이 연합하였다. 도산서원의 토지를 소작하는
농민이 소작료 납부 날짜를 어기다가 서원 측으로부터 구타당하는 사
건이 발생하였다. 이에 화성회가 먼저 이를 문제로 삼고 나섰다.[75] 그
리고 풍산소작인회·정광단·안동노우회·안동여성회·안동청년연맹 등
이 연합하였다. 안동지역 사회운동단체들은 "죄악의 소굴인 도산서원
은 일반민중의 방해물이므로 이면에 잠재한 죄악을 일일이 조사 적발
하여 사회에 공개하는 동시에 희생적 정신으로 철폐"해야 한다고 주장
하였다.[76] 이 도산서원 철폐운동은 단순한 철폐만을 목적으로 한 것이

25세, 벌금 100원)·金義漢(풍서면 소산동, 23세, 벌금 100원)·金東燁(풍서면
소산동, 29세, 벌금 100원)·宋彰憲(풍서면 소산동, 21세, 벌금 100원)·金壽圭
(풍서면 소산동, 27세, 벌금 50원)·申乙均(풍서면 소산동, 26세, 벌금 50원) 등
이었다(「安東郡 豊西農民會員 公判 최고류개월」, ≪동아일보≫ 1926년 5월
4일자).

74) 1927년 4월에 구담동에서 소작회원과 비소작회원 사이의 대립으로 풍서농우회
집행위원 9명과 회원 11명이 검거되는 사건이 일어났다. 또 12월에는 농우회의
간부 金元鶴 등 5명이 비소작회원을 경고하였다가 안동경찰서에 구속되었다.
그리고 풍서농민회의 간부 김지한 등은 노동자들의 파업을 선동하였다. 그곳에
서 진행되고 있던 도로공사에서 임금지불이 불공평하고 노동자에 대한 태도가
야비하였기 때문이었다. 이 사건으로 풍서농민회의 간부 및 회원 30여 명이 검
거되기도 하였다.

75) 「陶山書院聲討와 都草爭議에 檄文」, ≪동아일보≫ 1925년 11월 4일자.

76) 「陶山院撤廢運動」, ≪동아일보≫ 1925년 11월 27일자.
이 사건에 대해서는 대구청년회에서도 "인권을 유린하고 생활을 위협하며 봉건
제도의 악습인 私笞刑을 감행하는 도산서원은 무산대중의 원수로 忍"한다고
하면서 폐지를 요구하였다(「陶山書院問題도 大邱靑年會서」, ≪동아일보≫

아니었고, 도산서원으로 대표되는 봉건적 지배질서에 대한 항쟁이었
다. 그리고 문화통치라는 명분 아래 서원과 서당을 끌어안아 그들의
지배 범주에 포함시키고자 한 일본의 간교한 정책을 비판한 것이었다.

형평사에 대한 안동지역의 움직임도 대체로 좌파세력에 의해 주도
되었다. 형평사는 백정의 신분해방운동으로 1923년 4월에 경남 진주에
서 시작되었고, 경북지역에도 대구에 형평사지사(6월), 경주분사(7월),
상주 水平同盟會(8월), 예천분사(8월), 고령분사(9월), 안동분사(10월)
등이 결성됨으로써 그 운동이 확산되어 나갔다. 출발 시기에 안동분사
원은 80여 명에 달했고, 임원진을 보면 분사장에 金道天, 총무 金興伊,
재무 金德天, 서기 金鍾洛, 평의원 金應實 외 37명이었다.[77] 안동의 형
평운동에는 사회운동단체들이 지원했던 것으로 보인다. '예천사건'에
서 보인 김남수의 활동을 보면 그러한 점을 헤아릴 수 있다.

안동의 형평사 활동이 급격하게 등장한 계기는 '예천사건' 때문이었
다. 이 사건은 형평사 예천분사 창립 2주년 기념행사가 열린 1925년 8
월 9일부터 시작되었다. 기념행사가 끝난 뒤 그날 밤부터 예천노농회
가 중심이 된 일반 군중 수백 명이 예천분사 사무실을 공격하고 집기
를 부수고 형평사원들을 구타하였다. 이에 대해 형평사원들이 저항하
면서 많은 수의 중상자가 나왔고, 이로 인해 사망하는 사원이 발생하
였다.[78] 이 충돌은 김해와 천안의 입장면의 충돌과 더불어 형평운동사
에서 가장 큰 사건으로 기록되고 있지만, 사실상 그 가운데서도 예천
사건이 가장 심각한 것이었다.

이웃 예천에서 터진 이 사건은 안동의 청년운동가들에게 커다란 충
격을 주기에 충분한 것이었다. 창립이래 예천분사의 활동이 다소 부진

1925년 11월 26일자).

77) 「安東衡平支社設立」, 《동아일보》 1923년 10월 12일자.

78) 「五百餘農民 衡平社를 襲擊」, 《동아일보》 1925년 8월 15일자.

했는데, 이를 만회하고자 창립 2주년 기념행사를 대대적으로 갖기로 하였던 것이다. 여기에 조선일보 안동지국장이자 화성회 간부이던 김남수가 형평사 서울 총본부의 장지필 및 이소와 함께 참석하여 격려하였다. 그런데 사건이 터지자, 예천경찰서는 김남수를 비롯하여 장지필과 이소에게 예천을 떠나도록 요구하였다.[79] 장지필과 이소가 경찰서에서 신변보호를 요구하였음에도 불구하고 경찰은 이를 방관하였고, 따라서 분사사무소로 돌아가던 두 사람은 군중의 공격을 받아 중상을 입었고, 안동으로 후송되어 간신히 목숨을 건질 수 있었다. 그리고 한 달 가까이 경북도립안동병원에서 입원하였다.[80] 이 과정에서 조선일보사는 신속하게 현장 소식을 전국에 알렸는데, 그 기사의 대부분은 지국장을 맡고 있을 뿐만 아니라 현장에서 형평운동을 지원하고 있던 김남수에 의해 작성된 것 같다.[81] 때문에 상당히 세밀하게 사태진전이 보도되었고 전국적인 반향을 불러일으키는 데 결정적인 도움을 주었다. 예천분사의 투쟁을 지원하던 과정에서 그는 예천청년회장 金碩熙로부터 명예훼손으로 고소 당하기도 했다.[82]

안동 형평분사는 8월 15일 긴급하게 회의를 열고 예천사건을 논의하였다. 21일 1시에 안동형평제2지사는 임시총회를 열었다. 바로 두 시간 뒤인 오후 3시에 안동청년회관에서 안동의 12개 사회운동단체 대표가 모여 대책을 협의하였다.[83] 그 결과 조사위원을 파견하여 철저하게 조

---

79) 「數千農民이 大擧하야 又復衡平分社를 襲擊」, ≪동아일보≫ 1925년 8월 16일자.
80) ≪동아일보≫, 1925년 9월 21일자.
81) 김중섭, 『형평운동연구』, 한국사회학연구소, 1990, 177쪽.
82) 예천청년회가 부유한 일제 부역자들의 친목단체였던 것으로 생각된다. 예천청년회의 규정에 의하면, 회장의 자격이 일정액의 세금을 납부한 자라야 하고, 면장, 경찰서장, 판사, 국민학교 교장과 같은 일제 부역 인사들을 고문으로 선임하도록 되어 있기 때문이다(김중섭, 『형평운동연구』, 한국사회학연구소, 1990, 171쪽).
83) 참가한 12개 단체는 안동청년회·志湖同友俱樂部·화성회·풍산소작인회·풍산

사한 후 그에 대한 대책을 결정하기로 정했다. 조사회의 집행위원으로 선출된 인물은 각 단체의 대표 朴永壽·權泰錫·김원진·이준태·이회승·安承喆·이운호·이준문·남동환·李源洛·權重烈·류연건 등 12명이었다. 그리고 다시 두 시간 뒤 5시에 같은 장소에서 안동청년연맹 창립총회가 열렸다.[84) 동일한 장소에서 같은 인물에 의해 열린 회의였으므로 안동청년연맹 차원의 대응책이 논의되었으리라는 짐작은 그다지 어렵지 않다.

3) 우파진영의 사회활동과 제2차 유림단의거

사회주의 성향의 운동이 확산되어 가는 동안, 우파진영에서는 1920년대 초반의 운동노선을 대개 유지하고 있었다. 특히 1907년 설립된 협동학교의 영향으로 1910년대에 많은 사설교육기관이 존재하게 되었다. 그리고 1910년 국권을 상실하고 계몽운동, 특히 교육운동을 전개하던 많은 인사들이 만주로 망명하면서 안동지역의 민족운동은 잠시 공백상태에 이르게 되었다. 그러나 이들에 의해 길러진 인재들이 1910년대 후반부터 1920년대에 걸쳐 안동지역의 민족운동을 선도하였다. 사설교육기관의 설립을 통한 민족교육운동을 주도한 것이었다. 즉 청년들의 고등교육을 위한 학교의 설립을 추진하였는데, 이것이 바로 8郡 연합고보(고등보통학교) 설립운동이었다.

1922년 4월 26일 연합고보 설립을 위한 기성회 창립총회가 개최되었고, 여기서 李均鎬가 임시회장으로 선출되었다. 창립총회 당시 설립

신흥청년회·와룡청년회·길안청년회·일직청년회·도산구락부·안동기독면려청년회·예안청년회·장학단 등이었다(「衡平支社總會」, ≪동아일보≫ 1925년 8월 26일자).

84) 「安東靑年聯盟 發起創立總會」, ≪동아일보≫ 1925년 8월 26일자.

기금을 50만원으로 정하고, 안동군에서 20만원, 의성·청송·영양·영덕·
봉화·영주·예천 등 7개 군에서 30만원을 만들기로 하였다.[85] 그러나
총회에서 결정된 사항이 제대로 추진되지 못하였다. 즉 기금 확보가
쉽지 않았던 모양이다. 이 사실은 류인식이 임시회장이었던 이균호에
게 보낸 편지에서 확인된다. 류인식은 이 편지에서 기금 확보의 진척
상황을 묻고, 기금 확보에 너무 조급함을 보이지 말라면서 주변 상황
을 살펴보라고 조언하였다.[86] 3·1운동 이후 일제의 지배방식이 문화통
치로 바뀌었다고 하지만, 교육통제는 한층 더 강화되었다. 일제의 교육
정책이란 식민지 지배를 위한 최소한의 지식만 습득하게 하는 것으로,
결코 한국인에게는 고등교육에 대한 기회를 열어주지 않았다. 뿐만 아
니라 고등교육기관 설립을 방해하거나 탄압하였다. 이러한 사실은
1923년에 추진된 민립대학설립운동을 통해서 확인할 수 있다.

민립대학 설립 추진은 1922년 1월 이상재·이승훈 등이 조선민립대
학기성준비회를 결성하였고, 다음해 3월 서울 조선중앙기독교청년회
관에 모여 발기총회를 열었다. 민립대학설립기성회는 중앙부와 지방부
를 조직하여 민립대학 설립에 대한 선전과 모금운동에 착수했고, 지방
순회 강연회를 가져 1923년 말까지 100여개 소에 지방부를 설치했으
며, 만주를 비롯한 국외에도 지방부를 확산시켜 나갔다.

당시 경북에 파견되어 민립대학설립운동을 주도한 인물은 안동출신
류인식이었다. 그는 민립대학 설립기금 마련을 위해 조직된 지방부의
경북 담당위원이었고, 안동을 중심으로 그 운동을 전개하였다. 그리고
경북지역을 순회하면서 강연회를 열고 민립대학 설립의 필요성을 힘
주어 말하며 모금운동을 벌였다.

---

85) 金喜坤, 「東山 柳寅植의 독립운동」, 『한국근현대사연구』7, 한국근현대사학회,
1997, 57~58쪽.
86) 「與李均鎬」1·「與李均鎬」2, 『東山文稿』 卷之一, 39~41쪽.

한편 민립대학 설립운동과 더불어 조선물산장려회 활동도 우파진영의 중요한 분야였다. 주요 활동은 민족자본의 육성을 강연회나 유인물 및 회지 발간을 통해 홍보하는 것이었다. 이러한 활동은 자연히 각 지방에 분회를 조직하게 하였다. 물산장려회 회칙 및 세칙에 따르면 지방조직은 지방대의원회로 구성되며, 지방대의원이 그 임원에 선정되도록 규정하였다. 그리고 중앙에서 지방으로 선전위원이 파견되어 물산장려운동의 취지를 선전하고 회원모집 및 운동에 대한 동참을 촉구하였다. 이러한 선전에 고무되어 각 지방에서 물산장려회 지방조직이 결성되기도 했지만, 자발적으로 성립된 경우가 일반적인 경향이었다.

안동에는 1923년 2월 26일 조선물산장려회라는 이름으로 조직되었다. 그리고 회장은 김원진이 맡았고, 안동유지들이 참여한 것으로 알려져 있다.[87] 여기에도 류인식의 활동이 드러난다. 그러나 조선물산장려회에 대한 내용은 상세히 알 수 없고, 단지 중앙위원이 안동에 파견되어 와서 강연회를 가지면서 위생 문제를 청년회와 더불어 안동군청에 건의했다는 기사가 보일 뿐이다. 그러므로 그 내용이 전국적인 조직의 활동과 비슷했을 것으로 짐작된다.

'유림단사건'이라 불리는 제2차 유림단의거가 1925~1926년에 펼쳐졌다. 1919년에 파리장서를 들고 상해로 갔던 金昌淑이 1925년 초에 북경에서 金華植(봉화)·宋永祜(영주)·李鳳魯(대구) 등과 협의하여, 유림의 새로운 투쟁방향을 가다듬었다. 즉 중국의 땅을 구입하고 독립운동기지를 만들자는 것이었다. 이것은 1910년대 만주지역에 독립운동기지를 건설하려 노력했던 일이나 당시 안창호가 이상촌을 계획했던 것과 내용상 비슷한 일이었다. 여기에 안동유림의 일부가 참가하였다.

---

87) 강영심, 「1920년대 朝鮮物産獎勵運動의 전개와 성격」, 『國史館論叢』47, 국사편찬위원회, 1993, 152쪽.

김창숙은 20만원 모금 계획을 갖고 6월에 김화식과 송영호를 국내에 파견하였다. 7월에 국내로 잠입한 김창숙은 新建同盟團이라는 자금모집 조직을 결성하였다. 그 결과 송영호·김화식·鄭守基·손후익·곽윤· 김황·하장환 등이 경상도 각 지역으로 파견되어 본격적인 모금사업에 들어갔다.

이중업의 차남인 李棕欽(숙부 李中執의 양자)은 안동지역 담당자인 정수기의 소개로 대구로 가서 김창숙을 만났고, 권총 1자루를 받았다. 이 총으로 외숙부인 李鉉炳(양모의 오빠, 영양군 석보 원리)을 찾아가 자금 2만원을 요구하였다. 이 거사로 그는 징역 1년, 집행유예 4년형을 받았다.[88] 파리장서에 이은 유림계의 활동에 이중업의 부자가 활약을 보인 것이다.

4. 좌우합작운동과 사회운동의 통합(1926~1930)

1) 6·10만세운동

민족운동의 전반적인 분위기가 1924년에 들어 사회주의 성향을 강하게 드러냈다. 청년·학생운동이나 노동·농민운동 등이 모두 그러했고, 더구나 운동의 범주가 크게 확대되었다. 이 상황에서 1926년 4월 26일에 순종이 죽고 장례 날짜가 6월 10일로 잡히자, 여러 세력들이 3· 1운동을 머리에 떠올리면서 조직적인 저항운동을 준비하고 나섰다. 여기에 안동출신 인물들이 곳곳에서 주역을 맡아 활동하였다.

---

88) 南富熙 編譯, 『제2차 유림단사건』, 불휘, 1992, 122~126·135~141·175~178· 215쪽.

6·10만세운동은 국내외에서 다양한 세력에 의해 준비되었다. 물론 이 거사가 순종의 장례일에 맞추어 일어났지만, 사실상 그 이전에 이미 투쟁이 일어나고 있다가, 순종의 죽음 소식을 듣고 이에 투쟁일자를 맞추면서 확대된 일이었다. 국외에서는 조선공산당 임시상해부와 대한민국 임시정부 일부 세력 및 그 외곽단체인 병인의용대 등이, 국내에서는 조선공산당과 고려공산청년회·천도교·조선노농총동맹 등이, 그리고 학생들로는 국외의 일본유학생과 국내의 조선학생과학연구회·'통동계', 지방의 보통학교 학생에 이르기까지 참가하였다.

중국 상해에서 활약하던 조선공산당 임시상해부는 1926년 5월 1일에 메이데이 기념시위를 국내에 일으키고자 준비하고 있었다. 그러다가 순종의 죽음 소식을 듣고 인산일에 3·1운동과 같은 전민족적 시위계획으로 방향을 바꾸었다.

만세시위의 좌파 책임자는 고려공산청년회 책임비서인 안동출신 권오설이었다. 이것은 거사를 조선공산당이 아닌 고려공산청년회가 맡았다는 말이다. 그 이유는 제1차 조선공산당이 무너진 뒤, 이를 이어 성립된 제2차 조선공산당의 기반이 아직 견고하지 못한 상황에서, 조선공산당 차원에서 일을 벌이다가는 자칫 당이 붕괴될 수 있었기 때문이다. 그런데 당시 전국적으로 가장 큰 조직력을 갖춘 세력은 천도교 구파세력이었다. 그래서 두 세력은 좌우합작으로 거사를 추진하기로 작정했고, 권오설은 시위 계획 수립과 발단의 역할을, 천도교측이 전국적인 확산을 각각 담당하였다.

그런데 서울에서 시위에 불을 붙이고 밀고 나가는 역할이 필요했다. 권오설은 사회주의 사상 연구단체인 조선학생과학연구회가 순종의 죽음과 국장 소식을 전해듣고 시위 준비에 들어가 있음을 알았다. 조선학생과학연구회는 사실상 권오설의 영향 아래 있었다. 이 회의 주역 가운데 李柄立·權五尚(연희전문, 본명 權五敦, 權五相과 다른 사람)은 고려공산청년회 학생부 프랙션에 함께 소속된 인물이었고, 중앙고보 학생이던 李先鎬·柳冕熙[89]·權泰晟은 우파이지만 모두 안동출신으로 역시 권오설의 상당한 영향을 받고 있던 인물이었다.

2) 신간회 안동지회

1926년에 중국에서 유일당운동의 성과가 나타나고, 국내에서도 좌우합작을 위한 논의가 진행되었다. 그러다가 1927년 2월 15일 좌우합작체로서 新幹會가 결성되었다. 1927년 2월 서울에서 정우회가 해체되면서 신간회로 발전하여 새로운 조직이 창립되자, 그 영향이 안동에도 미쳤다. 안동지역의 청년운동에 있어 지도적 조직체였던 화성회는 1927년 4월 "금후 조선운동에 있어서 사상단체의 필요 없음을 인정하고 해체"한다고 선언하고,[90] 신간회 안동지회 설립으로 방향을 바꾸었다. 이후 안동지방의 청년운동은 협동전선이라는 새로운 방향을 잡아나갔다.

신간회 안동지회의 결성 움직임은 서울에서 본회가 성립된 것 보다 5개월 늦은 그해 7월에 설립준비위원회가 열리게 됨으로써 시작되었다. 7월 9일에 열린 신간회 안동지회설립준비위원회는 준비위원 20명을 선정하였다.[91] 이어서 각 면에서 발기인을 모집하고 8월 26일 197인을 회원으로 확보한 가운데 신간회 안동지회가 설립되었다. 이 설립

---

89) 류면희는 류만식의 아들이다. 류만식은 류필영의 둘째 아들이자, 류인식의 동생이며 파리장서의거 준비과정에 참여한 것으로 알려지는 인물이다.

90) 「火星會解體 去十日臨總決議」, ≪동아일보≫ 1927년 4월 14일자.

91) 준비위원회는 鄭顯模·金中學·沈揆夏·李術相·權泰錫·李世寧·權重烈·文在彬 등으로 구성되었다(≪동아일보≫ 1927년 7월 17일자).

대회는 서울의 신간회 본부에서 파견된 洪命熹를 비롯한 내빈들의 참석 아래 열렸는데, 여기서는 경과보고, 재정문제 토의와 임원선출이 있었다. 이때 선출된 임원으로 회장에는 안동지방 독립운동계의 대부 柳寅植이, 부회장은 협동학교 출신으로 우파 독립운동의 대표자 鄭顯模, 그리고 간사는 權泰錫을 비롯한 좌우파 인물 24명이 맡았다.92) 그러다가 1928년 1월에 임원이 개선되면서 류인식이 일선에서 퇴진하고 정현모가 회장을, 權重烈이 부회장을 맡았으며, 24명이 간사진을, 20명의 대표위원과 7명의 후보를 선정하였다.93) 류인식이 일선에서 퇴진한 이유는 그의 건강 때문이었으리라 짐작된다. 얼마 뒤인 5월에 그가 사망했기 때문이다.

1928년 당시 신간회 안동지회 회원이 약 600여 명 이었는데94), 안동지역 청년운동 단체회원 전원이 참가한 것으로 보이며, 개인 자격으로 가입한 것 같다. 신간회 안동지회 성립이 계기가 되어 여러 갈래의 민족운동 노선이 통합되었고, 사상이나 연령면에서 그 폭이 확장되었다. 특히 청년운동 전반기에 주도권을 장악하였던 민족주의계열이 주도세력으로 다시 등장하게 되었다. 그러나 안동의 경우는 류인식이 회장에서 물러난 뒤, 점차 그 주도권이 사회주의계열로 이양되었다.

---

92) 「安東新幹會設立」, 《동아일보》 1927년 8월 31일자.
93) 간사: 權泰勳·李雲鎬·金中學·權泰錫·文在彬·柳淵述·尹世衡·李述相·孫大日·金潤鎬·李世寧·沈揆夏·吳成武·李順瑞·李明植·權泰東·金建植·安相垌·南東煥·金國鎭·柳基泰·柳世佑·金衍植·金慶漢.
　　대표위원: 鄭顯模·安相吉·李雲鎬·李昌植·李會昇·李墀鎬·沈揆夏·李術相·吳成武·柳淵述·金元鎭·南璋·金眞潤·金連漢·權泰東·金膺漢·安相允·權泰錫·申應麟·金慶漢.
　　후보: 權泰勳·鄭元模·李會源·李準文·金廷植·金達淵·金偉植(「安東支會 定期大會」, 《조선일보》 1928년 2월 1일자; 「安東支會 定期大會」, 《조선일보》 1928년 2월 2일자; 「安東支會 幹事會」, 《조선일보》 1928년 2월 6일자).
94) 『東山全集』下, 「李雲鎬吊辭」.

신간회 안동지회의 초기 활동은 조직 관리와 확대방침을 모색하는 것이었다. 1927년 9월에 열린 간사회는 이 문제 외에도 '嶺南親睦會에 관한 건'·'安東高普期成會 사건에 관한 건'에 대해 논의하였다.[95] 그런데 이 두 문제는 안동청년동맹에서도 같이 논의되기도 했다. 또 소작료 투쟁건, 세금공과금 지주부담, 비료대 이자의 지주부담 등을 결의하기도 하였다.[96]

영남친목회는 경상남북도 사람들의 상설친목기관을 조직하자는 취지 아래 1927년 9월 4일 창립되었다.[97] 그러나 설립 취지가 불분명하였고, 구성원이 대부분 친일적인 사람들로 이루어졌다. 이에 사회운동을 주도하던 단체에서는 영남친목회를 친일단체로 규정하였다. 당시 조선공산당 책임비서였던 安光泉이 영남친목회 창립 선언문을 작성해 주는 등 관계를 맺고 있었는데, 그는 영남지역출신이라는 점을 최대한 이용하려 했던 것이다. 조선공산당 책임비서로서의 위상이 흔들리던 안광천은 영남친목회 구성원을 확보하여 자신의 기반을 확대하고자 한 것이다.

이 사건은 조선공산당뿐만 아니라 신간회·청년동맹 등 사회운동단체에 커다란 영향을 주었다. 이에 반발한 사회운동 단체들은 지방열 박멸대회를 열었다.[98] 그리고 신간회에서도 제3차 간사회를 열고 "영남친목회·湖南同友會·五吟俱樂部 등 지역적 단체는 현하 대중의 절실한 요구인 민족단일당 정신에 배치됨으로 이를 철저히 배격함"이라고 결의하였다.[99] 그리하여 신간회 안동지회에서도 본부의 그러한 결

---

95) 「安東靑年委員會」, 《동아일보》 1927년 9월 17일자.
96) 「安東靑年委員會」, 《동아일보》 1927년 9월 17일자.
97) 「嶺南親睦會 反對策講究」, 《동아일보》 1927년 9월 16일자.
98) 京畿道 警察局, 『治安槪況』, 1928, 75쪽("서울靑年會係의 權泰錫·宋乃浩·許一 등은 火曜會係의 丁七星·印東哲·金南洙 등과 연합하여 안광천 일파를 매장하고자 전국에 격문을 띄우고, 여론을 환기시켰다"고 한다).

의를 따랐던 것으로 보인다.

안동고등보통학교기성회 문제는 군이 군민 스스로가 고등보통학교 설립을 위해 거두어 낸 돈을 관리하면서 그전에도 여러 가지 문제를 일으켜 왔는데, 그 돈의 지출에 부정이 있었던 사건이었다. 이듬해 2월까지 계속 논란이 있었으며, 이를 취급하던 안동군에 항의를 계속하였다.100)

그리고 신간회 안동지회가 1927년 12월 17일에 개최될 집회에서 발표할 선언서에 정치적인 성향이 보인다는 이유로 집회를 금지 당하였다.101) 이러한 활동을 보면 안동지회는 정치투쟁의 필요성을 역설하면서, 아직 민중생활상의 요구를 충분히 수용하지 못하였다. 그러나 안동군에 발생하는 문제에 대해서는 일제 지배기관에 그 공격의 화살을 돌리고 있었던 것으로 보인다. 1929년에는 신간회의 중앙상무집행위원이던 安喆洙가 안동지회를 방문하여 순회강연을 하였다.

3) 신간회 해소와 안동콤그룹의 등장

신간회 안동지회장에서 물러난 류인식이 4개월 만인 1928년 5월에 세상을 떠났다. 이에 신간회 안동지회는 다른 청년운동단체와 더불어 안동사회장을 치르려 하였다. 그러나 일제의 탄압으로 제대로 진행되지 못하였다. 류인식은 안동지역 사회운동에 대해 중도적 입장을 취하

---

99) 「地方熱 團體排斥」, ≪동아일보≫ 1927년 10월 2일자.
100) 조선총독부 경상북도경찰부, 『고등경찰요사』, 1934, 51쪽.
101) 선언의 내용은 다음 2가지였다(『高等警察要史』, 1934, 50~51쪽).
   1. 약소민족운동의 결전적 해방전으로서 2,300만 민중 항쟁의 전 영역에 개재하는 신간회는 전민족 정치투쟁의 전위이다.
   2. 금일의 소작권은 명일 동척 이민에게 넘어가고 외래의 특수적 금융기관의 참혹한 위압을 받아 기아의 수평선상에 표류할 뿐이다.

였고, 정신적인 지주로서 당시의 청년운동을 이해하면서 각 면 유지들
도 끌어들일 수 있었던 인물이었다. 류인식의 죽음은 그동안 좌우합작
이 잘 이루어지던 신간회 안동지회의 분열을 초래하였다.

류인식의 영향력이 없어진 뒤, 간부 구성진에서는 큰 변화가 나타나
지 않았다. 우선 류인식 사망 이전인 1월에 정현모가 회장을 맡았다.
그리고 한 해가 지난 1929년 1월에는 이운호가 회장을, 김중학이 부회
장을 각각 맡았다. 그리고 간사 24명이 지회를 운영하였다.[102] 회장과
부회장이 우파진영의 인물이지만, 간사는 좌우파진영이 망라되었다.
南璋·吳成武가 좌파진영이었고, 대표회원 가운데 李墀鎬·李會昇·오
성무·남장·金璉漢 등이 그러했다. 또 1929년 8월에 선출된 집행위원은
李震鎬, 서기장은 柳淵建이었으며, 5개 부장(조직부 李準文, 교육부 李
衡國, 재정부 金中學, 선전부 李奎鎬, 조사부 權重准)이 선출되었는데
역시 전면에 대표로 나선 인물들은 우파진영의 인물이었고, 좌파진영
은 집행위원이나 대표의원으로 포진하였다.[103] 이처럼 간부 구성진에
서 큰 변화가 없었지만, 실제 활동에서 보면, 좌파의 독자적인 노선을
확인할 수 있다. 그것이 신간회 해소와 조선공산당 재건운동으로 나타
났다.

---

102) 간사: 李世寧·李奎鎬·金國鎮·李準文·柳基馥·權正三·金元鎮·柳淵建·南
璋·權重准·朴永壽·金廷植·吳成武·金斗漢·申應麟·廉尙進·李光春·玉
文煥·金東澤·權祥龍·金在淵·鄭元模·柳時求·權重仁(「新幹安東支會 二
回定期大會」, 《조선일보》 1929년 1월 25일자).

103) 조직부원: 金慶漢, 교육부원: 金明燮, 재정부원: 權正三, 선전부원: 朴元榮,
조사부원: 金廷植, 기타 집행위원 李會昇·權丙南·權重仁·玉文煥·柳時求·
崔斗亮·李相鳳·李準憲·李世寧·柳基泰·吳成武·金斗漢·金廷植·權鼎
甲·金在淵·裵東煥·權龍壽·金亨漢·南璋·李墀鎬·安相坰·池龍鎮, 대표의
원: 金元鎮·李世寧·李墀鎬·柳淵建·金國鎮·李會昇, 대표의원 후보: 李準
文·金慶漢·權正三(「新幹 安東支會 臨時大會 開催」, 《조선일보》 1929
년 8월 14일자).

1928년을 지나면서 좌파진영은 커다란 장벽에 부딪쳤다. 김남수가 그해 2월부터 시작된 제3차 조선공산당사건에 관련되어 검거됨으로써 타격을 받았다. 또 8월경에는 제4차 조선공산당사건으로 풍산소작인회의 간부이던 안상길·이회원과 안동청년동맹의 權泰東·이지호 등이 검거됨으로써 소작인회 및 기타 사회단체에 대한 일경의 감시와 탄압은 더욱 심해져, 안동의 합법적인 사회운동이 난관에 부딪히게 되었다. 이를 극복하기 위해 이회승·김기진 등 안동지역 좌파인물들이 조선공산당 재건운동에 힘을 기울였는데, 이것이 1930년에 '경북공산당사건'이라는 이름으로 발각되고 말았다. 이에 따라 안동의 사회주의운동은 거의 소멸단계에 빠졌고, 남은 조직마저도 지하로 잠복하게 되었다.[104]

여기에 남은 세력이 1930년대 초반의 '안동코뮤니스트 그룹'(안동콤그룹)으로 나타났다. 신간회 해소론이 제기되자, 안동지회에서 활동하고 있던 청년들 가운데 좌파세력은 새로운 방향을 모색하고 나섰다. 여기에 중심인물이 안동청년동맹과 신간회 안동지회에서 활동하던 安相潤·李鉍·權重澤 등이었다.[105] 이들은 안동의 사회운동을 지도할 수 있는 비밀조직을 결성하기로 합의하고, 1931년 3월에 안동콤그룹을 결성하였다.[106]

---

104) 경북공산당 핵심인물은 安相吉·李會源·李會昇·金基鎭·南璋·安相泰·金南洙·李墀鎬·李雲鎬·吳成武·金慶漢·金璉漢·柳淵述·南炳世 등이었다.

105) 안상윤은 서울 중동학교에 재학 중이던 1929년, 동향 출신인 安相勳의 주도 아래 조선공산당 재건운동을 목적으로 학생들을 규합하는 과정에서 일제 경찰에 체포되어 학교에서 퇴학된 이후 안동으로 돌아와 활동하고 있었다. 그리고 이필은 1928년 경성사립제2고등보통학교에서 퇴학당한 후 1930년 1월 일본으로 건너가 같은 해 11월 귀향하였다. 당시 신문보도에 의하면, 그는 일본에 있는 동안 일본공산당의 관계자를 접촉하였으며, 귀국할 당시 일본공산당의 거두인 사노[佐野學]의 직계이며 와세다대학반의 책임자이던 구라다니[鞍谷良]로부터 일본공산당 조선지부를 건설하라는 명령을 받았다고 한다.

106) 안상윤은 책임비서, 이필은 교양부 위원, 권중택은 조직부 위원을 각각 맡기로

'안동콤그룹'은 대규모 봉기가 사전에 발각되어 실패로 돌아갔지만, 조직의 구성원과 활동 목표는 이전과는 전혀 다른 모습을 보여주었다. 조직의 구성원은 기존의 지식인 위주에서 벗어나 노동자·농민을 중심으로 진보적 성향의 민족주의자들을 포괄하였다. 또한 활동 목표도 사유재산을 부정하고 노동자·농민의 정부 수립을 목표로 했지만, 노동자·농민의 생존권투쟁까지도 담아내고 있었다.

5. 맺음말

본론을 통하여 안동유림의 민족운동 범주를 확대 해석해 보았다. 대체로 계몽운동이나 파리장서, 아니면 기껏해야 제2차 유림단의거 정도로 파악해왔던 유림들의 민족운동 범위를 1920년대 말이나 1930년대 초까지로 연장시켜본 것이다. 또 유림은 계급투쟁의 대상일 뿐, 결코 그 주체가 될 수 없다는 인식을 극복하기 위해, 이 글에서 안동의 유교지식인이 사회주의노선을 이끌어 나간 현상을 살피고 또 그 범주를 확대시켜본 것이기도 하다. 그 내용을 정리하면 다음과 같다.

1920년대 안동지방의 민족운동은 의병항쟁과 계몽운동을 계승하였

결정하였다. 그리고 그 아래에 2·3명의 관계자가 있는 마을에 각 '그룹'을 만들어 활동하기로 결의하였다. 이를 위해 안상윤은 임하면과 와룡면, 이필은 예안면과 도산면, 권중택은 안동읍의 세포조직을 담당하기로 결의하였다. 이와 함께 '안동콤그룹' 아래 적색농민조합과 반제동맹을 두기로 하였다. 이후 이들은 여러 차례 회합하여 공산주의의 연구와 토의, 활동상황의 보고, 동지의 확보 등의 활동을 펼쳤다. '안동콤그룹' 관련자(1934년 현재)는 안상윤·이필·권중택·권예윤·김공망·김후식·이점백·김태상·이발호·류기만·김종진·김명진(영주)·김계진(영주)·박항택(봉화)·황신흠(봉화)·이두춘(봉화)·권익한(봉화?)·권경섭(봉화) 등이었다.

다. 활동 내용만이 아니라 그것을 전개한 인맥 자체가 연결성을 보였다. 의병은 재지사족, 즉 유림 지도자들에 의해 주도되었고, 이어서 계몽운동도 대개 읍치지역이 아닌 전통적인 반촌 중심의 교육운동이 주류를 이루었다. 3·1운동에 와서 또다시 반촌의 유림 지도자들이 민족운동을 이어 나갔다. 읍치지역에서 기독교인들이 처음으로 목소리를 높이기는 했지만, 이후 민족운동의 선상에 그 모습이 나타나지 않았고, 1930년대 후반에 가서 신사참배반대와 같은 호교운동 차원에서만 잠시 얼굴을 내미는 데 지나지 않았다. 그렇지만 유림적인 분위기와 교육을 받은 신세대 반가 출신의 청년들은 1910년대의 교육을 바탕으로 1920년대에 들어서도 지속적으로 민족운동 노선을 지키고, 사회운동의 핵심에 서 있는 경우가 많았다. 즉 1920년대 혁신의 물꼬를 열어 가는 주축이 화성회였고, 그 핵심부에 바로 그들이 자리잡고 있었던 것이다. 그리고 풍산소작인회와 같은 농민운동에서 그러한 성향을 잘 보여주었다. 1920년대 중반을 넘어서면서 권오설이나 이준태·김남수 등이 투옥되면서 안동지방의 민족운동은 크게 쇠약해지고, 읍치지역출신들이 대열에서 이탈하고 소수의 반가 출신 청년들이 콤그룹을 만들고 또 조선공산당 재건운동을 벌였다. 이러한 줄기로 보아 안동유림과 민족운동의 관련성을 1910년대로 종결짓기보다는 1920년대까지 이어지는 것으로 이해해야 할 것이다.

이러한 논의에도 불구하고 무엇보다 중요한 문제가 한 가지 남는데, 안동유림이 다른 지역에 비해 좌파로 사상적인 변화를 도모한 경우가 단연코 많았던 이유를 밝혀야 한다는 점이다. 현재 막연한 상태이기는 하지만 필자는 이를 풀어나갈 단서로 몇 가지를 상정하고 있다. 첫째, 안동의 학문적 풍토이다. 퇴계학통을 잇고 있으니, 그것이 이 문제와 가지는 관련성을 추적하는 일이다. 하나의 실마리로서 한말의 혁신유

림들, 특히 이상룡이나 류인식과 같은 인물이 평등사상에 주목하고, 그
것을 자기이론화 했던 점에 유의할 필요가 있다는 점이다. 둘째, 안동
의 정치적인 특성이다. 중앙정계 진출이 사실상 봉쇄되어 있던 상황에
서 명분론이 강하게 자리 잡았고, 그러면서도 새로운 변혁의 돌파구를
찾고 있던 점도 고려될 필요가 있을 것이다. 셋째, 사회경제적인 특징
이다. 재지사족인 양반유림의 경제적인 위치는 대다수가 중소지주에
지나지 않았고, 아랫 사람을 품고 살아가는 특성상 다른 지역에 비해
계급갈등이 적게 나타났다. 그런 점이 계급투쟁마저도 지배층이 나서
서 계몽시켜 나가는 현상을 가져온 것으로 추정된다.

　이러한 문제가 논의되는 과정에서 몇 가지 소득을 올릴 수 있으리라
는 추정을 해본다. 하나는 앞에서도 언급한 것처럼 한국사의 특수성을
발견하는 일이고, 다른 하나는 신식민지근대화론을 극복할 실마리를
찾아내는 일이다. 유학의 보수성과 전근대성만을 논의하던 통설을 넘
어서서 새로운 연구를 끌어낸다는 것이 전자의 일이요, 안동지방 유림
의 자기 변혁과 근대지향성을 찾아낸다는 점이다. 이러한 논의에 안동
유림은 좋은 사례가 될 수 있으리라 기대해 본다.

제2절 안동 가일마을 사람들의 항일투쟁

1. 머리말

한 마을사람들이 펼친 항일 민족운동의 역사가 대개 문중 단위로 이루어지는 경향이 강한데, 전통마을의 경우는 더욱 그러했다. 대개 거기에는 전통사회를 깨고 나서거나 민족문제에 선각자가 나와서 문중과 마을을 이끌어가는 현상이 보편적으로 나타났다. 다만 모든 마을이 그런 것은 아니었다. 그 가운데에는 보수성이 강하거나 타협성이 짙은 곳도 많다.

안동 가일마을은 항일 민족운동사에서 뚜렷한 자취를 남긴 곳이다. 안동시 풍천면 가곡리, 그러니까 하회마을을 들어서기 바로 전에 있는 마을이 그곳이다. 가일마을은 안동권씨가 주류를 이루고, 소수의 순흥 안씨도 터를 잡았다. 15세기 초에 權恒이 마을에 들어와 안동권씨 동성마을을 열었고, 손자 花山 權柱가 1480년 문과에 급제하여 마을의 기틀을 잡았다. 그가 권오설의 15대조이다. 9대조 屛谷 權榘는 갈암 이현일의 제자로 18세기 안동을 대표하는 학자로 이름을 떨쳤다. 이처럼 가일마을 권씨문중은 퇴계학맥을 잇고, 한편으로는 주요 명가와 혼맥을 맺으면서 안동문화권에서 전통 명가로 자리 잡았다.[107]

---

107) 안동독립운동기념관 편, 「권오설, 그의 생애와 기록」, 『권오설』1, 푸른역사, 2010, 24쪽.

이 마을은 '안동의 모스크바'라는 별칭을 가질 만큼, 사회운동에서 뚜렷한 족적을 남겼다. 權五卨·權五稷 형제가 그러한 역사를 만들어 낸 대표적인 인물이다. 이 마을사람들이 민족문제에 부딪치면서 펼친 민족운동은 권오설의 행적과 결정적으로 관계를 가졌다. 근대 가일마을의 역사가 그의 등장을 앞뒤로 성격이 너무나 다르기 때문이다. 그를 포함하여 가일사람들이 한국근대사에서 걸어간 길은 안동문화권에서 보편적인 것이기도 하지만, 나름대로 독특한 성격을 지니기도 한다. 이를 규명하기 위해 한국독립운동 51년사에서 가일마을이 가진 성격을 짚어간다.

이 마을사람들이 펼친 항일투쟁을 하나로 묶어서 다룬 연구는 없다. 다만 권오설에 대한 연구는 간헐적으로 나왔고, 그것도 조선공산당과 6·10만세운동에만 집중되었다.[108] 또 대중들이 읽을거리로 '마을지' 형식으로 엮은 책에 이 마을사람들이 펼친 항일투쟁 이야기가 담겼다.[109] 그러다가 최근에 권오설의 후손이 비장하고 있던 자료를 안동독립운동기념관이 받아 정리하여 자료집 『권오설』1·2를 발간함에 따라, 권오설에 대해 새롭게 보완하고 정리해야 할 필요가 생겼다.[110] 뿐만 아니라 권오설과 함께 가일마을 사람들이 펼치고 이어나간 항일투쟁을 복원시키는 것도 중요한 과제로 떠올랐다. 민족문제와 전통마을이 갖는 치열한 관련성을 살필 수 있는 주제이기 때문이다. 이 글은 그러한 필요성에 따라 가일마을 사람들이 펼친 항일 민족운동을 복원하는 데 목적을 둔다.

---

108) 권대웅, 「권오설의 생애와 활동」, 『안동문화연구』6, 안동문화연구회, 1992; 장석홍, 「권오설의 민족운동 노선과 성격」, 『한국근현대사연구』19, 한국근현대사학회, 2001.
109) 안동대학교 안동문화연구소, 「안동의 모스크바, 가일마을」, 『안동 가일 마을 – 풍산들가에 의연히 서다』, 예문서원, 2006.
110) 안동독립운동기념관 편, 『권오설』1·2, 푸른역사, 2010.

이 글은 가일마을 사람들이 민족문제에 직접 발을 디디기 시작한 1910년대 광복회부터 살펴나간다. 1890년대와 1900년대 독립운동 부분이 없는 셈이다. 실체가 드러나는 1910년대 광복회가 이야기를 풀어가는 출발점이 된다. 그러면서도 1919년 3·1운동에도 가일마을 사람들의 움직임을 찾기 힘들다. 따라서 광복회 참가를 빼놓는다면, 가일사람들은 한국독립운동사의 전반부에는 거의 참가하지 않았다는 말이다. 결국 가일마을의 민족운동은 1920년대 사회운동에 집중된 셈이다. 그 중심축에 권오설이 있었고, 그를 중심에 놓고 논지를 전개하려는 이유도 여기에 있다.

2. 광복회 참가와 항일투쟁의 발단

독립운동사 전반부, 곧 의병항쟁과 계몽운동에는 가일마을 사람들의 참가가 그리 눈에 띄지 않는다. 1894년 7월 전국에서 처음으로 일어난 안동의병에도 가일사람들의 행적은 보이질 않고, 더구나 안동 전체가 들썩였던 1895년과 1896년의 을미·병신년 의병에서도 마찬가지였다. 그러한 이유를 딱 부러지게 말하기는 힘들지만, 크게 보아 하회문화권 지역이 의병에 대체로 소극적이었던 점에서 그 원인을 찾아볼 수 있을 것이다. 가일마을이 하회마을 이웃인데다가 여러 대에 걸친 혼반관계로 말미암아 절대적인 영향권에 속했다. 이 마을사람들이 의병항쟁에 소극적이었던 자세도 하회마을의 동향과 비슷했다. 의병이 일어날 때, 가일마을 사람들이 배정된 금액을 부담하는 선에서 멈춘 것도 이런 틀에서 나온 것으로 이해된다.[111] 이러한 경향은 이웃 오미마을의 정황

---

111) 안동대학교 안동문화연구소, 앞의 글, 2006, 208쪽.

에서도 비슷하게 드러난다.112)

1910년 나라를 잃은 뒤, 민족문제에 대한 가일마을의 대응 방식은 역시 의병에 대한 것과 같았다. 가일마을 사람들이 1910년대에 나선 활동이 바로 광복회의 투쟁 전면에 나서기보다는 주로 자금을 지원하는 선에서 움직였다는 사실이다.113) 1910년대에는 안동에서 독립운동에 참가할 주력 인물들이 만주로 대거 망명한 상태였고, 만주에 자금을 지원하는 일에 매달리는 인물들이 나왔다. 광복회 활동도 이러한 선상에서 이루어진 것이다.

1910년대 영남지역에서는 유림과 의병출신 인물들이 비밀결사체를 조직했다. 광복단·독립의군부·민단조합·조선국권회복단 등이 그것이다. 1915년 음력 7월 조선국권회복단 일부와 광복단이 통합하여 광복회가 조직되었다. 광복단은 1913년 풍기에서 만들어진 의병출신 인물들의 비밀조직이었다. 이에 반해 조선국권회복단은 1915년 1월 대구에서 만들어진 계몽운동가들의 비밀모임이다. 두 계열을 한 자리에 묶어낸 주역은 박상진이었고, 그래서 그가 총사령을 맡았다.

광복회의 활동 목표는 만주에 독립군기지를 건설하고 독립군을 길러내는 것이었다. 이를 위해 사람과 자금을 마련하는 일에 매달렸다. 자금 모집에 나선 이들이 친일부호 공략에 나섰고, 보성의 양재성(1916), 대구 부호 서우순(1916), 칠곡 부호 장승원(1917), 아산군 도고면장 박용하(1918) 등을 공격하였으며, 그 과정에서 광복회 존재가 드러났다.

가일마을 인사들은 광복회의 군자금 모집에 적극 동참했다. 특히 그무렵 광복회 총사령 박상진은 장승원을 처단하는 데 활동의 초점을 맞

---

112) 김희곤·강윤정, 『오미마을 사람들의 민족운동』, 지식산업사, 2009, 27~31쪽.
113) 교과서에 대한광복회로 쓰이고 있지만, 자료에는 대부분 '광복회'로 쓰여 있다. 여기에서는 자료 그대로 '광복회'로 표기한다.

추고 있었는데, 이 거사가 안동지역을 중심으로 펼쳐졌다. 경주에서 박
상진이 원격지휘를, 채기중·유창순·강순필·임세규가 실제 일을 맡았
는데, 이들이 모두 안동군 월곡면 도곡동(현 안동시 와룡면 도곡) 이종
영의 집에서 출발하고 해산했다.[114] 장승원을 공격하러 떠나던 인물
들이 출발지로 삼은 곳이나, 거사에 사용된 권총을 숨겨놓은 곳, 또 거
사 완결 직후 다시 모였다가 해산한 곳도 모두 이종영의 집이었다. 그
런 만큼 그곳은 특별한 의미를 지닌다. 그렇다면 박상진은 이종영의
집을 서간도 독립군기지와 연결점으로 삼고 있었다는 말인데, 그곳은
바로 이상룡 일가의 마을 도곡동이요, 이종영도 그 집안 인물이기 때
문이다.[115]

이처럼 광복회가 조직적으로 움직일 때, 가일마을에서 군자금 공급
을 맡은 인물이 나왔다. 광복회에 참가한 가일마을 사람으로 權準義·
權準興·權寧植 등이 등장한다.[116] 이들은 모두 屛谷 權榘의 셋째 아
들인 樹谷 權誧의 후손이면서, 가일마을 8부자집 후손들이다. 즉 1910
년대 독립운동에 참가한 인물 모두가 가일마을 8부자를 잇는 사람들이
요, 8촌 형제이거나 9촌 숙질 사이며, 가일마을의 주역이자 실세였다.
안동을 중심으로 장승원 처단 계획이 진행되던 1917년 가을, 가일마을
사람들은 광복회에 자금을 내놓았다. 광복회와 가일사람들의 연결고리
는 권준흥과 채기중이다.[117] 하지만 박상진이나 이종영과 바로 연결되
었을 가능성도 있다.

114) 김희곤, 『안동사람들의 항일투쟁』, 지식산업사, 2007, 261쪽.
115) 조동걸, 「광복회의 결성과 그 선행조직」, 『한국학론총』5, 국민대학교 한국학연
　　　구소, 1983, 264쪽.
116) 김희곤, 「경성복심법원 大正8年刑控 제168호」, 『朴尙鎭資料集』, 독립기념
　　　관, 2000, 48~98쪽; 김희곤, 『안동사람들의 항일투쟁』, 지식산업사, 2007, 98~
　　　115쪽.
117) 權五傑(1933년 가일마을 출생, 2012년 현재 경기도 일산시 거주) 증언.

이 거사로 말미암아 가일마을의 주역들은 곤욕을 치렀다. 권준희는 광복회 거사로 재판에 회부된 사람들 가운데 가장 나이가 많아, 경찰 기록에 71세로 적혀있다.[118] 뒷날 6·10만세운동에 참가했던 權五尙(본명 權五敦)의 조부다.[119] 권준홍은 혜민원 주사를 지냈는데, 판결문에는 자금 내놓은 이야기가 두 가지 나온다. 하나는 1917년 음력 8월, 김한종이 박상진 집을 찾아갔더니 "이미 중국에서 포고문이 도착하여 안동읍 권준홍 집과 의성읍 이태윤 집에 배달되었다."는 것이고,[120] 다른 하나는 1917년 10월 보름에서 하순 사이에 채기중의 명을 받은 김한종이 자금을 요구했고, 권준홍이 3백원을 제공했다는 것이다.[121] 권준홍이 제공했다는 돈은 재판마다 달라져서 3백원, 2백원 혹은 1백원 등 차이를 보였다. 그는 3·1운동 뒤에 원홍의숙을 세워 1926년까지 유지시켰고, 예천 대창학교 설립자 가운데 핵심인물이라고 전해진다.[122]

권영식도 광복회에 자금을 제공한 것으로 보인다. 실제 광복회 판결문을 보면, 권준홍처럼 그에게도 자금을 요구하는 '경고문'이 전달된 사실이 확인된다.[123] 하지만 권준홍과는 다르게 그가 제공한 금액이 분명하게 적혀있지 않다. 앞뒤 사정을 헤아려 보면, 그도 자금을 내놓았을 것이라 짐작된다. 이 때문에 권영식은 1918년 2월 일경에 붙잡히고, 재판을 받는 몇 달 동안 공주감옥에서 고생하였다고 전해진다.[124]

---

118) 류시중·박병원·김희곤 역주, 『국역 고등경찰요사』, 선인, 2010, 341쪽.
119) 중국에서 활약하다가 귀국하여 해방 후 치안유지회 활동에 참가했던 權五憲도 권준희의 손자다.
120) 김희곤, 「경성복심법원 大正8年刑控 제168호」, 『朴尙鎭資料集』, 독립기념관, 2000, 61쪽.
121) 같은 책, 54쪽.
122) 권오걸(1933년 가일마을 출생, 2012년 현재 경기도 일산시 거주) 증언.
123) 김희곤, 「경성복심법원 大正8年刑控 제168호」, 『朴尙鎭資料集』, 독립기념관, 2000, 69쪽.
124) 권오걸 증언.

그의 이름은 1921년 안동의 첫 노동운동 단체인 조선노동공제회 안동 지회에 등장한다.125)

가일사람들이 맡은 자금 지원은 결코 만만한 일이 아니다. 일제가 지배하기 시작한 1910년대에 군자금을 지원한다는 사실은 의병 당시와 비교할 때 위험 부담이 훨씬 더 컸다. 특히 광복회 자금은 단순한 지원이 아니라 서간도 독립군기지 건설사업 그 자체이거나, 거기에 참여하는 것이었다. 때문에 의병 당시와는 달리 광복회에 자금을 지원했다는 그 사실만으로도 일제 경찰의 가혹한 탄압을 받아야만 했다. 1917년 가을부터 이듬해까지는 권준희를 비롯한 마을 주역들이 광복회에 참가했다가 몽땅 붙들려 간 시기였다. 이듬해에 일어난 3·1독립 선언에서 가일마을 사람들의 행적이 나타나지 않는 이유도 여기에 있는 것 같다.126)

광복회는 독립군 양성과 독립전쟁을 목표로 삼았다. 만주에 세워진 독립군기지를 지원하는 것이 1단계 목표였고, 여기에 필요한 자금을 모으는 것이 최우선 실천방안이었다. 여기에는 인력 공급도 중요한 과제였다. 신흥무관학교 생도를 모집하는 일과 동포사회를 꾸려갈 인력을 모으는 것도 그랬다. 또 대한민국 임시정부가 수립되자 여기에도 청년들을 보내는 과업이 추가되었다. 가일마을(가곡동 446번지) 출신인 權在壽가 그런 인물이다. 선산출신 崔載華가 앞장서서 신흥무관학교와 대한민국 임시정부에 청년들을 보내다가, 1920년 9월 17명이나 붙잡혔다. 그러나 이들의 활약 덕분에 權元河·金鍾燁 등이 신흥무관학교를 졸업하여 독립운동에 기여하였다.127)

---

125) 김희곤, 『안동사람들의 항일투쟁』, 지식산업사, 2007, 356쪽. 같은 시기 광복회에 참가한 인물 가운데 안동 출신으로 權義植과 權宰点 등이 있는데, 가일마을과 관련을 가진 인물일 수도 있다.
126) 김희곤, 앞의 글, 2006, 211쪽.

3. 권오설의 등장과 사회운동의 시작

1) 권오설의 등장

1919년 3·1독립선언으로 전국이 들썩여도 가일마을은 조용했다. 안동에서 목숨을 잃은 희생자가 30명에 이르렀다고 알려질 정도로 시위가 격렬했지만, 풍산들을 끼고 있는 안동의 남서부 지역은 비교적 잠잠했다. 풍산읍내에서 기독교인 100명이 잠시 만세시위를 벌인 것과, 하회마을에서 소년 10여 명이 萬松亭 숲을 돌며 한 차례 시위한 것이 전부였다. 가일마을은 그저 조용했다. 그런데 급변하는 계기가 나타났으니, 다름 아닌 權五卨의 귀향이었다.[128]

권오설은 양반으로 태어났지만 빈한했다.[129] 부친 권술조는 서당훈장으로 가난한 가정을 꾸려갔다. 부친에게서 가학을 잇고, 신식 중등교육이 안동에 처음으로 들어오던 1907년에 마을에 세워진 초등과정 南明學校에 다녔다. 1909년 남명학교가 하회에 세워진 東華學校로 편입됨에 따라 그도 거기로 옮겼다.[130] 그는 1914년 3월 동화학교를 졸업한 뒤,[131] 대구고등보통학교(경북고등학교 전신)에 입학하였다. 만 17세에 대구고등보통학교에 진학했는데, 집안 사정이 어려워 경주 최부자로 널리 알려진 최준의 도움을 잠시 받았다. 그러다가 2년 만에 대구고보를 그만두었는데, 학내 문제 때문이라고 알려질 뿐이다.[132] 그는

---

127) 류시중·박병원·김희곤 역주, 『국역 고등경찰요사』, 선인, 2010, 368~370쪽.

128) 김희곤, 앞의 글, 2006, 212쪽.

129) 집에서는 權五皱라는 이름으로 불렸고, 활동 과정에서 洪一憲·權一·朴喆熙·金三洙·金亨善 등 다양한 이름이 쓰였다.

130) 장석홍, 「권오설의 민족운동과 성격」, 『한국근현대사연구』19, 한국근현대사학회, 2001, 211쪽.

131) 안동독립운동기념관 편, 「졸업증서」(1914), 『권오설』2, 푸른역사, 2010, 486쪽.

상경하여 중앙고등보통학교를 2학기 동안 다니다가 학자금이 모자라
는 바람에 중도 퇴학하고,[133] 京城簿記學校에 입학 후 다시 퇴학하였
다고 전해진다.

서울에서 지낸 삶은 힘들기 그지없었다. 가까운 사람의 하숙에 얹혀
지내며 한 사람 밥을 두 사람이 나누어 먹는 고통스런 날들이었다. 그
러는 사이에 마침 같은 하숙집에 머물던 전라남도 보성출신 인물이 권
오설에게 일자리를 알선해주어 보성으로 갔다.[134] 하지만 마음에 들지
않고 갈등이 생길 무렵 대구고등보통학교에 근무하던 일본인 교사 오
츠카[大塚]의 소개로 전라남도 도청에 일자리를 갖게 되면서 광주에
살았다. 바로 이 무렵에 그는 부모에게 편지를 보내 그러한 사정을 말
씀드렸으니, 그 때가 1918년 10월 24일이었다.[135]

권오설이 민족문제에 부딪치는 첫 걸음은 3·1운동이었다. 그가 광주
로 가서 자리잡은 지 5개월 뒤에 3·1운동이 일어났는데, 광주의 3·1운
동에 그가 배후 인물로 지목되어 경찰에 체포된 뒤 6개월 형을 언도받

---

132) 권오설이 대구에서 학교를 다니던 무렵에 부친과 주고받은 서신이 남아 있다.
1915년 7월에 대구에 머물렀고, 1917년 윤2월 편지에는 대구고등보통학교 교
장 이야기, 그리고 1917년 4월 편지에는 2명의 교사로부터 도움을 받은 이야
기가 담겨있다. 이어서 1918년 2월에는 부친이 대구에 편지를 보내 '복교의 가
능성'을 물었다. 이를 보면 1917년에 학교를 그만두었고, 1918년에 들 무렵에
는 그 소식을 듣지 못하고 있었던 것이다(안동독립운동기념관 편, 『권오설』2,
푸른역사, 2010, 310~325쪽).

133) 기록에 따라 대구고등보통학교 입학 시기가 다르게 나타난다. 여기에서는 권오
설이 답한 「권오설 공판조서」(高允相 外 91名 公判調書 제15회, 1927.10.18)
를 따른다.

134) 의성 산운마을 출신 李淑은 하숙집에서 자신의 밥을 권오설과 나누어 먹고 지
냈다는 사실과 보성으로 가게 된 사연을 회고록에 썼다(李淑, 『竹樣回顧錄』,
신흥인쇄소, 1993, 122~129쪽).

135) 안동독립운동기념관 편, 「권오설 제3회 신문조서」(1926.10.11.); 「권오설이 아
버지에게 보낸 서신」(1918년 10월 24일자); 「권오설이 어머니에게 보낸 편지」
(1918년 추정), 『권오설』2, 푸른역사, 2010, 322~325쪽.

았다고 전해진다. 뒷날 그가 서대문형무소에서 순국한 이틀 뒤 ≪중외
일보≫ 보도문에 담긴 이력 소개 내용이 이를 알려준다.[136] 그렇다면
그는 광주에서 3·1운동에 얽혀 움직였고, 이로 말미암아 경찰에 잡혀
고생하였다는 정도는 짐작할 만하다. 그런데 조선공산당과 6·10만세운
동으로 재판을 받던 과정에서 판사에게 전과 사실이 없다고 답했으
니,[137] 그렇다면 그가 구류 상태에서 6개월을 고생하고 풀려났다고 보
는 것이 옳겠다. 그리고서 고향으로 돌아온 때가 1919년 가을이다.

1919년 11월 권오설은 고향 가일마을로 돌아오자마자 元興義塾이라
고도 불린 元興學術講習所를 세웠다. 이에 가일 8부자에 들면서 광복
회에 자금을 지원했던 권준홍이 설립에 앞장섰고, 권준홍의 생가 동생
權準杓가 교사로 참가하였다. 권오설은 교장 겸 교사를 맡았다. 여기에
서 수학한 마을 청년 가운데 곧 서울로 유학하고 권오설의 영향 아래
활동하게 되는 인물이 나오게 된다.[138]

2) 가일마을 사람들의 사회운동 시작

권오설의 등장은 가일마을에 농민운동과 청년운동이 시작되는 계기
도 되었다. 1920년에 가곡농민조합을 조직하고, 8월 안동청년회 집행
위원, 9월 4일 안동 一直面禁酒會 창립과 회장 취임에 이어,[139] 9월 23
일 조선노동공제회 안동지회에 가입하였다. 또 1922년 풍산청년회를

---

136) 「1次 共産黨 秘書 權五卨 昨夜 獄死」, ≪중외일보≫ 1930년 4월 19일자.
    이 기사는 권오설의 생애를 비교적 정확하게 다루었는데, 아마도 옥바라지를
    위해 서울에 머물던 큰 동생 권오기의 증언을 바탕으로 작성된 것 같다.
137) 「권오설 공판조서」, 高允相外91名 公判調書(제15회), 1927.10.18.
138) 김희곤, 앞의 글, 2006, 215쪽.
139) 「安東一直面禁酒會」, ≪동아일보≫ 1920년 9월 17일자.

결성하고, 풍산학술강습회를 설립하여 청소년을 가르쳤다.[140]

가일마을의 본격적인 농민운동은 1923년에 비롯되었다. 그해 11월 11일, 권오설이 풍산소작인회 집행위원이 되어 본격적인 농민운동을 시작한 것이다. 이보다 앞서 그가 열었던 풍산학술강습회는 풍산소작인회에 대한 인력 공급과 결속 강화에 중요한 몫을 해냈다.[141] 1922년에 작성된 것으로 보이는 '풍산하기강습회 청강생명부'와 '지출장'은 권오설이 인력을 육성하고 있던 상황을 알려준다.[142]

하기강습회에 참가한 가일마을 청년은 대개 권오설의 집안 형제들이다. 친동생인 權五箕와 權五稷을 비롯하여, 權五憲·權五雲·權五敬·權五燮·權寧穆 등이다. 그리고 이웃 소산마을 출신의 金文顯·金周顯·金國顯·金炳千·金渭圭, 풍산들 동쪽 상리마을의 李重轍(혹은 準轍)·李敎龜(혹은 敎龍)·李用寅·李準極·李斗文·李準昌·李在洪·李準玉·金琥根·金相鶴, 하리마을의 李相鳳·李宗烈 등, 그리고 안교동의 權泰晟이 확인된다.[143] 가일마을 청년들이 권오설에게서 받은 영향력은 절대적이었다. 권오운이나 권오헌의 진로를 보면 쉽게 헤아릴 수 있다. 얼

---

140) 강정숙, 「일제하 안동지방 농민운동에 관한 연구」, 『한국근대 농촌사회와 농민운동』, 열음사, 1988, 357쪽.

141) 김희곤, 앞의 책, 2007, 361~363쪽.

142) 청강생 명부에는 남자 129명, 여자가 13명 등 142명의 이름이 들어있다. 晝學部, 즉 '낮반'이라는 제목으로 명단이 적힌 점이나, '지출장'에 석유램프와 유류비 명목 지출사항이 있는 점으로 보아 야간부가 있었던 것으로 생각된다(안동독립운동기념관 편, 『권오설』2, 푸른역사, 2010, 494~501쪽). 그렇다면 청강생은 200명 가량 되었으리라 추정된다. 참가자들은 '풍산들'을 둘러싼 마을, 즉 가일·소산·상리·하리 등 4개 마을 출신이 주류를 이루었고, 안교·갈전·현애·노동 등 그 주변마을 출신이 소수 참여하였다. 즉 풍산하기강습회에 참여한 수강생들은 풍산들을 둘러싼 마을출신 청년과 여성이었고, 특히 가일과 바로 이웃 소산, 그리고 동쪽으로 건너편의 상리(우롱골)와 하리가 중심이었다는 말이다.

143) 안동독립운동기념관 편, 「豊山夏期講習會 聽講生名簿」, 『권오설』2, 푸른역사, 2010, 494~501쪽.

마 뒤에 권오운이 서울로 유학하면서 6·10만세운동에 나섰고, 안교동 출신 권태성도 6·10만세운동에 앞장섰다가 안동지역의 사회운동에서 뚜렷한 자취를 남긴 사실이 이를 말해준다. 풍산학술강습소 운영은 풍산소작인회 결성과 활동에 인력을 공급하는 장치가 된 것이다.[144]

풍산소작인회 결성에는 서울에서 활약하던 고향 선배들의 기여도가 높았다. 뒷산 너머 가까운 오미마을 출신 金在鳳과 풍산들 건너편 우롱골의 李準泰가 있었다. 두 사람 모두 경성공업전습소(서울공대 전신) 출신이다. 김재봉은 서울에서 대한민국 임시정부 지원활동을 펴다가 붙잡혀 징역 6개월 형을 치르고, 출옥하자마자 모스크바에서 열린 극동민족대표대회에 참석한 뒤, 코민테른의 지시를 받고 조선공산당 건설을 목표로 삼고 귀국했으며, 1923년 8월에는 꼬르뷰로 내지부의 책임자가 되었다.[145] 이준태는 3·1운동을 보면서 민족운동에 투신하여 1922년에 무산자동맹회를 이끌고, 신사상연구회를 만들었다. 김재봉이 1년 넘게 나라 밖에 있다가 서울에 돌아오자마자 쉽게 중앙 무대를 손에 쥘 수 있던 바탕에는 이준태의 활약이 있었다.

당 건설의 기반이 될 조선노농총동맹 준비 작업이 추진되었다. 안동에도 하부조직이 있어야 하고, 또 뒤를 받쳐줄 인물도 필요했다. 거기에 적합한 인물이 권오설과 金南洙였다. 권오설은 풍산들을 중심으로 농민운동에 초점을 두었다면, 김남수는 안동읍내에서 사회문제 전반에 관심을 가지고 움직였다.[146]

권오설은 1923년 11월 풍산소작인회를 결성하고, 그 대표 자격으로 서울로 갔다.[147] 이듬해 2월 권오설은 신흥청년동맹과 한양청년연맹의

---

144) 김희곤, 앞의 글, 2006, 217쪽.
145) 같은 글, 218쪽.
146) 같은 글.
147) 가일마을에서는 원흥의숙에 동참하고 안동청년회에도 열성이던 권준표가 그

중앙집행위원이 되고, 4월 조선노농총동맹에 풍산소작인회 대표로 참가한 뒤, 조선노농총동맹의 10인으로 구성된 상무위원회 위원을 거쳐 책임자로 떠올랐다.[148] 그는 1924년 4월 하순 조선노농총동맹 임시대회를 열었다가 간부 26명과 함께 구속된 뒤, 5월 3일에 무죄로 풀려났다. 그해 연말에는 조선노농총동맹 상무위원으로서 남부지방을 돌아보며 조직 확대에 힘을 쏟았다. 당시에 그는 무산자동맹회와 혁청단, 그리고 불꽃사(火花社) 동인 등으로 활동했다. 그는 또 인쇄직공조합을 조직하고, 1925년에 인쇄공파업을 비롯하여 양말·고무·양화직공의 파업을 지도하였다.[149]

1925년 4월 17일 조선공산당이 창당될 때 권오설은 핵심인물로 위치를 잡았다. 2월에 김재봉·김찬·조봉암·박헌영·김단야 등과 김재봉의 하숙집에 모여 조선공산당 창당계획을 결의할 때, 그도 참가하였다.[150] 또 4월 17일 조선공산당이 정식으로 결성되어 김재봉이 책임비서로 뽑힐 때, 그는 중앙집행위원이 되었다. 권오설은 조선노농총동맹 대표로서 고려공산청년회 조직에 참석하여 7인 중앙집행위원회 위원 및 조직부 책임자가 되었다.[151] 또 그는 주로 청년·학생들의 규합에 노력하였고, 모스크바 동방노력자공산대학에 유학생을 파견하였다. 유학생 21명 가운데 안동 출신으로 그의 친동생 권오직과 안동 와룡면 중가구동 출신 안상훈이 포함된 사실은 그의 영향력을 말해준다.[152]

뒤를 받쳤다. 그는 권오설의 집안 할아버지뻘이지만, 권오설보다 한 살 많아서 형제 같은 사이였다.

148) 김희곤, 「권오설(1897~1930), 그의 생애와 기록」, 『권오설』1, 푸른역사, 2010, 31쪽.

149) 같은 글.

150) 「김찬 예심종결서」, 《조선일보》 1932년 5월 14일자.

151) 김희곤, 「권오설(1897~1930), 그의 생애와 기록」, 『권오설』1, 푸른역사, 2010, 32쪽.

152) 장석흥, 「권오설의 민족운동과 성격」, 『한국근현대사연구』19, 한국근현대사학

제1차 조선공산당이 1925년 11월 일경에 탐지되어 깨어지자, 권오설의 임무와 위상은 더 중요해졌다. 김재봉을 비롯한 주역들이 대거 검거되자, 그는 붕괴된 조직을 새로 일으키기 위해 박헌영을 이어 고려공산청년회 책임비서를 맡고서 조직 정비에 나섰다. 이것이 제2차 조선공산당이라 불린다. 염창렬·이병립·이지탁·박민영·김경재 등을 고려공산청년회 중앙집행위원 후보로 추천하고, 염창렬·김효종·권오상·조두원·정달헌·이병립·민창식·강균환·고윤상·윤기현 등 10명을 조선공산당에 입당시켜 입지를 강화시켰다.153) 권오상·조두원·정달헌·이병립·윤기현이 조선학생과학연구회 간부라는 사실은 권오설이 학생운동계 대표들을 쥐고 있었음을 알려준다.154)

제2차 조선공산당과 고려공산청년회를 장악한 인물은 이준태와 권오설이었다. 여기에 해외로 망명한 김찬·김단야 등이 연결되고 있었다. 권오설은 조선공산당 임시상해부에서 들어오는 자금을 관리하고 있었으며,155) 이준태는 조선공산당을 손에 쥐고 있었던 것이다.156)

한편 이 무렵 가일마을 청년들은 풍산소작인회를 끌어나가고 있었다. 선두에 선 지도자는 풍산들 동쪽 우롱골 출신 이준태였다. 서울에서 김재봉에게 교두보를 확보해 주고, 권오설을 불러 활동무대를 만들어 준 이준태는 다시 안동으로 돌아와 풍산소작인회를 지도해 나갔다. 여기에 가일마을 청년들이 대거 참가하였다. 풍산들을 둘러싼 마을 가

회, 2001, 221쪽; 김희곤, 앞의 글, 2006, 220쪽.

153) 김희곤, 앞의 글, 2006, 220쪽.
154) 같은 글.
155) 권오설은 제1차 조선공산당이 드러난 직후인 1925년 12월 20일 김단야가 보낸 朴泉으로부터 2천원을 받았다(김찬조서, 73쪽), 이는 동양혁명후원회가 보내온 희생자 구제 자금이다(「제2차 조선공산당 검거보고철」,『한국공산주의운동사』자료편2, 고려대학교 아세아문제연구소, 1980, 114쪽).
156) 장석흥, 앞의 글, 221쪽.

운데 하회나 소산마을, 그리고 상리와 하리의 지주들이 農務會를 구성
하고 소작쟁의를 방해하고 나설 때 가일마을 지주들이 거기에 별로 참
가하지 않은 사실은 사회운동의 선두에 선 권오설이나, 그 아래 성장
한 청년들 때문이라 짐작진다.157)

4. 6·10만세운동의 기획과 기여

제2차 조선공산당은 1926년 4월부터 메이데이 투쟁을 준비하고 있
었다. 4월 24일 정우회·전진회·조선청년총동맹·조선노농총동맹 대표
가 모여 방법을 논의하고, 조선노농총동맹이 진행을 책임지도록 결의
하였던 것이다.158) 그런데 갑자기 융희황제 순종의 죽음 소식이 들려
오자, 권오설은 메이데이 시위를 철회하고 인산일에 대중적 시위를 일
으키는 쪽으로 투쟁 방향을 수정하였다.159) 이는 순종 장례에 참가함
으로써 사회주의운동을 전국에 뿌리내리는 계기로 삼자는 계산에서
나온 것이다.

권오설은 1926년 5월 1일 상주 차림으로 변장하고서 압록강을 건너
갔다. 안동현 역전 근처 넓은 풀밭에서 김단야를 만나 활동 방향을 논
의하기 위한 길이었다.160) 논의한 핵심은 만세시위를 일으켜 제2의 3·
1운동을 만들자는 것이었다. 여기에 필요한 조선공산당의 찬동은 이준
태와 협의함으로써 해결되었다. 그러나 추진과정에서 자칫 조선공산당
이 붕괴될 수도 있으므로, 일단 투쟁 지도부를 당 중앙과 분리했다는

---

157) 김희곤, 앞의 글, 2006, 211쪽.
158) 《동아일보》 1926년 4월 25일자.
159) 장석흥, 앞의 글, 224쪽.
160) 김영진, 「조선공산당사건진상」, 『신민』30, 1927, 28쪽.

이야기도 전해진다.161) 그런데 권오설은 조선노농총동맹 중진이자 조
선학생과학연구회에도 깊은 영향력을 가지고 있었으므로, 이를 가지고
'6·10투쟁특별위원회'를 구성하였다.162) 그의 지휘 아래 투쟁지도부가
조직되고, 3·1운동 당시처럼 민족운동체를 결속시켜 나갔다. 하지만
상황 조건은 3·1운동 당시보다 훨씬 나빴다. 3·1운동을 경험한 일제
군경이 철저하게 감시에 나선 탓이었다. 그런 악조건을 헤쳐가면서 계
획은 추진되었다.163)

대중운동을 펼치기 위해서는 항일투쟁 세력의 연대가 필요했다. 그
해결 방향이 천도교 구파와 조선노농총동맹, 그리고 조선학생과학연구
회가 연대를 이루는 것이었다. 협의를 거쳐 이들 세력은 일을 서로 나
누어 맡았다. 천도교청년동맹이 격문 인쇄와 만세운동의 지방 확산을,
권오설이 조선학생과학연구회로 하여금 투쟁에 앞장서는 임무를 맡았
다. 권오설은 학생들에게 인산 당일 행렬에서 시위를 이끌어내는 임무
를 맡겼다. 그의 지시를 받은 이병립·이선호·이천진·조두원 등 조선학
생과학연구회 간부들은 구체적으로 논의를 거듭하였다.164)

주목할 점은 권오설의 영향 아래 움직인 '안동그룹'이다. 權五尙(본
명 權五敦)과 權五雲은 같은 마을 출신의 집안 동생들이고, 權泰晟은
풍산들 북쪽에 있는 풍산읍 안교동 출신, 그리고 李先鎬는 안동 예안
면 부포리, 柳冕熙는 예안면 삼산리 출신이다. 이선호는 중앙고보 재학

---

161) 임시상해부는 5월 12일에 시위와 관련하여 상세한 암호지시를 보내고, 다시 김
　　단야를 파견하여 권오설과 평양에서 만나 시위를 논의하였다고 한다. 이때 이
　　들은 책임범위를 가능한 줄이고자 권오설 외 5명 정도로 정했다(강덕상,『현대
　　사자료』29, 東京; みすず書房, 1972, 438쪽).
162) 全錫淡,「六十運動小史」,『민주주의』22, 1949, 11쪽; 조두원,「6·10운동과
　　조선공산당」, ≪청년해방일보≫ 1946년 6월 9일자.
163) 김희곤, 앞의 글, 2006, 222쪽.
164) 김희곤, 위의 글, 223쪽.

생으로 역시 조선학생과학연구회 상무를 맡던 핵심인물인데, 囷山 당일 장례행렬이 종로 3가 네거리를 지난 뒤 길 가운데로 뛰쳐나가며 만세를 부르기 시작했고, 이것이 제2의 3·1운동이라는 6·10만세운동의 신호탄이었다. 류면희는 중앙고보생으로 류인식의 동생, 류만식의 아들이다. 그는 출옥한 뒤에 1929년 조선학생과학연구회 집행위원으로 활약했다. 권태성은 중앙고보 재학생이었는데, 안동유학생회장을 맡기도 했다. 권오운과 권태성은 이미 풍산하기강습회에서 권오설의 교육을 받은 인물이었다.[165)

'안동그룹'은 권오설을 정점으로 삼고 맡은 일을 해냈다. 물론 이병립을 중심으로 움직인 학생들이나, 천도교 구파의 활동도 대단했지만, 권오설의 영향력 속에 움직이던 '안동그룹'은 선두에 나섰다. 거기에 가일마을 청년들의 기여도는 적지 않았던 것이다.

만세시위가 일어나기 직전, 6월 4일에 시위준비 과정 일부가 드러났다. 이로 말미암아 권오설은 사흘 뒤 종로경찰서에 잡혀 들어갔다. 그래도 만세시위는 예정대로 일어났다. 권오설은 숱한 고문을 당하면서 재판과정을 거쳐야 했다. 판결이 마무리된 것이 1928년 2월이니, 무려 20개월 동안 미결수 생활을 버텨내야 했다. 모진 고문을 받은 그는 고문경찰을 고소하여 법정투쟁을 벌였고, 그 사이에 큰 동생 권오기가 옥바라지를 위해 동분서주했다.[166) 안동출신 동지인 김남수는 제3차당 활동으로 검거될 때까지 옥바라지를 돕기도 했다.[167)

권오설은 1930년 4월 17일 서대문형무소에서 갑자기 옥사하였다.[168) 5년형을 선고받은 권오설은 감형이 되어 1930년 7월에 출옥할

---

165) 김희곤, 위의 글, 223쪽.
166) 김희곤, 위의 글, 224쪽.
167) 안동독립운동기념관 편, 「五箕가 서대문형무소에 있는 권오설에게」, 『권오설』 2, 푸른역사, 2010, 239쪽.

예정이었으니, 출옥을 100일 앞둔 때였다. 이 참극은 동생 권오직의 움직임과 관련이 있어 보인다. 조선공산당이 만들어지던 1925년, 이론을 무장한 청년들이 필요하다고 판단한 권오설이 앞장서서 모스크바에 유학생을 보냈는데, 동생 권오직이 거기에 들어 있었다. 모스크바 동방노력자공산대학을 졸업한 권오직은 1929년 9·10월에 국내로 잠입하여 이듬해 2월까지 활약하다가 붙잡혔다. 그리고는 4월 17일에 권오설이 서대문형무소에서 옥사한 것이다. 그러니 권오직의 일을 캐묻는 일제의 취조에 끝까지 버티다가 마침내 참혹한 죽음을 당한 것 같다.[169]

4월 20일 서울 신간회 경성지회에서 장례가 치러지고, 유해는 고향으로 옮겨졌다.[170] 얇은 서푼짜리 나무로 만든 관이 두꺼운 함석으로 만든 곽에 담겨 운구된 것이다. 2년 뒤 대상을 치를 때, 부친 권술조는 아들을 떠나보내는 「제문」에서 "고문한 흔적은 푸릇푸릇한 검은 점을 이루었으니 이 모두가 毒을 쓴 자국이었다."고 썼다.[171] 그의 유해는 일반적인 나무 관에 옮겨지지 못하고 함석 곽 그대로 가일마을 옆 공동묘지에 묻혔고, 봉분도 올리지 못했다. 일제 경찰의 철저한 방해와 압력 탓이었다.[172]

5. 사회운동의 전개

가일마을 청년들은 권오설의 영향을 고스란히 받고 서울로 유학했

---

168) ≪중외일보≫ 1930년 4월 19일자.
169) 김희곤, 「권오설, 그의 생애와 기록」, 『권오설』1, 푸른역사, 2010, 35쪽.
170) 「權五卨 屍體 鄕第로 運柩」, ≪중외일보≫ 1930년 4월 22일자.
171) 안동독립운동기념관 편, 「제문」, 『권오설』2, 푸른역사, 2010, 524쪽.
172) 안동독립운동기념관 편, 위의 책, 525쪽. 2008년 권오설의 무덤에서 나무 관과 함석 곽이 수습되어 안동독립운동기념관에 전시되고 있다.

다. 권오상은 가일마을 8부자집 가운데서도 가장 넉넉한 수곡파의 종
가에서 셋째 아들로 태어났다. 그가 중앙고등보통학교를 졸업하고 연
희전문학교 數理科에 들어가 문중의 기대를 모았다.[173] 그는 1925년에
창립된 조선학생과학연구회에 가입하여 10인 위원,[174] 서무부 집행위
원이 되고,[175] 신흥청년동맹과 革淸團에도 참가하였다.[176] 권오설의
추천으로 조선공산당원이 되고,[177] 제7 야체이카에 소속되어 움직였으
며,[178] 특히 권오설이 책임비서를 맡은 고려공산청년회에도 가입하였
다. 6·10만세운동에서 권오상은 연희전문학교를 중심으로 격문을 뿌리
고 자취를 숨겨, 일제의 집중적인 추적을 받았다.[179] 8월 1일 그는 안
동경찰서에 붙들렸고,[180] 징역 1년형을 선고받았다.[181] 옥고를 치르다
가 건강이 심각해지자, 1928년 5월 15일 일제는 그를 병보석으로 서대
문형무소에서 내보냈다.[182] 신문에는 肺病과 腦病이라 보도되었다. 그
는 안국동 1번지에 머물며 진료를 받았지만, "병세가 이미 기울어 위

---

173) 김희곤, 앞의 글, 2006, 225쪽. 그의 주소가 가곡리 419번지로 기록되어 있다
    (「被疑者 權五尙 訊問調書」, 1926.8.10).
174) 「在京學生團體의 內面」, ≪개벽≫72, 1926, 50쪽.
175) 「주의자 연락에 관한 건」, 京鍾警高秘 제8819호, 1926.7.13(국사편찬위원회
    한국사데이터베이스, 2009.11.03).
176) 「조선공산당사건 검거에 관한 건」, 『不逞團關係雜件 – 朝鮮人의 部-鮮人과
    過激派(7)』, 1926.9.15(국사편찬위원회 한국사데이터베이스, 2009.11.03).
177) 안동독립운동기념관 편, 「권오설 공관조서」, 『권오설』1, 푸른역사, 2010, 418쪽.
178) 「被疑者 權五尙 訊問調書(제2회)」, 1926.8.18(국사편찬위원회 한국사데이터
    베이스, 2009.11.03).
179) 「주의자 연락에 관한 건」, 京鍾警高秘 제8819호, 1926.7.13(국사편찬위원회
    한국사데이터베이스, 2009.11.03).
180) 「延專生押送」, ≪동아일보≫ 1926년 8월 5일자.
181) 고등법원검사국사상부, ≪思想月報≫1~4, 1931.7.15, 160쪽.
    '6월 10일 사건의 미체포자'는 권오상과 최현준 두 사람이라는 기사가 보도되
    었다(≪시대일보≫ 1926년 7월 15일자).
182) 「共産黨被告 權五尙永眠」, ≪동아일보≫ 1928년 6월 8일자.

급하므로" 5월 17일 고향으로 보내졌다.[183] 5월 19일 고향에 도착한 뒤, 6월 3일 오전 7시 그는 29세 젊은 나이에 사망하였다.[184] 고문 후유증에다 처참한 옥고 탓이었다.[185]

권오운은 權東浩의 아들이다. 권동호는 수곡종손 권준희의 아들이지만 남천댁으로 양자 들었다. 그 집도 역시 가일 8부자집 범위에 속했다. 중앙고등보통학교를 다니던 권오운의 집(남천고택) 마당 끝에 권오설이 살던 초가집이 붙어 있었다. 권오운이 6·10만세운동에서 맡거나 펼친 활동이 구체적으로 알려지지 않지만, 그는 거사 직후에 일경에 붙잡혀 고생하였다. 1927년에 들어 풀려난 그는 신간회 안동지회에 참가하였다. 1927년 8월 26일 안동 보광학교 대강당에서 열린 총회에서 류인식이 회장, 정현모가 부회장에 뽑히고, 간사 24명이 선출될 때,[186] 그는 권태석·이운호·안상길 등과 더불어 간사로 뽑혔다.[187] 그는 같은 시기에 안동청년동맹에도 들어가 풍산지부 상무위원으로 활약했다. 그러나 권오운은 곧 숨졌다. 감옥에서 나온 뒤로 몸이 좋지 않았지만, 계속 활약하던 그는 1927년 12월 23일 24세 젊은 나이에 세상을 떠난 것이다.[188] 그런데 무슨 이유인지는 알 수 없으나 영결식은 이듬해 8월이 되어서야 이루어졌다.[189]

---

183) 「危重한 權五尙 保釋되어 歸鄕」, 《동아일보》 1928년 5월 18일자.
184) 「朝鮮共產黨事件의 權五尙遂死亡」, 《동아일보》 1928년 6월 10일자.
185) 서울에서는 6월 8일 水標町 42번지에 있던 조선교육협회에서 隣光會 주최로 추도식이 열렸다(「故權五尙君 追悼會擧行」, 《중외일보》 1928년 6월 9일자).
186) 「新幹會安東支會 設置大會」, 《중외일보》 1927년 8월 30일자.
187) 신간회 안동지회는 출발할 때 197인으로 시작했으나, 곧 700명이 넘어, 전국에서 평양지회에 이어 두 번째로 큰 지회가 되었다(김희곤, 앞의 책, 2007, 438~443쪽).
188) 「權五雲君永眠」, 《동아일보》 1928년 1월 10일자.
189) 당시 보도기사는 더욱 진실을 알 수 없게 만든다. "경북 안동청년동맹에서 만흔 활동을 하다가 악마의 병으로 금년 봄에 세상을 떠난 권오운 군은 그동안 여러 가지 형편으로 장의를 거행치 못 하얏으며 군의 가뎡이 매우 빈한함으로

1920년대 초기에 사회운동에 나선 가일마을 청년으로 權寧植이 있다.[190] 그는 일찍이 1910년대 후반 권준희·권준홍 등과 더불어 광복회에 자금을 지원했다가 곤욕을 치른 일이 있었다. 그 뒤에 조선노동공제회 안동지회에 참가하였다. 1920년 4월 서울에서 최초의 대중적인 노동운동 단체인 조선노동공제회가 조직되자, 안동에서도 같은 해 9월 23일 안동지회가 설립되었다.[191] 총간사는 柳周熙를 비롯한 주역들로 대개 류인식의 영향을 받은 청년들이었다. 1921년 7월 15일에 열린 제2회 정기총회에서 간사 10인과 議事 25인이 뽑혔는데, 권영식은 의사로 선출되어 활동하였다.[192]

權五憲은 신간회와 안동청년동맹 풍산지부 집행위원으로 활약하였다.[193] 그의 직업은 잡화상이고, 본적은 가곡동 614번지, 당시 주소는 422번지였다. 그는 1928년 5월 13일 열린 신간회 안동지회 제6회 간사회에서 수금위원 10인 가운데 한 사람으로 뽑히자, 捐年金, 곧 기부금 모으는 일을 맡았다.[194] 그러다가 1929년 8월, 그는 '불온축문' 사건으로 구속되어 곤욕을 치렀다. 1929년 8월 10일에 열릴 신간회 안동지회 임시대회를 앞두고, 그는 聞慶郡 麻城面 外於里 李丙祥 집에서 임시

안동청년동맹 풍산지부에서는 회원 여러 사람이 노력하야 군의 장의를 준비중이라는바 영결식은 오는 십삼일 정오에 풍서면 가곡동에서 거행하리라더라" (《동아일보》 1928년 8월 9일자). 여기에서 장의가 늦어진 '여러 가지 형편'을 알 수 없다. 다음으로 '가정이 매우 빈한'하다는 표현은 사실과 다르다. '악마의 병'에 대해서는 고문 후유증이라고 마을사람들은 알고 있다. 그런데 집안 사람의 이야기를 들으면, 집에서 사망 1주일 만에 상을 치렀다고 전한다. 그렇다면 이 보도는 일제의 제약으로 말미암아 가족들끼리만 장례를 치르고, 여덟 달이나 지나서야 비로소 공개적인 영결식을 지낸 것이라 짐작된다.

190) 김희곤, 『안동독립운동 인물사전』, 선인, 2011, 30쪽.
191) 김희곤, 앞의 책, 2007, 354쪽.
192) 《동아일보》 1921년 7월 22일자.
193) 김희곤, 『안동독립운동 인물사전』, 선인, 2011, 42쪽.
194) 「新幹安東支會 第六回幹事會」, 《중외일보》 1928년 5월 18일자.

대회에 보내는 '축하문'을 작성하였다. 핵심은 "압제와 박해를 헤쳐 나
갈 투사가 필요하며, 필사적인 자세로 싸울 작전계획을 수립하자."는
것이었다. 이 축하문을 임시대회에 보냈는데, 일제는 그 내용이 대단히
선동적인 불온문서라는 이유를 내걸고 그를 잡아넣었다. 안동경찰서에
이어 대구지방법원 안동지청 검사국으로 옮겨진 그는 예심감방에서
고생하다가,[195] 10월 31일 보안법위반 혐의로 징역 8월에 집행유예 2
년형을 받고 풀려났다.[196]

권오설의 친동생 권오직의 활동은 두드러진다.[197] 1906년생으로 권
오설보다 아홉 살 적은 권오직은 형의 영향으로 17세 되던 1923년부터
사회운동에 뛰어 들었다. 1924년 2월 신흥청년동맹과 혁청단, 1925년
4월 고려공산청년회에 참여하였다. 그가 혁청단의 대표를 맡은 사실은
1925년 1월 14일에 서울 기독교청년회관에서 열린 혁청단 강연회에서
드러난다. 600명이나 모인 자리에서 "제1조 조선민중의 해방운동을 촉
진한다."로 시작되는 강령을 낭독하는 것으로 시작하여 4개 주제의 강
연이 진행되었는데, 그 단장이 권오직이었다.[198] 앞에서 보았듯이, 그
는 모스크바 동방노력자공산대학에 유학을 다녀왔다.[199] 1925년 9월
동방노력자공산대학에 입학하여 1929년 3월에 졸업한 것이다. 그해 8
월에 국제공산청년동맹으로부터 고려공산당청년회를 재조직하라는 사
명을 받은 그는 9~10월 무렵에 돌아왔다. 귀국하자마자 그는 조선공산

---

195) 「執行猶豫로 權五憲氏出監」, ≪중외일보≫ 1929년 11월 1일자.
196) 「권오헌 판결문」, 대구지방법원 안동지청, 1929년 10월 31일.
197) 權善得·南秉喆·보스또꼬프(Boctokob)라는 이름을 사용했다. 감옥에서 작성
  된 신원카드에는 幸田五稷이라 적혀있다.
198) 「革淸團講演會報告」京鍾警高秘 제159호의 2, 『檢察事務에 관한 記錄(2)』
  1925.1.15.
199) 安相勳 등 20명이 모스크바로 갔는데, 안상훈은 안동 와룡면 가구리 출신으로
  형 安相吉과 그 사촌형제들이 대거 사회운동에 참가하여 널리 알려졌다.

당조직준비위원회를 만들고 선전부 책임자가 된 뒤, 1930년 1월에 조선공산당 경성지구조직위원회를 결성했다. 광주학생항일투쟁의 열기가 전국으로 퍼져가던 데다가, 3·1운동 11주년 기념일이 눈앞에 다가오자, 그는 반일감정을 더욱 격발시키기 위해 2월에 전국 청년동맹·농민조합·노동단체에 반일격문을 돌리는 일에 앞장섰다. 그러다가 그는 일경에 붙잡혔고, 권오설이 서대문형무소에서 죽음을 맞은 것은 바로 그 뒤였다. 그러므로 권오직의 동정과 권오설의 죽음에는 관련이 있을 수밖에 없다는 것이다. 권오직은 1931년 10월 28일 경성지방법원에서 징역 6년형을 선고받고 옥고를 치렀다.[200] 또 1933년 1월 26일 보안법 위반 혐의로 징역 8월이 추가되었다.

권오직은 1936년 4월 30일 출옥하자마자 바로 항일투쟁에 나섰다. 학생들에게 '조선독립과 공산주의 사회건설'의 필요성을 강조하고 이를 향한 활동에 몰입한 것이다. 그의 주장은 1940년 6월 2일, 서울 寬勳町 13번지 漢興旅館에서 있은 모임의 발언에서 확인된다. 그는 "일제의 정책이 민족문화를 말살하는 착취정책이며, 일제 치하에서는 어떻게 하더라도 경제적 피폐를 벗어날 수 없으니, 이를 극복하려면 독립하는 길뿐이다."라고 주장했다. 또 1940년 6월에도 그는 러시아와 한국을 비교하면서 독립해야 하는 당위성을 설파하였다. 일제의 착취정책을 이겨내는 길이 오로지 민족의 독립이라는 것이 그 핵심이다. 그 자리에 있던 인물 가운데 안동 풍산읍 상리 출신이자 배재중학 1년생이던 李海稙은 권오직에게서 감화를 크게 받은 것으로 알려진다.[201] 1940년 12월 권오직은 다시 종로경찰서에 붙잡혀 징역 8년형을 선고받고 복역하다가 해방을 맞아 출옥하였다.[202]

200) 김희곤, 앞의 글, 2006, 227쪽.
201) 「권오직 등 판결문」, 경성지방법원, 1942년 5월 31일.
202) 권오직은 해방 이후에도 활발하게 활동하였다. 1945년 9월 정치국원이자, 해방

가일마을 청년으로 安基成의 존재도 중요하다. 안동권씨라는 큰 문중에 가려 그의 존재가 드러나지 않을 수가 있지만, 활동이나 비중에서 결코 그렇지 않다. 그는 권오설보다 한 살 아래로,[203] 투쟁 경력이 권오설과 같은 화요파에 속했고, 걸었던 길도 비슷했다. 그는 1920년대 전반기에 학생대회 중앙위원을 지냈으며, 신사상연구회와 화요회에 참가하고, 1925년 2월에는 전조선민중운동자대회 준비위원, 9월에 조선노농총동맹 중앙집행위원으로 뽑혔으며, 조선공산당에 입당하여 경기도당위원을 지냈다. 권오설이 핵심으로 활약한 제2차 조선공산당에 참가했고, 권오설이 체포되던 1926년 6월에 소련으로 빠져나갔다가 만주로 이동하였다.[204] 그곳에서 안기성은 1927년 3월경 조선공산당 만주총국 東滿區域局 책임비서가 되어 활동 무대를 넓혔다.[205]

일보 사장이 되고, 조선인민공화국 후보위원이 되었다. 1946년 2월에는 민주주의민족전선 결성대회에 참가하여 중앙위원으로 선출되고, '조선공산당 중앙 및 지방동지 연석간담회'에 참석하였다. 이때까지 활동은 미군정이 인정하는 합법적인 공간에서 펼친 것이었다. 하지만 1946년 5월에 터진 '精版社僞造紙幣 사건'은 이후 조선공산당이 비합법적인 조직으로 규정되고 탄압받는 계기가 되었다. 이에 지명 수배된 그는 바로 북한으로 피신하였다. 그는 1948년 8월 해주에서 열린 남조선인민대표자대회에서 제1기 최고인민회의 대의원으로 선출되었다. 6·25전쟁 직전인 1950년 2월부터 전쟁을 펼쳐지던 1952년 1월까지 헝가리 주재 공사, 그해 3월부터 중국 대사로 부임했다. 휴전 직후인 1953년 8월 북한으로 소환되고, 조선노동당 중앙위원회 후보위원이 되었다가, 반당·반국가 파괴분자라는 이유로 숙청되어 평안북도 삭주의 농장으로 추방되었다고 전해진다(강만길·성대경, 『한국사회주의운동 인명 사전』, 창작과비평사, 1996, 35쪽).

203) 김희곤, 앞의 글, 2006, 228쪽. 안기성은 鄭在潤(혹은 鄭在允)이라는 이름을 썼다.

204) 같은 글. 소련으로 가기 앞서 5월 24일 안기성 아내가 사망했다는 보도가 있었다(「地方人士 往來」, ≪시대일보≫ 1926년 5월 29일자).

205) 「朝共과 同根異體인 間共사건 예심 종결, 피고 삼십명 중 박진욱만 면소, 안기성이 책임비서」, ≪동아일보≫ 1928년 5월 1일자, 주소는 間島 龍井村 제2구 3동이다.

만주총국의 책임비서는 조봉암이었다. 그 아래로 선전부장 윤자영, 총무부장 최원택 등이 있었다. 만주총국은 중앙조직 아래에 동만·남만·북만 등 3개 구역국을 두었다. 이 가운데 동만구역국은 용정·연길·왕청·화룡·훈춘 등 지금의 북간도 일대이며, 용정에 그 본부가 있었다. 안기성은 바로 그 책임자로서 민족주의세력과 협력하기도 하고, 군사부를 두어 군대양성에도 힘썼다.206) 동만구역국은 1927년 5월 1일 국제노동자절을 맞아 반일시위를 시도하였다. 여기에서 일제에 붙들린 인물들의 재판 날짜인 10월 2일에 맞춰 대규모 반일시위를 준비하다가, 안기성의 집을 기습한 일경에 그를 비롯한 29명이 붙들리고 말았다.207) 11월 예심을 시작하여 1년을 넘어 1928년 12월 경성지법에서 징역 5년을 선고받았다. 1932년 대전형무소로 옮겨지던 도중에 반일만세운동을 이끌다가 다시 보안법위반 명목으로 6개월 징역형이 추가되었다. 다시 서대문형무소로 옮겨진 그는 6년 5개월 동안 독방에서 고생하다가 1934년 1월 31일 만기 출옥했다.208) 그는 출옥하면서 한국의 사회주의운동이 성장한데 대해 대견하게 여겼다.209)

---

206) 「춘5월 만주야에서 창설 최초의 회합, 조선공산당지체 만주총국, 군사부도 특별 설치」, ≪중외일보≫ 1928년 11월 26일자.

207) '제1차 조선공산당 사건'으로 불리는 이 일은 조선총독부가 만주지역의 한인 사회주의운동가들을 민족운동의 한 세력으로 파악하고, 이를 탄압하는 과정에서 터진 것이다. 그 뒤로 제5차까지 저항과 탄압이 이어졌다.

208) 해방 직후 1945년 9월 안기성은 조선인민공화국 중앙인민위원회 후보위원으로 추대되고, 1946년 2월 민주주의민족전선 결성에 참여하여, 상임위원 및 사무국 재정부장이 되었다. 그는 1947년 '3·22사건'을 계기로 포고령 위반 혐의를 받아 미군정 재판에 회부되었고, 이후 월북하여 1948년 8월 해주에서 열린 남조선인민대표자대회에서 제1기 최고인민회의 대의원으로 선출되었다. 그리고 6·25전쟁에서 그는 1950년 6월 유격대 제7군단 '南道富部隊' 정치위원이 되고, 7월 경기도인민위원회 부위원장을 지냈다. 그러다가 권오직과 마찬가지로 1953년 8월 조선노동당에서 출당되었다. 그는 李承燁의 장인이기도 하다 (강만길·성대경, 『한국사회주의운동 인명 사전』, 창작과비평사, 1996, 264쪽).

위에서 본 사회운동과는 다른 노선을 걸은 가일마을 청년도 나왔다. 權在壽는 이상룡이 앞장섰던 서간도 지역 독립군 양성에 참가하여 무관학교 생도모집에 나섰다가 체포되었다.[210] 그러나 그의 뒷 행적은 전해지지 않는다.[211] 또 광복 직전 마지막 독립운동으로 안동농림학교 학생들을 중심으로 펼쳐진 조선회복연구단에 참가한 인물도 있었다. 광복 전야에 곳곳의 중등학교에서 '독립군'을 표방하는 조직들이 나타났다. 제2차 세계대전이 일어나고 학생들이 학습보다는 노동현장에 동원되었고, 이런 틈에 항일전투를 펼치려는 조직들이 생겨났다.[212] 안동농림학교에서도 마찬가지 현상이 나타났으니, 조선회복연구단이 그것이었다. 안동경찰서 무기고를 습격하여 무장하고 항일투쟁을 벌인다는 계획을 세웠지만, 일제 경찰의 집중적인 감시로 40여 명이 붙들렸고, 1명이 유치장에서 숨지고, 나머지는 광복 이틀 뒤 풀려났다.[213] 여기에 참가한 가일출신으로 權赫壽(이명 權在倬)가 있다.[214] 그는 8부자 계열 가운데 하나인 權東直의 손자였다. 권동직과 그의 아들 權五

---

209) 그는 출옥할 때 기자들이 묻는 말에 "7년 동안이나 세상과 격리하야 잇어서 모든 것이 막연할 뿐입니다. 그러나 감옥 안도 작은 사회를 형성하야 가지고 잇기 때문에 추측은 할 수도 잇습니다. 내가 처음 입감하엿슬 때에는 공산당사건으로 투옥된 사람들이 불과 3백명 밧개 안이 되든 것이 지금 수천명이 된다고 합니다. 고향에는 六十 노모가 계심으로 속히 나려가 보아야 하겟스나 건강이 퍽이나 쇠약하야서 의사의 진찰도 좀 바다볼가 합니다."라고 답했다 (≪조선중앙일보≫ 1934년 2월 1일자). 형 安基洙가 출감 소식을 듣고 동생의 옷과 신발 등을 가지고 1월 17일 걸어서 안동을 떠나 상경하여, 감옥을 나온 아우를 맞았다고 이 신문은 보도했다.

210) 류시중·박병원·김희곤 역주, 『국역 고등경찰요사』, 선인, 2010, 368~370쪽.

211) 한편 마을에서 1930년대에 중국에서 활약했다는 權在重도 거론되지만, 구체적인 자료는 보이질 않고 있다.

212) 조동걸, 『식민지 조선의 학생운동 于史趙東杰저술전집10』, 역사공간, 2010, 193~194쪽.

213) 김희곤, 앞의 책, 2007, 494~504쪽.

214) 김희곤, 『안동독립운동 인물사전』, 선인, 2011, 63쪽.

틈은 서간도로 망명하였는데,[215] 다시 권오창의 아들이 독립운동에 뛰어 든 것이다.

가일마을에서 언어민족주의 운동을 벌인 인물도 나왔다. 민족이 잃은 국가를 되찾으려면, 민족 언어와 민족 역사 그리고 민족 종교를 보존해야 한다는 것이 박은식·신채호·주시경 등 한말 이후 많은 민족운동가들이 가진 생각이었다. 그래서 이를 국학민족주의라 부른다.[216] 이는 언어민족주의·역사민족주의·종교민족주의로 대별되는데, 일제의 탄압이 이 노선에 집중된 것은 더 말할 필요가 없다. 신채호와 박은식의 역사서술에 맞서 일제는 조선사편수회를 만들어 역사를 조작하고 나섰고, 대종교 중심의 독립운동 조직을 부수기 위해 '미신타파운동'을 내걸고 단군 짓밟기에 나섰다. 또한 한국 語文을 부수는 작업도 그랬고, 1942년 조선어학회를 탄압하고 나선 이유도 마찬가지다. 따라서 나라 역사를 쓴다는 것이나, 나랏말을 찾고 바로 세우는 작업도 민족운동의 범주에 든다. 항일투쟁기에 나랏말 보존 작업은 민족운동의 한 방법이었다. 이 길에 나선 가일사람으로 權寧達이 있었다.

권영달은 휘문고등보통학교를 졸업하고 경성고등상업학교(서울상대 전신)에 재학하다가, 6·10만세운동으로 일경에 쫓기면서 학교를 그만두었다.[217] 뒷날 권영달은 가일마을에서 가까운 예천의 대창학교에서 학생들을 가르치던 그는 최현배를 비롯한 한글학자들과 교유하면서 나랏말을 연구하여 민족문제를 해결하러 나서자, 1941년 8월 『朝鮮語

---

215) 권오걸(1933년 가일마을 출생, 권영달의 조카, 2012년 현재 경기도 일산시 거주) 증언.

216) 조동걸, 『한국계몽주의와 민족교육 于史趙東杰저술전집5』, 역사공간, 2010, 23~24쪽.

217) 권영달은 1925년에 남긴 이력서에 원적을 경북 예천군 예천읍 路上洞으로 적었지만, 그의 본적은 가곡동 406번지였다. 광복회로 부친 권준흥이 고생한 뒤 1920년대 초에 예천으로 이주하였다.

文正體』를 펴내면서 같은 길을 걸었다.[218] 1년 뒤 조선어학회 박해 사건이 벌어졌다. 일제 감시가 더욱 심해진 환경에서, 그는 신경쇠약으로 고생하다가 광복을 한 달 앞두고 사라졌다. 그가 어디에서 어떤 최후를 맞았는지 알 수 없다. 그 무렵 남긴 「朝鮮文綴字法」(원고본)은 마지막 유작이다.[219]

6. 맺음말

한국독립운동 51년 역사에서 가일사람들의 활동은 1920~1930년대에 집중되었다. 전체의 중간점인 1919년 3·1운동을 중심으로 보면, 전반부에 광복회 활동이 있기는 했지만, 무게 중심은 1920년대 농민·노동·청년운동 등 사회운동에 있었다. 전반부에 비교적 소극적이던 이유는 두 가지 원인에서 찾을 수 있다. 하나는 정치에 뛰어들지 말라는 屛谷 權榘의 가르침이고, 다른 하나는 민족운동에 비교적 소극적이었던 하회문화권의 공통적인 성향 때문일 것이다.

가일사람들이 민족문제 해결에 나선 때는 나라를 잃은 뒤였다. 1915년 광복회가 나타나면서 내디딘 것이 그 첫 걸음이었다. 하지만 아직도 전면적인 투쟁단계에 접어든 것은 아니었다. 투쟁의 전면에 가일사람들이 나타나기 시작한 계기는 바로 권오설의 등장이었다.

권오설은 가일마을의 역사를 바꾸어 놓은 인물이다. 그는 3·1독립선언 당시 전라남도 광주에서 활약했다. 그리고서 고향으로 돌아온 뒤 농민·노동·청년운동을 시작하고, 풍산소작인회를 통해 서울로 진출하

---

218) 서울 德興書林 간행.
219) 임원수(권영달의 손서, 안동시 거주) 소장.

였다. 그 뒤를 따라 가일 청년들이 줄을 이어 서울로 갔다. 권오설이 조선노농총동맹·신흥청년동맹·조선공산당에서 두각을 나타내던 그 길을 따라 가일마을 청년들도 나아갔다. 특히 6·10만세운동은 권오설이 기획하고 그를 따르던 가일마을 청년들을 비롯한 '안동그룹'의 기여도가 높았다. 그 바람에 가일 청년들은 감옥에 갇히거나, 아니면 대부분 학교를 중퇴하고 귀향하였다. 풀려난 자들은 권오상·권오운처럼 옥고로 말미암아 신음 끝에 요절하는 인물도 있었고, 농민·노동운동을 지속하는 사람도 있었다. 또 그의 영향으로 모스크바로 갔던 권오직은 사회주의를 본격적으로 익히고 돌아와 투쟁노선을 걷기도 했다. 또 권영달처럼 언어민족주의 운동에 참가하여 겨레말을 지키나가던 인물도 나왔다.

가일마을 사람들이 펼친 항일투쟁은 독립운동의 후반기에 집중되었고, 특히 농민운동을 축으로 삼는 사회운동과 사회주의운동에 집중되었다. 여기에다가 해방 이후 남북분단이 나타나면서 권오직을 비롯해 많은 인물이 월북함에 따라 '안동의 모스크바'라는 별칭이 나타났던 것이다.

제3절 안동 부포마을 사람들의 항일투쟁

1. 머리말

안동 부포마을은 40년 전에 물속으로 사라졌다. 500년 역사를 하루 아침에 잃었고, 이제는 옛 자리를 가늠하기도 힘들다. 1974년 안동댐이 건설되면서 대부분의 영역이 물속으로 잠겨버렸기 때문이다. 그 바람에 오랜 세월 동안 지니고 온 마을의 문화와 역사마저도 묻히고 말았다. 이 마을의 사람들이 가졌던 독특한 삶의 자취는 사라졌고, 마을을 떠나 전국 곳곳에 흩어져 사는 사람들의 기억 속에서 겨우 이어지고 있을 뿐이다.

이 글은 부포마을의 역사, 특히 독립운동의 역사를 복원하는 데 목표를 둔다. 여기에서 말하는 부포마을 사람의 범주는 이 마을에서 태어난 사람이 안동만이 아니라 서울과 나라 밖에 나가 펼친 내용을 말한다. 또 외가에서 태어났지만 본가가 이 마을인 경우, 그리고 서울에서 태어났더라도 부모가 이 마을에 본적을 둔 사람도 포함한다.

이 마을사람들이 펼친 항일투쟁은 다양하다. 한국독립운동 50년 역사의 첫 장인 의병항쟁에서 시작하여 광복을 맞을 때까지, 한 마을사람들이 펼친 독립운동이 이처럼 다양하기도 그리 쉽지는 않다.220) 그 내용을 시기와 주제별로 나누어 활동과 성격을 추적한다.

2. 인문지리적 배경

부포는 안동에서 북쪽으로 약 25km 정도 거리에 있다. 안동시내에서 북쪽으로 8km 떨어진 와룡면 소재지에서 동쪽으로 방향을 틀어 북동쪽으로 10km 남짓 가면 예안면사무소가 있는 정산에 이르고, 다시 2km 북상하여 두 갈래에서 왼쪽 길을 택하면 이즈음부터 부포마을이 시작된다. 와룡에서 동쪽으로 가지 않고 곧장 도산서원 방향으로 북상하면 서부리 선착장에서 배를 타고 건널 수 있다. 부포마을 북쪽에 의촌리가 있고, 거기에서 북쪽 낙동강 너머로 도산서원이 보인다.

이 마을은 본래 禮安縣에 속했고, 浮羅院이라는 院이 두어졌다. 지금도 남아 있는 浮羅院樓가 이런 사실을 알려준다. 행정구역상 예안군 동하동에 속했다가, 1914년에 행정구역이 폐합됨에 따라 청천동과 의동면의 분천동 일부를 합쳐 부포동(리)이 되고 안동군 예안면에 속했다. 그러다가 1974년 안동댐이 건설되면서 마을 머리맡을 따라 수몰선

220)

〈부포마을 사람들이 참가한 독립운동〉

연도	활동내용	참가자
1895	의병통문	이만응
1904	충의사	이규락
1908	계몽운동	이동하·이동식·이중항·이중한
1911	만주망명	이동하
1919	3·1독립선언	금용문·금용운·이성호·이회벽·조방인·조병건·조사명·조수인
1921	자정순국	이명우 부부
1925	제2차 유림단의거	이원태
1926	6·10만세운동	이선호
1927	신간회	이원혁
	예안협동조합	이중진
	장진홍의거	이경식
1929	신간회와 광주학생항일투쟁	이원혁
1930	도쿄 사회운동	이선호
1931	안동코뮤니스트 그룹	이면호·이철호·이동신·이중구·이현호
1933	노동항일투쟁	이효정·이병희·이병기
1940년대	수탈체제 저항	이원본·이우연·이치득·성재근·김태암

이 정해지는 바람에 마을 대부분이 사라지고 일부분만 남았다. 1995년
안동시와 안동군이 통합되면서 안동시에 속하게 되었다.

〈부포마을 지도〉

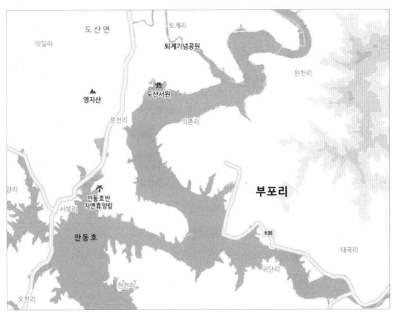

부포마을은 낙동강을 따라 중마을·호소골·월촌·가름·가름골·역동·
신촌·횃골·원거리·청고개·다래[月川] 등의 작은 마을로 이루어졌다.
중마을은 부포리의 중간에 있으며, 북동쪽에는 호소골이, 남쪽으로는
원거리·횃골이 있었다. 월촌과 신촌은 동쪽 산기슭을 따라 활시위처럼
길게 터를 잡았고, 가름과 역동은 부포리의 서쪽편이다. 원거리는 부라
원루가 있는 마을이라 붙여진 이름이다. 부포에는 진성이씨·봉화(봉
성)금씨·횡성조씨가 많이 살았는데, 그 가운데 진성이씨는 중마을·청
고개·호소골·가름에 많이 살았고, 봉화금씨는 진성이씨와 마찬가지로

중마을에 많이 살았으며, 다래는 대대로 횡성조씨들의 세거지였다.

부포마을에는 안동권씨가 經歷 權簡의 선조 대부터 토성으로 터를 잡았다. 여기에 15세기 초반에 봉화금씨 琴淑이 권간의 사위가 되면서 살기 시작했고, 뒤를 이어 진성이씨와 횡성조씨를 비롯한 여러 성씨가 들어와 자리를 잡았다. 일찍이 1570년에 退溪 李滉이 발의하여 禹倬을 제향하는 易東書院을 세운 곳도 이곳이고, 뒷날 1881년 영남만인소의 疏首가 된 李晩孫이 태어난 곳도 여기다.221)

이 마을은 일찍부터 세가 컸다고 알려진다. 1789년 작성된 『戶口總數』를 보면, 예안현에는 80개 里에 1,471가구가 살았는데, 부포마을이 100호가 넘었다니 꽤나 번성한 마을이었음을 알 수 있다. 1935년에 발간된 『朝鮮の聚落』에도 이 마을에 99호 583명이 살았다고 적혀있다. 그 가운데 진성이씨는 50호에 300명으로, 부포 인구의 절반을 넘는다. 광복 이후에는 이 마을사람도 늘어나, 1961년에 발간된 『安東大觀』을 보면 가구 수가 211호나 되었다.

3. 3·1독립선언 이전의 항일투쟁

1) 禮安通文 발의와 杜門自靖

경북지역에서 을미의병의 발단은 안동과 예안에서 비롯하였다. 경북에서 맨 먼저 의병을 일으키자는 통문이 발송된 것이 禮安(鄕會)通文이다. 안동에 단발령이 도착한 날은 서울에서 단행된 지 12일 지난 1896년 1월 11일(음 1895.11.27)이고, 이틀 지난 1월 13일(음 11.29) 예

---

221) 이원정, 「물에 잠긴 부포 역사」, 『眞脈』2, 진성이씨 서울화수회, 2002, 138~139쪽.

안동문이 돌았다. 이를 출발점으로 삼아 의병을 일으키려는 논의가 일어나고, 여러 서원에서 통문을 돌리기 시작했다. 예안통문은 안동지방에서 의병을 일으키자는 첫 통문이다. 모두 223명 이름으로 작성된 것이지만, 대표자 이름은 7명이 등장한다. 그 맨 앞에 적힌 인물이 바로 부포마을 출신 李晚鷹이다.222)

통문의 요점은 다음과 같이 정리된다. 왜인들이 임진왜란 때 성종과 중종의 왕릉을 파헤친 야만성이나, 이번에 국모를 시해한 방자함으로 보아, 장차 왕위까지 마음대로 흔들 것이라고 경고하면서, 단발령이라는 일본의 강압책에 고개 숙일 수 없다고 주장했다. 이 글은 역사적으로 농축된 항일의식과 그 시대를 살아가는 지식인으로서의 자존심, 그리고 정의감을 보여준다. 예안에서 결성된 선성의진은 이 통문을 바탕으로 1월에 성립되었다. 대장은 하계마을 李晚燾였고, 부장 또는 중군으로 李中麟이 활약하였다.223) 이만응은 일제의 침략성을 규탄하는 통문에 앞장섰지만, 의병에는 가담하지 않은 것으로 보인다.224) 그렇더라도 의병을 일으키는 실마리를 여는 데 맨 앞을 섰다는 점만은 인정하고 가야겠다. 예안의병을 이끈 의병장은 이만도에서 이중린을 거쳐 이인화와 이찬화로 이어지는 진성이씨들이었다. 그러니 이 마을 사람들도 의병에 참가하였을 것으로 짐작되지만, 이를 보여주는 구체적인 자료가 확인되지 않는다.

의병에서 계몽운동으로 전환되는 시기에 서울에서 움직임을 보인

---

222) 「倡義見聞錄」, 『독립운동사자료집』1, 독립운동사편찬위원회, 1970, 645쪽; 「프랑스 宣敎師의 暴徒에 대한 密告」, 『주한일본공사관기록』, 국사편찬위원회, 1896년 2월 18일.
223) 김희곤, 『안동사람들의 항일투쟁』, 지식산업사, 2007, 133쪽.
224) 독립운동사편찬위원회, 『독립운동사』1, 1970, 183쪽(선성의진 참여자 가운데 이만응의 흔적은 찾아볼 수 없다); 李晚燾, 『響山年譜附錄』, 乙未年 十二月 倡討復義擧... 十八日罷陣入山.

인물이 있다. 진성이씨 虎洞派 종손 李圭洛(1850~1929)이 1904년 서울에서 忠義社에 참가한 것이 이를 말해준다.[225] 충의사는 서울에서 전·현직 관리들과 유생들이 "외적을 물리치고 강토를 보전하며 종사를 지키고 생령을 받들기 위해 결사한다."는 뜻을 내걸고 조직되었다. 모두 133명을 넘는 인물이 참가했는데, 서울과 경상·충청지역출신이 대부분이었다. 안동부 사람으로 10명 넘게 확인되는데,[226] 여기에 포함된 이규락이 바로 부포마을 출신이다. 뒤에 살피겠지만, 이규락이 서울에 머물면서 충의사에 참가하는 동안, 그의 아들 이동하와 이동식이 서울과 대구에서 교남교육회 활동을 시작하고 교육구국운동에 힘을 쏟으면서 사상적인 전환점을 맞게 되었다.

한편 나라가 망했다는 소식을 듣고 상주 차림으로 은둔한 인물도 있었다. 봉화금씨 惺惺齋 琴蘭秀의 종손인 鶴山 琴鏞夏가 그 주인공이다. 1910년 8월, 이름난 집안의 주손이자 70세 원로이던 그는 나라가 망했다는 소식을 듣자, 패랭이[平凉子]를 쓰고 상주를 자처하며 바깥 출입을 금했다. 이를 두고 杜門自靖이라 일컬었다.[227]

2) 만주망명과 본격적인 항일투쟁 시작

1904년에 들면서 나라를 구하기 위해 새로운 방법을 찾으려는 움직임이 나타났다. 곳곳에서 일본군에 맞선 의병항쟁이 펼쳐졌지만, 일제침략을 막아내지 못하고 나라가 무너질 조짐을 보였다. 이에 새로운 방략을 선택하는 움직임이 나타났으니, 1904년부터 시작된 계몽운동이 그것이다. 신식학교를 세워 새로운 문화를 수용하는 인재를 양성하고

---

225) 呂中龍, 「署名錄」, 『南隱先生遺集』권2, 1969, 27쪽.
226) 김희곤, 『안동사람들의 항일투쟁』, 지식산업사, 2007, 176쪽.
227) 이원정(부포마을 출신, 1934년생, 이선호의 아들, 서울 거주) 증언.

민족자본을 축적하려는 움직임이 활발하게 대두하였다.

서울에서 시작한 이 계몽운동을 지방으로 확산하는 데에는 서울에서 활약하던 인물들의 움직임이 결정적으로 작용했다. 당시 서울에서 활약하던 경상도 사람들도 고향의 문화적 개혁과 혁신을 이끌어내고자 조직을 만들었다. 이것이 바로 嶠南敎育會였다. 대구에 신식학교를 만들어낸 조직도 바로 이 단체였다.

부포마을 사람들이 펼친 항일투쟁사에서 본격적인 첫발은 李東廈 (1875~1959, 본명 李元植)로부터 시작되었다. 그는 교남교육회에 참가하면서 계몽운동을 벌이기 시작했고, 그것이 바로 부포마을 사람들이 벌인 항일투쟁의 신호탄이라 평가할 만하다. 그의 호는 伯農(白儂), 다른 이름으로 李東厚·李轍 등이 쓰였다.[228] 그는 虎洞派 종손이자 선릉참봉이던 아버지 李圭洛을 따라 서울로 가서 1904년 보광사범학교에 들어가 1907년 졸업하였다. 서울 桂山學校에 근무하다가, 1908년 3월 15일 교남교육회가 조직되자, 그는 대구 協成學校 교감을 맡았다. 그러다가 고향으로 돌아와 진성이씨 문중에서 세운 寶文義塾에 참가하였다. 1909년 大東靑年團에 참여함에 따라 그의 계몽운동은 비밀 항일결사로 옮겨갔다. 교남교육회에 들어가 활동한 부포사람으로는 이규락의 맏아들이자 이동하의 형인 李東杰(이동식)을 비롯하여, 李中沆·李中翰도 있었다.[229]

1910년 8월 나라가 무너지자, 독립운동가들은 또다시 새로운 길을 선택하고 나섰다. 하나는 일제의 침략과 통치를 받아들이지 않겠다는 결연한 뜻으로 목숨을 끊어 일제에 저항한 것이고, 다른 하나는 독립

---

228) 김희곤, 『안동독립운동 인물사전』, 선인, 2010, 321~322쪽.

229) 「會員名簿」, ≪嶠南敎育會雜誌≫ 第1卷 第1號, 嶠南敎育會, 1909, 56~60쪽; 조선총독부 경상북도경찰부, 『高等警察要史』, 1934, 226쪽. 백농 이원식이 교남학우회 임원으로 기록되어 있다.

군을 길러 독립전쟁을 펼치겠다고 만주로 망명한 것이다. 부포마을에서 가까운 곳인 청구에서 이만도가 단식에 들어간 지 24일 만에 순국하고, 바로 그 날부터 하계마을에서 이중언이 단식하기 시작하여 27일만에 순국하였다. 이때 부포마을에서도 자정순국의 뜻을 세운 사람이 이명우인데, 부모가 생존하여 뒷날을 기약하게 된다(뒤에 서술함).

두 번째의 길이 만주 독립군기지 건설이었다. 만주지역 독립운동사에서, 특히 서간도지역에서 안동사람들이 가지는 역사적 위상은 절대적이다. 김대락과 김동삼 등 임하 내앞마을 의성김씨, 이상룡을 비롯한 법흥과 도곡의 고성이씨, 이원일 일가를 비롯한 예안의 진성이씨, 류인식을 비롯한 삼산의 전주류씨, 예안의 흥해배씨 등 많은 문중이 앞서거니 뒤서거니 하면서 만주로 갔고, 서간도지역 한인 독립운동의 주축이 되었다. 여기에 부포마을 사람도 참가하였는데, 이동하가 여기에 속한다.

이동하는 신식교육을 보급하여 새로운 시대에 맞는 인재를 양성하다가, 만주망명길에 올랐다.[230] 남만주의 독립운동은 크게 두 가지 방향으로 나아갔다. 독립군을 기르자면 한국인들이 와야 하고, 그러자면 먹고 살만하다는 소문이 나야 했다. 그러므로 동포사회를 만들고 안정시키는 것이 가장 기본이었다. 다음으로 독립군을 양성할 학교를 세운 뒤, 여기에서 배출된 인원으로 독립군을 조직하고 독립전쟁을 펼치는 것이다. 이동하가 펼친 사업은 바로 인재를 길러내는 것이다. 1911년 만주로 간 그가 압록강 바로 너머인 桓仁縣에서 東昌學校의 교장을 맡은 것이나,[231] 新賓縣(興京縣)으로 자리를 옮겨 興京學校를 세워 민족교육에 앞장선 것도 그런 차원에서 나온 결실이다.

---

230) 안동독립운동기념관 편, 「서정록」, 『국역 백하일기』, 경인문화사, 2011, 20·123쪽.
231) 독립운동사편찬위원회, 『독립운동사』8, 1976, 360쪽; 독립운동사편찬위원회, 『독립운동사』5, 1973, 93쪽.

또 만주에서는 한국인들을 하나로 묶어줄 이념이 필요했다. 만주에서 터를 잡고 한인사회를 만들자면 무엇보다 먼저 만주족의 질시와 업신여김을 이겨내야 했다. 그들의 제도와 풍습에 맞추는 것도 필요하지만, 민족의 자긍심을 유지해나갈 수 있도록 정신적인 틀이 마련되어야 했다. 독립운동가들이 만주에서 우리 민족의 역사를 서술하여 만주가 우리 영토라거나, 옛 영토에서 조국을 되찾을 힘을 기르자고 가르친 이유도 거기에 있었다. 여기에 또 하나의 중요한 활동이 바로 민족 신앙을 내세워 동포들을 묶어세우는 것이었다. 그것이 바로 대종교 활동이다. 신채호와 박은식, 이상룡 등 유림출신 독립운동가들이 하나같이 대종교를 택하고 그 연결망으로 독립운동 조직을 유지해 나간 것도 이 때문이다.

이동하는 윤세복과 더불어 대종교를 확산시키고, 이를 중심으로 독립운동 세력을 연계하였다.232) 그가 운영한 동창학교가 대종교 조직에서 운영한 것으로 알려지는 이유도 여기에 있다. 따라서 1910년대 만주지역의 독립운동을 연결하던 가장 중요한 조직망이 바로 대종교 조직이었고, 조선총독부가 '단군 죽이기'를 목표로 삼고 미신타파운동을 벌인 이유도 대종교 조직을 중심축으로 삼은 독립운동 조직을 부수기 위한 계략에서 나온 것이다. 광복 후에 그가 대종교 원로 지도자로 활동한 역사도 이러한 바탕 위에 이루어진 것이다.

잠시 심양에 갔다가 일제에 붙잡혔던 이동하는 풀려난 뒤 다시 간도로 갔다. 그런데 이번에는 會寧督辦府 활동으로 일제에 붙들렸다.233)

---

232) 「公 第446號 危險思想을 가진 朝鮮人에 關한 件」, 『不逞團關係雜件-朝鮮人의 部-在滿洲의 部(2)』, 일본외무성문서, 1912년 8월 6일; 「公 第533號 不逞朝鮮人에 關한 件」, 『不逞團關係雜件-朝鮮人의 部-在滿洲의 部(2)』, 일본외무성문서, 1912년 8월 29일; 「公 第582號 排日 鮮人 調査의 件」, 『不逞團關係雜件-朝鮮人의 部-在滿洲의 部(2)』, 일본외무성문서, 1912년 10월 5일.
233) 「高警 第1313號 聯通制 改正組織의 企劃發見檢擧」, 『不逞團關係雜件-朝

대한민국 임시정부가 국내 행정을 직접 손아귀에 틀어쥐기 위해 비밀
행정조직을 만들었는데, 이것이 聯通制였다. 회령독판부도 거기에 속
했고, 이동하가 연통제에 참가한 것은 곧 대한민국 임시정부가 펼치는
행정장악 시도에 최전선에서 움직였다는 것을 말해준다. 그러다가 그
는 일제 경찰에 붙잡혀, 청진지방법원에서 실형을 언도받고 옥고를 치
렀다.

4. 예안 독립만세시위

3·1독립선언은 전 세계에 한국의 독립을 선언한 것이다. 1914년에
시작하여 1918년 11월에 끝난 제1차 세계대전을 마무리 짓는 회의가
1919년에 프랑스 파리에서 열리게 되자, 여기에 한국문제를 상정하여
독립을 달성하자는 목적으로 일어난 것이 바로 독립선언과 만세시위
였다. 일본 도쿄에 유학하고 있던 한국학생들이 2월 8일에 들고 나온
독립선언이 바로 그 출발점이었고, 나라 안팎에서 5월 말까지 진행되
었다.

안동에서는 3월 13일 이상룡의 동생인 이상동이 단독으로 펼친 만세
시위가 앞을 서고, 3월 17일(음 2.16)의 예안과 18일 안동의 만세시위
로 급격하게 퍼져 갔다. 부포마을 사람들이 참가한 독립만세운동은 주
로 예안장터와 안동장터에서 터진 만세운동 현장이었다. 예안에서는 3

鮮人의 部-上海假政府(3)』, 일본외무성문서, 1921년 2월 7일; 「高警 第1313
號 聯通制 改正組織의 企劃 發見 檢擧」, 『조선소요사건관계서류』, 삼일운
동자료, 1921년 2월 7일; 「機密受 第9號-機密 第8號 大正十年中에 있어서
管內 不逞鮮人의 狀況」, 『不逞團關係雜件-朝鮮人의 部-在滿洲의 部(32)』,
일본외무성문서, 1922년 2월 24일.

월 17일과 22일, 안동에서는 18일·23일·28일에 장날에 맞춰 장터에서 독립만세운동이 터졌다. 예안시위는 예안면장 申相冕과 진성이씨 문중 사람들이 한 몫을 담당했고, 예안 선명학교·예안보통학교 등이 참가했으며, 만촌교회가 여기에 또 한 몫을 단단히 맡았다.234) 이곳 만세운동은 현직 면장이 주도하고 면사무소가 준비사무실 구실을 맡은 드문 사례를 남겼다.

여기에 참가한 부포마을 사람으로는 봉화금씨 문중의 琴鏞文과 琴鏞運, 진성이씨 문중의 李成鎬와 李會璧, 횡성조씨 문중의 趙邦仁·趙炳建·趙思明·趙修仁 등이다.235) 이들은 대부분 3월 17일에 일어난 예안장터와 예안지서 앞에서 수백명 군중을 이끌며 만세시위를 벌였고, 거기에서 일경에 붙잡혀 재판을 받고 옥고를 치렀다.

금용문은 자가 禹命, 호는 淸園이며 집은 歸團里에 있었다. 귀단에 살던 사람들은 부포를 안마을이라 불렀으니, 부포나 귀단은 모두 한 마을로 여겼음을 말해준다. 그는 바로 3월 17일 예안면에서 터진 1차 시위에 참여하였다가 일경에 붙들렸다.236) 금용운은 금용문과 주소가 같은데, 나이가 금용문보다 열아홉 살 적은 만 스무 살이었다. 그는 태형 90대에 처해져 고초를 겪었다.

이성호는 예안 만촌교회(현 예안교회) 교인들과 함께 독립만세 시위를 준비하고, 예안장터에서 이를 펼쳐나가다가 일본 경찰에 붙잡혀 1919년 5월 19일 태형 90대를 당했다. 이회벽은 자가 士範이며, 예안면

---

234) 독립운동사편찬위원회, 『독립운동사』3, 1971, 395~397쪽.

235) 「금용문 판결문」, 대구복심법원, 1919년 4월 15일; 「금용문 판결문」, 고등법원, 1919년 5월 8일; 「조수인 등 판결문」, 대구복심법원, 1919년 4월 24일; 「조수인 등 판결문」, 고등법원, 1919년 5월 29일; 독립운동사편찬위원회, 『독립운동사자료집』5, 1972, 1342~1343쪽.

236) 「금용문 판결문」, 대구복심법원, 1919년 4월 15일; 「금용문 판결문」, 고등법원, 1919년 5월 8일.

〈3·1운동에 참가한 부포마을 사람〉

이름	생몰연도	출생/주소	수형	포상
금용문	1881~1960	부포동/귀단동 457	1년	건국훈장 애족장
금용운	1899	부포동/귀단동 457	태형 90	
이성호	1886~1968	부포동/부포동 137	태형 90	대통령표창
이회벽	1878~1943	부포동		
조방인	1886~1943	부포동/정산동 1153	1년	건국훈장 애족장
조병건	1891~1971	부포동	3년	건국훈장 애족장
조사명	1876~1973	귀단동	1년	건국훈장 애족장
조수인	1881~1943	부포동/정산동 1153	5년	건국훈장 애족장

1차 만세시위에 참여하였다고 전해지지만, 아직 확실한 자료가 나타나지 않고 있다. 조방인·조병건·조사명·조수인은 모두 횡성조씨로서, 퇴계 제자로서 도산서원에 함께 배향된 月川 趙穆이 그 조상이다. 부포마을에서 태어나 이웃 臨北面 鼎山洞(현 예안면 정산리)으로 이주하거나 귀단동에 살던 사람들이다. 조수인은 1919년 3월 8일 무렵 서울에서 손병희로부터 서신을 받고 고향으로 돌아와 집안사람인 조병건·조사명·조방인과 함께 만세시위를 벌이자고 논의하였다. 다음 예안 장날인 3월 17일, 독립만세운동을 일으키자고 입을 모았다. 약속한대로 조수인은 앞장서서 시위를 이끌었다. 이 바람에 일본 경찰에 붙잡힌 조수인은 1919년 3월 31일 대구지방법원 안동지청에서 징역 5년형을 언도받고 항소하였지만, 4월 24일 대구 복심법원에서 기각되는 바람에 옥고를 치렀다. 예안장터 독립만세시위로 형을 치른 인물 가운데 가장 오랜 옥고를 치른 것이다. 조병건이 3년형, 조방인과 조사명이 각각 징역 1년형을 언도받고 옥고를 치렀다.[237]

---

237) 「조수인 등 판결문」, 대구복심법원, 1919년 4월 24일; 「조수인 등 판결문」, 고

3·1독립선언이 있은 뒤, 나라 안팎에서 다양한 항일투쟁이 펼쳐졌다. 중국 상해에서 대한민국 임시정부가 수립되자 여기에 직접 참가하거나 지원하는 활동이 나타났다. 또 여기에 자금을 보내기 위한 노력들도 곳곳에서 진행되었다. 널리 말해지는 군자금 모집 활동이라는 것이 그것인데, 부포마을 사람들도 여기에 참가했으리라 짐작된다. 구체적인 자료는 전해지지 않는데, 이 마을 출신 李東華가 43세이던 1920년에 일제 경찰에 쫓기게 된 일도 이런 이유 때문이 아닌가 짐작된다. 그에 대한 형사기록부 기록은 보안법위반이라는 이름 아래, '범죄' 내용을 '공갈미수'로 적고, 기소중지 상태라고 적혀있다.[238] 그렇다면 독립운동에 쓰일 자금을 모으면서 벌어진 일이 아닐까 짐작되고, 일제 추적을 따돌리고 사라진 것으로 여겨진다. 하지만 다른 자료가 확인되지 않아 딱 부러지게 확신하기는 힘들다.

5. 자정순국과 제2차 유림단의거

1) 광무황제 탈상에 맞춘 부부의 자정순국

1910년 나라가 망하자마자 안동에서 목숨을 끊어 일제 침략에 항거한 선비들이 줄을 이었다. 이만도와 이중언·이현섭·류도발· 권용하 등이 순국의 대열을 장식했다. 또 1919년 3월 광무황제 고종의 장례에 맞춰 류도발의 아들 류신영이 그 뒤를 따랐다.[239] 이 대열에 부포사람이 그것도 한 사람이 아니라 부부가 함께 참가하는 장엄한 일이 일어났

등법원, 1919년 5월 29일.
238) 「李東華 형사사건부」, 대구지방법원 안동지청, 1920년 9월 9일.
239) 김희곤, 『나라 위해 목숨바친 안동선비 열 사람』, 지식산업사, 2010, 114~131쪽.

다. 그 주인공이 바로 李命羽(1872~1921)와 권씨 부인(權姓)이다.

이명우는 자가 明甫·性一이고, 호는 誠齋였다.[240] 마지막 과거시험
인 1894년 식년시 소과에 합격하여 진사가 된 그는 1905년 외교권을
빼앗기자 문을 닫고 세상을 등졌다. 그런데 1910년 나라가 망하자 자
신이 어떤 길을 갈 것인지 고민하였다. 아주 가까운 청구에서 이만도
가 단식하여 순국해가는 과정을 지켜보면서 그도 자신의 행로를 생각
했던 것이다. 그 눈치를 알아챈 아내는 부모가 살아 계시니 순국해서
는 안 된다면서 뒷날을 도모하자고 말렸다. 1912년 온 가족을 이끌고
속리산 아래 갈평리로 이사한 이유가 거기에 있었다. 1915년 부친이
세상을 떠나자, 3년상을 마치고 계룡산 남동쪽으로 이사하였다. 모친
상마저 끝나고, 마침 광무황제 고종의 大喪이 눈앞에 오자, 그는 삶을
끝내기로 작정하였다. 아내와 논의한 끝에 두 사람이 함께 세상을 떠
나자고 의견을 모았다. 광무황제의 대상일이 음력 1920년 12월 20일인
데, 양력으로 따지면 1921년 1월 28일이다. 밤이 되자 자식들에게 긴요
한 일이 있으니 물러 가 있으라고 말하고서 일찍 깨우지 말라고 일렀
다. 그리고서 두 사람은 삶을 끝내는 이유와 남기는 이야기를 썼다. 「悲
痛辭」와 「警告」·「憤辭」·「遺戒」 등이 그러한 글이다.[241] 권씨 부인도
자식들에게 가슴 저린 유서를 남겼다.[242] 그리고서는 두 사람 모두 독
약을 마시고 숨졌다. 이명우는 나라를 잃고 10년 넘는 동안 분통함과
부끄러움을 참았으나 이제는 忠義의 길을 가겠다는 뜻을 담았고, 권씨
부인은 그 남편이 택한 길을 따라 간다면서 자식들이 훌륭한 집안을
지켜나가기 바란다는 뜻을 남겼다. 남편은 충을 택하여 삶을 마감하고,
아내는 그 충을 선택한 남편을 따라 절의를 지켰다. 이를 두고 '義夫

240) 『진보이씨상계파세보』上, 163쪽.
241) 勸相翊, 「成均進士李君行狀」, 『省齋續集』권9, 德裕精舍, 1960.
242) 勸相翊, 「成均進士李君行狀」, 『省齋續集』권9, 德裕精舍, 1960.

烈婦'라 평가하는 글이 나왔다.243)

2) 제2차 유림단의거 참가

보수유림의 독립운동으로 마지막을 장식한 것이 제2차 유림단의거
다. 3·1독립선언 당시 주도세력에서 빠진 유림이 프랑스 파리에서 열
린 강화회의에 독립청원서를 보냈으니, 이를 '파리장서' 혹은 '제1차
유림단의거'라 부른다. 여기에 견주어 1925년부터 이듬해까지 주로 경
북유림들 사이에 자금을 모아 나라 밖에 새로운 독립운동기지를 만들
자고 나선 것이 제2차 유림단의거다. 이를 주도한 인물은 김창숙이다.
1919년 파리장서를 가지고 중국으로 망명했던 김창숙이 북경을 중심
으로 활동하다가, 독립이 가까운 날에 쉽게 이루어질 것 같지도 않고,
남만주가 위험한 곳이라고 판단한 뒤 몽골 근처에 새로운 독립운동기
지를 건설한다는 목표를 세웠다. 이에 필요한 자금을 확보하기 위해
그는 비밀리에 국내로 들어와 지방 곳곳을 돌았고, 이듬해 중국으로
다시 떠났다. 그때 모은 자금이 부족하여 독립운동기지를 만들지는 못
했지만, 그것이 1926년 나석주의거의 자금으로 쓰였다. 일제가 뒤늦게
이를 알아채고 추적에 들어가 주로 경북 유림들이 붙잡혀 옥고를 치
렀다.244)

부포마을 사람으로는 李源泰가 여기에 참가했다.245) 김창숙이 경북

---

243) 趙熙濟, 『念齋野錄』이명우 조(김상기, 「1910년대 지방유생의 항일투쟁」, 『대
   한민국임시정부수립80주년기념논문집』상, 국가보훈처, 1999, 69쪽 재인용).
244) 김희곤, 「제2차 유림단의거」, 『대동문화연구』38, 성균관대학교 대동문화연구
   원, 2001, 463~481쪽.
245) 「송영호 등 판결문」, 대구지방법원, 1927년 1월 21일. 당시 신문 기사를 비롯
   하여 많은 자료에 宋永祜를 宋永祐로 잘못 표기하는 바람에 혼돈을 가져오고
   있는데, 송영호가 옳다.

지역에 연락책을 선정하고 지인들을 찾아다니면서 자금을 모으고 있었는데, 1925년 11월 3일 김창숙이 대전에 살고 있던 이원태를 찾았다. 본래 부포마을 출신인 이원태는 봉화군 재산면에 옮겨 살다가, 다시 대전 鎭岑面 鶴下里에 터를 잡고 살았다.246) 그는 학하리에서 자신의 돈으로 노동강습소를 운영하고 있었으니,247) 사회운동에 발을 디뎌 놓고 있었음을 알 수 있다. 나라가 망하고 혼란하던 시절 많은 사람들이 계룡산 자락으로 옮겨 살았고, 앞에 나온 이명우 가족도 그 가운데 하나였다. 김창숙으로부터 계획을 들은 이원태는 그를 자신의 집으로 초청하여 11월 12일까지 머물게 하였다. 그 열흘 동안 이원태는 그를 보호하며 자금을 모으는 방책을 협의하고 도움을 주었을 것이다. 그리고서는 儒城面 鳳鳴里에 있던 평양여관으로 안내하여 경찰의 검문을 따돌리기도 했다. 그 뒤로 김창숙은 경북 봉화와 안동을 거쳐 대구와 경남 밀양 등으로 옮겨 다니며 자금을 모으다가, 자동차 사고를 당해 고생하다가 이듬해 중국으로 빠져나갔다. 김창숙이 떠난 뒤에 이 거사가 일제 경찰에 드러나 관련자들이 대거 붙잡혀 갔고, 옥고를 치른 인물은 다음과 같다.248)

宋永祜(3년)·金華植(3년)·李鳳魯(2년)·孫厚翼(1년6월)·李棕欽(1년)·李在洛(1년)·金昌鐸(10월)·李源泰(10월)·李宇洛(8월)·李泳魯(8월)·洪淳喆(벌금 70원)·金東植(벌금 30원)

---

246) 당시 판결문에 본적을 대전 진잠면 학하리로, 주소지를 봉화군 재산 동면으로 기록하고 있지만, 사실은 봉화를 거쳐 대전으로 옮겨가 살고 있었던 것이다. 그는 영남만인소 소두로 등장한 이만손과 같은 집안이다(『眞城李氏 上溪派譜』하, 1986, 22쪽).
247) ≪동아일보≫ 1922년 7월 10일자.
248) 「송영호 등 판결문」, 대구지방법원, 1927년 3월 29일.

6. 1920년대 항일투쟁

1) 6·10독립만세운동의 선두에 선 인물

1919년 3·1독립선언 이후 사회주의가 들어오면서 독립운동계는 자유주의와 사회주의라는 두 개의 노선이 형성되었다. 나라의 독립을 추구하면서도 두 노선은 거리를 두거나, 심하게는 갈등까지 겪었다. 그런데 이러한 갈등을 넘어 민족문제를 해결하기 위해 하나의 광장으로 합류한 것으로 신간회가 가장 대표적인 존재로 부각되었다. 그런데 이보다 한 해 앞서 이미 좌우합작으로 일어난 독립운동이 있었으니, 이것이 바로 6·10독립만세운동이었다. 그 주역은 조선공산당 2차당이고, 천도교 구파와 조선학생과학연구회가 동참하였다. 최고 지도자가 안동 출신 權五卨과 나라 밖으로 망명하여 이를 지원한 김천출신 金丹冶(金泰淵)는 모두 조선공산당 소속이다.[249]

1926년 4월 제2차 조선공산당은 5월 1일의 '메이데이 투쟁'을 준비했다. 그런데 24일 융희황제 순종이 세상을 떴다는 소식을 듣자마자, 이들은 투쟁의 방향을 바꾸었다. 바로 광무황제 고종의 장례에 맞춰 3·1독립선언이 나온 것처럼, 온 국민이 참가하는 민족 독립운동을 펼치자는 것이다. 그래서 잡은 날짜가 장례일인 6월 10일이다. 그런데 이미 3·1독립만세시위를 겪었던 일제는 모든 경우를 생각하여 철저하게 수색하여 빈틈을 보이지 않았다. 장례행렬은 8시에 창덕궁 돈화문을 나서서 종로 3가를 곧바로 지나 을지로에서 동쪽으로 방향을 꺾어 훈련원이 있던 동대문운동장을 향해 나아갔다. 종로 3가 네거리에는 발디딜 틈조차 없을 지경이었다. 모여든 사람들의 눈빛에는 마지막 황제

---

249) 안동독립운동기념관 편, 「권오설의 삶」, 『권오설』1, 푸른역사, 2010, 33쪽.

를 보내는 나라 잃은 설움과 원한이 가득 서렸고, 일제 군경은 언제 어디서 터질지 알 수 없는 사태를 막으려고 군중과 뒤섞여 있었다.

한 순간, 팽팽하던 분위기가 깨졌다. 오전 8시 40분, 한 학생이 종로 3가 네거리 복판으로 내달으며 갑자기 '대한독립만세'를 부르고 나선 것이다. 그 짧은 순간 모든 것이 엉켰다. 이를 덮치는 일제 경찰, 네거리 곳곳에서 터져 나오는 만세 소리와 함께 격문이 뿌려졌다. 격문은 "2천만 동포여, 원수를 구축하라. 피의 값은 자유이다."라는 구호가 적혀 있었다. 이를 막고 붙잡으려는 일제 경찰, 이를 뿌리치며 만세 부르는 학생들, 혹시나 하며 기다리다가 함께 움직이기 시작하는 군중, 이 모든 것이 짧은 순간에 시작된 폭풍 같은 일이었다. 그 맨 앞에 독립만세를 부르고 뛰어든 학생이 바로 부포마을 출신 李先鎬였다.[250]

6·10독립만세운동의 선두에 안동사람들이 포진하였다. 전체를 이끈 최고 지도자는 가일마을 출신 권오설이고, 학생조직을 이끈 인물로 부포리 176번지 출신 이선호, 삼산마을 출신 류면희, 가일마을의 권오상·권오운 등이 있었다.[251] 이선호는 중앙고등보통학교에 입학하고, 1925년 9월 27일 학생항일단체인 조선학생과학연구회를 창립하는 데 앞장서면서 집행위원으로 활약했다.[252] 이 모임의 구성원은 전문학교와 고등보통학교 학생이고, 이선호의 나이도 이미 22살이었다. 일제 경찰은 이 단체가 위험하다고 판단하여 해산하라 명했다. 그러자 이선호는 이천진과 함께 경기도경찰국 고등과장을 찾아가 단체 이름만 바꾸면 다시 허가하겠다는 답변을 받아냈다.[253] '사회'라는 말을 빼고 조선학생

---

250) 「繼續的突發眞相」, 《시대일보》 1926년 6월 12일자; 「이선호 등 판결문」, 경성지방법원, 1926년 11월 17일; 「이선호 등 판결문」, 경성복심법원, 1927년 4월 1일.
251) 김희곤, 『안동사람들의 항일투쟁』, 지식산업사, 2007, 426~430쪽.
252) 「學生科學研究會創立」, 《동아일보》 1925년 9월 29일자.
253) 「學生科學硏究會 그대로 존재케 될 서광이 있다」, 《시대일보》 1925년 11

과학연구회로 조직을 꾸린 이유가 거기에 있다. 그렇다고 이들의 목표
가 바뀌지 않았음은 뒷날의 행보에서 드러난다. 사업부를 맡은 그는
학생도서관과 과학강좌 개설에 앞장서면서 학술강연회를 밀고 나갔
다.254) 1926년 4월 정기총회에서 그는 이병립·조두원·박하균과 함께
임시집행부로 뽑혔다.255) 이 조직이 바로 6·10독립만세운동의 한 축을
이루었다.

　권오설의 지도를 받은 그는 국장 행렬이 지나는 길가에 중등 이상의
학생이 줄서게 되는 것을 기회로 삼아 선두로 치고 나갈 계획을 세웠
다. 거사는 계획대로 이루어져 독립만세시위는 지방으로도 퍼져갔다.
그러나 일제의 철저한 봉쇄에 막히는 바람에 3·1독립선언 당시만큼 확
대되지는 않았다.

　이선호는 종로경찰서에 잡혔다가 서대문형무소로 넘어갔다. 많은 학
생이 붙잡혔다가 대표자 11명만 기소되었다.256) 법정에서 그의 발언은
겨레의 뜻을 가장 잘 드러냈다. 1926년 11월 4일자 동아일보 기사는
"자유를 절규하면 자유가 생긴다는 결심으로"라는 표제어 아래, "자유
를 부르짖으면 반드시 자유가 온다는 굳은 신념 아래 자유를 얻기 위
하여 한 것이라는 등의 말을 명쾌한 어조로 답변하였다."고 보도하였
다.257) 또 이듬해 3월에 있은 복심법원 공판에서 그는 "자유의 나라를
동경하고 있었다."는 말과 "신학기를 당하여 공부하고 싶은 생각을 하

　　월 3일자.
254)「學生科學을 朝鮮學生科學으로 이름을 갈게 되어」,≪시대일보≫ 1925년
　　11월 5일자.
255)「朝鮮學生科學研究會定總」,≪시대일보≫ 1926년 4월 29일자.
256)「○○萬歲事件 學生 11名 起訴, 其餘放免」,≪시대일보≫ 1926년 6월 26
　　일자.
257)「自由를 絶叫하면 자유가 생긴다는 결심으로」,≪동아일보≫ 1926년 11월 4
　　일자.

면 양심에 없는 답변이라도 하고 싶으나, 지금도 역시 마음은 변하지 않았노라."고 밝혔다.[258] 거짓말로라도 마음을 바꾼 듯이 답변하고 싶지만, 자유를 절규하던 그 마음이 조금도 변하지 않았다는 사실을 밝힌 것이다. 그는 징역 1년형을 받았으나, 실제로 그가 풀려난 때는 1927년 9월 20일이었으니,[259] 1년 3개월도 넘는 동안 감옥에서 고생한 것이다.

6·10독립만세운동에 앞장섰다가 1년 넘게 옥고를 치르고 나온 이선호는 얼마 지나지 않아 일본으로 갔다. 그의 행적은 옥고를 치르고 나온 뒤 한 치도 꺾이지 않았던 것 같다. 도쿄에 도착한 뒤 再建高麗共産靑年會 일본부에 참가한 사실이 이를 말해준다. 그가 참가한 재건고려공산청년회라는 것도 사실상 조선공산당 재건투쟁과 같은 길이다. 조선공산당의 전위조직이 고려공산청년회이기 때문이다. 그는 이 청년회의 東京區域局에 소속된 프랙션(재일본조선노동총동맹·재일본조선청년동맹·근우회 도쿄지회·도쿄조선노동조합 부인부)을 '재건고려공산청년회 일본부' 직속으로 개편하고, 關西區域局에서 활약하기도 했다.[260]

이선호는 도쿄에서 국내로 일제가 규정한 '불온신문'을 끼워넣어 몰래 보내고 있었다. 이것이 일제에 들통난 때가 1929년 초반이다. 일제 경찰에 적발된 것은 1월부터 4월 사이에 국내로 보낸 ≪無産者新聞≫인데, ≪東京日日新聞≫을 비롯한 유명 신문 속에 끼워 넣어 보낸 것이다. 수신자는 예안면 동부동에 살던 朴壽萬과 6·10독립만세운동에 함께 참가했다가 서대문에 살고 있던 李天鎭 등이었다.[261] 이 때문에

---

258) 「良心의 所使대로 萬歲를 呼唱했다」, ≪동아일보≫ 1927년 3월 26일자.
259) 「六十萬歲事件被告 今日 出獄」, ≪동아일보≫ 1927년 9월 20일자.
260) 김인덕, 『식민지시대 재일본조선인운동연구』, 국학자료원, 1996, 259쪽.
261) 「朝圖秘 第1847號 密送刊行物 取締에 關한 件」, 『密送刊行物 取締에 관한 件』, 일제경성지방법원 편철자료, 1929년 6월 13일.

그는 1930년 6월 東京區裁判所 검사국에서 출판법위반이란 혐의로 벌금 30원이라는 판결을 받았다.262)

2) 1920년대 후반의 사회운동

6·10독립만세운동이 일어난 1926년 가을 중국에서 한국독립운동가들이 좌우합작운동을 시작하였으니, 이를 유일당운동이라 일컫는다. 그해 10월 북경에서 안창호가 앞장서서 사회주의운동가들과 좌우세력이 하나의 정당을 만들어 이것을 중심으로 독립운동을 펼쳐 나가자며 대독립당조직북경촉성회를 결성하고 나선 것이다. 이 운동은 1927년에 들어 상해와 남경, 무한과 광주로 널리 확산된 뒤, 다시 만주로 퍼져갔다. 그리고 국내에는 1927년 2월 15일 신간회 창설로 나타났다. 1920년대 전반기에 나라 안에 터를 잡은 사회주의 세력과 민족주의 세력 사이의 결속과 연대가 이루어진 것이다. 서울에서 활동한 부포마을 사람으로는 李源赫의 위상과 활동이 두드러진다. 이원혁의 활동은 1929년 11월 3일 일어난 광주학생항일투쟁과 엮이어 활발하게 진행되었다.

이백헌으로 알려지기도 했던 이원혁은 이미 1919년에 대한민국 임시정부를 지원하는 군자금 모집활동을 하다 붙잡혔다가 풀려난 일이 있었다.263) 1922년 도쿄로 가서 日淸英語學校를 다니다가 그만두고 돌아와 시대일보사를 경영하고, ≪朝鮮之光≫ 잡지를 펴냈다. 그는 일

---

262) 「이선호 형사기록부」.
263) 「高警 第8549號 在北京 鮮人獨立靑年團 組織計劃者 檢擧에 關한 件」, 『不逞團關係雜件-朝鮮人의 部-在支那各地(1)』, 일본외무성문서, 1920년 3월 26일; 「密 第102號 其786, 高警 第8549號 在北京鮮人獨立靑年團 組織計劃者 檢擧에 關한 件」, 『조선소요사건관계서류(5)』, 삼일운동자료, 1920년 3월 26일; 「문상직 등 6인 판결문」, 대구지방법원, 1920년 6월 4일.

본에서 발간된 책 가운데 사회문제를 다룬 것을 골라 번역서를 거듭
펴냈다. 대표적인 것이 『신사회의 연애관』·『사회주의의 철학』·『사회
주의의 婦人觀』·『유물사관 해설』 등이다.264) 그러니 압수당하고 삭제
당한 것도 당연히 있었다. 1929년에 펴낸 『英美의 노동운동』은 허가되
지 않고 삭제된 단행본이다. 그는 또 이때 사회사정조사연구사 설치에
도 힘을 보탰다. 사회운동을 펼치고 나가려면 기초 조사가 기본인데,
이것을 맡을 조직이 없었기 때문이다. 안동 오천 군자리 출신 金南洙
도 여기에 참가하였다.265)

이원혁은 1927년 6월 10일 신간회 경성지회 설립대회에 참석하여
간사로 선출되고,266) 같은 해 12월 14일 제1회 간사회에서 선전부 총
무간사를 맡았다.267) 1929년 6월에는 경성지회에서 복대표 후보로,268)
7월 23일에 열린 제1회 집행위원회에서는 서기장으로 선출되었고, 이
후 줄곧 중앙집행위원으로 활동하였다.269) 그러다가 광주학생들의 항
일투쟁 소식이 들려오자, 그를 비롯한 신간회 주역들은 발 빠른 움직
임을 보였다. 그는 동지들과 함께 대응책을 마련하였다. 먼저 일제 경
찰에게 붙잡힌 학생을 모두 풀어줄 것과 실제 진상을 제대로 밝히라고

---

264) 「李源赫 新社會의 戀愛觀」, 《동아일보》 1926년 3월 6일자.
265) 鶴山金南洙先生紀念事業會, 『항일혁명투사 金南洙先生 자료집』, 집문당,
2001, 101쪽.
266) 「新幹會京城支會 十日夜에設立大會」, 《중외일보》 1927년 6월 12일자.
267) 「新幹會 京城支會는 第1回 幹事會를」, 『일제침략하 한국36년사』8, 국사편
찬위원회, 1927년 12월 14일; 「京鍾警高秘 第14249號 新幹會 京城支會 幹
事會에 關한 件」, 『사상문제에 관한 조사서류(3)』, 일제경성지방법원 편철자
료, 1927년 12월 15일; 「總務幹事選出 新幹會京城支會」, 《동아일보》
1927년 12월 18일자.
268) 「新幹京城支會 福代表와 候補」, 《중외일보》 1929년 6월 4일자.
269) 「新幹會 京城支會는 第1回執行委員會를」, 『일제침략하 한국36년사』9, 국사
편찬위원회, 1929년 7월 23일; 「新幹會京城支會의 調査委員選定」, 《동아일
보》 1929년 7월 23일자.

요구하는 결의문을 만들어 신간회 중앙본부와 연합으로 각 언론신문사에 보낼 것을 결의하였다.270) 이어서 12월 13일 이원혁은 權東鎭·許憲·洪命熹 등 10명과 함께 광주학생들의 항일투쟁에 대한 결의문을 발표하였다.271) 일제는 '민중대회 사건'이라는 이름을 붙여 그를 붙잡아 넣었고, 1년을 넘도록 심문과 재판을 거쳤다. 중외일보는 1930년 1월 8일자로 "영하 17도 혹한과 재감 중요범 소식, 알고 싶은 그들의 소식은"이란 기사를 실어 고통스러운 감방 생활을 전했다.272) 그런 과정을 거쳐 1931년 4월 24일에 가서야 징역 1년 4월형을 언도받고 옥고를 치렀다.273) 1932년 1월 22일 그는 허헌·조병옥·홍명희·이관용·김무삼 등과 함께 가출옥하였다.274)

　1927년 여름에는 새로운 형태의 경제운동이 나타났다. 도쿄유학생이던 錢鎭漢이 앞장서서 일으킨 협동조합운동이 그것이다. 그 목적은 일제의 경제침탈로 우리 농촌이 날로 피폐해지는 것을 막는 데 있었고, 이를 위해 협동조합을 설립하자는 것이었다. 일본 상인들이 부당하게 이윤을 올리고, 고리채가 농촌을 허덕이게 만드는 것을 이겨내려면 무엇보다 농민이 경제적으로 단결해야한다는 것이 주장의 핵심이었다. 농촌이 붕괴되어 가고 있으니, 이를 살려내는 방법으로 협동조합을 만들고, 이를 중심으로 경제공동체를 만들자는 것이다. 일제도 스스로 농촌이 무너지고 있음을 잘 알았다. 농촌이 무너지면 빼먹을 것이 없어

270)「京鍾警高秘 第1516號 신간회 본부 통문 우송의 건」,『사상에 관한 정보철 제2책』, 일제경성지방법원 편철자료, 1930년 2월 6일.
271)「決議文事件關係者 今六日에 最終訊問」,≪동아일보≫ 1930년 1월 7일자.
272)「零下 十七度 酷寒과 在監 重要犯 消息 알고 싶은 그들의 소식은」,≪중외일보≫ 1930년 1월 8일자.
273)「新幹會陰謀事件判決」,≪사상월보≫, 조선총독부 고등법원검사국 사상부, 1931년 6월 15일.
274)「民衆大會事件 被告全部假出獄」,≪중앙일보≫ 1932년 1월 24일자.

진다는 점도 알고 있었다. 1930년을 앞뒤로 일제가 한국 농촌을 살리
자고 나선 이유도 거기에 있었다.

그런 조짐이 보이던 1927년 협동조합운동이 일어났고, 여기에 호응
하고 나선 인물 가운데 부포에서는 李中進의 자취가 두드러진다.275)
일제의 눈으로 보면, 농촌부흥은 필요했다. 그러면서도 이것이 항일투
쟁으로 펼쳐질까 의심하는 눈초리는 쉴 틈이 없었다. 이중진이 예안협
동조합을 만들던 때가 1927년 8월, 아들 이선호가 6·10독립만세운동에
앞장섰다가 잡혀 서대문형무소에서 고생하고 있고, 더구나 만기 출옥
을 앞둔 때였다. 아버지로서는 조심스럽게 지낼 형편이지만, 이에 아랑
곳하지 않고 사회운동에 나섰으니, 아들이 선택한 길과 그로 말미암은
고난에 힘을 실어준 셈이다. 예안협동조합 결성에는 신간회 활동을 펴
고 있던 李準文, 그리고 金衍植도 동참했다.276)

부포마을 사람으로 1927년 조선은행 대구지점 폭탄반입 거사에 얽
혀 고생한 인물도 있다. 1927년 10월 18일 張鎭弘은 심부름꾼을 시켜
조선은행 대구지점(현 대구광역시 중앙로 하나은행 자리)에 폭탄을 배
달시켰다. 오전 11시 50분 무렵 폭탄이 터져 은행원과 경비원 등이 부
상을 입고 유리창이 쏟아져 내렸다. 대구 중심지가 아수라장이 된 이
거사에 일제 경찰은 경북지역의 청년들을 600명 가까이 마구잡이로 붙
잡아 넣었다. 그러다가 주역 장진홍이 일본 오사카에서 붙잡혀 귀국한
때는 1929년 봄이었다. 그동안 이육사 형제를 비롯하여 부포마을 출신
이경식 등이 옥고를 치렀다.277) 실제로 이들은 혐의만 씌워진 채 증거

275) 류시중·박병원·김희곤 역주, 『국역 고등경찰요사』, 선인, 2010, 142쪽.

276) 「禮安의 協同組合 創總」, ≪중외일보≫ 1927년 8월 17일자; 「이달에 慶北
    禮安에서 李中進 金衍」, 『일제침략하 한국36년사』8, 국사편찬위원회, 1927년
    8월; 조선총독부 경상북도경찰부, 『高等警察要史』, 1934, 70쪽.

277) 「1927年 10月 18日 大邱 朝鮮銀」, ≪동아일보≫ 1929년 12월 28일자; 宋相
    燾, 『騎驢隨筆』, 국사편찬위원회, 1955, 389~394쪽.

도 없이 붙잡혀 지낸 것이다. 일제 경찰은 이경식이 장진홍의거에 참
가한 것으로 판단하였지만, 사실 어디까지가 진실인지는 속 시원하게
밝혀지지는 않았다.

7. 1930~40년대 항일투쟁

1) 안동코뮤니스트 그룹

1930년대에 들면서 항일투쟁 양상에 새로운 움직임이 나타났다. 좌
우로 형성된 독립운동의 노선이 신간회로 합류했다가 다시 나뉜 것이
다. 그러면서 1930년 '경북공산당사건'이란 이름으로 일제가 사회주의
자를 철저하게 짓밟게 되자, 경북지역 사회운동 세력은 극히 약해졌다.
이런 상황을 깨고 나가기 위한 노력이 곳곳에서 나타났다. 당 조직을
다시 세워 계급해방과 함께 민족해방을 추구하자는 활동이 그것이다.
영양·영덕의 Y그룹, 예천의 無名黨, 김천의 K그룹 같은 조직들이 거기
에 속한다. 이들 조직 가운데서 부포사람이 참가한 것은 당연히 안동
코뮤니스트그룹, 줄여서 안동콤그룹이라는 조직이었다.

안동콤그룹은 1931년 3월 20일 조직되었다. 그 핵심은 와룡 중가구
동 출신 안상윤, 율세동의 이필, 법상동의 권중택과 권예윤, 예안 천전
동 이점백, 동부동 이발호, 임하 천전의 김공망(김상호)과 김후식 등이
고, 여기에 영주 평은 水島里의 무섬마을 출신들도 여럿 들어 있었
다.[278] 안동의 6개면에 적색노동조합과 적색농민조합을, 그리고 면에

---

278) 조영득, 「영주 무섬마을 선성김씨 문중의 민족운동」, 『한국독립운동사연구』39,
    독립기념관 한국독립운동사연구소, 2011, 194쪽.

는 면 그룹이나 세포조직을 만들었다. 안동읍에 만들어진 적색노동조
합을 대표로, 그 아래에 양화직공조합과 인쇄직공조합을 두었다. 또 여
성부를 두어 인텔리 여성에게도 사회주의를 퍼트렸다.

지역조직으로 임하그룹이 대표적인데, 그 아래에 적농부와 반제동맹
을 두었다. 예안에는 예안노농행동대라는 조직을 두고, 영주 문수면 수
도리의 무섬마을 사람들을 중심으로 영주적농재건투쟁위원회와 봉화
에 적농재건준비위원회를 두어 활동하였다. 이 조직은 노동자와 농민,
그리고 청년들을 대상으로 대중 강좌와 야학을 열어 민족의식을 심으
면서 사회주의를 전파하며 소작료 인하 투쟁을 비롯한 민중의 생존권
을 지켜나가는 활동을 펼쳤다. 하지만 1933년 3월 안동·영주·봉화 3개
군에서 합동으로 메이데이 기념 투쟁을 준비하다가, 일제 경찰의 철저
한 탄압에 부딪치게 되었다. 이로 말미암아 검속되어 형사사건부에 기
록된 청년이 무려 143명이나 된다.[279)]

물론 형사사건부에 기록되지 않고 고문만 당하다가 풀려난 인물도
얼마나 될지 알 수 없다. 143명을 출신지역으로 보면 안동이 78명, 봉
화가 38명, 영주 16명, 기타 11명이다. 이 가운데 안상윤·이필·권중택
등 18명이 3년형에서 1년형 사이의 실형을 선고받고 옥고를 치렀
다.[280)] 기소유예로 풀려나는 사람은 조사과정에서 처절하게 고문을 당
한 것은 말하지 않아도 알만하다.

부포마을 청년들도 다섯 사람이나 엮여 들어갔다. 모두 실형을 선고
받지는 않고, 4명은 기소유예로 풀려나고, 1명은 기소중지가 되었다.
李東㫌이 기소중지된 이유는 붙잡히지 않았던 때문일 것이다. 이들을
기록에 나온 순서대로 적어보면 다음 표와 같다.[281)]

---

279) 「刑事事件簿」, 대구지방법원 검사국, 1934년 7월 8일.
280) 「안상윤 등 판결문」, 대구지방법원, 1934년 7월 2일.
281) 「昭和 8年 7月 8日 刑事事件簿」, 대구지방법원 검사국, 1934.

〈안동콤그룹 관련 부포마을 사람〉

이름(이명)	주소	나이(1933)	직업	결정	비고
李勉鎬(特岩)	부포동 176	21	농업	기소유예	이선호 동생
李玄鎬(源鎬)	부포동 562	24	농업	기소유예	이선호 4촌 동생
李中求(中悳)	부포동 377	23	농업	기소유예	
李哲鎬(仁鎬)	부포동 422	22	농업	기소유예	이선호 8촌 동생
李東烌	부포동 불명	26		기소중지	

이면호는 6·10독립선언의 주역 가운데 한 사람인 이선호의 동생이
다. 그는 형을 따라 일본에 다녀온 뒤, 사회운동에 뛰어 들었다. 이현호
는 이선호의 4촌 동생이고, 이철호는 이선호의 삼종제, 8촌 동생이다.
이중구나 이동신도 친족이며, 이들은 이선호보다 열다섯 살 정도 적은
나이들이니, 이선호의 영향을 받은 청년으로 보는 것이 큰 무리가 없
을 것이다.

2) 서울에서 노동운동을 펼친 인물

1930년대 사회운동에 뛰어든 인물로 李淳福으로 알려진 李丙驥
(1906~1950)가 눈길을 끈다. 그는 이동하의 아들이니, 뒤에서 보게 될
이병희의 사촌 오빠요, 이효정의 종숙이다. 일찍이 아버지 이동하가 구
국계몽운동에 이어 만주로 망명하여 활동하다가 옥고를 치렀으니, 그
영향 속에 자라난 것은 두말할 나위가 없다. 그가 항일투쟁에 뛰어든
계기는 스물여섯 살이 되던 1932년 2월, '대구공산주의자협의회 사건'
이란 것에 엮여 일제 경찰에 붙잡혔다가 풀려난 것이었다.[282] 이때부
터 그는 본격적으로 사회운동에 뛰어들었다. 1933년 8월 그는 용산공

---

282) 강만길·성대경, 『한국사회주의운동 인명 사전』, 창작과비평사, 1996, 334쪽.

작주식회사 영등포공장에 노동자로 위장하여 들어갔다. 이는 노동운동을 통해 민족문제를 해결하러 나선 걸음이었다. 이효정·이병희와 마찬가지로 그도 李載裕그룹에 참여하여 공장 내에 적색노동조합을 조직하기 위해 힘을 쏟았다. 가까운 친척이 한 틀 속에서 활동한 것이다. 이병기는 1934년 2월 일제 경찰에 붙잡혀 고생하다가 징역 1년 6월에, 집행유예 3년형을 선고받았다.[283] 일제에 맞서 힘겨운 싸움을 견뎌낸 그는 1950년 4월, 44세 젊은 나이에 세상을 떠났다.

사회운동에 뛰어든 여성운동가로 부포마을과 관련된 두 사람이 특히 주목된다. 李孝貞(1913~2010)과 李丙禧(1918~2012)가 그들이다. 두 사람 모두 부포마을에서 태어나지는 않았지만, 할아버지와 아버지의 고향이 이곳이니 부포사람에 속한다.

이효정은 1933년 조직된 '경성 트로이카' 구성원으로 사회운동을 편 여성이다. 1913년 봉화군 춘양면 외갓집에서 태어났다. 증조부 이규락은 호동파 주손으로 충의사에 가담한 인물이다. 조부 이동걸에 이어 부친 李丙龍은 종가를 잇는 주손이었다. 그러므로 이효정이 태어난 외가를 들먹이기보다는 진성이씨 호동파 종가의 종녀로 태어난 사실을 생각하면 부포사람이라고 말하는 편이 마땅하다. 독립운동의 길을 치고 나간 이동하는 둘째 할아버지(종조부)가 되고, 바로 앞에서 본 이병기에게는 종질녀가 된다. 1929년 11월에 일어난 광주학생들의 항일투쟁은 동덕여자고등보통학교 2학년이던 그로 하여금 항일투쟁으로 나서는 계기가 되었다. 친구들과 학교에서 만세를 부르다 종로경찰서에 잡혀간 일이 항일투쟁에 나선 첫 걸음이었다. 1930년 11월, 광주학생항일투쟁 1주년을 맞아 다시 투쟁이 시작되자 동덕여자고등보통학교에서 백지동맹투쟁이 벌어졌다. 이효정은 주역 가운데 한 사람으로 활동

283) 「정칠성 등 34인 판결문」, 경성지방법원, 1935년 12월 20일.

하다가 무기정학을 당했다. 이제 항일투쟁의 본격적인 발걸음이 시작되었다.

울산에서 잠시 교사가 되었다가 다시 서울로 간 이효정은 이재유가 주도하던 사회주의단체 '경성 트로이카'에 가입하고, 노동운동을 시작하였다.284) 1933년 9월 종연방적 경성제사공장 여성 직공파업을 이끌었다. 낮은 임금으로 고생하는 여자직공을 위해 앞장서서 파업투쟁을 벌였다. 일제자본가에 대항하던 끝에 이효정은 동대문경찰서 형사에게 붙잡혀 모진 고초를 겪었다.285) 투쟁을 이어가다가 1935년 11월 붙잡혀 끔찍하게 물고문을 당하면서 서대문형무소에서 열 석 달이나 견뎌야 했다.286)

李丙禧(1918~2012)는 10대 소녀시절에 사회운동에 뛰어든 인물이다. 1918년 서울에서 태어났지만 조상은 모두 부포리 호소골 출신이다. 둘째 큰아버지(중부) 이동하의 독립운동에다가, 부친 李京植도 앞에서 본 것처럼 장진홍의거에 얽혀 옥고를 치렀다. 또 이병기의 사촌 여동생이다. 이병희는 특히 이효정의 영향 속에 사회운동에 뛰어들었다. 이병희가 이효정의 종고모이지만, 이효정이 5살 많다. 그러니 이병희가 이효정의 가르침을 받는 것이 당연했고, 실제로 그의 영향을 받으며 자랐다. 그도 동덕여자고등보통학교를 다니면서 사회주의를 받아들이기 시작하여 항일투쟁의 길목으로 접어들었던 것이다.

1933년 만 15세 소녀 이병희는 서울 신설동에 있던 종연방적주식회

---

284) 「京高特秘 第105號의 2 李載裕一派의 鮮內 赤化工作 後繼組織事件 檢擧의 건 1, 2」, 『警察狀報』(昭和 10년), 1935년 5월 7일.
285) 「東門署의 鐘紡事件 檢擧範圍又復擴大」, ≪동아일보≫ 1933년 10월 19일자; 「東門署에서 主謀者嚴探」, ≪동아일보≫ 1933년 10월 21일자.
286) 이병기는 6·25전쟁이 일어난 직후, 보도연맹원에 대한 집단학살극이 벌어질 때 대구에서 붙잡혀 경산으로 끌려가 희생당했다(김성희, 『하해여관』, 사회평론, 2012, 251~274쪽).

사에 위장 취업했다. 그 뒤에 이효정이 있었던 것은 말할 것도 없다. 그는 김희성·박인선 등과 뜻을 모아 500명 넘는 여공을 이끌고 파업을 주도하였다. 그러다가 1936년에 붙잡혀 서대문형무소에서 4년 가까이 옥고를 치렀다.[287] 1939년 4월 출옥한 이병희는 1940년 북경으로 망명하였다. 1943년 일가친척인 이육사가 북경으로 다시 망명해오자, 그와 함께 투쟁방향을 가늠하다가 그해 가을 일본 경찰에 붙잡혔다.[288] 북경에는 일본총영사관과 일본헌병대가 같은 곳에 감옥을 두고 있었는데, 그곳에 이육사와 함께 갇혔다가 1944년 1월 초 이병희가 먼저 풀려났다. 결혼 날짜가 다가왔던 때문이다. 그러나 일주일 뒤에 이육사가 숨졌다는 소식을 듣고 유해를 인수하여 화장한 뒤, 유골을 국내에서 온 동생에게 넘기느라 결혼식을 치르지 못했고, 그 때문에 파혼을 겪기도 했다.

3) 전시수탈체제에 맞선 저항

일본은 1931년 만주를 침공하면서 식민통치도 더욱 강화시켜 나갔다. 그러다가 1937년 7월 중일전쟁을 일으킬 때는 디욱 악랄하게도 전시수탈에 돌입하였다. 일제는 마침내 인적·물적 자원을 모두 끌어가기 위해 1938년 4월 '국가총동원법'이란 것을 만들어냈다. 인력 수탈은 말할 것도 없고, 군수물자를 비롯하여 피복·식량·음료·사료 등 전시에 필요한 모든 물자를 앗아가는 수탈행위였다. 그리고서 이를 벗어나는 사람에게는 단호하게 '국가총동원법 위반'이라는 혐의를 씌워 탄압하였다.

287) 「김희성 등 판결문」, 경성지방법원, 1938년 5월 21일.
288) 김희곤, 『이육사 평전』, 푸른역사, 2010, 237~237쪽.

부포마을 사람들도 그러한 고통에 마주쳤다. 실제로 무엇을 어떻게 하다가 고생하였는지 확인할 수는 없다. 그러니 이들을 모두 항일투쟁을 벌인 인물로 평가하기는 힘들다. 하지만 일단 그 혐의로 붙들려 들어가 고생하고 징역형 혹은 벌금형을 선고 받은 사람을 확인하면 다음 표와 같다.

〈1940년대 국가총동원법 위반혐의로 기소된 사람〉

이름	생년	본적·출생/주소	시기	형량	비고
李源本		부포동 382	1940.3	벌금 20원	용산경찰서
李遇然	1899	부포동 의성 단촌면 하화	1943	벌금 40원	안동지청 검사분국
李致得	1911	부포동 377 율세정 478	1943.12	벌금 200원	
成再根 (正男)	1922	부포동 227	1944.9	징역 2년	안동지청 成田再根
金太岩	1903	부포동 859 예안면 천전동 425	1944.12	벌금 20원	안동지청 金山太岩

8. 독립운동을 끌고 간 두 개의 틀

부포마을 사람들이 펼친 독립운동을 정리해 놓고 보면, 두 개의 틀이 눈길을 끈다. 하나는 이규락을 이어 이동하를 정점으로 삼는 것이고, 다른 하나는 이중진에 이어 이선호를 중심으로 삼는 것이다.[289]

---

289) 이들 두 개의 틀은 주인공들이 살았던 집에서도 묘한 연결성을 보였다. 호동파 종가를 지키던 이규락이 가족들을 데리고 서울로 가면서 이 집을 이명우가 이어 살았다. 그러다가 이명우가 계룡산을 찾아 이곳을 떠나면서, 그 뒤를 이중진이 살았다. 그러니 이 집은 독립운동가들이 대를 이어 살게된 묘한 인연을

첫째 그룹을 보면, 호동파 주손인 이규락은 의병에서 계몽운동으로 전환하는 과도기적인 조직인 충의사에 가담했다. 그의 아들 이동하는 구국계몽운동에 뛰어들어 부포사람으로는 본격적으로 독립운동을 시작한 인물이다. 그리고서 만주로 망명하여 대종교를 중심 이념으로 삼고 이와 연계된 학교를 세워 구국교육운동을 이어간 인물이다. 그의 형 이동걸(이동식)은 교남교육회 활동에서 이름을 드러냈고, 동생 이경식은 1927년 장진홍의거에 얽혀 옥고를 치렀다. 이동하의 형제(이동걸·이경식), 아들(이병기)과 질녀(이병희), 그리고 종손녀(이효정)가 1930년대 사회운동에 뚜렷한 발자취를 남겼다. 3대에 걸친 항일투쟁은 혁신에서 혁명으로 이어간 줄기를 보여준다.

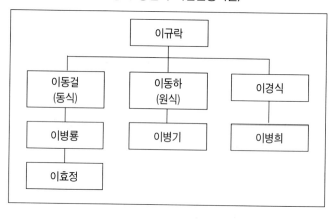

〈이동하 중심의 독립운동가들〉

둘째는 이선호를 핵으로 보는 틀이다. 물론 그의 아버지 이중진을 중심으로 삼을 수도 있지만, 활동이 펼쳐진 양상을 보면 이선호가 선택한 길과 투쟁력이 전체에 가장 큰 영향을 끼쳤기 때문이다. 조선학

가지게 된 것이다(이선호의 아들인 이원정 증언).

생과학연구회에서 출발하여 6·10독립만세운동으로 이어진 그의 길은 사회주의를 수용하여 민족문제를 해결하려던 흐름에 합류했음을 말해 준다. 그리고 1930년대에 들어 친동생 이면호를 비롯하여 부포마을 출신 집안 형제들이 사회운동에 뛰어든 출발점도 역시 이선호의 선택과 투쟁에서 비롯된 것으로 보는 것이 좋겠다.

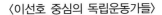

〈이선호 중심의 독립운동가들〉

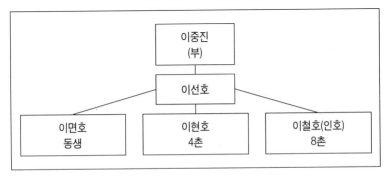

9. 맺음말

항일투쟁을 펼쳐 독립유공자로 포상된 이 마을사람들은 모두 14명이다. 전국 시군 단위로 독립유공자를 헤아려보면 대개 30명을 갓 넘는다. 그렇다면 한 마을에서 이만한 인물이 독립유공자로 포상된 사실 하나만으로도 간단하게 짚어볼 일은 아니다. 물론 그 속에는 부포마을에서만 줄곧 살지 않은 사람도 들어 있다. 외가에서 태어나거나 서울로 옮겨 살았던 사람, 계룡산 자락으로 은거한 인물도 있다. 부포마을의 영역에서 태어나거나 선대로부터 오래오래 대를 이어 이 마을에 살았던 문중의 사람을 여기에 포함시킨 것이다. 결코 적지 않은 수치다.

작은 마을에서 이만큼 독립유공자가 쏟아져 나온 것은 바로 이 마을사
람들의 강한 민족정신을 말해준다.290)

　부포마을 사람 가운데 본격적인 독립운동의 선구자는 이동하였다.
그 뒤를 이어 진성이씨 문중에서 독립운동의 전면에 나섰다. 전체 포
상자 가운데 가장 많은 사람이 진성이씨이고, 그 가운데서도 6·10독립
만세운동과 사회운동 참여자가 주목받을 만하고, 특히 이효정·이병희
로 말해지는 여성운동가의 활약이 두드러진다. 활동 분야로 보면 3·1
독립만세운동이 가장 많은데, 이는 전국적인 현상이다. 여기에 횡성조
씨가 집중되고, 봉화금씨도 참가하였다. 세 문중 모두 독립운동에 발을
내디딘 것이다.

　부포마을은 지금 물속으로 사라지고 자취도 찾기 힘들다. 독립운동
사에서 외면할 수 없을 만큼 빛나는 역사를 가졌지만, 수몰된 뒤 40년
가까이 지나는 사이에 이를 말해줄 사람조차 드물어졌다. 뒤늦은 추적
과 복원이라 남은 과제도 있지만, 숙제로 삼는다.

---

290)　　　　　　　　〈독립유공자로 포상된 부포마을 사람〉

이름	생몰연대	활동분야	포상
금용문	1882~1961	3·1독립만세	건국훈장 애족장
이경식	1895~1945	장진홍의거	건국훈장 애족장
이동하	1875~1959	구국계몽운동, 만주항일	건국훈장 애족장
이명우	1872~1920	자정순국	건국훈장 애족장
이병희	1918~2012	사회운동	건국훈장 애족장
이선호	1903~ ?	6·10독립만세, 사회운동	건국훈장 애국장
이성호	1886~1968	3·1독립만세	대통령표창
이원태	1885~1936	제2차 유림단의거	건국포장
이원혁	1890~1968	신간회, 광주학생항일투쟁	건국훈장 애족장
이효정	1913~2010	사회운동	건국포장
조방인	1886~1943	3·1독립만세	건국훈장 애족장
조병건	1891~1971	3·1독립만세	건국훈장 애족장
조사명	1876~1973	3·1독립만세	건국훈장 애족장
조수인	1881~1943	3·1독립만세	건국훈장 애족장

제6장
안동의 독립운동 사료조사와 역사문화자원 만들기

제1절 안동지역 독립운동 사료발굴과 기념사업

1. 안동사람도 몰랐던 안동 이야기

홀륭한 조상을 둔 후손들은 누구나 조상을 자랑하기 마련이다. 退溪 학맥이 형성되고, 이를 계승해온 안동사람들의 조상 자랑은 결코 어느 지역에도 뒤지지 않는다. 그렇지만 정작 조상들의 빼어난 독립운동에 관해서는 제대로 알지 못했다. 필자는 어느 날 사료를 정리하는 과정에서, 안동사람들이 펼친 항일투쟁이 한국독립운동사만이 아니라, 전 세계 식민지 해방운동사에서도 중요한 의미를 가진다는 것을 깨달았다.

필자가 안동대학교에 부임한 때가 1988년이다, 안동지역의 역사에 대해 관심을 가진 것도 그때부터였다. 그렇다고 안동에 들어서자마자 이곳의 독립운동사 연구에 매달리지는 않았다. 대한민국 임시정부사에 주된 관심을 둔 탓이다. 부임 후 몇 년이 지나서 시작한 안동지역 독립운동사 연구는 10년이 지날 무렵에야, 비로소 그 규모를 제대로 가늠할 수 있게 되었다. 시간이 지나면서 산처럼 거대한 안동지역 독립운동사의 실체를 확인하기에 이른 것이다.

그 내용을 정리해보면 이렇다. 첫째, 안동은 독립운동의 발상지이다. 독립운동의 출발점은 전기의병인데, 1894년 7월 안동에서 일어난 갑오의병이 그것이다. 둘째, 가장 많은 독립운동유공자를 배출한 곳이 안동이다. 350명이나 되니, 전국 시군 평균치의 10배나 된다. 셋째, 목숨을 끊어 순국한 인물이 90명 정도인데, 안동사람이 10명으로 가장 많다. 넷째, 한 지역의 독립운동으로 한국독립운동 51년 역사를 이야기할 수 있는 거의 유일한 곳이다.

안동사람들은 늘 자신들을 퇴계와 연결시켜 이야기한다. 자기 집안이 그 학맥이나 혈맥과 관계가 있다면서 그것을 이어온 조상이야기를 자랑스럽게 여긴다. 따라서 그들의 시선이 늘 조선 중·후기에 머물러 있는 것은 당연하다. 그러다 보니 나라가 무너져가던 무렵, 민족문제 해결에 앞장선 빼어난 안동 인물이 많았다는 사실을 제대로 알지 못했다. 이러한 내용들이 대중들에게 알려지게 된 때는 1990년대 후반에 들어서이다.

2. 실마리를 풀기까지

필자가 안동대학교에 부임하기 앞서, 안동지역의 독립운동에 관한 연구는 논문 두 편이 고작이었다. 그 중 하나인 「안동유림의 渡滿經緯와 독립운동상의 성향」[1]은 나라가 무너지자마자 안동유림들이 서간도에 독립군기지를 건설하기 위해 망명한 과정을 다룬 역작이다. 이는 안동의 유림세계와 혁신유림들의 동향을 이해하는 데 큰 도움을 주었다.

또 하나는 필자가 안동에 부임하기 3년 전인 1985년 발간된 『안동판독립사』였다.[2] 저자는 안동지역출신 독립운동가들의 후손을 찾아다니며 자료를 찾고, 또 후손의 부탁을 받아 국립문서보관소를 다니며 판결문을 찾아 독립유공자 포상을 도왔다. 그런 결실을 담아서 정리한

---

1) 조동걸, 「안동유림의 도만경위와 독립운동상의 성향」, 『대구사학』15·16, 대구사학회, 1978.
2) 김을동, 『안동판독립사』, 명문사, 1985.

것이 바로 이 책이다. 김을동은 책 발간에 이어, 독립운동가들의 명단을 새긴 기념비를 세우는 데도 앞장섰다. 안동댐 언저리에 세워졌다가, 최근 안동댐 여수로 확장 공사로 말미암아 경상북도독립운동기념관 안으로 옮겨진 기념비가 바로 그것이다. 이 책은 주제별로 간략하게 설명한 뒤, 거기에 맞는 인물을 편제시켜 열전 형식으로 서술하였다. 출신 문중, 생몰연대, 활동 정리 등이 담겨 있다. 후손들을 하나하나 만나고 정리한 것이다 보니 자세한 정보를 담기도 했지만, 반대로 부정확하고 부풀려진 서술도 적지 않다. 그렇더라도 이 책은 두고두고 안동지역 독립운동 자료를 추적하고 독립운동가와 그 후손을 찾아내는 데 도움을 주어왔다.

3. 추모학술강연회의 위력과 양 방향 자료수집

자료수집은 양 방향으로 이루어졌다. 상담객이 자료를 들고 찾아오는 경우가 하나요, 직접 찾아 나서 구하는 것이 다른 하나다. 다른 지역도 대개 그렇겠지만 안동은 앞의 사례가 두드러지게 많은 곳이다. 자료도 많고 그 자료를 이해하고 있는 인물도 많다.

스스로 찾아오는 경우를 먼저 보자. 이런 분위기가 만들어진 데는 1992년 시작된 독립운동가 추모강연회가 중요한 계기가 되었다. 이 일은 響山 李晩燾의 후손 이동석 씨와 함께 했는데, 그는 '독립운동 명문가' 출신으로 최근 세상을 뜨고 말았다. 안동에는 전통 명가도 많지만, '독립운동 명가'도 많은 편이다. 어느 시군에는 독립유공자가 30명이나 된다면서 기념사업을 펼친다고 야단인데, 안동에는 한 마을에서 25명 정도를 배출한 곳도 몇 군데나 된다. 심하게는 직계 가족만으로도 포상된 인물이 10명 가까운 집안도 여럿이다. 이만도의 집안도 그런 집안이다.

이동석 씨가 필자에게 제안한 행사가 독립운동가 추모강연회였다. 그는 자신이 이끌던 청년유림의 모임인 안동청년유도회를 추모강연회를 이끌 에너지로 들었다. 첫 강연회는 1992년 石洲 李相龍을 주제로 삼았고, 필자가 강연자로 나섰다. 그 자리에 주요 문중의 종손들이 빠짐없이 참석하였다. 후손들도 구름처럼 몰려들었다. 다른 지역에서는 청중동원이 큰 문제인데, 이곳은 그렇지 않았다. 그런 걱정은 기우일 뿐이었다. 제1회 강연회에서는 혹시나 하여 어른들에게 자리를 빼앗겨 밀려나는 일도 일어났다. 그 뒤로는 빈자리를 걱정해 학생을 동원하는 일은 결코 없었다.

강연회를 마친 뒤, 자료를 들고 찾아오는 노인들이 늘어났다. 여기에 1993년 協東學校 紀念碑를 세운 일도 작업에 순풍을 달게 만들었다. 협동학교는 경북 북부지역에 최초로 들어선 구국계몽운동 학교였다. 전통 성리학 체제를 고수하던 안동에 서양의 문화를 받아들여 최초로 문을 열었으니, 혁명적인 변화를 가져온 현장이요, 독립운동가를 길러낸 곳이다. 안동시 임하면 천전리 내앞마을, 그 현장에 기념비를 세우던 날, 안동유림의 후손들이 빈자리가 없을 만큼 행사장을 메웠다. 기념비 건립에 유수한 문중 종손들이 주역을 맡았고, 그 영향은 폭발적이었다. 문중마다 독립운동가 발굴에 적극성을 보이게 된 것이다.

안동출신 독립운동가 추모학술강연회는 대중의 관심만이 아니라 자료발굴에 끼친 영향이 컸다. 강연회는 한 해도 거르지 않고 이어졌고, 그 사이에 완성도가 높은 강연 원고에다, 집안에 비장되어온 자료까지 햇빛을 보게 되었다. 더구나 이들 행사는 안동유림의 후손들이 집집마다 자료를 찾아 문의해오는 흐름을 만들어냈다. 후손들은 한문학을 전공하지 않더라도 대충이나마 독립운동과 관계가 있음을 헤아리고, 자료들을 들고 상담하러 왔다. 또 자료에 대한 기본 인식도 바뀌었다. 자료라면 늘 조선시대 문집류만 생각하던 그들이 발표장에서 프레젠테이션을 통해 사진과 문서, 엽서와 편지 등이 주요 자료라는 사실을 알게 되면서, 집집마다 새로운 것을 찾아내는 바람이 일었다.

추모학술회의 열기가 이렇게 새로운 흐름을 만들게 된 데는 안동청년유도회의 역할이 컸다. 청년유림을 자처하는 그들은 새로운 정보를 가져다 주었고, 새로운 사업을 논의하였다. 일반 강연회와 달리 추모학술강연회는 발표 원고의 완성도가 높았다. 이를 묶어 출판한 책이 『민족 위해 살다간 안동의 근대인물』이다.3)

대개 후손들이 갖고 오는 자료들은 문집이거나 원본 기록들이다. 안동지역은 사실상 기록의 보고이다. 아무리 집이 초라해도 '글하는 사람'과 그들이 남긴 '전적'이 그득한 곳이 안동이다. 또 그것을 자랑으로 삼는 곳이 이곳 안동이다. 이들 자료는 활동의 내용만이 아니라, 철저하게 얽힌 등장인물의 관계를 잘 보여준다. 우선 내려오는 학맥이 씨줄이고, 통혼으로 이루어진 혈연이 날줄이다. 매우 치밀하게 얽인 그물처럼 인맥이 얽혀 있다. 따라서 문집류나 서간류는 이들의 관계와 독립운동에 연결된 사정을 파악하는 데 매우 중요한 자료다.

자료수집의 또 다른 방법은 필자가 찾아 나서는 것이었다. 필자는 대학도서관 고문서실부터 안동대학교 안동문화연구소와 퇴계학연구소에 이르기까지 구석구석 다니며 확보한 자료들 가운데 관련 자료를 찾기 시작했다. 또 학부학생들을 훈련시켜 신문과 잡지를 뒤졌다. 대학원생이 배출되기 이전, 자료수집은 학부학생의 몫이었다. 그렇다고 이들의 활용도가 낮은 것만은 아니었다. 당시는 인터넷이 발달하지 않은

---

3) 안동청년유도회, 『민족 위해 살다간 안동의 근대인물』, 한빛, 2003.

터라, 신문과 잡지를 뒤져 안동 독립운동가를 추적하는 작업은 하나하나 손으로 다룰 수밖에 없었다. 학생들은 여러 종류의 신문과 잡지를 학기마다 나누어 맡아 인물과 사건을 추적하였다. 신문·잡지 찾기와 정리 작업은 학부 강좌의 실습과정이었다.

신문 자료 가운데 ≪조선일보≫와 ≪동아일보≫는 마이크로필름으로 제작되고 있었다. 이를 읽어내자면 마이크로필름 리더기가 있어야 했다. 학교 본부와 도서관을 설득하여 겨우 이를 마련하고, 학생들은 그 앞에 앉아 관련 자료를 찾아내고 복사했다. 리더기를 다룰 줄 아는 학생은 사학과 학생이었다. 리더기가 고장이 나도 손질하는 학생 또한 사학과 소속인 경우가 대부분이었다. 몇 년 동안 진행하여 내용을 종합적으로 정리하니, 안동출신 인물들의 활동과 위상이 자연스럽게 드러나게 되었다. 요즘에는 인터넷 검색으로 대부분 해결할 수 있지만, 그때는 그렇지 않았다. 물론 요즘이라고 검색으로 100% 해결되지는 않는다. 입력 과정에서 생긴 오류도 있고, 정보화 처리가 되지 않은 자료도 있기 때문이다.

안동지역 독립운동에 관한 배경지식을 어느 정도 알고 있는 대학원생들은 형사기록부와 판결문을 비롯한 일제의 공식문서를 맡았다. 자료수집을 위해 관련 기관 모두를 대상으로 삼고 학생들을 보냈다. 당시 부산에 있던 국립문서보관소 분관만이 아니라 국회도서관·국립중앙도서관·독립기념관·국가보훈처·국사편찬위원회·백범김구기념관·한국학중앙연구원 등의 기관이 모두 포함되었다. 카드를 뒤지고, 복사하는 작업이 진행되었다. 국사편찬위원회에 소장되어 있던 독립운동가들의 수형카드를 누구보다 일찍 촬영하여 활용한 것도 이런 덕분이었다.

한국국학진흥원 개원은 자료수집에 또 다른 힘을 보태주었다. 한국국학진흥원은 1996년에 사무소를 열고 집무에 들어간 지 5년 만인 2001년 본관이 준공되자, 자료를 맡기는 문중이 등장했다. 시간이 갈수록 여러 문중이 다투어 자료를 기탁했고, 목록을 만드는 과정에서 의병관련 자료들이 나오기도 했다. 그 가운데 대표적인 사례가 오미마을에서 의병들의 동정이 담긴 일기가 나온 것이다. 일기의 주인공인 김정섭은 의병에 참가한 것이 아니라, 마을에 배정된 의병 자금과 소문으로 들리는 의병의 동향, 그리고 마을을 지나가는 의병의 모습을 자세하게 담았다. 이런 기록에 덧붙여 박한설 교수(강원대)가 기증한 한 장짜리 자료 '安東義所爬錄', 곧 안동의병진의 간부명단도 귀중한 것이었다.

4. 발간사업과 학술회의

학술회의는 학문적 업적을 축적하는 데 기여했다. 안동대학교 안동문화연구소 사업으로 시작된 학술회의는 해마다 열렸다. 의병과 계몽운동, 1910년대 항일투쟁, 만주망명과 독립군기지 건설, 3·1독립선언, 대한민국 임시정부, 1920년대 사회운동, 6·10만세운동, 유일당운동과 신간회, 의열투쟁, 사회주의와 아나키즘, 1940년대 학생항일투쟁 등 거의 모든 주제가 다루어졌다. 그 과정에서 연구 업적만이 아니라, 새로운 자료도 발굴되었다. 전국에서 참가한 연구자들은 안동에서 제공하거나 나오는 자료에만 기대지 않고, 서울을 비롯한 전국 곳곳에서 새로운 자료를 확보해 주었다. 그러한 성과 가운데 가장 큰 것이 바로 李兢淵의 일기이다.

그 공로는 충남대 김상기 교수의 몫이다. 그는 진성이씨 주촌파 종

손 이긍연이 남긴 일기를 발굴·번역하고 연구하여, 의병 효시의 기점
이 1895년이 아닌 1894년 안동 갑오의병이라는 사실을 밝혀냈다. 학술
회의를 거듭할수록 자료수집은 한 걸음씩 나아갔고, 따라서 연구도 새
롭게 진척을 보였다.

연구물의 발간사업도 활발하게 이루어졌다. 쌓여가는 글을 묶어 논
문집을 발간하였고, 이를 바탕으로 마침내 1999년 독립운동 개설서인
『안동의 독립운동사』4)를 펴냈다. 급하게 만드느라 오류도 있었지만,
한 지역의 독립운동사가 국가사 차원에서 정리되었다는 데 책의 의의
가 있을 것이다. 이 글의 시작 부분에 언급하였던 안동지역 독립운동
의 특징들이 정리되었고, 기념관을 짓자는 제언도 거기에 담겼다.

그러나 실제로 전시관을 꾸미는 것이 가능할 정도로 자료의 축적과
시민의 인식이 깊어졌는지에 대해서는 실험이 필요했다. 마침 필자가
안동대학교 박물관장을 맡으면서, 두 가지 전시회를 열어 보았다. 하나
는 '퇴계학맥의 독립운동'이고, 다른 하나는 '사진으로 보는 근대 안동'
이었다. 두 가지 모두 실험적인 전시였고, 다행히 성황을 이루었다. 앞
의 것은 안동출신 독립운동가들의 학맥을 추적하여 그 맥락을 확인하
고, 인물들이 얽힌 혈연과 사상적인 성향, 활동 내용을 전시했다. 뒤의
것은 사진 자료를 찾아 전시한 것이었다. '사진으로 보는 근대 안동'전
을 위해 대학원생들을 이끌고 한국전쟁 이전에 촬영된 안동사진을 찾
아 여러 마을을 다녔다. 마을 경로당에 들러 사진 자료를 찾는다면 모
두들 자료가 없다고 손사래 쳤다. 하지만 희미하고도 볼품없어 보이는
사진 한 장을 보이면, 그 정도는 있다고 답했다. 집을 방문하거나 경로
당으로 들고 나온 사진을 보고, 자료가 될 듯하면, 현장에서 포터블 스
캐너로 읽어 노트북에 담았다. 사진을 빌려 오면, 문제가 여럿 발생하

---

4) 김희곤, 『안동의 독립운동사』, 안동시, 1999.

기 때문이다. 나중에 돌려주는 인력도 필요하고, 사진 훼손이라거나 분실과 같은 문제가 생길 수 있었다.

이렇게 수집한 사진에는 시대의 특성과 함께, 독립운동가들의 모습을 담은 것도 있었다. 특히 신간회 안동지회 정기총회 사진이나, 안동청년동맹 사진은 기가 막힐 정도로 좋은 자료였다. 1927년부터 이듬해까지 안동지역에서 활동하던 대표적인 인물들이 그 사진에 담겨 있었다. 더구나 이 자료는 당시 ≪조선일보≫와 ≪동아일보≫에 보도된 기사 내용과 딱 맞아떨어지는 것이어서, 두 가지 자료를 묶으면 그 당시의 상황이 생생하게 되살아날 정도였다. 신간회 안동지회는 평양지회 다음으로 규모가 컸다. 안동지회의 총회 사진은 그날 다루어진 회의안건이나 임원 명단을 생생하게 보여주었고, 안동청년동맹 사진도 많은 정보를 담고 있었다. 이를 읽어내면서 사진해석이 얼마나 중요한 것인지 확신을 가지게 되었다. 이런 경험으로 국사편찬위원회로 가서 사료조사위원들에게 사진 자료를 찾고 해석하는 방법, 그리고 이를 활용하는 방안에 대해 강연하기도 했다.

안동대학교 박물관에서 전시 실험을 마치면서부터는, 열전 발간에 나섰다. 2001년 드디어 안동출신 독립유공자(포상자 250명, 미포상자 450명) 700여 명에 관한 내용이 정리되었다. 그동안 이 분야의 조사를 익혀온 대학원생들을 중심으로 지역을 세분화하여 조사를 벌였다. 700명의 인물들에 대한 기본내용을 담아 정리한 책이 『안동 독립운동가 700인』이다.[5] 이러한 작업은 안동 독립운동가 발굴의 종점이 아니라, 새로운 시작점이었다. 그 뒤로 9년 만에 안동출신 독립유공자가 포상자 330명, 미포상자 700명을 넘게 되었으니 말이다.

---

5) 김희곤, 『안동 독립운동가 700인』, 안동시, 2001.

5. 기념관을 짓고, 나라사랑 인재 키우기

연구를 거듭할수록 안동사람들이 펼친 독립운동은 참으로 대단한 것임을 확인할 수 있었다. 시민들도 이를 확인하게 되면서 자랑스럽게 여기기 시작했다. 필자는 『안동의 독립운동사』, 『안동독립운동가 700인』 간행과 안동대학교 박물관의 2차례 전시 이후 '구국기념관'을 짓자고 제안했다. 여기에 호응하는 분들이 점점 많아지면서 2002년 봄, 안동독립운동기념사업회가 출범했다. 대표적인 문중의 원로들이 나서서 기념관을 짓자고 발의하고, 직접 시민들의 서명을 받으러 나섰다. 이듬해 2003년 2월 국가보훈처에 사단법인으로 등록하고, 기념관 건립 계획을 밀고 나갔다. 2004년부터 예산이 투입되기 시작하여, 마침내 2007년 8월 10일 안동독립운동기념관이 문을 열게 되었다.

필자가 생각하는 기념관은 두 가지 특징을 가졌다. 첫째, 작은 기념관과 알찬 내용 구성이다. 어디에나 마찬가지지만, 지역에서는 관리운영비 부담이 가장 중요한 문제이기 때문이다. 전시실은 국내관과 국외관으로 나누고, 영상전시실을 추모영상실로 특화시켰다. 전시 시나리오를 직접 쓰고, 디자인과 기법까지 직접 협의하고 최종 교정까지 손을 댔다. 그래서 내용이 잘못되는 것을 미리 막았다. 또 민족독립을 목표로 삼은 사회주의운동을 전시내용에 과감하게 포함시켰다.

둘째, 연수원을 고집했다. 전시만으로 거둘 수 있는 교육 효과는 제한적이므로, 필자는 처음부터 작은 규모라도 연수원을 넣기로 작정했다. 버스 2대 정도의 관람객과 교육생을 수용한다는 목표를 세우고 강의실과 식당, 분임토의가 가능한 회의실까지 만들어 넣었다. 이 계획과 의도는 들어맞았다. 전국 대학에서 답사 코스를 정하면서 이곳 연수원을 연수 숙박장소로 잡았다. 또 여러 단체와 직장, 일반 시민과 동호인

가족까지 연수차 들리고 있을 정도이다. 게다가 안동시와 안동교육지
원청에서 나라사랑 정신을 이어갈 새 세대를 기른다는 목표를 세우면
서 이를 위해 초등학교 5학년에게 1박 2일 이곳의 연수과정을 거치도
록 만들었다. 자랑스러운 조상의 옛날 일만이 아니라, 미래에 또 자랑
스러운 인물이 이곳에서 나와야 한다는 생각 때문이다. 다른 지역에서
는 그 어디에서도 찾기 힘든 일이다.

교사 연수는 일찍부터 시작하였다. 개관도 되기 전에 역사교사들을
위한 한국근현대사, 특히 독립운동사 강의를 진행하였다. 근현대사 강
좌에 목마른 역사교사들의 참여는 대단히 열광적이었고, 매달 2차례
열리는 세미나는 그래서 만 3년이 넘게 이어지고 있다. 전국 역사교사
모임은 개관 무렵 집중적으로 방문하였다. 방학에는 경상북도교육청의
인가를 받은 연수 프로그램을 진행한다. 국사편찬위원회 교원연수를
공동으로 진행하기도 했다. 이제 일반 교사들을 위한 독립운동사 연수
도 시작했고, 공무원 연수도 준비하고 있다.

대중들을 위한 연수 강좌도 필수적이다. 그냥 강좌를 진행하면 활용
도가 시들해지기 마련이다. 그래서 찾아낸 방안이 '독립운동유적해설
사' 과정이다. 1기에 40명씩, 한 해에 한 번 선발하였다. 1주에 4시간
씩, 모두 14주 강의를 진행하고 있다. 독립운동사 자체는 어려워도, 유
적 현장을 이해하고 설명하는 것은 비교적 쉽다. 그래서 이론 수업에
이어 현장 탐방과 설명하기를 진행한다. 안동사람들이 활동한 서울지
역 유적도 탐방한다. 독립운동가 후손들이 나와서 현장감을 높이고, 서
울에서는 6·10만세운동의 현장에서 바로 그 운동에 몸을 던졌던 분의
후손이 직접 강의와 안내를 맡기도 한다. 그 후손의 열정은 연수생들
의 마음을 움직인다.

이들의 열기도 대단하고, 긍지도 높다. 3번 결석하면 탈락하는 조건

에도 중도에 그만두는 경우는 드물다. 그렇다고 수료한 뒤에 특별한 기회가 주어지는 것은 아니다. 원한다면 기념관에 나와서 봉사활동으로 안내해설을 맡을 뿐이다. 그마저도 교통비는 본인이 부담한다. 말 그대로 순수한 봉사활동이다. 그럼에도 참여도는 대단히 높다. 퇴직 교장과 교사를 비롯하여 은퇴한 전문직업인들, 그리고 주부들이 대부분이다. 지금 이 과정을 마친 160명이 시내에 움직이고 있다. 예전에는 독립운동을 말하는 사람이 드물었는데, 이제는 어디에서나 독립운동가 이름이 등장하고 독립운동 이야기가 들린다. 이야기를 넘어 사람을 기르자는 주장이 거듭된다. 모든 학생이 이곳에서 연수를 받도록 프로그램을 만들어낸 힘도 거기에 있다. 분위기가 그렇게 무르익은 덕이다.

6. 인문학의 대중화를 위해

근자에 인문학의 위기라는 말이 떠돈다. 그렇다. 인문학이 설 수 있는 자리가 점점 좁아진다는 느낌을 지우기 힘들다. 하지만 돌파구는 있다고 생각한다. 순수학문으로서의 인문학은 당연히 존재하지만, 대중을 대상으로 삼는 인문학도 있다. 필자는 스스로를 '사기꾼'이라고 자평한다. 눈에 보이지도 않는 것을 가져다가 팔아먹기 때문이다. 눈에 보이지 않는 산소와 수소를 통에 담아 팔 듯, 역사도 자원이다.

역사자원을 눈에 보이도록 만들어내면, 보는 사람들이 모여들게 마련이다. '안동이 독립운동의 성지'라는 말을 처음 언급했을 때, 같은 대학에서 인문학을 전공하는 어느 동료교수는 웃기지 말라고 했다. 그런데 이를 밝혀 형상화 해놓으니, 지금은 이를 소중한 역사문화 자원이자 자산이라고 인정한다. 요즘 이를 '문화콘텐츠'라고 일컫는다.

인문학은 대중화시킬 때 새로운 생명력을 갖는다. 순수학문으로서 연구하는 세계이기도 하지만, 이를 퍼트릴 때 새롭게 창조되는 성격도 가진다. 그래서 필자는 인문학의 위기라기보다는, 인문학이 새로운 방향을 찾을 때이기도 하다고 생각한다.

제2절 안동 내앞마을 출신
독립운동가들의 생가 터 조사연구

1. 머리말

독립운동에 대거 나서는 바람에 빠르게 몰락해버린 전통마을 가운데 안동의 내앞[川前]마을 만한 곳도 드물 것이다. 내앞마을은 경북 안동시 臨河面 川前里, 낙동강 상류의 지류인 半邊川을 앞에 두고 배산임수에다가 '浣紗明月形으로 틀을 잡고 있어『擇里志』에는 '溪居地'의 하나로' 제시할 만큼 훌륭한 자연환경을 갖추고 있다.6) 의성김씨 동족마을로 600년 역사를 이어온 이 마을은 藥峯종가와 雲川종가를 비롯하여 많은 건축문화재를 안고 있고, 마을 앞의 白雲亭·開湖松·숲은 문화재자료로 지정되어 있다.

처음 마을에 뿌리를 내린 사람은 青溪 金璡의 조부인 金萬謹이다. 그런데 정작 입향조로는 김진을 내세우고 있고, 종가도 그의 호를 따라 청계종택으로 불린다. 그 이유는 바로 김진의 노력으로 의성김씨가

---

6) 김덕현, 「青溪 金璡의 '義城金氏 내앞파' 可居地 企劃 -尊祖重宗의 儀禮 場所와 自然合一의 修己 場所를 중심으로-」,『내앞[川前]500년-문호형성에서 독립운동까지-』, 2000, 청계선생탄신 오백주년 기념논문집 간행위원회, 77쪽(浣紗明月形은 이 땅이 사람에게 감응하는 바가 마치 비단이 밝은 달빛을 받을수록 아름다움을 더하는 것과 같아, 자손이 번성하고 뛰어난 인물을 배출하는 것이라 알려진다).

번성하는 확고한 틀을 다졌기 때문이다. 김진의 다섯 아들 金克一·金守一·金明一·金誠一·金復一은 모두 퇴계를 스승으로 모시며 학문을 익혔고, 과거에도 급제하여 집안을 빛냈다. 이로부터 내앞마을은 경제력과 학문, 거기에다가 관록까지 얽혀 이름난 마을이 되었다.

이 마을에는 보물로 지정된 청계종택과 함께, 김수일을 잇는 雲川종가가 있다. 1592년 임진년에 일본이 쳐들어왔을 때, 운천 金涌은 의주로 난을 피하던 선조 임금을 모신 기록을 『扈從日記』(보물 484호)로 남겼다. 문장이 이어져 수많은 학자를 배출한 마을이 이곳인 것이다. 그런데 조선후기 남인의 중앙정계 진출이 어려워지자, 이 집안은 혈연을 중심으로 결속력을 강화시켜 나가면서 향촌사회에서의 지위를 높여나갔고, 안동지역의 명문가와 혼반을 맺으면서 그 결속력을 더욱 단단히 굳혔다.7) 더구나 이 마을에서 퍼져나간 청계 후손들은 안동을 넘어 주변 시군으로 거주 영역을 넓혔고, 곳곳에서 전통마을을 형성해왔다.

그런데 이 마을이 근대에 들면서 짧은 동안에 빠르게 기울어지는 일이 발생하였다. 그것은 다름 아니라 이 마을사람들 다수가 독립운동에 나서고, 특히 독립운동기지를 건설하기 위해 대거 만주로 망명하여 돌아오지 못한 인물이 150명을 넘기 때문이다. 그 가운데 대표적인 인물이 金東三이다. 2013년까지 독립유공자로 포상된 내앞마을 출신 인물이 17명에 이른다. 그래서 이 마을은 독립운동에 참가했다가 급격하게 쇠락하였으니, 그래서 '겨레의 성지'라 일컬을 만하다. 이제는 독립운동의 역사로 그 가치를 되살려 '겨레의 성지'로 만들 단계에 와 있기도 하다. 2007년 이 마을에 안동독립운동기념관이 세워진 이유가 거기에

---

7) 申昌均, 「민족운동에 따른 傳統名家의 사회경제적 변화 -安東 義城金氏 내앞(川前)문중의 경우-」, 『한국근현대사연구』27, 한국근현대사학회, 2003.

있고, 이 기념관은 2014년에 들어 경상북도독립운동기념관으로 승격하였다.

일반적으로 전통마을이라면 으레 전통시대의 문화를 내걸지만, 이제는 독립운동의 역사도 중요한 역사문화자원임을 깨닫고 정립할 필요가 있다. 최근 국내 독립운동과 전쟁 사적을 조사한 사업은 이제 이 분야 유적을 역사문화자원으로 평가하고 활용하는 출발점이라 평가될 만하다.[8] 건축문화재를 여럿 안고 있는 전통마을이란 개념에다가 독립운동사의 중요한 유적이라는 개념을 덧붙인다면 새로운 틀의 역사문화자원으로 떠오를 수 있게 될 것이다. 독립유공자만이 아니라, 독립운동을 목적으로 만주로 망명했다가 돌아오지 못한 인물들의 생가 터와 거주지까지 추적하여 표지물을 설치한다면 그것 자체가 문화자원을 발굴해내는 작업이자, 역사의 바른 평가를 이끌어내는 일도 될 것이다.

이 글은 내앞마을 출신 독립운동가들의 생가와 생가 터를 추적하는 데 목표를 둔다. 주제로 생가와 생가 터를 내세웠지만, 실제로는 그들이 망명하기 전에 살았던 집이나 집터도 여기에 포함한다. 또 여기에서 말하는 독립운동가는 정부로부터 포상된 독립유공자만이 아니라 독립운동에 나섰던 인물들을 모두 포함한다. 그러자면 먼저 이 마을 출신 독립운동가와 만주망명자를 정리하고, 이어서 그들의 거주지를 확인해야 한다. 이어서 이를 보존하고 활용하는 방안도 제시하여 장차 독립운동의 주요 유적이자 역사문화자원으로 되살려낸다. 이러한 작업을 통해 이 마을에 터 잡은 경상북도독립운동기념관이 나라사랑 교육의 현장으로 활용할 수 있게 될 것이다.

내앞마을 사람들이 펼친 독립운동에 대한 연구는 몇 차례 이루어졌다. 먼저 내앞마을 인사들의 국내활동과 協東學校의 설립, 만주망명을

---

8) 이는 국가보훈처와 독립기념관이 2007년부터 최근까지 펼치고 있는 사업이다.

통한 해외독립운동의 과정을 밝혀내는 작업이 있었다.9) 이를 토대로 나라 안팎에서 펼쳐진 내앞마을 사람들의 독립운동과 만주망명에 대한 연구가 집중되고, 국내에 남은 마을사람들의 행보와 마을의 쇠락과정을 추적한 연구,10) 이를 바탕으로 삼아 망명자들을 추적하여 일부 성과를 담아낸 것도 나왔다.11) 여기에 『義城金氏大同譜』와 1913~14년에 작성된 『川前洞土地調査簿』, 같은 시기 작성된 『臨縣內面川前洞原圖』, 또한 비슷한 시기에 작성된 것으로 보이는 『民籍簿』를 비교·검토하여 완성도를 높이는 데 목표를 둔다.12)

---

9) 趙東杰, 「安東儒林의 渡滿經緯와 獨立運動上의 性向」, 『大丘史學』15·16 합집-栗原 韓相俊先生華甲紀念史學論叢-, 대구사학회, 1978; 李東彦, 「一松 金東三 研究 -國內와 亡命 初期의 生活을 中心으로-」, 『한국독립운동사연구』 7, 독립기념관 한국독립운동사연구소, 1993; 金喜坤, 「安東 協東學校의 독립운동」, 『韓國民族運動史研究』, 于松趙東杰先生停年紀念論叢刊行委員會, 1997; 趙東杰, 「白下 金大洛의 망명일기(1911~1913)」, 『安東史學』5, 安東史學會, 2000(조동걸, 「白下 金大洛의 망명일기(1911~1913)」, 『우사조동걸 저술전집12-안동역사의 유교성향-』, 역사공간, 2010 재수록); 김희곤, 『안동사람들의 항일투쟁』, 지식산업사, 2007.
10) 申昌均, 「민족운동에 따른 傳統名家의 사회경제적 변화 -安東 義城金氏 내앞(川前)문중의 경우-」, 『한국근현대사연구』27, 한국근현대사학회, 2003; 金建泰, 「독립·사회운동이 傳統 同姓村落에 미친 영향 -1910년대 경상도 안동 천전리 사례-」, 『大東文化研究』54, 성균관대학교 대동문화연구원, 2006.
11) 김희곤, 『안동 내앞마을 -항일 독립운동의 성지-』, 지식산업사, 2012.
12) 내앞마을 민적부를 세밀하게 분석하여 사회경제적인 변화를 도출한 연구로 金建泰의 연구(「독립·사회운동이 傳統 同姓村落에 미친 영향 -1910년대 경상도 안동 천전리 사례-」, 『大東文化研究』54, 성균관대학교 대동문화연구원, 2006)가 있다.

2. 내앞마을 출신 독립운동가와 망명 가족

내앞마을 출신 독립운동가들의 생가와 생가 터, 거주지를 추적하자
면 먼저 독립운동가부터 정리할 필요가 있다. 독립운동가로는 정부로
부터 포상을 받은 독립유공자와 아직 포상되지 않은 인물로 구분된다.
먼저 이 마을 출신으로 독립유공자로 포상된 인물은 다음 표와 같이
모두 17명이나 된다.13)

〈포상된 내앞마을 출신 독립유공자〉

번호	이름	생몰연대	활동내용	훈격
1	金圭植	1880~1945	협동학교·경학사·부민단·한족회·정의부	애국장(1996)
2	金大洛	1845~1914	협동학교·경학사·공리회	애족장(1990)
3	金東滿	1880~1920	서로군정서	애국장(1991)
4	金東三	1878~1937	협동학교·신민회·대동청년단·신흥학교· 경학사·백서농장·한족회·서로군정서· 통의부·정의부·한국독립당	대통령장(1962)
5	金　洛	1862~1929	3·1운동	애족장(2001)
6	金萬植	1866~1933	대한협회 안동지회·서로군정서	애족장(1999)
7	金秉文	1894~1967	흠치교	건국포장(2005)
8	金秉植	1856~1936	협동학교·유림단의거	애족장(1995)
9	金成魯	1896~1936	신흥무관학교·북로군정서·청산리전투	애국장(1990)
10	金聲魯	1885~1922	한족회·서로군정서	애국장(1991)
11	金述魯	1898~1946	흠치교	건국포장(2012)
12	金時兌	1896~1979	흠치교	대통령표창(2005)
13	金章植	1889~1949	서로군정서·대한통의부·정의부	애국장(1995)
14	金政植	1888~1941	독립운동기지 건설·군자금 모집	애족장(1993)
15	金宙魯	1895~1963	흠치교	건국포장(2005)
16	金厚秉	1874~1954	협동학교·교남교육회·광복회·조선교육회·구국단	애족장(1993)
17	金厚植	1907~1961	안동청년동맹·신간회 안동지회·안동콤그룹	건국포장(2000)

13) 독립유공자 수치에 金斗衡은 제외시켰다. 후손들에게 천전동 279번지 출신이라
　알려지지만, 공식 자료에는 본적지가 물 건너 마을인 임하리로 적혀 있기 때문이다.

포상자들의 면면을 보면 만주에서 활약한 인물이 주류를 이룬다. 김규식·김대락·김동만·김동삼·김만식·김성로·김장식·김정식 등 9명이나 되니, 전체의 50%를 넘는다. 이들 모두는 나라가 무너지자마자 남만주로 망명하여 독립운동기지를 건설하고 1930년대까지 쉼 없이 투쟁을 펼쳐나간 인물들이다. 나머지는 국내에서 민족종교운동에 세 사람이 참가했고, 계몽운동·3·1운동·유림단의거·사회주의운동에 각 한 사람씩이 기여하였다. 이 밖에도 의병에 참가한 인물이 아직 포상되지 못하고 있지만, 앞으로 포상자는 조금 더 늘어날 것 같다.

다음으로 독립운동에 참여한 자취가 드러나지만 아직 포상되지 못한 인물 28명을 살펴본다. 이 경우에도 만주지역에서 활동한 인물이 20명이나 되어 절대다수를 차지한다. 다음으로 의병·청년운동·사회주의운동이 소수 들어 있다. 만주지역 활동자 가운데 김대락의 아들인 金衡植이 가장 대표적이다. 그는 광복 이후 귀국길에 김일성의 초청을 받아 북한에 머물고, 1948년 남북대표자연석회의 당시 임시의장을 맡았으며, 1950년 전쟁 당시 금강산에서 투신자살한 것으로 알려지고 있다. 이를 정리하면 다음 표와 같다.

〈포상 받지 못한 내앞마을 출신 독립운동가〉

번호	이름	생몰연대	활동내용
1	金公望	1906~미상	안동청년연맹·신간회 안동지회·안동콤그룹
2	金洛基		동명학교 설립·교육구국운동
3	金文魯	1911~1969	만주, 취원창기지 건설
4	金秉達	1894~미상	정의부
5	金秉大	1889~1975	정의부
6	金秉倫		만주
7	金秉萬	1892~미상	정의부
8	金秉七	1884~1960	협동학교 교사·만주

9	金瑞洛	1840~1917	전기의병
10	金成大	1901~1978	임하청년회
11	金世魯	1895~1940	임하청년회
12	金時麟	1904~1978	임하청년회
13	金寧植	1894~미상	만주
14	金宇植		만주
15	金元魯	1914~1965	만주
16	金允魯	1917~미상	만주
17	金應魯	1894~1969	임하청년회
18	金正魯	1898~1968	만주
19	金定默	1905~1950	만주
20	金種植	1907~1946	만주
21	金鍾淵	1863~1905	전기의병
22	金周秉	1846~1896	전기의병
23	金昌魯	1889~1943	서로군정서·군자금 모집
24	金衡植	1877~1950	협동학교 교사·경학사·공리회·부민단·한족회·서로군정서
25	金衡八	1887~1965	교남교육회·만주
26	金洪植	1883~미상	만주
27	金和植	1890~1970	만주
28	韓 浩 (김영로)	1905~1936	동북항일연군

다음으로 눈여겨볼 사람은 만주로 망명했던 여성들을 비롯한 가족이다. 망명길에는 가족들이 동행한 경우가 많기 때문에 이들에 대해서도 관심을 가질 필요가 있다. 여성이라는 이유로 독립운동단체의 간부로서 활약한 경우는 찾기 힘들지만, 그렇더라도 그들이 독립운동에 결정적으로 기여했음은 부인할 수 없다. 이상룡의 손부 허은, 김동삼의 며느리 이해동이 남긴 회고록은 여성들이 짊어진 몫이 결코 만만하지 않았고, 그들 생활 자체가 독립운동의 한 부분이었음을 선명하게 보여주고 있기 때문이다. 따라서 독립운동을 목표로 삼아 만주로 망명한

내앞마을 사람들도 정리할 필요가 있다. 호구별로 확인되는 망명자는 호주 26명과 동반자 152명으로 모두 179명에 이른다. 이들 가운데 만주에서 활약하다가 중도에 돌아온 사람도 있다. 광복 때까지 만주에서 활약한 사람은 대개 150명 선으로 추정된다. 이들 대다수가 앞서 독립운동가로 제시된 인물들의 가족들이다. 여성 망명자들이 60명이나 되는데, 족보에 딸에 대한 기록이 빠진 경우가 많아서 실제로는 이 숫자보다 훨씬 많은 것으로 짐작된다. 더구나 망명지에서 태어난 아이들도 있는데, 이들에 대한 추적은 힘들다.

1910년대 무렵 내앞마을의 인구는 대개 700명 선이라 짐작된다. 1913년에 작성되고, 뒷날 조금씩 추가된 내앞마을 『民籍簿』에는 모두 152호에 1,050명 이름이 등장하는데, 이 모두를 그 시기에 살고 있던 수치로 볼 수는 없다. 기록이 진행되던 10년 넘는 동안 100명 가량 사망하고, 입양을 비롯한 여러 가지 이유로 겹치는 인물도 있으며, 이동해 나간 인물도 있기 때문이다. 그래서 대개 700명 정도로 추정되는데, 그 가운데 180명 정도가 만주로 갔다가 150명 정도가 터를 잡고 활동한 것으로 헤아려진다.

같은 지번을 가진 사람들의 관계를 보면 직계 가족임을 알 수 있다. 대표적인 가족을 보면 김대락이 먼저 눈길을 끈다. 그는 만 65세 나이로 아내와 아들, 손자, 동생과 조카 등 34명을 이끌고 망명길에 나섰다. 김동삼은 아내와 동생, 아들과 조카 등 16명을 이끌었다.

〈만주로 망명한 호주와 가족들〉

대표자	동반자	번지	비고
金衡八	6명(처1, 아들3. 며느리2)	280	약봉파 (큰종가)
金秉大	1(처)	277	
金秉元	8(처2, 아들3, 며느리3)		

金秉七	12(처2, 아들5, 며느리5)	255	
金達秉		279	
金聲魯	1(아들1)	277	
金鎭昊	3(처1, 아들1, 며느리1)	687(토지)	
金鎭軾	8(처1, 아들2, 며느리2, 손자3)		
金大洛	34(처1, 아들1, 며느리1, 손자2, 손부2, 증손자3, 동생1, 조카5, 질부2, 종손자7, 종손부3, 종증손6)	257	
金肇洛	7(처1, 아들2, 며느리2, 형1, 조카1)	257(아들)	
金誠洛		273	
金呂洛	9(처1, 아들1, 며느리1, 손자2, 손부1, 증손자1, 증손부1)	269(토지247)	
金肯植 (김동삼)	16(처1, 아들2, 며느리2, 손자4, 동생1, 제수1, 조카1, 질부1, 종손자2, 종손부1)	278	귀봉파 (작은 종가)
金章植		279	
金大植	4(처1, 아들1, 며느리1, 손자1)	269(토지247)	
金聲遹	2(처1, 아들1)	271	
金道植	1(아들)	278	
金益魯	1(아들)	271	
金正貴	1(처)		
金龜洛	3(처1, 아들2)		
金圭植			
金鉉大	1(처)	341	
金華植	9(처2, 아들3, 며느리2, 손자1, 손부1)		
金應秉	5(처, 아들1, 며느리1, 손자2)		
金蓍秉	8(처2, 아들2, 며느리2, 손자1, 증손1)	280(맏아들)	
金冕植	5(처, 아들2, 며느리2)	342(부친)	

3. 생가와 생가 터, 살던 집 찾기

앞에서 조사·확인된 독립운동가와 가족들의 생가나 출신지를 오늘의 현장에서 정확하게 짚어내는 것은 그리 쉬운 일이 아니다. 도로가 만들어지면서 형태도 바뀌고, 더구나 지번의 변화도 있기 때문이다. 그래서 먼저 『지적원도』와 오늘의 『지적도』를 비교하여 어느 정도 변화가 있었는지 확인한 다음에, 이를 오늘의 지도에 겹쳐 정확하게 집터를 찾아내는 작업이 있어야 한다. 실제로 『지적원도』와 오늘날의 『지적도』를 비교하고, 항공사진까지 동원하여 검토해본 결과, 도로가 생기고 건물이 들어서면서 변화가 있기는 하지만 독립운동가들의 생가와 생가터를 찾는 데 심각한 문제는 없다고 판단되었다.

먼저 독립운동가와 그 가족들의 생가와 생가터를 찾기 위해 다양한 자료를 검토하였다. 가장 기본이 되는 자료는 『민적부』·『제적부』·『범죄인명부』·『지적원도』·『판결문』·『수형인명부』·『형사사건부』·『용의조선인명부』 등으로, 이 자료들에서 인물별 출신 주소지를 확인할 수 있다. 그 결과 독립유공자 전원과 미포상자들의 출신 지번을 정리하면 다음 표와 같다.

〈지번 별 출신인물(밑줄은 포상된 독립유공자)〉

지번	출 신 인 물
111	金宙魯
193	金述魯
243	金昌魯
255	金秉七
257	金大洛, 金肇洛, 金 洛, 金衡植, 金寧植, 金鍾植, 金和植
258	金萬植
260	金正魯
264	金龜魯
267	金厚植
268	金秉文
269	金呈洛, 金瑞洛, 金圭植, 金成魯, 金大植, 金錫魯
273	金紹洛, 金誠洛, 金政植, 金世魯, 金元魯, 金允魯, 金洪植
277	金秉大, 金聲魯, 金時麟
278	金東三, 金道植, 金東滿, 金定默, 金容默

279	金達秉, 金章植, 金公望, 金應魯, 金文魯, 金周秉
280	金衡八, 金時秉, 金秉植
339	金時兌
341	金鉉大, 金鍾淵, 金厚秉(민적272)
342	金冕植
	金洛基, 金秉萬, 金秉倫, 金成大, 金宇植, 韓浩(김영로), 金聲遹

　　이들의 생가와 거주지 지번이 같은 사람들 가운데 대표적인 경우를 골라 표로 묶어 보면 다음과 같다. 다만 여기에 아내와 딸, 며느리 등 여성을 포함하면 표가 너무 복잡해져서 우선 남성 위주로 그려본다.

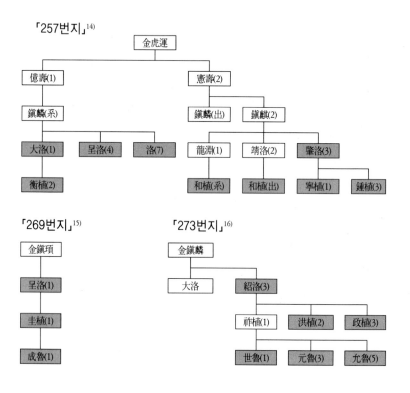

「257번지」[14)]

「269번지」[15)]　　「273번지」[16)]

---

14) 『의성김씨대동보』 卷之二, 583~584쪽.

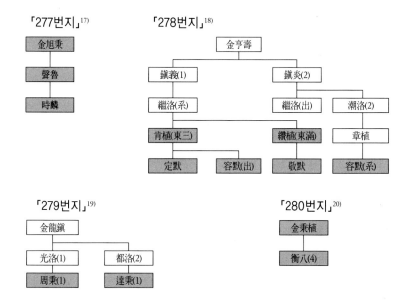

4. 옛 지번과 현재 지적 맞추기

이제 구체적으로 이들의 생가 터와 집 자리를 찾아본다. 먼저 옛 지번을 확인하는 지적도는 1913년 臨河面 川前洞 原圖를 기본으로 삼는다. 첫 단계로 지적원도에 나타나는 각 지번의 경계를 정확하게 그려 입힌다. 원본 자료가 희미하지만, 그 위에 투명용지를 얹고 경계선을 붉은 색으로 그려 넣는다(그림 1).

---

15) 『의성김씨대동보』卷之二, 652·983쪽.
16) 『의성김씨대동보』卷之二, 583~717쪽.
17) 『의성김씨대동보』卷之二, 659쪽.
18) 『의성김씨대동보』卷之二, 575·689~690쪽.
19) 『의성김씨대동보』卷之二, 569~659쪽.
20) 『의성김씨대동보』卷之二, 123~127쪽.

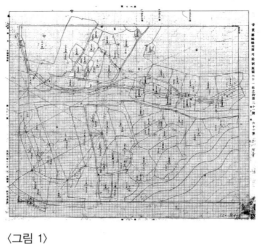

〈그림 1〉

두 번째 단계로 붉은 줄로 지적 경계선만 그려진 투명용지를 스캔하여 디지털로 변환시키고, 여기에 지번을 적어 넣는다(그림 2).

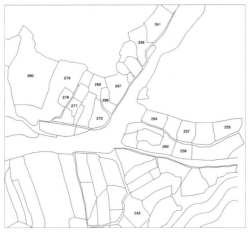

〈그림 2〉 투명용지 위에 붉은 색으로 그려진 경계
선 그림을 스캔하고, 지번을 적어 넣는다.

　　세 번째 단계로 이를 현 지적도에 맞춰 붙인다. 스케일을 정밀하게 조정하여 현재 지적도에 정확하게 맞춘다(그림 3). 땅 크기 자체가 바뀐 일이 없으니, 스케일을 조정하면 위치를 정확하게 맞출 수가 있다.

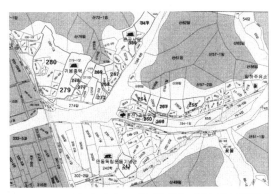

〈그림 3〉 투명용지 파일 그림을 현재의 지적도에 정확하게 덧붙이기

　　네 번째로 위성사진 위에 경계선을 덧붙여 현재 마을의 상황과 비교해 본다(그림 4).

〈그림 4〉 위성사진 위에 경계선을 표시하여 현재 상황에 맞춰 본다.

다섯 번째 단계로 출신 인물을 지도에 표기해 넣는다.

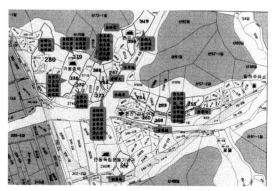

〈그림 5〉 밝혀낸 독립운동가들의 이름을 지도 위에
표기해 넣는다.

큰 지도를 좀 더 잘게 나누어 보면 더 확연하게 드러난다. 귀봉종택
과 김긍식(김동삼) 집 주변을 중심으로 예를 들면 〈그림 6〉과 같다.

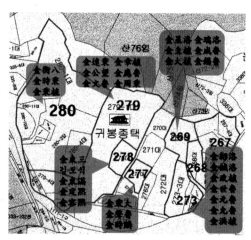

〈그림 6〉 종가 주변 구역 지번과 이곳 출신 독립
운동가

이를 보면 한 지번에 여러 인물이 들어 있음을 알 수 있다. 한 가족이거나, 대가족 형태로 유지되거나, 또는 한 지번에 여러 건물이 있었기 때문이다. 278번지는 김동삼의 생가이다. 이 번지에는 두 채의 집이 있었다. 20년 전에 귀봉종가 종손의 증언으로 278번지 가운데 북쪽 집이 김동삼의 집이고, 남쪽에 새로 들어선 집 자리가 동생 김동만의 집이라는 사실이 전해지고 있다.

5. 역사문화 자원화 방안

독립운동가의 생가나 거주지는 대게 역사문화자원으로 인정되고 관광자원으로 살아났다. 그렇지만 한 마을 전체를 독립운동을 주제로 삼아 자원으로 발굴하고 운용 프로그램을 갖고 있는 곳은 찾기 힘들다. 지난 2007년부터 2010년까지 국내 현충사적지에 대한 종합 조사가 진행되고 보고서가 작성된 일이 있는데, 여기에서 독립운동 유적이 역사문화자원으로 활용되는 사례는 찾아보기 힘들었고, 국민들의 관심도 무척 부족한 것으로 확인되었다.[21]

문화재 정책 자체가 전통시대에 집중되어 왔고, 근대문화재 개념이 성립된 것도 얼마 되지도 않았다. 대중의 인식 속에서도 문화재라면 마땅히 전통시대의 사찰이나 건물, 옷이나 문집 등을 떠올린다. 따라서 이제 근대문화재에 대해 적극적으로 인식을 높이는 동시에 독립운동과 전쟁 유적도 역사문화자원으로 끌어 올릴 필요가 있다. 그럴 경우 한 마을 자체를 독립운동사를 테마로 삼은 문화자원으로 만드는 것을

---

21) 김희곤, 「효율적인 현충사적 관리·활용방안 연구」, 독립기념관 연구용역보고서, 2010.

시도해보는 것도 바람직하다. 이것은 단순한 문화재에서 민족을 위해 희생한 역사에 대한 보훈과 보상, 이를 배우고 따를 수 있는 교육과 교훈성을 담아내는 작업이기도 하다.

1) 표지물 세우기

마을 어귀에 독립운동가들의 생가와 생가 터를 담은 역사지도를 세운다. 여기에는 전통시대의 문화재도 포함시켜 종합적인 문화안내도가 되게 한다. 다음으로 생가와 생가 터에 알맞은 표지물을 세운다. 독립운동을 상징하는 디자인으로 세우는 표지물에는 독립운동가와 가족들의 가계도와 활동 내용을 짧게 줄여 담는다. 그러면서 앞과 뒤의 방문지를 제시하여 동선이 자연스럽게 연결되도록 만든다. 또 표지물에는 연수자들에게 과제를 해결할 수 있는 약어나 이모콘을 담아 흥미를 일으킨다.

2) 코스 만들기

이 마을이 갖고 있는 문화재와 독립운동가의 유적을 묶어 탐방로를 만든다. 문화재로는 큰 종가인 靑溪宗宅(의성김씨 종택, 보물 450호, 임란 이전 김성일이 중건한 것), 龜峰宗宅(작은 종가, 중요민속문화재 267호, 1660년대 건축, 보물 484호인『운천호종일기』소장), 霽山宗宅(경상북도 민속문화재 129호), 楸坡故宅(경상북도 문화재자료 432호), 白下舊廬(경상북도 민속문화재 137호, 독립운동가 김대락의 집), 百忍齋古宅 등이 마을 중심부에 터를 잡고 있다. 이들이 중요 문화재이기도 하지만 아울러 이들 자체가 독립운동가의 유적이기도 하다. 백하구려는 협동학교 기숙사로 사용되기도 했던 곳이고, 김동삼 생가는 형체를 바꾸었지만 그 터에 남아 있다는 사실이 특별하다. 따라서 이들을 고려하여 탐방 동선을 만든다.

3) 탐방 안내지도 제작

마을지도를 제작한다. 이는 전통 방식의 지도가 아니라 만화처럼 쉽고 재미있는 그림으로 이루어진 지도를 말한다. 안내지도 자체에 스토리를 입혀서 탐방코스로 이야기를 엮어 가도록 만든다.

4) 눈높이 맞춘 과제 풀기

방문객과 연수교육 참가자를 위한 과제 풀기 프로그램을 운영한다. 이를 위해 탐방과정에서 집중과 흥미를 끌어낼 수 있는 과제를 제시하고, 이를 해결하도록 유도한다. 이를 진행하기 위해 노트를 개발한다.

5) 이야기 만들기

독립운동을 주제로 삼은 다양한 이야기를 만들어 제시한다. 보기를 들면 큰 종가에서 유림단의거를, 백하구려에서 협동학교와 피습사건 이야기, 김동삼 생가에서 만주망명과 순국, 가족 이야기, 백운정에서 청년운동과 안동콤그룹 이야기 등을 만들어 제공하고, 이를 바탕으로 삼아 마을 투어 가이드를 운영하고, 뮤지컬과 소설 등 문화산업으로 번져가도록 유도한다.

6) 해설사 양성과 예약 안내

내앞마을의 독립운동가 유적을 안내할 수 있는 해설사, 이야기꾼을 양성한다. 이는 안동독립운동기념관이 7년 동안 길러낸 독립운동유적 해설사 사업을 이어가는 것이다. 이들을 활용하여 예약 안내 제도를 정착시킨다. 여기에는 마을 주민의 참여를 유도하고 그들에게 우선적인 기회를 제공한다.

7) 기념관 연수교육과 연계

경상북도독립운동기념관은 여러 가지의 연수교육 프로그램을 운영하고 있다. 여기에 마을 유적을 접목시켜, 마을 자체를 현장교육의 자원으로 활용한다. 초등학생부터 대학생까지, 교사와 공무원에 이르기까지 대상에 따라 만들어진 연수 프로그램에 독립운동가의 유적을 포함시킨다.

8) 주변 경승지 연계 프로그램 개발

이 마을은 입구와 주변에 경승지를 안고 있다. 이 마을을 개척하고 이어온 인물들이 半邊川 건너 절벽 위에 정자를 지었으니 白雲亭이다. 이 건물은 1568년에 세워진 것으로 경상북도 문화재자료 175호로 지정되었고, 허목이 쓴 현판이 돋보인다. 또 내앞마을로 들어가는 어귀에 소나무 숲을 가꾼 開湖松과 강가에 긴 숲을 조성한 籔는 명승 26호로 지정되었다. 1km 남짓한 강변 숲길 자체가 연수과정에 유용하게 쓰일 것이다.

6. 맺음말

내앞마을은 600년 역사를 간직한 명문 집안의 동성마을이지만, 독립운동으로 말미암아 쇠잔해진 역사를 가지고 있다. 이 마을 출신 독립운동가의 역사적 사실은 연구를 통해 조금씩 밝혀지고 그 의미가 알려지고 있지만, 마을 자체가 가지는 의미를 제대로 알릴 길이 없었다.

이 글의 목표는 안동시 임하면 천전리 내앞마을 출신 독립운동가들의 생가와 그 터를 추적하는 것이다. 이 마을은 600년 역사를 가진 전통마을이고, 많은 문화재를 간직하고 있다. 그러나 나라가 망하던 1910년 직후 많은 마을사람들이 항일투쟁을 펼치기 위해 만주로 망명하는 바람에 크게 쇠락하고 말았다. 이 글은 바로 그들의 정확한 생가와 살던 집터를 찾아 역사문화자원으로 되살리는 데 목표를 두었다.

이 글은 두 가지 단계로 진행하였다. 첫째는 이 마을 출신으로 독립운동을 펼치다가 사라진 인물들의 생가와 생가 터를 추적하여 밝히는 것이다. 둘째 단계는 확인된 유적을 역사문화 교육의 자원으로 활용하는 방안을 찾는 것이다.

그 성과를 요약해보면 다음과 같다.

첫째, 만주로 망명한 마을사람들을 추적하였다. 그 결과 호주 26명과 함께 모두 170명 정도를 확인하였다. 그 가운데서도 광복 이후 국내로 돌아오지 못한 인물도 150명이나 된다. 현재까지 정부로부터 독립유공자로 포상된 인물은 17명이다. 한 시군의 독립유공자 평균치가 30여 명이 되는 점을 헤아려본다면, 이 수치는 대단히 많은 것이다.

둘째, 이들의 생가 터, 혹은 살던 집을 추적하였다. 당시의 문서를 근거로 삼아 주소를 추적한 결과 모두 19개 필지를 확인하였다. 한 주소지에 몇 가구가 함께 속한 경우가 많다. 그 당시에는 요즘처럼 땅이 작게 구분되지 않던 시절이어서, 한 주소지 안에 집이 여러 채 있었다. 따라서 한 번지 속에 여러 가구가 살았다. 특히 대가족 사회여서 한 번 지 안에 많은 가족 구성원들이 살기도 했다.

셋째, 확인된 주소를 1913년 지도에서 확인하고, 이를 투명용지에 옮 겨 담은 뒤, 오늘의 지도 위에 겹쳐 경계선을 그리고 현 주소를 찾아냈 다. 그렇게 만들어진 지도 위에 그곳에 살던 대표 인물들을 적어 넣었다.

넷째, 이제 그 장소를 역사문화자원으로 활용할 방법을 제시하였다. 표지물 설치, 탐방코스 만들기, 탐방 안내도 제작, 스토리텔링 작업, 경 상북도독립운동기념관 교육 프로그램으로 활용하기, 마을이 가진 문화 재와 연계한 관광 프로그램 운영 등이 그 핵심이다. 이러한 작업은 마 을사람들이 독립운동에 나서는 바람에 몰락해버린 전통마을을 역사교 육 자원으로 되살려내는 데 기여할 것이다.

이와 같은 조사·연구성과는 다른 지역의 마을을 추적하는 데 모델이 될 수 있다. 또 그 결과를 제대로 활용한다면, 독립운동사를 주제로 삼 은 전통마을이 새로운 역사문화자원으로 떠오르게 될 것이다.

부록
의병자료 해제

명가의 종손이 전하는 안동지역 을미의병의 전말

1. 안동지역의 을미의병과 자료

독립운동의 서장인 의병항쟁은 전기(1894~1896)·중기(1904~1907. 7)·후기(1907.8~1909) 3시기로 나눠 그 성격이 정리되고 있다. 1910년 대에도 3·1운동이 일어나기 직전까지 의병의 활동이 보여, 학자에 따라서는 전환기(1910~1915) 및 말기(1915~1918)를 추가하는 경우도 있다.[1] 이 가운데 전기의병은 1894년 중반과 1895년 12월부터 이듬해 10월까지 두 차례에 걸쳐 전개되었다. 1894년, 즉 갑오년의 경우 안동에서 처음 의병이 일어났고, 평남 상원에서도 뒤를 이었다.[2]

갑오의병 이후 의병이 본격적으로 일어난 시기는 1895년 을미년 12월 이후였다. 명성황후가 시해되고, 단발령(1895.11.15, 양력 1895.12. 30)이 내려지자, 의병항쟁은 전국적으로 확산되어 갔다. 그 출발점이 단발령이 시행에 들어가던 음력 1895년 12월, 즉 양력으로 1896년(丙申年, 정부에서 처음으로 태양력을 채용하여 建陽이라는 연호 사용) 1월이었다. 이후 전기의병은 경북 영양의 김도현이 의진을 해산하던 1896년 9월 9일(양력 10.15)까지 전개되었다. 그래서 乙未義兵이라거나 乙未·丙申義兵이라 부르기도 하는데, 여기에서는 이를 하나로 묶어 乙未義兵이라 부르기로 한다.

---

1) 조동걸, 『한국민족주의의 성립과 독립운동사연구』, 지식산업사, 1989, 49~50쪽.
2) 김상기, 『한말의병연구』, 일조각, 1997, 96~137쪽.

안동의 을미의병은 安東義兵과 宣城(禮安)義兵으로 구성된다. 안동부와 예안현으로 행정구역이 다르고, 역사와 문화적 차이도 존재했기 때문이다. 그런데 이들 두 의진은 모두 음력으로 1895년 12월에 시작되어 다음해인 1896년 8월 말까지 지속했다. 양력으로 환산하면 1896년 1월부터 그해 9월 말까지에 해당하는 시기이다.

의병관련 자료는 의병에 참여한 인물들이 남긴 의병측 자료와, 의병을 탄압한 일제측(대한제국 정부측 포함) 자료 및 신문자료 등 크게 세 가지로 나눌 수 있다. 그 가운데서 의병측이 남긴 1차 자료가 절대적인 사료적 가치를 지니고 있음은 말할 나위도 없다. 의병을 탄압한 일제측의 방대하고도 체계적인 자료 역시 의병의 성격과 내용을 이해하는 데 유용한 가치를 지니고 있음을 부인할 수 없다. 의병전쟁과 관련해 일반적 견지에서 볼 때 의병이 남긴 기록은 주로 전기의병과 중기의병에 편중되어 있고, 이에 반해 일제측 기록은 후기의병에 집중되어 있는 경향이 있다.[3] 전자의 경우는 대개 양반유림들이 주도한 때문이고, 후자의 경우는 일제가 본격적으로 '토벌작전'을 펼치는 과정에서 작성되었기 때문이다.

의병측이 남긴 자료의 주종은 의병장이나 의병참모 등의 중심인물들이 자신의 창의 내역을 정리한 것이 대부분이다. 『창의록』·『거의록』·『일록』·『사실기』·『창의일기』·『거의전말』 등 여러 가지 이름으로 전해지는 의병기록은 내용도 다양하게 정리되어 있다. 그 가운데서도 '창의일기류'가 상당한 양을 차지하고 있으며, 이러한 일기류는 擧義 당시 또는 활동 종료 직후에 기록하여 정리된 것이 대부분이다. 의병연구에서 창의일기류의 사료적 가치는 그만큼 비중이 크다고 할 수 있다.

---

3) 박민영, 「한말 창의일기류와 『적원일기』」, 『청송의병의 활동과 성격』(청송의병 107주년 기념학술회의 발표집, 2003.3.17), 51~52쪽.

안동을 비롯한 경북 북부지역에도 의병과 관련한 기록이 많이 남아 있다. 그 가운데에는 창의전말을 기록한 일기류, 의진의 공식적인 일지, 개인의 문집에 남은 일지와 詩書 등이 대표적인 형태이다. 그런데 문집의 경우에는 일제치하에 발간되는 과정에서 의병이나 독립운동을 담을 수 없는 한계로 인해 흩어지거나 빠져버린 부분이 많아 결점으로 지적되고 있다. 더구나 해방 후에 발간된 것마저도 온전하지 못한 것이 대부분이다. 그렇지만 당시의 일기류는 가장 정확하고도 풍부한 자료를 전해준다. 여기에 소개하는 『을미의병일기』는 안동과 예안의병의 동향을 알려주는 풍부한 자료를 담고 있어서 대단히 훌륭한 자료임에 틀림없다.

『을미의병일기』의 필자는 李兢淵(1847~1925)이다. 그는 안동에 자리잡은 진성이씨 문중 가운데 가장 큰 종가인 와룡면 주하리 周村[두루실] 종가의 종손, 즉 대종손이었다.[4] 그의 자는 希曾, 호는 流水閣, 이명은 穆淵이며, 당대 안동지역 최고 학자이자 퇴계의 적전을 이은 西山 金興洛의 제자였다. 따라서 안동지역에서는 문중의 대종손이요, 대문호의 제자로서 그의 위상은 확실한 것이었고, 특히 의병이 일어나던 을미년에 그의 나이가 만 48세였으므로 왕성하고도 중추적인 활약을 보일만한 시기였다. 따라서 그의 기록은 가만히 앉아서 이루어진 것이 아니라 의병 진영을 드나들면서 작성된 것이라는 점에서 다양하고도 역동적인 내용을 담고 있다.[5]

---

4) 안동시내에서 북동쪽 도산서원 방향으로 8km 정도 떨어진 곳, 중앙선 철도 麻沙驛 조금 못 미친 곳에 두루마을이 있다. 이곳이 바로 진성이씨 宗派가 600년을 세거해 온 곳이다. 진성이씨가 안동시대를 연 것은 공민왕 때 홍건적 평정에 공을 세워 安社功臣이 된 李子脩(松安君, 시조 李碩의 아들)였다. 그가 마애를 거쳐 이곳에 정착한 것이다. 일기를 남긴 이긍연은 진성이씨 21세이니, 이자수의 19대 종손인 셈이다.

5) 이 자료를 발굴한 연구자는 김상기(충남대 교수)였다. 그가 한국정신문화연구원

2. 『을미의병일기』의 내용 구성

『을미의병일기』는 가로 21.4cm, 세로 22.8cm 크기의 화선지에 초서체로 기록된 자료이다. 분량은 공백을 포함해 모두 42면인데, 앞쪽 일기 부분이 30면이고, 뒤쪽 통문과 격문의 자료가 11면이다.

우선 일기부터 살펴본다. 일기는 을미년 12월 1일(양력 1896.1.15)에 시작하여 병신년 10월 11일(양력 1896.11.15)까지 꼭 11개월 동안 기록되었다. 처음에 "自義兵後略記之"라고 添記한 것으로 보아 이 일기는 의병에 초점을 두고 쓰인 것을 알 수 있고, 일기 내용도 대부분이 의병 관련 사실에 집중되어 있다. 안동의병의 활동이 왕성한 부분에서 기록의 양이 많다가, 활동이 느슨해지는 중·후반기에 들면서 양이 줄어간 것도 그러한 이유 때문이다. 즉 의병이 일어나던 1895년 12월에는 5면이고, 전투 활동이 많은 1월과 2월에는 4면씩인데, 3~5월에는 3면으로 줄어들고, 6월부터 9월까지는 2면씩에 불과하다. 특히 면의 분량에서만 그런 것이 아니라 앞 시기에는 글자 수도 많아서 많은 내용을 담고 있는 반면에, 해산기에 접어드는 7·8월(양력 8·9월)에 들면 날짜만 적고서 빈칸으로 남겨둔 경우가 늘어났다.

일기 뒤에는 의병과 관련된 자료가 첨부되어 있는데, 모두 10편의 글이다. 왕의 칙서와 조서가 각 1점씩이고, 상소와 격문 및 통문이 2점씩이며, 안동군수의 회유문 1점, 그리고 병법과 관련한 인용문이 1점이다. 당시에 돌고 있던 칙서와 통문·격문 등을 필사해 둔 것이다.

에 소장되어 있던 자료를 찾아내고 이를 바탕으로 1997년에 제1회 안동문화권 독립운동사 연구발표회에서 「1895~1896 安東義兵의 思想的 淵源과 抗日 鬪爭」이란 논문을 발표하였으며, 그 결과를 『사학지』31(단국대사학회, 1998)에 게재하였다.

3. 『을미의병일기』의 주요 내용

이 일기는 모두 4시기로 나누어 살펴 볼 수 있다. 출발점인 12월 1일 (양력 1896.1.15)은 擧義期에 해당한다. 일기의 첫 시작부터 을미의병이 일어난 근본 이유를 알려준다. 첫 마디가 "소문에 따르면, 지난 달 27일(양력 1.11.) 서울로부터 단발하라는 공문서가 안동부에 도착했다."는 내용이다. 즉 단발령이 을미의병의 발단 요인이라는 사실을 상징적으로 보여주는 대목이다. 이후 12월 기록의 전부는 안동의진이 결성되는 과정을 상세하게 전하고 있다. 통문이 돌면서 거병 준비모임을 봉정사에서 가지던 장면, 안동부성 안에서 의진을 결성하며 權世淵을 대장으로 추대하는 과정, 안동부관찰사의 도피, 첫 전투와 패배 및 의병의 비조직성, 李晚燾의 宣城(예안)의병 거병과 2대 의병장 李中麟의 재거병, 단발령의 강제시행 등이 적혀 있다.

두 번째 시기는 1월과 2월로, 전투기라고 부를만하다. 1월에는 안동의진의 수습과 안동부성 재탈환, 필요한 자금의 지역별·문중별 배정과 자금 수합과정, 湖左義陣의 嶺南召討使로 파견된 徐相烈의 안동방문, 그리고 權世淵 의병장(1대)의 사퇴와 金道和 의병장(2대)의 취임 등이 담겨 있다. 2월에는 배당금 할당, 태봉전투의 전개, 일본군의 안동부 방화 소식, 선성의진 중군 金道鉉의 활동 등이 상세하게 기록되어 있다.

세 번째 시기는 3월부터 7월까지, 지구전 전개와 수난기이다. 3월에는 신임관찰사 修堂 李南珪에 대한 대응책을 논의하던 松川都會, 金河洛 의진의 도착 소식, 서상렬의진의 움직임이 주목된다. 4월에는 일본군과 관군이 안동부를 점령한 상태에서 안동의병과 선성의병의 이동 과정, 그리고 정부 선유사의 회유 소식, 淸凉山 淸凉寺와 吾山堂 및 退溪종가에 대한 방화 사실이 기록되어 있다. 5월에는 선성의진의 구

심력이 무너진 뒤, 포수들의 행패, 안동의진의 전투 상황, 안동군수 洪
弼周의 宣撫 소식 등이 기록되었고, 6월에는 西山 金興洛과 금계마을
의 수난 사실이 대표적이다. 7월에는 관군이 선성의진을 공격하면서
온혜 三栢堂 종가에 불을 지른 사실이 주목된다.

네 번째 시기는 8월과 9월인데, 해산기에 해당한다. 8월에 삼백당 출
신 李燦和가 선성의진의 3대 의병장을 맡아 활동하는 장면, 제천에서
의병의 중요인물이던 李熙斗가 변절하여 안동 주둔 관군에게 投合하
는 모습, 안동의병장 김도화의 관군에 대한 사과, 柳時淵의 총 반납과
안동의진의 최종 종결 등이 기록되어 있다. 끝으로 9월과 10월에는 약
간의 술렁임이 여운으로 남지만, 의병에 대한 기록은 끝이 난다.

일기 다음에 의병자료가 붙어 있다. 다음과 같은 10개의 문서가 그
것인데, 특별한 순서는 없는 것으로 보인다.

   1. 官爲帖諭事
   2. 勅嶺南大小民等書
   3. 楚漢演義
      招賢館 榜文 十三件, 五才, 十過, 韓信拜將時定法 十七條
   4. 新觀察疏草(李南珪)
   5. 本陣上疏草(金道和)
   6. 晉州通文抵安東鄕校(鄭漢鎔)
   7. 安東答晉州通文
   8. 哀痛詔
   9. 忠淸道 堤川 檄文(李弼熙)
   10. 湖西召募將檄文(徐相烈)

맨 앞에 나오는 「官爲帖諭事」는 1896년 9월 6일자 글인데, 홍필주
에 이어 새로 부임한 안동군수 鄭宜默이 보낸 것이다. 이를 말해주는

장면이 9월 3일자 일기에 나타난다. "새 군수 鄭宜默이 이미 안동부에 부임하여 傳令을 각 面으로 보내 민심을 慰撫하였다."라는 것이 바로 그것이다. 즉 이 글은 신임군수 정의묵이 9월 6일자로 北先面 문중에 보낸 글이라고 판단되고, 그렇다면 다른 면에도 같은 내용의 글을 보냈을 것이다. 그래서 이긍연도 이 글을 남길 수 있었을 것이라 생각된다. 두 번째의 「勅嶺南大小民等書」는 고종이 의병에게 해산을 종용하는 칙서이다. 그리고 세 번째 「楚漢演義」는 전란을 맞아 인물과 군대를 운용하는 방법을 옮겨 적은 것으로 「招賢館 榜文 十三件」·「五才」·「十過」·「韓信拜將時定法 十七條」가 기록되어 있다. 네 번째 「新觀察疏草」는 초대 안동부관찰사 김석중이 이강년의진에 붙잡혀 처형된 뒤, 새로 부임한 안동부관찰사 修堂 李南珪가 국왕에게 올린 상소문이다. 그는 이 글에서 안동이 불바다가 된 모습을 보고하면서 자신이 네 가지 죄를 지었으므로 물러나겠다는 뜻을 밝혔다. 다섯째는 「本陣上疏草」로서 안동의진의 2차 대장인 金道和가 거병한 이유와 해산령에도 불구하고 해산하지 않고 싸운 이유를 밝힌 상소문이다. 여섯째 「晉州通文抵安東鄕校」는 진주의진에서 안동으로 보낸 격문이고, 일곱째 「安東答晉州通文」은 진주통문에 대한 안동의진의 답변이다. 다음의 글 「哀痛詔」는 의병 초기에 왕이 거병을 종용하며 보낸 密旨이고, 아홉째 자료인 「忠淸道 堤川 檄文」은 호좌의진의 주역으로서 부군사를 지낸 李弼熙가 보내온 격문이며, 마지막 「湖西召募將檄文」은 서상렬이 보내온 격문이다.

4. 사료적 가치

이 기록은 공식적인 문서가 아니라 의병에 관한 소식이나 자신을 중심으로 전개된 일을 정리한 일기이다. 직접 의병 진영에 나가서 활동한 내용도 들어 있고, 또 집에 앉아서 집안 인물들의 입을 통해 들려오는 이야기를 기록하기도 했다. 그리고 동네 앞을 지나가는 의병과 왜병의 움직임도 보는 그대로 적어 두었다. 의병진영 안팎의 이야기가 골고루 들어 있는 셈이다. 그런 과정에서 자신의 심정을 고스란히 드러내 놓음으로써 공식적인 일지류 보다는 오히려 솔직한 고백도 포함하고 있다는 점에서 사료적 가치가 높다고 생각된다.

첫째, 이 일기는 의병과 관련되는 인물 70~80명을 언급하고 있다. 이 가운데 50여 명은 출신과 행적을 확인할 수 있어서 당시의 모습을 복원하는 데 결정적인 도움을 준다. 물론 주로 자신과 같은 문중 인물이 많다는 것이 한계이기도 하지만, 그것은 당연한 일이기도 하다. '일기'라는 것이 어차피 주변인물과의 관계를 바탕으로 기록되기 때문이다. 만약 이것이 공식적인 '일지'라면 훨씬 더 많은 인물을 기록했을 테지만, 개인의 일기이기 때문에 관련된 사실만 기록한 것이다.

둘째, 이 기록은 훈련되지 않고 경험이 없는 의병의 전투력 한계에 대한 생생한 모습을 전해준다. 그러면서 안동의진에서는 조직력이나 지휘관의 장악력이 확인되지만, 예안의병의 경우는 후반에 들면서 완전히 와해되는 모습을 보여주고 있다.

셋째, 안동의병과 선성의병의 존속기간에 대한 확실한 정보를 제공하고 있다. 당초 이들 두 의진이 모두 4~5월경에 끝났을 것이라 추정해 왔다. 하지만 이 일기는 음력 8월 말, 양력으로 9월 말까지 활동하고 있었음을 보여주고 있다.

넷째, 의진을 운영하기 위해 자금의 배당과 조달이 어려웠다는 사실을 적나라하게 보여주고 있다. 이긍연은 특히 자금을 거두어들이거나 공급해야 하는 상반된 역할을 모두 맡으면서 양쪽의 어려움 모두를 경험하였다. 따라서 실제의 어려움을 고스란히 보여주고 있다.

다섯째, 의병의 이동 상황을 확연하게 보여준다. 수많은 지명들이 등장하는데, 몇 개의 마을만을 제외하고 대부분 오늘날의 모습에서 확인이 가능하다. 안동지역은 안동댐과 임하댐 건설로 수몰된 지역이 너무나 많은데, 특히 그 지역이 의병활동과 관계된 곳이 많아 이미 사라진 지명도 여럿 나타나기 때문이다. 그렇지만 의병의 활동영역과 이동경로에 대한 정보를 확실하게 제공하고 있다.

여섯째, 끝에 붙인 자료는 당시에 의병 지도자들이 읽은 주요 정보이다. 특히 제천과 영월을 중심으로 활약하던 柳麟錫의진과의 관련을 보여주는 격문이 2편이나 담겨 있다. 이것은 일기 내용에서도 확인되는 부분인데, 경북 북부지역과 소백산 너머의 湖左義陣과의 관련을 보여주는 자료이기도 하다.

『을미의병일기』는 120여 년 전에 벌어진 의병의 항쟁사실을 마치 사진을 대하듯 상세하게 보여주고 있다. 그러다 보니 전설처럼 알려지던 이야기들이 우리들 눈앞에 확연하게 되살아나기도 한다. 예를 들자면 1896년 6월 12일(음)에 금계출신 砲將 金繪洛이 체포되어 관군에 의해 砲殺된 전설 같은 장면이 바로 이 일기에서 확인된다. 또 朴谷의 세 사람이 같은 날 왜병에게 끌려가 두 사람은 주검으로 돌아왔고, 그래서 지금까지 한 날 한 시에 제사를 지내고 있다는 이야기도 이 글 속에서 비로소 확인되고 있다.

이 일기는 안동과 선성의진의 존재와 움직임을 낱낱이 전해주는 좋은 자료이다. 그렇다고 해서 이 자료가 하나의 지역 사례를 소개하는 데 그치지는 않는다. 전기의병사를 구성하는 중요한 부분이기도 하거니와, 이와 연관을 가진 주변 지역의 의병자료를 발굴하고 정리하는 작업을 병행할 경우, 한국독립운동사 전체를 규명하는 데 크게 기여할

만한 귀중한 史料이다. 주변 다른 지역의 의병관련 일기나 기록들을
조사하고 정리하며, 문집류 속에 담겨 있는 정보를 찾아내어 종합하는
작업이 지속적으로 이루어져야 할 것이다.

〈부록 자료에 대한 해제〉

이긍연의 『을미의병일기』와 관련된 자료를 소개한다. 한 가지는 이
긍연이 안동의병대장의 부름을 받은 傳令과 사령장 差帖이고, 또 하나
는 의병을 이끌어 나가는 데 필요한 자금을 문중별·서원별로 배정한
내역서이다.

앞의 자료는 전령이 두 장이고, 사령장이 한 장이다. 첫 전령은 의병
대장이 이긍연을 장영으로 급히 부르는 것이다. 두 번째 것은 이긍연
을 종사관으로 임명하여 부르면서 의진의 어려운 현실을 써 놓았고,
이와 함께 이긍연을 종사관으로 임명하는 사령장이 덧붙여 있다. 첫
번째 전령은 21일이라고 적혀 있는데, 이는 1월 21일이다. 일기에는 1
월 22일에 이와 관련된 이야기가 나온다. 그렇다면 대장의 手決은 1대
의병장인 權世淵의 것이라고 볼 수 있다. 두 번째 전령은 4월 10일자
로 발령된 것이고, 이것도 4월 11일자 일기에 등장한다. 그렇다면 이
것은 2대 의병장 金道和가 발령한 것이며, 수결도 김도화의 것임을 알
수 있다.

다음 자료는 「安東倡義所各門中分配記」이다. 이것은 가로 19.1cm,
세로 16.0cm 크기로, 1896년 정월에 의병소에서 각 문중과 향교 및 서
원에 의병을 지원할 의연금의 액수를 책정하여 분배한 내역서이다. 두
부분으로 나뉘는데, 하나는 각 문중별 「各門分排錄」이고, 다른 하나는
앞의 것과는 별도로 향교와 서원 및 사우별로 배정한 기록인 「鄕中各
儒中加排錄」이다.

실제로 목표만큼 모금되지는 않았던 것 같다. 일기 속에 표현되는

내용이나 김도화의 서신을 통해서도 약속한 만큼 모금되지 않아 어려워하는 장면을 확인할 수 있기 때문이다. 다만 배정된 금액을 통해 당시 문중과 서원별 재산의 많고 적음을 짐작할 수 있는 귀중한 자료이다.

龜山 權濟寧의 「義中日記」

Ⅰ.

근년에 들어 안동을 비롯한 경북 북부지역의 의병관련 문헌들이 자주 발굴되고 있다. 안동 예안의 李兢淵이 쓴 『乙未義兵日記』,[6] 청송의 진의 『赤猿日記』,[7] 안동 향리들이 발표한 『安東下吏通文』,[8] 예천 李圭洪의 『洗心軒日記』[9] 등이 발굴되고 소개되면서 이에 대한 연구가 활발하게 진행되어 왔다. 이번에 소개할 자료는 이들과 밀접한 연관을 갖고 있는 것으로, 바로 안동 전기의병에서 서기를 지낸 龜山 權濟寧 (1850~1903)의 기록이다.

「義中日記」의 필자 권제녕의 본관은 안동이고, 자는 士文, 호가 龜山이다. 그가 태어난 곳은 安東市 西後面 鳴里이고, 의병에 참여하던 당시에는 바로 이웃 耳開 2里 甫峴마을에 살았다. 그 중간에 잠시 옆마을 龜如村[귀여리]에 살았다고 전해지는데, 이 '귀여리'가 곧 오늘의 耳開里란 명칭이 되었고, 또한 그의 호 龜山도 여기에서 비롯된 것이 아닌가 추정된다. '귀여리'라는 이름으로 보아 '귀산'으로 읽을 법한데,

---

6) 이 일기를 이용한 첫 연구는 金祥起의 「1895~1896년 安東義兵의 思想的 淵源과 抗日鬪爭」(『史學志』31, 1998)이다.

7) 『安東史學』4, 안동사학회, 1999에 게재.

8) 『安東史學』5, 안동사학회, 2000에 게재.

9) 이를 이용한 첫 연구는 趙東杰의 「傳統 名家의 近代化 수용과 獨立運動 事例 -安東 川前門中의 경우-」(『大東文化硏究』36, 2000)이다.

집안에서는 이를 '구산'이라 부르고 있다.

그는 퇴계학맥의 정맥을 이은 西山 金興洛의 문인이었다. 서산의 문하에서는 많은 독립운동가들이 배출되었는데,[10] 그도 역시 그러한 범주에 드는 인물이다. 그 퇴계학파를 중심한 경북 북부지역 일대에서는 그 나름대로의 비중과 위치를 가진 인물이라 생각된다. 그는 1895년 12월(양 1896년 1월 초)에 일어난 안동의 전기의병에 참가하고, 특히 1차 의진인 權世淵 휘하에서 서기를 맡은 인물이다. 지금까지 그가 서기로 활약했다는 사실을 알려주는 자료로는 『을미의병일기』 1월 24일(양 3.7) 기록이 전부였다.[11]

II.

여기에 소개할 「義中日記」는 그가 남긴 유고집 『龜山遺稿』 제5권(雜著·附錄)에 실려 있다. 그가 작고한 지 17년이 지난 庚申年(1920년)에 제작된 이 유고집은 붓으로 쓴 모필본인데, 다만 이 「義中日記」가 실려 있는 제5권은 테두리[匡郭]와 界線을 인쇄한 한지에 붓으로 직접 쓴 모필본이다.

「義中日記」는 모두 9쪽 분량만 남아 있는데, 본래는 의병활동 과정 대다수를 포함하고 있었던 것으로 생각된다. 책을 편찬하던 1920년 당시에 남아 있는 부분만 수록한 것인지, 아니면 일제강점기라는 현실 때문에 일부분만 실은 것인지 확실하지 않다. 다만 남아 있는 내용이 의병활동에 관한 것이고, 또 이것이 인쇄된 것이 아니라 단지 遺稿를

---

10) 「輔仁稧帖」, 『西山集』, 서산 김흥락의 제자 가운데 독립유공자로 포상된 인물만 치더라도 31명이나 된다(김희곤, 「西山 金興洛(1827~1899)의 의병항쟁」, 『한국근현대사연구』15, 한국근현대사학회, 2000, 33쪽).

11) 李兢淵, 『을미의병일기』 1월 24일자.

묶어 정서한 것이기 때문에 일부러 내용 일부를 빠트린 것이라기보다
는 당시까지 남아 있던 것만을 옮긴 것으로 판단된다.

일단 9쪽 분량의 글은 크게 두 부분으로 나뉜다. 첫째, 앞쪽 7쪽 정
도는 "以上酉谷首位時日記"라고 명기하여 안동의진의 1차 의병장인
봉화 닭실[酉谷]의 星臺 權世淵이 이끌던 시기라고 명시하였다. 그렇
지만 기록은 권세연의진의 전체 시기가 아니라, 그 가운데 음력 을미
년(1895) 12월 17일(양 1896.1.31)부터 병신년(1896) 1월 26일(양 3.9)까
지 40일 동안 기록한 것으로, 권세연이 의병장을 물러나던 1월 29일보
다 사흘 앞까지 담고 있다.

안동에서 거병을 위한 첫 모임이 열린 날이 1895년 12월 3일(양
1896.1.17)이고, 의병이 결성된 날이 12월 6일(양 1.20)이었다. 그런데
안동의진이 안동부성을 장악하고 있다가 다시 관찰사 김석중이 이끈
관군에게 밀려 물러난 날이 12월 15일(양 1.29)이니, 「義中日記」는 바
로 관군에게 밀리는 1차 안동의진의 모습부터 담고 있는 셈이다. 그래
서 앞머리에 안동의 지도자 가운데 한 사람인 洗山 柳止鎬가 거병의
책임을 추궁 당하는 장면이 기록되어 있다. 그리고 1월 13일(양 2.25)에
안동의진이 다시 안동부성을 탈환하게 되는데, 17일에 권제녕이 서기
로 기록되어 있다.12)

둘째, 뒷부분은 두 쪽 남짓한데, "以上龜湖首位時"라 적어두어, 그것
이 안동 일직면 龜昧의 拓菴 金道和가 이끌던 시기임을 명시하고 있
다. 1월 29일(양 3.12)에 권세연이 의병장직을 물러났고, 이어서 척암

---

12) 이긍연의 『을미의병일기』에 권제녕을 서기로 기록한 것이 1월 24일(양 3.7)자에
   나온다. 그러나 「義中日記」에는 이 보다 앞선 1월 17일(양 2.29)에 의병장(권세
   연)이 서기인 권제녕·鄭弼和를 불러 일을 시킨 사실을 적고 있다. 거병 직후부
   터 이 일기가 적혀진 것으로 보아, 그가 거병 초기부터 이미 서기로 활동한 것이
   라 판단된다.

김도화가 제2대 의병장으로 취임하게 되었다. 그러므로 여기에 적힌 1896년 5월 11일(양 6.21)부터 14일(양 6.24)까지 4일 동안의 기록은 김도화가 2차 안동의진을 이끌고 안동 주변을 맴돌면서 고군분투하던 시기였다.

III.

이 자료는 비록 짧은 글이지만, 지금까지 발굴된 의병자료와 비교 검토할 때, 그동안 해결하지 못한 부분을 메워줄 자세한 정보를 제공하고 있다. 특히 이 자료가 안동의진이 안동부관찰사 金奭中이 이끄는 관군의 반격에 밀려 안동부를 상실하는 12월 15일(양 1.29)보다 이틀 뒤부터 기록되어 있다. 그러므로 이 기록은 관군에 의한 안동부 점령과 단발령 시행 등에 대한 내용을 전해주고 있다. 안동부에 몰려온 奉命使 李奎鎭과 대구관찰사 李重夏의 동향, 각 면의 사족들 집안으로 몰려가서 巡捕와 巡檢들이 강제로 삭발을 단행하는 장면, 義擧로 인하여 무실[水谷]의 柳止鎬가 포박 당해 끌려가 刑을 당한 사실 등이 대표적이다.

이어서 다시 의병진용을 정비하여 안동부에 대한 탈환을 시도한 과정이 담겨 있다. 통문의 왕래, 三溪書院이라 생각되는 三溪義約所 私通에 관한 이야기, 대구병대의 안동부 진입, 봉화의병과의 연락, 영천(영주)의병과 선성(예안)의병의 움직임, 안동의진이 안동부를 탈환한 뒤 대구부 관군의 반격과 이에 대응한 瓮泉회합, 권세연 의병장의 사퇴의사 표명과 안동의진의 재기, 선성의병장의 안동부 도착, 각 문중에 모금할 금액을 배정하는 일, 川城都摠 金夏林, 안동부관찰사 김석중이 李康秊의진에 잡혀 籠巖에서 참수되고 그 머리가 姑母城에 걸리자 그 소식을 들은 그의 형이 다음날 일본군에게 電信으로 알려 문경을 습격하고 살육을 자행한 사실, 순검 한 사람을 안동부성 남문인 濟南樓에서 포살한 것, 서산 김흥락이 백미 40말과 돈 백냥을 보내온 것, 柳時淵이 포군을 이끌고 청송으로 가서 소모에 나선 일 등이 기록되어 있다. 이 외에도 그동안 의병으로 활동했다고 전해지기만 할 뿐 증거가 별로 없던 종사관이나 서기의 이름들이 나오고 있어서 연구에 상당한 보탬을 주고 있다.

그리고 두 번째 부분인 음력 5월의 기록은 김도화가 이끄는 안동의진이 춘양과 봉성 등 봉화지역에서 움직이고 있는 모습을 알려준다. 특히 비록 안동을 떠나 주변을 돌고 있지만 의진을 구성한 인원이 砲丁 600에 儒軍이나 행상 등 100여 명까지 포함하고 있어서 상당한 규모를 유지하고 있었음을 알려주고 있다.

이 자료는 지금까지 진행된 안동의 전기의병연구에서 확인되지 못한 부분들을 상당히 보완시켜 줄 것이다. 그래서 안동의병만이 아니라, 경북 북부지역 전체의 전기의병연구에 상당히 기여할 것이라 생각된다.

「安東下吏通文」 해제

1.

안동은 1894년에 독립운동사의 서장인 甲午義兵이 일어난 곳으로, 한국독립운동사의 발상지인 셈이다. 이 갑오의병을 이어 1895년 말에 을미의병이 일어났고, 다음해인 1896년(병신년)까지 이어졌다. 1895년 윤 5월에 지방제도의 개혁에 따라 전국 8도가 23부로 편제되었다. 이때 안동은 16개 군으로 구성된 안동부의 중심이 되었고, 첫 관찰사로 상주와 보은 일대에서 동학농민군 진압에 대단한 업적을 보였던 金奭中이 부임하였다. 그리고 그는 단발령(음 1895.11.15)을 집행해 나갔다.

안동지방에서 을미의병으로서의 첫 통문은 서울에서 단발령이 내린 지 2주일만인 1896년 1월 13일(음 1895.11.29)에 나타난 禮安通文이었다. 그 직후에 李晩燾를 대장으로 하는 禮安義陣이 조직되었다. 예안통문 이틀 뒤에 靑鏡通文(靑城書院과 鏡光書院의 통문)과 虎溪書院의 虎溪通文이 돌면서 의병봉기가 논의되었고, 그 결과 安東通文이 발송되면서 1월 20일에 權世淵이 안동의진의 대장으로 추대되고, 다음날 의병편제를 갖추었다. 그리고 안동의진은 안동향교에 본부를 차렸다. 안동부관찰사 金奭中을 몰아내고 안동부성을 장악한 의진은 경상북도 북부지역의 의병항쟁 중심세력으로 자리잡고, 주변 의진들과 연합작전을 펼치기도 했다. 특히 제천의 毅菴 柳麟錫이 이끄는 湖左義陣과의 연합작전은 안동의진의 대표적인 활약이기도 했다.

3월에 의병장이 金道和로 교체된 뒤, 안동의진은 아전들이 사무를 보는 星廳에서 鄕會를 열기도 했다. 이 자리에서 안동일대의 각 문중과 서원별로 의연금 모금을 약속 받았다. 향회의 자리를 성청으로 한 것은 지역이나 문중별로 호구와 재산 정도를 잘 파악하고 있던 아전들의 지식과 비치되어 있던 장부 기록을 이용하기 위함으로 보인다. 이 「安東下吏通文」은 바로 이러한 무렵, 즉 1896년 2~3월경에 작성된 것으로 추정된다. 특히 안동지방의 의병항쟁사에서 아전출신 權垈一이 용전분투하다가 安奇驛(안동시 안기동과 운안동 일대) 뒷산에서 장렬하게 전사한 이야기가 전해지는 만큼, 안동지방의 전기의병에서 아전들의 활약상도 대단했을 것 같다.

2.

이 통문은 안동의 향리들이 의병에 동참하기를 권하고 나선 것인데, 향리들의 통문은 전국적으로 매우 드문 사례에 속한다. 본문 87행 1,062자로 구성되어 있는 이 통문은 초서로 작성되었다. 비록 정확한 시기가 나타나 있지 않지만, 전기의병이 일어나던 1896년 초에 작성되었음에 틀림없을 것이다.

이 글의 구성은 크게 보아 다음과 같이 5개로 나뉜다.

첫째, 胥流들의 지위가 비록 寒微하지만 이도 역시 백성이니, 당연히 오랑캐의 세상으로 나아갈 수 없고, 또 토벌해야 할 적과 같은 하늘을 이고 살 수 없으며, 원수를 갚아야 한다.

둘째, 근래에 서양 오랑캐와 이웃 종족들이 色貨라 일컬으면서 괴이한 선박으로 오가며 눌러앉거나 머물고 있으니, 마치 王城에 사람이 없는 것 같이 행동하고 있다. 일찍이 금수의 습성과 탐욕은 堯舜의 가르침으로도 능히 교화시키지 못했고, 중국의 역대 왕조들도 그러했다. 그런데 우리 동방은 箕子 이래로 우리 聖朝에 이르기까지 중국의 문물 제도를 본받아 小中華의 으뜸이 되었다. 그럼에도 임진란 이후 300년 에 또다시 침략을 당하게 되었으니 차마 어찌 그것을 잊을 수 없다.

셋째, 우리 강토는 선왕의 강토이니, 선왕의 백성들은 그 도리를 지켜야 한다. 특히 嶠南(嶺南)지방은 한 구역을 관찰하는 요충이다. 더욱이 지금 머무는 오랑캐들이 더욱 많아지니 머지않아 우리 鄒魯之鄕이 모두 오랑캐의 풍속으로 전락할 것이다. 조상의 묘소가 불타게 될 것이고, 자손들이 오랑캐의 습속과 언어를 사용하게 될 것이다.

넷째, 오랑캐의 재화는 괴이하고 요염하게 꾸미는 것들이어서 사람의 마음을 사악하게 변하게 하고 사람의 복장을 사치하도록 현혹시키는 것들이니, 그 모양이 아름다우나 도리에 미치지 못하고 쓸모없는 물건들이다. 저들과 교역을 할 때에 이로움과 해로움의 차이가 현격한데도 기이한 것을 숭상하고 괴이한 것을 좋아하는 자들이 거기에 매혹되어 나라를 병들게 하고 풍속을 해치는 지경에 이르렀으니, 지금 그 것을 제지하지 못하면 장차 큰 근심거리가 된다. 사람이 始末을 알면서도 가만히 있다면, 이것은 자기 자신과 하늘을 속이는 것이다. 오랑캐로 변하여 사는 것이 중국을 따르다가 죽는 것만 같지 못하다.

다섯째, 모두 마음과 힘을 하나로 돌린다면 70고을의 백성들이 500년간 길러준 나라의 은혜를 보전할 수 있을 것이다. 군자들께서 떳떳한 인간의 도리를 다할 수 있는 세상으로 마음을 돌려 함께 싸우다 죽는다면 천만다행이겠다.

근래에 들어 의병에 관한 많은 통문과 격문이 수집되고, 또 연구되고 있다. 이런 분위기 속에 이 통문도 좋은 자료가 되어 연구에 이용되길 바란다.

영남출신 독립운동가들이 남긴 서신들
『독립운동가 서한집』13)

1. 독립운동가들의 필적이 담긴 서한문

정부가 독립유공자로 포상한 인물이 광복 60주년을 맞은 2005년에 들어서 비로소 1만 명을 넘어섰다. 대개 독립운동에 참여한 인물을 20만 명 이상으로 추산하지만, 실제로 지난 40년 동안 추진된 포상에서 겨우 몇 천 명에 지나지 않다가 이제야 겨우 1만 명을 돌파한 것이다. 그것도 광복 60주년이라는 시의성에 맞추어 조사인력을 집중 투입한 결과가 그러니, 이 작업이 얼마나 어려운지 짐작할 수 있다. 1차 자료를 확보하는 일이 쉽지 않다는 점이 주된 이유이다. 전해지는 이야기만 가지고서는 포상할 수는 없는데, 독립운동 정황을 증명해 줄 1차 자료는 산실된 경우가 허다하다. 분단과 전쟁을 겪으면서 많은 자료를 잃었고, 일찍 발굴하거나 정리하지 못한 탓이 크다.

포상에 필요한 자료만이 그런 게 아니다. 독립운동 내용을 담은 자료가 아니더라도 독립운동가들의 친필 자료마저도 찾기 어렵다. 항일투쟁기에는 독립운동과 관련이 없더라도 조사 대상이 되었고, 어렴풋하게나마 연관된다고 짐작만 되어도 철저하게 압수되고 소실 당하는 것이 당시의 실정이다. 또 후손들은 혹시 문제가 될지도 모른다는 우

---

13) 독립기념관 한국독립운동사연구소, 『독립운동가 서한집』(한국독립운동사 자료총서20), 2006.

려 때문에 관련이 전혀 없는 자료마저도 소각해버리기 일쑤였다. 그래서 자료가 적은 것이 아니라 희귀해졌다. 그러므로 독립운동가들이 남긴 친필 자료는 매우 적고, 간혹 그것을 볼 기회가 생기면 연구자들은 전율마저 느끼게 된다. 이번에 소개하는 독립운동가들의 서한 자료는 그래서 더욱 값지게 느껴진다.

이 자료집에 수록된 자료는 영남지역출신 독립운동가 140명이 남긴 205점이다. 몇 점을 제외하고는 대부분이 간찰, 즉 편지글이다. 이것은 대구에서 고문서를 전문으로 수집하는 '대구화랑'이 소장한 독립운동가들의 육필 자료이다.

우선 한 가지 분명하게 집고 넘어가야 할 사실은 여기에 자료를 남긴 인물들이 영남지역출신 독립운동가를 모두 담아낸 것도 아니고, 또 대표성을 지닌 것도 아니라는 점이다. 수집한 사람이 대표성을 염두에 두고 모은 것도 아니고, 제시된 자료 또한 대표성을 지니는 것도 아니다. 수집가의 노력으로 주요 인물들의 글이 수집되었지만, 빠진 인물들도 많기 때문이다. 독립유공자로 포상된 영남인물이 3천명을 훌쩍 넘어서는데, 여기 담긴 자료는 기껏 140명에 지나지 않는다. 따라서 이 자료집에 담긴 자료나 그 주인공이 영남지역 독립운동계를 대표한다거나 상징성을 가지는 것이 아님을 거듭 밝혀 둔다.

2. 자료의 범주와 분포

여기에 담긴 자료는 극소수를 제외한 대부분이 편지글이다. 그것도 다듬어진 한문으로 작성된 서간문이란 점에서 일단 주인공들이 거의 모두가 전통적인 유림계열에 속한다고 단정할 수 있다. 더구나 이름만 보아도 소수의 남명학맥 계승자를 제외하면 대다수가 퇴계학맥 계승자임을 짐작할 수 있고, 학문적 수준도 최고급이란 사실을 가늠할 만하다.

자료가 작성된 기간은 1860년대 이후 1940년대까지 걸친다. 일단 이들의 출생 시기를 보면, 1820년대에서 1910년대에 이르는 90년 정도의 범주를 보인다. 1820년대가 4명, 1830년대 6명, 1840년대 14명, 1850년대 16명, 1860년대 22명, 1870년대 21명, 1880년대 30명, 1890년대 21명, 1900년대 5명, 1910년대 1명이다. 결국 여기에 담긴 서간문의 주인공들은 90년 편차 속에서도 주로 1850년대에서 1890년대 사이에 출생한 인물이 중심을 이룬다는 사실을 알 수 있다. 이는 독립운동 참여 분야와도 밀접한 관계를 가진다. 그들이 중년이나 장년, 혹은 원로가 되어 사회지도자로 활동하던 시기가 1890년대 이후였고, 그것이 독립운동 시기와 맞물렸다.

독립운동의 첫 장이 1894년 갑오의병에서 시작되고 1900년대에 중기와 후기의병으로 진행되었는데, 당시 1820년대에서 1840년대 출생한 인물들이 최고지도자로 활약하였고, 그 아래 인물들이 부장급을 맡아 활동하였다. 1820년대 출생인물인 류도성·김도화·김흥락·류지호가 의병을 논의하거나 의병장을 맡았다. 김도화는 안동 2차 의병장이었고, 김흥락은 우익장을 맡았다. 바로 아래인 1830년대 생으로 권세연·민성호·박주대·류도발이 있는데, 권세연은 안동 1차 의병장이었고, 박주대는 예천의병장, 민성호는 청송의병, 류도발은 1910년에 단식 순국한 인물이다. 이를 이어 1840년대 출신은 직접 의병장이 되거나 의병을 이끈 인물이다. 예안의병장 이만도와 그를 따른 이만규를 꼽을 수 있는데, 특히 이만도는 1910년에 단식 순국하였다. 그리고 영해의병장 이수악, 진보의진을 일으킨 허훈 등이 대표적이다.

1850년대 출신들은 중기와 후기의병에 나서거나 만주로 이동하여 독립군기지를 건설하러 나섰다. 의병장으로는 허위가 대표적이고, 만주와 연해주에 독립군기지 건설에 나선 인물로는 이상룡과 이승희가 있고, 1840년대 출신인 김대락과 허형도 빼놓을 수 없다. 이처럼 독립운동의 서막인 의병 가운데 전기의병에는 1820~1830년대 출생 인물들이 최고지도자로 나섰고, 중기와 후기의병에서는 1840년대와 1850년대 출생 인물이 앞을 나섰다.

중기와 후기의병이 전개될 당시에 계몽운동도 시작되었다. 영남유림에서는 계몽운동으로 전환하는 것이 혁신적인 변화를 의미하는데, 여기에는 1860년대와 1870년대 출생이 앞장섰고, 류인식과 김동삼이 가장 대표적인 인물이다. 또 이 시기 출신들이 3·1운동의 핵심으로 나섰다. 더구나 영남유림들은 파리장서에 핵심을 이루었다. 김창숙·장석영·이중업·김황 등이 그러하고, 이 자료집에 담긴 자료의 주인공도 파리장서 서명자가 가장 많다.

1880년대 출신들은 의열투쟁이나 국외 독립군기지 건설, 독립군기지 지원 활동 등을 펼쳤다. 그리고 1890년대 출신은 또 한 차례 혁명적인 변화를 밀고 나갔다. 사회주의를 수용하고 민족문제 해결의 이념적 틀을 형성해 나간 것이다. 김재봉과 이준문 등이 그들이다. 이들은 대개 영남유림의 전통을 계승한 사람들이었고, 어렸을 때부터 유학을 배우고 자라난 뒤 신학문에 접한 인물들이었다.

영남유림들이 가장 많이 참가한 활동 분야가 의병과 파리장서였다. 독립운동사 51년 기간에 두 분야에 집중된 사실을 알 수 있는데, 첫 머리와 중간 부분이 그것이다. 사회지도층이자 주도층이던 유림이 그 역할을 맡고 나선 것이 의병이었고, 특히 전기의병에 집중되었다. 그리고 유림이 사회주도층에서 점차 위상을 잃어가다가 마지막 불꽃처럼 타오른 것이 파리강화회의에 독립청원서를 보낸 '파리장서'운동이었다.

3·1운동에서 자신의 위상을 확인한 영남유림들이 목소리를 드높여 본 것인데, 이것이 유교사회를 이끌어온 유림들의 집단적인 움직임을 보인 마지막 모습이었다. 영남유림 가운데서도 의병은 안동문화권을 비롯한 경북 북부지역 유림이 중심을 이루었고, 파리장서에 참가한 인물은 영남 전역에 걸치지만 주로 경북의 남서부지역과 경남의 북서지역 인사들이 많았다.

다음이 만주에서 독립군기지를 건설한 것이 영남유림이 보인 긍정적인 장면이었고, 국내와 만주를 연결하던 광복회와 군자금 모집활동 등에 영남유림이 힘을 집중시킨 모습이 〈표 1〉의 수치에서도 드러난다. 만주에 망명한 인물들이 경북 북부지역출신이 많은 만큼, 국내외 연결 활동도 역시 이 지역인물이 중심으로 이루었다. 이 또한 수치에서도 그러한 면모가 드러난다.

〈표 1〉 자료를 남긴 인물들의 활동 분야

활동분야	인원	활동분야	인원
의병	22(2)	만주활동	9
의열투쟁·아나키즘 투쟁	5	군자금 모집 (대한민국 임시정부 지원)	10
계몽운동	3(1)	사회운동	9(2)
광복회·조선국권회복단	5	자정순국	4
3·1운동	27	통치거부·창씨개명 반대	3
파리장서·유림단의거	40	기타	3

* ( ) 안 수치는 활동 분야가 다수인 인물

이 자료집에 담긴 자료의 주인공들의 출신지가 특별한 의미를 가지지는 않지만, 일단 정리하자면 안동문화권이 절대적으로 많다. 안동이 35%를 차지하고 봉화·영양·예천·의성·영주·청송 등 안동문화권을 묶어보면 전체 50%를 넘는다. 정확한 분포를 말해주는 자료는 아니지만,

유림들이 집중된 지역적 특성을 보여주는 것으로 참고할 만도 하다.

〈표 2〉 자료를 남긴 인물들의 출신지역

지역	거창	경주	고령	군위	김천	대구	문경	봉화	산청
인원	1	2	2	1	1	5	1	12	5
지역	선산	성주	안동	영덕	영양	영주	예천	울산	의령
인원	5	12	49	2	3	4	5	3	5
지역	의성	창녕	청도	청송	칠곡	함안	합천		
인원	4	2	2	1	2	5	6		

3. 2편의 의병격문

2편을 제외하고는 대부분이 편지글이다. 편지글을 말하기에 앞서 일단 두 편의 의병격문부터 먼저 소개한다. 이 격문은 이미 학계에 알려져 왔고, 논문이나 저술에서 소개된 적이 있다. 하지만 원본 필적을 볼 수 있어서 여기에 담는다. 하나는 안동의병 초대 의병장을 맡은 권세연의 창의격문이고, 다른 하나는 의성의병장을 지낸 김상종의 격문이다.

참봉 권세연은 1895년 12월에 일어난 안동의병에서 초대의병장으로 선출된 인물이다. 그는 봉화 '닭실'이라 널리 알려진 酉谷 출신인데, 그곳은 본래 안동 영역에 속했던 곳이다. 1895년 11월 말부터 12월 초 사이에 여러 통문이 오갔고, 예안통문(11.29), 삼계통문(12월 초), 청경사통(12.1), 호계통문(12.2) 등이 그것이다. 그 결과 12월 초에 安東義陣이 결성되었다. 12월 3일에 면회가 열리고, 4일에 1,000명이 모여 향회를 열어 거병을 결의하였으며, 6일(양 1896.1.20)에 10,000명이나 모인 자리에서 안동의진이 결성된 것이다. 향회가 열리던 날 안동에 도착한 권세연은 의병장에 취임하고 격문을 발표하여 전국 유림에 봉기를 촉구하고 나섰다. 그때 발표된 격문이 바로 이 자료이다. 그 일부를 옮겨 놓으면 다음과 같다.

> "200년 동안 조공을 바치던 나라가 한 가지 기술의 장점을 과장하여 우리 용기를 좌절시키고, 선왕의 법복을 무너뜨리니, 그 괴수를 없애지 못하면 지하에 가서 선왕을 뵈올 낯이 없고, 이 머리를 보전하지 못하면 무슨 마음으로 세상에 산단 말인가...... 왜구의 침략으로 천지 질서가 무너지고 춘추 정의가 붕괴되는 지경에 이르렀다. 변복과 단발을 막아야, 의병 일으키니 모두 나서라."

이 격문은 선왕의 법복을 무너뜨리고 머리를 보전해야 한다는 말로, 변복령과 단발령에 대한 단호한 반대 의사를 천명하였다. 이 밖에도 국모시해에 대한 원수를 갚아야 하는 논리도 담고 있으며, 뜨거운 결의가 철철 넘치는 우국충정이 여기에 담겼다.

다음으로 김상종의 격문은 안동보다 두 달 늦게 발표되었다. 의성의진 자체가 안동의진보다 두 달 늦어 결성되었기 때문이다. 안동의진이 결성된 뒤에 주변 지역에서도 부산하게 움직임이 나타났지만, 예안의진만 바로 결성되고 의성·문경·예천·청송·봉화 같은 지역은 대개 두 달 보름에서 석 달 정도 늦게 결성되었다. 의진이 결성되기까지 한두 달 정도 시간이 걸렸다. 안동의진의 압력을 받아 거병하는 경우가 많았는데, 의성의병도 마찬가지다. 여기에 소개되는 격문은 바로 1896년 2월 12일(양 3.25)에 의성의진이 결성되고, 의성 사촌마을 출신 김상종이 의병장에 취임하면서 발표된 것이다.

> "성상께서 머리를 깎은 일로 누차 흉도에게 핍박받았으니 이를 생각하면 목이 막히고, 국모께서 피해를 당하여 마침내 곤위가 비었으니 이

를 말하자면 통곡할 것 같다...... 괴수를 섬멸하고 적을 잡을 그 날이 어찌 없겠는가? 뿌리를 제거하고 못을 뽑아내는 것은 지금이 바로 그 때이다. 인의의 방패가 팔도의 선비에게 부족하지 않고 충신의 갑옷이 작은 고을에 많으리라. 의대의 교서가 내리니 이를 보는 사람이 눈물을 흘리면 상심하지 않겠는가? 초토의 조서가 선포되니 이를 듣는 사람이 모두 주먹을 쥐고 손바닥을 쳤다. 의기에 격동되어 의병을 일으키지 않을 수가 없었으니, 이에 우리 읍에서 크게 공의를 발하여 의병을 창도하여 일으켰다. 활 쏘고 말 모는 것이 어긋나지 않아 비록 높은 공은 없었지만 방어하고 호위하기를 도모하니 오히려 극진한 충성이 있었다."

의병을 일으킨 원인이 국모시해나 단발령이지만, 그 가운데서도 직접적인 요인이 단발령에 무게가 실렸다는 사실을 이들 격문은 보여준다. 안동의진이 일어난 시기가 바로 단발령이 경북 북부지역에서 시행에 들어간 1895년 12월 초였기 때문이다. 국왕의 단발 이후 열이틀 지나 경북 북부지역에도 단발이 시작되었다. 그러자 바로 통문이 나왔고, 거병으로 이어졌던 것이다. 이 밖에 격문은 아니지만, 의병이 끝난 뒤 이와 관련된 시 한 편이 있다. 의성의병에서 소모장을 맡아 참전했던 김수욱이 남긴 글이다.

4. 일반 서간문

여기에 담긴 서간문이 독립운동가들이 남긴 것이라고 해서 독립운동 사항을 담아낸 것은 아니다. 앞에서도 말했지만, 그러한 자료는 작성되기도 힘들거니와 있다고 하더라도 전해지기 힘들었다. 검거와 탄압의 직접적인 자료가 오늘까지 전해지기를 바라는 것은 지나친 욕심이다. 그러나 비록 독립운동의 내용은 아니더라도 독립운동가들의 친필을 확인하는 작업은 의미가 분명히 있다. 그럼에도 불구하고 간혹 이들의 시대인식을 보여주는 장면도 더러 눈에 띈다.

편지글에서 발신자의 이름은 분명하지만, 수신자는 대부분 명확하지 않다. 누구에게 보낸 것인지 짐작은 가지만, 확신이 서지 않는 경우가 대다수이다. 수신자가 스승이나 친지, 혹은 동학으로 여겨지는 경우가 많다. '형'이라거나 '족형'·'조카'나 '족숙'이란 용어가 많이 등장하여 친인척임을 보여주는 것도 많다. 또 글을 쓴 시기가 명확하지 않는 것도 많다. 월일은 밝혔지만 연도를 분명하게 기록하지 않아 대체로 추정하는 수밖에 없는 경우도 허다하다.

편지를 보낼 때, 아들을 시키는 경우가 많고, 또 아랫사람을 시켰다. 간혹 신식 우편제도를 이용하기도 했는데, 이는 시대가 흐를수록 빈도가 높아졌다. 다만 신식 우편으로 보낸 경우 중간에 사라진 일도 있고, 또 신식 우편으로는 담아내지 못한 글일 경우에는 개인 사신으로 자세하게 표현한 사례도 보인다(류필영, 1912).

글의 구성은 대다수가 정형에 가깝다. 안부를 묻고 사연을 쓰고, 마치는 인사를 썼다. 물론 안부를 여쭙는 내용이 대부분인 경우도 있다. 부모와 형제, 그리고 집안에 대해 두루 인사를 드렸고, 그 가운데서도 부모 건강문제가 가장 중심을 이루었다. 하지만 행간에는 간곡한 사연도 포함되어 있다. 그것이 바로 그 사회의 특성을 보여준다. 정확한 사연을 짐작하기는 어렵지만, 당시 사회의 단면을 들여다 볼 수 있는 좋은 자료들이 눈에 띈다.

1) 시국에 관한 글

먼저 1894년 갑오개혁과 동학을 둘러싼 시기에 영남유림들의 시대인식을 보여주는 자료가 눈에 띈다. 첫째, 안동의진의 2대 의병장 김도화가 1894년 11월에 동학 소식을 전해 들으면서 혼란스런 시국이라 염러한 글이 있다. 둘째, 하회출신 류도성도 '윤음'을 읽은 소감과 변괴를 겪은 상대를 위로하는 글을 쓰고, 대원군이 효유한 글을 등사하여 보냈는데, 그는 동학봉기를 '東撓'로 표현하였다. 셋째, 이상룡이 1894년에 상중에 있으면서 쓴 편지에서 시국의 변화를 개탄하는 표현이 보인다. 1894년 8월이면 안동에서 최초의 의병인 갑오의병이 일어난 직후였다. 그는 承重喪(부친이 먼저 사망한 뒤에 조부상을 맞아 상주가 되어 치르는 상례)을 당한데다가, 다시 종조부의 상을 입은 상태였다. 그런 와중에 이상룡은 들려오는 갑오개혁 소식 가운데서도 변복령에 대해 깊이 근심하고, 당시 영호남을 쓸고 있던 동학의 물결에 기가 막힌 심정을 토로하였다. 그러면서 그 동학 무리에 일부 유림조차 가담했다는 소식에 개탄하기도 했다. 그리고 대원군이 영남 인사들을 회유하느라 이상룡의 스승인 김흥락에게 벼슬을 내리자, 이를 받아들이는 여부는 오직 스승의 판단에 따를 뿐이라고 썼다.

다음으로 1904년 러일전쟁을 전후하여 세상일을 바라보는 인식이 드러나는 글이 있다. 당시 서울에서 벌어지던 심각한 사건들을 영남지역에서 듣고 적은 것이 있다. 대표적인 것이 박규호의 1904년 3월 7일자 편지인데, 러일전쟁 직전의 서울 상황, 특히 황궁에 화재가 일어났다는 사연을 담고 있다.

"황궁에 화재가 일어나 매우 참혹하다고 합니다. 궁의 담장 안에 여러 전각이 모두 불타고 다만 함옥헌 한 채만 온전하여 주상께서 이제 막 이곳으로 옮겼다고 하니, 어찌하여 이런 지경에 이르렀는지 모르겠습니다. 화재가 일어난 연유는 함녕전 굴뚝을 고치다가 이로 인하여 실화하였다고 하는데, 불이 난 뒤에 일병이 횡화라 일컬으며 갑자기 문밖에 이르러 병정들에게 문을 막고 들어가는 것을 허락하지 않게 하였기 때문에 각부 대신들이 모두 들어가지 못하여 아무도 불을 끄지 않아 저절로 일어났다 저절로 꺼졌다고 합니다."

이 글에는 이지용이 조약 체결에 따른 회사로서 일본에 갔다는 이야기도 적혀있다. 지방에서 서울의 사정을 들으며 세상이 어떻게 돌아가는지 도무지 알 수 없다는 생각을 가졌다. 그리고 "1904년 1월에 로젠과 고무라 사이에 협상이 진행되다가 일본이 최후통첩을 보냈고, 대한제국 정부는 러일 개전에 앞서 엄정중립을 선언했다. 그러자 일본은 2월 8일에 기습공격으로 전쟁을 시작하고 이틀 뒤에 선전을 포고했다. 이어서 일본은 대한제국에게 한일의정서를 강요했고, 2월 23일에 강압으로 체결시켰다. 3월 17일에 이토 히로부미가 한국에 도착했다."는 등의 러일전쟁과 관련한 이야기도 담겨있다. 이 편지는 3월 7일자로 쓰였지만 음력이기 때문에 '이등박문' 소식까지 담고 있다. 서울에 머물던 박규호가 자신의 연고지로 보낸 것으로 보이는 이 편지는 그 시기에 일어난 러일전쟁과 덕수궁 화재 사이에 어떤 연관성이 있으리라는 짐작까지 담고 있다.

또 이상룡이 1904년에 쓴 편지도 러일전쟁과 관련된 내용으로 짐작되는 글이 포함되어 있다. 손위 처남인 김대락에게 보낸 것으로 추정되는 이 글에는 러일전쟁이 벌어지던 당시 시국에 대한 논의 자리를 만들자는 뜻이 담긴 것 같다. 두 사람은 1910년 12월 말에 안동을 출발하여 만주로 망명하여 서간도 일대에서 독립군기지 건설에 기여하게 되었다.

서양 문명의 도래와 정세 변화에 대해 영남 인사들이 받아들이는 속도는 비교적 느렸다. 청일전쟁에서 청이 떨어져 나가고, 러시아와 일본이 한국을 장악하려 전쟁을 일으킨 정황을 표현한 것으로 보이는 구절도 다른 글에서 보인다. 송호완은 1908년에 쓴 서신에는 "형제를 잃은 인물에게 문상하면서 동쪽의 미친개와 서쪽의 이리가 으르렁거리며 사람을 물어대어 벌써 죽지 않은 사람이 없다."라고 표현하였다. 당시

러일전쟁 이후 상황을 그려낸 글이라 생각된다. 이태식도 1898년 정초에 외세침탈의 상황을 '짐승의 발자국이 어지럽게 교착'된 것으로 표현하였다.

김홍기가 1931년에 쓴 서신도 이와 비슷하다. 시국의 어려움을 걱정하면서, "우리들은 장차 어떻게 닦아서 참된 천리를 보전해야 할지 두렵고 탄식스럽습니다."라거나, "북토의 풍진은 마침내 어떻게 될지 모르겠습니다만, 갑자기 우리 한 모퉁이만으로 그치지 않을 듯합니다."라고 썼다. 그리고 류치명의 증손자이자 3·1운동 당시 임동시위를 엮어낸 柳東著가 밀양 퇴로의 李炳鯤에게 보낸 글에는 "당쟁 이래로 참다운 역사가 없다."라는 탄식이 눈에 띈다. 한편 시국을 보여주는 자료 가운데 가장 앞선 시기의 글이 철종 인산 소식을 알려주는 것이다. 1864년 3월에 작성된 이중린의 글은 철종 인산을 맞아 선비들이 상경할 예정이라는 점을 썼다.

2) 독립운동 상황을 보여주는 글

김동삼의 친필은 거의 남아 있지 않는데, 여기에 담긴 편지는 경북 북부지역의 계몽운동을 보여준다. 이 편지는 자신이 참가하여 문을 연 協東學校와 처가 마을의 관계를 보여준다. 1907년에 세워진 이 학교는 보수유림의 상징인 안동사회가 변화해 나가는 모습을 상징적으로 보여주는 것이고, 따라서 개교에 이르기까지 많은 고통이 따랐다. 또 그 이후에도 예천의병이 학교를 공격하여 사상자가 발생하는 비극도 있을 정도였다. 바로 이 학교 설립의 주인공이 류인식과 김동삼, 김병식 등인데, 김동삼이 이와 관련된 서신을 한 장 남긴 것이 이 자료이다. 이 편지는 김동삼이 자신의 처가인 안동 군자리 광산김씨 집안에 보낸 것인데, 학교 건립과 이에 대한 지원 문제에 대해 섭섭한 심정을 보여주고 있다. '洛川의 재물', 즉 처가 문중에서 처분한 자금이 협동학교 지원에 쓰이지 않고 예안 宣城學校로 집중된 것에 이의를 제기한 것이다. 협동학교 재원 마련을 위해 서원과 향교 재산을 둘러싸고 당시 소송이 제기되기도 했다.

다음으로 영양의병장 김도현이 단식 순국한 스승 이만도를 추모하여 쓴 제문이 눈에 띈다. 이만도는 1895년 12월에 예안의병을 일으킨 인물로, 1910년 국치를 당하자 24일 동안 단식하여 순국한 인물이다. 1911년 9월 8일(음) 이만도의 상을 맞아 김도현이 쓴 제문에는 다음과 같은 내용이 담겨 있다.

> "중양절을 하루 앞둔 날에 누른 국화는 여전히 가을 모습을 한 채로 피어 있다. 선생의 혼령은 이곳저곳에 계시건만 그 모습과 음성을 들을 수 없으니, 소자가 어찌 끝없는 눈물이 없을 수 있는가...... 후세에 춘추의 공의로 붓 잡을 사람을 기다리니, 참으로 선생께서는 돌아가시지 않으셨도다."

정재규의 글은 서신이 아니라 통고문이다. 그가 쓴 통고문은 일제가 은사금을 강제로 주려하자 죽음으로 맞서겠다는 뜻을 일본헌병분견소에 알린 글이라 짐작된다. 나라를 잃은 뒤라는 점이나 상황으로 보아 1910년 11월에 보내진 글이라 추정되기 때문이다. 일제가 집요하게 돈으로 회유하려 든 사실과 이에 결사적으로 거부하는 의지를 담은 자료로서 돋보인다.

다음으로 류인식의 편지는 1927년 9월 8일자로 작성된 것인데, 다양한 내용을 함축하고 있다. 자신의 지도를 받아 1920년 9월에 조선노동공제회 안동지회의 간사를 맡았던 맏아들 柳浚熙가 1925년에 죽은 뒤, 그 탈상을 맞이할 무렵 만주에서 어느 동지가 보내온 제문과 위로의 편지에 답한 것이다. 아들을 먼저 보낸 아픔과 함께 만주지역에서 평안하다는 소식을 들은 마음이 편지 가득 담겨 있다. 특히 이 시기는 그가 신간회 안동지회를 조직하고 초대 회장에 취임한 한 달 뒤였다. 당시 600명이나 되는 회원이 참가하여 전국에서 두 번째로 큰 규모를 자랑하던 신간회 지회를 만들었고, 또 그의 영향 아래 안동청년동맹이 창립되던 정황이었다. 류인식은 바로 그 정점에 있었으니, 이 글은 아들을 잃은 상황에서도 안동에서 최고지도자로 버텨나가던 그의 마음과 모습을 알려준다. 그러면서 이 글은 1920년대 후반에도 만주지역에서 활동하던 인사들과 서신이 왕래되던 상황을 보여주는 자료이기도 하다. 그는 이 편지를 쓴 다음해인 1928년 5월에 만 63세 나이로 작고하였고, 사회장이 치러졌다.

이육사가 쓴 두 장의 엽서가 있다. 봉천에서 보낸 엽서는 1931년 일본의 만주침공 전후에 경북 영일군 기계면에 살던 친척 이상흔에게 보낸 글이다. 이상흔은 평소 이육사 형제를 지원했던 이영우의 조카이다. 이육사가 봉천에 머물던 시기는 두 가지다. 하나는 '대구격문사건'으로 대구경찰서에 잡혀 고생하다 풀려난 1931년 6월이고, 다른 하나는 1932년 남경 조선혁명군사정치간부학교 입학하기 전에 머물던 6월이다. 전자는 북경으로 향하다가 봉천에 도착한 경우이고, 후자는 처음부터 봉천을 목적으로 삼고 향했던 길인데, 행적이 간단하지 않았다는 내용으로 보아, 이 편지는 1931년의 것으로 추정된다.

이육사가 1930년에 보낸 엽서는 그가 중외일보 대구지국 기자로 활동하던 무렵의 것이다. 1927년 10월에 장진홍의거에 얽혀 대구감옥에서 고생하던 그가 1929년 5월에 풀려난 뒤에 중외일보 기자로 활약하다가 조선일보 대구지국 기자로 자리를 옮겼는데, 일단 이 엽서는 1930년 6월 현재 중외일보에 근무하고 있었다는 사실을 알려준다.

3) 옥중 서신

옥중 서신은 하나같이 읽는 이로 하여금 가슴을 아리게 만든다. 먼저 1919년 3월 17일 안동 예안시위에 참가했다가 옥고를 치르던 이동봉의 서신을 보자. 대구형무소에 수감되어 옥고를 치르던 그가 자신의 병이 깊어가는 상황을 아버지에게 전하면서 사식을 넣어달라고 청하는 간절한 편지를 보냈다. 옥중에서 고통스런 날을 보내던 인사들의 아픔을 고스란히 전해주는 편지이다. 이동봉은 고종 인산에 참가했다가 귀향한 뒤 예안시위를 주도했고, 대구복심법원에서 2년형을 선고받은 뒤 항소했다가 고등법원에서 3년형이 확정되었다. 그러나 모진 옥고로 말미암아 병환이 깊어갔고, 이 글을 쓰던 1920년 4월에는 극도로 병약해졌다. 거의 죽음 직전에 이르러 병보석으로 풀려났지만, 얼마 있지 않아 11월에 순국하였다. 이 편지를 보낸 뒤 7개월만의 일이다.

다음으로 보이는 것은 김지섭이 공판을 기다리는 심정을 동생 희섭에게 보낸 것이다. 마지막까지 집안의 안부를 물으면서도 답답하던 1924년 8월 여름날의 아픔이 짙게 배어있다.

이육사의 형 이원기가 쓴 편지는 옥중서신이 아니지만, 옥중에서 고생하던 동생들의 모습을 알려준다. 아울러 이 글은 1930년 연말에 펼쳐진 대구의 사건 전말을 보여준다. 이 글은 이원기가 1930년 12월에 집안 아저씨 이영우에게 보낸 편지인데, 이육사 형제들이 일제 경찰에 체포되어 겪는 고통을 실상 그대로 보여준다. 1930년 11월에 대구 길거리에 격문이 나붙었다. 광주학생운동 1주년을 맞아 항일투쟁을 고취시키는 격문이 돌았는데, 이육사 형제가 용의자로 체포되었다. 맏형인 이원기가 먼저 풀려나고, 셋째 이원일이 초죽음이 되어 풀려나서 의사에게 긴급 치료를 받는다는 말과, 李活 즉 이육사가 아직도 대구경찰서에서 곤욕을 치르고 있다는 이야기를 담고 있다. 실제로 이육사는 이 서신이 있은 뒤 두 달이나 더 지난 3월 23일에 풀려났다. 광주학생운동 1주년을 기념하는 시위를 기획하던 점이나 이로 말미암아 이육사 형제들이 당한 고초를 알려주는 글이다.

장진홍이 쓴 옥중서신은 그의 마지막 글인 듯하다. 1927년 10월에 조선은행 대구지점에 폭탄을 반입하여 폭발시킨 그는 오사카로 피신해 있다가 1929년 2월에 체포되었다. 그리고 1930년 4월의 1심과 7월 21일에 있은 2심 재판에서 모두 사형을 선고받았다. 그리고는 열흘 뒤인 7월 31일에 옥중에서 자결 순국하였다. 이 편지는 2심 재판이 있기 열흘 전에 쓴 것이고, 순국하기 20일 전에 쓰인 편지글이다. 여기에는 아들에게 수해 상황을 묻고, 신행을 늦추는 문제, 담당 변호사에게 감사 인사를 전하라는 내용을 담았다.

이 밖에도 편지 속에 간단하게 항일문제와 관련된 소식이 담긴 것도 있다. 영양 주실마을의 조승기가 1897년 12월에 영양읍에 주둔하던 군대가 철수했다는 이야기를 적은 것이나, 허위가 1904년에 경주서리에게 경주의 추납조가 황실의 비용과 관계된 것이므로 제대로 받아 서울의 지휘를 받으라는 주문, 조용숙이 1907년에 기우만이 체포당한 소식을 쓴 것, 하겸진이 1919년에 파리장서로 곤욕을 치른 사실을 표현한 것 등이 그것이다.

4) 학문과 문집 관련 글

편지글을 남긴 사람들이 대개 유림들이므로 학문과 문집발간, 행장 작성을 부탁하거나 자신이 쓴 글을 질정해달라는 부탁, 경전에 대한 질의 등이 많다. 경전에 대한 질의와 답변으로는 이만도의 편지가 대표적이다. 그의 글은 경전 구절에 대한 질의와 답변을 자세하게 담고 있다. 또 김흥락이 제례에 대해 의견을 표명한 글도 보인다.

문집 발간에 따른 글은 김창숙의 글에서 확인된다. 그리고 송준필은 1897년에 조부모상을 당한 뒤, 선대 원고를 정리하여 간행하는 일을 언급하고, 먼저 선대의 문적을 정리하여 편찬하던 인사에게 한 번 왕림하여 자신의 선대 유고를 교열해 달라고 부탁하는 내용을 썼다. 또 이중업은 1913년에 문집 준비에 대한 글을, 안희제는 1917년에 문집 출판 과정에서 빚어지는 일과 주문사항을 썼다.

발문이나 행장 등을 부탁하거나, 그에 답하여 글을 써 보내거나, 혹은 완곡하게 거절하는 글도 많다. 김황이 다른 사람의 유고에 발문을 지어 보내면서 만약 마음에 들지 않으면 찢어버리고 다른 사람에게 다시 받으라는 겸손한 글을 써 보냈다. 권상익도 상대방의 부탁에 응해 묘갈문을 써 보낸다는 글을 썼다. 손후익의 글도 부탁 받은 글을 지어 보낸다는 내용을 담았다. 그리고 박주대의 서신도 새로 지은 건물을 기념하는 글을 부탁받고 써 보낸다는 내용을 담고 있다.

다음으로 학문하는 자세에 대한 글도 여러 편이 보인다. 학문정진과 관련된 글은 장석영이 1921년에 쓴 서신이나, 김택진이 어느 누구에게 아들을 맡기면서 가르침을 부탁한 편지도 있다. 이기정은 1915년에 신식교육이 넘치는 시기임에도 불구하고 居敬窮理와 實學을 강조하면서 학문정진을 요구하였다. 학문정진에 대한 글에는 특히 송인집의 글이 주목된다. 젊은 세대가 한학에 유념하지 않으니 상대 아들에게 학문을 권하여 선대의 가업을 계승하도록 권장하였다.

"맹자가 말하기를 '나라의 근본은 집안에 있고 집안의 근본은 몸에 있다'고 했으니, 이는 바꿀 수 없는 하늘의 법도입니다. 그런데 근래 선비들 가운데 혈기가 이제 막강한 사람은 으레 근본을 잊고 말단을 따라가니 이는 경계해야 할 것입니다…… 대저 이 일은 비유하건대, 우물을 파는 것과 같으니, 모쪼록 친히 진흙을 한 삼태기 또 한 삼태기 파 내려

가야 샘물을 얻을 날이 있을 것입니다. 그런데 곁에서 서성대며 헤아리기만 하는 사람은 비록 갈증이 나서 죽는 지경에서 면하려고 하지만 그럴 수 있겠습니까? 한껏 반성해야 할 것입니다."

5) 관혼상제와 일상사

전체 편지글에서 하나 같이 보이는 점은 지극한 문안 인사이다. 그것도 편지를 받는 상대방 한 사람에만 국한된 것이 아니라 조부모부터 자녀에 이르기까지, 또는 당내 친인척까지 안부를 묻는 경우가 대다수이다.

관혼상제와 관련된 글이 많다. 그 가운데서도 문상하거나 그에 대한 답을 보낸 경우가 가장 많다. 다음으로 혼사를 통보하거나, 부친의 회갑연에 초대하는 글(박상진), 사돈에게 딸을 제대로 가르치지 못한 점 사죄하고, 사위를 칭찬하면서 넉넉한 예물에 감사하는 글(류교희)이 있다. 상처한 뒤 재혼하지 않는 아들 걱정(류신영), 賻儀로 銀貨·명주버선·厚紙·紫香 등을 보낸다는 글(조형규), 선조 묘소 이장에 따른 비용을 빌려달라는 간절한 내용, 마을에 돌림병이 돌아 초상이 난 것과 상례문제에 관한 글(남세혁), 독감이 퍼져 사망자가 많이 발생하고 있다는 1918년의 글(장진우), 천연두가 유행하여 걱정된다는 글(류정희), 병든 아내를 위해 처남의 방문을 청하는 글(류도발), 일흔에 손자를 얻었다고 축하하는 글 등이 들어 있다.

일반 경제생활과 관련된 글도 있다. 해물 값이 올라 구입하기 힘들고, 대구·광어·건어물 값이 수시로 올라가는 까닭으로 구하기 힘들다는 사연을 담은 글(남세혁, 1907), 농사지은 담배 반출과 토입 구입에 대한 의견(류주희), 돈을 빌려달라는 주문에 정중하게 거절하면서, 이앙할 쌀 몇 말을 겨우 보내면서 북어 10마리를 보낸다는 글(노상직), 새해 달력을 받고서 감사하는 글(민순호), 누에 종자를 부탁하는 글, 은

행과 조합, 인장과 위임장에 관한 이야기(권경섭), 토지문제 송사에 따른 재판 과정을 알리는 글(김병홍), 契會에 초청하는 글(최학길), 의술에 대한 질문이나, 인삼을 부탁하고, 석물 운반에 대한 어려운 사정을 말하는 글, 가뭄으로 모내기를 하지 못하는 딱한 사연(허훈)도 있다.

5. 맺음말

여기에 소개된 자료들은 영남출신 독립운동가들의 육필 자료이다. 의병격문 두 편과 서화 한두 점을 제외하면 대다수가 편지글이다. 한지로 작성된 것이 대부분이지만, 엽서도 소수 섞여 있다.

독립운동가들이 남긴 편지글이라고 하여 모두 독립운동과 관련된 자료라고 성급하게 생각해서는 곤란하다. 국내에서 그런 내용을 가진 편지라면 이미 당시에 압수되거나 산실되었고, 본인이나 후손들이 스스로 불태워버린 것이 일반적이었기 때문이다. 여기에 담긴 편지들이 비록 독립운동의 직접적인 자료가 아니라는 아쉬움이 있지만, 이를 자세하게 뜯어보면 당시 그들이 무엇을 말하고 싶어 했는지를 알려주는 부분도 많다.

우선 당시의 시국상황을 지방에서 어떻게 바라보고 이해하였는지 알려주는 자료가 여럿 보인다. 또 영남지역에서 전개되던 계몽운동이나 장진홍의거과 대구격문사건, 그리고 만주지역 활동가들과의 연락상황 등과 같은 독립운동의 내용을 담은 글은 확연하게 돋보인다. 또한 독립운동가들의 옥중서신은 최후를 앞둔 인사들의 인간적인 면모를 보여주는 것이어서 가슴을 아리게 만든다. 한문 편지를 남긴 인사들이 대개 전통학문을 계승한 사람이기 때문에 학문과 관련된 내용을 많이 담았다. 그리고 관혼상제라는 통과의례와 일반 생활과 관련된 정황을 보여주는 글도 많다.

　일부 자료가 독립운동과 직접적인 관련을 가진 것이고, 다수는 당시 정황을 보여주는 것이라고 해서 이들 자료를 낮게 평가해서는 안 된다. 이들 편지는 마치 그들의 육성을 직접 듣는 듯한 느낌을 주고 있기 때문이다. 몇 남지 않은 자료들이지만, 좀 더 수집되고 제대로 분석된다면 독립운동사 연구만이 아니라 근대사회사 연구에도 도움이 되리라 생각한다.

찾아보기

ㄱ

가곡농민조합　407
가네코 후미코　17
可山書堂　240
懇親敎育會　218
邯鄲軍事講習所　350
갑오개혁　220, 526, 527
갑오변란　4, 28, 60, 128, 175, 297
甲午義兵　4, 19, 28, 57, 60, 127,
　137, 222, 237, 265, 359, 463,
　470, 499, 515, 520, 527
강균환　411
姜明鎬　327, 328
강순필　402
姜遠馨　201, 206, 234
姜泌　346
개령보통학교　277, 278
결사동지회　18
경남애국회　231
경북공산당사건　394, 451
慶北國債報償道總會　231
경북도립안동병원　383
경북의용단사건　70
경상북도독립운동기념관　24, 120,
　124, 125, 465, 478, 494, 496
경성 트로이카　88, 454, 455
경성고등상업학교　424
경성공업전문학교　74
경성공업전습소　74, 409
경성무산자동지회　373

京城簿記學校　406
慶新學校　235
耕學社　13, 23, 43, 67, 228, 257
經學院　18, 51
啓明學校　246
桂山學校　433
啓聖學校　229, 260, 267, 271, 277,
　286, 289, 290
고려공산당 상해파　77
고려공산청년회　16, 50, 71, 388,
　389, 410, 411, 416, 419, 446
高靈郡 自治民議所　214, 215, 218
高靈郡 自治民議會　214
고윤상　411
공교회운동　306
共理會　43, 67
공자교운동　306
郭齋　12, 317, 323, 342, 344, 387
郭鍾錫　12, 22, 198, 204, 205, 214,
　288, 297, 298, 299, 317, 320,
　321, 322, 328, 332, 338, 342
관동학회　301, 302
關西區域局　446
廣東私塾　371
光東學校　144, 219
광동학술강습소　38
廣明學校　38, 144, 211, 217, 219
廣文社　206
광복군　20, 83, 89, 90, 327, 328
광복군총사령부　327

광복단 9, 21, 67, 401
光復會 9, 10, 21, 40, 67, 69, 77, 86, 308, 309, 340, 400, 401, 402, 403, 404, 418, 425, 522
광주학생운동(광주학생항일투쟁) 420, 447, 454, 532, 533
廣學社 233
嶠南敎育會(교남학회) 7, 209, 210, 211, 213, 217, 225, 235, 244, 245, 255, 301, 302, 432, 433, 458
교남학교 7, 309
교남학생친목회 210
교동교회 273
국내정진군 황해도반 328
국민교육회 6, 202, 239, 299, 301
국민대표회의 23, 336
국제공산청년동맹 419
국채보상금처리회 전국대표자대회 304
국채보상기성회 230
국채보상소 230
국채보상의무회 231, 303, 304
국채보상회 231, 303
權簡 430
권경섭 536
權渠 398, 402, 425
權大均 190
權岱一 516
權道仁 90
權東直 423
權東鎭 449
權東浩 417
權橃 177

권병남 374
권상경 349
權相圭 175
權相銖 339, 341
權相翊 41, 333, 350, 364, 365, 534
權世淵 6, 20, 29, 30, 154, 163, 176, 503, 508, 511, 512, 513, 515, 520, 523, 524
권술조 405, 415
권씨 부인(권성) 90, 91, 177, 179, 181, 185, 186, 440
權養夏 177
權淵建 377
권연하 57
權寧達 424
權寧穆 408
權寧植 67, 402, 403, 418
권예윤 451
權五敬 408
權五箕 408
權五敦 389
權五尙(본명 權五敦) 16, 71, 72, 389, 403, 411, 413, 416, 426, 444
權五卨 16, 23, 49, 71, 72, 75, 373, 374, 376, 377, 388, 389, 396, 398, 399, 400, 405, 406, 407, 408, 409, 410, 411, 412, 413, 414, 415, 416, 417, 419, 420, 421, 425, 426, 443, 444, 445
權五燮 408
權五雲 71, 72, 408, 409, 413, 414, 417, 426, 444
權五稷 399, 408, 410, 415, 419, 420, 426

權五昌　423

權五憲　408, 418

權龍河　37, 174, 181, 182, 186, 439

권용혁　187

權元河　404

權作弗　311

權在壽　404, 423

權濟寧　113, 114, 150, 510

權柱　398

權準杓　374, 407

權準興　67, 402, 403, 407, 418

權準義　67, 402, 403, 404, 417, 418

權重烈　51, 384, 390

權重准　393

權重澤　394, 451, 452

權喆淵　346

權春蘭　174

權泰東　394

權泰錫　51, 292, 377, 384, 390, 417

權泰晟　17, 389, 408, 409, 413, 414

權泰一　174

權恒　398

權赫壽(이명 權在倬)　423

權舖　402

극동민족대표회의(극동노력자회의)
　49, 72, 75, 409

근우회 도쿄지회　446

근우회　92

琴蘭秀　432

琴鳳烈　130

琴錫柱　6, 30, 114, 121, 150, 159,
　165, 218

琴淑　430

琴鏞文　437

琴鏞運　437

琴鏞夏　432

기미유림단　320

岐陽書堂　223, 242

記友團　370, 377

기우만　533

기정진　26

기호흥학회　209, 301

길림사건　85

吉永洙　210

金嘉鎭　206

김경재　411

金慶祖　154, 156

김공망(김상호)　76, 451

金光哉　249

金光濟　7, 201, 210, 214, 229, 303

金九　15, 322, 325, 336, 350, 351,
　354

김구진　313

金國顯　408

金圭植　66, 481

金奎植　288, 318

金克一　477

金箕壽　35, 204, 224, 227, 243, 244,
　253, 255

金基鎭　380, 394

金南洙　49, 50, 71, 74, 75, 366, 373,
　374, 377, 378, 382, 383, 394,
　396, 409, 414, 448

金魯淑　92, 93

金魯欽　93

金德天　382

金丹冶(金泰淵)　16, 23, 266, 277,
　278, 410, 411, 412, 443

金大洛   36, 37, 40, 43, 53, 63, 66,
   69, 78, 79, 86, 184, 240, 243,
   248, 256, 434, 481, 483, 492,
   521, 528
金大賢   154
金道運   279
金道原   279
金道天   382
金道鉉   6, 30, 33, 64, 68, 110, 114,
   121, 132, 133, 135, 136, 137,
   138, 140, 141, 144, 150, 153,
   159, 163, 165, 182, 380, 499,
   503, 530
金道和   6, 20, 30, 32, 33, 57, 58,
   110, 112, 113, 114, 115, 120,
   121, 143, 153, 154, 163, 198,
   203, 227, 252, 503, 504, 505,
   508, 509, 512, 513, 514, 516,
   520, 526
金東圭   231
김동만   481, 491
金東三(김긍식 혹은 김종식) 13, 23,
   35, 43, 63, 66, 67, 78, 84, 85,
   93, 94, 143, 179, 217, 223, 224,
   228, 240, 241, 243, 244, 256,
   257, 434, 477, 481, 482, 483,
   490, 491, 492, 493, 521, 529
金東鎭   346
金東澤   146
김두봉   325, 350
金斗欽   156
金洛   40, 68, 69, 78, 83, 84, 86, 184
金洛耆   221
金賚植   346

金萬謹   476
김만수   156
김만식   481
金命吉   279
김명인   249
金明一   477
金命俊   311
金武生   290
김무삼   449
金炳杰   217
김병국   156
金炳淳   231
金秉植   35, 69, 224, 243, 364, 529
金炳千   408
金秉七   224, 243
김병홍   536
金秉璜   156, 159
金復一   477
金福漢   288, 318, 321
金鳳安   290
김봉식   84, 89, 90
金奉祖   154
金思容   210, 235
김산의진   105, 121
金尙德   333
김상섭   156
金尙洙   377
金象鍾   6, 30, 150, 523, 524
김상태   114, 115
金相鶴   408
김석교   137
김석규   313
金奭中   30, 133, 135, 152, 163, 505,
   512, 513 515

金碩熙 383
김선규 374
김성로 67, 249, 481
金誠一 46, 57, 61, 70, 79, 363, 477, 492
김성주 84
金紹絡 188
金壽吉(秀吉) 266, 271, 272, 273, 286, 290
김수욱 525
金守一 477
金壽鉉 130
金淑伊 311
金順瑞 231
金舜欽 37, 64, 168, 169, 179, 181, 183, 189, 190
金崇祖 154
金始顯 15, 46, 72, 73, 210, 363
김시현·황옥사건 73
金安瑞 231
金瀁模 69, 364
金楊震 154
金如源 377
金衍植 450
金璉漢 393
김영서 267, 309
金泳勳 275
金涌 477
金龍煥 46, 70, 79, 363
金宇顚 204, 217, 302
金元培 272, 273
金元鳳 336
김원술 313
金元鎭 48, 377, 384, 386

金元熙 208, 302
金渭圭 408
金允祥 275
金應燮 12, 46, 67, 69, 156, 210, 363
金應實 382
김이섭 156
金仁守 275
김일성 481
김일제 201
金任天 279
김장식 481
김장옥 142
김재곤 313
金在鳳 16, 22, 47, 49, 70, 71, 74, 75, 156, 363, 409, 410, 411, 521
金在緯 273
金正默 342
金鼎燮 114, 121, 131, 153, 154, 156, 157, 158, 159, 161, 162, 163
김정식 481
金丁鎬 288, 316, 317
金鍾洛 382
金琮洙 278
김종직 178
金鍾燁 404
金佐鎭 10, 73, 207
金周顯 408
김준모 121
金駿秀 315
金俊燦 246
金重瓘 169
金重佑 156
金中學 393

金祉燮 15, 72, 156, 210, 532

金智漢 380

金㻖 476, 477

金進洙 201, 222, 239

金晋潤 378

金鎭懿 32

金振璜 224, 243

金鎭暉 146

김찬 410, 411

金昌百 346

김창섭 156

김창숙 12, 14, 15, 22, 40, 45, 69, 204, 205, 207, 208, 217, 231, 232, 288, 295, 296, 300, 301, 302, 303, 304, 312, 316, 317, 318, 319, 320, 321, 322, 323, 324, 325, 328, 329, 330, 331, 332, 333, 334, 335, 336, 337, 338, 339, 340, 341, 342, 343, 344, 345, 346, 347, 348, 349, 350, 352, 353, 354, 355, 386, 387, 441, 442, 521, 534

金昌鐸 348, 349

김천고등보통학교 293

김천공립보통학교 273

金泉貯蓄契 273

金轍勳 224, 243, 255

金忠漢 271, 272, 290

김치권 313

金他官 279

金兌鍊 267

金泰東 217

金澤鎭 37, 176, 179, 181, 182, 183, 185, 534

金八洙 315

金河洛 109, 114, 118, 503

金夏林 513

金夏鼎 255, 256

김학이 313

김한종 403

金憲植 346, 350

金衡植 67, 69, 224, 243, 253, 254, 256, 481

金琥根 408

金濩圭 201, 210, 216, 218

김홍기 529

金華植(金蘭秀) 322, 323, 324, 338, 339, 340, 341, 342, 343, 344, 345, 346, 348, 349, 350, 386, 387

金煥基 342

金榥 12, 41, 317, 319, 323, 324, 334, 342, 344, 346, 350, 364, 365, 387, 521, 534

金繪洛 32, 61, 121, 507

김효종 411

金厚秉(蒼菴) 210, 241, 243

김후식 76, 451

김후웅 79

金興洛 6, 20, 30, 32, 37, 38, 43, 57, 58, 61, 68, 112, 113, 115, 120, 121, 162, 198, 203, 297, 501, 504, 511, 514, 520, 527, 533

金興伊 382

金熙奎 312, 313, 320

김희성 89, 456

꼬르뷰로 내지부 409

ㄴ

羅錫疇 15, 325, 330, 350, 351, 352,
  353, 354, 355, 441
나철 180
南宮櫶 254
南東煥 377, 384
남로당 92
남만청년동맹 93
南明學校 405
남북대표자연석회의 481
남북평화회의 332
남성정교회(대구제일교회) 267
남세혁 66, 535
南一洞佩物廢止婦人會 230
남자현 84, 85
南璋 393
南亨祐 12, 210, 213, 235
노기학 313
盧相稷 198, 535
盧應奎 198, 200
凌鉞 321, 332

ㄷ

다물단 15
다혁당 18, 23
단연보상회 231
달성친목회 210, 212, 213
대구격문사건 531, 536
대구고등보통학교 267, 289, 405,
  406
대구공산주의자협의회 사건 453
대구광문사 문화특별회 303
大邱廣文社 216, 229
大邱廣學會 206, 233

大邱國債報償事務所 231, 232
대구권총사건 308, 309
대구노동친목회 325
大邱斷煙償債所 229
大邱斷煙會 230, 231
대구부민의소(대구민의소) 214, 230,
  231
대구사범학교 18, 23
대구상업학교 18, 20, 23
대구향교 221
대독립당조직북경촉성회 447
大東廣文會 229
대동상점 10
大東青年團 208, 235, 433
대동학회 301
대왕산결사대 18
대조선독립애국부인회 87
대창학교 403, 424
대한민국 임시정부 국무령 23
대한민국 임시정부 10, 19, 20, 42,
  45, 58, 70, 71, 74, 75, 89, 321,
  322, 327, 332, 335, 336, 350,
  351, 362, 363, 373, 388, 404,
  409, 436, 439, 447, 463, 469
대한민국애국부인회 87
대한민국청년외교단 88
大韓婦人救濟會 90
대한인국민회 90
大韓自强會 201, 205, 206, 209, 224,
  230, 233, 234, 244
대한적십자회 88
大韓協會 7, 36, 43, 63, 206, 207,
  208, 224, 243, 244, 299, 301
대한협회 대구지부 255

대한협회 본회   301

대한협회 성주지회   204, 208, 299,
301

대한협회 안동지회   21, 36, 38, 42,
53, 63, 203, 207, 225, 244

都甲模   208, 302

都末永   279

都武煥   314

도산서원   38, 53, 144, 172, 175,
219, 220, 381, 382, 428, 438

陶山書院 철폐운동   381, 378

도쿄조선노동조합 부인부   446

독립결사대   18

독립의군부   401

독립청원서   12, 14, 22, 40, 41, 69,
288, 289, 299, 312, 316, 317,
318, 330, 333, 334, 364, 365,
441, 521

독립청원운동   41, 45, 312, 353

독립협회   199

東京區域局   446

동덕여자고등보통학교   88, 89, 454,
455

동래부국채보상일심회   231

동래부학생친목회   210

동명중학   93

東明學校   144, 218, 221

東鳴學校   211, 218

동방노력자공산대학   410, 415, 419

東本願寺   307

동북인민혁명군   93

東三省韓人孔敎會   305

東順泰   318

同樂學校   211, 218

東陽學校   144, 211, 219

東昌學校   434, 435

동학 농민운동   269

東華學校   405

ㄹ

러일전쟁   199, 200, 239, 527, 528,
529

류교회   535

柳瑾   203

류기동   249

류기만   76

柳蘭榮   154, 162, 164

柳道發   37, 168, 174, 176, 179, 181,
182, 185, 189, 190, 191, 192,
439, 520, 535

柳道性   30, 162, 164, 176, 520, 527

류동복   249

柳東著   39, 259, 529

류동저   74, 79, 366

柳東泰   223, 224, 227, 228, 241,
243, 256, 257

류동혁(류동경)   249

柳林   17, 66, 73, 249, 326

柳萬植   364, 414

柳冕熙   17, 71, 389, 413, 414, 444

류성룡   57, 174, 176, 185, 189

柳性佑   46, 363

柳時彦   46, 363

柳時淵   33, 61, 153, 504, 514

柳時俊   46, 363

柳臣榮   37, 168, 176, 179, 181, 182,
185, 186, 190, 439, 535

柳淵甲   224, 228, 243, 258

柳淵建　50, 74, 366, 384, 393
류연기　249
柳淵博　39, 69, 228, 258, 259, 364,
　366
柳麟錫　164, 176, 297, 304, 507, 515
柳寅植　21, 33, 34, 35, 39, 41, 42,
　43, 44, 48, 51, 52, 53, 54, 62,
　63, 66, 67, 69, 74, 76, 143, 179,
　201, 203, 210, 217, 222, 223,
　224, 226, 227, 228, 236, 239,
　240, 241, 242, 243, 244, 245,
　247, 252, 256, 257, 258, 364,
　366, 373, 385, 386, 390, 392,
　393, 397, 414, 417, 418, 434,
　521, 529, 530, 531
류연태　249
柳子明　325, 350, 351, 352, 355
柳長榮　224, 243
류정희　535
柳宗默　186
柳周熙　74, 224, 243, 366, 418, 535
柳濬根　288, 316
柳俊熙　74, 366, 530
柳芝榮　30
柳止鎬　30, 61, 69, 512, 513, 520
柳震杰　246
柳鎭河　224, 243
柳進璜　176
柳進徽　174
柳致明　37, 39, 61, 69, 79, 203, 228,
　257, 297, 364, 366, 529
柳必永　69, 198, 227, 252, 364, 526
류후직(류동봉)　249

ㅁ

만국대동의원　305
蔓支市場　314
만촌교회　146, 437
俛宇集刊所　323, 342
명성황후　29, 128, 297, 499
명성회　18
明進學校　211, 218
모집단　323, 344
모험단　323, 344, 347
모험연설단　255
無名黨　76, 451
무산자동맹회　409, 410
무산자동지회　16
무우원　23
문경의진　105
문명학교　7, 218
문예부　18
文友會　209
文廷煥　278
文學伊　278, 279
물산장려운동　48
미신타파운동　424, 435
민단조합　401
閔龍鎬　200
민립대학설립기성회　47, 385
민립대학설립운동　45, 47, 48, 385,
　386
민성호　520
민순호　535
민영환　180
민족종교운동　481
민중대회 사건　449
민창식　411

閔泰圭　146

ㅂ

박경종(박우종)　63, 66, 79
박경하　313
박규호　527, 528
朴基敦　207, 234
朴萬俊　290
박민영　411
박상규　313
朴尙鎭　9, 10, 67, 213, 235, 308,
　401, 402, 403, 535
朴壽萬　446
박순부　94
박승환　180
박열　17
朴永壽　384
박용하　401
박은식　39, 270, 306, 341, 342, 424,
　435
朴儀東　208, 300
朴宜鉉　210
박이규　367
박인선　89, 456
朴晶東　210, 302
박제순-하야시　억지합의(을사조약)
　8, 171, 172, 326
朴齊元　289
朴周大　30, 150, 520, 534
박주상　6, 30
朴濬緖　224, 243
朴重華　210
박태언　273
朴泰薰　224, 243

박하균　445
朴夏彬　313
박헌영　410, 411
朴喜徹　273
반석현 반동구위원회　93
반제동맹　452
方漢相　325
裵東玉　303
裵相洛　208
배상윤　313
裵成龍　326
裵世杓　377
배영진　66
裵遇鴻　304
배인환　66
배재형　95
배종순　319
白介　315
백돌이　313
白西農庄　13, 23, 43, 67, 228
白聖九　279
백성흠　313
백영옥　268
白雲亭　476, 493, 494
백의단　18
백정해방운동　75
백지동맹투쟁　88, 454
범어사　324, 348
범어학림　292
병산서원　185, 189
丙寅義勇隊　16, 354, 355, 388
屛虎是非　160
보광사범학교　433
普光學校　209, 302, 417

寶文義塾 38, 53, 144, 211, 217, 219, 220, 433

普成學校 235

보성전문학교 255

鳳城廣學會 218

봉오동전투 257, 335

봉정사 32, 503

봉화의진(의병) 32, 105, 121, 122, 164, 513

婦女隊 93

浮羅院樓 428

不逞社 17

扶民團 13, 43, 67, 228

부인구제회 호놀룰루지방회 90

北京孔敎會 305, 306

불교청년회 48, 368

불꽃사(火花社) 410

불온축문 사건 418

ㅅ

4합동맹 92

泗濱書院 223, 242

사회사정조사연구사 448

山南義陣 6, 105, 108, 109, 110, 113, 121, 122

3·1독립선언 42, 404, 405, 425, 436, 439, 441, 443, 445, 469

3·1운동(3·1독립만세시위 3·1독립만세운동) 10, 11, 12, 13, 16, 19, 20, 22, 23, 37, 39, 40, 41, 42, 45, 46, 68, 69, 73, 74, 77, 83, 84, 86, 87, 92, 127, 145, 148, 149, 180, 181, 226, 228, 229, 234, 238, 248, 249, 258, 259, 260, 261, 262, 265, 266, 270, 272, 277, 278, 281, 284, 286, 287, 288, 289, 292, 293, 294, 295, 310, 311, 312, 315, 316, 319, 328, 329, 330, 332, 350, 353, 360, 362, 363, 366, 367, 385, 387, 388, 396, 400, 403, 406, 407, 409, 412, 413, 414, 425, 443, 460, 481, 499, 521, 522, 529

三溪書院 220, 513

三溪通文 29

삼달양행 10, 308

상덕태상회 10

상원양행 10

상주 水平同盟會 382

尙灝 210, 235, 302

徐謙 322, 333, 338

徐東星 325

서동일 15

西路軍政署 13, 14, 43, 67, 70

徐丙五 234

서병준 313

서북학회 301

徐相敎 214

徐相敦 7, 229, 231, 234, 303

徐相烈 30, 137, 162, 164, 165, 176, 503, 505

徐相日 210, 213

徐相轍 28

徐相夏 234

서우순 10, 401

西友學會 209, 230, 301

서원학교 220

徐學伊 325

서효원 79

石東俊 273

石鍊極 313

石鎬文 328

宣明學校 38, 53, 143, 144, 147, 149, 437

宣城義陣(禮安義兵) 31, 32, 105, 113, 118, 121, 122, 127, 128, 130, 131, 132, 133, 134, 135, 136, 137, 138, 139, 140, 141, 142, 143, 148, 149, 154, 162, 163, 164, 171, 173, 179, 431, 500, 503, 504, 506, 507, 513, 515, 524, 530

宣城學校 530

성균관 18, 51, 62, 171, 220, 222, 239

成璣運 198

成大湜 312, 313, 319, 320

成德伊 315

星明學校 204, 217, 301, 302, 303, 304

성주공립보통학교 326

성주군 국채보상의무회 303, 304

세브란스 의학전문학교 87, 267

세이소꾸[正則] 영어학교 277

孫文 12, 14, 41, 321, 332, 333, 334, 365

손병희 146, 438

孫之鉉 210

孫晉洙 324, 347

孫厚翼 41, 323, 324, 334, 342, 343, 344, 345, 347, 348, 350, 364,

365, 387, 534

宋圭善 312, 313, 320

송기식 39, 68

宋文根 312, 313, 320

송문수 268

宋壽根 312, 313, 320

宋永祜 322, 323, 338, 339, 340, 341, 342, 343, 344, 346, 349, 386, 387

宋祐根 312, 313

송우선 320

송인집 320, 534

宋浚根 312

宋浚弼 12, 198, 296, 297, 312, 313, 319, 320, 328, 534

松川都會 503

宋千欽 312, 313, 320

송호완 528

송홍래 319, 320

宋晦根 289, 291, 313, 319, 320

宋勳翼 312, 313, 320

순흥의진 105, 121, 137, 173

신간회 경성지회 415, 448

신간회 김천지회 291

신간회 안동지회 23, 50, 51, 52, 54, 249, 379, 389, 390, 391, 392, 393, 394, 417, 418, 471, 531

신간회 안동지회설립준비위원회 389

新幹會 18, 23, 51, 76, 92, 226, 261, 389, 390, 391, 392, 393, 394, 418, 443, 447, 448, 449, 450, 451, 469, 531

新建同盟團 323, 324, 344, 346, 387

申公弼 138, 139

신규식 288

신돌석(의진) 6, 20, 36, 61, 105, 111, 113, 114, 115, 118, 121, 122, 124, 125, 269

申東熙 146

신명여학교 87, 90, 267, 289, 290

新民府 73

新民會 6, 65, 203, 204, 208, 224, 228, 233, 244, 257, 261

신분금 83, 87

신분해방운동 382

신사상연구회 409, 421

신사참배반대 396

申相冕 146, 437

愼性伯 311

申世均 146

新安學校 211, 218

申應斗 146

申應漢 146

申宰模 325

申采浩 39, 52, 62, 201, 203, 204, 206, 222, 239, 288, 318, 322, 335, 342, 352, 424, 435

신태식 110

申泰休 216, 220, 239

신한청년당 288

신흥강습소 43, 228, 257

신흥무관학교 13, 23, 44, 257, 404

신흥중학교 228, 257

신흥청년동맹 409, 416, 419, 426

신흥청년회 376

신흥학교 43

심성지 6

심훈 19

雙溪寺 279

ㅇ

아나키즘(무정부주의) 16, 17, 325, 469

아타 나카이치[阿多中一] 190, 191

樂一學校 217

安光泉 391

安基成 421, 422

안동 형평분사(안동분사) 382, 383

안동고등보통학교기성회(安東高普期成會) 391, 392

안동그룹 413, 414, 426

안동기독청년회 368

안동노우회 377, 378, 381

안동농림학교 18, 20, 23, 423

안동대학교 안동문화연구소 115, 120, 151, 467, 469

안동독립운동기념관 116, 120, 121, 123, 399, 472, 477, 494

안동물산장려회 368

안동보통학교 144

안동부인회 48, 367

안동불교청년회 371

안동야체이카 50

안동여성회 381

安東義所爬錄 469

安東義陣(義兵) 28, 29, 30, 31, 32, 33, 105, 111, 114, 118, 121, 122, 131, 132, 133, 137, 138, 143, 151, 153, 154, 158, 159, 160, 161, 162, 163, 164, 165, 171, 176, 400, 500, 502, 503, 504, 505, 506, 508, 512, 513, 514,

515, 516, 523, 524, 525, 526
안동청년동맹 379, 391, 394, 417, 471, 531
안동청년동맹 풍산지부 418
안동청년연맹 378, 381, 384
安東靑年儒道會 120, 466, 467
안동청년회 367, 373, 407
안동청년회 학술강습회 371
안동코뮤니스트 그룹(안동콤그룹) 76, 394, 395, 451, 493
안동향교 221, 515
安相吉 47, 49, 70, 71, 75, 363, 373, 374, 377, 380, 394, 417
安商德 204, 224, 227, 243, 244, 253, 255
安相潤 71, 394, 451, 452
안상훈 71, 410
안승국 68, 70, 71
安承喆 384
안일암 9, 308
安重根 304
安重達 328
安昌浩 71, 84, 206, 322, 336, 386, 447
安喆洙 392
安宅重 231
安海容 326, 327
안확 213
안흥여관 258
安熙濟 210, 235, 255, 534
야소병원 366
梁啓超 52, 226, 239, 247
양산학교 350
養成學校 211, 217

양재성 401
양정우 93
養正學校 211, 218, 235
楊濟殷 292
梁漢緯 114
양화직공조합 452
엄순봉 17
呂文會 314
여상윤 320
呂永祚 200, 210, 217, 234
呂旺淵 314
呂又龍 314
呂中龍 114, 200, 201, 206, 210, 217, 233
呂至淵 313
呂海東 326
呂鎬鎭 314
呂弘淵 314
易東書院 430
연희전문(학교) 16, 389, 416
염창렬 411
永嘉學校 143, 211, 218
嶺南萬人疏 26, 130, 172, 222, 237, 297, 359, 430
영남부인실업동맹회 90
영남부인회 90
嶺南親睦會 391
영덕·영양그룹 76
영덕의진 105, 118, 121
영릉의진 6, 121
永北學會 218
영생병원 367
靈新學校 218
永安飯店 341

영양의진 32, 33, 105, 122, 153, 164
嶺友會 209
영주공립보통학교 339
영주(영천)의진(의병) 105, 121, 137, 162, 164, 173, 513
영주적농재건투쟁위원회 452
영해의진 105, 111, 118, 122, 150
영흥학교 144, 268
예안노농행동대 452
예안보통학교 147, 437
예안여자학술강습회 372
예안청년회 48, 367, 371, 373
예안통문 129, 130, 431, 523
예천노농회 382
예천사건 382, 383
예천의진(의병) 32, 63, 105, 113, 121, 122, 164, 529
醴泉會盟 163
吳成武 393
吳世昌 206
오의모 313
吳任吾 313
오태환 345
吳佩孚 12, 41, 333, 350, 365
五吟俱樂部 391
오희병 18
옥산서원 220
玉山學校 220
甕泉회합 513
Y그룹 451
용산공작주식회사 영등포공장 453
勇進團 325
禹龍澤 210
禹倬 430

우하교 12, 321
禹海龍 325
雲山詩契 218
雲山親陸會 218
元興義塾 403, 407
元興學術講習所 407
月會堂 314
유도진흥회 18, 51
유인경 83, 87, 88
유일당운동 84, 389, 447, 469
兪鎭成 291, 312
兪鎭泰 288, 316
유창순 402
6·10만세운동 16, 23, 71, 75, 355, 388, 399, 403, 407, 409, 414, 416, 417, 424, 426, 443, 444, 445, 446, 447, 450, 458, 460, 469, 473
6·10투쟁특별위원회 413
尹光於里 279
윤기현 411
윤동주 19
尹炳浩 235
윤상태 309
윤세복 435
윤악이 83, 87
윤우열 17
윤자영 77, 421
尹中洙 288, 316
尹顯振 235
尹孝定 206, 300
殷昌瑞 277, 278
을미개혁 133
을미사변 128, 152, 173, 180

乙未義兵(乙未·丙申義兵) 4, 60, 120, 105, 120, 169, 171, 176, 359, 430, 499, 500, 503, 515

義誠塾(혹은 義誠學院, 봉천중학) 73

의성의진(의병) 32, 105, 111, 118, 121, 122, 524, 525

의열단 15, 72, 73, 76, 336, 349

義勇團 14, 46, 70, 79, 362

2·8독립선언 310

李甲成 210, 267

李康秊(의진) 20, 30, 107, 108, 109, 110, 111, 113, 114, 115, 116, 121, 169, 176, 201, 254, 505, 513

李康演 224, 243

이강호 182

李兼齊 33, 142

이경균 289

李敬善 190

李京植 89, 450, 451, 455, 458

李慶煥 307

李慶熙 210

이계원 319

이계준 319

李桂煥 311

이관용 449

李觀植 224, 243, 244

李洸鎬 146

李敎龜(李敎龍) 408

李圭洛 432, 433, 454, 457, 458

李圭命(李圭洪) 114, 121, 150, 510

李奎鎭 513

李奎鎬 74, 377, 393

李均鎬 384, 385

李克魯 90

李兢淵 114, 121, 150, 153, 158, 159, 163, 165, 469, 470, 501, 505, 506, 508, 510

李基元 305, 320

이기윤 320

李基仁 305

李基定 291, 312, 313, 319, 320, 534

이기춘 268

이기형 319, 320

李南珪 30, 31, 164, 503, 505

李南鎬 146

李德生 327

李德厚 208, 300, 301, 304, 319, 320

李東杰(李東植) 217, 432, 433, 454, 458

이동광 93

李東根 315

李東寧 257, 288, 318, 325, 350

李東鳳 146, 532, 532

이동석 465, 466

李東烍 452, 453

李東虞(李元植·李東厚·李轍) 88, 89, 432, 433, 434, 435, 436, 453, 454, 455, 457, 458, 460

李東華 439

이동휘 350

李棟欽 40, 45, 67, 68, 69, 77, 184, 346, 350, 365

李斗文 408

李斗勳 213, 298, 305

李烈鎬 147

이르쿠츠크파 고려공산당 72

李晩煃 69, 77, 184, 364, 520

李晩燾 6, 8, 20, 28, 30, 31, 37, 38, 40, 58, 64, 68, 69, 77, 78, 86, 91, 110, 115, 116, 120, 121, 131, 132, 134, 135, 148, 154, 168, 170, 171, 172, 173, 177, 179, 180, 181, 182, 183, 184, 187, 188, 190, 191, 364, 431, 434, 439, 440, 465, 466, 503, 515, 520, 530, 533

이만성 319

李晩孫 130, 430

李晩秀 338

李晩佑 172

李晩胤 130

李晩膺 130, 431

이만집 267, 289

李晩孝 130

이면호 453, 459

이명균 288

李命羽 37, 91, 168, 177, 178, 179, 181, 182, 185, 186, 434, 440, 442

李夢庚 322, 338

李文治 321, 322, 323, 324, 325, 326, 327, 328, 329, 330, 331, 332, 333, 334

이발호 76, 451

이백헌 447

李炳鯤 529

李丙驥 453, 454, 455, 458

李丙龍 454

李炳麟 145, 147

李柄立 389, 411, 413, 414, 445

李丙祥 418

李秉宰 231

이병철 320

李丙禧 83, 88, 89, 453, 454, 455, 456, 458, 460

李普林 198

李鳳魯(李斗波·李晩秀·李化翼) 322, 323, 338, 339, 340, 341, 386

李奉政 279, 280

이봉창 15

이봉학 268

李鳳煥 180

李鳳熙 66, 312, 313, 319, 320, 321

이빈호 136

이상동 145, 436

李相龍(李相羲·이계원) 13, 14, 21, 23, 33, 34, 36, 37, 39, 40, 43, 44, 46, 50, 53, 61, 63, 66, 67, 69, 78, 86, 93, 110, 115, 120, 179, 200, 201, 203, 207, 223, 225, 228, 240, 243, 244, 256, 257, 301, 363, 397, 402, 423, 434, 435, 436, 466, 482, 521, 527, 528

李相鳳 408

李相高 304

이상재 47, 385

李相海 311

李尙鎬 143, 144, 220

이상화 19

이상혼 531

이석규 366

이석균 289

李錫東 276

이선구 121, 136

李先鎬 17, 71, 389, 413, 444, 445,
  446, 450, 453, 457, 458, 459
李宣鎬 217
李成鎬 437
李世觀 172
李世師 171
이소 383
이소종 217
李壽健 327
李壽麒 346
이수악 520
李洙仁 304
이승만 90
李陞旭 289
李承春 15, 350, 351, 352, 353
이승훈 47, 385
李承熙 13, 198, 204, 231, 232, 296,
  297, 298, 303, 304, 305, 306,
  328, 329, 521
李時敎 146
이시영 288, 318
李泳魯 346
이영우 531, 532
李齡鎬 145, 148
李用萬 374, 375
이용상 87, 267
李龍淵 175
李用寅 408
李用鎬 146
이우락 345
이우백 93
李愚元 301
李愚正 301
李愚弼 301

이운형 249
이운호 74, 366, 384, 393, 417
이원기 76, 532
李源洛 384
李元植 217
李源永 146
李源一 66, 76, 78, 256, 434, 532
이원조 76
李源泰 345, 441, 442
李源台 44
李源赫 447, 448, 449
이육사(李活 이원록) 19, 76, 80, 89,
  361, 450, 456, 531, 532, 533
이인수 319
李寅梓 205, 214, 218, 305
李仁鎬 145, 147
李仁洪 259
李仁和 38, 53, 61, 130, 132, 136,
  137, 139, 140, 143, 144, 148,
  149, 154, 171, 431
李一雨 234
李字根(성주 李基炳) 344, 345
이장규 136
李章雨 234
이재락 324, 343, 347, 348
李載裕 88, 454, 455
李在洪 408
이점백 451
이정기 320
李淳福 453
李廷鎬 177
李鍾國 46, 363
李宗烈 408
李宗勉 234

이종암 15
이종영 67, 402
李鍾華 204, 224, 227, 243, 253
李棕欽 45, 67, 68, 69, 77, 343, 346,
   347, 350, 387
李準極 408
이준덕 374
李準文 374, 384, 393, 450, 521
李準玉 408
李準昌 408
李準泰 16, 47, 49, 50, 74, 75, 363,
   373, 374, 376, 377, 384, 396,
   409, 411, 412
이준필 320
이중교 투탄의거 72
이중구 453
李中基 217
李中斗 130
李中麟 30, 130, 131, 132, 133, 134,
   135, 138, 139, 148, 154, 171,
   173, 431, 503, 529
李中穆 135
李中鳳 130
李中彦 37, 64, 91, 116, 135, 136,
   137, 168, 172, 173, 177, 179,
   181, 182, 183, 184, 188, 189,
   190, 191, 434, 439
李中業 12, 22, 40, 41, 67, 68, 69,
   77, 78, 79, 86, 172, 184, 288,
   316, 318, 333, 334, 364, 365,
   387, 521, 534
李中元 217
李中進 450, 457, 458
李中執 387

李重轍(李準轍) 408
李中台 144, 217, 220
李重夏 513
李中翰 144, 217, 220, 433
李中沆 217, 433
이지용 528
이지탁 411
李之鎬 217
李垾鎬 393, 394
이진룡 10
李震相 198, 205, 214, 296, 297, 306
李晉錫 208, 303
李震鎬 393
李燦和 130, 142, 149, 154, 431, 504
이창직 49, 374
李天鎭 413, 446
이철호(이인호) 453
李忠鎬 143, 144, 217, 220
李沰 95
李太基 46, 363
이태식 529
이태윤 403
李泰熙 311, 313
이판성 313
李鉍 76, 394, 451, 452
이필제 난 269
李彌熙 505
李夏榮 210
이항로 26
李恒柱 303
李瀣 141
이해동(여성) 94, 101, 482
이해동(남성) 249
李海稙 420

李賢求 178, 181, 182, 183

李玄琪 311

李鉉炳 347, 387

李鉉燮 37, 168, 175, 179, 181, 183, 185, 189, 190, 191, 439

이현일 398

이현창 319

이현호 453

李衡國 393

李瀅宰 207

李鎬明 146

이홍광 93

李滉 430

李晦林 145, 147

李會璧 437

李會昇 374, 384, 393, 394

李會榮 206, 257, 322, 335, 336, 337

이회원 394

李孝貞 83, 88, 89, 453, 454, 455, 458, 460

이희경(李今禮) 84, 90

李熙斗 504

인민대의소 214

인쇄직공조합 410, 452

一直面禁酒會 48, 368, 373, 407

一直面書塾 371

日淸英語學校 447

임경동 248

임경호 318

임동공립보통학교 260

임봉선 83, 87

임세규 402

林澤豊 338

임하공립보통학교 260

임하그룹 452

ㅈ

자정순국 8, 20, 24, 37, 38, 64, 90, 91, 100, 101, 167, 168, 169, 170, 178, 179, 180, 181, 182, 183, 186, 190, 192, 193, 222, 237, 307, 308, 434

張基奭 307

장길상 349

張命俊 315

張福樞 198, 297

張錫英 12, 41, 204, 297, 305, 312, 313, 319, 320, 324, 328, 334, 345, 364, 365, 521, 534

張順明 325

장승원 10, 401, 402

장운환 268

張裕淳 257

장윤덕 6

장작림 338

張志淵 201, 202, 203, 204, 206, 210, 226, 233, 247

장지필 383

장진우 535

張鎭弘 15, 77, 89, 320, 450, 451, 455, 458, 531, 533, 536

張弼錫 333

장현광 57

再建高麗共産靑年會 일본부 446

재일본조선노동총동맹 446

재일본조선청년동맹 446

褚輔成 321, 332

적농재건준비위원회 452

적색노동조합　451, 452, 454
全鮮民衆運動者大會　325
全呂鍾　325
전월순　84, 89, 90
전조선민중운동자대회　421
全朝鮮黑色社會運動者大會　73
錢鎭漢　449
전진회　412
鄭桂述　311
正光團　377, 381
정구　57
鄭圭鈺　234
鄭吉洙　311
鄭南俊　279
정달헌　411
鄭命俊　325
정보파괴반　328
鄭守基　323, 342, 343, 344, 345,
　　346, 348, 387
鄭舜泳　308, 326
정용기　6, 108, 111
정우회　389, 412
정운기　309
鄭雲馹　308, 309
鄭遠(鄭世鎬)　323, 325, 340, 341,
　　350, 352
鄭宜默　504, 505
정의부　13
鄭寅夏　304
鄭載圭　198, 530
정재기　319, 320
鄭在學　234
鄭春欽　253
鄭衢圭　198

정칠성　92
鄭顯模　51, 76, 249, 390, 393, 417
정환직　6, 108
제1차 유림단의거(파리장서)　12, 22,
　　40, 41, 45, 54, 69, 77, 86, 266,
　　287, 293, 295, 296, 316, 317,
　　318, 319, 320, 321, 324, 328,
　　329, 331, 333, 347, 353, 364,
　　386, 387, 395, 441, 521, 522,
　　523
제1차 조선공산당　16, 71, 74, 388,
　　411
제1차 한일협약　199
제2차 고려공산청년회　16, 75
제2차 세계대전　423
제2차 유림단의거(경북유림단사건)
　　14, 22, 45, 77, 86, 98, 295, 296,
　　328, 329, 330, 331, 334, 337,
　　353, 386, 395 441
제2차 조선공산당　388, 411, 412,
　　421, 443
제3차 조선공산당사건　394
제4차 조선공산당사건　394
제7 야체이카　416
趙敬璣　334, 365
曹兢燮　198
조두원　411, 413, 445
趙孟鎬　146
趙穆　57, 438
趙邦仁　146, 437, 438
趙炳建　146, 437, 438
조병세　180
조병옥　449
趙秉禧　63, 201, 204, 207, 234

조봉암   410, 421

趙思明   437, 438

조선공산당 경성지구조직위원회   420

조선공산당 만주총국 東滿區域局   421

조선공산당 만주총국   77

조선공산당 임시상해부   388, 411

조선공산당 재건운동   76, 393, 394,
   396, 446

조선공산당   16, 22, 23, 49, 50, 71,
   75, 92, 326, 355, 379, 388, 391,
   399, 407, 409, 410, 411, 412,
   415, 416, 421, 426, 443, 446

조선공산당재건설준비위원회   77

조선공산당조직준비위원회   419

朝鮮共産無政府主義者聯盟   17, 73, 74

조선국권회복단   9, 21, 67, 308, 327,
   401

조선노농총동맹   16, 22, 49, 367,
   373, 376, 377, 378, 388, 409,
   410, 412, 413, 421, 426

조선노동공제회 안동지회   42, 44,
   48, 53, 74, 365, 368, 373, 378,
   404, 407, 418, 530

조선노동공제회   22, 367, 418

조선노동연맹회   373

조선독립청년단   18

조선무정부주의자연맹   74

조선물산장려회   45, 48, 386

조선민립대학기성준비회   47, 385

조선부녀총동맹   92

조선사편수회   424

조선어학회   424

조선여성동우회   92

조선은행 대구지점   15, 450, 533

조선의용대   90

朝鮮靑年總同盟   378, 412

조선학생과학연구회   16, 23, 388,
   411, 413, 414, 416, 443, 444,
   458

조선혁명군사정치간부학교   19, 73,
   76, 531

조선회복연구단   18, 20, 23, 423

趙性家   198

趙修仁   146, 437, 438

조승기   30, 533

曹植   296

朝陽學校   217, 220

조완구   318

조용기   18

조용숙   533

조인석   63

趙日英   276

조창용   63

趙弼淵   235

조헌영   18, 23, 76

조형규   535

조훈석   76

종연방적 경성제사공장 여성 직공파
   업   88, 455

좌우합작(운동)   23, 50, 51, 77, 92,
   388, 389, 393, 443, 447

周南泰   272, 273

籌備團   14, 46, 71, 362, 363

주시경   424

중국공산당 반석현위원회   93

중국공산당   93

중앙고등보통학교(중앙고보)   16, 389,
   406, 413, 414, 416, 417, 444

중일전쟁 18, 73, 456
中執 387
中韓互助會(중한호조사) 322, 333
진보의진 105, 118, 520
眞友聯盟 17, 325
진주의진 505
陳煥章 306

ㅊ

車敬坤 272, 273
贊務會 256
참의부 84
창유계 18
채기중 9, 308, 402, 403
척사유림 20, 21, 22, 40, 197, 200,
　　201, 203, 204, 205, 214, 217,
　　234, 236, 269, 359
천도교 16, 23, 288, 388, 413, 414,
　　443
천도교 청년동맹 413
千永基 46, 363
청산리전투 14, 257, 335
청송의진(의병) 79, 105, 111, 118,
　　121, 122, 165, 510, 520
청일전쟁 127, 528
晴川書堂(晴川書院) 204, 217, 302
崔可萬 279
최경성 268
崔大林 234
崔萬達 234
崔武吉 276
崔相元 289
崔相喆 279
崔聖天 35, 227, 253, 255

최세윤 6, 108
崔永敦 278
崔龍洙 272, 273
崔龍熙 231
崔羽東 208
최원택 422
崔應洙 275
崔載華 404
崔廷德 210
崔浚 207, 405
崔春伊 311
최학길 288, 536
崔海潤 345
최현배 424
충성회 18
忠義社 34, 199, 201, 209, 222, 432,
　　454, 458
七浦養正學校 249

ㅋ

K그룹 451
코민테른 49, 75, 409

ㅌ

태극단 18, 20, 23
태봉전투 121, 136, 137, 138, 140,
　　163, 173, 179, 503
통동계 388

ㅍ

파리강화회의 14, 40, 86, 273, 287,
　　299, 309, 312, 318, 363, 364,
　　521
파리장서→ 제1차 유림단의거

팔8郡 연합고보(고등보통학교) 설립
　운동 47, 384
평양여관 343, 345, 442
褒烈狀 95
포항교회(포항제일교회) 267
풍기의진 137, 173
豊四面 時到所 161
풍산소작인회 49, 75, 373, 374, 375,
　376, 377, 379, 381, 394, 396,
　408, 409, 410, 411, 425
풍산신흥청년회 377
풍산청년회 376, 407
풍산하기강습회 408, 414
풍산학술강습소(회) 373, 408, 409
豊西農務會 375, 412
풍서농민회 380, 381
馮玉祥 322, 338

ㅎ

河章煥 344, 346, 350, 387
河載華 344, 346, 349
河中煥 210, 217, 241, 243
韓啓昌 231
한국광복군 → 광복군
韓國勞兵會 322, 336, 337, 350
韓國獨立後援會 321, 332, 333
韓國靑年戰地工作隊 89
韓明洙 272, 273
한미합작군사훈련 328
韓鳳根 15, 350, 351, 352
漢北興學會 209, 230, 301
韓朔平 73
韓相泰 273
漢城學校 235

한양청년연맹 409
한용수 124
한인애국단 354
한일의정서 199, 528
韓定履 273
韓族會 13, 43, 67, 70, 95
韓興洞 13, 305
漢興旅館 420
咸化學校 217
鄕射堂 208
허무당선언 17
許蔿 6, 107, 108, 110, 112, 115,
　116, 121, 125, 200, 201, 521,
　533
許愈 198
허은 95, 101, 482
許傳 198
許喆 278
허학선 274
許憲 449
허혁 67
허형 521
許薰 198, 202, 520, 536
혁신의회 13
革淸團 410, 416, 419
岷山學校 254
혈성단애국부인회 87
협동조합운동 449, 450
협동학교 피습사건 204, 254
協東學校 7, 21, 35, 36, 37, 38, 39,
　42, 45, 47, 51, 53, 54, 63, 66,
　68, 74, 86, 143, 179, 203, 204,
　211, 217, 219, 220, 222, 223,
　224, 225, 227, 228, 229, 233,

238, 240, 241, 242, 243, 244,
245, 246, 248, 249, 250, 251,
252, 253, 254, 255, 256, 257,
258, 259, 260, 261, 262, 366,
368, 384, 390, 466, 478, 492,
493, 529, 530
협동학교사 252
協成學校 221, 252, 255, 433
형평사 382
형평운동 75, 383
虎溪書院(廬江書院) 223, 240, 241,
242
湖南同友會 391
호남학회 209, 301
湖西義陣 176
호서학회 301
湖左義陣(제천의진·의병) 113, 137,
151, 153, 158, 162, 164, 165,
503, 505, 507, 515
洪得麟 278
홍만식 180
洪命熹 390, 449
홍범식 180

홍순목 180
洪宙一 213, 235, 309
홍진수 313
洪弼周 31, 504
洪默 346
花山俱樂部 367
火星會 50, 377, 378, 381, 383, 389,
396
화요회 49, 75, 326, 421
황금정교회 272, 273, 274, 287, 290,
292
黃道石 279
황만영 66
黃埔軍官學校 336
會老堂 300
會寧督辦府 435, 436
휘문의숙 250
휘문고등보통학교 424
徽文學校 235
흑색공포단 17
흠치교 326
興京學校 434
홍맹회 18

경인한국학연구총서

①	高麗時代의 檀君傳承과 認識	金成煥 / 372쪽 / 20,000원
②	대한제국기 야학운동*	김형목 / 438쪽 / 22,000원
③	韓國中世史學史(Ⅱ)−朝鮮前期篇*	鄭求福 / 472쪽 /25,000원
④	박은식과 신채호 사상의 비교연구	배용일 / 372쪽 / 20,000원
⑤	重慶 大韓民國臨時政府史	황묘희 / 546쪽 / 30,000원
⑥	韓國 古地名 借字表記 硏究	李正龍 / 456쪽 / 25,000원
⑦	高麗 武人政權과 地方社會**	申安湜 / 350쪽 / 20,000원
⑧	韓國 古小說批評 硏究**	簡鎬允 / 468쪽 / 25,000원
⑨	韓國 近代史와 萬國公法	김세민 / 240쪽 / 15,000원
⑩	朝鮮前期 性理學 硏究	이애희 / 316쪽 / 18,000원
⑪	한국 중·근세 정치사회사	이상배 / 280쪽 / 17,000원
⑫	고려 무신정권시대 文人知識層의 현실대응*	金晧東 / 416쪽 / 20,000원
⑬	韓國 委巷文學作家 硏究*	차용주 / 408쪽 / 20,000원
⑭	茶山의 『周易』解釋體系	金麟哲 / 304쪽 / 18,000원
⑮	新羅 下代 王位繼承 硏究	金昌謙 / 496쪽 / 28,000원
⑯	한국 고시가의 새로운 인식*	이영태 / 362쪽 / 20,000원
⑰	일제시대 농촌통제정책 연구**	김영희 / 596쪽 / 32,000원
⑱	高麗 睿宗代 政治勢力 硏究	金秉仁 / 260쪽 / 15,000원
⑲	高麗社會와 門閥貴族家門	朴龍雲 / 402쪽 / 23,000원
⑳	崔南善의 歷史學	李英華 / 300쪽 / 17,000원
㉑	韓國近現代史의 探究*	趙東杰 / 672쪽 / 30,000원
㉒	일제말기 조선인 강제연행의 역사	정혜경 / 418쪽 / 23,000원
㉓	韓國 中世築城史 硏究	柳在春 / 648쪽 / 33,000원
㉔	丁若鏞의 上帝思想	金榮一 / 296쪽 / 16,000원
㉕	麗末鮮初 性理學의 受容과 學脈	申千湜 / 756쪽 / 35,000원
㉖	19세기말 서양선교사와 한국사회*	유영렬·윤정란 / 412쪽 / 20,000원
㉗	植民地 시기의 歷史學과 歷史認識	박걸순 / 500쪽 / 25,000원
㉘	고려시대 시가의 탐색	金相喆 / 364쪽 / 18,000원

㉙	朝鮮中期 經學思想硏究	이영호 / 264쪽 / 15,000원
㉚	高麗後期 新興士族의 硏究	李楠福 / 272쪽 / 14,000원
㉛	조선시대 재산상속과 가족**	文淑子 / 344쪽 / 17,000원
㉜	朝鮮時代 冠帽工藝史 硏究*	張慶嬉 / 464쪽 / 23,000원
㉝	韓國傳統思想의 探究와 展望	최문형 / 456쪽 / 23,000원
㉞	동학의 정치사회운동*	장영민 / 664쪽 / 33,000원
㉟	高麗의 後三國 統一過程 硏究	류영철 / 340쪽 / 17,000원
㊱	韓國 漢文學의 理解	車溶柱 / 416쪽 / 20,000원
㊲	일제하 식민지 지배권력과 언론의 경향	황민호 / 344쪽 / 17,000원
㊳	企齋記異 硏究	柳正一 / 352쪽 / 17,000원
㊴	茶山 倫理思想 硏究*	장승희 / 408쪽 / 20,000원
㊵	朝鮮時代 記上田畓의 所有主 硏究*	朴魯昱 / 296쪽 / 15,000원
㊶	한국근대사의 탐구	유영렬 / 528쪽 / 26,000원
㊷	한국 항일독립운동사연구**	신용하 / 628쪽 / 33,000원
㊸	한국의 독도영유권 연구	신용하 / 640쪽 / 33,000원
㊹	沙溪 金長生의 禮學思想*	張世浩 / 330쪽 / 17,000원
㊺	高麗大藏經 硏究	崔然柱 / 352쪽 / 18,000원
㊻	朝鮮時代 政治權力과 宦官	張熙興 / 360쪽 / 18,000원
㊼	조선후기 牛禁 酒禁 松禁 연구*	김대길 / 334쪽 / 17,000원
㊽	조선후기 불교와 寺刹契	韓相吉 / 408쪽 / 20,000원
㊾	식민지 조선의 사회 경제와 금융조합	최재성 / 488쪽 / 24,000원
㊿	민족주의의 시대 - 일제하의 한국 민족주의 - **	박찬승 / 448쪽 / 22,000원
(51)	한국 근현대사를 수놓은 인물들(1)**	오영섭 / 554쪽 / 27,000원
(52)	農巖 金昌協 硏究	차용주 / 314쪽 / 16,000원
(53)	조선전기 지방사족과 국가*	최선혜 / 332쪽 / 17,000원
(54)	江華京板 『高麗大藏經』의 판각사업 연구**	최영호 / 288쪽 / 15,000원
(55)	羅末麗初 禪宗山門 開創 硏究*	조범환 / 256쪽 / 15,000원
(56)	조선전기 私奴婢의 사회 경제적 성격**	安承俊 / 340쪽 / 17,000원
(57)	고전서사문학의 사상과 미학*	허원기 / 320쪽 / 16,000원
(58)	新羅中古政治史硏究	金德原 / 304쪽 / 15,000원

59	근대이행기 민중운동의 사회사	박찬승 / 472쪽 / 25,000원
60	朝鮮後期 門中書院 硏究**	이해준 / 274쪽 / 14,000원
61	崔松雪堂 文學 硏究	金鍾順 / 320쪽 / 16,000원
62	高麗後期 寺院經濟 硏究*	李炳熙 / 520쪽 / 26,000원
63	고려 무인정권기 문사 연구	황병성 / 262쪽 / 14,000원
64	韓國古代史學史	정구복 / 376쪽 / 19,000원
65	韓國中世史學史(Ⅰ)-고려시대편	정구복 / 604쪽 / 43,000원
66	韓國近世史學史**	정구복 / 436쪽 / 22,000원
67	근대 부산의 민족운동	강대민 / 444쪽 / 22,000원
68	大加耶의 形成과 發展 硏究	李炯基 / 264쪽 / 16,000원
69	일제강점기 고적조사사업 연구*	이순자 / 584쪽 / 35,000원
70	淸平寺와 韓國佛敎	洪性益 / 360쪽 / 25,000원
71	高麗時期 寺院經濟 硏究*	李炳熙 / 640쪽 / 45,000원
72	한국사회사의 탐구	최재석 / 528쪽 / 32,000원
73	조선시대 農本主義思想과 經濟改革論	吳浩成 / 364쪽 / 25,000원
74	한국의 가족과 사회*	최재석 / 440쪽 / 31,000원
75	朝鮮時代 檀君墓 認識	金成煥 / 272쪽 / 19,000원
76	日帝强占期 檀君陵修築運動	金成煥 / 500쪽 / 35,000원
77	고려전기 중앙관제의 성립	김대식 / 300쪽 / 21,000원
78	혁명과 의열-한국독립운동의 내면-*	김영범 / 624쪽 / 42,000원
79	조선후기 천주교사 연구의 기초	조 광 / 364쪽 / 25,000원
80	한국 근현대 천주교사 연구	조 광 / 408쪽 / 28,000원
81	韓國 古小說 硏究*	오오타니 모리시게 / 504쪽 / 35,000원
82	高麗時代 田莊의 構造와 經營	신은제 / 256쪽 / 18,000원
83	일제강점기 조선어 교육과 조선어 말살정책 연구*	김성준 / 442쪽 / 30,000원
84	조선후기 사상계의 전환기적 특성	조 광 / 584쪽 / 40,000원
85	조선후기 사회의 이해	조 광 / 456쪽 / 32,000원
86	한국사학사의 인식과 과제	조 광 / 420쪽 / 30,000원
87	高麗 建國期 社會動向 硏究*	이재범 / 312쪽 / 22,000원
88	조선시대 향리와 지방사회*	권기중 / 302쪽 / 21,000원

89 근대 재조선 일본인의 한국사 왜곡과 식민통치론*　　최혜주 / 404쪽 / 29,000원

90 식민지 근대관광과 일본시찰　　조성운 / 496쪽 / 34,000원

91 개화기의 윤치호 연구　　유영렬 / 366쪽 / 25,000원

92 고려 양반과 兩班田 연구　　윤한택 / 288쪽 / 20,000원

93 高句麗의 遼西進出 硏究　　尹秉模 / 262쪽 / 18,000원

94 高麗時代 宋商往來 硏究　　李鎭漢 / 358쪽 / 25,000원

95 조선전기 수직여진인 연구　　한성주 / 368쪽 / 25,000원

96 蒙古侵入에 대한 崔氏政權의 外交的 對應　　姜在光 / 564쪽 / 40,000원

97 高句麗歷史諸問題　　朴眞奭 / 628쪽 / 44,000원

98 삼국사기의 종합적 연구　　신형식 / 742쪽 / 51,000원

99 조선후기 彫刻僧과 佛像 硏究　　崔宣一 / 450쪽 / 30,000원

100 한국독립운동의 시대인식 연구　　한상도 / 510쪽 / 36,000원

101 조선총독부 중추원 연구　　김윤정 / 424쪽 / 30,000원

102 미쩰의 시기*　　김영수 / 336쪽 / 23,000원

103 중국 조선족 교육의 역사와 현실　　박금혜 / 546쪽 / 40,000원

104 지명과 권력-한국 지명의 문화정치적 변천-　　김순배 / 678쪽 / 53,000원

105 일제시기 목장조합 연구**　　강만익 / 356쪽 / 25,000원

106 한글의 시대를 열다　　정재환 / 472쪽 / 35,000원

107 고구려의 東北方 境域과 勿吉 靺鞨　　김락기 / 292쪽 / 20,000원

108 조선후기 화폐유통과 경제생활　　정수환 / 389쪽 / 28,000원

109 구비설화 속 거주공간과 인간욕망　　김미숙 / 265쪽 / 20,000원

110 신라 목간의 세계*　　이경섭 / 448쪽 / 34,000원

111 일제시대 미곡시장과 유통구조　　오호성 / 446쪽 / 34,000원

112 조선후기 정치·사회 변동과 추국　　김우철 / 304쪽 / 23,000원

113 조선후기 지방사의 이해　　김우철 / 308쪽 / 23,000원

114 고구려 남방 진출사　　장창은 / 490쪽 / 35,000원

115 조선시대 史庫制度 연구　　박대길 / 332쪽 / 24,000원

116 朝鮮時代 遊覽文化史 硏究　　이상균 / 400쪽 / 30,000원

117 일제강점기 도자사 연구　　엄승희 / 656쪽 / 47,000원

118 한국 근현대 불교사의 재발견　　김순석 / 450쪽 / 33,000원

119 홍길동전 필사본 연구　　이윤석 / 448쪽 / 34,000원

120 율곡 이이의 교육론　　신창호 / 300쪽 / 22,000원

⑫ 조선후기 영남, 남인 연구	우인수 / 530쪽 / 40,000원
⑫ 조선시대 여진인 내조 연구	박정민 / 360쪽 / 28,000원
⑫ 한국 근현대 불교사의 재발견	김순석 / 450쪽 / 33,000원

*대한민국학술원 우수학술 도서   **문화체육관광부 우수학술 도서